DANS LA MÊME COLLECTION

Nicolas Balzamo, *Les deux cathédrales. Mythe et histoire à Chartres.*

Louis Bardollet, *Les mythes, les dieux et l'homme. Essai sur la poésie homérique.*

Lucian Boia, *Pour une histoire de l'imaginaire.*

Régis Boyer
La mort chez les anciens Scandinaves.
Les Valkyries

Walter Burkert,
Les cultes à mystères dans l'Antiquité.
Homo Necans. Rites sacrificiels et mythes de la Grèce ancienne.
Sauvages origines. Mythes et rites sacrificiels en Grèce ancienne.

Claude Calame, *Mythe et histoire dans l'Antiquité grecque.*
La création symbolique d'une colonie.

David Brunat
Titanic. Mythe moderne et parabole pour notre temps

David Brunat, Antoine Dubuquoy
Steve Jobs. Figure mythique.

Bernard Deforge,
Le commencement est un dieu. Le Proche-Orient, Hésiode et les mythes.
Eschyle poète cosmique.
Le Festival des cadavres. Morts et mises à mort dans la tragédie grecque.
Une vie avec Eschyle.

George Devereux, *Les rêves dans la tragédie grecque*

Salvatore D'Onofrio,
Le sauvage et son double.
Les fluides d'Aristote. Lait, sang et sperme dans l'Italie du Sud.

Jacqueline Duchemin,
Mythes grecs et sources orientales.
Prométhée. Histoire du mythe, de ses origines orientales à ses incarnations modernes.

Christine Dumas-Reungoat, *La fin du Monde. Enquête sur l'origine du mythe.*

Bernard Fricker, *Mythologie, philosophie, poésie.*

Monique Halm-Tisserant, *Cannibalisme et immortalité.*
L'enfant dans le chaudron en Grèce ancienne.

François Jouan, Bernard Deforge, *Peuples et pays mythiques.*

Peter Kingsley, *Empédocle et la tradition pythagoricienne.*
Philosophie ancienne, mystère et magie

Pierre Lévêque, *Colère, sexe, rire. Le Japon des mythes anciens.*

VÉRITÉ DES MYTHES

Collection dirigée

par

Bernard Deforge

DANS LA MÊME COLLECTION (suite)

Alain Moreau,
Le mythe de Jason et Médée. Le va-nu-pied et la sorcière.
La fabrique des mythes.

Pierre et André Sauzeau, *La quatrième fonction.*
Altérité et marginalité dans l'idéologie des Indo-Européens.

Bernard Sergent, *Athéna et la grande déesse indienne.*

Pierre Sineux, *Amphiaraos. Guerrier, devin et guérisseur.*

Reynal Sorel, *Chaos et éternité. Mythologie et philosophie grecques de l'Origine.*

Lucie Thévenet, *Le Personnage : du mythe au théâtre.*
La question de l'identité dans la tragédie grecque

Pascal Thiercy, *Aristophane. Fiction et dramaturgie.*

Robert Triomphe, *Le lion, la vierge et le miel.*

SOURCES

Le papyrus de Derveni, traduit et présenté par Fabienne Jourdan.

Régis Boyer,
Deux sagas islandaises légendaires.
Les sagas légendaires.
Les sagas miniatures.

Luc Brisson, *Le sexe incertain. Androgynie et hermaphrodisme*
dans l'Antiquité gréco-romaine.

Peter Kingsley, *Dans les antres de la sagesse. Études parménidiennes*

Giovanni Pugliese Carratelli, *Les lamelles d'or orphiques.*
Instructions pour le voyage d'outre-tombe des initiés grecs.

À PARAÎTRE

Régis Boyer, *En lisant Saxo Grammaticus, le passé légendaire du Danemark.*

Joël Thomas, *Mythanalyse de la Rome antique.*

Jacquy Chemouni, *Savoir ou révélation : la mythologie entre Freud et Jung.*

DICTIONNAIRE DU PAGANISME GREC

REYNAL SOREL

DICTIONNAIRE DU PAGANISME GREC

Notions et débats autour de l'époque classique

Préface de Jean-François MATTÉI

vérité des mythes

PARIS
LES BELLES LETTRES
2015

www.lesbelleslettres.com

Retrouvez Les Belles Lettres sur Facebook et Twitter.

ISBN : 978-2-251-38569-3

À l'avenir et à sa mémoire

à mes petits-fils, Timotée et Gaspard

à mes grands-parents, Jeanne et André

à Jean-François, mon ami

Préface

En dépit du déclin de l'enseignement des langues anciennes, le monde de la Grèce n'a pas cessé de nous fasciner en un temps où les fondements de la culture européenne deviennent plus incertains. Le recours à la « source grecque », qu'évoquait Simone Weil, n'est donc pas un mirage pour nos contemporains. Un grand nombre d'ouvrages spécialisés, sous forme de dictionnaires ou d'encyclopédies, en témoigne en France. Les lecteurs intéressés peuvent ainsi se reporter au *Dictionnaire de la Mythologie grecque et romaine* de Pierre Grimal, au *Dictionnaire de l'ésotérisme* de Jean Servier, où les mystères de la Grèce sont présents, au *Dictionnaire de la Grèce antique* de Bernard Holtzmann comme au *Dictionnaire des Mythologies* d'Yves Bonnefoy, et, pour les plus savants, au très ancien *Dictionnaire général de Biographie et d'Histoire, de Mythologie, de Géographie ancienne et Moderne comparée, des Antiquités et des Institutions grecques des romaines, françaises et étrangères* qui date de 1863, ou encore au *Dictionnaire des Antiquités grecques et romaines* de Charles Victor Daremberg et Edmond Saglio paru en 10 volumes entre 1877 et 1919.

Mais il n'existait pas d'ouvrage général qui traitât de la vision grecque de la condition humaine en matière de croyance religieuse, d'institution politique et de vie sociale qui renverrait à ce que les Chrétiens ont entendu tardivement par le « paganisme ». Nous croyons parfois être débarrassés du point de vue chrétien, mais notre regard sur la Grèce demeure celui d'une culture qui s'est établie contre un monde révolu qualifié de « païen ». Or, « paganisme » est un terme générique qui, depuis l'empereur romain Théodose et l'Édit de Thessalonique de 380 qui imposait la religion chrétienne à tout l'Empire, désigne les religions qualifiées par les chrétiens de païennes parce qu'elles ne connaissent pas le Dieu unique. Les temples des dieux anciens de l'Empire furent alors fermés, détruits ou transformés en églises, les cérémonies religieuses païennes interdites, et la statue de la Victoire, déesse tutélaire de l'Empire depuis Auguste, retirée du Sénat romain par l'empereur Gratien.

Les païens désignèrent désormais les peuples qui sacrifiaient à plusieurs divinités, ce que Philon d'Alexandrie, qui était juif, qualifia le premier de polythéisme, alors que les chrétiens, comme les Hébreux, croyaient en un seul Dieu, c'est-à-dire au monothéisme. Tout ce qui ne relevait pas de la nouvelle religion fut désormais assimilé au paganisme. L'étymologie du mot est ici éclairante. Le « païen » était à l'origine le « paysan », en latin *paganus*, un terme dérivé de *pagus*, la « borne fichée sur une terre », le verbe *pango* signifiant « enfoncer », « planter ». *Paganus* a pris également le sens de « civil », par opposition au « soldat ». Ainsi les chrétiens se sont considérés comme des *soldats du Christ* opposés aux *païens* qui ne se rangeaient pas dans cette armée. Tertullien parle le premier des *milites Christi* qui s'opposent aux *pagana fides,* « ceux qui croient au pays » et sont enracinés dans leur religion ancestrale. Il semble que le premier auteur à utiliser le terme de *paganus* fut Marius Victorinus, le père de l'Église et philosophe néoplatonicien du IVe siècle.

Du fait de la rupture du christianisme, le monde païen a été repoussé loin de notre horizon historique. Aussi est-il heureux qu'un *Dictionnaire du paganisme grec* nous soit aujourd'hui proposé par Reynal Sorel. L'ouvrage est d'autant plus novateur qu'il cherche à retrouver les notions et les débats essentiels d'un monde grec qui n'a jamais séparé, comme le feront les chrétiens, la sphère religieuse de la sphère politique, ou encore l'administration du sacré et celle de la cité. Dans son beau livre paru en 1983, Paul Veyne avait posé la question intempestive : *Les Grecs ont-ils cru à leurs mythes ?* Reynal Sorel pose une question plus primitive encore : *Les Grecs ont-ils eu des croyances ?* L'absence de tout *credo* en matière religieuse rend en effet difficile de parler en termes de « croyance », le terme impliquant une séparation entre le fait de croire et l'objet de la croyance. Mais l'homme grec ne *croit* pas en tel ou tel dieu, Zeus, Athéna ou Poséidon, comme si sa croyance établissait leur être ; il saisit leur présence dans le culte comme une évidence sans qu'il y ait une hésitation, une interrogation ou un pari. Il faudra attendre les philosophes, en une époque tardive, pour que l'immortalité de l'âme et l'existence de la divinité soit un beau risque à courir. Que l'on pense à la sentence d'Héraclite devant son four de boulanger : « Ici aussi les dieux sont présents ! »

Reynal Sorel souligne justement qu'un Hellène ne cesse jamais de s'adresser aux dieux, que ce soit par des prières, des plaintes ou des invectives. Le poète Théognis n'hésite pas ainsi à reprocher à Zeus de confondre en un même destin l'homme juste et le criminel. Il est vrai que l'ambivalence des hommes ne fait que refléter l'ambivalence des dieux. Et les dieux sont très présents dans cet ouvrage qui voit en eux le tissage de multiples légendes qui aboutissent au tissage d'un unique tissu, celui d'un « homme éphémère », *hamérios ánthrôpos*, parce que son destin, selon les mots d'Eschyle, est « un destin de mort ». Au fil des entrées, dont certaines sont surprenantes – celle de la « grève », une invention des femmes, celle du « bourbier », où s'enlise l'âme, celle de la « mort des dieux », qui frappe les immortels, ou celle de la « prison des dieux » où Cyclopes et Titans sont précipités – le lecteur fait l'expérience d'un monde voué à la démesure, *húbris*, mais tout imprégné de justice, *dikè*. Il comprend pourquoi un Hellène n'enfermait jamais le dieu dans la plénitude de son contour, ce que dit le mot *ruthmos*, mais sacrifiait à l'une de ses multiples apparences, son *épiclèse*. Car tel est bien l'enseignement de ce que Philon nommera, pour le rejeter du sein de la vraie religion, polythéisme : reconnaître dans la pluralité des rencontres de l'homme avec le divin la déclinaison indéfinie d'une puissance formidable, que l'on doit honorer sous chacun de ses aspects. Reynal Sorel nous donne la meilleure définition du polythéisme : c'est « moins la croyance en une pluralité de dieux que l'assurance que le divin s'étale pour convenir aux us et coutumes que les mortels voudront bien y trouver » (entrée « Loi sacrée »). Et l'auteur de concentrer cet enseignement païen en une superbe formule qui, en nous faisant pénétrer dans le *sanctuaire* hellène, nous fait comprendre vraiment « ce que polythéisme veut dire : un goutte-à-goutte du sacré ».

Jean-François Mattéi
Institut universitaire de France

Avant-propos

Réglons d'emblée la question de l'anachronisme.

J'appelle « paganisme » l'intrication de deux administrations : celle du sacré et celle de la cité. Des citoyens d'un côté, des dieux de l'autre, et l'entretien de ceux-ci par ceux-là. C'est pourquoi cet ouvrage se concentre sur l'époque dite « classique », sur ces deux siècles qui ne croyaient plus vraiment en des mortels demi-dieux sortis de l'âge « homérique » et qui ignoraient encore les hommes divinisés conçus plus tard du sein de ce que nous appelons l'époque « hellénistique ».

Le paganisme grec « classique » est un ensemble de pratiques sans théoricien. Aucun nom « historique » ne peut ainsi figurer comme article dans cet ouvrage. Les commentateurs viendront beaucoup plus tard, quasiment tous strictement instruits et formés à l'aune d'un dogme révélé pour donner un nom dévalorisant à une piété inquiète car précisément démunie de toute certitude.

Si le paganisme est le temps de ceux qui seront méprisés, il ne s'arrête pourtant pas à la coutume administrée. Il s'interroge sur le sens à donner aux dieux parce qu'il ne cesse de déplorer l'inconnaissance dans laquelle les mortels sont plongés.

Le paganisme est ainsi un fatras d'impressions, d'interrogations, d'indignations, mais aussi de soumissions. Tout y est aliénant, jusqu'à réduire les dieux à n'être qu'une somme fragmentée d'épithètes effeuillées touche par touche aux quatre coins des terres hellènes en autant de cultes particuliers rendus dans des sanctuaires qui s'ignorent entre eux. C'est cela le polythéisme : la dissection par amputation de la pleine manifestation d'un dieu.

La singularité du paganisme est de baigner dans le pluriel. Pluriel des commencements de l'humanité, pluriel des mises en ordre du monde, pluriel des panthéons civiques, pluriel des cultes sur une même terre… Certes on égorge ici comme ailleurs, mais pour des panthéons différents les uns des autres. Les panthéons réfléchissent la citoyenneté d'une cité, car un panthéon est citoyen. Il ne correspond qu'à lui-même.

Ainsi tout voyageur grec est-il nécessairement étranger en terres hellènes. C'est encore cela, le paganisme.

La mécanique païenne a broyé, certes différemment de la mécanique monothéiste. Elle a broyé femmes, nouveau-nés, esclaves, citoyens ostracisés, impies, philosophes, et encore prisonniers de guerre et vierges immolés avec les animaux domestiques… Ainsi le paganisme a-t-il pris acte de la transformation du troupeau humain en bétail… : de l'effacement du pasteur d'un âge d'or, qui n'a pourtant rien de véritablement paradisiaque, au profit du maître incarné par un Zeus dont la conscience hellène n'oubliera jamais, sans trop le dire, qu'il a usurpé le trône de son pasteur de père, Kronos. Le règne de Zeus est in*fer*nal : c'est le nôtre, pensent les païens, celui de la race de *fer*. Ces deux règnes, du père puis du fils, ont la particularité de ne pas souhaiter une descendance masculine. Raté pour Kronos ; maîtrisé par Zeus. C'est le thème du « fils jamais né »…, du point de vue divin, inverse de celui des hommes dont la naissance d'un fils assure que ses devoirs d'inhumation seront remplis… au bénéfice d'Hadès.

Le paganisme grec a aussi tendu l'esprit à deux thèmes chers à Jacqueline de Romilly : la douceur et la dignité de l'homme. La douceur de son absence de prosélytisme. Pas de guerre de religion dans la tête des prêtres-stratèges. Et la dignité dans son effort de respect des lois non écrites. Lois lointaines, peut-être divines, mais cette fois audibles par un paganisme capable de se passer de l'aphonie des dieux (qui ne disent rien) pour tendre l'oreille à ces règles du « premier droit des gens ».

Le paganisme grec c'est encore une attention à un doute qui n'a rien de rationnel : à un doute surpris par les odeurs des autels, à une interrogation sur la nature de l'offrande à rendre : effusion ou effluves ? Sang ou parfums ? La posture du contestataire se dessine. C'est une œuvre du paganisme.

Pour le dire enfin crûment, la mécanique païenne n'avait cure de savoir si elle avait une religion. Les dialectes grecs sont sans mot pour dire la « religion », mais en possèdent plusieurs pour exprimer l'effrayante ambivalence de la présence du sacré. Et l'ambivalence balance entre la puissance et l'inconsistance des dieux. Le paganisme fut obligé, par essence, d'en faire le tour.

Ce sont les Muses d'Hésiode qui livrent la plus juste expression de ce que nous appelons « paganisme » : « Nous savons conter des mensonges tout pareils aux réalités » (*Théogonie*, 27). Aucune religion n'oserait soutenir une telle revendication. Le paganisme des Grecs est plus qu'un constant équilibre entre ombre et lumière, entre incertitude et certitude, entre sagesse et démesure. Il est davantage au-delà du « noir/blanc ». Ce dictionnaire s'efforce de faire revivre cette tension, car tout est en trompe-l'œil dans l'univers païen. Le même se manifeste toujours dans l'autre : Zeus Olympien se reflète dans Zeus souterrain, dans les eaux noires d'Hadès. Et ainsi de suite… Ce sont les épithètes, ornements dessinés par le langage mortel, qui établissent le divin dans ses manifestations.

Alors, anachronisme ?

Cet ouvrage titille l'incertitude, terreau du paganisme. C'est pourquoi le lecteur aura compris qu'il ne lui est pas proposé un énième dictionnaire de la « Civilisation grecque » ou de sa « Culture », et surtout pas un dictionnaire de la « Religion grecque », mais qu'il s'agit de rendre au paganisme ce qu'il fut : l'acceptation, débattue en son temps, de l'inconnaissance humaine et de l'inconsistance divine. Pas de dogme. Une telle absence laisse un certain champ libre que ce dictionnaire souhaite arpenter.

Laissons le paganisme s'exprimer pour mieux dégager les déformations qui lui seront infligées : particulièrement celles sur l'« anthropomorphisme » (alors que dieux et déesses sont modèles du corps des hommes et des femmes), sur l'immortalité, sur la virginité ou sur les pratiques fantasmées par les interprètes de ses modes de divination ou de ladite initiation éleusinienne. Le paganisme a une rationalité que l'interprétation peine parfois à entendre.

Enfin, il ne s'agit surtout pas de donner au paganisme grec le sens de ré-enchantement de l'univers. Pour le coup, ce serait dangereusement anachronique.

Reynal Sorel

Remerciements

Mes remerciements devaient être heureux.

Jean-François Mattéi aimait le ton libre de toute chapelle de cet ouvrage et se réjouissait de sa publication aux Belles Lettres.

Sa Préface est peut-être son dernier texte.

En nous accueillant dans sa Collection, Bernard Deforge a la profonde délicatesse de me faire partager encore la joie d'avoir mon ami à mes côtés.

Guide d'utilisation

Divers sigles apparaissent à la fin de chaque article :

Le point rond • renvoie aux éditions critiques de documents épigraphiques, de fragments ou de textes antiques.

La flèche grasse ▶ précise les études critiques contemporaines spécifiques au sujet traité, en complément de la bibliographie générale proposée aux p. 477-481 du dictionnaire (Orientation bibliographique).

La flèche maigre →, systématiquement en place à la fin de chaque entrée, permet de naviguer dans le dictionnaire en renvoyant aux articles apportant des compléments d'information sur le thème traité.

Les trois Index proposés ne prétendent pas à l'exhaustivité, mais surtout à garantir au lecteur une information complémentaire et supplémentaire sur l'entrée indexée. C'est pourquoi ils renvoient à l'article et non à la pagination.

A

ABANDON DES DIEUX

Chaque mortel fera un jour ou l'autre de sa vie éphémère l'expérience de l'abandon des dieux. Inéluctable futur de l'homme, le délaissement des dieux est à l'essence même des croyances des Hellènes dans la mesure où il sanctionne le destin des humains : la décrépitude et la mort, deux événements fondamentalement et résolument étrangers à la sphère divine.

Définis négativement comme non-mortels, ἀθάνατοι (*a-thánathoi*), les dieux honorés par les cités n'ont aucune compétence en matière d'accompagnement et de réconfort de l'humain tant pour son dernier instant que pour les malheurs et vicissitudes qui le précèdent.

Rien à espérer

L'essence de l'abandon des dieux est la mort. Les dieux doivent se préserver de ce qu'ils ont toujours rejeté comme un mal, ainsi que l'énonce sans ambiguïté la poétesse Sapho : « La mort est un mal [κακόν]. Les dieux en jugent ainsi, car, sinon, ils choisiraient de mourir » (Sapho, frag. 170 Reinach-Puech, début VIe s.). En tant que mal, la mort souille. Il n'est donc pas permis à un dieu d'approcher un cadavre ni même un mourant. Apollon abandonne Admeste, pourtant son « ami dont le malheur l'afflige » car Alceste, l'épouse de son protégé, agonise : « Et moi [Apollon], de peur qu'une souillure ne m'atteigne dans la demeure, j'abandonne ce palais dont le toit m'est si cher. Déjà voici le Trépas [Thanatos]. » (Euripide, *Alceste*, 22-24).

De même, la déesse Artémis abandonne à son agonie son tout dévoué Hippolyte : « Adieu donc ! Il ne m'est pas permis de voir des morts, ni de souiller mon œil au souffle des mourants. Or je te vois déjà près de l'instant fatal. » (Euripide, *Hippolyte*, 1437-1439).

Fondamentalement, l'abandon des immortels est motivé par le destin de mort des hommes, qui est leur *moîra*, à savoir l'échéance de la finitude, mais la solitude en sus.

Déjà Homère faisait dire à Héra qu'il est « malaisé [pour les immortels] de sauver les fils et rejetons de tous les humains » (*Il.*, XV, 140-141).

Euripide présente l'abandon des dieux comme une loi *(nómos)* réglant un code de bonne conduite entre dieux. Quand Artémis abandonne Hippolyte à la cruauté d'une autre déesse, Aphrodite, malgré l'attirance qu'elle éprouve pour ce mortel, elle ne manque pas de justifier son retrait : « Telle est la loi des dieux [θεοισι νόμος] : aux désirs qu'a formés la volonté d'un autre, nul ne consent à faire obstacle ; toujours nous lui laissons le champ libre. Sache-le, en effet : sans la crainte de Zeus, jamais je ne serais tombée dans cette honte de laisser mourir l'homme qui, de tous les mortels, est pour moi le plus cher » (Euripide, *Hippolyte*, 1328-1334).

Il est encore interdit aux dieux de pleurer sur le destin des mortels (*Hippolyte*, 1396). L'homme est privé de la compassion divine. Le dieu est impassible. « Un dieu, s'il pouvait compatir en pleurerait » : l'invective est lancée à l'intention de Zeus par le mortel Amphitryon qui se découvre être le meurtrier de sa femme et de ses enfants à cause d'Héra dont la jalousie l'a momentanément rendu fou (Euripide, *Héraclès*, 1115).

Les dieux ne sont même pas capables de supporter la vue des ombres reléguées dans les tréfonds de l'Hadès. La mythologie homérique soulignait cette incapacité quand elle met en scène le dieu des morts lui-même, Hadès, qui, tout inflexible qu'il soit, est affolé à l'idée que sa demeure puisse s'offrir à la vue des Olympiens sous les coups de butoir de l'engagement forcené de son frère Poséidon dans la lutte entre Troyens et Achéens (*Il.*, XX, 63-65). En revanche, *l'Iliade* montre que « les dieux bienheureux ont pitié (ἐλεαίϱων) » d'Hector dont le cadavre est outragé par Achille (*Il.*, XXIV, 19, 23). Apollon, qui s'est pourtant retiré lorsque Hector se trouve enfin devant Achille (disons que le dieu s'est effacé devant le destin), vient toutefois protéger la dépouille du Troyen attachée au char du vainqueur pour être traînée face contre terre : « Apollon épargne tout outrage à sa chair. Il a pitié de l'homme, même mort. Il le recouvre entièrement avec son égide d'or, de peur qu'Achille ne lui arrache toute la peau en le traînant » (*Il.*, XXIV, 18-21). Il faut être prudent sur l'interprétation de ce contact divin avec la mort. C'est certainement moins la démesure sauvage d'Achille qui provoque la pitié des immortels, que l'intérêt tout olympien à ménager son incapacité à regarder la mort en face. Apollon est certes au contact avec la putréfaction, mais dans le but ordonné par Zeus d'en retarder le processus afin de s'éviter un tel spectacle. De même, quand l'Olympien avait déjà envoyé ce même Apollon auprès de la dépouille de Sarpédon pour la laver d'eau claire et en effacer le sang noir, le dieu approche certes le cadavre, mais pour le rendre à peu près acceptable, pur de souillure, aux yeux des immortels (*Il.*, XVI, 670, 680). Homère répète cette scène de contact avec l'altérité lors de l'épisode du cadavre d'Hector oint d'ambroisie par Aphrodite (*Il.*, XXIII, 185-187). La déesse masse une dépouille afin de soustraire un « temps » au regard des dieux la corruption des corps mortels.

Entre le monde d'Homère et celui des Tragiques, les dieux se sont éloignés des mortels, au point d'abandonner les cadavres. Mais la ligne de fracture reste pourtant la même : seule la vie perpétuellement jaillissante concerne les immortels qui restent à jamais aveugles à l'autre côté du miroir.

Pour revenir sur la « pitié » des dieux d'Homère, n'oublions pas que nombre d'entre eux sont les géniteurs et génitrices imaginés de mortels qui ont davantage le statut de héros (donc de demi-dieux) que de simples humains. Alors le contact avec le cadavre héroïque correspond à une certaine reconnaissance de filiation servant à prolonger dans le temps suspendu des dieux une apparence lavée des marques putréfiées de la décomposition. La pitié divine est toute faite de réserve oculaire : ne pas voir le destin des mortels dans l'Hadès.

Les dieux ont donc bien un problème avec la mort. S'ils peuvent (encore) toucher un cadavre sous les murs de Troie, ils ne le peuvent plus sur le territoire des cités florissantes. Mais, dans les deux cas, l'abandon reste un réflexe divin face à la corruption cadavérique : quand Apollon, toujours aux côtés des Troyens, abandonne Hector encore bien animé du courage insufflé par le même dieu, celui-ci s'efface devant l'échéance assignée à la part de vie d'un mortel. L'abandon est toujours proche de la mort : à venir ou advenue.

Les croyances de l'âge post-homérique se font à l'idée que la race des héros est révolue. Alors, les dieux de ces croyances ne se contentent plus de délaisser l'homme héroïque au moment de sa mort. À la mort, certes solitaire du héros fauché dans la fleur de l'âge mais « belle » car mémorisée par les générations à venir (*euthánatos* signifie la « belle mort »), succède la pénible vieillesse accablant chaque humain encore en vie de la race post-héroïque (celle de fer), dégénérescence aussitôt prompte à déclencher un réflexe d'évitement des immortels. Aphrodite abandonne Anchise, un mortel qu'elle a pourtant aimé au point d'en attendre un enfant, car la déesse ne peut voir le spectacle de l'âge indigent qui va bientôt atteindre son aimé : elle se retire devant « cet âge de mort et de souffrances dont les dieux mêmes ont horreur » (*Hymne pseudo-homérique à Aphrodite*, I, 244-245 ; composé entre 630 et 610).

Les dieux peuvent aussi délaisser l'humain dans le cours de sa vie. Un abandon prématuré peut avoir deux sens, mais est toujours synonyme de profond malheur. Il peut se transformer en haine persistante ou en mépris total. Aphrodite menace Hélène qui s'est emportée contre elle : « Ne me provoque pas, insolente, et prends garde que je ne me fâche et ne t'abandonne. Je t'aurai alors en haine autant qu'aujourd'hui je t'ai en prodigieuse affection. Je te susciterai des haines sinistres parmi les deux peuples, troyen et danaen, et tu périras d'une mort cruelle » (*Il.*, III, 414-417). Quant à Œdipe, il erre dans une glaciale solitude en attendant une mort lente à venir, totalement abandonné (ignoré) par le dieu qui ne daigne même pas le châtier pour son crime. Il est *átheos*, privé de dieu (Sophocle, *Œdipe roi*, 661). En ce sens, l'athée n'est pas le contempteur des dieux, mais le mortel qui est nié par la divinité.

Don des maux, indifférence et errance

Le thème homérique des « deux jarres de Zeus », l'une enfermant les maux, l'autre les biens, exprime une conception de l'abandon des dieux comme indifférence du don : bons ou mauvais présents se distribuant sur fond de cette ambivalence caractéristique de la réception grecque du divin. « Celui pour qui Zeus *Terpikéraunos* (« Tonnant ») fait un mélange de ses dons rencontrera aujourd'hui le malheur, et demain le bonheur. Mais de celui à qui il n'octroie que misères, il fait un être qu'on méprise : une faim dévorante le poursuit à travers la terre immense ; il erre, méprisé des hommes et des dieux » (*Il.*, XXIV, 529-533). Euripide répercute en écho cette conception de l'indifférence : « Si j'ai été abandonnée par les dieux, moi et mes deux fils, déplore Antiope, cela même a une raison : chez le commun des mortels les uns doivent être malheureux, les autres heureux » (Euripide, *Antiope*, 37).

L'abandon des dieux est encore indissociable du malheur qui s'abat sur les vaincus. Les dieux se désintéressent des cités détruites et de ses populations autrefois prodigues en offrandes et sacrifices. « Ne dit-on pas que ses dieux désertent une cité prise ? » (Eschyle, *Les Sept contre Thèbes*, 217-218). Devant le spectacle de Troie en feu, Poséidon se désespère sur lui-même et laisse tomber son aveu de démission : « J'abandonne l'illustre Ilion et mes autels. Dans une ville où règne la morne solitude, le culte des dieux languit et s'éteint, n'ayant plus d'hommage à réclamer » (Euripide, *Les Troyennes*, 25-27).

Selon Thrasymaque, qui exerçait ses talents de sophiste à Athènes dès avant 427, « les dieux ne considèrent pas les affaires humaines, sinon ils n'auraient pas oublié ce qui est le plus grand bien pour les hommes : la justice. Et nous voyons bien que les hommes ne la pratiquent pas » (B VIII). Peut-être s'agit-il d'un simple constat là où Hésiode avait déjà déploré l'inévitable retrait sur les hautes sphères de l'Olympe d'Aidôs (un vocable complexe pour signifier le sentiment de l'honneur, de la réserve et du scrupule, mais aussi de la honte [*Trav.*, 319]) et de Némesis (expression figurée du juste sentiment d'indignation face aux agissements injustes des hommes), abandonnant de concert la cinquième race de mortels qui correspond à la nôtre (*Trav.*, 174-201).

Le thème de l'abandon des dieux, récurrent à l'époque classique, dévoile une société divine entièrement préoccupée par elle-même, obnubilée par son inaltérable vie accrochée sur le fil d'une temporalité en suspension, mais toujours scandée par les réjouissances occasionnées par les rites de reconnaissance, fêtes et sacrifices offerts par les éphémères.

Il est interdit aux hommes d'abandonner les dieux (*i.e.* de ne pas leur offrir des mises à mort sacrificielles) et il est imposé aux dieux d'abandonner le mortel quand sa destination se réalise. Antigone, celle qui sait qu'elle va mourir, non seulement parce qu'elle est femme, mais pour refuser de laisser « sans larmes ni sépulture » le corps de son frère dénoncé comme traître, « prend congé des dieux » (Sophocle, *Antigone*, 938). Elle sait la phobie des immortels quant à la mort. Il est alors « préférable » (l'expression est parfaitement grecque) d'avoir la politesse de dire adieu. C'est autant sa lucidité que sa dignité d'être une humaine. Antigone n'attend rien des dieux (et encore moins des monarques quand ils sont ces imbéciles ignorant les lois non écrites de la dignité). Elle se retire dans son tombeau avec une révérence magnifiant son absence d'illusion. Antigone est la dignité du paganisme.

Offrir des sacrifices aux dieux n'est pas communier avec eux. C'est admettre l'infranchissable distance qui sépare les mortels de leurs divinités pour mieux se préparer à leur abandon quand s'accomplira le destin humain de finitude qui « fut, est et sera » toujours la négation du divin : la solitude de sa mort.

→ Ambivalence des dieux ; Athée ; Attente des dieux ; Destin ; Dieux et déesses ; Éphémère ; Interdit et injonction ; Mort

ADRESSE AUX DIEUX

Un Hellène ne cesse de s'adresser aux dieux. Il prie à toute occasion pour demander une protection, sacrifie constamment pour s'amender de sa condition mortelle, consulte à chaque fois un oracle pour s'assurer de sa décision, offre des libations pour montrer qu'il peut se priver d'une nourriture bien terrestre et ainsi s'attirer une conciliation, participe à de nombreuses fêtes pour les honorer, les invoque pour prêter serment. Il peut aussi leur adresser reproches et invectives.

L'adresse aux dieux s'opère autant par conventions que par protestations et indignations.

Conventions

La constante et variée communication que les éphémères entretiennent avec les dieux s'établit sur le flottement de la seule certitude qu'ils partagent, à savoir (!) l'ambivalence constitutive du sacré, ce domaine toujours redoutable : ni entièrement bon ni entièrement mauvais, un dieu peut s'offrir aux sollicitudes des mortels quand ceux-ci savent s'y prendre à force d'adresses gestuelles ou rhétoriques.

L'adresse peut être sous la forme de questions fermées (oracle : oui ou non faut-il engager telle entreprise ?), pragmatique (prière, libation), mais aussi sous une forme propre à contraindre les dieux : le serment. « L'invocation, souligne Jean Rudhardt, place la parole jurée sous la garantie et sous l'autorité des dieux. Témoins de la déclaration ou de la promesse faite par celui qui les invoque, ils deviennent du même coup témoins et juges de tous les faits passés ou futurs relatifs à cette affirmation ; davantage encore le rite les rend responsables de ces faits à l'égard de la communauté devant les représentants de laquelle ils sont invoqués » (1992, p. 208).

S'adresser aux dieux, c'est aussi insister jusqu'à ce que la réponse soit celle souhaitée. Le plus souvent pour leur demander un signe d'approbation concernant un projet déjà ficelé afin de bien s'assurer de sa réussite. La réitération de la demande n'est pas sans souffrir d'une suspicion à l'endroit d'un assentiment divin. Chacun connaît l'avenir : pour les humains c'est la mort, pour les immortels la connaissance de cette échéance sur laquelle ils n'ont aucun pouvoir, pas plus qu'ils ne sont d'ailleurs concernés par le sujet. Les choses sont tellement claires que l'éphémère se doit de jouer un peu avec cette règle. Alors, l'homme réitère son adresse aux dieux. « Si l'on répète le sacrifice [dans ce cas « mantique », p. ex. la bataille doit-elle ou non être engagée ? les entrailles de la victime indiquant la réponse], ce n'est pas pour modifier l'avenir, mais pour s'assurer que l'entreprise déconseillée au moment de la première consultation ne devient pas opportune ultérieurement » (J. Rudhardt, 1992, p. 58-59). C'est toujours d'une conjugaison des temps qu'il s'agit avec les dieux.

S'adresser aux dieux peut aussi relever d'une gestuelle qui consiste pour l'humain à se déposséder d'une nourriture, en partie ou entièrement. Il s'agit du rituel de la libation consistant, tant dans la vie publique que privée, à verser sur un autel ou à même le sol tout ou partie d'un liquide (lait, vin pur ou coupé d'eau, miel mélangé de vin et de lait, eau pure, mais aussi huile). Les dieux ne s'en régalent pas, leur consommation n'ayant résolument rien à partager avec les nourritures humaines, mais ils doivent reconnaître dans cette dépossession toute mortelle un acte de parole adressé à leur endroit. L'homme, station debout, les yeux tournés vers le ciel, se démunit d'une nourriture censée revigorer ses forces pour pouvoir offrir d'autres types de sacrifices. Par la libation (σπονδή), offrande de prémices (ἀπαρχή), le mortel se prive. Aux dieux d'écouter, ou non, cette adresse qui est une marque de déférence : le sacrifice d'une perdition alimentaire offert avant un traité ou une trêve entre cités, un départ (de l'armée ou des éphèbes) ou simplement avant le repas privé, un banquet ou un sacrifice sanglant... de consommation banqueté par la suite. En versant, l'officiant adresse une prière pour réclamer la protection divine sur ce qui va suivre, puis boit le reste de l'offrande. Dans le cas des libations liées aux serments, le liquide est entièrement versé sur le sol afin de tenir en éveil la puissance de punition des divinités chthoniennes à l'encontre de l'éventuel parjure.

Le mythe prévient : quand Achille, les yeux dans les cieux, répand le vin à terre pour la victoire et le retour de Patrocle envoyé au combat, Zeus accueille favorablement la première adresse, mais refuse la seconde.

La tragédie revient : là où la terre boit la libation, l'officiant ne doit plus regarder en arrière (Sophocle, *Œdipe à Colone*, 466-492).

S'adresser aux dieux par épanchement d'un liquide est toujours, selon Burkert, un « acte de gaspillage serein ».

Protestations

S'adresser aux dieux, c'est aussi les invectiver. De l'indignation à l'encontre des dieux indifférents aux efforts des mortels, le poète Théognis en fut certainement le champion quand il s'adresse, non sans irrévérence, à Zeus : « Comment donc, ô Kronide, ton jugement ose-t-il confondre dans un même destin l'homme criminel et le juste, celui que sa raison tourne vers la sagesse et celui que l'exemple de l'injustice corrompt et conduit à la démesure ? » (377-380 ; cf. 743-752. Un rapprochement de ces vers avec le prophète hébreu Jérémie, XII, I, n'est ni anachronique ni forcé). « Reconsidère ta justice », demande Théognis à Zeus.

Dans le théâtre d'Euripide, les reproches ne manquent pas. Ils abondent et se desservent selon le menu des récriminations. Iphigénie, vierge bientôt sacrifiée sur l'autel de la stupide soumission des mortels à une injonction d'Artémis qui réclame sa mort en échange d'un vent favorable pour la flotte des Achéens, accuse Zeus d'avoir participé à la mise au monde de ce « monstre aussi absurde ». L'adresse d'Iphigénie à la déesse est frontale : « Je n'admets point les subtilités d'Artémis ! Comment ! Si un mortel touche du sang, ou même une accouchée, ou un cadavre, elle interdit qu'il accède aux autels, et le tient pour souillé ; et elle prend plaisir aux sacrifices humains ! » (Eur., *Iphigénie en Tauride*, 380-384). C'est carrément sur une remise en cause du statut même de divinité qu'Iphigénie/Euripide concluent en chœur : « je n'admettrai point qu'aucun dieu soit méchant (κακόν) » (391).

Ailleurs, Amphitryon fait ouvertement grief à Zeus de son impassibilité devant les malheurs qui accablent les humains (*Héraclès*, 1115). Pire, il accuse l'Olympien de manquer de sagesse : « Tout mortel que je suis, je te surpasse en vertu, dieu puissant, car je n'ai pas trahi les enfants d'Héraclès. Toi, tu as su t'introduire dans ma couche [en prenant l'apparence d'Amphitryon] et prendre sans nul droit la femme d'un autre, mais tu ne sais pas sauver tes amis. Tu manques de sagesse pour un dieu, à moins que ce ne soit de justice » (*ibid.*, 342-347). Dans *Hippolyte*, Euripide fait tenir à son personnage éponyme des propos violents directement adressés à Zeus qui a introduit la race maudite des femmes au sein de l'humanité : « Ô Zeus, pourquoi donc as-tu infligé aux humains ce frauduleux fléau, en l'établissant à la lumière du soleil ? » L'invective est brutale, frontale et s'accompagne même d'un conseil que Zeus aurait dû suivre : préférer au mode de reproduction sexuée la création dans un temple d'une sorte de « banque du sperme » qui permettrait « d'acheter de la semence d'enfants » (*Hippolyte*, 616 sq. Sur ce texte, voir l'article « Femme »).

Apostropher un dieu est une prise de parole qui semble permise, tolérée, jusque sur la scène théâtrale qui peut offrir aux citoyens le spectacle de divinités piteuses évoluant autour de l'autel de Dionysos, dieu pourtant fortement brocardé par Aristophane dans ses *Grenouilles*. Miracle du théâtre grec dont les représentations semblent avoir été reçues par le public (qui en finance le déroulement) comme distinctes d'une « représentation » des dieux. Agavé adresse un terrible reproche désespéré à ce même Dionysos : « Les dieux devraient laisser la rancune aux humains » (Euripide, *Bacchantes*, 1348). Les mortels ne craignent pas de faire résonner leur indignation jusque sur les cimes de l'Olympe.

Les Hellènes ont toujours aimé prendre la parole : sur l'agora, à l'Héliée d'Athènes (tribunal composé d'un minimum de mille jurés au IVe s.), à l'assemblée ou au conseil (conseil populaire attesté à Chios dès les années 575-550), sur la scène théâtrale athénienne organisée autour de l'autel de Dionysos… Ils la prennent souvent, par délation entre eux (la sycophantie, accusation publique, fonctionne quasiment comme une institution à Athènes), mais autant pour demander aux dieux poliades protection que pour critiquer leur lente gestion justicière des choses terrestres, de cette partie du monde, la terre, dont Hésiode rappelait déjà qu'elle appartient autant aux hommes qu'aux dieux. La cité s'adresse aux dieux pour garantir son ordre ; l'individu, pour revendiquer ses doléances. Car, là on invoque sans provoquer ; ici on provoque pour invoquer. À l'instar de leur croyance en des dieux fondamentalement et obstinément ambivalents, l'adresse des humains ne se prive pas de ce second mode de relation.

La prise de parole trace une frontière entre ce que les Grecs des cités se renvoient d'eux-mêmes et le monde barbare, trop bruyant, au sens d'être inaudible, à force d'être muet face à leur souverain. Les Hellènes de l'époque classique ne s'emmurent pas dans un silence propice à la divinisation d'un mortel : ils s'adressent directement aux dieux, sans génuflexion, pour leur demander de toujours reconsidérer leur justice vis-à-vis de ceux qui les font exister : les mortels. Comme le souligne Burkert, on ne dit pas « mon dieu » en grec ancien.

Entre conventions et protestations, la parole du citoyen est toujours une composante essentielle de cette liberté que les Grecs revendiquaient. C'est la réplique humaine à l'ambivalence tiraillant la nature divine : Ô Zeus, protège-nous ; Ô Zeus, que fais-tu ?

L'*Odyssée* rapporte que Zeus aurait entendu invectives et indignations. Il y aurait même répondu selon une anticipation qui n'appartient qu'à lui : « Ah misère ! Écoutez les mortels mettre en cause les dieux ! C'est de nous, disent-ils, que leur viennent les maux, quand eux, en vérité, par leur propre sottise, aggravent les malheurs assignés par le sort » (*Od.*, I, 32-34). Iphigénie, on l'a vu, éprouvera lucidement sur le théâtre de la cruauté ce que sottise veut dire, renvoyant vers l'Olympe un fort soupçon d'absurdité.

L'anticipation de Zeus peut être l'expression de la conscience d'un bouleversement à venir : celui d'une éducation des mortels entre eux, de la naissance de leur sentiment de responsabilité. Aux dieux restera alors le seul droit de se faire du souci : « Ô Zeus, que fais-tu ? Ô Zeus, protège-nous ». Ce sont les dieux, inquiets pour leur société fondée sur les sacrifices d'en bas, qui s'adresseront alors à l'Olympien par cette inversion des termes de l'adresse indignée des mortels.

▶ RUDHARDT J., *Notions fondamentales de la pensée religieuse et actes constitutifs du culte dans la Grèce classique*, Paris, Picard, 1992.

→ Ambivalence des dieux ; Oracle ; Prière ; Sacrifice

ÂGE D'OR

L'expression « âge d'or » appartient à Ovide (« *aurea aestas* », *Mét.* I, 89), les Grecs parlant plutôt d'une « race d'or » ou du « règne de Kronos » pour désigner le genre de vie particulier suivi par les humains périssables avant l'avènement de l'ordre olympien instauré par Zeus. Un genre de vie sans pleine conscience.

Le règne de Kronos selon Hésiode

La castration d'Ouranos comme condition de l'âge d'or. L'âge d'or correspond au règne de Kronos, puissance divine dont le mythe rapporte qu'il eut quelque difficulté à naître à cause de l'étreinte constante qu'Ouranos, son géniteur, impose à Gaia, sa génitrice éreintée. Pour se desserrer de son pesant conjoint qui ne sait rien faire d'autre que la féconder toujours et encore, sans permettre à ses descendants de « voir le jour », Gaia au giron cloîtré « fabrique » une grande serpe qu'elle remet dans le secret de ses entrailles à sa dernière progéniture, Kronos, qui, en mal d'espace et de ciel ajourés, émascule son encombrant géniteur (*Théog*., 178-182). Castré, violemment coupé d'un monde clos qu'il croyait sien, Ouranos s'éloigne définitivement de Gaia qui se découvre désormais comme terre. Le mutilé devient à son tour ce qu'il était voué à être : le toit du monde, le ciel fixe, assise sûre à jamais *(hédos asphalês aiei)* où viendront résider les dieux célestes (127-128). Le futur giron des dieux est donc stérile, impuissant, diminué : seul le mythe est capable d'évoquer une telle aporie que d'autres mythes viennent aussitôt parfaire pour tisser l'inconsistance des dieux.

Pour l'instant (pour cet instant de l'âge d'or), Kronos entame son règne dans ce monde ainsi déplié.

Race d'or et absence de reproduction sexuée. L'âge d'or est à l'image de son Titan de roi : Kronos est le dieu qui nie à la fois la génération (en castrant son père) et la reproduction (en avalant sa propre progéniture, les futurs Olympiens, que lui donne Rhéa, sa sœur). Avalement *(katapineîn)* comme grossesse à rebours et inceste peuvent toujours alimenter la conversation entre structuralistes et psychanalystes, mais la réception du mythe par un Hellène ne s'encombre d'aucune interprétation. Résolument pragmatique, l'auditeur d'Hésiode entend un discours sur les rouages et les nécessités du pouvoir brut, du pouvoir dans toute sa brutalité. Kronos, fort de l'assurance d'annuler la moindre prétention à lui succéder, se prend à « fabriquer » (ποιέω) lui-même la « première race d'hommes périssables (μερόπων ἀνθρώπων) ». Pourquoi ? Certainement pour avoir sous la main matière à offrande : car la mort, disons les forces de disparition et de soustraction, est déjà là sous la forme d'un couple issu de la Nuit primordiale : Thanatos et Hypnos. Sous le règne de Kronos, le rejeton nommé Hadès, promis à être le souverain des défunts, n'est encore que le fruit de la génération refusée par ce même Kronos qu'il ingurgite dans ses propres entrailles. Si Hadès peut encore attendre son lot (une fois que son cadet, Zeus, aura instauré un nouvel ordre), ni la Mort (Thanatos) ni le Sommeil (Hypnos) ne peuvent en revanche rester des puissances vaines et inactives. D'où la nécessité d'êtres périssables.

En attendant, ces périssables inconscients d'eux-mêmes vivent « comme des dieux », c'est-à-dire dans un temps suspendu : « la vieillesse misérable ne pesait pas sur eux, bras et jarret toujours jeunes » (*Trav.*, 113-114). Temps suspendu mais néanmoins fini : « mourants, ils semblaient succomber au sommeil » (116). L'association Thanatos/Hypnos est donc bien implicitement soulignée par Hésiode. Mais le fait de partager avec les dieux, pour un temps, cette absence de cycle se traduit encore par l'abondance des récoltes qu'offre une nature « donneuse de blé » qui, pour être insoumise au rythme des saisons, se montre ainsi spontanément et d'elle-même (αυτομάτη, 118) féconde et généreuse.

Le mythe hésiodique incite à s'intéresser aux rouages des successions généalogiques. L'âge d'or est cette imposture qui coince les mortels fabriqués par Kronos entre nécessité des généalogies divines (celle d'Hypnos et Thanatos, attendant celle d'Hadès) et aberration d'un environnement naturel encore privé de rythme, ce qui signifie en grec, sans contour. La manière mythique d'exposer un âge d'or pour en opposer aussitôt son absurdité consiste à persister sur la figure de Kronos.

Kronos n'a pas fabriqué des véritables humains, c'est-à-dire des mortels éphémères, des « feuilles », disent les poètes, qui, telles des offrandes, tombent dans l'escarcelle d'Hadès. Cette histoire est encore à venir. Il a seulement fabriqué des asexués périssables, ce qui n'est pas la même chose. La race d'or n'est pas une race de mâles, car la femme n'existe pas encore. Seul existe le féminin, au miroir des déesses, dans le monde des dieux. Les hommes d'or ne naissent pas du ventre maternel, mais sont « fabriqués » (*poíêsan*, 110) par les dieux. C'est en ce sens bien misogyne que cette première race d'êtres périssables vit « loin de tous les maux » (115). Asexués, étrangers à la coexistence complémentaire des contraires (mâle/femelle) et donc sans descendance, ces êtres sont l'expression même du fantasme vissé à l'« esprit retors » de Kronos qui, pour régner, a émasculé son géniteur et englouti sa propre engeance. C'est cette finitude sans descendance qui fait coïncider l'âge d'or avec un temps stérile : la race de fer, la nôtre, celle de la reproduction sexuée, ne « descend » donc pas de l'impuissante race d'or. En revanche, l'absence de descendance ne signifie pas absence d'un certain devenir à travers la postérité : les hommes d'or se transforment en « démons épichthoniens », gardiens bienveillants des mortels des races à venir (122-123), tout ceci dans le flou artistique d'une mentalité qui dessine très confusément les traits d'un *daímôn*.

L'avènement de Zeus, qui détrône son père par ruse et le refoule dans l'« obscurité brumeuse » du Tartare, sonne le glas de l'âge d'or. À la surface du sol, les nouveaux périssables se découvrent soudainement être des mâles à cause de l'introduction de la « race des femmes », une invention olympienne qui instaure l'âge de la nécessité (se nourrir soi-même et nourrir l'autre) et de la reproduction sexuée (à la fabrication des dieux se substitue la fécondation de l'autre comme mode de génération).

Le règne de Kronos selon Platon

Dans *Le Politique* (271 c 2 - 272 d 6), Platon s'intéresse au (pseudo-)« genre de vie » de l'ancienne humanité qui, sous le règne de Kronos, surgissait spontanément de la terre. Le texte est difficile et ambigu en tant qu'il pose en arrière-fond une alternance des rotations de l'univers qui tantôt tourne dans le sens que nous connaissons (de la naissance vers la vieillesse), tantôt dans le sens rétrograde (de la vieillesse vers un rajeunissement progressif « jusqu'à leur évanouissement complet au-delà du germe », Mattéi, 1996, p. 75). À quel cycle appartient le règne de Kronos ? D'éminents spécialistes ne s'accordent pas sur ce point : de la vieillesse à l'enfance (Vidal-Naquet, 1981, p. 372 ; Mattéi, 1996, p. 75-79) ou de l'enfance à la vieillesse (Brisson, 2000, p. 182) ? Seul le giron chthonien des vivants sous Kronos est établi : ils poussent de la terre, tels des végétaux, et ne s'engendrent pas les uns les autres.

Sous le règne de Kronos, « il n'y avait point de constitution et point de possession de femmes ni d'enfants, car c'est du sein de la terre que tous remontaient à la vie, sans garder aucun souvenir de leurs existences antérieures » (272 a). Le même renaît du même, asexué et amnésique, pour retrouver une végétation toujours spontanée et généreuse, qui lui permet de vivre comblé, nu et à l'air libre (272 a-b. Le thème de la renaissance cyclique du même à chaque fois amnésique de ses existences antérieures n'appartient évidemment pas à l'esprit hésiodique).

Kronos parque les mortels en « troupeaux », régentés à l'instar des animaux par des pasteurs divins bienveillants. La frontière animalité/humanité est bien ténue, au point que les « nourrissons de Kronos » (272 b) s'entretiennent avec les bêtes dont aucune espèce n'est sauvage ni prédatrice grâce à la profusion de la nature.

L'âge de Kronos s'achève lorsque « chaque âme [de cette race née de la terre] se fut acquittée de son compte de renaissances, après être retombée en semences dans la terre autant de fois que l'exigeait sa loi propre » (272 e).

À première vue, le règne de Kronos semble souhaitable : végétation dont l'abondance comble aussitôt le moindre besoin, prise en charge des vivants répartis en troupeaux par des pasteurs divins. Aucune nécessité : ni celle de travailler, ni celle de se protéger, ni celle de se reproduire : le même renaissant de lui-même de la terre.

À considérer le mythe de plus près, ce que Platon ne peut évidemment s'empêcher de faire, l'âge d'or vit dans l'absence : absence de mémoire, absence d'autonomie, absence de savoir-faire (les arts techniques sont inutiles à cause de l'automatisme spontané de la nature, ce qui inhibe tout effort d'éducation), mais aussi, absence de descendance. Cette existence amnésique, finie et végétative (leur mode de génération n'est d'ailleurs pas dissocié de celui des végétaux) conduit l'humanité du règne de Kronos à ne faire aucun usage de la partie rationnelle de l'âme. À leurs interlocuteurs que sont les animaux (mais l'animal fait totalement partie du vaste continuum de la vie), ils racontent des mythes, incapables qu'ils sont de tirer profit de leurs loisirs pour philosopher (272 c). Autrement dit, l'âge d'or n'est pas un « genre de vie » au sens grec (par ex. philosopher) mais une vie sans la plénitude d'elle-même, sans accomplissement.

À la fin de sa vie, Platon revient sur le mythe du règne de Kronos, pour l'évoquer dans les *Lois* au cours d'une discussion sur la meilleure constitution politique : démocratie, oligarchie, aristocratie ou royauté ? (*Lois*, IV, 712 c). « Une forme d'autorité et d'administration particulièrement heureuse, que l'on place sous le règne de Kronos » sert de modèle aux cités aujourd'hui les mieux administrées (713 b). Le mythe commence : pour pallier la « nature » *(phúsis)* incomplète de l'homme qui l'empêche de « régler en maître absolu toutes les affaires humaines sans se gonfler de démesure et d'injustice » (713 c 6-8), Kronos prépose pour rois et chefs, « non pas des hommes mais des êtres d'une race supérieure et plus divine, des démons *(daímonas)*, ainsi que nous faisons aujourd'hui nous-mêmes pour le petit bétail [...] : nous ne préposons pas bœufs à bœufs, chèvres à chèvres, mais nous exerçons sur eux l'autorité de notre race, qui est supérieure à la leur » (713 d 2-5). C'est par pure philanthropie (*philantrôpos*, 713 d 6) que Kronos mit à notre tête les démons « qui prirent soin de nous » (713 d 7).

Aujourd'hui, sous le règne de Zeus, ce sont les humains qui dirigent les cités. En conséquence, « nous devons imiter par tous les moyens la vie légendaire du temps de Kronos et obéir à tout ce qu'il y a en nous de principes immortels pour y conformer notre vie publique et privée, administrer d'après eux nos maisons et nos cités, donnant à cette disposition de la raison le nom de loi » (713 e 6 – 714 a 2). Le genre de vie sous Kronos est ici exemplaire dans le sens où il invite à s'affranchir de toute passion en se soumettant à ce qu'il y a d'immortel en nous. Entre *Le Politique* et les *Lois*, Platon a donné à la fois un tour plus positif au règne de Kronos, mais aussi inquiétant.

L'âge d'or n'est pas une rêverie pour un Grec. C'est un mythe, avec tout ce que cela draine d'enseignements. D'Hésiode à Platon, le mythe est resté le même, seules diffèrent les leçons à en tirer.

Quand Empédocle évoque l'âge de Kupris, correspondant à un temps pur de toute effusion de sang, il prend aussitôt soin de rappeler que Kronos n'était pas encore advenu afin de bien s'accorder sur le fait qu'âge d'or ne se confond pas avec l'âge de paix qu'il regrette (frag. 128).

Mais quand un élève direct d'Aristote, Dicéarque de Messine, enracine le thème de l'âge d'or dans un processus historique, il dévitalise le mythe pour en extraire une banalité. Sa *Vie de la Grèce* brosse le tableau de l'involution de l'humanité d'un âge d'or, synonyme d'absence de besoin, de maladie et de guerre vers une vie pastorale, *nomadikos bios*, qui entraîne l'homme à vouloir plus que le nécessaire, à tuer les animaux et à guerroyer. Dicéarque tourne le dos aux mythes. Il plonge dans l'Histoire un âge dont le mythe livre autant son impossibilité à y entrer que ses impasses.

Car le mythe rapporte que l'âge d'or n'est pas humain. Ses variations interrogent sur le sens à donner aux absences.

► BRISSON L., « Interprétation du mythe du *Politique* » (1995), revu et repris dans *Lectures de Platon*, Paris, Vrin, 2000, p. 169-205. - MATTÉI J.-F., *Platon et le miroir du mythe. De l'âge d'or à l'Atlantide*, Paris, PUF, 1996. – VIDAL-NAQUET P., « Le mythe platonicien du *Politique*, les ambiguïtés de l'âge d'or et de l'histoire » (1975), in *Le chasseur noir. Formes de pensée et formes de société dans le monde grec*, Paris, Maspero, 1981, p. 361-380.

→ Bétail humain/Troupeau humain ; Démon ; Femme ; Philanthropie ; Progrès de l'humanité ; Reproduction sexuée

AGNOSTIQUE

De ἄγνωστος, *ágnôstos*, « inconnaissable », le vocable évoque dans l'*Odyssée* l'impossibilité pour un mortel de pouvoir reconnaître ce qui doit pourtant l'être spontanément : Ulysse ne reconnaît pas (ἄγνωστον) sa terre natale parce que Pallas Athéna a versé autour de lui une nuée (*Od.*, XIII, 191). L'incapacité humaine de reconnaissance est, dans le poème homérique, provoquée par la capacité divine de voiler ce qui est cependant connu. « Ne pas reconnaître » (ἀγνοέω) est alors le fait d'une action des dieux.

Ainsi, avant de signifier la suspension de la croyance à l'égard de toute assertion dépourvue d'évidence adéquate quant au divin, le vocable retenu par la modernité (« agnosticisme ») pointe originellement vers une action privative des dieux à l'encontre des facultés humaines. En ce sens, les dieux, non seulement existent, mais ne se privent pas d'user de leur puissance pour tromper les mortels.

Le thème de l'inconnaissable ne doit pas être confondu avec celui de l'inconnaissance (qui postule une incommensurable distance séparant les mortels des immortels, ces derniers préférant rester résolument inconnaissables), ni avec l'athéisme radical (pure et simple négation de l'existence des dieux).

Des dieux… reconnaissons… le flou

Une lecture publique (dans la maison d'Euripide, selon une tradition) de l'ouvrage *Sur les dieux (Perì theôn)* de l'initiateur de la sophistique, Protagoras d'Abdère (~ 492-422), s'ouvre par cet exorde :

« Des dieux, je ne puis rien savoir, s'ils sont ou s'ils ne sont pas, ni quelle forme est la leur ; bien des éléments m'empêchent de le savoir, ainsi l'obscurité [αδηλότης] de la question et la brièveté de la vie humaine. » (80 B 4 DK)

L'auteur du propos sera accusé d'impiété par l'un des Quatre-Cents, un certain Pythodore. La charge d'accusation publique ne restera pas sans effet. Protagoras sera condamné à l'exil par les Athéniens et ses livres seront « saisis par un héraut chez tous ceux qui en possédaient [pour être] brûlés sur la place publique » (Diogène Laërce, IX, 52 = 80 A 1 DK). Pour autant que nous le sachions, c'est le premier autodafé. Plus de quatre siècles plus tard, Cicéron en soulignera encore l'intention dissuasive : « Après quoi je pense que beaucoup se sont montrés plus réticents avant d'afficher la même opinion puisque l'expression d'un simple doute n'avait pu échapper au châtiment » (*De natura deorum*, I, XXIII, 63).

Pourtant, le constat du sophiste ne relève pas de l'athéisme. Protagoras ne prétend pas vivre « sans dieux », il ne nie pas leur existence, mais reconnaît que, des dieux, l'homme ne peut rien savoir. Dans le *Théétète* (162 d-e), Socrate fait dire à Protagoras à propos des dieux : « Moi, j'écarte, de mes discours et de mes écrits, toute affirmation sur leur existence ou leur non-existence. » La réserve n'est pas neuve. Xénophane de Colophon (VIe s.) avait soutenu que personne ne peut rien affirmer au sujet des dieux, privés que nous sommes d'une connaissance certaine. « Chacun peut avoir son opinion », mais « celui qui, par un coup heureux, trouverait la formule la plus parfaite [concernant les dieux], n'en saurait rien lui-même » (DK 21 B 34). Dans ce cas, c'est l'impossibilité de savoir versée au bénéfice de l'existence des dieux. Et puis, il y a cette mentalité propre aux Hellènes d'admettre que les pensées mortelles doivent suffire aux mortels.

Dans ses discours *(légein)* et écrits *(gráphein)*, Protagoras proclame suspendre sa croyance à l'égard de toute absence d'évidence, c'est-à-dire de toute adéquation avec le divin. Soit. Mais, dans le dialogue platonicien qui porte son nom, il doit, sur l'injonction de Socrate, démontrer que la vertu peut s'enseigner. Protagoras recourt alors à une forme mythique, car, dit-il, un mythe sera plus agréable qu'un discours explicatif. Et son mythe d'évoquer le temps où « les dieux existaient déjà », avant l'apparition des mortels qui, au moment venu, seront façonnés par ceux-ci…, et le sophiste d'expliquer que c'est « parce que l'homme participait au lot divin (θείας μοίρας), [que] d'abord, du fait de sa parenté avec le dieu (θεου συγγένεια), il fut le seul de tous les vivants à reconnaître les dieux » (Platon, *Protagoras*, 320 c ; 322 a). Jacqueline de Romilly y voit une façon d'exalter l'homme : Protagoras « ne serait certes pas le seul à employer les mots de "dieux" et de "divin" de cette façon floue, pour désigner ce qu'il y a de meilleur et de plus respectable dans la vie humaine. Un mélange d'agnosticisme et de sens du bien des hommes pouvait aisément le conduire à un tel usage. C'est ainsi, sans doute, qu'on le voit présenter ces liens comme un don des dieux et dire que les hommes "participaient au lot divin" parce qu'ils se distinguaient des bêtes par la piété, le langage et toutes les inventions de la civilisation » (1988, p. 272). C'est la *croyance* religieuse (θεοὺς νομίζειν) et non pas *savoir* (ειδέναι) qui tient un rôle moteur positif dans l'élaboration de la civilisation. Que le mortel ne puisse savoir ni comment sont les dieux, ni comment ils ne sont pas, ni s'ils sont ou s'ils ne sont pas, n'a pas d'importance à l'aune de l'effort civilisateur que leur seule idée suscite. Rien n'interdit alors de considérer que Protagoras se conformait scrupuleusement aux rites et usages religieux de sa cité (C.W. Müller, 1967, p. 146 sq., 152), et on peut parler d'un pragmatisme du sophiste.

On trouve, du côté des premiers cyniques, cette réponse de Diogène de Sinope à la question de savoir ce qui se passe dans les cieux : « Je n'y suis jamais monté » (d'après Tertullien, *Ad nationes* II, 2). Un « témoignage » de Tertullien prête encore à Diogène cette autre réplique : « Comme on lui demandait si les dieux existent, il répondit : "Est-ce que les dieux existent ? Je l'ignore, sauf que je sais qu'il est utile qu'ils existent". » Seule certitude : celle que la crainte inspirée par la croyance aux dieux et à leur justice – croyance sur laquelle on ne se prononce pas –, profite à l'instauration d'une vie « policée » au sein de la *polis*. L'idée avait déjà été émise dans le *Sysiphe*, œuvre qui ne reconnaissait aux dieux que leur invention tout humaine pour insuffler au peuple la crainte d'un châtiment immédiat si jamais il dérogeait aux lois.

Selon l'épicurien Diogène d'Œnoanda (IIe s. ap. J.-C.), Protagoras « dit qu'"il ne sait pas si les dieux existent", ce qui revient à dire qu'il sait qu'ils n'existent pas » (Inscription, 12 c 2 = 80 A 25 DK). Il s'agit d'une interprétation totalement déviante, comme le seront celles de Sextus Empiricus (IIe-IIIe s.) ou d'Eusèbe (IIIe-IVe s.) qui rangent le sophiste dans la catégorie de ceux qui soutiennent une *átheos dóxa*. Cicéron avait pourtant mis en garde par anticipation contre ces assimilations abusives avec l'athéisme radical d'un Diagoras ou d'un Théodore : « Protagoras se dit dans le doute, tandis que Diagoras de Mélos et Théodore de Cyrène rejettent [l'existence des dieux] sans réserve » (*Nature des dieux*, I, I, 2 ; cf. I, XXIII, 63 et XLII, 117 : ces trois références au sophiste intervenant toujours pour le démarquer des deux contempteurs déclarés des dieux). Ce n'est pas sans intérêt que la pure érudition a pu s'interroger sur la construction du fragment de Protagoras : s'agit-il d'une interrogative indirecte (ni comment les dieux sont… ni comment ils ne sont pas…) ou d'une proposition complétive (existence ou non-existence) ? Mais, comme le souligne J. de Romilly qui tient compte de l'avertissement de Cicéron, c'est plutôt l'emploi à deux reprises du mot « savoir » *(eidenai)* qui est important en tant qu'il extirpe le propos de Protagoras du registre convenu de la croyance : « Protagoras veut donc dire que l'on ne sait rien sur les dieux, et non pas qu'ils n'existent pas » (1988, p. 155). Selon Kerferd, le sophiste « formule explicitement l'idée qu'il n'était pas possible de découvrir la nature des dieux » (1999, p. 238).

Ne pas *savoir* si les dieux existent ne signifie précisément pas *savoir* qu'ils n'existent pas.

Incapacités partagées : la bonne mesure

L'agnosticisme est le constat d'une incapacité, à première vue imputée à l'humain. Les dieux en ont-ils ainsi décidé ? ou les humains sont-ils bornés ? Et s'ils le sont, le sont-ils selon la volonté des dieux immortels ou selon leur nature mortelle ? Il semble que ce nous appelons agnosticisme soit autant une reconnaissance humaine de l'incapacité des dieux à ne pouvoir se manifester, donc à s'affirmer, et celle des humains de ne pouvoir les réfléchir. Le penseur éléatique Mélissos de Samos (ve s.) « disait, à propos des dieux, qu'il ne fallait pas se prononcer ; car il n'y en a pas de connaissance » (A 1 DK = Diogène Laërce, IX, 24).

C'est, selon Protagoras, « l'obscurité de la question », ou plutôt le terme grec employé qui est intéressant : ἀδηλότης *(adêlótês),* vocable pouvant signifier une sorte de visibilité nulle. Cette obscurité peut signifier la totale invisibilité des dieux (ce qui est alors une façon de ne pas les nier, car le corps des dieux est traditionnellement lié à son invisibilité : « Nous ne voyons pas les dieux », Plutarque, *Vie de Périclès*, VIII, 9). Elle peut aussi signifier l'incapacité humaine de les percevoir, faute de moyen d'en recevoir une expérience directe : l'homme, par essence éphémère, est une « mesure » nécessairement inadéquate pour vérifier l'immortalité. Dans les deux cas (mode inadéquat de présentation du dieu ou capacité limitée et inappropriée des facultés humaines de perception), le divin n'est pas nié. Il est même au fondement d'une certitude : celle de ne pouvoir être atteinte par les mortels. Car ce ne sont pas les dieux qui sont en question, mais plutôt l'obscurité du sujet… l'obscurité de la question concernant ce qu'ils sont… ou ne sont pas… à cause de l'absence de données sensibles…

« L'obscurité de la question » de savoir si les dieux sont ou ne sont pas est encore liée à la brièveté de la vie humaine. Ce thème n'est pas nouveau. Le *De natura deorum* de Cicéron rapporte un « dit » du poète Simonide de Céos (vi[e]-ve s.) à qui le tyran Hiéron de Syracuse aurait demandé ce qu'est un dieu : Simonide « sollicita un jour de réflexion ; le lendemain, comme Hiéron lui répétait la question, il demanda deux jours ; quand il eut ainsi doublé le nombre des jours à plusieurs reprises, Hiéron étonné lui demanda de s'expliquer. "C'est que, dit-il, plus je réfléchis, plus l'espoir d'y voir clair s'obscurcit" » (I, 22, 60 ; trad. C. Auvray-Assayas).

À la brièveté de l'existence mortelle s'ajoute, selon Protagoras, une constante de l'intellect humain, qui fonde le principe de ses *Antilogies* : si « sur toute chose, il y a deux discours qui se contredisent l'un l'autre » (80 B 6 a), alors l'argumentation du croyant et celle de l'incroyant s'annulent, l'une ne l'emportant pas sur l'autre, au profit d'une incertitude radicale, d'une indifférence religieuse. Les sceptiques déclareront une isosthénie des discours, sorte de force égale (ἰσοσθένεια) entre arguments antithétiques : dans ce cadre, « les dieux ne sont pas plus étants que non étants » (Sextus Empiricus, *Adv. math.*, IX, 59 ; cf. Conche, *Pyrrhon ou l'apparence*, PUF, 1994, p. 201).

Où se trouve le divin au sein d'une conception qui prône que « l'homme est la mesure de toutes choses, de l'être de celles qui sont, du non-être de celles qui ne sont pas » (80 B 4 DK, *in* Platon, *Théétète*, 152 a) ? Où se trouve le divin, sinon dans la référence qu'il impose ? Mais, si l'homme est la mesure de toutes choses, pourquoi ne serait-il pas, aussi, mesure de l'existence des dieux ? Et cette implacable référence à sa propre nécessité que le divin suppose n'est-elle pas indispensable à tout discours qui le met en doute ? Si les hommes honorent les dieux, est-ce parce qu'ils en ont reçu l'injonction des dieux, ou est-ce parce qu'ils souhaitent que ceux-ci existent ? « L'agnosticisme qui s'exprimait dans la première phrase du traité [*Sur les dieux*, de Protagoras], écrit D. Babut, n'est que l'envers du relativisme qui proclame que l'homme est la mesure de toutes choses. Dès lors, l'ignorance de la nature divine, loin d'exclure les croyances traditionnelles, leur assure au contraire une nouvelle justification, en tant qu'elles *paraissent* vraies à ceux qui les professent » (Babut, 1976, p. 56).

Quand, en 444, Périclès demande (selon une tradition) à Protagoras de participer au titre de législateur à la fondation de la colonie panhellénique de Thourioi, le sophiste ne manque pas d'apporter avec lui les cultes des dieux du panthéon d'Abdère, sa ville natale.

Qu'Ulysse le rusé ne puisse reconnaître sa terre natale à cause de l'action d'une divinité, hante toujours Protagoras le sophiste.

▶ BABUT D., *La religion des philosophes grecs*, Paris, PUF, 1974. – GUTHRIE W.K.C., *Les Sophistes* (1971), trad. fr., Paris, Payot, 1976, chap. 9. – KERFERD G. Br., *Le mouvement sophistique* (1981), trad. fr., Paris, Vrin, 1999, chap. XII. – MÜLLER C.W., « Protagoras über die Götter », *Hermes* 95, 1967, 140-159. – ROMILLY J. de, *Les grands sophistes dans l'Athènes de Périclès*, Paris, De Fallois, 1988.

→ Athée ; Croyance (Origine de la) ; Impiété ; Inconnaissance et théologie ; Invention des dieux ; Progrès de l'humanité

AGORA → Centre

AMAZONE

« Quand bien même ce que nous dirons devrait paraître des fables tant la matière du récit est extraordinaire. » C'est en ces termes que Diodore de Sicile, historien du premier siècle avant notre ère, introduit son développement sur les Amazones (II, XLIV, 3). Plus d'un siècle plus tard, Plutarque relate d'autres « événements si anciens » concernant les Amazones, dont il faut admettre, précise-t-il, certains « flottements de l'histoire » (*Vie de Thésée*, XXVII, 6). D'Hérodote à Diodore, d'Apollodore à Strabon, en passant par Lysias et Plutarque, les Grecs ont certainement souhaité tenir pour historique l'existence de ce peuple de femmes guerrières dont le système gynécocratique témoigne à leurs yeux d'une pure aberration de l'Histoire bientôt défaite par l'ordre de la civilisation des Hellènes.

Si le thème des Amazones trouve sa justification dans cet ouvrage, c'est parce qu'il correspond à une mise en place extrêmement élaborée de l'idée que l'Hellène de l'époque classique se fait de sa civilisation. Il montre qu'honorer un dieu peut être une question d'époque. Être en retard sur une nouvelle approche du divin, c'est se condamner à disparaître. Les Amazones en sont restées au culte d'Arès quand Athènes honore Athéna. Deux façons de faire la guerre, l'une sauvage et permanente (« Arès, le dieu insatiable de guerre », *Il.*, V, 388), l'autre davantage protectrice. Cette dernière aura tôt fait de déconstruire ce qui doit l'être : la démesure de ces « filles d'Arès » que sont les Amazones.

Les Amazones frappent. Elles ne frappent pas seulement à coup de double hache aux confins du monde connu, elles frappent aussi l'imaginaire d'un Hellène. Un problème difficile à résoudre, mais dont la méfiance à l'égard des « tribus des femmes » trouvera sa tranquille assurance dans l'extinction programmée d'une aberration – comment une femme peut-elle être une guerrière ? – comme le rapportera Lysias, rarement cité par les spécialistes du mythe de ces femmes armées. Mythe ou histoire ? L'important pour l'Hellène est la chute commune aux récits racontés sur ces farouches cavalières, montant leur cavale comme des hommes pour chasser et piller : leur extinction.

L'époque classique, principalement celle des guerres Médiques, a encouragé ses peintres et sculpteurs à s'intéresser au thème de l'Amazone dans l'optique de représenter cette guerrière blessée ou vaincue, le bras levé en signe de défaite. L'Amazone ou le Perse ? Les deux sont des Barbares que la civilisation hellénique met au pas. Vaincre dans la même geste l'animalité féminine et la sauvagerie de l'étranger barbarophone s'expose dans l'art classique qui, dès le début du ve siècle, représente les Amazones à l'image des guerriers perses ou scythes, tous défaits. D'une pierre – d'une frise –, deux coups.

Le sort des mâles

Que la réalité d'un peuple de femmes dominant les hommes soit persistante appartient à la mise en place de son mythe. Situées souvent au sud, parfois au nord du Pont-Euxin (la mer Noire que les Grecs appelaient par antiphrase « mer Favorable », tant la traversée vers la Crimée, en Bessarabie, était redoutée), ou plus généralement encore en Asie Mineure, les Amazones sont autant rebelles et hostiles à l'homme, στυγάνορ<α> (Esch., *Prom. ench.*, 724) que carnassières, κρεοβόρους (Esch., *Suppl.*, 287). Qu'une Amazone vive sans homme (ἀνάνδρους) (*ibid.*) a plusieurs présentations. Selon Diodore, l'élément masculin est confiné dans la maison ; selon Strabon, il est relégué aux marges de la société des femmes. À la question grecque : comment se passer des femmes ?, la société des Amazones substitue celle de savoir comment évacuer les hommes ? Soit en les renvoyant d'où ils viennent après le nécessaire coït à finalité sélective, soit en les confinant à la maison. La tradition rapportée par Diodore assigne aux vierges la fonction guerrière. (Rappelons que dans l'imaginaire grec, virginité et sauvagerie sont indissociables.) Une fois cette période de service militaire accomplie, elles s'accouplent pour donner naissance à des enfants, puis exercent les magistratures et administrent les affaires communes, *tà koiná* (Ce qui inspire à François Hartog l'équivalence suivante : « la guerre, c'est la tâche des Amazones-vierges, donc d'une classe d'âge connaissant l'équivalent d'un temps éphébique auquel le mariage met fin. Les Amazones sont en effet des sortes d'éphèbes » [2001, p. 338].) « Les hommes, au contraire, poursuit Diodore, comme les femmes mariées chez nous, restaient à l'intérieur de la maison et exécutaient les ordres que leur donnaient leurs épouses. Ils n'avaient aucune part dans l'armée, ne participaient pas aux magistratures, et ne pouvaient prendre la parole à l'assemblée sur les affaires de la cité, droit qui aurait pu les rendre présomptueux et les pousser à se révolter contre les femmes » (Diodore, III, 53). La circulation des hommes est donc interne à la société des Amazones selon un parfait schéma « d'inversion » (Hartog) par rapport au modèle grec qui ne connaît que la circulation des femmes de la maison paternelle au foyer conjugal.

Concernant le sort des enfants mâles, Diodore avait déjà exposé pourquoi ils n'auraient aucune chance de participer aux raids militaires que mènent leurs mères : « À la naissance, on mutilait les jambes et les bras des mâles, les rendant inaptes aux fonctions guerrières » (Diodore, II, 3).

Selon Strabon, les hommes sont carrément prélevés ponctuellement à l'étranger puis systématiquement rejetés. Les Amazones s'unissent une fois par an avec les Gargaréens, un peuple voisin. Union au hasard et dans l'obscurité. « Quand ils les ont engrossées, elles les renvoient. Celles qui accouchent d'un enfant de sexe féminin le gardent. Quant aux enfants mâles, elles les apportent aux Gargaréens pour qu'ils les élèvent. Ceux-ci les adoptent individuellement, chacun admettant dans le doute que l'enfant apporté est son fils » (Strabon, XI, 5, 1). D'après cette version, la société des Amazones ne refoule pas le mâle dans la maison mais à sa frontière.

Hérodote évoquait un tout autre sort réservé aux hommes par les Amazones. Son récit évoque une prise de ces femmes guerrières par les Grecs qui les emmènent sur leur bateau. Les prisonnières parviennent à tuer les membres de l'équipage, abordent chez les barbares Scythes, leur font la guerre avant de faire l'amour avec eux, ceux-ci, tout étonnés de s'apercevoir qu'il s'agissait de femmes, optant pour la stratégie de séduction. Les Scythes s'unissent aux Amazones dans l'espoir d'obtenir de ces ventres vigoureux de bons guerriers pour leur peuple qui rend aussi des cultes sauvages à Arès. Mais les femmes ne l'entendent pas ainsi. Elles entraînent leurs conjoints au-delà du fleuve Tanaïs (Don) pour les soumettre à leur genre de vie (Hérodote, IV, 110 sq.).

Selon cette version, ce sont les hommes qui font l'objet d'un enlèvement, et non les femmes celui d'un rapt qui, selon quelques traditions, appartient aux us et coutumes hellènes, notamment lacédémoniennes.

De ces unions naissent les Sauromates, un peuple où la fonction guerrière est aussi l'apanage exclusif des femmes. C'est à propos de ces femmes Sauromates qu'un texte hippocratique du ve s. note une mutilation d'un de leur sein « afin que toute la force et l'accroissement se portent dans l'épaule et le bras » (*Des airs, des eaux, des lieux*, 17). Il n'est certainement pas insignifiant que ce soit un texte d'inspiration rationnelle qui évoque ce thème du sein droit coupé ou mutilé, de façon qu'il n'entrave pas l'exercice guerrier (lancer du javelot ou tir à l'arc), alors qu'il n'apparaît pas dans les représentations figurées des Amazones. Les Sauromates appartenant directement à la descendance des Amazones, Hippocrate laisse supposer leur existence, mais sans dire de ces dernières qu'elles ont subi une mutilation mammaire.

Et cette existence est nécessaire à l'esprit hellénique soucieux de montrer sa supériorité. Chaque Grec sait que les Amazones sont ou furent des « guerrières égales de l'homme » (ἀντιανείρας, *Il.*, VI, 186) et qu'il a fallu envoyer des héros, ces demi-dieux, pour les affronter victorieusement (Héraclès, Thésée, Bellérophron). Puis de héros légendaires, Athènes en viendra à leur substituer des « hommes de cœur », de vrais citoyens obéissant à Athéna, ainsi que Lysias s'en fait le porte-parole.

Filles d'Arès

Les Amazones honorent les dieux, ce qui les enracine dans une certaine forme d'humanité. Elles honorent Artémis *Tauropole* (Diodore, II, 46, 1). L'épiclèse de la déesse laisse entendre qu'il ne s'agit pas simplement de la simple vierge chasseresse Artémis (les guerrières amazones ont ce double attribut), mais de l'Artémis exigeant le sacrifice de captifs étrangers (Euripide, *Iphigénie en Tauride*, 1453-1460). À ce stade, l'humanité de ces femmes se fait encore primitive. Mais il y a plus significatif, car le principal dieu qu'elles honorent est le plus belliqueux d'entre eux. Un dieu sans nuance, obstinément carré, totalement dépourvu de cette ambivalence dont l'humain peut toujours espérer quelque chose de faste. Il s'agit d'Arès, l'abruti de la famille olympienne, celui dont Zeus lui-même se demande s'il n'est pas « le plus odieux » des immortels (*Il.*, V, 890) tellement il n'a rien d'autre à offrir que sa propre jouissance : carnage et destruction. Ainsi, les Amazones « n'aimaient que funeste démesure et travaux d'Arès » (Apollonios de Rhodes, *Argonautiques*, II, 989). C'est cette démesure inspirée par le dieu sanguinaire qui, affrontée à la mesure grecque, conduira cette tribu de femmes à s'éteindre. La version de Lysias est sans ambiguïté :

« Jadis vivaient les Amazones, filles d'Arès, habitant près du fleuve Thermodon. Elles étaient les seules, parmi les peuples d'alentour, à porter une armure de fer, et elles furent les premières dans le monde entier qui montèrent sur des chevaux : ainsi, elles pouvaient surprendre l'ennemi étonné, l'atteindre dans sa fuite, aussi bien qu'échapper à sa poursuite. Femmes par le sexe, leur courage les faisait plutôt considérer comme des hommes. Elles se montraient en effet supérieures aux hommes par la vigueur de leurs âmes, plus qu'elles ne cédaient par la faiblesse de leurs corps » (Lysias, II, 4). Suit une version de l'expédition de ces guerrières en Attique, fortes de leurs précédentes victoires sur d'autres peuples, nécessairement barbares car voisins. (Dans sa *Vie de Thésée*, 26-28, Plutarque donne une motivation différente à l'expédition des Amazones qui auraient poursuivi Thésée, le ravisseur de l'une d'entre elles, jusqu'en Attique. L'issue reste la même.) Lysias ne manque pas alors de rappeler l'issue désastreuse pour les Amazones de cette belliqueuse aventure, et de conclure « qu'elles trouvèrent devant elles des hommes de cœur *(agathôn andrôn)*, et leurs âmes ne furent plus au-dessus de leur sexe » (II, 5). Bref, les Amazones se révèlent femmes, sauvageonnes parfois capables d'initiatives tactiques, mais incapables de comprendre à qui elles ont affaire. Au lieu de se replier devant l'avancée d'une armée ordonnée de mâles, elles persistent pour leur malheur, tellement ivres des « boissons » d'Arès. Défaites, tuées sur le sol d'Attique, elles « fournirent à notre cité l'occasion de s'immortaliser par sa valeur, tandis que, vaincues chez nous, elles jetaient leur propre patrie dans l'obscurité » (II, 6).

Être fille d'Arès n'est donc pas anodin pour un Grec de l'époque classique. Arès, c'est la guerre pour elle-même. Ce que font ses « filles » qui, par atavisme, ne comprennent pas qu'elle n'est pas une fin en soi. En revanche, les Athéniens, « enfants d'Athéna » selon l'expression de Nicole Loraux, savent que l'action guerrière ne doit pas être exclusivement tendue vers l'offensive, mais aussi vers la protection. La question se pose toujours de savoir si Arès est vraiment un dieu. Zeus s'interroge, ce que les mortels n'osent pas. Quelle que soit la réponse, l'attestation d'un doute olympien prouve que le culte rendu par les Amazones n'est pas forcément efficace. Athéna ne donnait-elle pas au mortel Diomède ce conseil avisé : « N'aie point de respect pour l'ardent Arès : c'est un furieux, le mal incarné, une tête à l'évent ! » (*Il.*, V, 830-831). Hésiode ne rappelait-il pas que la race de bronze, entièrement vouée aux « œuvres de démesure » d'Arès, s'autodétruit et sombre dans l'oubli total : les hommes de bronze disparaissent sans laisser de nom (*Trav.*, 154) : *nómumnoi*, le mot signifiant aussi bien « sans nom » que « sans gloire » – et l'effacement de la mémoire collective est la pire des morts pour un Grec. La trame imaginaire est alors parfaitement construite.

Le thème des Amazones est certainement le terrain de schémas d'inversion, de repoussoir et de transgression, mais ce champ offre aussi une formidable construction du paganisme capable de tisser des légendes entre elles, de les relier à des dieux dont il assume autant la croyance en leur finalité et universalité que celle de supposer leur épuisement, et donc leur finitude, pour s'expliquer une des aberrations de l'histoire.

L'important est de vanter la vaillance et le courage de ces femmes, de chanter leurs hauts faits… chez les Barbares. La représentation grecque obéit à une mise en place quasi homogène, malgré les nombreuses versions. Confrontées à d'autres peuples barbares, les Amazones sont toujours victorieuses. Leurs conquêtes les conduisent de la Thrace à la Syrie (Diodore, II, XLVI, 2). Entre Barbares, ce sont elles qui soumettent. Mais, face aux Grecs, les Amazones échouent. Déjà, après la mort d'Hector, les Amazones apparaissent dans un épisode rapporté par Tzetzès (*Posthomerica*, 182) qui montre qu'elles font le mauvais choix en venant au secours des Troyens.

Les Hellènes d'Attique ne pouvaient vaincre des sous-soldats, des petites frappes au risque d'avoir la victoire sans gloire. Rappelons que la confrontation avec les Amazones compte parmi les « Travaux » d'Héraklès (Hérodote, IV, 110 ; Diodore, IV, 16 ; Apollodore, II, 5, 9). Tout était alors mis en place pour décrire le peuple des Amazones bien préparé aux assauts belliqueux, initialement mené par une reine dont « l'intelligence et l'habilité stratégique étaient remarquables » (Diodore, II, 4). Les reines amazones qui se sont succédé gouvernent toutes avec éclat (Diodore, II, 3).

Il y a trop d'inversions, de subversions, de transgressions, toutes formatées au millimètre de l'échelle de la mentalité grecque, pour admettre l'historicité du peuple des Amazones. Mais ce n'est pas à nos critères d'en jauger le degré de croyance. Les Grecs l'ont certainement tenu pour réelle dès lors, et seulement dès lors, que cet anti-modèle de femmes-hommes, *antianeirai* (*Il.*, VI, 186) est condamné à disparaître devant la discipline hoplitique et le « genre de vie » hellène. Car c'est bien sous l'angle de leur « genre de vie » que Diodore propose son exposé.

Les Amazones serviront au moins de portemanteaux. Archères au costume scythe ou revêtues à la mode perse… Ces panoplies de l'esclave chargé de faire la police à Athènes (le Scythe) ou du vaincu (le Perse) conviennent parfaitement à l'idéologie masculine des Hellènes.

Mythe ou histoire ? Dans l'univers masculin hellénique, seule la mise en place de la séquence Amazones-vierges-guerrières, condamnée par un culte obsolète à Arès (au pire soupçonné d'être un faux dieu, au mieux de n'être qu'une divinité diminuée), est signifiante.

► HARTOG Fr., *Le miroir d'Hérodote. Essai sur la représentation de l'autre*, Paris, Gallimard (1980), 2001. – JOUAN F. & DEFORGE B. (éd.), *Peuples et pays mythiques*, Paris, Les Belles Lettres, 1988.

→ Barbare ; Démesure ; Faux dieu ; Femme ; Virginité

AMBIVALENCE DES DIEUX

« Les dieux peuvent rendre fou l'homme le plus sage, tout comme ils savent inspirer la sagesse au moins raisonnable » (*Od.*, XXIII, 11-13).

Ambiguïté et ambivalence

Une même divinité égare ou conseille, libère l'esprit ou enchaîne dans la folie, dispense fléaux et rites apaisants, envoie la maladie et peut guérir. La foudre de Zeus tue en même temps qu'elle immortalise la victime, mais l'immortalité n'est pas toujours enviable. Déméter nourrit les mortels qu'elle peut aussi affamer en retenant le grain en son sein. Dionysos libère les femmes autant qu'il les rend follement dépendantes et criminelles. Apollon est le dieu de la purification, mais ses flèches peuvent semer la peste. Héraclite aurait dit des choses au sujet de l'harmonie des contraires quand il s'interrogeait sur les pouvoirs de la corde de l'arc et de celles de la lyre… Si « l'arc d'argent » d'Apollon tue de loin, le dieu l'utilise aussi pour tenir le mal à distance : ce sont des statues du dieu armé de son arc qui sont érigées aux portes d'Hiérapolis de Phrygie frappée par la peste pour détruire le fléau. Celui qui fait périr (les Grecs s'accordaient pour dériver le nom du dieu du verbe *apollunai*, « faire périr ») est aussi selon les épiclèses *alexíkakos*, « écarteur du mal » ou *apotrópaios*, « protecteur ». De même, Apollon est fondateur et destructeur : il bâtit des autels qui, dans la conscience grecque, correspondent aux premières pierres d'un espace consacré à la civilisation ; il peut aussi détruire, par exemple le rempart dressé par les Achéens de *l'Iliade* devant leurs vaisseaux. Sa jumelle, la bruyante Artémis, est vierge et passeuse : la farouche déesse à la voix sonnante forme dans son sanctuaire de Braunon les fillettes à se taire et à accepter le joug du mariage. La sœur d'Apollon est encore autant la déesse de la naissance, celle qui apporte la délivrance à la future mère, que la déesse qui donne la mort aux femmes en couches. Poséidon vient souvent en aide aux marins autant qu'il se manifeste à travers les tempêtes et les séismes : il est l'« ébranleur du sol » qu'il faut calmer par le « péan de Poséidon » (Xénophon, *Hell.*, 4.7.4) qui lui rappelle qu'il est aussi *Aspháleios*, le dieu « de la stabilité ». Aphrodite prévient Hélène qu'elle la tient autant en affection qu'en possible haine (*Il.*, III, 414-417), etc.

Un dieu est autant protecteur que perfide, sauveur que tueur. Une divinité a toujours des dispositions envers les mortels, mais ceux-ci éprouvent des difficultés de discernement à cause de leur incapacité à connaître leur attente. « Le même [dieu] possède le pouvoir de guérir le mal qu'il a fait. Les dieux qui tuent sont aussi les dieux qui font naître. C'est une loi que les Puissances se manifestent tour à tour avec un aspect bienfaisant et un aspect malfaisant » (Cl. Ramnoux, *Mythologie ou la famille olympienne*, Colin, 1962, p. 88).

Ce qui pour un Grec reste ambigu dans cette ambivalence reconnue par les mortels c'est précisément l'inconnaissance dans laquelle les dieux laissent l'homme en matière d'attente divine. L'ambivalence est une manifestation divine tandis que l'ambiguïté est une réception humaine. Si les dieux peuvent se permettre d'être inconstants, c'est à l'homme d'opter pour la pieuse attitude de la crainte envers eux. Mieux vaut prier (ce qui est toujours une demande) que mépriser (ce qui reviendrait à se passer de leur assentiment). Par cette prudence, le Grec montre une constance qui touche à une sagesse trop humaine pour qu'elle soit partagée par ces dieux fondamentalement écartelés sur le socle vacillant de leur ambivalence. Les dieux sont ambivalents parce qu'ils prennent plaisir aux hommages des humains… qu'ils se complaisent à laisser dans l'incertitude.

Mais la pensée hellène n'est pas dupe. Elle sait parfaitement tisser la représentation de *son* divin. C'est d'ailleurs une des fonctions de ce nous appelons les mythes. Les représentations entrelacées d'Hermès sont un pur chef-d'œuvre de cette fausse duplicité qui ne se livre progressivement qu'au rythme (contour) d'une élaboration narrative pour dessiner (s'accorder) sur l'aporie d'une représentation (appréhension) de toute divinité.

Hermès ou l'excellence de l'ambivalence

Les diverses représentations d'Hermès se confondent en une nervure propre à exemplifier parfaitement l'ambivalence du divin.

Dieu du tas de pierres (*hérma, hermaîos lóphos*), Hermès indique le chemin, balise les espaces inconnus qu'il marque de ses pierres, pointe les directions sous la forme de bornes quadrangulaires précisément appelées « hermès », pourvues d'un phallus et surmontées de trois ou quatre têtes. Toute l'activité du dieu est tendue vers les échanges au sein d'un cosmos pourtant quadrillé par de strictes frontières entre un haut et un bas, entre les cimes de l'Olympe et les tréfonds de l'Hadès : le Zeus d'en haut et celui d'en bas sont certainement les deux faces d'une jumelée cachée, mais qu'importe à Hermès qui circule de l'un à l'autre en qualité de messager d'un Zeus et s'attarde souvent sur la terre, lieu de l'indivision s'étalant telle une scène réservée à la fois aux dieux qui s'y invitent (pour fonder des espaces sanctuarisés) et aux éphémères mortels dont il serait le « compagnon » (*Il.*, XXIV, 334), le « complice » (Hymne orphique XXVIII, 4), « l'ami » (Aristophane, *La Paix*, 392). De telles marques de proximité sont équivoques quand on sait que, non seulement Hermès n'est pas dupe quant à la duplicité Zeus/Hadès, mais qu'il a activement participé à la fabrication du « mal » envoyé aux hommes par tous les Olympiens : Pandora, la première femme, que la tradition hésiodique conçoit comme « beau mal revers d'un bien » (*Théog.*, 585 ; 602). En mettant au cœur de Pandora mensonges, paroles séduisantes et manières trompeuses (*Trav.*, 78), Hermès tend un piège pour le mâle à séduire. Séduction, piège de la séduction, leurre : Hermès est au creux du double sens et de l'énigme. Sa parole est souvent tordue ; ses interventions fondatrices peuvent être torves (Pandora), à l'instar des directions que les hermès indiquent pour diriger ou égarer le voyageur. Et pourtant, il est le « compagnon » des hommes parce qu'il préside aux échanges, favorise les contacts entre éléments étrangers et brouille les certitudes. Mais si les échanges sont affaire de tromperie, alors les interventions du dieu dans le domaine de la mort, en tant que psychopompe, ne seront pas sans conséquences.

Hermès assume absolument son origine d'être issu de la parfaite jonction de polarités : né de l'union du céleste (Zeus l'Olympien) et du souterrain (Maia, fille d'Atlas, logée dans une caverne), le dieu conjoint ce qui est séparé – tant au sens topographique (lumineux-chthonien, soit haut-bas) que chronologique (la titanide Maia appartient à la lignée d'une génération précédant celle des Olympiens).

En façonnant un Hermès si complexe, l'ancienne tradition grecque distribuait les cartes de l'échange de diverses manières.

Hermès instaure un rituel sacrificiel différent du modèle prométhéen en usage au sein de la cité. Selon le mythe hésiodique du « partage du bœuf de Mékonée », quand hommes et dieux partageaient les mêmes festins, Prométhée a « lésé » Zeus – les guillemets indiquant qu'aucun des deux dieux n'est dupe de ce qu'ils réservent aux éphémères – en lui offrant des os enveloppés de graisse tandis qu'il réservait aux hommes tous les bons morceaux de viande dissimulés sous l'écœurant aspect de la peau et de l'estomac. Zeus retourne sa colère contre l'humanité qu'il condamne à n'être plus rien d'autre que l'apparence de son lot : une peau (= éphémère) et un ventre (= nécessité de se nourrir, donc de travailler). Le partage prométhéen sonne le glas de l'âge d'or – lui-même bien ambigu – pour une humanité maintenant radicalement éloignée des dieux auxquels elle doit offrir régulièrement les sacrifices sans espoir de salut en retour (*Théog.*, 535-560). Le rituel d'Hermès semble être tout autre. En préconisant l'équivalence des parts, pour fictive qu'elle soit, la distribution d'Hermès convient à tous : les viandes, partagées en douze parts ayant chacune « la valeur d'un hommage parfait », sont offertes aux douze dieux qui, sensibles au choix des morceaux, se repaissent du fumet tandis que la manducation est permise à l'homme (Hymne pseudo-homérique à Hermès, 120-130). Le rite de l'égalité des portions efface le ressentiment de Zeus contre les hommes. À la duperie du partage prométhéen et à ses désastreuses conséquences pour les hommes, Hermès ne substitue que la fiction d'une équivalence des termes de l'échange, car rien ne change pour l'homme, toujours condamné à sacrifier son cheptel.

Selon une tradition, Hermès aurait le premier donné un nom aux choses et aux êtres. Il est surtout ce rusé connaissant toutes les formules de la tromperie. Dans l'Hymne pseudo-homérique qui lui est consacré (fin VIᵉ s. av. J.-C.), sa parole peut être tordue au point de pouvoir se réconcilier avec son frère Apollon qu'il a pourtant magistralement berné en lui volant son troupeau de vaches. Apollon lui remet même un sceptre permettant à qui le détient de prendre appui pour se justifier ou persuader. Eschyle a précisément associé l'Hermès *Nukhios* (le Nocturne) avec la Persuasion traîtresse, *Peithô dolia* (*Les Choéphores*, 726). Maître de la « parole obscure » (816), Hermès *Nukhios* « n'est en aucune façon celui qui parle flou sans savoir ce qu'il veut dire. Au contraire, il est celui qui taille habilement l'énigme, ne sachant que trop bien où il veut conduire » (C. Ramnoux, *La Nuit et les Enfants de la Nuit*, 1986, p. 155-156). Avec l'épisode de Pandora, Hésiode avait déjà placé sous le patronat d'Hermès l'usage à double sens de la parole. Si l'échange s'opère au gré des « disputes » verbales inspirées d'Hermès, il peut autant se résoudre dans l'absence de mots. Quand, tout à coup, une conversation tombe et qu'un silence s'établit, le Grec dit : « Hermès passe » (Plutarque, *De garrulitate*, 502 f). Que les Anciens aient placé Hermès au carrefour de l'usage dangereux de la parole et du silence traduit dans les deux cas un sentiment d'étrangeté. Ces traditions dessinent toutefois un dieu médiateur de sens. L'échange s'enroule autour de l'ambivalence. Mais Hermès en indique les chemins retors : il sait autant tromper les hommes que déjouer le jeu de dupes, pour les éphémères, que fut ladite « tromperie » prométhéenne. Seuls les humains souffrent de l'ambivalence des dieux.

Quand Hermès guide le vieux roi troyen Priam à travers le campement achéen jusqu'au seuil de la tente d'Achille, il est résolument le dieu qui conjoint une rupture : Priam pleure Hector, son fils tué par Achille. Le roi vient pour un échange : une rançon contre la dépouille du champion troyen qu'il veut ramener au cœur de sa patrie (*Il.*, XXIV, 317-330). Hermès a permis le contact des deux ennemis : ils doivent s'entendre. Mais c'est aussi fondamentalement la mort, figurée par la dépouille d'Hector, qui est au centre de l'échange. L'ambiguïté d'Hermès peut confondre la rupture avec elle-même.

Hermès est encore un dieu errant, ubiquitaire, mais présent parmi les hommes : soit pour leur bien (l'aubaine se dit en grec *tó hérmaion*), soit pour les déposséder – les deux termes appartenant au même axe de l'échange. Il protège les passages en se dressant sur le seuil des espaces domestique et public pour ainsi aider à franchir le pas de toutes les initiations. Son épiclèse *strophaîos* en fait le maître des gonds : Hermès fait pivoter. Il se plaît à girouetter

L'aspect nocturne et chthonien de sa naissance (Zeus le conçoit nuitamment dans la caverne de Maia, une cavité ombreuse forée de replis) le précède dans toutes ses manifestations. Comme Hypnos (Sommeil), issu de la Nuit primordiale et frère jumeau de Thanatos (Mort), Hermès endort d'un coup de sa baguette. Il partage avec Hadès, le Zeus d'en bas (Zeus *Katachthónios*), l'invisibilité car la fumée le manifeste. Le mythe insiste bien sur le fait que cet être de nuit a, aussitôt sa naissance, franchi le seuil de la grotte maternelle pour y revenir le jour même. Dedans/dehors, Hermès agit dans l'obscurité *et* le lumineux.

Le dieu a son image gravée sur des tombeaux datant au moins du ve s. avant notre ère. Hermès conduit le défunt dans l'autre monde *(Od.,* XXIV – passage certainement tardif). Cette croyance en un Hermès « psychopompe », traditionnellement traduit par « conducteur des âmes » – le mot *psukopompós* n'apparaissant pas avant Euripide, comme épithète de Charon, auquel Hermès se substitue parfois (Plutarque et Diodore de Sicile) relève moins de l'ambivalence du divin que de l'ambiguïté des interprètes à confondre défunt avec âme.

Hermès ne guide pas seulement les descentes aux Enfers. Il fait circuler de haut en bas et de bas en haut. Dans l'Hymne pseudo-homérique à Déméter, Hermès voyage de l'Olympe vers l'Hadès, puis de l'Hadès vers l'Olympe :

chargé par Zeus de transmettre à Hadès l'ordre de laisser remonter Perséphone « vers la lumière et parmi les dieux », il s'acquitte de sa mission à force de persuasion et se fait même aurige pour reconduire la fille de Déméter vers les nuées olympiennes (375-385).

Dans l'hymne orphique à « Hermès chthonien » (57), le dieu escorte les morts jusqu'à Perséphone. Son rôle semble consister dans le maintien en éveil du myste (initié) défunt afin qu'il puisse assurer à la déesse infernale sa parfaite dévotion durant sa vie et ainsi, selon les révélations d'Orphée, atteindre enfin les « saintes prairies », à savoir l'accès à une forme d'existence nouvelle célébrant le terme des épreuves terrestres.

Hermès est donc au cœur d'une double croyance : celle d'un guide bienfaisant des ombres des défunts et celle d'un maître en duperie. La première ne l'a pas emporté sur l'autre, pas plus que la seconde n'a étouffé l'espoir. Les deux regards portés sur le dieu se sont croisés sur le fait qu'Hermès sait aussi ne pas tromper, à la différence de Prométhée dont la geste fut catastrophique pour l'humanité alors qu'elle se voulait bienveillante… autre expression de l'ambivalence d'une divinité. Hermès peut voler (par exemple, le troupeau d'Apollon), brouiller les pistes (il fait avancer les vaches à reculons et efface ses propres pas en entrelaçant à ses sandales des branches de tamaris et de myrte : *Hymne* [pseudo-homérique] *à Hermès*, 68-107), il n'en reste pas moins le « dieu de tous ceux qui cherchent » (Eschyle, *Suppliantes*, 920). N'offre-t-il pas protection aux membres d'une cité étrangère en tant que grand proxène ? Hermès protège le passage dans l'altérité, avec toute la duperie que l'esprit peut y détecter.

En fait l'ambivalence divine est une chance pour l'homme qui peut toujours espérer son aspect bienveillant. Aux temps où l'homme n'existait pas, les Puissances étaient carrées, soit du côté du ténébreux absolu (Érébos « l'obscur » et Nyx « la noire »), soit du côté du lumineux insoutenable (Éther à la pérenne brillance). La génération des Olympiens fera l'effort de l'ambivalence pour susciter chez les périssables qu'elle a fabriqués la nécessité de l'honorer pour flatter son versant favorable.

C'est pourquoi l'ambivalence reste le moindre mal : c'est précisément le message d'Hermès dont l'étirement de son nom en expression, *to hérmaion*, dit bien… l'aubaine.

→ Dieux et déesses ; Don des dieux ; Inconnaissance et théologie

AMBROISIE

Ambrosia (ἀμβροσία) est, avec *néktar* (νέκταρ), un des vocables utilisés par un pan du paganisme pour exprimer ce qu'un autre versant interprétera comme une conception dégradante de la divinité montrée, en ce cas, inconsistante. C'est du moins ainsi que l'entendait Aristote, qui s'agaçait de ces « élucubrations » de la croyance populaire. Il apparaîtra pourtant que celle-ci exprime subtilement une vision fermement pessimiste de la condition humaine.

Immortalité et inconsistance

Étymologiquement, le substantif ἀμβροσία est dérivé du vieux composé négatif ἄμβροτος, « immortel ». Au lieu de transposer le mot grec en « ambroisie », certains le traduisent par « nourriture qui rend immortel ». Cette traduction entraîne pourtant un contresens. L'ambroisie n'est pas à proprement parler la nourriture qui permet l'immortalité puisqu'un dieu privé de cet élément ne meurt pas pour autant. L'*ambrosia* désigne de façon très précise la nourriture qui rend efficiente l'immortalité : elle donne à l'immortel sa pleine consistance. Car un dieu ne doit son immortalité qu'au seul fait de sa généalogie dont l'arbre ne peut supporter aucune ramification. La règle est simple : l'immortalité se transmet entre parents immortels, tandis que de l'union d'un (ou d'une) immortel(le) avec une (ou un) de ces éphémères ne naît qu'un être mortel.

Des exceptions de taille viennent confirmer la règle : principalement Dionysos, selon la tradition non orphique, Héraklès ou Asklépios, tous issus d'une mortelle, ainsi que Castor et Pollux, ou encore Ariane, la fille de Minos, Sémélé, fille de Kadmos. Quand l'imaginaire se met à « concevoir » un dieu – c'est-à-dire quand il le fait « naître » –, celui-ci a encore à pourvoir d'efficacité son immortelle vitalité. Il doit alors indéfiniment se nourrir d'ambroisie et de nectar en participant aux festins de l'Olympe, faute de quoi une torpeur paralysante l'envahit, comme le montre clairement ce passage de la *Théogonie* d'Hésiode :

« Quiconque, parmi les Immortels, maîtres des cimes de l'Olympe neigeux, répand cette eau [du Styx] pour appuyer un parjure, reste gisant sans souffle une année entière. Jamais plus il n'approche de ses lèvres, pour s'en nourrir, l'ambroisie ni le nectar. Il reste gisant sans haleine et sans voix sur un lit de tapis : une torpeur cruelle l'enveloppe. Quand le mal prend fin, au bout d'une grande année, une série d'épreuves plus dures encore l'attend. Pendant neuf ans il est tenu loin des dieux toujours vivants, il ne se mêle ni à leurs conseils ni à leurs banquets. » (*Théog.*, 793-802).

Hésiode insiste à deux reprises sur l'exemplarité du châtiment : privation de nectar et d'ambroisie et éloignement des festins olympiens (ces expressions étant synonymes dans ce contexte). Le dieu puni est abîmé dans un total état d'inconsistance, dans un *kôma* (v. 798), le souffle coupé, sans voix. La mort n'est qu'imitée : les immortels ne peuvent faire davantage.

À la privation momentanée de nourriture divine répond la perte subite de cette épaisseur qui permet à une puissance de se manifester. La mise à l'écart des festins où se consomment nectar et ambroisie correspond à l'éloignement de ce qui essentiellement maintient tout dieu dans la consistance. C'est dire que *le dieu n'a aucune épaisseur en soi*. Par essence (par naissance), il est inconsistant. Un dieu peut *toujours* subir une période d'évanescence. Il faut un « quelque chose », un apport extérieur qui *perpétuellement* tire l'immortel de son état originel d'inconsistance pour le maintenir hors de cette déficience native. C'est précisément pour assurer cette fonction de façon perpétuelle que l'ambroisie est elle-même dite immortelle.

Être éloigné de l'Olympe est situation risquée, surtout pour un nouveau-né. Apollon naît au terme de l'errance de sa mère, « là où enfantent les phoques, les monstres marins, sur des rocs perdus », Astéria, une espèce de terre flottante, privée de racines et stérile, plus tard appelée Délos (Callimaque, *Hymne à Délos*, 241-243). Le jeune dieu ne reçoit pas le sein maternel de Léto, mais est nourri de « la fleur du nectar et de l'ambroisie », prélevée par Thémis (*Hymne [pseudo-homérique] à Apollon*, 120-134). Grâce à cette nourriture d'immortel *(ambroton eîdar)*, Apollon peut aussitôt se révéler à lui-même : il réclame ses attributs, la lyre et l'arc (l'instant de la réclamation le lie à son futur) et annonce sa fondation d'un oracle (où le futur, celui des humains, n'a aucune importance dans la mesure où il est connu de tous : la mort).

Hermès, autre nom propre à dire une puissance immortelle, voit le jour dans un antre, dont le mythe ne manque de préciser qu'il est foré de trois retraits pleins de nectar et d'ambroisie comme en recèlent les demeures des dieux (*Hymne [pseudo-homérique] à Hermès*, 248 et 251). Devenu le messager des Olympiens, Hermès devra traverser les mers et les terres pour se rendre chez la Nymphe Calypso, alors amante du naufragé Ulysse : il ne délivrera l'injonction de Zeus de rendre Ulysse à son destin de mortel qu'après avoir restauré ses forces immortelles, précise le mythe, en consommant nectar et ambroisie (*Od.*, V, 93-95).

Zeus, qui a lui aussi connu la jeunesse, fut éloigné de l'assemblée des dieux pour échapper à la jalousie craintive de son géniteur. Selon une tradition évoquée dans l'*Odyssée* et reprise par la poétesse hellénistique Moirô, l'enfant Zeus, secrètement élevé dans une grotte, put atteindre la plénitude de sa puissance divine grâce à l'ambroisie que des colombes lui apportaient des eaux fécondes d'Okéanos (*Od.*, XII, 62-63 ; Moirô, d'après Athénée, *Banquet des Sophistes*, 490 c - 491 b).

Une analyse originale et pertinente de Monique Halm-Tisserant à propos d'Apollon et d'Hermès nouveau-nés, souligne la profonde logique qui caractérise la pensée mythique : « Ces aliments [ambroisie et nectar] dispensés à la progéniture divine, ne sont qu'un succédané de l'allaitement. Ne charriant pas de sang dans leurs veines, mais l'ichôr, les déesses ne peuvent prétendre à la galactopoïèse. L'affabulation trouve sa pleine justification dans les connaissances de la science moderne. Car, biologiquement, le lait est en effet du sang, dépourvu de globules rouges, enrichi en calcium, qui a conservé son potentiel immunitaire (immunoglobulines). En absorber équivaut sinon au cannibalisme, du moins à un acte d'*anthropopieîn*. Ni lait, ni sang, ne devant intervenir dans le cycle alimentaire des Olympiens, on accoutume le nouveau-né divin aux nourritures usuelles des dieux » (*Cannibalisme et Immortalité*, Les Belles Lettres, 1993, p. 50-51). Cette subtile analyse confirme qu'un dieu du polythéisme n'est jamais autosuffisant.

En effet, livré à lui-même, un immortel perdure dans une sorte de torpeur. Jamais un dieu n'a d'être par lui-même. Seul, il est sans vigueur, sans efficace. Son plein éclat est inféodé à cette obligation de consommation. Le fumet sacrificiel adressé par les hommes aux Olympiens est aussi indispensable aux dieux que l'ambroisie. Si l'immortalité est la condition du dieu, alors l'efficace de l'immortalité est conditionnelle. Cette idée que les immortels ne soient pas par eux-mêmes scandalisait certains esprits du ve s. : un Platon (livres II et III de la *République*), un Euripide (« Un dieu, s'il est réellement dieu, ne connaît aucun besoin », *Héraclès*, 1345) ou un Aristote : « Si c'est en vue de maintenir leur être, comment seraient-ils éternels tout en ayant besoin de nourriture ? » (*Mét.*, B, 4, 1000 *a* 18). Aristote balaye d'un revers de main ces élucubrations *(muthikôs sophizoménôn)* sur l'ambroisie.

Il n'empêche que le thème fut tenace et d'une remarquable présence dans sa position stratégique sur l'échiquier de l'immortalité *versus* la mortalité. L'ambroisie pallie l'inconsistance des dieux. C'est sa seule fonction. Appliquée aux humains, elle reste toujours au bénéfice des immortels, comme nous allons maintenant pouvoir le constater.

Au bénéfice des immortels

Les dieux tiennent à leur privilège : l'immortalité. Mais celle-ci impose deux règles : 1) l'immortalité ne se partage pas ; 2) elle doit se préserver du spectacle de la corruption cadavérique. Le Même ne se mélange pas à l'Autre. L'immortalité ne veut rien voir de l'altérité, ou plus exactement du destin de l'altérité.

La première règle est rappelée dans divers mythes rapportant des tentatives d'immortalisation d'un être mortel. L'onction d'ambroisie est une des trois opérations complémentaires de l'immortalisation avec le souffle et la cryptie dans le feu.

Les tentatives de deux immortelles, Thétis et Déméter, sur des mortels illustrent cette première règle. Thétis « oint d'ambroisie le corps délicat [de son fils, Achille], pour le rendre immortel et écarter de ses chairs l'odieuse vieillesse » (Apollonios de Rhodes, *Arg.*, IV, 869 sq. Cf. Apollodore, *Bibl.*, III, 13, 6). Mais la crainte d'un mortel (le père) stoppe net le processus. Quant à Déméter, privée de sa fille Koré, ravie par Hadès, elle décide de rendre immortel Démophon, un nouveau-né de la race des éphémères, par compensation en quelque sorte. Sous l'apparence d'une vieille nourrice, la déesse, à l'abri des regards, frotte d'ambroisie le petit corps et, la nuit, le « cache dans le feu ardent ». Sans prendre le sein ni aucune nourriture, l'enfant grandit merveilleusement. Intriguée, la mère guette la nourrice pour percer le secret de cet étonnant phénomène. Elle assiste alors à l'hallucinante scène du feu et ne peut retenir un cri d'effroi devant ce qu'elle ne comprend pas, arrêtant ainsi l'immortalisation de son fils (*Hymne [pseudo-homérique] à Déméter*, 231 sq.).

C'est, dans ces deux cas de ratage, un mélange d'irréflexion et d'indiscrétion des mortels (*aphradiê*) qui enraye le processus. (Notons que les mythes mettent en « cause » soit le père, soit la mère.) Que l'effroi tout humain devant une étrangeté puisse annuler les effets de l'ambroisie est la manière mythique de reconnaître que les jeux étaient joués d'avance, car l'immortalité ne se partage pas.

La seconde règle découle de la première. Appliquée à des corps mortels, l'ambroisie n'a qu'une et une seule fonction, celle de préserver une apparence de fraîcheur à ce qui est voué à la décomposition. « Préserver » est à entendre à l'aune de l'incapacité divine à voir ce qui ne peut être elle : la mort. Quand la guerre de Troie déchire les Olympiens entre partisans des Achéens ou des Troyens, la colère de Poséidon ébranle la terre tout entière : alors Hadès craint que son domaine ne s'ouvre à la lumière pour dévoiler aux yeux des hommes et des immortels « l'effroyable demeure de la corruption dont les dieux mêmes ont horreur » (*Il.*, XX, 64-65). Mais, pendant la mêlée, les cadavres jonchent le champ de bataille. Apollon préserve la dépouille de Sarpédon en lui appliquant l'ambroisie (*Il.*, XVI, 670, 680), et Aphrodite procède à la même opération sur Hector arraché à la vie (*Il.*, XXIII, 186-187). « Huile divine fleurant la rose » (*Il.*, XXIII, 186-187), l'ambroisie appliquée à un cadavre le soustrait un temps à la putréfaction. Les apparences sont sauves : les dieux peuvent assister aux combats, à défaut d'assister les mourants voués à la décomposition. C'est toujours au bénéfice des dieux que le mythe fait fonctionner l'ambroisie. Quand Athéna instille nectar et ambroisie dans la poitrine d'Achille affaibli par son jeûne (*Il.*, XIX, 347-354), c'est pour que le destin s'accomplisse : la mort prochaine du guerrier bien debout et dans la fleur de l'âge. Quand Apollon applique l'ambroisie sur la dépouille de Sarpédon, c'est pour en effacer aux yeux des dieux l'aspect cadavérique (*Il.*, XVI, 670-675).

Oindre un corps d'ambroisie, c'est le rendre encore plus extraordinaire quand il s'agit d'une divinité (Héra se préparant aux ébats amoureux avec son céleste conjoint ; *Il.*, XIV, 170) ou lui donner une apparence acceptable et un semblant de fraîcheur aux yeux des dieux incapables de regarder la mort en face quand l'homme s'est effondré. Il faut bien comprendre que le mythe, qui est un mode d'expression autant libre que constitutif du paganisme, ne cesse de souligner la solitude de l'humain.

En ce sens, l'ambroisie est une invention humaine pour exprimer le fantasme d'un privilège divin (celui d'une absolue différenciation, d'une perpétuelle mise à distance de la mort). Elle souligne du même coup la duperie d'un tel espoir en mettant dos à dos ces dieux qui ne se suffisent pas à eux-mêmes et ces humains sur lesquels les tentatives d'immortalisation restent vaines. L'immortalité, pour un mortel, n'est pas incorporée. Elle ne passe pas par l'ambroisie, mais par la permanence dans la *mémoire* des vivants de celle du défunt. Aux dieux de se contenter de la logique de ces fictions que sont le nectar et l'ambroisie.

Se poser la question de savoir *en quoi* consiste l'ambroisie conduit à se priver d'un accès à la compréhension d'une certaine religiosité grecque. Car c'est plutôt *à quoi* correspond l'introduction de ce vocable, chargé de contraintes, qu'il faut répondre : elle indique la reconnaissance implicite de l'inconsistance des dieux. C'est pourquoi le mythe est un mode d'expression libre de toute contrainte dogmatique. *Ambrosía* n'est qu'un mot propre à exprimer, sinon un fantasme, au moins la conscience triste de la condition réservée aux humains, mais surtout pas le « miel sauvage » que les philologues du XIXe s., et au-delà, pensaient avoir identifié à force d'un positivisme forcément déplacé (exposé de ces interprétations *in* R.B. Onians, *Les Origines de la pensée européenne* [1951], trad. fr., Paris, Seuil, 1999, p. 349-357).

Les dieux sont spontanément fragiles au cœur de la conscience humaine : celle-ci n'étant que conscience de sa mort, elle se doit de soutenir les dieux pour pouvoir croire.

→ Attente des dieux ; Dieux et déesses ; Immortalité ; Sang

ÂME

Vocable totalement inapplicable à la perception grecque traditionnelle si l'on entend par « âme » le fondement de la personne humaine au regard de Dieu. Une telle conception n'apparaît certainement pas avant les *Confessions* d'Augustin. À l'époque classique grecque, ce que nous appelons « âme » ne se confond pas avec le sujet personnel mais reçoit une incontestable épaisseur que ne lui connaissait pas Homère. La conception de Platon (l'âme comme nature incorporelle autant capable de mouvoir le corps que d'offrir à l'animation qu'elle transmet à ce vivant un sujet à penser, ce qui invite l'âme au banquet de l'intellect) ou la construction d'Aristote (trois âmes étagées sur autant de niveaux distincts mais supposant toujours le précédent : ordre végétatif de la plante, celui sensitif de l'animal et l'âme intellective de l'homme) n'appartiennent qu'à ces penseurs qui n'expriment évidemment pas la vague « conception » du mortel *lambda*.

La tradition homérique

« Il existait chez Homère une "âme", bien qu'elle n'existât pas "consciemment" et donc en ce sens n'existât pas "réellement" », notait avec perspicacité Bruno Snell dans sa *Découverte de l'esprit* (tr. fr., L'éclat, 1994, p. 283). De fait, la *psukhê* homérique n'est rien hors du corps, sinon « comme une fumée » (*Il.*, XXIII, 100), « comme un fantôme dans un songe » (*Od.*, XI, 220). Mais, dans l'individu, elle est la force servant à le tenir debout. Privé de *psukhê*, le corps s'effondre, ce qui n'entraîne pas nécessairement la mort, contrairement à ce qui est généralement soutenu. À l'annonce de la mort d'Hector, Andromaque s'évanouit. Une nuit sombre couvre ses yeux, sa *psukhê* l'abandonne (*Il.*, XXII, 466-467). Elle tombe à la renverse, puis reprend connaissance grâce aux soins de son entourage. De même, la *psukhê* quitte Sarpédon lorsque Pélagon lui extrait à vif une pique fichée dans la cuisse, puis le guerrier reprend haleine (*Il.*, V, 696-697). Lors de la syncope, qu'elle soit provoquée par une douleur morale ou physique, la *psukhê* s'est retirée, mais ni Andromaque ni Sarpédon ne sont morts. Ils sont, à ce moment, *inconsistants*. Mais la *psukhê* revient. Plus encore, l'homme peut s'adresser à sa *psukhê* ou à celle d'autrui. Mortellement blessé, Hector supplie la *psukhê* d'Achille de ne pas laisser les chiens dévorer son cadavre (*Il.*, XXII, 338). Le Péléide avait déjà déclaré qu'il n'est rien, pour lui, qui vaille sa *psukhê* (*Il.*, IX, 401). Ainsi capable de se manifester de différentes façons pendant le cours d'une vie, la *psukhê* ne passe donc pas inaperçue durant celle-ci. Essentiellement, la *psukhê* est une force de consistance, et non une conscience. Elle permet au mortel de remplir son lot de vie, de se tenir debout dans le monde. En ce sens, la *psukhê* permet de faire face à la vie. C'est à cette force impalpable que se réfère Achille lorsqu'il déclare que rien ne vaut sa *psukhê*. Impalpable : elle l'est déjà animant le corps, alors plus encore hors de lui. C'est cette possibilité de son absence momentanée qui manifeste la nécessité de sa présence dans le temps éphémère.

La *psukhê* ne s'oppose pas au corps. Au contraire, elle l'anime au sens où elle le maintient debout, bien en chair et en os, mais elle ne pense ni ne perçoit rien. La supplication d'Hector restera vaine : s'adresser à la *psukhê* d'autrui, c'est s'adresser à une force de vie fermée sur elle-même, non à une sensibilité ouverte à une dimension morale et spirituelle.

Dans la mesure où la survie de la *psukhê* dans l'Hadès homérique n'est pas une immortalité, mais une persistance vaporeuse (Rohde a justement souligné qu'« on chercherait en vain ἀθάνατος chez Homère comme épithète de la ψυχή », p. 367, n. 4) », le culte rendu aux dieux ne s'intéresse donc pas à ce qu'ils n'ont pas : l'âme n'ayant rien de divin, mais tout d'humain. C'est parce qu'il a une âme que l'homme éprouve sa finitude.

On comprend pourquoi la question de l'immortalité de l'âme n'était pas évidente dans la mesure où elle rompait avec la croyance en une absolue distinction entre les hommes (mortels) et les dieux (immortels) : si l'âme est immortelle, elle s'assimile au divin. Alors le culte civique ne s'y retrouve plus.

L'idée d'une présence immortelle vissée au cœur même de l'éphémère ne pouvait donc s'exprimer qu'à l'extérieur du cadre civique, par le biais d'un genre de vie soucieux d'une prise en charge du divin ainsi étrangement incarné : les orphiques mais aussi les pythagoriciens d'un côté et les disciples de Socrate de l'autre, exprimeront comment prendre soin de l'âme.

Le culte civique, organisé autour du sacrifice sanglant de consommation, ne se préoccupe pas de l'âme. Il s'adresse aux corps : d'abord aux corps des dieux dont il régale leurs narines par les fumets sacrificiels ; puis au corps civique dont il dessine l'harmonie de ses membres réunis autour de l'autel grésillant des graisses animales pour s'attirer la protection de ses divinités poliades ; et enfin au corps humain dont il ravive les forces, car, comme l'a souvent souligné W. Burkert, à l'issue du sacrifice, on mange. Ainsi le culte civique ignore l'âme pour honorer les dieux qui, précisément, n'ont pas de *psukhê*, mais à la place la redoutable puissance ambivalente de protection ou de destruction de la cité.

Pareillement, la participation aux cérémonies des différents mystères hellènes ne se préoccupe pas plus de l'âme, mais de la béatitude du défunt, ce qui ne relève pas du même ordre.

L'âme n'a pas de trace, sinon celle de son ombre errante dans l'Hadès. Elle ne s'inscrit dans aucune histoire. Pour en avoir une, elle devrait préexister au corps dans lequel elle viendrait s'incarner, or cette idée – orphique et pythagoricienne – est totalement étrangère à la croyance homérique qui ne lui accorde d'autre raison que d'être présente un temps dans un corps pour seulement le tenir. Elle n'a donc pas à être « sauvée » puisqu'elle n'est pas déchue.

Voilà pour une représentation commune de ce souffle qui retient son expiration pour faire vivre un instant les éphémères.

Psukhê, noûs, pneûma, thumós ***et éther***

Le ve siècle a développé l'idée inconnue d'Homère du retour de l'âme à l'éther. On peut lire sur une inscription funéraire pour les Athéniens morts à la bataille de Potidées (432 av. J.-C.) : « l'éther a reçu leurs âmes et la terre leurs corps » (I.G., I, 442). Dans la conscience grecque, l'éther *(aithêr)* désigne la région supérieure du ciel. Absolument « limpide » (*atrugétos*, *Il.* XVII, 425), c'est-à-dire pure de toute ombre et de toute contamination physique, la région éthérée du ciel contraste avec la zone aérée que la proximité avec la surface des terres et des mers charge de toutes sortes d'exhalaisons (poussières, fumées, vapeurs). Avant de devenir l'éther azuré du ciel, la puissance cosmogonique Éther signifie chez Hésiode le lumineux absolu, l'éclat flamboyant de la brillance radicalement contraire aux ténèbres d'Érébos. Dans le monde enfin stabilisé, Zeus *aithérios* fera de cette région son séjour. Si les âmes des défunts montent vers ce lieu divin c'est qu'elles sont autant d'étincelles de l'éther immortel : « Ce qui vient de la terre retourne à la terre : ce qui est d'origine éthérée remonte vers le ciel » (Euripide, *Chrysippe*, fr. 839 Nauck). Dès lors, l'âme participe de l'immortalité et se dote de sa propre conscience. C'est avec des accents anaxagoréens qu'Euripide développe cette conception en rupture avec le mode de croyance nourri d'Homère : « Souffrez qu'au lieu d'où vient chaque élément, toute chose retourne, et l'esprit *(pneûma)* vers l'éther *(aithéra)*, et le corps à la terre : il ne nous est donné, ce corps, que pour servir de demeure à la vie *(bíon)*. Celle qui l'a formé doit le reprendre ensuite » (Eur., *Suppliantes*, 531-535). Le thème est récurrent chez le poète tragique : « Si l'âme *(noûs)* des défunts est sevrée de la vie, elle garde toujours sa conscience immortelle, pour s'être réunie à l'immortel éther » (Eur., *Hélène*, 1014-1016 ; cf. *Érechthée*, 71-72). Le poète Épicharme, qui passait pour avoir été disciple de Pythagore, aurait aussi insisté sur ce retour du même au même : « la terre, à la terre ; l'âme au ciel » (frag. 245 Kaibel). Un fragment d'inspiration orphique transmis par Vettius Vallens identifie l'âme humaine à l'éther (228 a K.).

L'utilisation des mots *noûs*, *pneûma*, mais aussi *thumós* pour désigner l'âme indique une modification radicale de sa conception. Ces vocables expriment un effort d'attention, une capacité d'écoute, une concentration sur l'« à-propos », une faculté de discernement. Il est remarquable de constater que ces facultés sont communes aux hommes et aux dieux – avec, il va de soi, plus d'intensité chez ces derniers. Ces attentions permettent aux vivants de comprendre le sens des événements, de délibérer intérieurement pour choisir la bonne décision et s'empêcher de commettre des excès. S'il y a persistance d'une conscience après la mort, alors l'âme s'intellectualise. Ce qui est la marque de l'âme « païenne ». Elle n'est toujours pas spiritualisée. D'Homère aux temps classiques, la *psukhê* passe de l'ombre vaporeuse dans l'Hadès à un détachement de ce qui a orienté une vie vers l'éther.

L'immortalité* versus *persistance vaporeuse : l'orphique et le philosophe

En affirmant l'immortalité de l'âme, la tradition orphique en inférait son origine divine, ou plus exactement sa double origine divine : titanesque et dionysiaque. Elle est expliquée par le récit sacré du démembrement de Dionysos et de la manducation de ses chairs par les Titans incités par Héra jalouse de cet enfant-dieu que Zeus eut incestueusement de Perséphone, sa fille. Foudroyés par l'Olympien, les déicides cannibales se consument en une suie d'où apparaît l'homme, à la fois contaminé par une pulsion meurtrière et tenaillé par la mémoire d'une pureté vers laquelle il (son âme) doit en conserver le souvenir. Il hérite d'une âme immortelle à deux faces : l'une titanesque, prompte à la démesure ; l'autre dionysiaque, victime et pure. Verser le sang, même animal, c'est se livrer à la pulsion titanesque et ainsi reproduire l'effroyable acte originel ; « s'abstenir de tout meurtre », précepte fondamental de l'orphisme, c'est préserver la pureté de l'enfant-dieu. À la persistance vaporeuse et amnésique de la *psukhè* dans l'Hadès homérique, les orphiques opposent une âme consciente de son histoire et inquiète de sa pureté. Le défunt qui a suivi le genre de vie orphique pourra enfin trouver le chemin menant aux saintes prairies de Perséphone : « quand l'âme *(psukhê)* abandonne la lumière du soleil, avance-toi droit vers la droite » (Lamelles d'or orphiques, II B 2 Thurii). Quant à l'âme impure, toujours soumise à la pulsion de démesure titanesque, toujours satisfaite de verser le sang (acte citoyen du sacrifice animal), elle se trouve plongée dans le cycle infernal des réincarnations qui sont autant d'épreuves pour enfin tendre vers la pureté par l'ascèse orphique. En ce sens, la métempsycose est un mal, ou plus exactement *le* mal. Le retour de l'âme dans un nouveau corps sanctionne son impureté. Ainsi est-elle « en-geôlée » dans le corps *(sôma)* comme dans un tombeau *(sêma)*. La découverte de l'immortalité de l'âme s'accompagne nécessairement d'une redistribution vie/mort// mort/vie. Certaines tendances orphiques semblent avoir joué cette partition propice à un prosélytisme qui leur sera reproché par Euripide, Socrate ou Platon préférant retenir l'injonction morale de prendre soin de son âme plutôt que les recommandations stupides préfigurant le comportement superstitieux en offrant recettes végétariennes et autres habitudes vestimentaires pour s'accorder les faveurs de l'éphore des Enfers, Perséphone.

C'est le mode vie philosophique (une tautologie en tant que philosopher est synonyme de suivre un genre de vie particulier) qui vient alors à la rescousse de cette intuition parfaite que les orphiques sont pourtant incapables de conceptualiser. L'âme est immortelle, donc il faut se soucier de cette étincelle divine en nous. Alors Socrate enchaîne : « Si vraiment l'âme est immortelle, elle réclame qu'on en ait soin, non pas seulement pour le temps que dure ce que nous appelons vivre, mais pour la totalité du temps ; car ce serait dès lors un risque redoutable, semble-t-il, de ne pas se soucier d'elle » (Platon, *Phédon*, 107 c).

La *Lettre* VII, attribuée à Platon, évoque explicitement le thème orphique de l'immortalité de l'âme et des conséquences de cette origine, non sans le rapprocher du thème socratique selon lequel il est préférable de subir l'injustice plutôt que de l'infliger – l'âme se moralise alors : « Il faut croire vraiment à ces vieilles et saintes traditions qui nous révèlent l'immortalité de l'âme, l'existence de jugements et de terribles châtiments à subir quand elle sera affranchie de son corps. C'est pourquoi, regardons comme un moindre mal d'être victime de grands crimes ou de grandes injustices que de les commettre » (Platon, *Lettre* VII, 335 a).

L'âme est mouvement et impulsion, tandis que le culte est statique et répétitif. Une répétition peut-être compulsive, mais toujours indifférente à cette intériorité du fidèle dont Platon en fut certainement le découvreur hellène quand il affirme que « tout corps qui reçoit le mouvement de l'extérieur est dépourvu d'âme ; celui-là est pourvu d'une âme qui reçoit le mouvement de l'intérieur, de lui-même, ce qui résulte de la nature de l'âme » (Platon, *Phèdre*, 245 sq.).

Le mythe platonicien du char ailé attelé de deux chevaux, exposé dans le *Phèdre* pour exprimer l'« idée » d'âme, n'est certainement pas sans fondement orphique : alors que le cheval blanc obéit au cocher qui l'incite à monter vers les cieux, le cheval noir rabaisse son encolure vers la terre, vers le lieu où peut s'assouvir la démesure de ses bas désirs (cf. Mattéi, 1996, p. 169 sq.). La pensée platonicienne est un exercice spirituel. L'homme, « plante céleste et non terrestre » (*Timée*, 90 a), aspire « de toute son âme » à retrouver son origine et sa fin : le ciel divin des Idées.

Si « le philosophe s'applique à détacher le plus possible son âme du commerce du corps » (*Phédon*, 65 a), c'est parce que l'âme, immortelle et indestructible, peut prendre « le divin pour spectacle et pour aliment » et ainsi tendre vers ce qui lui est apparenté, « se débarrassant ainsi de l'humaine misère » (*Phédon*, 84 a-b).

« La vision morale et religieuse de la vie, écrit Gadamer, exige en fait que l'âme soit séparée du corps, tout comme la science mathématique exige qu'elle se sépare de l'expérience sensible. La vie du philosophe est en ce sens chemin vers la mort, si la mort est comprise comme séparation de l'âme qui se retire du sensible et du corporel » (*Au commencement de la philosophie*, Seuil, 2001, p. 52).

En terrain grec, c'est la philosophie qui se préoccupe de l'âme, non la théologie qui est cette partie de la mythologie qui concerne les dieux. Et les dieux des poètes n'ont pas d'âme, leur immortalité s'épargnant le difficile exercice de sa prise en charge, de son soin par les philosophes.

► MATTÉI J.-F., *Platon et le miroir du mythe*, Paris, PUF, 1996, chap. VI ; *Platon,* Paris PUF, 2005. – ROHDE E., *Psychè. Le culte de l'âme chez les Grecs et leur croyance à l'immortalité*, éd. fr. A. Reymond, Paris, Payot, 1928.

→ Antique parole ; Au-delà ; Démon ; Inconnaissance et théologie ; Métempsycose ; Mort ; Orphique (Genre de vie)

ANTHROPOGONIE → Origine et commencements des mortels

ANTHROPOMORPHISME

La fameuse critique de Xénophane (ve s. av. J.-C.) stigmatisant les mortels se représentant les dieux à leur image, suffit-elle à poser l'anthropomorphisme comme une conception unanimement acquise et qu'il serait raisonnable de dépasser ?

Le problème est beaucoup plus complexe, car la représentation anthropomorphique des dieux est certainement le faux débat par excellence concernant le paganisme grec.

Qu'une représentation « terre à terre » du divin ait considéré les dieux à l'image des hommes ne doit pas occulter, comme c'est souvent le cas, le fait que deux traditions aussi éloignées qu'essentielles représentées l'une par Hésiode et l'autre par Platon ont carrément soutenu que les hommes sont à l'image des dieux.

Polythéisme ne rime pas nécessairement avec anthropomorphisme. C'est aussi cela le paganisme grec : la claque aux idées reçues.

À l'image des dieux

Le corps féminin est façonné à l'image de celui des déesses, et non pas l'inverse : Hésiode précise que Pandora, la première femme, fut modelée avec de la terre par Héphaïstos tel un être « tout pareil à une chaste vierge » (*Théog.*, 571). Le dieu laborieux s'inspire donc des seules vierges qu'il connaisse :

Artémis, Hestia et Athéna. C'est d'ailleurs cette dernière qui est chargée de parer la nouvelle créature. Il faut donc parler de « théa-morphisme » s'agissant des femmes.

Le corps des mâles est aussi une fabrication, d'ailleurs à plusieurs reprises ratée (Le *logos* hésiodique des « races » dit tout cela). Ce sont les dieux qui se représentent les hommes. Ce sont eux qui les fabriquent comme des statuettes pétries dans l'argile ou la boue, avec le feu nécessaire à l'animation. Car, de quel autre modèle qu'eux-mêmes les dieux disposent-ils ? Les immortels ont un corps, alors, ils le représenteront plus petit pour les éphémères. Les dieux ne disposent que de la palette limitée d'eux-mêmes. Ils ne sont pas imaginatifs. Les mortels n'auront qu'à se représenter leurs façonneurs plus grands. Le tour est alors joué. L'anthropomorphisme pourrait être une impiété… si l'humain ne se représentait pas la « grandeur » – réellement figurée à travers la sculpture – des dieux et des déesses.

Platon confirme que le modèle divin doit présider à l'apparition des humains. Athéna souhaite que les mortels nés du lieu élu par elle – Athènes – soient « les hommes les plus parfaits à sa ressemblance » (*Timée*, 24 d-e). Certes, la ressemblance doit être plus « mentale » que physique, mais une fois de plus l'anthropomorphisme ne peut faire sens dans ce souhait de la vierge guerrière.

Modèle statuaire

De plus, toutes les statues cultuelles ne sont pas anthropomorphes.

Les *xóana* tombent généralement du ciel (Euripide, *Iphigénie en Tauride*, 977-978, 986 ; Pausanias, 1.26.6 ; 9.12.4). Le *xoanon* d'Athéna, morceau de bois d'olivier tombé du ciel, est paré du *péplos* à l'occasion des Panathénées, une des fêtes athéniennes de la déesse *Polias*. Il s'agissait « d'un poteau brut n'ayant pas forme humaine, un morceau de bois dégrossi ». Ce témoignage est de Tertullien (*Apologétique*, XVI, 6). Il appartient précisément à un converti chrétien de la fin du IIe siècle. Il n'a pas à être complaisant avec le paganisme, mais sa description, pouvant être certainement comprise comme critique d'un archaïsme, n'en révèle pas moins que l'objet cultuel peut ne pas être anthropomorphique et provenir d'un étage du monde qui n'est pas celui des mortels.

Dans un sanctuaire à Thespies, Éros est honoré sous la forme d'une pierre (Pausanias, 9.27.1).

Les *agálmata* (litt. « parures ») sont œuvres humaines. Ce sont des statues-offrandes destinées à plaire aux dieux car à leur « ressemblance », ne manque de préciser Platon (*Lois*, XI, 931 a). Ceux-ci s'y voyaient plus grands que les humains, et ceci suffisait à leur suffisance. Car plaire aux dieux c'est satisfaire à leur souhait d'être plus grand, d'admettre que c'est *l'ikhor*, un terme qui ne signifie rien pour les éphémères, et non du sang, fortement synonyme de destin de mort, qui coule dans leurs veines. Jusque dans ses représentations les plus archaïques, même l'anthropomorphisme « physiologique » ne fait pas sens.

Morceau de bois, pierre... ou statuaire aux plus amples proportions morphologiques que ses sculpteurs..., de toute façon, les dieux sont invisibles. C'est leur nature de ne pas se montrer. L'anthropomorphisme n'est qu'un réflexe d'élévation du regard vers des statues plus grandes que celles représentant des mortels ou des défunts.

→ Dieux et déesses

ANTIQUE PAROLE

L'« antique parole » (παλαιὸς λόγος) est principalement évoquée par Socrate dans le *Phédon*. Elle ne se confond pas avec les traditions qui fondent autant les lois sacrées (règlements) propres à chaque sanctuaire que le rite central du sacrifice sanglant. Tandis que la tradition est plurielle (chaque lieu sacré a ses réglementations ancestrales particulières, chaque rituel sacrificiel obéit à des prescriptions convenant aux dieux honorés selon leurs épiclèses), l'antique parole ne délivre qu'une seule recommandation à valeur universelle. Elle concerne le soin de l'âme, ce que précisément la religion civique ignore, celle-ci se pliant fidèlement aux pratiques cultuelles fixées par les traditions et destinées à attirer sur toute la communauté la protection des dieux qui ont, à la place d'une âme, une puissance toujours ambivalente, soit bénéfique, soit maléfique, que le mortel de l'âge de fer – le contemporain – doit gérer.

Avant de boire la létale ciguë, Socrate philosophe sur la mort :

« J'ai bon espoir qu'après la mort, il y a quelque chose, et que cela, comme le dit au reste une antique parole (πάλαι λέγεται), vaut beaucoup mieux pour les bons (ἀγαθοῖς) que pour les méchants (κακοῖς) » (Platon, *Phédon*, 63 c).

Cette idée de rétribution dans l'au-delà est en rupture avec la croyance commune qui plonge indistinctement tous les défunts dans le même état vaporeux et inconsistant. Au seuil ultime de sa propre mise à mort, Socrate précise l'enseignement de l'antique parole :

« Mais une purification, n'est-ce pas en fait justement ce que dit l'antique parole (πάλαι λέγεται) ? Mettre le plus possible l'âme (ψυχήν) à part du corps, l'habituer à se ramener, à se ramasser sur elle-même en partant de chacun des points du corps, à vivre autant qu'elle peut, dans les circonstances actuelles aussi bien que dans celles qui suivront, isolée et par elle-même, entièrement détachée du corps comme si elle l'était de ses liens ? » (*Phédon*, 67 c).

Socrate évoque une âme qu'il immortalise d'après une antique parole occultée, voire ignorée, par le culte de la cité qui ne sait s'occuper que de sa protection collective, plutôt que de ce que les dieux poliades ne semblent pas avoir : l'âme.

N'est-ce pas la définition d'un genre de vie que les Hellènes appelaient philosophie ?

Plus loin dans son dialogue avec Cébès, Socrate s'appuie une fois encore sur l'antique parole : après l'idée de rétribution dans l'au-delà et donc celle de nécessaire purification ici-bas, le *palaiòs lógos* livrerait la cause de ce processus à observer par les vivants : la métempsycose (transmigration de l'âme), autre conception en parfaite rupture avec les croyances communément partagées.

« Est-ce chez Hadès que sont les âmes (ψυχαὶ) des trépassés, ou n'y sont-elles pas ? Le fait est que d'après une antique tradition (παλαιὸς λόγος) que nous avons déjà rappelée, là-bas sont les âmes qui y sont venues d'ici, et que de nouveau, j'y insiste, elles reviennent ici même et renaissent de ceux qui sont morts. Et s'il en est ainsi, si des morts renaissent les vivants, qu'admettre, sinon que nos âmes doivent être là-bas ? » (*Phédon*, 70 c).

Certains ont lu dans ces propos une évocation de la tradition orphique. Le débat est ouvert et certainement sans fin. Rappelons simplement que l'idée orphique de la roue des renaissances implique un genre de vie dont les interdits quotidiens n'ont rien à voir avec le genre de vie philosophique.

Si l'antique parole apparaît bien comme une *révélation* faite aux hommes, celle-ci s'applique au champ philosophique et non à la sphère « religieuse », disons plutôt cultuelle, qui ne se préoccupe pas du soin de l'âme mais de celui de la communauté en s'attirant l'aspect favorable des dieux par les rites sacrificiels.

▶ HADOT P., « Théologie, exégèse, révélation, Écriture dans la philosophie grecque », *Études de philosophie ancienne*, Paris, Les Belles Lettres, 1998, p. 27-58.

→ Âme ; Châtiment/Récompense *post mortem* ; Métempsycose ; Mort ; Orphique (Genre de vie) ; Révélations divines

ATHÉE

Le vocable *átheos* (ἄθεος) a plusieurs sens. D'une part, il signifie l'impiété (*atheótês)* affichée par quiconque ne participe pas aux cultes administrés par la cité et n'observe pas les lois sacrées (règlements) des sanctuaires ou encore tente d'introduire, sans l'aval d'un oracle, de nouvelles conceptions dans le domaine traditionnel de la religion poliade, ce qui revient, de façon intolérable, à souligner l'incomplétude de celle-ci. D'autre part, *átheos* désigne le mortel abandonné des dieux : il est « sans dieu », au sens de privé de leur secours. Enfin, le mot qualifie encore celui qui nie catégoriquement l'existence des dieux (« *omnino deos esse negabant* », selon l'expression de Cicéron, *La nature des dieux,* I, 42, 117).

C'est ce dernier sens, qui n'apparaît pas avant Platon, pour qui il s'agit d'ailleurs d'une maladie (πάθος, *Lois* X, 908 c 5), que retiendra exclusivement, plusieurs siècles plus tard, la croyance monothéiste triomphante. Tandis que le premier sens suscite la réaction de la cité inquiète pour sa cohésion fondée sur les cultes rendus à ses dieux protecteurs, le deuxième surprend par son absolue reconnaissance de la puissance divine dans les affaires humaines : c'est parce que les dieux existent qu'on peut être abandonné par eux. Quant à l'athée au troisième sens du mot, il n'était pas un impie au sein du paganisme tant que son athéisme ne s'affichait pas publiquement comme irrévérence à l'égard des dieux et de leurs cultes rendus par la religion officielle selon les « formes reçues » des ancêtres.

Le substantif ἀθεία, *atheía* (athéisme) apparaît évidemment tardivement, au IVe s. apr. J.-C., chez Grégoire de Naziance (2, 14 Migne).

Athéismes paradoxaux

L'impie n'est pas synonyme de mépris du divin. Un disciple de Socrate, Aristodème dit « le Petit », reconnaît ne jamais sacrifier aux dieux, ni leur adresser la moindre prière et ne jamais recourir à la divination de l'oracle (donc de se priver de l'assentiment divin concernant l'entreprise d'un projet banalement humain), et ceci pour la seule et simple raison que les bienheureux immortels n'ont pas besoin de ses services :

« Non, je ne dédaigne pas la divinité ; mais je la crois trop grande pour avoir besoin de mes hommages » (d'après Xénophon, *Mémorables* I, 4, 10 ; trad. P. Chambry).

Il est remarquable de constater que, dans ce cas, l'attitude athée s'affirme sur la reconnaissance sans concession de la toute-puissance divine. L'« athéisme » est ainsi essentiellement l'opposition à la conception traditionnelle qui réduit les dieux à leur attente des sacrifices offerts par les humains pour pouvoir être eux-mêmes (à savoir, des sanctifiés). Est donc impie quiconque conteste une tradition fondée sur la faiblesse des dieux, voire sur leur inconsistance. Nul mépris en ce sens, mais plutôt une entière reconnaissance du divin.

En ce premier sens, vivre « sans dieu » ne signifie surtout pas la négation de l'existence du divin. Vivre *sans* dieu, c'est vivre *avec* la croyance en leur parfaite suffisance. Il ne s'agit pas, telle une suspension du jugement, d'une revendication d'agnosticisme, d'une indifférence religieuse, mais bien de la reconnaissance d'une incommensurable différence entre l'humain et le divin. L'impiété, en ce sens, n'a rien de blasphématoire. Au contraire, cet athéisme paradoxal est l'attitude niant l'opinion commune, la *doxa* se contentant d'une représentation dégradée du divin – celle que Platon condamne précisément quand il stigmatise ceux qui s'imaginent que les dieux se font complices de sévères spoliations à condition qu'elles soient vite nettoyées par quelques poudres d'encens ou de myrrhe brûlées et autres flatteuses prières humaines propres à innocenter le coupable du châtiment mérité (*Lois*, XII, 948 c). Emmurés dans leur représentation dégradée du divin, ces forcenés du rituel – le mot « superstitieux » n'appartient pas encore au vocabulaire de Platon – font passer pour athée celui qui, paradoxalement, reconnaît pleinement la puissance divine. Épicure reprendra ce thème.

Le mot *átheos* peut aussi désigner l'homme « abandonné des dieux ». Dans ce cas, vivre « sans dieu » relève d'une décision divine, en aucun cas humaine. Ce sont les immortels qui font subir *en creux* le poids de leur existence à un mortel qu'ils rejettent (cf. Sophocle, *Œdipe roi*, 661). Délaissé par le dieu qui ne daigne même pas le châtier de son crime, Œdipe, *átheos*, est en proie à l'errance. *On* erre sans dieu parce qu'*il y a* des dieux : ce n'est pas l'homme qui nie la divinité, mais la divinité qui renie l'homme. Les Grecs ont toujours exploité l'entière palette d'un vocable.

L'athée radical

Un certain Clitomaque de Carthage, néo-académicien vivant vers 100 av. J.-C., a dressé un catalogue d'athées – au sens de ceux qui ont soutenu que les dieux n'existent pas – qui serait la source commune aux autres inventaires transmis par l'Antiquité : Pseudo-Plutarque, *Placita philosophorum*, 880 d-e ; Cicéron, *De natura deorum*, I, 117-119 ; Sextus Empiricus, *Adversus Mathematicos*, IX, 50-58. Les noms d'athées notoires qui reviennent en boucle sont ceux de Diagoras de Mélos, Protagoras d'Abdère, Critias, Prodicos de Céos et, plus tardifs, Évhémère, Théodore de Cyrène et Épicure.

Si l'injustice règne partout sur terre, c'est soit parce que les dieux ne se préoccupent pas des affaires humaines (Thrasymaque de Chalcédoine, 78 B 8), soit parce qu'ils n'existent pas. Le premier raisonnement reconnaît l'existence des dieux, au moins dans leur indifférence à l'égard des mortels qui, en retour, peuvent afficher une pareille attitude en les ignorant. Ceci relève encore de l'athéisme paradoxal. Mais affirmer que les dieux n'existent pas est une position radicale. Selon Sextus Empiricus, ce dernier raisonnement aurait été celui d'un poète lyrique du ve s., Diagoras le Mélien, dont le nom sera dorénavant toujours flanqué de l'épithète *átheos*, tout comme « Mélien » devient bientôt synonyme d'athée. (Aristophane ne se privera pas d'en « jouer » quand il mettra en scène son Socrate « le Mélien »). Pourtant éduqué dans la crainte des dieux, Diagoras se serait convaincu de leur inexistence au spectacle de l'impunité du mal (ou d'un mal qui lui aurait été fait par un autre poète qui se serait attribué un de ses péans). « Diagoras de Mélos commença, bien plus que n'importe qui, dit-on, par craindre les dieux ; car son poème débute comme ceci : “Par la volonté des dieux et par la fortune toutes choses s'accomplissent” ; mais, poursuit Sextus, lorsqu'il eut été victime d'un homme qui avait fait un faux serment et n'en avait pas été puni pour autant, il changea complètement d'avis et affirma que la divinité n'existait pas » (*Adv. math.*, I, 53). Aucun fondement philosophique n'étaye donc la position de Diagoras, que la postérité retient comme « un ennemi des dieux qu'il est désagréable d'évoquer » (Élien, *Histoires variées* II, 23).

Diagoras est condamné à mort pour impiété par la cité athénienne vers 415 et ce, non pas pour son athéisme pur et simple, mais pour avoir raillé les rituels de cultes officiels. Lysias rapporte qu'il n'a commis « qu'un délit de parole contre les objets sacrés *(hierà)* et les cérémonies d'une cité étrangère » (VI, 17). Une scolie des *Oiseaux* d'Aristophane (comédie représentée en 414) précise qu'« après la prise de Mélos, Diagoras, qui habitait à Athènes, aurait déprécié les mystères d'Éleusis au point de détourner beaucoup de gens de l'initiation. Ainsi les Athéniens firent-ils proclamer ceci [sa condamnation à mort] par le héraut et graver le décret sur une stèle de bronze, comme le dit Mélanthios dans son livre *Sur les Mystères* » (Crateros, *FGrHist* 342 F 16 = *Aristoph. Av.* scol., v. 1071-1073 ; Mélanthios, *FGrHist* 326 F 2-4). Se moquer des cérémonies mystériques d'Éleusis revient à railler la cité qui les patronne, qui n'est autre qu'Athènes. Le culte des mystères de Samothrace aurait aussi été la cible du Mélien. Des anecdotes, d'ailleurs parfois attribuées à Diogène de Sinope, montrent Diagoras raillant soit les pratiques rituelles, soit les objets cultuels. À quelqu'un qui s'émerveillait devant les ex-voto du sanctuaire de Samothrace, offerts par les marins aux « Grands dieux » censés les protéger dans les tempêtes, Diagoras aurait répliqué : « Il y en aurait beaucoup plus si ceux qui n'ont pas été sauvés en avaient consacré aussi » (Cicéron, *Nat. des dieux*, III, 89 = fr. 37

Winiarczyk ; cf. Diogène Laërce, VI, 59). Une autre anecdote montre Diagoras jetant au feu une statuette en bois d'Héraklès pour infliger au héros un treizième travail : cuire un plat de lentilles (T 29 Winiarczyk). Comme le note Philodème, polygraphe du premier siècle avant notre ère, « Diagoras a pu plaisanter (si du moins ces plaisanteries sont bien de lui), mais il n'a pas lancé d'invectives » (*De pietate*, 18 Gomperz).

Poursuivi, non à cause de son athéisme au sens moderne du mot, mais pour son mépris « plaisant » des cultes civiques, donc pour impiété, Diagoras s'enfuit en 414 à Pellène, une cité hostile à Athènes où sa tête est mise à prix : « Aujourd'hui plus que jamais on crie tout haut : “À qui tuera Diagoras le Mélien, un talent en récompense” » (Aristophane, *Oiseaux*, 1072-1073). Quoi qu'il en soit, son athéisme deviendra proverbial au point que, dans *Les Nuées* d'Aristophane, Strepsiade sait gré à son maître d'un jour, « Socrate *le Mélien, ho Mêlios* » (830), de lui avoir appris à ne plus croire à Zeus et à toutes ces vieilleries –, ce qui ne sera pas sans conséquence pour le Socrate historique lors de son procès, intenté vingt-quatre ans après la représentation des *Nuées*.

Théodore de Cyrène, penseur cyrénaïque appartenant au tournant des IVe-IIIe s. (il s'agit du disciple d'Aristippe le Métrodidacte, et non du géomètre contemporain de Platon), niait lui aussi absolument les dieux, ou plus exactement rejetait les « opinions sur les dieux, *tás perì theôn dóxas* » (D. L., II, 97) en revendication d'une autre négation : rien n'est impérissable (cf. Plutarque, *Des notions communes contre les Stoïciens*, 31, 1075 a). De cette négation affirmée, qui est autant une affirmation négative, Plutarque argumentera que l'athée, bien que n'admettant pas l'existence de l'incorruptibilité, « en garde au moins la notion ». C'est dire que l'athéisme ne serait qu'une négation de la religion d'État et de son cortège de dieux issus de la tradition, mais non un rejet du « divin » qui resterait la référence obligée par rapport à laquelle toute argumentation, pro ou contra, reste possible. Le paganisme du Ve s. se posera toujours cette question.

Nier le divin ne dérange pas la cité ; mais refuser de participer aux cultes de la cité est affaire d'État. Car, on ne sonde pas les âmes humaines quand les os graissés des animaux égorgés grillent sur les autels pour les narines des dieux. Il suffit d'être là, présent en chair et en os autour de l'autel, en train de participer à un rituel sanglant qui doit nouer, en les dénouant pourtant, les règnes de la vie : le rituel civique de la mise à mort de l'animal, de la consommation de ses chairs et de la crémation de ses graisses et os. Les opinions inquiétaient moins les Anciens que le respect des pratiques cultuelles. En ce sens, les gens d'Orphée, refusant l'effusion du sang sacrificiel, étaient athées aux yeux des citoyens.

L'*átheos* est celui qui affiche son refus des dieux poliades et de leurs cultes. Être athée, c'est adopter le comportement qui consiste à ne pas reconnaître *(ou nomízein)* les dieux de la cité, donc à nier la cité elle-même, en tant qu'il conteste toute implication divine à pouvoir l'extirper des forces aveugles naturelles. Nier les dieux, c'est ne pas *reconnaître* la cité elle-même.

Un Hellène peut penser ce qu'il veut à condition de se plier publiquement – *i.e.* bien à la vue et à l'ouïe de tout citoyen – aux usages religieux de sa cité.

Athéisme et mise en scène : Euripide, Aristophane et son « Socrate le Mélien »

Un fragment du *Bellérophon* d'Euripide ne manque pas d'enraciner l'athéisme dans le terreau politique de la cité. L'athéisme est avant tout un double phénomène, à la fois de provocation et de réaction par rapport au civique :

« Dit-on qu'il y a des dieux au ciel ? Non, non, il n'y en a pas, pour peu qu'on ne consente pas sottement à prendre en compte les antiques racontars humains. Examinez cela par vous-mêmes, sans fonder votre avis sur mes paroles. J'affirme pour ma part que la tyrannie tue des masses de gens et confisque leurs biens, qu'en trahissant leurs serments les tyrans saccagent les cités. Puis, avec une telle conduite, ils sont plus heureux que ceux qui, jour après jour, cultivent en paix la piété. Je connais de petites cités honorant les dieux, qui sont sujettes d'autres, plus puissantes et dépourvues, elles, de piété, car elles sont subjuguées par le nombre des lances » (Euripide, *Bellérophon*, frag. 10 cuf).

Une femme des *Thesmophories* d'Aristophane accuse les tragédies d'Euripide « de persuader les hommes qu'il n'y a pas de dieux *(ouk eînai theoús)* » (451). Le poète comique accuse encore Euripide de prier des dieux « autres » que ceux du panthéon poliade : Éther et Compréhension (*Grenouilles*, 892-893), ce qui revient à une accusation formelle et grave d'impiété (Notons ce fragment d'Euripide : « Tu vois cet éther qui s'élève à une hauteur infinie et qui embrasse la terre d'une étreinte humide ? Considère-le comme Zeus, regarde-le comme un dieu », *Thyeste*, fr. 1 Appendice cuf. L'éther comme destination de l'âme après la mort est un thème euridipien : *Hélène*, 1016 ; *Suppliantes*, 533). Selon Plutarque (*Amat.* 756 b-c), Euripide a dû remplacer de sa tragédie *Mélanippe philosophe* le vers : « Zeus ? Qui est-ce que Zeus ? Car je ne le connais que par ouï-dire » par « Zeus, car tel est son vrai nom », à cause de la désapprobation qu'il suscita lors de la représentation de sa pièce qui, rappelons-le, était, comme toute représentation, aux frais de la cité. Selon Satyros (*Vie d'Eur.*, frag. 39, col. X, 15), le poète tragique aurait été poursuivi pour impiété par le démagogue Cléon.

Euripide était-il athée ? Certainement pas. Il proteste contre le comportement des dieux tels qu'ils apparaissent dans les mythes : « Un dieu, s'il est réellement dieu, ne connaît aucun besoin ; les récits contraires sont de misérables inventions des aèdes » (*Héraclès*, 1345-1346, trad. cuf modifiée). Euripide, souvent désigné comme « philosophe de la scène » *(skênikòs philósophos)*, vitupère contre les représentations dégradantes que les mythes offrent de la divinité. « La pensée que les dieux s'adonnent à des amours coupables ne peut être la mienne », clame encore son Héraclès (1341). C'est en fait la question du « polythéisme » et de ses limites que pose Euripide là où d'aucuns y ont vu de l'irréligion : « Je n'ai jamais admis et je ne croirai jamais qu'ils [les dieux] chargent mutuellement leurs bras de chaînes, ni que l'un commande en maître à l'autre » (*ibid.*, 1343-1344). La grande idée du poète tragique semble être la suivante : si les dieux sont coupables d'actions mauvaises, alors ils ne sont pas des dieux – ce qui ne signifie surtout pas que les dieux n'existent pas, mais qu'ils ne peuvent se confondre avec de telles représentations (cf. *Ion*, 435-451 ; *Iphigénie en Tauride*, 391: « Qu'un dieu fasse le mal, je ne saurais l'admettre »). Euripide, qui n'a jamais manqué de s'insurger contre les représentations dégradantes de la divinité dans les mythes, ne se faisait pas d'illusion sur ses congénères : « Apportes-tu aux ignorants un savoir nouveau, tu feras figure d'inutile et non de savant » (*Médée*, 298-299).

Quel savoir nouveau ? Celui que la foule attribue à ceux qu'elle appelle des « radoteurs supraterrestres » dont les « bavardages » niaient la puissance divine au profit de nécessités naturelles et autres forces imprévues (Plutarque, *Nicias*, XXIII, 3-4). Parmi ces radoteurs se préoccupant des « hauteurs » *(meteôra)*, c'est-à-dire des phénomènes « météorologiques », il faut compter un penseur, qui d'ailleurs ne fut pas sans influence sur Euripide : Anaxagore, pour qui le soleil n'est pas le fils d'Hypérion, Hélios, l'aurige divin dont le parcours flamboyant illumine le ciel, l'infaillible témoin de toutes choses et donc le garant des serments échangés entre mortels : le soleil n'est, selon ce « radoteur », qu'une masse incandescente, de même que la lune, la Séléné que le vulgaire tient pour être la sœur d'Hélios et l'amante silencieuse d'Endymion, la lune n'est que matière terreuse. Anaxagore fut traduit selon la procédure de l'*eisaggelia* pour avoir soutenu de tels propos désacralisant les « hauteurs », et le bannissement d'Athènes fut certainement la peine qui le frappa afin de calmer une opinion populaire prompte à lier athéisme et astronomie. Comme le rapporte Platon, la foule « s'imagine, en effet, que ceux qui pratiquent de telles recherches, l'astronomie et autres techniques rigoureuses les rendent athées, en leur révélant, pense-t-elle, que toutes choses arrivent par nécessité et non par les desseins d'une volonté assidue à la réalisation du bien » (*Lois*, XII, 967 a).

Nier les dieux de la cité c'est aussi les rendre étrangers à tout ce qui peut advenir selon la nature. Ainsi, au ve s., le philosophe et médecin Hippon (certainement de Samos, mais peut-être de Rhégium ? de Métaponte ? ou de Crotone ?, de toute façon en terrain pythagoricien), fut surnommé « l'athée », encore par un poète comique, Cratinos, dans sa pièce *Ceux qui voient tout*, parce que, tenant l'élément humide pour la cause unique de toutes choses, il signifiait ainsi que

« rien n'existe en dehors des choses sensibles » (38 A 9 ; cf. A 4 ; A 6 ; A 8). N'étant la cause de rien, les dieux ne sont pas. La tradition souligne son athéisme jusque dans l'ironie de son épitaphe : « C'est ici le tombeau d'Hippon. Il fut l'égal/Des dieux immortels mais la Parque l'a tué » (38 B 2).

Un monde sur lequel n'auraient prise qu'interprétations purement mécanistes : c'est sur cette scène, en vérité plus menaçante que comique, qu'Aristophane fait représenter son Socrate, « Socrate le Mélien » à qui il fait dire : « Qui ça, Zeus ? Trêve de balivernes ; il n'existe même pas, Zeus, οὐδ' ἔστι Ζεύς » (*Nuées*, 367). Et la comédie de prendre acte du gouffre séparant explication physique et croyance religieuse. Si Zeus existait, « il faudrait qu'il fît pleuvoir par un ciel serein et sans qu'elles [les nuées] fussent là » (370-371). Comme ce n'est pas le cas, Zeus n'existe pas, et la pluie ne provient pas de l'Olympien « pissant à travers un crible » (373). La leçon est apprise : Strepsiade, un moment acquis à ces idées révolutionnaires, rétorque à un de ses créanciers : « Crois-tu que c'est toujours de l'eau nouvelle que Zeus fait tomber chaque fois qu'il pleut, ou si c'est la même eau que le soleil pompe d'en bas en sens inverse ? » (1279-1281).

Que veut dire Aristophane ? Que l'incroyance puisse résulter d'une simple observation empirique, dont cette simplicité est encore trop complexe pour le *vulgum pecus* ? Peut-être. Toujours est-il que le poète comique prête à son Socrate la croyance en de nouveaux dieux (Khaos, Nuées et Langue, *Nuées*, 423-424). Vingt-quatre ans plus tard, Socrate est condamné à mort, notamment pour avoir introduit des divinités nouvelles. Ceci à la suite d'une plainte publique déposée au Portique royal par un certain Mélétos, un type gaufré sur sa médiocrité de poète raté, contre celui que l'oracle de Delphes tenait pour le plus sage des hommes. Mais le comique des *Nuées* avait fait une sévère et brutale mise en garde. Revenu à ses premières croyances après qu'il eut pâti des leçons de « Socrate le Mélien », trop bien assimilées par son fils qui les retourne contre lui, le Strepsiade d'Aristophane n'hésite pas à mettre le feu au « Pensoir », maison des philosophes (ces « bavards ») qui vont périr dans l'incendie.

Nom sans valeur

Croire à l'existence des dieux (*nomízein theoùs eînai)* est une expression synonyme d'« honorer les dieux » *(nomízein toùs theoús). Nomízein*, « attacher de la valeur à », « estimer » renvoie aux us et coutumes *(nómos)* et à l'idée de monnaie : le mot *nómisma* (d'où vient « numismatique ») en dérive. Aristophane fait dire à son Socrate : « Les dieux, cette monnaie-là n'a point cours chez nous » (*Nuées*, 247-248). Ils n'ont plus d'usage. Ce sentiment que les dieux représentent quelque chose d'usé, de périmé, de démodé, est précisément le refus de leur représentation traditionnelle. Mais l'opinion, attachée à cette naïve représentation ancestrale, l'a interprétée comme une négation des dieux. (Aristophane, apte à nous faire entendre quelque chose de ce déphasage, se tient pourtant du côté de l'« usage » : quand, dans ses *Nuées*, il met en scène un Phidippide s'autorisant à battre son père, c'est parce qu'il « est doux de vivre dans le commerce des choses nouvelles et ingénieuses, et de pouvoir mépriser les lois établies » [1399-1400]). Quand un personnage de ses *Cavaliers* demande à un autre s'il croit aux dieux (v. 32), c'est l'esprit du temps qui semble s'exprimer à travers cette question qui ressort davantage de l'interrogation.

Les autres principaux représentants du *Zeitgeist* sont Protagoras, qui suspend son jugement, Prodicos, qui explique la religion par l'homme, et l'auteur du *Sisyphe* soutenant que les dieux sont l'invention d'un « sage à l'esprit avisé » pour instiller en l'homme, naturellement sauvage et brutal, la crainte du châtiment et asseoir l'autorité des gouvernants.

De la supercherie et du pouvoir

Les dieux ne sont pas, et pourtant les cultes sont rendus. Faisons une incursion dans l'époque hellénistique en compagnie d'un certain Évhémère (~340-~260) qui prétend expliquer ce phénomène en soutenant qu'un dieu n'est que l'image d'un homme plus fort que les autres : « Évhémère disait que ceux qui étaient comptés au nombre des dieux étaient des hommes doués de force et que c'est à cause de celle-ci qu'ils furent déifiés par les autres hommes et réputés dieux » (d'après Sextus Empiricus, *Adv. math.*, 51).

Certainement originaire de Messène (dans le Péloponnèse) ou de Messine (en Sicile), Évhémère est l'auteur d'un récit, *L'Inscription sacrée (Hierà anagraphê)*, dans lequel il soutient l'origine humaine de ceux que la foule, dans sa simplicité d'esprit, vénère comme dieux. C'est soit sous la contrainte d'un chef persuadé de sa dignité, soit par reconnaissance pour des gestes héroïques ou pour l'instauration de règles de conduite, que les peuples ont divinisé des hommes et des femmes (guerriers, rois, inventeurs de techniques – et l'amour en est une –, législateurs, navigateurs et découvreurs de nouvelles terres ou encore évergètes ou fondateurs de colonies). La divinité n'est qu'une qualification émanant du champ strictement humain. Imposée brutalement (à la foule) ou accordée spontanément (par la foule), la divinité n'est rien qu'une élaboration : la divinisation. Les dieux sont des humains (auto-) estimés hors du commun.

Évhémère défend cette thèse à partir d'une affabulation, niant ainsi le surnaturel en élaborant une utopie. Sous le couvert d'un récit de navigation, il narre son arrivée sur Panchaïa, une île fabuleuse fraîchement émergée après avoir été longtemps ensevelie au large des côtes de l'Arabie : il y découvre un temple de Zeus, construit par les Triphyliens, dans lequel se dresse une colonne d'or dont l'« inscription sacrée », rédigée par le scribe Hermès, résume les hauts faits tout humains des principaux acteurs de la mythologie et des panthéons grecs « pour qu'elle en avisât la postérité », seule mémoire des honneurs dont ont bénéficié les « dieux »... de leur vivant (d'après Lactance, *Institutions divines*, I, 11, 33). Par exemple, sous le nom d'Aphrodite se cache la première femme qui « inventa le métier de courtisane, et apprit aux femmes de Chypre à faire argent de leur corps : elle leur imposa la chose, pour ne pas avoir l'air d'être la seule femme impudique, la seule à désirer les hommes » (*Ibid*, I, 17).

Les chrétiens considéreront Évhémère comme un allié objectif, poussant sa thèse jusqu'à son ultime conséquence : puisque les dieux des « gentils » (païens) sont des humains d'exception divinisés, ils sont donc de faux dieux. Qualifié d'athée à l'aune du paganisme grec, Évhémère reçoit l'absolution pour service rendu à la nouvelle croyance, et ce de Lactance à Arnobe de Sicca en passant par Eusèbe. S'adressant aux « gentils », Clément d'Alexandrie s'appuie sur une radicalisation de l'évhémérisme dans cette adresse en forme d'avertissement : « Vous finissez par n'être rien d'autre que de vrais cadavres, pour avoir en fait mis votre foi en des cadavres » (*Protrept.* III 45, 5).

Plutarque, à la fois solidement formé au platonisme et prêtre d'Apollon Pythien à Delphes, avait déjà laissé libre cours à son indignation envers cette affirmation, lancée quatre siècles plus tôt, selon laquelle les dieux auraient été des mortels. Mais, c'est cette fois pour proposer une des plus vibrantes défenses et illustrations que le paganisme finissant ait connues. Expliquer ainsi le divin, déplore Plutarque, est une imposture « de cet Évhémère qui, en imaginant les fables les plus absurdes, les plus dénuées de fondement, a semé l'impiété dans tout l'univers par son audace à effacer les noms de tous ces dieux généralement reçus qu'il transforme en rois, en princes, en généraux d'armée, qui ont, dit-il, existé dans des temps fort éloignés, et dont il a trouvé les noms écrits en lettres d'or dans l'île de Panchaïa. Cependant, jamais aucun Barbare ni aucun Grec n'en a eu connaissance, et il faudra croire que le seul Évhémère a abordé dans cette île des Panchéens et des Triphyliens, peuples qui n'existent et n'ont jamais existé nulle part » (*Isis et Osiris*, 23).

Évhémère « l'athée » n'a jamais laissé indifférent : rejeté par les penseurs païens comme fauteur d'impiété, il fut récupéré par les apologistes chrétiens comme promoteur d'une hypothèse utile à leur condamnation du paganisme. En fait, l'athéisme d'Évhémère, déjà relevé par son contemporain Callimaque, ne concernait peut-être que les « dieux terrestres », ceux des panthéons helléniques, mais non les « dieux célestes », le ciel et les astres, dont des fragments semblent reconnaître la véritable nature divine (voir R. Goulet, *DPhA*, sv. « Évhémère de Messine »).

Nier les dieux de la foule

Plutarque (*Contre Colotès*, 31) et Cicéron (*De nat. deor.*, I, 43) considéraient les Épicuriens comme des athées. En fait, Épicure rejette les « fantaisies mensongères *(hupolépseis pseudeîs)* » dont se contente la foule au sujet des dieux. « Les dieux existent, soutient Épicure, nous en avons une connaissance évidente ; mais ils ne sont pas tels que la foule se les imagine. L'impie n'est pas celui qui rejette les dieux de la foule, mais celui qui leur attribue les caractères que celle-ci leur prête » (*Lettre à Ménécée*, 123). Ces idées fausses consistent à prétendre d'une part que les dieux ont créé le monde pour les hommes, d'autre part qu'ils président au déroulement du temps, alors que toutes les choses sont le produit du hasard. De plus, penser que les dieux puissent se croire les obligés des mortels qui sacrifient c'est penser que la divinité peut être corrompue à force d'offrandes. Comme le dit J. Salem, les dieux d'Épicure « sont bien trop *épicuriens* pour jamais désirer s'occuper du monde » (*L'Atomisme antique*, p. 108). Ce monde dont les dieux de l'époque classique attendaient avec inquiétude reconnaissance, sacrifices et offrandes. La nature des dieux épicuriens était inconnue de la religion civique des temps précédant la fin de la cité. La naissance de la civilisation hellénistique est aussi à comprendre sur fond de ce chamboulement de la réception du divin.

L'athéisme débusqué par la médecine

Nier les dieux est aussi le fait de ces « mages, faiseurs de purifications, diseurs de bonne aventure et autres charlatans » qui affirment précisément la toute-puissance divine pour asseoir leur imposture quant à leur traitement artificiel des maladies : quiconque a le pouvoir, par des purifications, de guérir une affection, celui-là est alors capable de la provoquer. Mêler les dieux à ces sordides procédés trop humains revient à souiller la divinité même, et donc à la nier.

Cette défense inattendue de la pureté divine se trouve explicitement revendiquée dans le traité hippocratique de la *Maladie sacrée* (dernier tiers du ve s. av. notre ère) à propos des « purifications » recommandées par des charlatans pour soigner une affection :

« Avec ces discours et ces artifices, ils [les purificateurs] se donnent pour posséder un savoir supérieur, ils trompent le monde en prescrivant des expiations et des purifications et ne parlent guère que de l'influence des dieux et des démons. À mon avis cependant, de tels discours font preuve non de piété, comme ils le pensent, mais bien plutôt d'impiété, et ils impliquent l'inexistence des dieux *(theoús oúte einai) ;* ce qui d'après ces gens est religieux et divin est [...] irréligieux et impie » (*De la maladie sacrée*, 3, trad. R. Joly).

Leçon hippocratique en deux points : le divin ne peut souiller ; il ne peut que purifier. En terrain païen, l'athéisme ne rime pas forcément avec l'expression d'une certaine rationalité.

Au IIe siècle de notre ère, Clément d'Alexandrie, alors converti au christianisme, ironisera sur l'accusation d'impiété faite à divers païens : « Je me demande vraiment parfois comment on a pu accuser d'impiété Évhémère, Nicator de Chypre, Hippon, Diagoras de Mélos et leur illustre contemporain de Cyrène, j'ai nommé Théodore, ainsi que quelques autres – bien rares – qui menèrent une existence sage sans être dupe de l'illusion, qui est celle de la majorité des gens, touchant aux dieux » (*Protreptique*, 24 ; trad. *in* Dumont, p. 463).

C'est à la fin de ce même IIe siècle que les chrétiens ont désigné de *pagani* ces gens des campagnes adeptes d'un polythéisme. Mais l'engagement à une nouvelle croyance ne souhaitait plus en comprendre le sens.

• *Diagorae Melii et Theodori Cyrenaei Reliquiae*, éd. M. Winiarczyk, coll. B.T., Leipzig, 1981.
Evemero di Messene. Testimonianze e frammenti, éd. G. Vallauri, Turin, Pub. della Fac. di lettere e filos., VIII 3, 1956. – *Evhemeri Messeni Reliquiae*, éd. M. Winiarczyk, Stuttgart/Leipzig, Teubner, 1991.

► FAHR W., *ΘΕΟΥΣ ΝΟΜΙΖΕΙΝ. Zum Problem der Anfänge des Atheismus bei den Griechen*, Hildesheim-New York, coll. "Spudasmata", 1969, p. 50-69.- LEY H., *Geschichte der Aufklärung und des Atheismus*, Bd I, Berlin, 1966. - WINIARCZYK M., « Bibliographie zum antiken Atheismus », *Elenchos* 10, 1989, p. 102-192.

→ Abandon des dieux ; Agnostique ; Attente des dieux ; Croyance (Origine de la) ; Impiété ; Invention des dieux ; Piété

ATTENTE DES DIEUX

La race des mortels est une nécessité pour celle des immortels qui attendent libations, offrandes et surtout sacrifices sanglants. Cultes civiques et pratiques marginales (notamment orphiques) ont considéré de façon diamétralement opposée l'« attente des dieux ».

Les paumes ouvertes des dieux poliades

Selon un mythe bien connu des Hellènes, rapporté dans un hymne dit « homérique » à Déméter (composé peu avant 610 ac), la déesse se trouve confrontée à ce que sa qualité d'immortelle doit, *contre toute attente*, lui éviter, à savoir l'épreuve douloureuse de la disparition – de sa vue – de sa progéniture, sa vierge fille, Koré, fruit de son union avec Zeus. La divine mère menace alors de rayer de la surface de la terre la « race débile des hommes » en retenant le grain de germer.

Une soustraction en compensation d'une autre ? Le mythe dit que les choses ne sont pas si simples. Il rapporte qu'aucun dieu n'est, non seulement dupe, mais que tous sont inquiets de la décision de Déméter, immédiatement interprétée comme… risque de « frustrer les habitants de l'Olympe de l'hommage glorieux des offrandes et des sacrifices » (*Hymne* [pseudo-homérique] *à Déméter*, 311-312), donc explicitement comme « courroux contre les immortels » (350-351)… et non contre les misérables mortels affamés. La famine est davantage une menace pour la consistance de ceux qui « ne mangent pas le pain », les dieux, que pour les humains. L'Hymne est insistant sur ce point : en retenant le grain dans le sol, Déméter « songe à réduire à néant les honneurs (τιμὰς) dus aux immortels » (v. 353). En effet, si les éphémères n'ont plus de force, comment pourront-ils offrir les sacrifices qui consacrent aux dieux leur divinité ? Zeus s'empresse alors de dépêcher des ambassades auprès de la déesse endeuillée pour lui demander de revenir sur l'Olympe, ce qui signifie, pour lui, de revenir sur sa décision de « donner » (marier) sa fille au souverain des ombres des défunts, Hadès. Un compromis sera trouvé… pour répondre à l'attente des dieux de toujours recevoir offrandes et sacrifices.

Aristophane fait dire à l'Homme de *L'Assemblée des femmes* que « recevoir », c'est se mettre au diapason des dieux : « Tu le verras aux mains des statues : car, quand nous les prions de nous accorder leurs faveurs, elles sont là debout qui tendent le creux de la main, non dans la pensée de donner, mais pour recevoir » (778-783). Les dieux ont les paumes ouvertes vers le ciel, vers eux-mêmes. « Selon l'usage » (ως νόμος εστίν), les immortels attendent qu'on dépose dans leurs mains « les viscères des victimes » (*Les Oiseaux*, 518-519), mais, très attentifs aux usages, ils se détournent de ceux qui se présentent à eux sans marque réjouissante d'honneur. Et Sapho de prodiguer ce conseil à « sa » Dika : « enlace, en guise de couronnes, des rameaux d'anis, et place-les avec tes doigts délicats sur ta charmante chevelure : car c'est chose certaine que les Bienheureuses déesses voient d'un regard favorable celle dont la prière s'orne de fleurs et de grâce, et qu'elles se détournent de celles qui ne portent point de couronnes » (Sapho, fr. 85 Reinach). Les divinités hellènes sont façonnées autour d'une solennité de principe.

Et le principe se confirme quand il fait coïncider l'attente des dieux avec le souhait de certaines préférences. D'une façon générale, Déméter préfère les truies, Poséidon les taureaux, Dionysos les chèvres et les porcs, Athéna les vaches, Aphrodite les cochons, Arès et Hécate les chiens, Zeus les bœufs, Héra les génisses… ; d'une façon particulière, qui tient compte des épiclèses, l'Athéna *Pronaia* de Delphes accepte le sacrifice de chèvres que l'Athéna *Polias,* protectrice d'Athènes, refuse, préférant une brebis pleine quand elle est honorée à Cos. L'Artémis *Agrotéra* des Spartiates exigeait une chèvre. Apollon *Apotropaios* attend le sacrifice d'un bœuf tandis qu'Apollon *Pythien* réclame une chèvre lors des Pyanopsies. Quoi qu'il en soit, l'attente des dieux concerne un prélèvement opéré généralement sur l'élevage domestique. Quand le sacrificateur répond à ces attentes, il peut espérer en retour une certaine bienveillance divine. « L'homme m'est cher », confie Zeus à propos d'Hector, « il m'a brûlé tant de cuisseaux de bœufs, tantôt sur les cimes de l'Ida aux replis sans nombre, tantôt sur son acropole » (*Il.*, XXII, 168-172). De même, à propos d'Ulysse : « Comment donc oublierais-je jamais cet Ulysse divin qui, sur tous les mortels l'emporte par l'esprit et par les sacrifices qu'il fit toujours aux dieux, maîtres des champs du ciel ? » (*Od.*, I, 65-67). Sinon, « les dieux irrités de quelque manquement à leur culte brisent une carrière humaine » (Euripide, *Iphigénie à Aulis*, 23). Sacrifier suffit à répondre à l'attente des dieux, tant celle-ci est inquiète de sa reconnaissance et des marques d'honneur imposées. Avant de conduire sa fille chez son époux, Nicératos offre un sacrifice : « Le mouton que voici, une fois sacrifié, offrira aux dieux tout ce que les rites exigent d'une victime, et aux déesses aussi : il y a du sang, du fiel en suffisance, des os superbes, une rate de belle taille, toutes les choses dont les Olympiens ont besoin » (Ménandre, *Samienne*, 572-576). Attente et besoin se nouent sur la corde de l'inquiétude des dieux toujours tendue sur leur réception de leurs honneurs.

Une pareille inquiétude du divin indique la conscience réprimée de sa vacuité… Toute la piété traditionnelle grecque est dans cette tension.

Cette piété *(eusébeia)* consiste à « honorer les dieux » *(nomízein theoùs),* expression signifiant de façon très précise l'obligation pour un citoyen, avec les autres et surtout à la vue des autres, d'accomplir les rituels adoptés traditionnellement par sa cité. Dans ce cadre, « honorer les dieux » c'est, pour un homme libre, participer aux sacrifices sanglants offerts par la *polis* à ses divinités poliades. Une telle boucherie ritualisée s'adresse aux dieux dans le même temps où elle consacre leur « infranchissable distance ». Pour faire bref, la mise à mort d'un animal domestique suivie de la consommation obligatoire de ses chairs par les participants signifiait fondamentalement la reconnaissance de la condition éphémère de l'homme, donc de sa privation de toute filiation avec le divin. Le sacrifice offert par la cité rappelle la répartition suivante : les abats et la viande (le périssable) sur la table des hommes, tandis que les fumets émanant de la calcination des os graissés (l'impalpable) s'échappent des autels à feu vers les cieux éthérés. Le sacrifice sanglant n'est pas un rite de communion puisque l'homme consomme précisément une part de l'animal qui, non seulement n'est pas celle réservée aux dieux, mais est réprouvée par eux. Il célèbre une immortalité inaccessible à l'homme sur fond d'une disparition irréversible d'une sorte d'âge d'or originel où mortels et immortels auraient partagé les mêmes mets. C'est maintenant le corruptible qui se partage à la table des sacrificateurs, l'incorruptible s'étant déjà envolé en volutes odorantes vers l'Olympe. Une telle croyance trouve son mythe étiologique chez Hésiode (*Théog.*, 535 sq.).

Pour plaire aux dieux, les hommes doivent faire preuve d'une attention qu'il est possible de qualifier à la fois de compulsive et d'imaginative dans la mesure où les dieux n'ont pas donné de règles aux hommes, aucun tracé à suivre pour plaire aux immortels (Théognis, 381-382 ; Alcméon, 14 B 1, etc). Les dieux des cultes civiques attendent une *reconnaissance* de la part de ceux qu'ils laissent dans l'*inconnaissance*.

Les oreilles ouvertes des dieux orphiques

Pour les orphiques, la commémoration instaurée par le sacrifice sanglant est l'impiété par excellence. À un « âge d'or » traditionnellement compris comme coexistence originelle des deux races distinctes des immortels et des mortels (Hésiode), les orphiques opposent l'idée d'un brutal déchirement d'une plénitude, que nous appellerons « divine » dans la mesure où l'homme n'est pas encore apparu. Oublier ce déchirement – et ainsi le réactiver en sacrifiant dans le sang –, c'est reproduire l'acte de démesure qui, selon la croyance orphique, est à l'origine de l'humanité. Le mythe de Dionysos démembré, principalement rapporté par Olympiodore (*Commentaire sur le Phédon*, 61 c), illustre cette croyance. Les Titans, ennemis « de toujours » des Olympiens, « tuent » le fils de Zeus et de Perséphone, l'enfant-dieu Dionysos. Ils le dépècent, en font bouillir puis rôtir les membres et s'en repaissent, à l'exception du cœur. Zeus foudroie les meurtriers : l'homme (la mortalité incarnée) se forme de la suie déposée par les vapeurs exhalées des déicides calcinés. La race humaine procède donc doublement de l'immortalité : celle, violente, des Titans, et celle, victime infantile, de Dionysos. Perpétré sur un dieu, le crime titanique ne peut évidemment pas détruire l'immortalité. Il l'égrène, dispersant la divinité en autant d'« âmes » plus exactement nommées *daímones* dans les témoignages, soulignant ainsi leur participation à la nature divine. C'est pourquoi, selon une fameuse allitération symbolique, le corps *(sôma)* est une prison *(sêma)* pour l'âme chargée d'expier la souillure titanique.

Pour se libérer des fers de sa prison, et ainsi vaincre la mort (le mot *sôma* signifie originellement le cadavre), l'âme devra suivre scrupuleusement les préceptes du « genre de vie orphique » qui se déclinent en autant d'interdits : interdit de faire couler le sang et de manger carné, interdit de consommer des fèves, interdit d'inhumer un mort dans un linceul de laine, interdit de recourir au suicide. Toutes ces proscriptions correspondent à autant de refus par l'orphique de se définir en opposition à la divinité. « S'abstenir de meurtre », précepte qui condense l'ensemble des interdits, c'est refuser de reproduire l'acte de dispersion de la plénitude divine. Le premier interdit revient à condamner la pratique du sacrifice sanglant de consommation (donc à tourner le dos à la piété civique profondément impie, car d'inspiration titanique). Le régime végétarien (*apsúkhou borâs*, littéralement « nourriture sans âme » ou « sans vie ») ne prolonge pas simplement le premier interdit, mais l'amplifie en s'inquiétant des conséquences de l'immortalité de l'âme : son immortalité étant liée à la nécessité de l'expiation de la faute ancestrale, l'âme est soumise à la roue des naissances, insufflée de nouveau dans un autre corps, humain ou animal, tant qu'elle n'a pas retrouvé par l'ascèse la pureté originelle. Le végétarisme ne permet pas seulement de purifier l'âme : il protège « ce qui a vie » d'une rupture dans son processus de purification. Repousser le mode de vie carnivore c'est encore s'assimiler au divin dans la mesure où les dieux ne consomment pas les chairs animales. Le respect de ce qui a vie passe aussi par le tabou des fèves, légumineuses souvent associées symboliquement par les Grecs au cycle de la génération (Diogène Laërce, VIII, 34). Consommer des fèves revient pour un orphique à pratiquer l'allélophagie des Titans déicides. La laine étant d'origine animale, l'interdit relatif à l'inhumation dans un linceul de laine préserve l'âme défunte de tout contact avec ce qui a eu vie. Enfin, s'abstenir de meurtre c'est aussi refuser le recours au suicide. Si incarnation signifie incarcération, vouloir se libérer par le suicide revient à commettre un meurtre de plus, donc une nouvelle violence sur « ce qui a vie ». Seule l'ascèse libère. Comment l'âme pourrait-elle s'octroyer la possibilité de dénouer elle-même par la violence ses liens corporels alors que la mort naturelle du corps n'y parvient pas tant que sa purification par l'ascèse du « genre de vie orphique » ne l'a pas extirpée de la roue des naissances.

Voilà ce qu'attendent les dieux des mystères orphiques : un genre de vie en totale rupture avec les conventions de la cité. Le parfait initié pourra alors *s'adresser*, dans l'au-delà, à Perséphone pour lui assurer qu'il n'a pas participé à la boucherie organisée sur les autels de la cité, mais qu'il a adopté le *bíos orphikòs*, genre de vie s'interdisant les rites sanglants officiels.

« Dis-leur » ou « Dis à Perséphone » sont des formules du viatique orphique tel que nous pouvons le reconstituer à partir des « lamelles » retrouvées à l'occasion de fouilles exécutées dans des sépultures et dont les plus anciennes remontent aux ve-ive siècle avant J.-C.

Les orphiques semblent considérer le végétarisme comme un remède, une solution après-coup prise pour enrayer un devenir voué au désastre sans son adoption. Les dieux orphiques attendent des mortels une telle conduite. Mais, comme toujours dans la pensée des Hellènes, aucun dogme n'est établi. Que les orphiques refusent la consommation des chairs en tant qu'elle signifie l'acte de naissance de la pénible condition humaine n'appartient qu'à leur croyance. Selon une autre, c'est le végétarisme qui est originel. Le temps modifie l'attente des dieux, à moins que celle-ci ne modifie les temps. Avant le temps de la séparation des hommes et des dieux consommée dans le rituel du sacrifice sanglant ; avant le temps orphique qui fait attendre des divinités une attitude « incivique », il y aurait eu le temps plus harmonieux, ou moins tranché, des offrandes végétales. Le temps où Aphrodite, alors nommée Kupris *basileia*, « reine », n'attendait pas des hommes les sacrifices de cochons mais qu'ils cherchent ses faveurs « par des animaux peints et les fines odeurs de parfums, / des sacrifices de myrrhe pure et d'encens fragrant, / [qu'ils jettent] sur le sol des libations de miel roux » (Empédocle, 31 B 128, trad. Bollack).

L'attente des dieux varie selon leur réception dans la sphère des humains, et cette variation les plonge dans la temporalité de l'offrande adressée.

Nul n'est censé ignorer les lois non écrites

Entre l'attitude civique d'honorer les dieux et le genre de vie orphique, les Hellènes ont ménagé un autre type d'attente des dieux : l'obéissance aux intemporelles lois non écrites (*ágraphoi nómoi*). Respecter ses parents, épargner les suppliants réfugiés dans un sanctuaire ou autour d'un autel, se garder de toute relation incestueuse et de tout parjure, garantir aux hérauts l'inviolabilité de leur fonction au service, sinon de la paix, au moins d'une trêve entre cités ...

Les dieux attendent encore des humains qu'ils ensevelissent leurs morts, ce qui est aussi une façon d'épargner au divin le spectacle de sa négation.

Quoi qu'il en soit, une dimension morale s'affirme sous cette attente des dieux d'un comportement humain respectueux de ce que Jacqueline de Romilly considère comme l'expression du premier droit des gens.

→ Autel ; Grève ; Honorer les dieux ; Interdit et injonction ; Lois non écrites ; Orphique (Genre de vie) ; Piété ; Sacrifice

AU-DELÀ

Étrangers à toute dogmatique, les Grecs juxtaposent différentes croyances sur l'au-delà.

La conception traditionnelle : « l'effroyable demeure d'Hadès »

Hadès est le nom donné par la tradition grecque issue d'Homère à un dieu et à un lieu. Il désigne à la fois le royaume ombreux des défunts et la puissance qui y règne. Tandis que *la* mort (*thánatos*) est issue de Nyx (Nuit), ténébreuse matrice intemporelle de Thanatos (Trépas) et d'Hypnos (Sommeil), *les* morts sont sujets d'Hadès, le frère de Zeus et de Poséidon. Bref, *la* mort apparaît avant *les* morts : c'est ce que transmet le mythe à travers ces ramifications généalogiques rapportées par Hésiode à l'écoute des filles de Mémoire.

Hádes est un vocable du dialecte attique. Les Grecs le connaissent ailleurs sous les noms d'*Áïs*, d'*Aídes* ou encore *Aidoneús*. Pour la croyance commune, Hadès est le maître d'un lieu impalpable, entièrement plongé dans une « ombre brumeuse » (ζόφον ἠερόεντα : *Il.*, XXIII, 51). L'étymologie traditionnelle rapproche le nom *Haides* de l'idée d'invisible (alpha privatif - *ideîn,* "voir") et, précise Platon, « c'est par crainte de ce nom qu'il est appelé Pluton » (*Cratyle*, 403 *a* 8). Le vocable Pluton (ou Plouton), signifiant « le Riche », est un double euphémique et (très) occasionnellement cultuel d'Hadès en tant qu'emprunt fait à Ploutos, puissance dispensatrice de richesse et de bonheur matériels. Double euphémique car le mortel n'a rien à espérer de ce dieu absolument inflexible. Si Hadès détient la richesse *(ploûtos)*, c'est à force de thésauriser les morts dont il est, au nom de l'ordre du monde, l'infaillible comptable. Ce « ravisseur universel » (πάντων ἁρπακτήης), selon l'expression de Callimaque, est le « portier violent » de son « effroyable demeure, dont les dieux mêmes ont horreur », comme le rappelle Homère (*Il.*, XX, 65). La seule crainte d'Hadès est que la terre s'ouvre pour mettre au jour, aux yeux des autres dieux, son royaume pourri, « un peu comme apparaît, lorsqu'on retourne une pierre, une putréfaction de larves » (W. Burkert, 2011, p. 270). Hadès, comme tout dieu, a droit à ses offrandes : dans son cas, son offrande est chaque mort inhumé selon les prescriptions non écrites de l'accompagnement du défunt.

Il partage son trône avec la froide Perséphone, la fille de Zeus Olympien et de Déméter, déesse plus terre à terre. C'est donc sa nièce qu'Hadès est venu brutalement ravir sur terre (Hésiode, *Théog.*, 913-914 ; *Hymne pseudo-homérique à Déméter*). En contrepartie de ses épousailles forcées avec le dieu des ombres, Perséphone reçoit un pouvoir absolu : « tu régneras sur tous » (*HhD*, 365), *i.e.* sur tous ceux que le trépas emporte. Dans la tradition homérique, ce pouvoir consiste à maintenir le reflet (plutôt que l'âme) des défunts dans un dérisoire état vaporeux et amnésique. (La tradition orphique, nous le verrons, donnera à Perséphone un tout autre pouvoir). Mais Perséphone reste Koré, la « Jeune Fille », la Vierge : elle est « l'épouse florissante » d'Hadès, nouvel euphémisme pour désigner celle qui n'accédera jamais au statut de *gunê*, synonyme dans la conscience hellène de fécondité. Recluse un tiers de l'année au tréfonds de l'immobilité noire de l'Hadès, Perséphone-Koré reste stérile auprès de son époux. Manière de dire à travers les allers de Perséphone auprès de sa mère et ses retours aux côtés d'Hadès, qu'il existe une certaine temporalité dans l'au-delà, mais une temporalité toujours stérile.

Hadès n'est pas Thanatos. Il ne transporte pas la dépouille vers l'Invisible. En tant que Zeus *Katachthónios*, Zeus Souterrain, selon l'épiclèse homérique (*Il.*, IX, 457. Cf. Hésiode, *Trav.*, 465 ; Eschyle, *Suppl.*, 231, cf. 155), Hadès reçoit l'ombre du défunt qui s'y précipite « naturellement » à l'issue des rites funèbres respectés par les vivants. Le dieu et le lieu sont le point d'accomplissement de la mort : si, selon la croyance commune, une obscurité brumeuse voile les yeux au moment de la mort, alors cet état trouve sa pérennité dans l'Hadès où se confondent les simulacres ombreux des éphémères tombés comme des feuilles, « fantômes insensibles des humains épuisés » (*Od.*, XI, 476). Une foule anonyme d'apparences sans conscience, de « têtes privées de force et de sens », selon l'expression homérique (*Il.*, XXII 389 ; XXIII, 104 : *Od.*, X, 521, 536 ; XI, 29, 49, 476) y est noyée dans les ténèbres : inconscience, inconsistance et réclusion définitive sont le lot des reflets amnésiques des défunts, justes et injustes confondus.

Tel est l'au-delà : un « empire de la nuit », dira encore Euripide (*Hippolyte*, 1388). Un empire où l'ombre portée ne peut même plus s'accomplir comme ombre... dans la nuit. Le mythe homérique est implacable et chaque Hellène n'en sait pas davantage car rien ne saurait écorcher (sens premier d'écrire, *grapheîn*) l'impalpable. Nous ne sommes pas dans une religion révélée du « Livre ». L'homme se montre follement épris de ce qui brille sur terre « faute d'avoir l'expérience d'une autre vie et la révélation du monde infernal » (Euripide, *Hippolyt*e, 195-196). C'est pourquoi les croyances relatives aux jugements et aux châtiments dans l'Hadès resteront soit marginales, issues d'une inspiration sectaire (orphique) ou d'une réflexion (philosophique) portée sur la conduite humaine, soit évoquées évasivement (l'exceptionnelle punition des parjures dans l'au-delà homérique). Ce n'est pas avant Platon que l'Hadès devient un lieu de rétribution à la fois positive et négative (*Rép.*, X, 614 *c*). Les trois suppliciés dans l'Hadès décrits dans un passage interpolé de l'*Odyssée* (XI, 576 *sq.*), Tityos, Tantale et Sisyphe, illustrent incontestablement une conception postérieure à la croyance homérique. Ces mythes sont connus de Platon (*Gorgias*, 525 c).

Il faut souligner la profonde cohérence de cette conception traditionnelle de l'au-delà. La représentation homérique du cosmos situe l'Hadès (la maison d'*Áïs*) sur la rive *extérieure* des eaux fluviales d'Okéanos. Ulysse doit « traverser » le fleuve pour parvenir au seuil de la demeure d'Hadès (*Od.*, X, 508). Or, selon cette tradition, le fleuve Okéanos est l'entité primordiale dont tous les êtres sont issus. Il est la condition toujours renouvelée du monde qu'il alimente et délimite de ses flots en « refluant sur lui-même ». Tout ce qui se trouve à l'intérieur de la ceinture océane appartient au domaine de la vie. Hadès est donc *au-delà* de ce qui a donné au monde sa figuration. Comment peut-on représenter la rive extérieure du monde ? Impossible. Hadès, l'Olympien qui n'a jamais résidé dans l'Olympe, n'est ainsi en aucun lieu véritablement concevable. C'est la leçon du mythe pour une mentalité religieuse étrangère à l'idée de Révélation divine.

Tandis que le dieu Hadès est la face invisible de l'ordre du monde, le lieu de l'Hadès est l'annulation des repères et des oppositions lumineuses de la vie.

La conscience populaire a retenu l'idée de traversée à sens unique, ajoutant deux personnages aux termes du non-retour : Charon et Cerbère. « Passeur des morts, la main sur son croc » (Eur., *Alceste*, 252), Charon attend les défunts ayant reçu des vivants les rites funéraires édictés selon les lois intemporelles. Il doit, après versement d'une obole, leur faire traverser l'Achéron (« affliction »), une sorte de lac marécageux aux eaux sombres et insondables (Aristophane, *Grenouilles*, 138). Parvenu à l'autre rive, au seuil de l'au-delà, l'« esquif à deux rames » se vide de sa cargaison d'ombres (le mot « âme » ne faisant pas sens dans la croyance populaire) devant le chien de l'Hadès, Cerbère (ainsi nommé pour la première fois par Hésiode, *Théog.* 311, mais déjà connu d'Homère, *Il.*, VIII, 368), dont les « cinquante têtes » laissent entrer tout ce monde inconsistant sans jamais laisser sortir personne. La croyance populaire, en fait beaucoup moins réceptive à la subtilité homérique d'un au-delà lui-même « au-delà » de la ceinture océane qui donne au monde sa figuration, s'est accrochée à des failles naturelles pour se représenter le passage de la vie à la mort : les grottes du cap Ténare, à Pylos ou celles d'Héraclée du Pont, sont réputées communiquer avec les Enfers. L'entrée d'Hadès, par-delà Okéanos, est encore située au confluent de deux fleuves, le *Puriphlegéthon* et le *Kókutos*, peut-être une allusion aux rites funéraires, « Feu ardent » et « Lamentations ». L'au-delà est toujours ouvert…

Anaxagore de Clazomènes le savait et se moquait de cette topographie infernale quand il déclarait qu'il était vain de le ramener dans sa cité natale pour y mourir, dès lors « qu'on peut descendre aux enfers depuis n'importe où » (d'après Cicéron, *Tusc.*, I.43.104).

La conception orphique : « les prés sacrés et les bosquets de Perséphone »

Les mystères d'Orphée, réactivant la mémoire de l'origine divine de l'âme, niaient sa représentation héritée des mythes homériques comme ombre vaporeuse, amnésique et vainement persistante dans son inconsistance une fois noyée dans l'invisibilité de l'Hadès. L'orphique apprend de sa participation aux cérémonies initiatiques que la fin (mort corporelle) peut se confondre soit avec le commencement de la vie bienheureuse (soustraite aux réincarnations), soit avec le recommencement d'une existence terrestre (cycle des douleurs dans lequel la mort réelle est appelée naissance). Tandis que l'Hadès homérique est un domaine de réclusion définitive dans l'amnésie confondant purs et impurs, l'Hadès orphique est un lieu où la pureté de l'âme est non seulement revendiquée par le défunt, mais surtout estimée à l'aune des critères des divinités infernales

(Perséphone, Hadès et Dionysos). Comme tel, l'au-delà orphique est un point de bifurcations entre oubli et mémoire : l'âme oublieuse de son origine divine (celle qui, lors de son passage sur terre, a transgressé le double interdit de tuer et de consommer « ce qui a vie ») renaît aux souffrances de l'existence terrestre (emprisonnement de l'âme dans un nouveau corps) ; l'âme ayant entretenu la mémoire des préceptes du genre de vie orphique l'écartant de toute propension à faire couler le sang, pourra progresser jusqu'à Perséphone qui, en sa qualité d'« éphore [juge/surveillant] de tous les êtres à semence » (OF 192) l'autorisera à se rendre dans ses « saintes prairies ». Rappelons que, selon la légende, Orphée, descendu aux Enfers, retourne seul à la vie terrestre parce qu'il a oublié une consigne divine. Et renaître est l'absolu contraire d'une espérance de béatitude pérenne.

Les « lamelles d'or » retrouvées dans les sépultures de Grande-Grèce, de Crète et de Thessalie, documents épigraphiques de tendance orphique, sont autant de viatiques, d'aide-mémoire pour l'âme du défunt initié, ce qui suppose une conscience *post mortem*. Elles rappellent à la fois la bonne direction à prendre « dans les profondeurs effrayantes de la terre », le mot de passe à prononcer aux gardiens d'outre-tombe et la manière de se présenter à leur souveraine, Perséphone. (Ces lamelles, feuilles d'or en forme de lierre, parfois stylisées en cœur, toujours de dimensions extrêmement réduites, retrouvées posées sur la poitrine du défunt ou près de sa main, remontent pour les plus anciennes aux ve-ive s.). Contrairement à l'Hadès homérique, entièrement plongé dans l'invisibilité, l'au-delà orphique présente un paysage éclairé et une topographie repérable : un « blanc cyprès », une source à éviter (celle d'Oubli), un « lac de Mémoire » et, réservée aux seuls parfaits initiés, la « route glorieuse » qui mène aux « prés sacrés » et aux « bosquets » de Perséphone. Mais avant de pouvoir fouler cette route glorieuse, l'initié encore imparfait fait la pénible expérience de l'Hadès comme lieu de transit en se réincarnant dans un corps appartenant au monde de la corruption.

Les conceptions homérique et orphique de l'au-delà partagent néanmoins une même certitude : ni l'une ni l'autre ne réduisent à néant le sort du défunt. Si cet aspect est évident pour la croyance orphique (qui suppose une certaine « âme »), il faut rappeler que chez Homère la foule encapuchonnée de ténèbres qui compose le « peuple éteint » de l'Hadès n'est pas un néant, mais un semblant de ce qui a eu vie, le reflet du vivant, non celui du cadavre.

L'au-delà éleusinien

Contrairement aux ténèbres homériques, l'Hadès éleusinien est baigné de clarté… pour les initiés. Les cérémonies des mystères d'Éleusis ne transmettent aucun enseignement. Elles n'offrent donc pas une description de l'au-delà, sinon, rappelle Platon, l'affirmation de détours et de bifurcations *(skhiseis)* (Platon, *Phédon*, 57 a ; *Gorgias*, 524 a) qui seraient autant de pièges que seul l'initié saurait déjouer pour parvenir à un endroit de bonheur *(ólbia)*. Cet au-delà semble toujours situé sous terre à en croire Pindare (Thrène 6), dans les « humides ténèbres » selon l'expression de l'Hymne pseudo-homérique à Déméter (482). L'initiation éleusinienne fonctionnerait ainsi comme une sorte de répétition « grandeur vécue », éprouvée nuitamment dans le sanctuaire éclairé de torches du bon itinéraire à emprunter pour atteindre, une fois définitivement passé de l'autre côté, la clarté salvatrice. L'au-delà baigné de clarté promis par les prêtres d'Éleusis s'ouvre aux défunts qui auront éprouvé les rites sacrés et se ferme à tous ceux qui, quel que soit leur mérite civique ou leur grandeur morale sur terre, ont négligé l'initiation.

Tel semble être le folklore de la propagande éleusinienne dont la finalité est bien plus prosaïque (Voir article « Initiation éleusinienne »).

« Ce qu'il avait vu là-bas »

Les Hellènes ne manquent pas de récits de « descente aux enfers » (catabases). Celle d'Ulysse qui pose juste un pied au seuil de l'Hadès, telle une improbable descente à l'horizontale, comme seul le mythe peut le faire, pour décrire ici des « rangées de cadavres » (c'est le sens du mot *nekádes* d'où provient le terme générique de *Nekyia*, « descente aux enfers ») qui s'alignent dans un au-delà à fleur de terre ; celle d'Orphée que les traditions trahissent en légende (l'amour) alors qu'il s'agit d'un mythe sur les conséquences catastrophiques qu'entraîne l'oubli d'une consigne divine.

Le mythe d'Er, rapporté par Platon, n'est pas une catabase dans le sens où celle-ci est toujours effectuée par un vivant, donc par un acteur qui n'a rien à faire dans l'au-delà. Er est un guerrier laissé pour mort à l'issue d'une bataille. En fait, c'est un faux mort, plutôt un grand comateux qui se réveille à la conscience le jour même où, selon les prescriptions impératives d'une loi non écrite, son corps doit être incinéré. Alors il témoigne aussitôt de « ce qu'il avait vu là-bas » : « dès que son âme (*psukhê*) était sortie de son corps, il s'était mis en route avec beaucoup d'autres, et ils étaient arrivés dans un endroit merveilleux, où il avait dans la terre deux ouvertures attenant l'une à l'autre, et dans le ciel, en haut, deux autres qui leur faisaient face. Entre ces doubles ouvertures siégeaient des juges » (Platon, *Rép.*, X, 614 c). Il s'agit plus d'une géométrie que d'une géographie infernale dans la mesure où punition des impiétés et récompense de la piété distribuent respectivement les âmes des défunts d'un axe gauche descendant ou d'un axe droit ascendant, les deux autres ouvertures livrant passage à la précédente livraison d'âmes : celles qui descendaient du ciel toutes pures et celles qui remontaient du sein de la terre, « exténuées et poussiéreuses », mais certainement enfin purifiées car toutes ces âmes confondues, semblant venir d'un « long voyage », regagnaient « joyeusement la prairie pour y camper, comme dans une fête solennelle » (614 e). Alors ces âmes discutent et s'enquièrent de ce que chacune a vu : « Les unes racontaient leurs aventures en gémissant et pleurant au souvenir des maux de toute sorte qu'elles avaient soufferts et vu souffrir dans leur voyage souterrain, voyage qui dure mille ans ; les autres, qui venaient du ciel, faisaient le récit de plaisirs délicieux et de spectacles d'une beauté infinie » (615 a). L'au-delà est à la verticale entre un haut et un bas.

Rétribution

Avec ses *Grenouilles,* Aristophane offre une mise en scène d'un au-delà condensant diverses conceptions. Les séquences décrites s'adressent à la conscience simple du spectateur que son incertitude sur le sujet rend perméable à l'acceptation d'une diversité, voire d'un mélange d'opinions. Après avoir traversé le « très grand et sans fond » lac de Charon, l'Achéron (138), après avoir assisté à une séquence tératologique (serpents et animaux monstrueux) et au spectacle du « grand bourbier et de la fange intarissable » où croupissent ceux qui n'ont pas respecté les lois non écrites de la piété (en maltraitant un hôte, frappant ses parents, prêtant un faux serment), après tout ceci, le spectateur (sectateur ?) se met à entendre un son de flûte. « Tu percevras une clarté très belle, comme ici, des bosquets de myrtes, d'heureux thiases d'hommes et de femmes, et un vif battement de mains » (*Gren.*, 154-157). Ceux des initiés. Mais qui sont-ils ? Il n'est pas évident qu'il s'agisse des initiés d'Éleusis dans la mesure où l'idée de mérite est étrangère au bénéfice octroyé par la participation aux rites des mystères. Aristophane ne témoigne pas seulement de l'incertitude de ses contemporains sur le sujet : il parle d'initiés qu'il distingue des irrespectueux des lois non écrites, ce qui n'est pas un critère éleusinien. Le poète capte la conception naissante d'un au-delà de rétribution des vices et des vertus.

Pausanias (X, 28, 4) décrit une peinture sur une des parois du portique des Cnidiens, à Delphes, réalisée par Polygnote de Thasos, au milieu du ve siècle avant notre ère. L'artiste a peint une descente aux Enfers *(Nekyia)* dont une scène est en ces termes rapportée par Pausanias : « Un homme qui a maltraité son père est peint étranglé par celui-ci ; un sacrilège est châtié par une femme experte en drogues et poisons ». S'il nous est difficile de se faire une représentation concrète de ce que le peintre avait dessiné, il est en revanche clair qu'il traduit une conception d'un châtiment *post mortem* d'anonymes : dans le premier cas, le supplicié a enfreint une loi non écrite (respect envers ses parents), dans le second, il s'agit de la punition pour violation d'une loi sacrée (le contexte du sanctuaire delphique laisse à penser que le sacrilège en question est un voleur d'objets sacrés).

Les « îles des bienheureux »

Chez Hésiode, selon la volonté de Zeus, certains hommes de la « race divine des héros », échappant à la mort, séjournent dans un au-delà apaisé : les îles des bienheureux, μακάρων νησοι. « C'est là [aux confins de la terre, ἐς πείρατα γαίης] qu'ils habitent, le cœur libre de soucis, dans les îles des bienheureux, aux bords des tourbillons profonds d'Okéanos, héros fortunés, pour qui le sol fécond porte trois fois l'an une florissante et douce récolte » (*Trav.*, 170-173). L'aède ne précise ni les noms des bienheureux ni la raison de ce sort exceptionnel.

Pindare dévoile des noms (Pélée, Kadmos et Achille), mais se rapporte à une autre tradition qui réserve les îles aux âmes des défunts qui, sur terre et dans l'Hadès, n'ont cessé de se purifier : « Tous ceux qui ont eu l'énergie, en un triple séjour dans l'un et l'autre monde, de garder leur âme *(psukhàn)* absolument pure de mal, suivent jusqu'au bout la route de Zeus qui les mène au château de Kronos ; là, l'île des bienheureux est rafraîchie par les brises océanes ; là resplendissent des fleurs d'or, les unes sur la terre, aux rameaux d'arbres magnifiques, d'autres, nourries par les eaux ; ils en tressent des guirlandes pour leurs bras ; ils en tressent des couronnes, sous l'équitable surveillance de Rhadamanthe, l'assesseur qui se tient aux ordres du puissant ancêtre des dieux, de l'époux de Rhéa, déesse qui siège sur le plus haut des trônes » (Pindare, *Ol.* II, 75-86). Le cycle vie-mort-vie-mort comme processus de purification d'une âme est totalement inconnu d'Hésiode.

Platon associe explicitement le thème des îles des bienheureux à l'idée de récompense d'une vie vertueuse : « C'était du temps de Kronos, et c'est encore aujourd'hui parmi les dieux une loi, à l'égard des hommes, que celui qui meurt après une vie tout entière juste et sainte aille après sa mort dans les îles des bienheureux, où il séjourne à l'abri de tous les maux, dans une félicité parfaite, tandis que l'âme injuste et impie s'en va au lieu de l'expiation et de la peine, qu'on appelle le Tartare » (Platon, *Gorgias*, 523 a-b). Paradis et enfers se dessinent sur fond de récompense et de châtiment. Avec Platon, l'au-delà se répartit selon les modes de vie observés ici-bas.

Selon les traditions pré-platoniciennes, les îles sont un lieu d'exception, dans les deux sens du terme : d'une part, elles accueillent non seulement des défunts mais aussi des vivants, tous voués à un sort exceptionnel (les hôtes peuvent aussi être des personnes foudroyées, la foudre manifestant une sorte d'élection arbitraire par Zeus) ; d'autre part, cet au-delà n'est pas au-delà d'Okéanos, mais occupe une zone « rafraîchie par les brises océanes ». C'est alors davantage la vie fantasmée que la mort redoutée.

▶ BURKERT W., *La Religion grecque à l'époque archaïque et classique* [1977], trad. fr., Paris, Picard, 2011. – PUGLIESE CARRATELLI G., *Les Lamelles d'or orphiques. Instructions pour le voyage d'outre-tombe des initiés grecs*, trad. fr., Paris, Les Belles Lettres, 2003.

→ Âme ; Châtiment/Récompense *post mortem* ; Initiation éleusinienne ; Mort ; Prison des dieux

AUTEL

Verticalité du divin

Il est tout à fait pertinent d'un point de vue architectural de distinguer le *bóthros* (βόθρος) fosse aménagée dans le sol pour sacrifier aux divinités chthoniennes, du *bômòs* (βωμός) foyer surélevé et destiné aux sacrifices offerts aux dieux ouraniens. Mais cette distinction, effectivement établie dans certaines sources, ne doit pas occulter qu'elle exprime aussi la circulation verticale des dieux entre un bas et un haut du monde, dans la mesure toute païenne où un même dieu peut être chthonien et céleste. Zeus n'est-il pas céleste et infernal ? Le Zeus *Kéraunos* connu d'Héraclite (fr. 64 DK = 87 Conche) et le Zeus *Katakhtónios* d'Homère (*Il.*, IX, 457) et d'Hésiode (*Trav.*, 465) ne sont-ils pas l'expression du même dans l'autre ? C'est moins le dieu qu'un versant du dieu qui est honoré sur les autels. Leur construction duelle transcrit une telle verticalité du divin que Pausanias constate encore quand, à Corinthe, il voit la statue de Zeus *Húpsistos*, « le plus haut », dressée à côté de celle de Zeus *Khthonios* (2.2.8).

Seul l'éphémère stationne auprès de l'autel pour participer au rite fondamental présidant à tous les actes de la vie quotidienne : le sacrifice sanglant d'un animal offert en plein air (de jour pour l'aspect olympien, à la nuit pour son versant chthonien). L'autel rend possible l'expression par excellence de la piété grecque. Dans les deux cas, il s'agit d'un autel à feu. Théognis évoque les « autels brûlants » (546). Le feu sert aussi à brûler des parfums ou des huiles dont les senteurs se mêlent aux fumées des abats, des viandes, des os et des graisses rôties. L'*Hymne (pseudo-)homérique à Aphrodite* (58-66), celui *à Apollon délien* (87) ou encore un vers de Callimaque (*Épigramme*, 53) évoquent les autels « parfumés ».

Le sang de l'*hiéréion*, la bête immolée, ne doit surtout pas se répandre sur le sol profane, mais arroser l'autel ou la fosse sacrificielle. « L'acte de piété, résume Walter Burkert, c'est verser le sang, égorger – et manger. Peu importe qu'il n'y ait ni temple ni image cultuelle – comme souvent dans le culte de Zeus –, ils seront érigés par la suite, et facilement remplacés. Le dieu est présent sur son lieu sacrificiel, et cet endroit se reconnaît au tas de cendres laissé par les offrandes « sacrées », brûlées ici depuis toujours, aux cornes et crânes des béliers et bœufs égorgés, ou à la pierre d'autel qui devait être arrosée de sang » (*Homo Necans*, BL, 2005, p. 20). L'autel est-il ainsi le seul élément indispensable d'un lieu sacré. Par le feu, le sang et la boucherie rituelle, il consacre un domaine comme sanctuaire.

Quand les Grecs fondent une cité, l'autel en est la première pierre.

Des enfers au céleste

Autel bas, le *bóthros* a l'aspect d'un foyer creusé dans la terre. L'*eskhára* (ἐσχάρα, foyer bas, brasier) peut être un autel mobile posé à même le sol. Dans les deux cas, fosse et brasier indiquent que les chairs des animaux immolés ne seront pas consommées par les participants au sacrifice mais entièrement brûlées. Ces autels servent aux cultes des aspects nocturnes et souterrains des divinités, des défunts et héros, des divinités de la mer ainsi qu'aux rituels accompagnant tout serment.

Élément indispensable du sanctuaire, un *bômós*, toujours surélevé, n'est pas nécessairement une table maçonnée. Dimension et matériau varient selon l'endroit ou selon la loi sacrée propre à un sanctuaire (propriété du dieu) ou selon une coutume ancestrale appliquée à un espace profane. Un simple tas de pierres *(hermaîon)* au détour d'un chemin, la haute pierre aniconique, appelée Apollon *Aguieos* (Apollon des Rues), fichée devant la porte des maisons ou l'amassement de cendres et d'os brûlés lors des sacrifices sont autant d'autels. Ainsi, l'autel de Zeus dans le prestigieux sanctuaire d'Olympie ou celui d'Héra à Samos n'étaient-ils que des monticules de cendres animales. « L'autel de Zeus Olympien, rapporte Pausanias [...] est fait avec la cendre des cuisses des victimes sacrifiées à Zeus, tout comme on fait à Pergame. L'autel des cendres d'Héra de Samos n'est en rien plus remarquable que ne sont dans le territoire attique les foyers *(eskháras)* que les Athéniens appellent « improvisés ». L'autel d'Olympie au niveau de la première assise que l'on appelle la *prothusis* mesure cent vingt-cinq pieds de circonférence [37 mètres] ; le périmètre de la partie supplémentaire au-dessus de la *próthusis* est de trente-deux pieds [9,50 mètres]. La hauteur totale de l'autel se monte à vingt-deux pieds [6,50 mètres]. La coutume est de sacrifier les victimes elles-mêmes dans la partie basse, la *próthusis* ; puis ils transportent les cuisses à la partie la plus élevée de l'autel *(bômoû)* pour les consacrer complètement. Pour accéder à la *próthusis* il y a de chaque côté des escaliers en pierre. Ensuite de la *próthusis* jusqu'à la partie supérieure on trouve aussi des escaliers de cendre » (Pausanias, V, 1, 13, 8-10). La croissance permanente de l'autel (on sacrifiait tous les jours à Olympie) témoignait de la fervente piété des fidèles. À Délos, l'autel d'Apollon, appelé *Keratôn*, est un assemblage de cornes de chèvres sauvages chassées par Artémis et disposées par son frère Apollon, selon la légende (Callimaque, *Hymne à Apollon*, 62-63).

Un autel peut être dévolu à plusieurs groupes de divinités (conformément à la conception que chaque cité se faisait de son panthéon). Sa surface se trouve alors compartimentée. La description que Pausanias donne des cinq parties de l'autel du sanctuaire d'Amphiaraos, à Oropos, est significative de la réception grecque du polythéisme : « L'autel [*bômòs*] est divisé en plusieurs parties ; une pour Héraclès, pour Zeus, pour Apollon *Paiôn* (Guérisseur) ; une autre pour des héros et des femmes de héros. Une troisième pour Hestia, Hermès, Amphiaraos, et, parmi ses fils, Amphilochos. Alcméon, à cause de son attentat contre Ériphyle, ne reçoit aucun honneur dans le sanctuaire d'Amphiaraos [...]. La quatrième partie de l'autel est réservée à Aphrodite et Panacée ; en outre à Iasô, Hygie (Santé) et Athéna *Paiônia*. Une cinquième est réservée aux Nymphes, à Pan et aux fleuves Achélôos et Céphise » (Pausanias, I, 34, 3).

Un autel n'est pas seulement le point de communication avec les enfers ou le céleste : un autel distribue aussi les sexes : à l'Amphiaraion d'Oropos, sanctuaire guérisseur, une loi sacrée stipule qu'hommes et femmes ne peuvent pratiquer le rite de l'incubation que séparés : « les hommes à l'est de l'autel et les femmes à l'ouest » (IG, VII, 235).

L'autel balise l'espace agonistique cher aux Hellènes. L'autel de Dionysos occupe le centre de l'aire théâtrale autour duquel le chœur chante son monologue. Sur l'hippodrome d'Olympie, la borne indiquant le tournant de la piste est surmontée d'un autel dédié au démon qui « effraie les chevaux », Taraxippos, et sur lequel sacrifiaient les concurrents (Pausanias, VI, 20, 15).

Céréales et sang

L'autel qui n'est pas arrosé du sang des bêtes sacrifiées, mais sur lequel on dépose les ingrédients d'un brouet sans viande n'appartient pas forcément à une manifestation cultuelle en marge du rite officiel de la cité (par ex. orphique). Diogène Laërce rapporte que « le seul autel que [Pythagore] honorait était, à Délos, celui d'Apollon *Génétor*, qui se trouve derrière l'autel aux Cornes, parce qu'on y déposait seulement des offrandes de blé, d'orge, et des galettes, sans faire usage du feu, et aucune victime sacrificielle, comme le dit Aristote dans sa *Constitution de Délos* » (D.L., VIII, 13). Ce témoignage indique une certaine tolérance de la piété civique vis-à-vis des sacrifices non sanglants (Pythagore n'interdisait pas le sacrifice de certains animaux), tolérance qui ne semble pas s'appliquer aux pratiques des orphiques jugées trop extrémistes dans leur refus de verser le sang sur les autels. La cité n'a pas confondu la marginalité pythagoricienne avec la rupture orphique.

L'autel précède l'instauration du rite de mise à mort, les mortels ayant toujours dressé des autels pour s'adresser aux dieux : « L'autel n'était pas trempé du sang pur des taureaux », rappelle Empédocle à propos d'un bien lointain sentiment religieux (*Purifications*, frag. 128, 8). Religiosité bien révolue, car si aujourd'hui (âge de fer) « les autels de tous les dieux sont inondés de sang », c'est parce que « rien ne manque » aux rites d'hommages (Euripide, *Alceste*, 133-134). En revanche, l'autel à feu peut aussi recevoir pains, gâteaux, fruits, végétaux. C'est la forme quotidienne et familiale du sacrifice offert sur l'autel d'Hestia dressé au centre de la maisonnée.

Mieux qu'un rempart

En fuite en Argolide, inquiet par l'approche d'une armée dont il ignore les intentions, l'Égyptien Danaos donne ce conseil à ses filles : « mieux vaut, pour tout prévoir, mes filles, vous asseoir sur ce tertre consacré aux dieux d'une cité : encore mieux qu'un rempart, un autel est un infrangible bouclier » (Eschyle, *Suppliantes*, 188-190).

Ce droit des gens était censé protéger autant l'innocent (qui peut être le simple étranger en voyage) que le criminel. La conductibilité du droit d'asile transmise « mécaniquement » par simple contact avec l'autel, sans discernement sur la qualité du suppliant, a certainement indigné un Euripide davantage tourné vers un idéal de justice morale : inspiration divine peu sage que ce droit d'asile, fait-il dire à Ion, « car au lieu d'installer aux autels les coupables, on devrait les en expulser ; il n'est pas beau de voir la main d'un criminel souiller les dieux » (*Ion*, 1314-1316). L'orateur Lycurgue évoque le cas de Callistratos d'Aphidna, un homme politique condamné à mort par Athènes : « esquivant cette sentence par la fuite, et averti par le dieu de Delphes que, s'il retournait à Athènes, “il y trouverait les lois”. Il y revint en effet et se réfugia à l'autel des Douze Dieux, mais il fut néanmoins mis à mort par le peuple. Et c'était justice : car, pour un coupable, “trouver les lois”, c'est subir le châtiment » (*Contre Léocrate*, 93). La divinité « judiciarise » l'autel.

L'autel est un double réceptacle : celui de la verticalité haut/bas de la déclinaison d'une même puissance divine, et celui de l'inquiétude qu'il y a à verser le sang sacrificiel et à accepter la pollution d'un sanctuaire par l'intrusion d'un suppliant criminel.

► ÉTIENNE R. & LE DINAHET M.-Th. (éd.), *L'espace sacrificiel dans les civilisations méditerranéennes de l'Antiquité*, Actes du Colloque de Lyon 1988, Lyon, Publ. de la Bibl. Salomon Reinach, 1991.

→ Sacrifice ; Sanctuaire ; Sang ; Suppliant

AUTOCHTONIE

Pausanias constatait au fil de son périple à travers la Grèce que le végétal est le modèle de l'homme (VIII, 24, 4). *Autochthôn* s'applique dans un premier temps aux peuples qui n'ont jamais migré. Puis, au siècle de Périclès, le terme désigne l'origine irréductible et fabuleuse d'une cité à travers un premier souverain né du « sol » *(chthôn)* « même » *(autos)* de la patrie.

L'ancêtre commun, idéalement conçu hors du ventre des femmes, est toujours de sexe masculin. C'est au creux de l'idéal et du souhait que se love toute la misogynie grecque.

À la manière des arbres

L'autochtonie correspond à deux fantasmes concernant les possibles commencements des mortels : celui d'une reproduction sans les femmes, donc sans union sexuelle, et celui d'un creuset unique. « L'autochtonie, écrit P. Vidal-Naquet, est une procédure mythique qui élimine le rôle des femmes dans les origines humaines et permet aux hommes de se constituer en fraternités guerrières. Il n'y a pas d'autochtonie pour les femmes » (in *Mythe et tragédie en Grèce ancienne*, II, p. 145. Notons toutefois que le mythe de Deucalion et Pyrrha fait sortir la nouvelle race des femmes de la terre elle-même). On peut parler d'une « mythologie civique de l'unité » (*À la rencontre de l'étranger*, p. 61). Issus d'un même ancêtre sorti du sol, poussant à la manière des arbres, les citoyens deviennent frères. « Vous qui faites partie de la cité, vous êtes tous frères », constate Socrate face à Glaucon (Platon, *Rép.*, 415 a). Les femmes ne sont pas sœurs entre elles, mais membres de leur « tribu ».

L'identité du premier ancêtre né de la Terre (γηγενής) varie selon les régions, les cités, voire les bourgades, jusqu'aux endroits les plus reculés. En Attique, c'est Kékrops, être hybride « à double nature », mi-homme, mi-serpent ; en Arcadie, c'est Pélasgos, comme le rapporte le poète archaïque Asios de Samos : « Dans les forêts à la haute chevelure, la Terre noire produisit Pélasgos, afin qu'existât la race des mortels » (fr. 8 Bernabé/Davies, in Pausanias, VIII, 1, 4). En Béotie, Alalkomène est l'autochtone éponyme d'une cité (Alalcomènes), tandis que Thèbes se fonde sur la légende, certes atypique, de Kadmos. D'éponyme, Alalkomène deviendra encore épiclèse, celle d'Athéna *Alalkoménêis*, connue d'Homère (*Il.*, IV, 8 ; V, 908) pour rappeler que le héros né du sol passait pour avoir élevé la déesse. L'autochtone donne encore son nom à une période du calendrier de sa région : « du mois Maïmactèrion [en Attique], appelé chez les Béotiens Alalcoménios », correspondant à peu près à la fin novembre-début décembre (Plutarque, *Aristide*, XXI, 3). Toute autochtonie enracine un socle sur lequel pousse une filiation intemporelle (c'est à ce niveau que l'élément féminin intervient à travers les déesses) et temporelle (calendrier, toujours synonyme pour un Grec de cérémonies offertes en l'honneur des dieux protecteurs de sa propre cité).

Même les habitants de bourgades, voire d'un hameau, ont la fierté de descendre d'un premier homme né du sol (cf. Pausanias, II, 12, 4, à propos d'Aras, fondateur autochtone de Phlionte). Chaque sol manifeste toujours l'ancienneté d'une extraction plus ancienne encore que celle survenue sur le sol voisin. Les terres de l'Hellade sont, au sens propre, couvertes de ces revendications manifestées par autant de tombes d'ancêtres mythiques.

Pour revenir en terre béotienne, la fondation de Thèbes est une sorte d'exception. Le héros fondateur de Thèbes, Kadmos, n'est pas un autochtone, mais un phénicien, donc un étranger poussé plutôt au voyage que poussé du sol. C'est un errant, un déraciné, à cause de l'impossible mission que lui impose son père, Agénor : retrouver Europe, sa sœur enlevée par un Zeus enflammé d'amour. Las d'errer, Kadmos s'arrête à Delphes et consulte l'oracle. Apollon lui ordonne alors « de se laisser guider par une vache et de fonder une cité là où elle tomberait d'épuisement. [...] Elle traversa la Béotie et se coucha. Là, Kadmos fonda la cité qui est l'actuelle Thèbes. Voulant sacrifier la vache à Athéna, il envoie quelques-uns de ses compagnons prendre de l'eau à la source d'Arès. Mais un dragon qui gardait la source, dont certains ont dit qu'il était né d'Arès, fit périr la plupart de ses hommes. Irrité, Kadmos tua le dragon, et sur le conseil d'Athéna, il en sema les dents. Quand elles furent semées *(sparènton)*, surgirent de la terre des hommes tout armés qu'on appela les Spartes [*Spartoí*, les "Semés "]. Ils s'entretuèrent, les uns en se défiant volontairement, les autres par inconscience. Mais Phérécyde [le mythographe du ve s. av. J.-C.] dit que Kadmos, lorsqu'il vit que des hommes tout armés poussaient de la terre, leur jeta des pierres et que, chacun croyant être mitraillé par les autres, ils commencèrent à se battre. Il en survécut cinq : Echion, Oudaios, Chthonios, Hyperénor et Pélôros » (Pseudo-Apollodore, III, 4, 1). Ces cinq survivants deviendront les princes cofondateurs avec Kadmos de Thèbes, chefs de la classe militaire de la cité. Un errant et cinq « Semés » fondent Thèbes. L'autochtonie a bien droit à l'exception.

L'autochtonie athénienne et Athéna

« Les Athéniens sont le peuple d'Érechthée au grand cœur, Érechthée, enfant de la glèbe féconde, qu'Athéna, fille de Zeus, jadis éleva » (*Il.*, II, 547-549). Le mythe raconte le désir charnel qui s'empare d'Héphaïstos à la vue d'Athéna. « Mais elle, la chaste vierge, ne se laissa pas faire, si bien qu'il éjacula sur la jambe de la déesse. Dégoûtée, elle essuya le sperme avec un flocon de laine *(eru)*, qu'elle jeta par terre. Elle s'enfuit et, de la semence tombée dans la terre, naît Érichthonios » (Ps-Apollodore, III, 14, 6, trad. J.-C. Carrière ; cf. Hygin, *Fab.*, 166, Pausanias, I, 14, 6).

Érechthée/Érichthonios, « enfant né sans mère », est élevé par Athéna, la vierge « sans mère », *amátoros*, la fille du seul père, Zeus, de même qu'Héphaïstos est issu d'Héra seule (selon une légende) : le dieu et la déesse « ont en commun d'être eux-mêmes les produits d'une naissance monoparentale » (J.-B. Bonnard, 2004, p. 83). L'autochtone fonde Athènes, nommée d'après sa protectrice, et devient roi. « Croire en un roi né du sol, c'est une chose ; se croire collectivement ses descendants, c'en est une autre, souligne V. Azoulay. Ce n'est qu'à l'époque de Périclès que les Athéniens commencèrent à se présenter eux-mêmes comme les rejetons d'Érechthée, donnant ainsi une inflexion nouvelle à la notion d'autochtonie [qui fonctionne] désormais comme un récit d'anoblissement collectif » (*Périclès*, A. Colin, 2010, p. 137). Issus du sol même de l'Attique, rattachés par ce biais à la pure fille du père, Athéna, les Athéniens, qui se pensent alors en tant qu'Éréchthéides, se distinguent à la fois des métèques, ces « jetons » déplacés sur l'échiquier de l'altérité, et des autres cités (cf. Euripide, *Érechthée*, frag. 14, 7-10). Le dicton, rapporté par Euripide, « Rien, fils de Rien » évoque le statut de quiconque n'est pas pur de « tout mélange étranger » au sein d'un peuple qui s'affirme autochtone (Euripide, *Ion*, 589).

L'autochtonie hante à ce point les esprits que Praxithéa, épouse d'Érechthée d'un retour imaginé d'une Delphes mythique, en vient à prononcer sa décision : « Quant à moi, je vais offrir ma fille à la mort. J'ai pour cela bien des raisons. En premier lieu, on ne saurait trouver ailleurs une ville supérieure à celle-ci [Athènes]. D'abord, sa population n'est pas venue de l'extérieur : nous sommes autochthones. Les autres cités, à la manière de jetons disposés sur un échiquier, sont formées d'éléments importés de toute origine » (Euripide, *Érechthée*, frag. 14, 5-11).

Chaque mythe d'autochtonie permet principalement à l'imaginaire mâle de faire l'hypothèse d'une origine vierge de toute reproduction sexuée, d'une origine par le sol civique (Platon, *Rép.* III, 414 e), nommé par Euripide un « territoire sacré » (*Médée*, 824).

Aristote, qui s'y connaissait en matière de territoire civique, évoque dans sa *Politique* (II, 8, 1269 a 5) ces « premiers hommes nés de la terre » pour aussitôt déplacer le thème sur celui d'une rusticité d'opinions « qu'il serait pour nous absurde de demeurer fidèles ». Au seuil de l'époque d'Alexandre, l'autochtonie fait en quelque sorte du sur place – ce qui est d'ailleurs sa finalité –, le regard se tournant plutôt vers des autochtones à éduquer à force de conquêtes.

L'expansion, moins hellène qu'hellénistique, peut commencer, nouant expédition et déracinement.

► BONNARD J.-B., *Le Complexe de Zeus. Représentations de la paternité en Grèce ancienne*, Paris, Pub. de la Sorbonne, 2004. – COCHET M., « L'autochtonie chez Pausanias : modèle ou exception athénienne ? », *Poikilia*, 1996, p. 7-16. – CUSSET C. & SALAMON G. (coord.), *À la rencontre de l'étranger. L'image de l'Autre chez les Anciens*, Paris, Les Belles Lettres, 2008. – LORAUX N., *Les Enfants d'Athéna. Idées athéniennes sur la citoyenneté et la division des sexes*, Paris, Maspero, 1981. – ROSIVACH V., « Autochtony and the Athenians », *CQ*, 37, 1987, p. 294-305. – VIAN F., *Les Origines de Thèbes. Cadmos et les Spartes*, Paris, Klincksieck, 1963.

→ Étranger ; Citoyenneté et administration du sacré ; Origine et commencements des mortels ; Reproduction sexuée

B

BARBARE

Le Barbare c'est l'Autre dans sa totalité, celui qu'on ne comprend pas. Puis, c'est l'Ennemi dans sa particularité, celui qu'il faut combattre (le Perse). Enfin, c'est le Même dans sa singularité d'être humain, celui qui respire le même air. La pensée classique grecque a fait ce périple de l'Autre au Même… sans aucune arrière-pensée structurale.

Bigarrure linguistique versus *baragouin*

Est barbare quiconque ne parle *étrangement* pas un dialecte grec. C'est sa qualité d'*étranger* de gazouiller et de *bar*agouiner plutôt que d'articuler des sons porteurs d'*équivalence*. Car c'est de cela qu'il s'agit quand on se réfère à une langue grecque (Ἑλληνικὴ γλῶσσα) qui n'existe en fait qu'à travers divers « parlers » : éolien, dorien, ionien, attique, arcado-chypriote, mais pourtant tous capables de se comprendre dans la mesure où « les Grecs avaient le sentiment des transpositions à faire pour passer d'un dialecte à un autre » (A. Meillet, *Aperçu d'une histoire de la langue grecque*, Klincksieck, 1965, p. 230). Un Argien et un Ionien se comprenaient, leurs mots suscitant aussitôt un jeu d'équivalence ; mais un Argien ou un Ionien n'entendent d'un non-Grec qu'un bourdonnement, qu'une monocorde suite de sons incapables de s'inscrire dans un système de transpositions qui faisait sentir comme hellénique la variété des parlers locaux.

La langue grecque commune, la *koiné* (κοινή), dans laquelle s'exprimaient déjà tous les lettrés du IVe siècle, ne s'est véritablement formée et imposée qu'à l'époque hellénistique, sur fond ionien (l'attique est une forme d'ionien). Et pourtant, dès l'époque archaïque, le barbare est désigné sur un critère d'élocution, et donc d'audibilité : c'est le *barbaróphônos* qu'Homère évoque à propos du guerrier venant de Carie, en Asie Mineure (*Il.*, II, 867) ; c'est celui dont la langue empâtée embourbe les oreilles à force de borborygmes. « Telle est la première apparition du terme : non pas *bárbaros*, l'homme "barbare" ou "étranger", mais *barbaróphônos*, "celui qui bafouille", "celui qui articule mal", et, par extension, celui qui massacre sa langue avant de massacrer les autres langues et, bientôt, leurs cultures » (J.-F. Mattéi, 2004, p. 61). Même après le choc des deux guerres Médiques (490 et 480-479) qui conduira à assimiler le barbare perse à la sauvagerie, les Hellènes en restent à la prononciation inarticulée, au bafouillis, au bredouillage confus : être barbare, c'est avant tout parler barbare (J. de Romilly, 1993, p. 283) pour produire un étrange son. « Le mot barbare, explique Strabon, dans le principe, a été formé par onomatopée […] pour exprimer toute prononciation embarrassée, dure, rauque » (XIV, 2, 28). On reconnaît ici l'importance que les Grecs accordaient au langage articulé, « messager de la parole nette », comme le revendique le Thésée d'Euripide, dont la distinction verbale distingue l'humanité (les Hellènes) de la bestialité (Cf. Euripide, *Les Suppliantes*, 203-204 ; Isocrate, XV, 253 & 293). Strabon ne cache pas sa fierté de parler grec : « Par une disposition très heureuse de notre nature [celle des Hellènes], les imitations que nous faisons des différents sons de la voix humaine deviennent, grâce à leur ressemblance saisissante, les noms mêmes de ces sons ou inflexions imitées » (*Géographie*, XIV, 2, 28).

Que le Barbare soit incompréhensible, que son *bar*agouin – plutôt que sa langue –, souvent comparé au pépiement d'oiseau, ne soit pas transposable, ne signifie pas nécessairement qu'il soit irrécupérable. Il peut être *assimilable* dès lors qu'il fait l'effort de l'apprentissage des parlers hellènes. Eschyle exprime par la voix de Clytemnestre cet impératif en trois vers : « Si elle [Cassandre] n'a pas un langage inconnu de barbare, comme l'hirondelle, j'essaierai volontiers de faire entrer dans son cœur les avis de la raison » (*Agamemnon*, 1050-1053). Mais, comme la comédie le montre (Aristophane, *Thesmophories*, 1175 sq.), tout défaut dans l'apprentissage est aussitôt sanctionné, car écorcher un dialecte grec, c'est s'exprimer par *barbarismes*, et donc toujours verser du côté de l'Autre.

L'Autre, c'est avant tout l'indistinct.

Altérité et bizarrerie

Verser du côté de l'Autre, c'est être déversé de l'autre côté de l'Hellade, être rejeté à ses extrémités davantage fantasmagoriques que géographiques ; c'est appartenir à un univers mental écarté du centre de la sagesse qui éclaire idéalement le monde grec : le sanctuaire de Delphes dont les principales injonctions données aux pèlerins appellent à la retenue et à la mesure : « Connais-toi toi-même » (*i.e.* reconnais tes limites de mortel) et « Rien de trop ». Les modes alimentaires déversent aussi de l'autre côté : à la frugalité et au vin coupé d'eau du régime grec, « les Barbares ne considèrent comme des hommes... que les grands mangeurs et les grands buveurs » (Aristophane, *Les Acharniens*, 77-78). Le Barbare, cet éloigné naturel, est ainsi enclin à la démesure et à la disproportion. Tout ne peut être qu'excentrique chez lui, dans les deux sens du mot.

D'une part, le Barbare est excentrique en tant qu'il reste périphérique, géographiquement excentré du champ de la rationalité que les Grecs de la cité comprennent comme *logos*, comme la parole articulée que peut prendre tout citoyen lors du débat public d'où se façonne l'humanité. Exclu du discours intelligible, décalque de l'ordre du monde (*kósmos*), on ne demande pas aux Barbares « Qui veut prendre la parole ? Qui peut donner un avis sage à sa patrie ? » comme le fait le héraut au début des séances de l'Assemblée. Le Barbare n'est pas un animal politique, au sens où il n'est pas membre plénier d'une cité : c'est un animal assujetti à un pouvoir sans partage. En ce sens, il est une femme de genre masculin.

D'autre part, le Barbare est excentrique parce qu'il est essentiellement bizarre. « Bizarre » se dit *átopos* (ἄτοπος) en grec, vocable signifiant insolite, décalé, extraordinaire... ce qui n'est pas de bon augure au regard des dieux dont la jalousie ne supporte pas l'excès des mortels (Xerxès, nous le verrons, en fera l'amère expérience)... ce qui ramène le Grec, pour mieux le conforter, à la référence absolue de la sagesse apollinienne de Delphes : sache que tu n'es qu'un homme, regarde à tes pieds et ne demande pas plus que ta part.

Bizarre à cause de son manque de mesure. Le faste des cours d'Orient, avec ses harems et ses eunuques..., tous ces excès, toutes ces excentricités fascinent moins le Grec qu'ils ne le déroutent. Les fourgons abandonnés par Xerxès en fuite regorgent de bijoux, de vaisselle précieuse, de tentures finement brodées, de lits et de tables d'or et d'argent, sans oublier le harem ambulant et sa cohorte de serviteurs (Hérodote, IX, 82) : autant de preuves, à l'aune du mode de vie hellène, de la démesure du Perse qui semble ignorer la jalousie divine dont la menace rappelle aux mortels que le luxe ne leur sied pas. L'apparat vestimentaire a toujours intrigué le Grec habitué à porter de simples pièces de tissu d'une austère sobriété. Dans les *Suppliantes* d'Eschyle, le roi d'Argos à qui Danaos venant d'Égypte avec ses filles demande protection, s'écrie : « D'où vient donc cette troupe à l'accoutrement si peu grec, fastueusement parée de robes et de bandeaux barbares, à qui je parle ici ? Ce n'est point-là le vêtement des femmes ni à Argos ni dans aucun pays de Grèce » (234-237)..., effectivement plutôt vêtues de strictes pièces de tissu carrées ou rectangulaires, tombant en plis rigides jusqu'aux pieds. Pour un Grec, c'est le corps qui donne sa forme au vêtement, et non au costume de redessiner le corps.

Bizarre par son manque de cohésion. Une mise en scène eschylienne de la bataille de Salamine transpose ce que nous appelons l'Histoire vers une représentation alors convenue du Barbare. Au martèlement parfaitement cadencé des rames grecques « tombant avec ensemble » et au chant de guerre entonné d'une seule voix par les Hellènes, impeccable clameur « modulée comme un hymne », répond un confus « bourdonnement » s'échappant des navires barbares (Eschyle, *Les Perses*, 386-407. Notons que le chorège de cette pièce n'est autre qu'un certain Périclès). Ainsi relatée, l'issue du combat est sans suspens. Le Barbare, c'est le vaincu, non pas par manque de courage, mais par manque de cohésion. L'Autre rame comme il parle.

Bizarre par l'étrangeté des mœurs et des coutumes. L'enquête d'Hérodote reste dans les annales :

« Les Égyptiens, qui vivent sous un climat singulier, au bord d'un fleuve offrant un caractère différent de celui des autres fleuves, ont adopté aussi presque en toutes choses des mœurs et des coutumes à l'inverse des autres hommes <*i.e.* en fait les Panhellènes>. Chez eux, ce sont les femmes qui vont au marché et font le commerce de détail ; les hommes restent au logis, et tissent. [...] Les femmes urinent debout, les hommes accroupis. [...] Aucune femme n'exerce la prêtrise d'un dieu ni d'une déesse, des hommes sont prêtres de tous et de toutes. Il n'est nullement obligatoire pour les fils de nourrir leurs parents s'ils ne veulent pas le faire ; pour les filles, c'est une obligation stricte, même si elles ne veulent pas [...]. Les Grecs alignent les caractères d'écriture et les cailloux de compte en portant la main de gauche à droite ; les Égyptiens, en la portant de droite à gauche… » (Hérodote, II, 35).

Qu'Hérodote puisse généraliser des anecdotes n'est pas ici le lieu pour en débattre point par point. Ce qui importe c'est la représentation qu'il s'autorise à donner de l'Autre : l'inversion. (Fr. Hartog parle d'une rhétorique de l'altérité et de la « figure commode de l'inversion où l'altérité se transcrit en anti-même », *Le miroir d'Hérodote*, Folio, 2001, p. 332). *Un* peuple barbare, et pas n'importe lequel – les Égyptiens sont un modèle de piété, ou plus précisément de *therapeía* (justesse du soin à apporter au divin) que les Grecs admirent profondément –, est néanmoins capable d'inverser des coutumes, sans pour autant verser dans une sauvagerie qui peut caractériser d'*autres* peuples barbares, comme les Celtes ou les Scythes.

Bizarre par sa position dans le fonctionnement démocratique. Le cas des Scythes est particulièrement intéressant. À Athènes, à partir de 476, le maintien de l'ordre public est confié à un corps d'archers scythes, esclaves barbares qui, à ce titre, sont juridiquement irresponsables et théoriquement privés de toute initiative. En transférant sur des Barbares serviles cette charge d'autorité policière, la démocratie athénienne évitait de déposer dans les mains de certains citoyens (hommes libres) des pouvoirs qui auraient pu les mettre en position de supériorité vis-à-vis de leurs concitoyens, situation impensable au sein d'un régime qui revendique l'isonomie (égale répartition) entre ses membres. Esclave public, le Barbare permet à l'homme libre d'évoluer dans la sphère de la démocratie. La bizarrerie du Barbare, c'est d'être utile à la permanence d'un régime politique qui lui est, non seulement culturellement étranger, mais dont il ne bénéficie pas.

Bizarre, surtout, à cause de son acceptation de la servilité. À l'époque classique, un déplacement de sens s'opère sur le terrain politique qui dessine deux modèles fonctionnant par paires : grécité/liberté d'un côté, barbare/servitude de l'autre.

Le Barbare est *sujet* d'un Grand Roi. Il se soumet à un pouvoir despotique, à une autorité absolue qui n'a pas à rendre de comptes, à un pouvoir sans restrictions ni contrôle. Il ne connaît pas la “liberté grecque”, à la fois comprise comme série de droits accordée à tout citoyen et comme obéissance consentie, non à un seul homme, mais à la loi qui est l'expression de la volonté de l'ensemble des citoyens. Permise par le fonctionnement de la cité isonomique, cette liberté apparaît précisément au citoyen par contraste avec le régime subi par les étrangers : « Chez les Barbares, chacun est esclave, sauf le seul qui commande », se plaint Hélène, exilée en Égypte (Eur., *Hélène*, 276). De même, les Perses acceptent la sujétion à un roi devant lequel ils se prosternent. Bizarre de se prosterner devant un mortel (coutume de la proskynèse, synonyme d'assujettissement à un despote, tout à fait étrangère aux citoyens). À l'un des lieutenants de Darius venus leur proposer une alliance, les Lacédémoniens rétorquent : « Tu sais ce qu'est la sujétion, tu n'as pas encore goûté à la liberté » (Hérodote, VIII, 135).

« C'est au Barbare à obéir au Grec [...], et non l'inverse. Car eux sont des esclaves et nous sommes des hommes libres » (Eur., *Iphigénie à Aulis*, 1401-1402). Aristote, citant ces vers d'Euripide, ajoute que le poète s'exprime « comme si, par nature *(tauto phusei)*, il y a identité entre barbare et esclave » (Ar., *Pol.* I, 2, 1252 b 8). Dans son étude de la royauté, le Stagirite affirme le caractère servile des peuples non grecs, soulignant ainsi l'infériorité intrinsèque des Barbares sur le plan politique : « Du fait que les Barbares sont par le caractère naturellement plus portés à la servitude que les Hellènes, et les Asiatiques que les Européens, ils supportent le pouvoir despotique sans élever aucune plainte » (Aristote, *Pol.* III, 14, 1285 a 20-23). Le Grec obéit à la loi dans l'égalité (ἐξ ἴσου), c'est-à-dire aux *dispositions générales*, non aux directives d'un seul. Isocrate, s'adressant au roi de Macédoine Philippe II, faisait remarquer que « les Grecs n'ont pas l'habitude de supporter la monarchie, tandis que les autres peuples ne peuvent régler leur vie sans cette forme de domination » (Isocrate, *Philippe*, 107).

La prise de parole, le droit de pouvoir le faire, trace une frontière entre ce que les Grecs des cités se renvoient d'eux-mêmes et le monde barbare considéré comme emmuré dans un silence propice à la reconnaissance d'un monarque imposant à ses sujets une génuflexion incompréhensible pour un citoyen.

C'est la pure définition de la liberté grecque dont Hérodote donne une définition/description par rapport à tout régime barbare de servitude : « Ce n'est pas dans un cas isolé, c'est d'une façon générale que se manifeste l'excellence de l'égalité : gouvernés par des tyrans, les Athéniens n'étaient supérieurs à la guerre à aucun des peuples qui habitent autour d'eux ; affranchis des tyrans, ils passèrent de beaucoup au premier rang. Cela prouve que, dans la servitude, ils se conduisaient volontairement en lâches, pensant qu'ils travaillaient pour un maître, au lieu qu'une fois libérés, chacun trouvait son propre intérêt à accomplir sa tâche avec zèle » (Hérodote, V, 78). Comme le souligne J. de Romilly, en Grèce classique, tout se passe au niveau de l'homme, alors qu'en Perse ou en Égypte, tout s'édifie à la gloire d'un homme. « Ce qui distingue le Barbare du Grec, poursuit J.-F. Mattéi, c'est la dépendance de l'homme envers ses désirs ou son chaos intérieur, qui affecte aussi bien le despote que ses sujets et leur interdit d'accéder à la liberté » (Mattéi, 2004, p. 64).

Sur une commande de Périclès, Eschyle avait déjà brossé le portrait parfaitement contrasté de deux sœurs séparées par le sort : « Quoique sœurs du même sang, elles habitaient deux patries, l'une la Grèce (Ἑλλάδα) dont le sort l'avait lotie, l'autre la terre barbare (γαῖαν βάρβαρον). Il me semblait [c'est la reine, mère de Xerxès, qui parle], qu'elles menaient quelque querelle et que mon fils s'en étant aperçu, cherchait à les contenir et à les calmer cependant qu'il les attelle à son char et leur met le harnais sur la nuque. Et l'une alors de tirer vanité de cet accoutrement et d'offrir une bouche docile aux rênes, tandis que l'autre trépignait, puis, soudain, de ses mains met en pièces le harnais qui la lie au char, l'entraîne de vive force en dépit du mors, brise enfin le joug en deux » (Esch., *Les Perses*, 189-196). Chez Euripide, Jason rappelle à la barbare Médée que, sur la terre grecque qui est devenue son séjour, elle a appris la justice et à vivre « selon la loi, non au gré de la force » (Eur., *Médée*, 537-538). C'est encore Euripide qui fait ordonner par son Agamemnon au thrace Polymestor de « chasser de son cœur le barbare » pour « parler » (Eur., *Hécube*, 1130).

De bizarrerie ou d'étrangeté, la catégorie du Barbare vient se scinder entre Autres et ennemis, ces derniers désignant principalement les Perses : « jamais la gent barbare ne sera l'amie des Grecs, ni ne peut l'être » (Eur., *Hécube*,

1199). C'est le résultat des guerres médiques du début du ve s. qui ont ébranlé l'Hellade. C'est après les guerres contre les Perses qu'un ton panhellénique se fait entendre, ainsi que Gorgias le proclame : « Les trophées gagnés sur les Barbares [les Perses] demandent des hymnes de joie, mais ceux gagnés sur des Grecs demandent des chants funèbres » (Gorgias, DK 82 B 5 b).

Dès lors, l'Autre fait l'objet d'une dépréciation. (Notons que l'Ulysse d'Euripide désigne les Troyens de *bárbaroi* [*Hécube*, 328], ce que l'Ulysse d'Homère n'aurait jamais songé à qualifier.) Le général et roi spartiate Agésilas, au sortir de la guerre du Péloponnèse, entreprend une campagne sur des territoires perses de l'Asie Mineure. Xénophon rapporte qu'il donna l'ordre aux hérauts d'exposer nus les prisonniers barbares destinés à la vente : « Les soldats, qui leur voyaient la peau blanche parce qu'ils ne se déshabillaient jamais, le corps mou et flasque parce qu'ils allaient toujours en char, pensèrent que dans cette guerre ce serait tout comme s'il fallait se battre contre des femmes » (Xénophon, *Agésilas*, I, 28 ; cf. *Hell.* III, 4, 19). Hypothèse inconcevable pour un citoyen-soldat grec.

Permanence du Barbare

Démesuré dans sa conduite, incohérent… Et pourtant le Barbare ne se réduit pas à ces déficiences.

Premièrement, certains usages *(nómoi)* étrangers méritent approbation. En Perse, écrit Hérodote, « avant d'avoir cinq ans, un enfant ne se montre pas à la vue de son père mais vit auprès des femmes ; on agit ainsi pour éviter que la mort de l'enfant, s'il meurt pendant qu'on le nourrit, ne cause de la peine à son père. J'approuve cette coutume. J'approuve aussi celle que voici : le roi lui-même ne met personne à mort pour le châtier d'une faute unique et, pour une faute unique, aucun des autres Perses ne fait subir une peine irréparable à quelqu'un de sa maison » (I, 136-137). Les Grecs considéraient fermement que des peuples barbares étaient supérieurs à eux en certains domaines : les Phéniciens pour le commerce, les Égyptiens pour la pratique religieuse. Aristote loue l'organisation constitutionnelle de Carthage qui en fait un rempart contre la sédition et la tyrannie (*Pol.*, II, 11, 1-11). De même, autant Eschyle qu'Hérodote distinguent les « bons rois » (Darius, Cyrus) du « mauvais » (Xerxès, dont la prétention à régner à la fois sur l'Asie *et* l'Europe fournissait la preuve de sa démesure, et ses troupes ne pouvaient qu'être défaites tant par la jalousie des dieux que par l'union des Grecs contre le barbare perse). Beaucoup plus tard, dans la première moitié du IIIe siècle après notre ère, Diogène Laërce reconnaîtra, certes du bout des lèvres, l'existence d'une « philosophie des barbares » qu'il expose dans le premier Livre de ses *Vies et doctrines*.

Deuxièmement, le Barbare est perfectible. Passer des critères ethniques défendus par Hérodote (le monde grec uni par « la langue et le sang », VIII,

144) à des critères culturels comme le fera Isocrate (~ 380 av. J.-C.) ouvre au Barbare la possibilité de devenir hellène par acculturation. « Notre cité [Athènes] a tant distancé les autres hommes pour la pensée et la parole que ses élèves sont devenus les maîtres des autres, qu'elle a fait employer le nom d'Hellènes non plus comme celui d'une race, mais comme celui d'une pensée et qu'on appelle Hellènes plutôt les gens qui participent à notre éducation (παιδεία) que ceux qui ont la même origine que nous » (Isocrate, *Panégyrique*, 50). Tout Barbare qui, maîtrisant la langue grecque, adopte le mode de vie hellène défini par l'école, le gymnase et ses prolongements en concours gymniques et musicaux, apprend sa littérature, ses mythes et l'un de ses genres de vie (appelé philosophie), celui-là peut devenir hellène.

Troisièmement, à partir du moment où la cité isonomique est le critère de distinction entre Grécité et Barbarie, alors le Grec n'a-t-il pas vécu comme les Barbares avant l'invention de la citoyenneté ? Thucydide répond sans équivoque : « Le monde grec ancien vivait de manière analogue au monde barbare actuel » (I, VI, 6).

Certaines régions de l'Hellade contemporaines de Thucydide conservent des usages qui n'appartiennent qu'aux seuls peuples barbares. Par exemple, porter constamment les armes, habitude barbare, s'observe encore « du côté des Locriens Ozoles, de l'Étolie, de l'Acarnanie et des pays continentaux situés dans la région [nord du golfe de Corinthe] » (Thucydide, I, V, 3). Aristote notait que « les anciennes coutumes étaient d'une simplicité et d'une barbarie excessives : ainsi les Hellènes ne quittaient jamais leurs armes et s'achetaient mutuellement leurs femmes ; et tout ce qui subsiste des usages anciens est d'une sottise absolue » (*Pol.* II, 8, 1268 b 40-42).

Le Barbare reflète, sur le miroir de Thucydide, un mode de vie dépassé, mais toujours incrusté à cause de sa capacité à perdurer dans une actualité dont l'historien veut en fixer autant les repères que les frontières de rationalité. On peut être grec – le sanctuaire d'Apollon et d'Artémis sur le site étolien de Thermos le confirme – sans pour autant appartenir pleinement à la communauté hellène.

Limites de la dichotomie

À l'époque classique, le monde barbare s'étire des rives de la mer Noire aux côtes d'Espagne. Dans la *Politique* de Platon, l'Étranger considère la division de l'humanité en deux blocs comme une erreur : vouloir diviser en deux le genre humain, « comme le font la plupart des gens par ici, prenant d'abord à part le genre hellène comme une unité distincte de tout le reste, ils mettent en bloc toutes les autres races, alors qu'elles sont une infinité qui ne se mêlent ni ne s'entendent entre elles, et, parce qu'ils les qualifient du nom unique de

Barbares, s'imaginent que, à les appeler ainsi d'un seul nom, ils en ont fait un seul genre » (Platon, *Pol.*, 262 d).

Les sophistes s'en mêlent. Antiphon, dans son traité *Sur la vérité* dresse ce constat : « Le fait est que, par nature, nous sommes tous et en tout de naissance identique, Grecs et Barbares [...] Aucun de nous n'a été distingué à l'origine comme Barbare ou comme Grec : tous nous respirons l'air par la bouche et par les narines » (44 B 2). J. de Romilly considère cette audacieuse affirmation comme la première expression de la thèse de la fraternité naturelle de tous les hommes (*Les grands Sophistes*, p. 169). Hippias d'Élis appelait l'Europe et l'Asie toutes deux « filles d'Océan » (B 8), liquéfiant ainsi en quelque sorte le clivage entre Grecs et Barbares. Quant au cynique Antisthène, il « démontrait que la souffrance est un bien par l'exemple du valeureux Héraclès et de Cyrus, tirant ainsi ses preuves à la fois des Grecs et des Barbares » (D.L., VI, 2).

Au commencement était le Barbare. C'est pourquoi, modèle grec à l'appui, il est perfectible. De plus, n'honorent-ils pas sous d'autres noms les dieux des Grecs ?

► MATTÉI J.-F., *La barbarie intérieure*, Paris, PUF « Quadrige », 2004, chap. I : « La Grèce et la barbarie ». – ROMILLY J. de, « Les barbares dans la pensée de la Grèce classique », *Phoenix*, vol. XLVII, n° 4, janvier 1993, p. 283-292.

→ Amazone ; Démesure ; Dieux étrangers ; Étranger ; Exclusion ; Noms et langue des dieux ; Progrès de l'humanité

BÉTAIL HUMAIN/TROUPEAU HUMAIN

Comparer l'humanité à du bétail de pâturage ou à un troupeau est une constante du paganisme. La comparaison a pourtant deux sens radicalement différents selon que l'humain l'envisage soit d'un certain point de vue divin (troupeau) soit par rapport à lui-même (bétail).

Une conjugaison de ces deux termes comparatifs pourrait aussi aboutir à la justification réputée introuvable de l'esclavage en Grèce.

Troupeau et propriété

Sous le règne de Kronos, âge d'une humanité distincte de la nôtre, les mortels sont paisiblement parqués en « troupeaux » et régentés par des pasteurs divins bienveillants. Car l'humanité primitive est proche de la bestialité. (Ce seul thème de la bestialité originelle sera repris par des penseurs qui prétendent se défaire du mythe au profit d'une approche évolutive de l'humanité.) Pour l'instant, mythique, Kronos sait « qu'aucun homme ne peut, de par sa nature, régler en maître absolu toutes les affaires humaines sans se gonfler de démesure et d'injustice ». Des démons philanthropes gèrent cette humanité « ainsi que nous le faisons aujourd'hui [sous le règne de Zeus] nous-mêmes pour le petit bétail et tous les animaux apprivoisés qui vont par troupeaux » (Platon, *Lois*, IV, 713 c-d). Troupeau et bon pasteur : au IVe siècle apr. J.-C., Julien le païen, l'empereur qu'on nommera l'Apostat, ne manquera pas de rappeler ce passage tout au crédit de la grandeur du paganisme dans sa *Lettre à Thémistius*.

Socrate tire l'ultime conséquence de cette idée selon laquelle « nous sommes une partie de la propriété des dieux » : la condamnation du suicide. À Cébès, élève de Philolaos, Socrate demande « si l'un des êtres qui sont ta propriété personnelle se donnait lui-même la mort sans que tu lui eusses signifié d'avoir à disparaître, est-ce que tu ne lui en voudrais pas ? » Acquiescement de l'interlocuteur. Alors, poursuit Socrate, « il n'y a rien d'irrationnel à ce devoir de ne pas se tuer » (*Phédon*, 62 b-c).

L'organisation civique, nous le verrons plus loin, tirera une autre conclusion de ce mythe : l'esclavage.

Bétail et marquage

La conception d'après laquelle c'est l'humanité elle-même qui se considère comme du « bétail de pâturage », *bota zômen*, selon l'expression d'un poète du début du VIe s., Sémonide d'Amorgos (frag. 1, 4 Dl), à cause de son incapacité de prévoyance et son ignorance, aboutit à inverser le sens donné à un troupeau bien gardé et conduit. Cette seconde conception, celle que l'humain porte sur son animalité, autorise la plus extrême violence alors que la première attirait la philanthropie de Kronos et de ses *daímones*.

Originellement, l'humanité vivait « comme des animaux ». Cette idée est un lieu commun qui traverse toute la pensée classique. Déjà Théognis comparait la révolution populaire qui secoua Mégare dans les années 575 av. J.-C. à un retour déplorable à la vie bestiale des origines, et ainsi à une inversion des valeurs : « ceux qui autrefois ne connaissaient ni droit ni lois, juste bons à user autour de leurs flancs leurs peaux de chèvre et à pâturer hors des murs comme des cerfs, ce sont eux maintenant les bons » (I, 54-57). Comme le remarque Christine Mauduit, « ce qui, en définitive, révolte Théognis, c'est que des individus jusque-là extérieurs au monde de la cité – c'est-à-dire à la fois à son espace, à son fonctionnement, à son mode de vie et à ses valeurs – occupent désormais le haut de l'édifice politique et social, et qu'en leurs personnes, la sauvagerie fait irruption au cœur de la cité » (Mauduit, 2006, p. 263). La bestialité primitive reste toujours une menace.

Un deuxième sens de la comparaison insiste sur la permanence d'une certaine bestialité. L'humanité-bétail est précisément celle qui n'a plus la parole : c'est celle des femmes dont la « tribu » s'apparente à un bestiaire dans l'imaginaire misogyne exprimé par une longue tradition de poètes ; c'est aussi celle du prisonnier de guerre (*andrápodon*, formé par analogie avec *tetrápodêdon*, « à quatre pattes », « quadrupède ») déchu esclave. Pierre Brulé a très justement souligné la violence réservée aux hommes vaincus à l'occasion de l'épisode guerrier entre Samos et Milet (441-440), deux cités payant tribut à Athènes. Périclès intervient aux côtés des Milésiens. Désastre de la flotte athénienne : « Les Samiens voulurent rendre aux Athéniens les outrages qu'ils en avaient reçus : ils tatouèrent des chouettes sur le front de leurs prisonniers, car autrefois les Athéniens les avaient marqués d'une Samienne (il s'agit d'un navire dont la proue est retroussée comme un groin) » (Plutarque, *Périclès*, XXVI, 4). Cette pratique de marquage au fer rouge, propre à réduire l'humain à l'état d'animal domestique, souligne P. Brulé, « n'est pas pour autant l'indice d'une cruauté insigne des Samiens, des Athéniens ou autres ; elle est la simple application d'une des lois grecques de la guerre : le butin appartient au vainqueur, objets, animaux, humains, tous placés sur le même plan. Une formule du grec exprime l'équivalence des prisonniers avec les animaux : *sômata kai boskêmata*, “des corps et du bétail” » (Brulé, 2010, p. 44-45).

Le vaincu est « propriété », non plus des dieux, au sens de troupeau, mais des vainqueurs au sens de leur bétail. Le problème sera reformulé, notamment par Solon… pour la protection des Hellènes… athéniens.

Du troupeau au bétail, et du troupeau-bétail à l'esclave

Entre une étrange philanthropie des dieux pour une humanité-troupeau et une réelle application des lois humaines de la guerre et de ses conséquences, la notion d'esclavage vient se fondre au creux de ces deux conceptions. Le mythe de l'âge d'or informe que les mortels ne sont pas capables de se prendre en charge sans la protection de bienveillants êtres supérieurs. Les lois de la guerre transfèrent au vainqueur le droit de transformer un troupeau en bétail. Alors l'esclavage, sa pratique autant que son admission, marie les deux pôles : l'esclave appartient autant au troupeau qu'au bétail. Au troupeau, parce qu'il est incapable de se gérer lui-même ; au bétail, parce qu'il travaille, sert tel un ustensile sans jamais œuvrer aux obligations politiques ni officier aux services rendus aux dieux.

L'absence quasi unanime de condamnation de l'esclavage n'est pas à jauger selon des critères issus d'une époque à venir (et peut-être à venir encore). Le paganisme emboîte un état de fait (qui peut toucher le citoyen) sur le mythe. Quand Aristote admet que l'esclave empirique est « l'instrument » qui se trouve « totalement privé de la partie délibérative (το βουλευτικόν) de l'âme », son opinion ne peut ignorer l'arrière-plan des mythiques mortels de l'âge d'or, incapables de gérer par eux-mêmes leur condition. L'âge de fer, dont Aristote est autant un acteur qu'un penseur, retient du mythe l'image d'une propriété autant douée de vie qu'inapte à la faculté de se fixer des fins. Seulement, dans la lueur du mythe, il faut des pasteurs de troupeaux ; dans la réalité sévère du fer, il faut des maîtres pour tenir le bétail. Comme le bœuf est l'esclave du pauvre (Aristote, *Pol.*, I, 2, 1252 b 12), le *doûlos*, l'esclave du riche, est moins un homme qu'une « force corporelle pour la satisfaction de nos besoins indispensables » (1253 a 37). Homme imparfait, bloqué au stade de la forme sensitive et animale de l'âme, il peut ainsi obéir douloureusement et non décider sagement. Par une telle exclusion « naturelle » de toute participation à la *phronèsis*, il n'est même pas concerné par ce que peut signifier le bonheur (III, 9, 1280 a 33), mais est en revanche convié à la béatitude promise par sa participation permise à certains mystères, dont ceux des cérémonies d'Éleusis.

Un des mythes de l'âge d'or rapporté par Platon ne manquait pas d'insister sur l'intellect fortement limité des humains de ce temps : ils s'entretiennent avec les bêtes, comme d'égal à égal, incapables de philosopher, c'est-à-dire très précisément de se donner eux-mêmes un genre de vie puisant dans le « trésor de sapience » (Platon, *Pol.*, 272 c). Il semble que l'exégèse moderne n'ait pas assez tenu en compte ce passage de la *Politique* de Platon dans son articulation avec l'esclavage. Aristote, peu enclin à l'expression par le mythe, rend compte de cet état déficient de celui qui deviendra *doûlos* par le biais de sa structuration hiérarchique de l'âme qui correspond à une conception distributive mais restrictive de la rationalité : ordre végétatif de la plante, sensitif de l'animal et intellectif de l'homme. L'esclave est celui dont l'âme n'a pas atteint ce troisième stade. Comme, entre-temps, la nécessité du travail s'est imposée par le vouloir de Zeus, ceux qui appartiennent mentalement à l'âge d'or de ces humains s'entretenant toujours et encore avec les animaux, sont nécessairement inaptes à se gouverner et ainsi aptes à obéir dans un âge de fer. Un mythe n'est jamais neutre : il peut toujours déboucher sur une menace pour la condition humaine quand la rationalité prétend en tirer la leçon. D'où cette déclinaison aristotélicienne qui fait dépendre le concept d'humanité, voire d'espèce humaine, selon une échelle graduelle et non selon un schéma égalitaire.

Mais un Hellène peut-il être l'esclave d'un autre ? Autrement dit, un Grec peut-il ne pas être doté du troisième degré de l'âme ! Inconcevable dans l'absolu imaginé par le citoyen-délibérateur, mais pourtant applicable selon un droit de la guerre. Retour sur la terre ferme du fer : guerre, razzia, butin de guerre, réduction en esclavage des vaincus. Les cités ne cessent de se faire la guerre pour s'offrir par la force une augmentation de leur périmètre bientôt labouré par le renouvellement de la main-d'œuvre « à quatre pattes ».

En fait, dès la tradition solonienne (VIe s.), se forge l'idée que les Grecs ne peuvent réduire en esclavage d'autres Grecs. Certes l'Hellène d'une *autre* cité est-il un étranger, mais pas un Barbare habitué à se soumettre à la volonté d'un seul, à la génuflexion devant le monarque absolu et autres signes d'assujettissement accepté. (En termes aristotéliciens, c'est être roi chez les peuples barbares qui est « accidentel ».) Le Barbare, habitué à incliner la tête, trouve ainsi sa vocation à devenir esclave : « Jamais une tête d'esclave n'est droite, prétend Théognis : elle est toujours penchée, et pose sur une nuque oblique » (Théognis, I, 535-536). L'esclave-marchandise procuré sur les marchés de vente de barbares prisonniers ne pose pas problème, la « station droite » étant utilement adaptée « à la vie de citoyen » (Aristote, *Pol.*, I, 5, 1254 b 27).

Mais le réel est tenace : des Grecs sont esclaves de Grecs. Certes, une des réformes de l'Athénien Solon (archontat de 594/593), appelée « levée du fardeau » (*seisákhtheia*), supprime l'esclavage pour dette, libérant ainsi des Athéniens asservis sur leur propre sol. Reste la question « institutionnelle » du sort des vaincus dans le cas des prises de guerre entre cités. La réponse fut donnée : l'esclavage est illégitime entre Hellènes *sauf* lorsque la défaite d'une cité est la preuve de son infériorité naturelle, politique et morale, car « le parti vainqueur l'emporte toujours par quelque supériorité morale » (Aristote, *Pol.*, I, 6, 1255 a 15).

S'émancipant du troupeau, l'Hellène tendu vers sa « liberté » – cette conquête de la parole articulée *(lógos)* qui le distingue autant du Barbare que de l'animal – s'autorise à gérer le bétail.

▶ BRULÉ P., « D'une barbarie l'autre », in *Le siècle de Périclès*, Paris, CNRS Éd., 2010. – MAUDUIT Chr., *La Sauvagerie dans la poésie grecque d'Homère à Eschyle*, Paris, Les Belles Lettres, 2006.

→ Âge d'or ; Eugénique ; Femme ; Néant ; Origine et commencements des mortels ; Philanthropie

BONHEUR et BÉATITUDE

Dans la mentalité grecque, quand un mortel est pressenti heureux, la suite des événements s'annonce plutôt sombre pour lui.

Lieux communs

Rien n'est plus menacé que le bonheur humain : « Ah ! triste sort des hommes ! Leur bonheur est pareil à un croquis léger ; vient le malheur : trois coups d'éponge humide, c'en est fait du dessin ! » (Eschyle, *Agamemnon*, 1327-1329). Le bonheur est une sorte de démesure (*húbris)* qui prétendrait nier l'instabilité qui est au fondement de la condition des éphémères : « Depuis longtemps les mortels vont répétant un vieux dicton *(gérôn lógos)* : le bonheur humain, s'il s'élève assez haut, ne meurt pas stérile : de la prospérité germe un insatiable malheur » (*Ibid.*, 750-756). En écho, Euripide confirme que « connaître la détresse après un sort prospère, c'est connaître vraiment le poids de l'existence » (Eur., *Iphigénie en Tauride*, 1121-1122). Être un temps heureux, c'est être promis à la chute (Eur., *Archélaos*, frag. 26 cuf). Ce pessimisme traverse toute la pensée grecque exprimée par sa poésie. Au « Nul vivant n'est heureux » affirmé par le Solon d'Hérodote (I, 86, 3) répond l'assurance eschylienne qu'« Aucun mortel ne traversera, sans payer sa part, une vie exempte de douleurs » (Esch., *Choéphores*, 1018-1019). Mais il y a toujours pire pour la condition éphémère car, le bonheur étant fugitif (Pindarc, *Pyth.* III, 103-106), il est, une fois passé, source de souffrance pour l'âme, *psukhê* (Euripide, *Troyennes*, 640). « Le pire destin, dit-on, est de connaître le bonheur et de s'en voir fatalement exclu » (Pindare, *Pyth.* IV, 288-289).

Le héros homérique avait résolu la question en ne s'épuisant pas à chercher ce qu'il sait ne jamais trouver, le bonheur, mais en bâtissant ce que la postérité retiendra de lui : la renommée glorieuse de la « belle mort », sa jeunesse fauchée sur un champ de bataille.

Démarche individuelle

Face à cet état de fait, la palette cultuelle païenne a ménagé une solution : la participation aux cérémonies des mystères.

De sa participation aux diverses cérémonies des mystères, principalement celles d'Éleusis, l'Hellène ne tire aucun enseignement, mais semble seulement en retenir une « vision » *(ópopen)* carrément sensorielle et non mystique, lui assurant un sort bienheureux dans l'au-delà. Cette confiance en une caution de béatitude *post mortem* est une constante du paganisme. Le mot « heureux *(ólbios)* reviendra, tel un leitmotiv, pour qualifier la béatitude de celui qui a « vu » l'ultime rituel tenu secret des cérémonies. « Heureux qui a vu cela avant de descendre sous terre : il sait ce qu'est la fin de notre vie, ce qu'en est le principe donné par Zeus », proclame Pindare (Thrène 6, trad. A. Puech). Sophocle confirme : « Trois fois heureux ceux d'entre les mortels qui vont dans l'Hadès après avoir contemplé ces mystères : eux seuls jouissent de la vie là-bas, pour les autres il n'y a que des maux là-bas » (Frag. 753 Nauck, trad. G. Colli). Il ne faut surtout pas rapporter cette béatitude à l'âme. Les cérémonies des mystères ne font jamais mention de la destinée de la *psukhê*, mais plus prosaïquement de la condition du défunt initié, ce qui n'a rien de mystique. C'est une promesse de bonheur qui est adressée au futur défunt, « l'espoir d'une vie meilleure » après la mort, non une prise en charge de son âme. Manière bien hellène de confirmer que le bonheur n'appartient pas à ce monde. Théognis a peut-être fait allusion à cette idée éleusinienne quand il affirme que « le bonheur *(ólbios)* n'est, à la lettre, à aucun des hommes qu'éclaire le soleil » (I, 167-168).

Ajoutons que la mort transforme le mort en offrande aux divinités infernales : c'est peut-être leur appréciation sur le défunt-offrande qui change.

Faire correspondre une idée du bonheur avec le souci de l'âme sera la fonction d'un genre de vie que les Hellènes ont appelé « philosophie ». Socrate, débusquant dans l'insatisfaction la cause du malheur, recommandera de limiter ses désirs à ceux qu'il est possible de satisfaire en pratiquant un « genre de vie » de type ascétique. C'est la maîtrise de soi qui apporte le bonheur (*eudaimonía*). C'est alors prendre soin de son âme, un thème particulièrement cher à Jean-François Mattéi.

Génie du paganisme qu'un certain monothéisme ne manquera pas de récupérer avec la lenteur nécessaire à l'assimilation.

→ Démesure ; Initiation éleusinienne ; Mystères ; Sagesse delphique

BOUC ÉMISSAIRE → Exclusion

BOURBIER

Le vocable *bórboros* (βόρβορος) est certainement une onomatopée comme les Grecs aimaient à les forger pour, le plus souvent, désigner quelque chose de redoutable (*Tártaros*, l'effroyable prison des dieux) ou d'une étrange altérité (*bárbaros*, βάρβαρος, celui qui ne parle pas un dialecte grec). Il s'agit, selon Pierre Chantraine, d'une « forme expressive à redoublement » signifiant la boue, la fange par opposition à la « terre mouillée » propice à la génération et non à la corruption.

Le bourbier appartient à une figuration de l'au-delà inconnue d'Homère. En tout cas, il est abusif de vouloir accoler systématiquement le terme aux mystères d'Éleusis ou aux croyances des orphiques.

Le mépris

Un passage d'une comédie d'Aristophane évoque le « bourbier » que l'exégèse a tôt fait de considérer d'inspiration mystérique, voire orphique. L'Héraclès des *Grenouilles* expose au Dionysos de la même comédie une topographie infernale. Le bourbier en serait un lieu où croupit une certaine catégorie de défunts. À bien lire le récit (à défaut de l'entendre aujourd'hui), rien n'indique qu'il puisse s'agir de non-initiés à certaines cérémonies de mystères, mais plutôt de ceux qui ont violé les lois non écrites, ces interdits valables pour l'ensemble des mortels car inscrits dans le cœur de tous : dans le grand bourbier et une fange intarissable croupit « quiconque a jamais maltraité un hôte, ou, abusant d'un enfant, le frustra de l'argent promis, ou roua de coups sa mère, ou frappa son père à la mâchoire, ou prêta un faux serment » (Aristophane, *Gren.*, 145-150).

Règles élémentaires de l'hospitalité (le deuxième exemple concernant le spoliateur de l'enfant relève de la même transgression si l'on se rapporte à l'exemple de Polydore volé et assassiné par son hôte thrace : Euripide, *Hécube*, 5 sq.) ; respect des parents et fidélité à l'engagement pris sous serment sont les inébranlables et principales lois non écrites que les Hellènes considéraient partagées par l'ensemble des peuples. Le bourbier où croupissent ces criminels est aussi l'expression du mépris et de l'opprobre que les vivants adressent à ceux qui outragent et violentent ce premier droit des gens.

La paresse

« Quiconque arrive chez Hadès en profane (ἀμύητος = non initié aux mystères) et sans avoir été initié (ἀτέλεστος), celui-là aura sa place dans le bourbier (ἐν βορβόρῳ), tandis que celui qui aura été purifié et initié, une fois arrivé là-bas, dans la société des dieux » (Platon, *Phédon*, 69 c). Dans la *République*, Adimante évoque le sort des injustes et impies plongés « dans la boue (πηλόν) chez Hadès » et condamnés à porter vainement de l'eau dans un crible (II, 363 d-e). Il ne s'agit pas d'un enlisement dans la saleté d'un bourbier, mais d'une inutile activité rendue d'autant pénible que la glaise *(pêlós)* empâte les mouvements des condamnés.

Il ne faut pas s'y tromper. Pour Platon, le non-initié est celui dont l'état mental ne s'est pas encore élevé à la « méthode dialectique » qui permet à celui qui stagne encore au fond des hypothèses de s'élever « jusqu'au principe même pour assurer solidement ses conclusions » et ainsi tirer progressivement « l'œil de l'âme du grossier bourbier (ἐν βορβόρῳ βαρβαρικῷ) où il est enfoui » (*Rép.*, VII, 533 d). La paresse stigmatisée par Platon n'est certainement pas celle qui consisterait à s'éviter l'effort d'un pèlerinage vers Éleusis ou vers tout autre endroit sacré. C'est celle qui tourne le dos à un genre de vie propice à prendre soin de l'âme : la philosophie, exercice capable de rappeler à l'homme qu'il est une plante céleste.

Initiation versus ***action***

Sous la menace du bourbier sourde la révolte intellectuelle qui souhaite distinguer l'action de l'initiation. Aristophane, on l'a vu, raillait déjà l'idée que le bourbier ne puisse concerner que les non-initiés, préférant en réserver le sort aux mécréants qui bafouent les lois non écrites.

Plus tard, Diogène le Cynique répondra à des Athéniens « qui lui demandaient de se faire initier aux Mystères [d'Éleusis], sous prétexte que, dans l'Hadès, les initiés ont droit à la première place, il répliqua : "Laissez-moi rire ! Agésilas et Épaminondas [respectivement un roi de Sparte et un général thébain, deux valeureux combattants] croupiraient dans le bourbier, tandis que n'importe quel pauvre type, à condition d'être initié, séjournerait dans les Îles des Bienheureux !" » (D.L., VI, 39).

Beaucoup plus tard, au crépuscule du paganisme, Plutarque affirme que l'initié « voit sur la terre la foule de ceux qui ne sont pas initiés et purifiés s'enfoncer et s'écraser dans le bourbier et les ténèbres, et, par crainte de la mort, s'attarder dans les maux, faute de croire au bonheur de là-bas » (Plutarque, frag. 178 Sandbach ; trad. Foucart). Une éthique en négatif serait la réponse aux critiques positives.

Mais c'est trop tard.

→ Au-delà ; Châtiment/Récompense *post mortem* ; Initiation éleusinienne ; Lois non écrites

C

CALENDRIER SACRÉ → Citoyenneté et administration du sacré ; Temporalité

CENTRE
Omphalos, foyer, agora et terre

Les vieillards viennent s'asseoir en cercle. Au centre, deux hommes s'opposent sur une affaire d'homicide.

Cette scène de *l'Iliade*, représentée sur le bouclier d'Achille (*Il.*, XVIII, 495-508), situe pour ce premier procès que l'on connaisse de l'ancienne Grèce le centre au cœur du conflit à résoudre, de la justification dialogique et de la justice.

Ce que les Anciens appelaient *tò méson* (τὸ μέσον), le centre, est aussi le point de convergence des inégalités engendrées par le régime de la cité et la chambre d'écho des pires délations. Tout est toujours ambivalent dans la réception que se font les Grecs de leur monde qu'ils ont obstinément persisté à placer au centre de l'étendue des terres.

Le centre du monde : Omphalós

Pierre de forme conique, l'*omphalós* reste propice aux conjectures (nombril chthonien, centre d'une géographie sacrée, tombeau à coupole ?). Si la Suite pythique de l'*Hymne à Apollon* n'y fait aucune allusion, d'autres traditions affirment sa présence dans le sanctuaire de Delphes sans toutefois lui assigner un emplacement précis. L'archéologie a retrouvé deux exemplaires de cette pierre sur le site de Delphes. L'un d'eux, recouvert d'une sorte de filet sculpté dans la pierre, est appelé *agrènos*. Quotidiennement arrosé d'huile et enrubanné de laine brute les jours de fête, cet *omphalós* a suscité de nombreuses interprétations. Sorte de bétyle (pierre sacrée) appartenant aux couches préhelléniques du substrat méditerranéen dont les populations honoraient particulièrement les puissances de la fécondité et de la fertilité, l'*omphalós* représenterait à la fois le nombril du nouveau-né ou de la femme enceinte (naissance) ou un phallus (fertilité), *omphalós* bombé dans les deux cas (M. Delcourt, *L'oracle de Delphes*, Payot, 1981, p. 145). Ces associations ont permis à certains commentateurs de rapprocher *omphalós* de *ompnè*, « nourriture », et *ompnai*, « grain ». D'autres, soucieux de relier l'*omphalós* à la divination, ont rapporté *omphalós* à *omphè*, voix divine, d'où oracle.

La ligne de fracture est certainement à situer entre l'antique enracinement chthonien du centre et sa destination classique comme lieu d'où émane par la parole des dieux leur approbation ou leur désapprobation aux questions posées, déterminant ainsi comportements et entreprises des mortels à travers *leur* monde : celui d'un disque plat ceinturé d'eaux océanes.

Le centre du monde s'installe au cœur de l'énonciation oraculaire : Euripide souligne « la parole venue du trépied d'Apollon, sur le sol dont les replis marquent, dit-on, le nombril du monde, μεσόμφαλοι » (Eur., *Oreste*, 330-331). Le centre relève ainsi d'un « dit-on » qu'il faut accepter comme tel dans la mesure où il permet à l'imaginaire de s'ancrer dans la croyance d'une communication avec les dieux. Le centre est ancrage fantasmé, car un « dit-on », en grec, n'est pas neutre. Dans ce cas, il désigne l'*omphalós* comme le centre du monde, lieu exact où s'étaient retrouvés deux aigles envoyés par Zeus depuis les extrémités de la terre (Pindare, *Pyth.*, VI, 3-4 ; VIII, 59 ; XI, 10. Plutarque, *Disparition des oracles*, 409 e). La bouche oraculaire délivrant l'assentiment ou la désapprobation des dieux aux entreprises humaines s'exprime à partir du centre du monde : du monde civilisé car le mythe considère encore le Parnasse comme le lieu de naissance de l'ancêtre de tous les Grecs, Hellen. À l'instar des deux aigles de Zeus, la mantique verbale exigeant la sagesse de se connaître soi-même (la limite de l'homme) et l'ancêtre commun aux Hellènes se rejoignent au centre du monde du langage articulé et audible. « Le *logos*, écrit J.-F. Mattéi, exaltait l'ordre du monde voulu par les dieux. Il traçait comme un cercle invisible, qui isolait la Grèce de la Barbarie, sous le compas des dieux : le monde grec rayonnait ainsi à partir de son propre centre, comme une parure sacrée, pour déployer l'ordre et la beauté du cosmos » (*La barbarie intérieure*, PUF, 1999, p. 33). C'est à partir de ce rayonnement du centre qu'Apollon prouve qu'un dieu ne peut être étranger : le souverain de Delphes « s'est établi au centre et au nombril de la terre pour guider le genre humain » (Platon, *Rép.*, IV, 427 c 4).

Le centre de la maisonnée : Hestia ou comment prendre sa place

L'autel circulaire d'Hestia, déesse vierge, est le foyer domestique (ἑστία) ; sa flamme, qui ne doit jamais s'éteindre, sert à purifier l'ensemble de la maison. Hestia reçoit tant les prémices de tout sacrifice et actes rituels quotidiens que tout nouveau venu au sein de l'*oîkos* (maison, au double sens de l'habitat et des personnes qui y résident) : la jeune épousée, l'esclave acheté et le nouveau-né accepté par le père doivent être conduits devant le foyer, Hestia présidant en quelque sorte à leur admission. C'est à partir de ce centre que chacun trouve et prend sa place dans l'espace de l'*oîkos*. Le centre, « nombril de la maison » (ἑστίας μεσομφάλου, Esch., *Agamn.*, 1056), est le point de distribution des fonctions autant que des devoirs. De retour chez lui, Héraclès commence par saluer le foyer (Eur., *Hér. Furieux*, 599-600). Un étranger y parvenant est normalement assuré de l'asile dû à tout suppliant par le maître des lieux. Le foyer central peut transformer le suppliant en hôte.

C'est encore et toujours le rappel du devoir féminin qui se positionne : l'immuable stabilité de la déesse, parfaitement immobile au centre de la maisonnée, fige et fixe l'univers statique des femmes à l'intérieur du domaine, tandis que le masculin, statufié en piliers quadrangulaires surmontés de trois ou quatre têtes barbues d'Hermès dressés à l'extérieur, devant les portes des maisons ou des temples, indique le mouvement, les directions possibles et la circulation des mâles (citoyens, métèques, esclaves ou encore suppliants, mais pour ce cas, de suppliantes). Apollon *Arguieus*, le « dieu des routes », balise aussi l'extérieur. Et, au sein de cet extérieur, celui qui a la qualité de citoyen, malgré toutes les voies offertes par les bornes-hermès à son cheminement, retrouve et aboutit toujours à un autre centre : l'agora, autre nombril, celui de la cité.

L'inamovible concerne en fait les deux sexes.

Le centre de la cité : agora

La cité (athénienne) s'ordonne aussi autour d'un centre symbolique concentrant en un seul point magistratures civiques et religieuses, les deux allant de pair : il s'agit de l'autel-foyer d'Hestia *Prutaneia* (patronne des magistrats), abrité dans le Prytanée, édifice généralement construit sur ou près de l'agora. (La prytanie correspond à une des dix fractions de l'année durant laquelle siège une commission de 50 citoyens pour la même tribu.) C'est autour du central « Foyer commun de la cité » que sont reçus hôtes de marque (hérauts) et ambassades politico-religieuses invités à banqueter dans la salle de l'édifice réservé à cet effet, l'*hestiatórion*.

L'agora est un sanctuaire. Aux débauchés criminels était interdit l'accès de la place aux débouchés des rues qui y menaient : les vases d'eau purificatrice dans lesquels chaque visiteur devait-plonger les mains ne sont pas propres à laver la souillure d'un meurtrier. Car l'agora est moins une place publique qu'un siège collectif placé au centre du regard des dieux protecteurs de la *polis*. (Le terme *agorá* est formé sur *ager*, « rassembler »). L'agora rassemble par les cultes rendus sur son espace sacré : culte à ses héros fondateurs, à ses dieux poliades, ce qui ne manque pas d'entraîner fêtes et concours en leur honneur sur la place.

Le centre retrouve sa finalité d'être un cercle au cœur d'une quadrature. Car la question de sa quadrature fut posée et résolue. Dans les *Oiseaux*, Aristophane met en scène l'architecte Hippodamos de Milet sous le nom de Méton. Hippodamos est un personnage réel du ve siècle, intéressé par des questions d'urbanisme dont la *Politique* d'Aristote livre vaguement quelques indications sur ses réalisations réformistes quant à la répartition fonctionnelle et à l'aménagement des différents espaces d'une cité (*Pol.* II, 8 ; VII, 11). L'inspiration résolument égalitaire d'Hippodamos, qui traça les plans du Pirée et ceux de la cité de Thourii, ne pouvait qu'exaspérer Aristophane qui montre l'architecte au travail : « je prendrai mes dimensions avec une règle droite, précise Méton, que j'applique de manière que le cercle devienne carré. Au centre (μέσῳ), il y aura une place publique (ἀγορά), où aboutiront des rues droites convergeant vers le centre même (τὸ μέσον), et comme d'un astre lui-même rond, partiront en tous sens des rayons droits » (*Oiseaux*, 1004-1009).

L'agora est encore et surtout le point de convergence et de diffusion des délations. Le sycophante est un délateur et la sycophantie une sorte de « sport national ». Le sycophante passe son temps à profiter de la démocratie. Il lance des accusations sans rien savoir faire d'autre. Il a l'opportunité d'être au centre où les tribunaux y ont leur siège. Le sycophante tient l'agora pour une tribune. Mais il n'est pas orateur et le pertinent Aristophane, toujours défenseur de la paix, n'a pas manqué d'en croquer son agitation affabulatrice, nocive comme peut l'être la parole tordue des démagogues, ces flatteurs de basses opinions plutôt que bons conseillers du peuple (cf. *Cavaliers, Archaniens*). Accusateur public, voilà la condition piteuse du sycophante qui confond centre de la vie civique avec condamnation arbitraire déjantée de la parole sensée. Le centre devient le cœur de la crainte de la diffamation. Il laisse le lésé.

Gaia : rondeur et équilibre

Socrate s'est posé la question de savoir si « la terre est plate ou ronde » (*Phédon*, 97 d 7-8). Disque cylindrique ou sphère ? Il pense trouver la réponse en lisant Anaxagore. Déception. Sauf qu'Anaxagore positionne correctement la terre « au centre », parfaitement immobile au cœur d'un monde conçu lui-même comme une sphère. J.-F. Pradeau (in *Revue philosophique*, 1, janv.-mars, 1996, p. 75 sq.) a très pertinemment rapproché la conviction socratique d'un passage du Poème de Parménide, même si la terre en tant que telle n'y est pas l'objet : l'être, dans son éternité, est « gonflé comme une balle bien ronde, égal du centre à toutes les directions » (VIII, 43-44).

Mais l'imaginaire hellène tient la terre pour un lieu commun… aux hommes et aux dieux… laissée à l'indivision depuis l'accession au pouvoir de Zeus.

Les os de Patrocle

La dépouille de Patrocle est incinérée sur un monstrueux bûcher où se consument les autres victimes, animales et humaines, sacrifiées en l'honneur du héros. Achille, souhaitant seulement récupérer les os de Patrocle, précise qu'ils seront aisément reconnaissables car parfaitement situés « au milieu du bûcher, tandis que les autres ont brûlé à part, à l'extrême bord, hommes et chevaux ensemble » (*Il.*, XXIII, 241-242).

Au centre, des reliques, ossements reconnus héroïques ; à la périphérie, des cendres. La future démocratie se souviendra de ce partage « décentré » des honneurs, au point de l'appliquer.

► VERNANT J.-P., « Hestia-Hermès. Sur l'expression religieuse de l'espace et du mouvement chez les Grecs », *Mythe et pensée chez les Grecs*, Paris, La Découverte, nouv. éd., 1985, p. 155 sq.

→ Citoyenneté et administration du sacré ; Exclusion ; Oracle

CHÂTIMENT/RÉCOMPENSE *POST MORTEM*

Pour être réprouvé, il faut avoir la conscience fiévreuse de ne pas être retenu parmi les justes, soit par manquement à une injonction d'initiation à tel ou tel mystère, soit pour avoir commis un acte sacrilège (par exemple la transgression d'une loi non écrite). L'idée qu'un châtiment puisse s'exercer dans l'au-delà ne peut pas germer au sein d'une croyance qui identifie la condition défunte à l'amnésie et à l'insensibilité.

Mais, conformément à l'esprit du paganisme grec, les choses ne sont pas aussi tranchées.

Flottement des croyances

Il est communément admis que le thème de la punition *post mortem* ne peut être homérique puisque son Hadès confond le défunt pur et l'impur dans une même foule anonyme et fantomatique d'apparences privées de conscience. C'est exact d'un point de vue général, mais l'ambivalence des conceptions grecques est telle qu'il faut toujours faire preuve d'une certaine rondeur d'esprit avant de définir les contours d'une croyance, car, soulignons-le toujours, aucun dogme transmis d'en haut ne parvient en terres hellènes. Si *l'Iliade* est étrangère à la tradition des trois suppliciés des Enfers (Tityos, Tantale et Sisyphe), le poème évoque pourtant explicitement à deux reprises un tourment *post mortem* exclusivement réservé aux parjures : « vous [*i.e.* les effroyables Erinyes] qui, sous ce sol, châtiez les morts parjures à un pacte » (*Il.*, III, 278-279 ; XIX, 259-260). Homère n'en dit pas davantage mais, comme toujours avec les croyances des Hellènes, rien n'est absolument carré. Disons que, dans la majorité des cas, la mentalité homérique ne réservait pas de châtiment au défunt qui a vécu dans l'injustice, sauf dans le cas de celui qui a transgressé une loi non écrite *(ágraphos nómos)* condamnant le mépris de la parole donnée sous serment.

La question de savoir si l'Hellène espérait être récompensé dans l'au-delà pour sa pieuse attitude en cette vie ou craignait être châtié dans l'autre vie pour ses vices est certainement une question mal posée. La croyance générale fait plutôt retomber le châtiment sur la descendance du criminel, dont sa propre mort vient en quelque sorte arrêter les poursuites. Seul ce qui persiste en cette vie peut subir les terribles conséquences d'un défunt malfaisant. C'est sur cette croyance qu'Isocrate accorde qu'« il est possible qu'un homme impie et mauvais meure avant d'avoir payé pour ses méfaits », le temps jouant en faveur de l'indifférence qui règne dans l'au-delà, ce qui n'est pas le cas des cités qui, immortelles, « sont confrontées au châtiment des hommes et des dieux », et se trouvent ainsi devant le devoir de « pratiquer les vertus et éviter les actions mauvaises » (VIII *Paix*, 120). La sanction est temporelle, non dans un au-delà d'ailleurs aux contenus bien incertains. Ce caractère différé de la justice divine sur une descendance innocente indignait profondément Théognis (731-742).

Les dieux punissent un impie de son vivant, dit Lysias, soit en le plongeant dans la misère, soit en le faisant périr, la mort semblant aux yeux de l'orateur une peine légère en tant qu'elle met un terme aux souffrances de l'existence (frag. V, 2-3 Gernet). Cette idée semble donc ignorer la croyance aux jugements dans l'Hadès.

Juges et éphores infernaux

Dans la mesure où certaines traditions affirment l'existence de juges infernaux, le châtiment ou la récompense *post mortem* sont supposés. Dans l'hymne pseudo-homérique à Déméter, Hadès rappelle à Perséphone qu'à ses côtés elle détiendra un pouvoir exceptionnel : « Quand tu seras ici [aux Enfers], tu régneras sur tous les êtres qui vivent et qui meurent ; tu auras les plus grands privilèges parmi les Immortels, et ils seront toujours châtiés, ceux qui te feront l'injure de ne pas se concilier ton cœur par les pieux sacrifices et les offrandes qui te reviennent » (365-369). Un passage de l'*Odyssée* évoque Minos, « le noble fils de Zeus : tenant le sceptre d'or, ce roi siégeait pour rendre aux défunts la justice ; assis autour de lui ou debout, les plaideurs emplissaient la maison d'Hadès aux larges portes » (*Od.*, XI, 568-571). Cette conception n'est pas homérique et Aristarque, le grand érudit d'Alexandrie du IIe s. av. J.-C., condamnait déjà ces vers comme une interpolation, synonyme d'anachronisme. C'est encore dans cette surinterpolation d'*Odyssée,* appelée le Catalogue des damnés, que sont évoqués les trois grands suppliciés, Tityos, Tantale et Sisyphe, qui appartiennent à une tradition tardive toutefois connue de Platon (*Gorgias*, 525).

La conception d'une justice dans l'au-delà est-elle pré- ou post-homérique ? Une telle question, nécessairement posée « après coup », est simplement fondée sur des références faites à l'époque classique à partir de variations opérées sur le fil d'« anciennes traditions ». Pindare, Eschyle et Platon retissent le thème à leur mode.

L'ambiguïté de ce texte de Pindare est symptomatique d'une intrication de diverses croyances : « Quand la mort les a frappés ici, les esprits *(phrénes)* des coupables subissent aussitôt leur peine ; sous terre, un juge prononce contre les crimes commis en ce royaume de Zeus des arrêts inexorables » (*Ol.* II, 63-66). Le poète ne livre pas le nom du juge, mais affirme que « le regard ne peut supporter » les épreuves infligées aux impies (74). Eschyle évoque un ouï-dire qui attribue à « un autre Zeus » le pouvoir de prononcer chez les morts des « sentences suprêmes » sur toutes fautes commises du vivant (Esch., *Suppl.*, 230-231). Cet autre Zeus est certainement le Zeus *Katachtónios*, celui d'en bas, ou plus exactement le versant souterrain du dieu olympien qu'Eschyle emprunte à la tradition épique pour lui attribuer ce nouveau rôle typique de l'époque classique. Dans les *Euménides*, le Chœur promet à Oreste de subir aux Enfers pour son parricide « le châtiment que réclame la justice. Hadès, sous la terre, exige des humains de terribles comptes » (271-274). Platon en dit davantage, mais à la mode grecque, restant encore imprécis.

La conception platonicienne ne peut être celle du fidèle *lambda.* Elle n'engage que Platon, sans jamais représenter autre chose que le genre de vie que sa philosophie entraîne. Platon est moins un témoin qu'un acteur sur la scène athénienne de l'après Périclès. Il ne représente que lui-même, aspect qu'il ne faut jamais occulter.

L'au-delà décrit par un soldat pamphylien, nommé Er, est un lieu de punition (« subir des douleurs au décuple pour chaque crime ») et de récompense « dans la même proportion » que le bien fait du vivant (Platon, *Rép.*, X, 615 b). Er est laissé pour mort sur le champ de bataille. Revenant à lui avant que la flamme funéraire ne consume son corps selon la pieuse coutume, il raconte sa visite dans l'au-delà. « Il n'y a ni vrai bien ni vrai mal pour ce qui n'a point d'âme *(apsukhois)*, mais seulement pour l'âme *(psukhê)*, unie au corps ou séparée. Il faut croire vraiment à ces vieilles et saintes traditions qui nous révèlent l'immortalité de l'âme, l'existence de jugements et de terribles châtiments à subir quand elle sera affranchie de son corps » (Platon, *Lettre* VII, 335 a).

Dans le *Gorgias*, Socrate distribue l'au-delà entre les îles des Bienheureux (déjà connues d'Hésiode, *Trav.*, 170-171) et le Tartare. Au carrefour des routes qui mènent à ces deux endroits, se trouve une prairie où siègent trois juges, ou plus exactement trois âmes nues : celles de Minos, de Rhadamante et d'Éaque. Ce dernier juge les âmes venant d'Europe, Rhadamante celles d'Asie, et Minos se prononce en dernier ressort, en cas de doute. Les âmes des défunts sont elles aussi nues, suite à une décision du nouveau monarque, Zeus. Et Socrate de se fonder sur une « belle histoire » (*kaloû lógou*) qu'il invite à ne pas entendre comme un mythe (*mûthon*), lui-même la tenant pour vraie (*alêthê*). À la nervure de l'Âge de Kronos et du règne de Zeus, les mortels avaient connaissance de l'heure de leur mort. Ils s'arrangeaient alors pour montrer belle apparence et s'attirer un jugement favorable juste avant l'échéance. « C'étaient des vivants qui jugeaient ainsi d'autres vivants, et ils rendaient leur sentence au jour où ceux-ci devaient mourir. Or les jugements étaient mal rendus. De sorte que Pluton [Hadès] et les surveillants des Îles des bienheureux rapportaient à Zeus que des deux côtés ils voyaient se presser des hommes qui ne devaient pas y être » (*Gorgias*, 523 b-c). Zeus, dieu jamais dupe, décide donc de modifier la règle pour dorénavant pouvoir juger les hommes après leur mort et dont il ôte la connaissance de l'heure. L'âme devra se présenter nue, dépouillée du corps dont la belle vêture biaisait le jugement. Zeus précise que « le juge aussi sera nu et mort, son âme voyant directement l'âme de chacun aussitôt après la mort, sans assistance de parents, sans toute cette pompe qui aura été laissée sur la terre ; autrement, point de justice exacte » (523 e). Le nouveau monarque nomme trois parmi ses propres fils comme juges infernaux : Minos, Rhadamante et Éarque (*Gorgias*, 523 a sq.).

Ainsi les âmes ne peuvent rien cacher de leur piété ou de leur impiété toujours confondue avec l'abus de pouvoir et le mépris des lois non écrites. Les âmes impies sont envoyées dans la « prison de l'Hadès », le Tartare, « pour y subir les peines appropriées » (*Gorgias*, 525 a). Le châtiment a deux fonctions : « la destinée de tout être qu'on châtie, si le châtiment est correctement infligé, consiste ou bien à devenir meilleur et à tirer profit de sa peine, ou bien à servir d'exemple aux autres, pour que ceux-ci, par crainte de la peine qu'ils lui voient subir, s'améliorent eux-mêmes » (525 b). L'âme se retrouve nue, mais consciente, donc perfectible, ce qui suppose une survie positive, sauf pour les « incurables » qui, soumis à des « supplices terribles, sans mesure et sans fin, suspendus véritablement comme un épouvantail dans la prison de l'Hadès, où le spectacle qu'ils donnent est un avertissement pour chaque nouveau coupable qui pénètre dans ces lieux » (525 c).

L'orateur Hypéride, qui fut certainement l'élève de Platon, émet une hypothèse : « si, une fois morts, il en est pour nous comme si nous n'étions pas nés, ils [les défunts] se trouvent désormais affranchis des maladies, de la douleur, et des autres misères qui s'abattent sur la vie humaine. Mais, si le sentiment nous reste dans le séjour d'Hadès, et si la divinité s'y préoccupe de nous, comme nous le présumons, il est naturel que ceux qui ont pris la défense des dieux pour empêcher la ruine de leurs honneurs obtiennent de la divinité la plus large sollicitude » (*Oraison funèbre*, 43). Hypothétique souhait plutôt que certitude. Gravée sur un bas-relief, une épitaphe qu'une jeune fille, Hippostrate, adresse à sa nourrice défunte, exprime cet espoir délesté de certitude : « Si les bons reçoivent un prix dans le monde inférieur, / Tu jouis à présent, je le sais, de la première place avec Pluton [Hadès] et Perséphone » (IG II2 7873). J. D. Mikalson, citant ce document épigraphique, souligne que « nous devons [y] opposer les centaines d'épitaphes dans lesquelles les vertus de l'individu étaient énumérées, mais sans indication d'un espoir de récompense dans l'autre vie. Il faut donc admettre que la plupart des Athéniens *n'espéraient pas* être récompensés dans l'autre vie pour les vertus, y compris la piété, dont ils avaient fait preuve dans cette vie » (Mikalson, 2009, p. 138-139).

Certes, mais la piété consiste aussi à participer aux cérémonies d'Éleusis dont l'aboutissement du parcours initiatique offre de « douces espérances » dans l'au-delà.

Ceci pose la question de la distinction entre le juste et l'initié, ou plus précisément celle-ci : un injuste initié peut-il échapper au châtiment ? Parmi les scènes du monde infernal peintes par Polygnote (ve s.) sur les murs de la Lesché de Delphes et décrites bien plus tard par Pausanias, l'une représente deux femmes remplissant d'eau des vases sans fond. L'inscription, rapporte Pausanias (X, 31, 9), précise que les réprouvées ne sont pas initiées. Ce thème de la peine perdue se trouve réservé aux injustes chez Platon (*Rép.*, X, 31). En fait, l'initiation est une démarche pieuse. Elle se suffit à elle-même, mais si la conscience grecque a toujours accepté un tel arrangement, elle n'en a pas moins stigmatisé l'irrespect des lois non écrites : « Un homme qui a maltraité son père est peint étranglé par celui-ci » (Pausanias décrivant la Nekyia de Polygnote).

Le châtiment comme retour sur terre

Les croyances des Orphiques associaient récompense *post mortem* avec l'absence de réincarnation. Le châtiment c'est l'emprisonnement de l'âme dans un corps mortel et ceci tant qu'elle ne se sera pas complètement purifiée en suivant au cours de ses incarnations les préceptes du « genre de vie orphique ». Pour les sectateurs d'Orphée, l'incarnation est synonyme d'incarcération. Cette punition doit purger l'âme de sa contamination titanesque qui la pousse à tuer et à se repaître de « ce qui a vie », réitérant ainsi l'acte criminel et cannibale (théophagie) originel perpétré par les Titans sur l'enfant-dieu Dionysos et ravivant du même coup la douleur de sa mère, Perséphone. L'âme qui sera enfin parvenue à s'abstenir de commettre tout « meurtre » sera soustraite au cycle infernal des métempsycoses et pourra rejoindre les « prés sacrés et les bois » de Perséphone et s'installer sur le « siège des purs ».

► MIKALSON J.D., *La religion populaire à Athènes* (1983), trad. fr., Paris, Perrin, 2009.

→ Au-delà ; Bourbier ; Initiation éleusinienne ; Métempsycose ; Mort ; Orphique (Genre de vie) ; Prison des dieux

CITOYENNETÉ et ADMINISTRATION DU SACRÉ

Marché commercial, cercle d'une autonomie économique fondée principalement sur l'agriculture, activité au fondement même de l'idéal d'autarcie, la cité *(pólis)* est un commerce, mais avant tout celui entretenu avec ses dieux. Une cité s'organise autour des cultes honorant ses divinités protectrices (poliades). Un tel commerce, établissant deux parties bien distinctes, les humains d'un côté et de l'autre les dieux, rejette la sacralité du souverain. « Les cités sont immortelles », prétend Isocrate (8, 120), signifiant ainsi qu'elles seules, et non ses dirigeants, portent l'empreinte du divin.

Le modèle classique s'éteindra progressivement à l'époque hellénistique avec la pratique de l'apothéose d'un monarque. La cité classique (la moins mal connue restant Athènes) se gardait d'une telle démesure, préférant le jusqu'au-boutisme de l'isonomie, terme signifiant l'égalité totale des citoyens par rapport aux lois et à l'accès aux prérogatives civiques. C'est dans cet esprit que la police de la *pólis* athénienne sera assurée par des esclaves barbares, les archers scythes : instaurer un corps d'armée *étranger* pour le maintien de l'ordre public afin d'éviter qu'un citoyen puisse être en situation d'autorité par rapport à un autre citoyen. La liberté grecque ne confond pas la relation verticale de l'autorité avec sa version horizontale qu'elle préfère appliquer, ainsi que le rappelle Aristote quand il définit le citoyen comme celui qui « pouvait gouverner et être gouverné » alternativement. C'est cela l'isonomie (ἰσονομία), cette égalité devant *et* par la loi (*nómos*), qui permet à l'homme citoyen d'être tour à tour soldat, magistrat et prêtre.

Qualité versus ***compétence : les chemins du sacré***

Le citoyen grec n'existe certainement pas à cause de la diversité des cités et des régimes politiques qui fleurissent en terres hellènes. En revanche, le Grec sait que n'importe quel type de citoyen a la particularité commune de ne pas être le sujet d'un monarque.

Les modes d'accession à la citoyenneté diffèrent selon les cités. Il n'y a pas de citoyenneté homogène dans le monde grec car chaque éducation *(paideia)* doit être l'exacte application d'un modèle voulu inimitable, résolument spécifique à une cité, imperméable à sa reproduction.

À Thèbes, la citoyenneté de plein droit revient à l'homme qui n'a pas fait commerce sur l'agora depuis dix ans. C'est une manière d'exclure les paysans.

À Sparte, la qualité de citoyen s'acquiert après avoir reçu une éducation particulière, l'*agôgè*, qui relève davantage du dressage. Les citoyens spartiates se nomment les Semblables, *Homoioi*, une fois cette éducation « supportée », précise Plutarque, à partir de 7 ans révolus pendant treize années (*Inst. Lac.*, 21, 238 e). Pour avoir « part aux droits civiques », le jeune lacédémonien doit, après l'élevage par les nourrices, passer au dressage sous le contrôle d'un magistrat, le pédonome (*paidonómos*), assisté de jeunes « porteurs de fouet » *(mastigophóres)* pour encadrer ces enfants « embrigadés en troupeaux, *agéla* », rapporte Plutarque, qui précise que cette « éducation était un entraînement à l'obéissance » (*Lyc.*, 16, 12 & 8). Sparte entraîne sa jeunesse au vol, au « ni vu ni pris », à la dissimulation, à la ruse, au mensonge, au droit de tuer. La citoyenneté est au bout.

Dans l'Athènes de Périclès, le citoyen *(polítês)* est né de père et mère athéniens. C'est un majeur ne faisant l'objet d'aucune privation de ses droits en punition de comportements jugés indignes. (Sur le décret de 451-450 de Périclès, cf. Aristote, *Pol.*, III, 1275 b 21-22). L'éphébie attique dure deux ans (18-20 ans), deux années d'apprentissage militaire.

Dans la mesure où une définition globale de la citoyenneté grecque classique est illusoire, l'exposé suivant fera principalement référence à Athènes.

Rappelons le point suivant. Avant la succession des générations de citoyens par l'union d'un homme libre et d'une femme légitimement épousée, l'imaginaire grec a toujours fait l'hypothèse d'une origine échappant à la reproduction sexuée, hypothèse qui, dans le cas de la cité, permet littéralement d'enraciner ses citoyens dans le sol civique, qu'Euripide appelle « un terroir sacré » (*Médée*, 824). C'est ce qu'exprime parfaitement Platon quand il insiste sur la nécessité d'un mythe d'autochtonie : le législateur persuadera les citoyens « qu'en réalité ils étaient alors formés et élevés dans le sein de la terre, eux, leurs armes et tout leur équipement, qu'après les avoir entièrement formés, la terre, leur mère, les a mis au jour, qu'à présent ils doivent regarder la terre qu'ils habitent comme leur mère et leur nourrice, la défendre si on l'attaque, et considérer les autres citoyens comme des frères, sortis comme eux du sein de la terre » (Platon, *Rép.* III, 414 d-e). L'Athénien est avant tout le fils légitime du sol de la patrie. Gaia observe les faits et gestes des mortels idéalement engendrés. À ce chemin imaginaire venant du sacré, la cité offrira à ses membres un autre chemin menant cette fois vers le sacré : la citoyenneté. C'est ce mouvement qui fonde ce qui fut appelé une « religion civique », mais qu'il est plus approprié de nommer une « administration du sacré ».

La citoyenneté est une qualité, non une reconnaissance de compétence. La dokimasie, examen athénien des candidats à la citoyenneté et, par extension, à toute magistrature, n'examine pas les compétences du futur magistrat (certainement appelé à devenir un temps prêtre), mais sa qualité à devenir mécaniquement citoyen : « On demande d'abord : "Qui est ton père et de quel dème, qui est le père de ton père, qui est ta mère, qui est le père de ta mère et de quel dème ?" Après cela, s'il participe à un culte d'Apollon *Patrôios* [« Ancestral »] et de Zeus *Herkeios* [« de l'enclos »], et où sont ces sanctuaires ; ensuite, s'il a des tombeaux de famille et où ils se trouvent, puis s'il traite bien ses parents, s'il paie les taxes, s'il a fait les expéditions militaires » (Aristote, *Constitution d'Athènes*, 55, 3). La qualité de citoyen n'est pas sans dépendre de la possession de ces autels.

La dokimasie rend patente l'intrication religieux/civique. Elle va même jusqu'à invoquer une loi non écrite (le respect envers les parents) dont la transgression remet en cause l'admission à la citoyenneté.

Calendriers et panthéons

Les cités composent une mosaïque à la fois culturelle et cultuelle dans la mesure où d'une cité à l'autre, tout peut changer : le dialecte, la monnaie, les poids et mesures, le régime politique, les lois, l'éducation, le panthéon, les cultes ou encore le calendrier… et évidemment le statut de la citoyenneté.

Calendriers et panthéons, deux vocables que le paganisme emploie au pluriel, doivent particulièrement retenir l'attention.

Une cité peut avoir côte à côte un calendrier sacré (fêtes), politique (division égale du temps) et un calendrier des magistrats, qui s'autorise à ajouter ou à supprimer des jours au calendrier sacré en fonction des besoins. Athènes, dont les calendriers de la fin du ve siècle sont un véritable casse-tête pour les historiens, commençait l'année au milieu de l'été, à l'occasion des célébrations des Panathénées – le 28 Hécatombéon étant le jour anniversaire d'Athéna. Ce sont les principales fêtes des dieux de la cité qui donnent généralement les noms des mois. Chaque calendrier des fêtes tisse une sorte de réseau propre à enserrer/insérer chaque citoyen dans le tissu civique.

Quant au panthéon, la liste canonique des Douze dieux, le *dôdekátheon*, est une composition tardive des poètes hellénistiques (Zeus-Héra, Poséidon-Déméter, Apollon-Artémis, Arès-Aphrodite, Hermès-Athéna, Héphaistos-Hestia). La pratique cultuelle des cités classiques ne connaît pas cet apparent harmonieux assemblage, préférant mêler concrètement des divinités locales à quelques « grands dieux ». Pausanias avait parfaitement noté que hiérarchie et nomenclature divines varient d'un endroit à l'autre (IX, 16, 7). C'est la manifestation particulière (exprimée par une épiclèse) de telle ou telle divinité sur le sol même de la cité qui décide du panthéon de celle-ci, brisant ainsi toute unité de culte dans l'Hellade. Nul dieu n'est honoré pareillement ici ou ailleurs, parce que nul dieu ne se manifeste pareillement ici comme ailleurs. Ici étant le territoire d'une cité, et ailleurs celui d'une autre. (L'époque classique compte environ 750 cités.) Le particularisme local est une revendication de l'identité civique. Athéna est honorée comme *Nikê* (Victoire) à Athènes, comme *Iliás* (Ilienne) en Troade et comme *Métêr* (Mère) en Élide.

C'est pourquoi quitter sa cité (ses références) condamne à devenir un étranger en abandonnant la foncière indépendance de sa ville natale. C'est donc improprement que nous parlons de *la* cité grecque, alors que les Hellènes n'ont vécu que la diversité *des* cités.

Mais c'est aussi pourquoi devenir étranger à sa cité (quelle qu'en soit la raison), ne plus pouvoir participer à ses cultes, c'est aussi devenir inutile aux dieux – à ceux de ses ancêtres.

Guerres et trêves sacrées

Sous l'idéal d'autarcie sourde le conflit armé. « Le régime des cités, dans la Grèce classique, semble avoir réuni toutes les conditions pour entretenir un état de guerre réciproque presque perpétuel » (J. de Romilly, in *Problèmes de la guerre en Grèce ancienne*, Mouton, 1968, p. 207). État normal dans la Grèce des cités, la guerre est saisonnière : on se bat l'été et on arrête les hostilités l'hiver. La raison est bien empirique : il faut affaiblir la cité adverse en détruisant ses récoltes, donc avant la moisson. Les hivers sont plutôt réservés aux harangues et aux préparatifs belliqueux. Généralement, les cités se battent pour « de légères rectifications de frontières » (J. de Romilly, *ibid*, p. 211), mais jamais pour des motifs religieux.

Autonomie est le maître-mot de chaque cité. Platon évoque cette nécessité « d'empiéter sur le territoire de nos voisins, si nous voulons avoir assez de terre à pâturer et à cultiver », et comme cet « insatiable désir de posséder » est commun à toutes les cités, la guerre est un état endémique (Platon, *Rép*. II, 373 d). Le citoyen est soldat. L'Athénien doit à sa cité quarante-deux ans de service militaire, de 18 à 60 ans : il est éphèbe (18-20 ans), « hoplite du catalogue (liste de recrutement) » ou cavalier, de 20 à 50 ans, puis *presbytatos*, ancien et vénérable vétéran. Entre 50 et 59 ans, tout citoyen peut être requis pour monter la garde sur les remparts de la cité en guerre (pléonasme). Après 60 ans, le citoyen-soldat se mue en arbitre public.

Au ve siècle, la paix est plutôt une trêve, notamment imposée pour une raison religieuse particulière : la protection des jeux panhelléniques qui sont toujours donnés en l'honneur des dieux. Dès le ve siècle, une trêve des combats est conclue entre les cités afin de permettre à leurs pèlerins et concurrents de se rendre en sécurité dans les sanctuaires où se déroulent les Jeux, notamment à l'occasion des quatre grandes rencontres panhelléniques (jeux Olympiques, Pythiques, Isthmiques et Néméens). « Par le biais des jeux, les cités en guerre transposaient leurs affrontements dans le seul domaine sportif, et il est significatif que les Grecs utilisèrent un seul et même terme pour désigner les combats que nous qualifions de “guerriers” et de “sportifs” : l'*agôn* » (Fauquier & Villette, 2000, p. 225).

Cette trêve des combats s'inscrit dans le cadre plus général du principe de la trêve sacrée, la hiéroménie. Instaurée pour permettre la célébration d'une fête particulière à une cité, la hiéroménie y suspend temporairement ses activités judiciaires et l'application des sentences ainsi que le départ en campagne de son armée. La fête ayant toujours une finalité religieuse, c'est donc toujours l'entretien du sacré qui rythme la vie sociale.

Citoyenneté et entretien du sacré

Aristote donne la définition suivante du citoyen (πολίτης) : « Le citoyen au sens strict, aucun caractère ne le définit mieux que la participation à l'exercice des pouvoirs de juge et de magistrat. Or parmi les magistratures les unes sont limitées en durée, de sorte que certaines ne peuvent absolument pas être exercées deux fois par la même personne, ou du moins ne le sont qu'après un intervalle de temps bien défini ; d'autres sont de durée illimitée, comme celles de juge ou de membre de l'assemblée » (Aristote, *Pol.* III, 1275 a 22-26). La prêtrise masculine est une fonction généralement limitée et réservée aux magistrats.

Nous nous sommes contentés pour l'instant de souligner le poids que le religieux imprime à la vie civique, notamment à travers la reconnaissance de la citoyenneté et surtout dans la décision « panhellénique » de trêves sacrées, ce qui est d'ailleurs l'indice d'un sentiment religieux non belliciste et porteur d'une certaine paix au moins à travers l'Hellade. Il convient maintenant d'insister sur l'intrication du civique et du religieux : ni l'un sans l'autre, ni l'autre sans l'un.

Être citoyen, ce n'est pas seulement être un soldat, un propriétaire foncier taxé sur sa richesse pour financer sa cité en armements ou lui offrir des festivités toujours religieuses (liturgies). Ce n'est pas seulement pouvoir bénéficier d'aides publiques en cas de disette ou échapper à la torture en cas de litige – c'est l'esclave du citoyen qui la subit en cette occasion, tel un substitut de souffrances. Être citoyen, c'est pouvoir s'occuper des dieux en les honorant selon les traditions de sa cité. La citoyenneté ouvre sur l'entretien du sacré. Comme le soulignait déjà Fustel de Coulanges, « être admis parmi les citoyens, cela s'exprime en grec par les mots μετεῖναι τῶν ἱερῶν, entrer en partage avec les choses sacrées » (*Cité antique*, p. 227). Partage, car il est interdit d'exercer plusieurs fois de suite la même charge : un citoyen peut diriger les troupes une année, puis administrer un sanctuaire une autre année. « La religion grecque était laïque et, inversement, la vie civique était religieuse » (J. de Romilly, 2005, p. 24). Cette parfaite définition de l'intrication civique/religieux explique pourquoi il n'existe pas d'équivalent grec du mot « religion ». Les Hellènes n'en avaient pas besoin, tout préoccupés qu'ils étaient à maintenir bien ouvert l'éventail des traditions cultuelles ancestrales particulières à chaque sanctuaire plutôt qu'à construire un dogme impensable. « Pour les Grecs, les croyances, les institutions, les usages qui constituent une religion à nos yeux sont des νόμοι ou des νόμαια, c'est-à-dire des règles coutumières, des façons traditionnelles d'agir et de penser » (J. Rudhardt, in *RHR*, 1992, 3, p. 221).

La religion n'existe pas *stricto sensu* parce que la relation grecque au sacré est d'essence administrative. Le civique se dissolvant à son tour dans la différence des cités, donc dans celle de ses sanctuaires, il n'y a pas de culte universel, mais la préoccupation de rester fidèle à un rite local honorant davantage une simple épiclèse transmise par la tradition qu'un dieu toujours impossible à atteindre dans sa plénitude. Toute tradition a la force d'affirmer, sans l'exprimer par un discours mais par la seule sanctuarisation d'un sol, qu'un dieu est une puissance insoutenable en tant que telle, mais que cette puissance condescend à se fragmenter pour pouvoir être recevable par les mortels. Ces derniers ne doivent se contenter que de la gestion des sanctuaires toujours synonymes de choix du sacré sur cette terre. Rien de plus, rien de moins. Il s'agit pour le prêtre élu d'administrer strictement le sol sacré conformément aux règlements hérités de la tradition locale.

C'est pourquoi n'importe quel magistrat pouvait devenir prêtre, plusieurs mois durant, nulle autre compétence que celle de faire respecter les lois sacrées particulières n'étant requise. Selon l'expression de G. Glotz, « pour la première fois dans l'histoire du monde, un peuple se fait représenter auprès de ses dieux par de simples magistrats » (*Histoire grecque*, I, p. 487). La notion de clergé est inconnue des Grecs pour qui la prêtrise n'est pas une vocation mais une fonction. Un sacerdoce est une magistrature temporaire comptant parmi les autres charges municipales. Citoyen élu ou tiré au sort par ses pairs pour administrer un lieu de culte, le prêtre est un laïque qui retournera à la vie civile une fois son mandat expiré – généralement au bout d'un an. Administrer, c'est faire respecter les lois sacrées, c'est-à-dire appliquer le règlement local propre à chaque sanctuaire. Le prêtre ne prêche ni n'enseigne. C'est un gendarme : ici il interdit de porter tel vêtement, là qu'on ramasse le bois mort qui jonche le sol sacré, ailleurs qu'on y pénètre armé, etc. Cette fonction policière l'autorise à infliger des « amendes sacrées » aux contrevenants. Les fidèles ont surtout besoin de ses recommandations, non pour prier, mais pour ne pas enfreindre les lois sacrées particulières au sanctuaire et se garder ainsi de tout comportement impie. Quand, une fois rendu à la vie civile, l'ex-prêtre se rend dans un sanctuaire, il redevient pèlerin.

Être citoyen, c'est s'inscrire sur le continuum de la vie, qui va des animaux aux dieux. L'organisation de la cité se fonde sur l'idée que l'homme-citoyen, et non l'homme, n'est pas un animal comme les autres. L'animal libre est politique, l'autre animal est a-politique, privé du droit de prendre la parole : le non-citoyen (femme, enfant, étranger, esclave) est donc un animal parfait... pour le politique.

« Qui demande la parole ? » : formule rituelle prononcée par le héraut à l'Assemblée si un projet de la Boulè n'est pas accepté tel quel au vote à main levée (cf. Aristophane, *Acharniens*, 45). Mais la prière précède toujours le discours des orateurs (Démosthène, *Sur la couronne*, 18, 1-2, 8). Ainsi placées sous le regard des dieux, les lois votées par les hommes acquièrent une dimension sacrée. Il est alors pieux, et non seulement civique, de se conformer aux lois écrites de sa cité.

► FAUQUIER M. & VILLETTE J.-L., *La vie religieuse dans les cités grecques*, Gap/Paris, Ophrys, 2000. – GLOTZ G., *La cité grecque* (1928), Paris, Albin Michel, 1968. – HANSEN M.H., *Polis et cité-État. Un concept antique et son équivalent moderne*, Paris, Les Belles Lettres, 2001. – JOST M., *Aspects de la vie religieuse en Grèce*, Paris, SEDES, 1992. – MOSSÉ Cl., *Politique et société en Grèce ancienne. Le « modèle athénien »*, Paris, Aubier, 1995. – ROMILLY J. de, « Cité et religion dans l'Athènes classique », in *État et religion*, Paris, PUF, 2005. – VERNANT J.-P., *Les origines de la pensée grecque*, Paris, PUF, 1969.

→ Autochtonie ; Centre ; Étranger ; Exclusion ; Femme ; Impiété ; Liturgie ; Piété ; Prêtrise ; « Religion », sacré, profane ; Sanctuaire ; Temporalité

COLÈRE DES DIEUX

Alors que la jalousie divine *(phthónos)* fait plier tel ou tel mortel particulier qui, en proie à la démesure, a osé outrepasser le cadre réservé à sa race éphémère, la colère des dieux (μῆνις, *mênis*) a plutôt tendance à s'abattre sur une collectivité tout entière à la suite d'une offense dont s'est rendu coupable l'un d'entre eux à l'égard des choses sacrées.

Mais la colère d'une divinité peut aussi modifier fondamentalement l'ordre du monde. Les Grecs ont ainsi conçu deux types de courroux : l'un destructeur, l'autre fondateur. Le premier type a une cause humaine, tandis que le second correspond à un règlement de compte entre dieux mais dont les conséquences seront terribles pour les humains pourtant innocents.

Colères destructrices

L'Iliade, qui ne connaît pas la jalousie divine, s'ouvre sur la colère d'Apollon, jeune dieu éclaboussé par l'offense faite par Agamemnon à son prêtre, Chrysès, dont la fille, Chryseis, a été enlevée par les Achéens à l'occasion d'une razzia routinière de femmes et d'esclaves sur les rivages de Troie. Venu au camp grec pour réclamer sa fille, Chrysès, grossièrement rabroué par Agamemnon, adresse à son dieu Phoebos Apollon une prière réclamant vengeance. Celui-ci l'exauce.

Le châtiment est collectif. Apollon provoque une maladie (la peste ?) qui décime les rangs des Achéens :

« Il vient se poster à l'écart des nefs, puis lâche son trait. Un son terrible jaillit de l'arc d'argent. Il s'en prend aux mulets d'abord, ainsi qu'aux chiens rapides. Après quoi, c'est sur les hommes qu'il tire et décoche sa flèche aiguë ; et les bûchers funèbres, sans relâche, brûlent par centaines » (*Il.*, I, 48-52)

Pour être collectif, le châtiment n'en est pas moins ciblé (pour reprendre la métaphore de l'arc décochant la peste) : seul le camp achéen est touché, non la cité des Troyens.

Consulté, le devin Calchas révèle la cause de la colère du dieu : l'offense faite par Agamemnon au prêtre de Phoebos Apollon. Offrande d'une hécatombe et restitution à Chrysès de sa fille sont les conditions d'apaisement du dieu. Quand Ulysse ramène Chryseis chez son père, celui-ci adresse aussitôt cette seconde prière au redoutable mais non moins attentif dieu :

« "Entends-moi, dieu à l'arc d'argent [...], tu as déjà naguère entendu mes vœux ; tu m'as rendu hommage en frappant lourdement l'armée des Achéens. Cette fois donc encore, accomplis mon désir : des Danéens [des Grecs] écarte le fléau outrageux".

Il dit ; Phoebus Apollon entend sa prière » (*Il.*, I, 451-457).

La colère du dieu a frappé lourdement l'armée grecque à cause de la démesure d'un seul, celle de son chef Agamemnon, le roi (*basileús*) de tous les autres chefs venus sous les murs de Troie. Mais elle a encore une terrible conséquence indirecte : la colère d'Achille. Maintenant privé de sa prise de guerre, le roi

Agamemnon s'autorise à s'octroyer celle d'Achille, la douce Briséis. Furieux de devoir se plier à l'exigence de son chef, ce *basileútatos* capable de lui faire rétrocéder son *géras*, marque octroyée par l'armée pour des chefs hors du commun, le héros, ce mortel demi-dieu, laisse éclater sa colère :

« Chante, déesse, la colère d'Achille, le fils de Pélée ; détestable colère, qui aux Achéens valut des souffrances sans nombre et jeta en pâture à Hadès tant d'âmes fières de héros » (*Il.*, I, 1-4).

Le thème de la retombée indirecte de catastrophes sur les hommes innocents d'une colère est une constante du paganisme. Hésiode prévient qu'une cité entière peut se ressentir de la démesure d'un seul de ses citoyens. Zeus envoie peste et famine à la fois, « leur détruit un rempart, une vaste armée, ou se paie sur leur flotte au milieu des mers » (Hésiode, *Trav.*, 246-247). Pausanias a narré la colère dévastatrice de Poséidon *Hélikonios*, rayant de la carte la cité arcadienne d'Héliké parce que des suppliants furent abattus dans son sanctuaire : mais les coupables de cette transgression d'une loi non écrite n'étaient pas hélikéens mais des Achéens qui contrôlaient la région (VII, 24, 5-7 et 12). La justice divine n'est pas toujours exacte.

Pourtant la colère des dieux n'est jamais implacable car elle ne peut se résoudre à anéantir l'humanité tout entière dont ces mêmes dieux ont toujours et encore besoin de ses offrandes. Le mythe des rescapés que sont Deucalion et Pyrrha débouche sur une humanité renouvelée après sa quasi-destruction par le courroux diluvien de Zeus. Les fumets sacrificiels vers l'Olympe pourront reprendre.

Colères fondatrices

Le fameux mythe du « partage de Mékônê » dans lequel Prométhée est censé provoquer la colère de son cousin, Zeus, le nouveau souverain, n'est que la mise en scène d'une funeste supercherie pour les mortels (Hésiode, *Théog.*, 535-560). Le scénario est le suivant : à nouvelle souveraineté, nouvelle répartition des rangs. Zeus, qui a détrôné son père, le Titan Kronos, décide d'en finir avec la proximité des mortels qui prévalait alors, tout en leur réservant dans l'éloignement la fonction précise de l'honorer, lui et sa famille. Prométhée, fils de Japet, un Titan jeté dans le Tartare par le nouveau souverain, fait parfaitement l'affaire pour tenir le rôle du cousin rancunier. Chargé de répartir entre commensaux les morceaux d'un bœuf énorme lors d'un (du dernier) festin rassemblant mortels et immortels, le fils de Japet « doit » berner Zeus qui pourtant ne peut l'être puisque la décision de mettre fin à la commensalité vient de lui. La supercherie se retournera contre les mortels spectateurs du « partage du bœuf » : Prométhée (en vérité le « dindon de la farce » olympienne) accorde aux convives mortels la belle part de l'animal immolé (la viande comestible cachée sous la peau et l'estomac) et réserve aux Immortels les os dénudés camouflés sous une graisse alléchante. Colère feinte de Zeus qui peut maintenant justifier sa répartition prévue des registres du vivant en acceptant sa part (*moîra* – son *destin* de souverain) au nom des Olympiens, attribuant du même coup aux hommes la part corruptible car mangeable.

En gardant la viande vouée à la corruption, les humains sont condamnés à se nourrir pour raviver leurs forces maintenant défaillantes. C'est leur « part », leur *destin* d'être à l'image de ce qu'ils mangent. C'est leur *moîra*. De plus, ils devront brûler les parties immangeables – les seules qui soient authentiquement bonnes – afin que les dieux puissent désormais se régaler des fumets impalpables aux festins d'immortalité. La colère de Zeus a des conséquences désastreuses pour les hommes qui ne sont pourtant coupables de rien. Elle les éloigne définitivement des dieux en les condamnant à devenir des sacrificateurs laborieux.

Conclusion du scénario : « C'est depuis lors que sur terre les humains réunis en tribus brûlent aux immortels les os blancs de victimes sur les autels odoriférants » (*Théog*., 556-557). C'était au temps où il s'agissait de tourner la page d'un autre âge, celui de Kronos, bref de trier *(ekrínonto)* pour mieux séparer hommes et dieux qui partageaient alors la même table.

Moralité : La feinte colère froide comme ruse aux terribles profondes conséquences pour les figurants est la marque de Zeus.

Le mythe a dit sa messe. Mais l'onde de choc produit d'autres effets. Car, plus encore, la « colère » de Zeus imprime une nouvelle condition humaine. Dès après le courroux de l'Olympien à l'encontre de son divin cousin, l'homme n'est plus rien d'autre que l'apparence du lot *(moîra)* qui lui fut remis autant par Prométhée que par ruse divine interposée : une peau (être superficiel), un ventre (être autant promis à la voracité destructrice qu'aux affres de la faim), et sous la peau, la chair vouée à la destruction. La colère de Zeus institue la séparation des hommes et des dieux en faisant passer ces bienheureux derniers d'un régime carnivore à une nourriture éthérée, la seule qui permette de se régénérer dans la différence avec les mortels.

Hésiode rapporte une autre terrible colère de Zeus aux profondes conséquences pour l'avenir de l'humanité ; la fabrication de Pandora, la première femme, qui fait passer l'humain de l'asexué au mâle, de l'âge d'or à l'âge de la nécessité. Prométhée le philanthrope a dérobé une étincelle du feu divin, la foudre, pour la donner aux hommes. Feu sacré qu'il ne faut certainement pas confondre avec le feu fabriqué par les mortels, sinon comment pourraient-ils remplir leur fonction de sacrificateurs ? Au vol du feu sacré, Zeus réplique par le don d'un autre type de feu : celui qui consume les forces des mâles, à savoir le ventre de la femme qu'il faut dorénavant nourrir et féconder.

« Zeus, qui gronde dans les nuées, fut mordu profondément au cœur et s'irrita en son âme *(thumón)*, quand il vit briller au milieu des hommes l'éclatante lueur du feu. Aussitôt, en place du feu, il créa un mal *(kakòn)*, destiné aux humains [..], un piège profond et sans issue. Car c'est de celle-là [Pandora] qu'est sortie la race, l'engeance maudite des femmes. Elles ne s'accommodent pas de la pauvreté odieuse, mais de la seule abondance [...]. Zeus qui gronde dans les nues, pour le grand malheur des hommes mortels, a créé les femmes, que partout suivent œuvres d'angoisse, et leur a, en place d'un bien, fourni tout au contraire un mal » (Hésiode, *Théog.*, 567-570 ; 589-593 ; 600-602).

C'est donc sur fond de colère divine qu'hommes et dieux trouvent leur place bien distincte dans l'ordre du monde. Toutes les colères divines ne concernent pas forcément l'humanité tout entière. Par exemple, le courroux d'Artémis suite à la mort d'une ourse réfugiée dans son sanctuaire de Brauron trouvera apaisement avec l'instauration d'un nouveau rituel, l'*arkteia*, consistant pour des fillettes à mimer l'ourse dans son processus de domestication. Manière de rappeler, pour mieux la canaliser, la sauvagerie originelle des vierges. Mais celles-ci n'avaient pas provoqué la mort de l'ourse qui fut tuée par un... garçon.

Enfin, la colère de Déméter est provoquée à la fois par l'irritation face à l'ignorance et à la crainte des humains devant ce qu'ils ne comprennent pas – état pourtant voulu par les dieux eux-mêmes – et par la rancœur envers Zeus qui a « marié » sa fille à Hadès. La déesse souhaite un donnant-donnant : en compensation de la disparition de Koré, elle souhaite rendre immortel un petit d'homme. Le processus, consistant à cacher l'enfant préalablement oint d'ambroisie dans le feu ardent, « comme une torche, à l'insu de ses parents », est enrayé à cause de l'effroi qu'il inspire aux misérables mortels (*Hymne [pseudo-homérique] à Déméter*, 235 sq.). Devant l'attitude apeurée des humains et l'attitude hautaine des immortels, la déesse « se retire », c'est-à-dire affame les humains en « retenant » le grain sous terre. Épuisés, ils ne peuvent plus offrir les sacrifices que les dieux attendent. Zeus est contraint de céder au souhait de Déméter de retrouver sa fille. La colère retombée, Déméter *Eustéphanos* (Couronnée) révèle aux rois justiciers d'Éleusis les « rites augustes qu'il est impossible de transgresser » mais dont la participation offre à l'initié de belles espérances dans l'au-delà. Avant le précieux don, il y a la terrible colère.

→ Destruction de l'humanité ; Grève ; Jalousie divine ; Reproduction sexuée ; Sacrifice

CONDITION HUMAINE → Éphémère ; Inconnaissance et théologie ; Femme ; Néant

COSMOGONIE

Les Grecs n'ont jamais conçu la mise en ordre du monde à partir du néant. L'idée d'une création *ex nihilo*, envisagée à titre d'hypothèse, fut aussitôt jugée incompréhensible et absurde : « Je ne te permettrai pas de dire que l'être vient du non-être, ni de le penser », prévient Parménide, droit debout sur le seuil de l'ontologie (DK 28 B 8, 7-8). La sagesse grecque pense que « rien n'est pas » , car ce qui n'est rien ne pouvant être, l'être est donc éternel. Le néant *(mêdèn, oudén)* n'est jamais une référence cosmogonique, mais (s'il « est »?) , il ne peut être que la qualification réservée à la pitoyable condition humaine. Quand Pindare affirme que « l'humanité n'est que néant (ουδέν) » (*Ném.* VI, 5), le poète ne fait qu'exprimer un lieu commun.

Cosmophanie et genre de vie

Plutôt que de cosmo*gonie*, il faudrait parler de cosmo*phanie* (*phainô*, « faire briller », « faire apparaître », « paraître »). Le monde ne naît pas du néant. Il apparaît comme *kósmos*, c'est-à-dire comme agencement, sur fond d'éternité. C'est la caractéristique cachée de ce que l'interprétation appelle « cosmogonie ».

Comment alors comprendre le mot *kosmogonía*, évoquant la double idée d'une naissance (*gónos*, radical de *gígnomai*, « naître ») et d'un commencement absolu parfaitement contradictoire avec l'affirmation de l'éternité du monde ? Le néoplatonicien Plotin donne une clef :

> « Les mythes, s'ils sont vraiment des mythes, doivent séparer dans le temps les circonstances du récit, et distinguer bien souvent les uns des autres des êtres qui sont confondus et ne se distinguent que par leur rang ou leurs puissances ; (d'ailleurs, même où [Platon] raisonne, il fait naître des êtres qui n'ont pas été engendrés, et il sépare les êtres qui n'existent qu'ensemble). Mais, après nous avoir instruits comme des mythes peuvent instruire, ils nous laissent la liberté, si nous les avons compris, de réunir leurs données éparses » (*Ennéades* III, 5, 9, 24-26, trad. É. Bréhier).

Plotin applique cette remarque à Platon pour légitimer son recours dans le *Timée* à un schéma cosmogonique : la « naissance » du monde *déforme* une réalité (le monde est sans commencement) pour évoquer une simultanéité. On peut étendre cette explication "mode d'emploi" à tous les autres récits cosmogoniques connus des Grecs, en particulier à celui d'Hésiode. Bien entendre le sens des mythes cosmogoniques consiste à ne pas se laisser abuser par les artifices de la succession du discours : c'est le processus du « bon ordre », de la « bonne disposition » (sens premier de *kósmos*) qui est fractionné pour être audible, disons entendu par l'intelligence limitée de l'homme. Une cosmogonie ne décrit pas la naissance du monde, mais sa mise en ordre, son parfait agencement. *Gígnomai* ne doit pas être pris au sens de « naître », mais de « devenir ». Acception confirmée par le Papyrus de Derveni (col. IX, 6 ; XXV, 9, etc., un commentaire du ve s. av. J.-C. environ de vers orphiques difficilement datables). Le monde *devient* ordonné.

La deuxième caractéristique des mythes cosmogoniques est le refus d'envisager un désordre primordial (ce que nous appelons un « chaos »). La confusion d'un univers en vrac est une conception totalement étrangère aux Grecs. Le Chaos d'Hésiode ne signifie surtout pas le désordre ou la confusion. Au contraire, le mot *kháos* est un neutre que les Muses emploient pour indiquer le coup d'envoi de l'émergence de la mise en ordre du monde. Ce n'est pas avant les *Métamorphoses* d'Ovide (soit plus de sept siècles après Hésiode et au sein d'une culture différente) que soit explicitement évoquée l'assimilation du chaos comme trouble et informe confusion entassant les éléments. Cette acception ovidienne dérive peut-être d'une interprétation étymologique stoïcienne qui, rapprochant le mot *kháos* du verbe *kheîn*, « verser », « répandre », en définit le sens comme « mélange où tous les éléments sont versés ensemble » (Zénon de Citium, frag. 104-105 von Arnim). On peut dire que cette nouvelle acception du mot met le désordre dans le chaos, alors qu'Hésiode plaçait son *kháos* à la poussée même du processus d'ordonnancement du cosmos. Chez Hésiode, *kháos* s'apparente probablement au verbe *khaínô*, signifiant « s'ouvrir », « bâiller », « béer ». Le Chaos ouvre sur le devenir de la mise en ordre du monde des dieux et des hommes. Dans la cosmogonie attribuée au poète lyrique Alcman, l'état originel n'est pas chaotique, mais présente un stade « non travaillé » où rien de la matière de toute chose n'est encore discernable. C'est l'absence de représentation propre au « commencement » qui dicte à Hésiode de nommer « en tout premier » Chaos.... « ce » neutre qui se retire pour laisser advenir la qualification des choses.

La troisième caractéristique découle des deux précédentes. Incompatible avec une genèse permanente, l'éternité suspend la condition même du progrès cosmogonique à l'amenuisement radical de ses forces dont les mythes vont décrire l'impuissance les frappant inéluctablement. L'épisode de la castration d'Ouranos, rapporté par Hésiode, mais encore évoqué dans un commentaire allégorique de vers orphiques (Papyrus de Derveni, col. XIV), signifie, sous l'image d'une brutale séparation, cet éloignement définitif des forces primordiales par rapport à leur extraordinaire puissance d'engendrement qui, originellement, enfantent autant, voire davantage, par scissiparité que par copulation. Si un coup d'arrêt n'est pas mis à cette fécondité débridée, la genèse se perpétuerait sans cesse, niant ainsi la possibilité même d'un monde stabilisé et ordonné *(kósmos)*. Les puissances primordiales, que seuls des vocables peuvent saisir, sont condamnées à l'impuissance pour laisser le monde se déterminer et se qualifier dans l'espace et le temps. Selon un mythe homérique, les eaux mariées d'Okéanos et de Téthys, ondes fluviales (non salées, donc fertiles), donnent naissance à tous les êtres (*Il.*, XIV, 245-246). Une telle fécondité doit être canalisée pour enrayer le risque d'une genèse permanente : c'est ce qu'expliquent, sur le mode anthropomorphique propre au mythe, les « interminables querelles » (*ákrita neíkea ; Il.*, XIV, 205) qui séparent le couple primordial. Manière d'affirmer que l'ordre du monde dépend de la pérennité de cette désunion qui s'impose comme condition de possibilité de la stabilité du cosmos.

Les Grecs n'ayant reçu aucune Révélation, les épargnant ainsi du poids du dogme, il n'est pas étonnant d'avoir plusieurs et divers exposés cosmogoniques. Le principal modèle reste celui d'Hésiode. Les marginaux sont principalement ceux des différentes versions dites "orphiques". La cosmogonie hésiodique considère un état indiscernable, puis instable, en proie à des situations de blocage et de crises, avant l'instauration de la souveraineté de Zeus, synonyme chez Hésiode de stabilité. L'état indiscernable correspond aux engendrements de Chaos (qui tire de son propre fonds les puissances nocturnes, Érébos « l'obscur » et Nyx « la noire ») et de Gaia (qui, seule, enfante Ouranos – puissance masculine – comme son « égal », Ouréa, « Hautes montagnes » et Pontos, « le plein de la mer », autre entité mâle). De Nyx proviennent Hêmerê (lumière du jour) et Éther, la pure clarté. Le monde commence à se différencier par opposition (féminin/masculin) et alternance (nocturne/diurne). Tout ceci s'opère obscurément sous l'influence d'Éros qui, à ce stade originel, est davantage une puissance de *fission* de chacune des entités primordiales qu'il pousse à la parthénogenèse et à la scissiparité, que la force de *fusion* dans l'union, puissance attractive aveugle qui soumet Gaia à l'étreinte pesante d'Ouranos. Vautré, carrément plaqué sur Gaia qu'il ne cesse de féconder, Ouranos bloque les générations à venir dans le giron maternel (les Titans, les Cyclopes et les Hécatonchires). Kronos, le « cadet » des Titans, mais aussi le « mieux armé » de la première génération, fauche les bourses de son géniteur (Hésiode, *Théog.*, 178-182 ; cf. Pap. de Derveni, col. XIV). Le retrait d'Ouranos mutilé spatialise le monde qui, s'offrant du même coup comme objet de domination, devient enjeu de pouvoir. Ces luttes pour la souveraineté correspondent à la phase strictement théogonique du monde qui aboutira à la victoire irréversible de Zeus sur les Titans.

Les diverses versions orphiques opposent à la linéarité hésiodique une représentation en boucle. Elles considèrent une unité parfaite (exprimée par l'œuf), puis une dégradation dont la conséquence (l'apparition des humains à cause du démembrement de Dionysos par des forces assimilées à celles des Titans) renvoie à une sorte d'obsession de l'initial dont il faut purifier la souillure de l'impensable mise à mort d'un dieu.

La cosmo-théogonie hésiodique est traversée par l'ambition fondatrice d'un dieu : l'instauration du règne de Zeus définitivement fondé sur le respect – exprimé dans le culte par le sacrifice sanglant – de la parfaite distance séparant dieux et hommes, dont le corollaire est la nécessité de la reproduction sexuée des humains afin de reproduire l'acte sacrificiel à travers les générations.

Une inspiration inquiète vient tenailler les orphiques qui se considèrent comme des mortels ayant en charge de reconstruire l'unité initiale de l'ordre (le cosmos) en suivant scrupuleusement un « genre de vie » tendu vers l'assimilation au divin. L'ascèse orphique consiste principalement à refuser de verser sur les autels le sang de ce qui a vie, se gardant ainsi de réitérer l'acte impie du crime titanesque « des origines ». Et un autre nom du Dionysos orphique est précisément Phanès (nom dérivé de *phainô*), le dieu qui fait paraître toutes choses et vers lequel il faut tendre.

On voit bien qu'une cosmogonie, comprise au sens grec de cosmophanie, n'est pas une futile élucubration d'aède, mais que tout schéma cosmogonique engage une détermination de l'homme dans l'ordre du monde. Les deux principaux systèmes, hésiodique et orphique, pour opposés qu'ils soient, expriment pourtant une même idée fondamentalement grecque : la dépendance du divin. Les dieux d'Hésiode (ceux de la cité) dépendent de l'hommage humain rendu lors des sacrifices sanglants ; tandis que le divin orphique, sa reconstruction, dépend de l'observance humaine d'un « genre de vie » ascétique (hors de la pratique civique).

Le « lointain » originel n'étant qu'une commodité de langage, tout système cosmogonique implique un type de conduite au sein de la cité ou en rupture avec elle. Il induit un genre de vie, un engagement.

Une cosmophanie revendiquée : Phérécyde de Syros

C'est vers 540 avant notre ère qu'un certain Phérécyde, originaire de Syros, se permet non seulement de triturer deux appellations primordiales (Zas pour Zeus, et Khthonie pour *khthôn*), mais encore d'affirmer que ces puissances ont « toujours été » (ἦσαν ἀεί). « Khthonie reçut le nom de Terre *(Gê)*, après que Zas l'eut honorée en lui faisant don de la terre *(gên)* » (7 B 1 DK). Le nom propre Khthonie provient de *khthonios*, « qui est sous terre », « souterrain », en référence opposée à *khthôn*, *khthonos*, « terre », « sol de la terre ». Ainsi, Khthonie signifie une profondeur qui, pour être souterraine, doit être recouverte... ce qu'elle n'est pas encore, ou toujours pas. Zas orne Khthonie d'un manteau sur lequel il a brodé les figures de la Terre (Gên) et d'Ogénos (= Okéanos).

Dès cet instant absolument paradoxal où le *recouvrement dévoile* le sens qu'a « toujours » eu Khthonie – car pour être souterrain, il faut être recouvert –, Zas la transforme en terre, avec sa surface ceinturée grâce aux circonvolutions perpétuelles d'Ogénos.

Khthonie, la Souterraine, ne peut être elle-même que par dissimulation. Pour apparaître comme souterraine, elle doit elle-même se dissimuler comme terre (*gê*). Et ce, sans cesse. L'origine, toujours présente, est pourtant à jamais cachée.

En jouant sur et avec les mots, Phérécyde exprime la fulgurance de l'éternité se donnant pour laisser réciter par les humains la conjugaison des temps, avec son cortège de déformations (ce que l'homme appelle des représentations). Zas dissimule Zeus qui dissimule la terre comme pouvant être (ayant toujours été) souterraine…

• *Hésiode. Théogonie*, éd. et trad. P. Mazon, Paris, Les Belles Lettres, 1928 ; *Hesiod. Theogony*, Ed., Prolegomena and Commentary by M.L. West, Oxford, Clarendon Press, 1966. – *Le papyrus de Derveni*, trad. et présentation F. Jourdan, Paris, Les Belles Lettres, 2003.

► DEFORGE B., *Le Commencement est un dieu. Un itinéraire mythologique*, Paris, Les Belles Lettres, 1990. – RAMNOUX C., *La Nuit et les Enfants de la Nuit dans la tradition grecque*, Paris, Flammarion, 1959, 2e éd. 1986. – RUDHARDT J., *Le rôle d'Éros et d'Aphrodite dans les cosmogonies grecques*, Paris, PUF, 1986. – SOREL R., *Les cosmogonies grecques*, Paris, PUF, 1994 ; *Chaos et éternité. Mythologie et philosophie grecques de l'Origine*, Paris, Les Belles Lettres, 2006. – VERNANT J.-P., « Cosmogoniques (Mythes) », *in* Y. Bonnefoy (éd.), *Dictionnaire des mythologies*, Paris, Flammarion, 1981, p. 252-260.

→ Néant ; Orphique (Genre de vie) ; Reproduction sexuée

CRAINTE **→ Épiphanie ; Immortalité ; Invention des dieux**

CROYANCE (Origine de la)

Il faut être prudent quand on applique à la pensée grecque la notion moderne de croyance. L'absence de credo, caractéristique de la religiosité des Hellènes, rend effectivement le critère inadéquat. Rien de plus étranger à un Grec que l'idée d'une foi liée à un dogme pour lequel on lutterait. Le citoyen verse son sang pour sa cité et ainsi pour ses dieux poliades. Il ne le verse jamais au nom d'une religion : défendre ses sanctuaires n'est pas lutter au nom d'une Révélation mais protéger une propriété divine, un enclos dont le dieu a indiqué sa préférence par une certaine manifestation.

Les dieux sont indubitablement présents et naturellement évidents. Plus encore, cette évidence de la présence des dieux serait même partagée par tous les peuples qui craignent et honorent les mêmes divinités (que les Grecs) sous d'autres noms qu'un Hérodote s'est efforcé de transcrire.

En revanche, il n'est pas anachronique de considérer la question de l'origine de la croyance aux dieux comme une recherche caractéristique du ve s., à condition de l'entendre ainsi : c'est moins la question de l'existence des dieux que celle de savoir *ce qui est tenu* pour divin qui se trouve posée.

Prodicos de Céos, élève de Protagoras, soucieux de la nomination correcte des choses, ne soutient pas que le divin c'est l'utile (contrairement à certaines interprétations), mais que ce qui est utile à l'homme *est tenu* pour divin :

« Le soleil, la lune, les fleuves et les sources, ainsi que tout ce qui favorise la vie, avaient été considérés par les Anciens comme des divinités, à cause de leur utilité – comme le Nil pour les Égyptiens » (DK 84 B 5, d'après Sextus Empiricus).

C'est pour cette raison, commente Sextus Empiricus, « qu'on a considéré *(nomisthênai)* le pain comme Déméter, le vin comme Dionysos, l'eau comme Poséidon, le feu comme Héphaïstos, et qu'il en a été de même par conséquent pour chacune des choses qui sont utiles » (*Contre les mathématiciens*, IX, 18). L'origine de la croyance serait à trouver dans une impulsion humaine qui consiste à sacraliser des éléments estimés utiles à la vie. À peine est-elle posée que la question de l'origine de la croyance est repoussée : si les dieux ne sont que le résultat d'une sacralisation, le sacré existe donc, au moins dans l'esprit humain. Ce n'est pas la question de l'existence des dieux que pose Prodicos, mais celle de l'origine de l'idée de divin. « Prodicos ne dit jamais que ce qui est utile à la vie *est* dieu, que le pain *est* Déméter ou le vin Dionysos, mais seulement que ces biens *sont tenus* pour des dieux et honorés comme tels » (Babut, 1974, p. 50). Écho chez Euripide :

« Sâche, ô mon fils, [dit Tirésias à Kadmos] que deux principes sont essentiels aux humains. D'abord, Déméter la Déesse – ou la Terre (tu peux l'appeler de l'un de ses deux noms). Elle nourrit l'humanité d'aliments secs. Puis survint son émule, le fils de Sémélé [Dionysos], qui découvrit le suc fluide du raisin, qu'il nous apporta, pour guérir du chagrin les mortels misérables. Lorsqu'ils se sont emplis du nectar de la vigne, il leur donne l'oubli de leurs maux journaliers, par le sommeil, le seul remède à nos souffrances » (Euripide, *Les Bacchantes*, 274-283).

On note l'idée de découverte (Dionysos découvre le vin sous le raisin) qui semble présente chez Prodicos. Selon Philodème (*De la piété*, col. IX, 7), « ce sont les nourritures et les choses utiles qui [d'après Prodicos] ont été tenues pour divines et honorées comme telles, et, par la suite, ceux qui découvrirent des moyens de se nourrir ou de s'abriter, ou d'autres techniques, comme Déméter et Dionysos » (= DK 84 B 5 ; trad. Dumont).

Rendre un culte à Déméter et à Dionysos est donc un acte de gratitude pour leurs bienfaits : « C'est là un exemple parfait de la théorie de la religion développée par Prodicos », note W. Jaeger (1966, p. 264, n. 29), qui voit aussi dans un passage de *La nature des dieux* de Cicéron une longue citation de Prodicos, sans toutefois que la source soit précisée. C'est le stoïcien Lucilius Balbus qui parle :

« Beaucoup d'autres divinités ont été instituées et nommées, non sans motif, par les plus sages des Grecs et par nos ancêtres d'après les grands bienfaits qu'ils recevaient d'elles. Ils pensaient en effet que tout ce qui apporte un grand avantage au genre humain ne peut se produire sans la bonté des dieux envers les hommes. C'est pourquoi ils donnaient le nom du dieu lui-même à ce qui provenait du dieu, comme lorsque nous appelons le blé Cérès et le vin Liber » (*De nat. deor.*, II, XXIII, 59).

Selon Prodicos, l'idée des dieux procède de la reconnaissance des humains pour les avantages et les bienfaits de la nature. En ce sens, les dieux sont une invention de l'imagination humaine (cf. M.-O. Goulet-Cazé, 1993, p. 123 sq.).

L'originalité n'est pas dans la relation du divin avec les phénomènes naturels. Leur association est une constante de la religiosité traditionnelle : Zeus « pleut » (Alcée, frag. 62 BL), ce qui, chez Aristophane raillant les esprits simples, se déclame sur le mode : la pluie est produite par Zeus « qui pisse à travers un crible » (*Nuées*, 373). L'originalité est davantage dans le fait que se trouve déifié ce qui est utile à l'homme. Ce sont les causes naturelles qui expliquent la croyance aux dieux, et non la croyance qui légitime les événements de la nature.

Inversement, pour Démocrite, qui s'est particulièrement intéressé à la naissance de l'*idée* de dieux, c'est la peur, voire la terreur, inspirée par certains phénomènes naturels (tonnerre, foudre, éclipses de soleil ou de lune : 68 A 75 DK) mais encore par certaines « images maléfiques » (68 B 166 DK) qui ont amené les premiers hommes à inférer des forces surnaturelles auxquelles ils attribueront des noms (mythiques : p. ex. « Zeus ») à ces phénomènes (p. ex. l'air) qu'ils ne pouvaient expliquer.

« Certains ont supposé, rapporte Sextus Empiricus, que nous étions arrivés à la notion de dieux à partir des événements merveilleux qu'on rencontre dans le monde, et telle paraît être la thèse de Démocrite : Lorsque, dit-il, les Anciens virent les événements dont le ciel est le théâtre, comme le tonnerre, les éclairs, la foudre, les conjonctions d'astres ou les éclipses de Soleil et de Lune, leur terreur leur fit penser que des dieux en étaient les auteurs » (68 A 75).

Les « dieux » ne sont qu'un motif pour évacuer une interrogation à laquelle la réflexion tardivement dite « ionienne », certainement inaugurée par le milésien Thalès, a tenté une réponse en refusant de placer des forces « supérieures » à l'origine des phénomènes naturels.

Avec Critias d'Athènes, la question de l'origine de la croyance s'articule sur celle de l'utilité politique : pour assurer le respect des lois de la cité – celles faites par l'homme et ainsi pouvant être arbitrairement modifiées –, il faut inventer la crainte des représailles divines. L'origine de la croyance se confond à la fois avec un mensonge intentionnel et avec la finalité du politique.

Quant à Euripide, il semble avoir distingué entre deux types de croyances : celle véhiculée par les aèdes, et celle partagée par les penseurs. La première est indigne et fausse. Son origine est dans la loi *(nómos)* : « C'est la loi qui nous fait croire aux dieux » (*Hécube*, 800). Entendons aux dieux de la mythologie inspirée principalement d'Homère et enseignée dans la cité. Ces dieux adultères, trompeurs, violents sont faux. « Qu'un dieu fasse le mal, je ne saurais l'admettre » (*Iphigénie en Tauride*, 391). À une croyance imposée à partir de représentations dégradantes que les mythes offrent de la divinité, Euripide oppose une origine sereine, lumineuse, intérieure de la croyance en un divin purifié des « misérables inventions des aèdes » (*Héraclès*, 1346).

La question de la croyance, qu'elle soit confondue avec celle de savoir ce qui est tenu pour sacré ou avec celle de pouvoir déconsidérer ce qui ne peut être admis comme tel, se déplace sur un nouveau terrain sous l'impulsion de Platon. C'est la rhétorique qui produit de la croyance, et non du savoir. Elle persuade au point d'arracher une conviction. La croyance *(pistis)* n'est que cela, toute concernée par les affaires humaines, non par la tension « aimante » de l'âme vers ce qui lui est apparenté, le divin, « se débarrassant ainsi de l'humaine misère » (*Phédon,* 84 a-b ; cf. *Gorgias*).

La leçon sera retenue. À un père s'enquérant auprès d'Antisthène de ce qu'il devait enseigner à son fils, le cynique répondit : « S'il doit vivre avec les dieux [en symbiose], la philosophie, s'il doit vivre avec les hommes, la rhétorique. » (VA 173 G).

▶ BABUT D., *La religion des philosophes grecs*, Paris, PUF, 1974. – GOULET-CAZÉ M.-O., « Les premiers cyniques et la religion », in M.-O. Goulet-Cazé & R. Goulet (dir.), *Le cynisme ancien et ses prolongements*, Paris, PUF, 1993. – GUTHRIE W.K.C., *Les Sophistes* (1971), trad. fr., Paris, Payot, 1976. – JAEGER W., *À la naissance de la théologie* [1947], trad. fr., Paris, Le Cerf, 1966, chap. X ("Théories sur la nature et origine de la religion").

→ Agnostique ; Athée ; Honorer les dieux ; Impiété ; Invention des dieux ; Prosélytisme

CULTE **→ Attente des dieux ; Funéraire (Culte) ; Honorer les dieux ; Piété ; Prêtrise ; Sacrifice ; Sanctuaire**

D

DÉGÉNÉRESCENCE DE L'HUMANITÉ

Le thème d'une dégénérescence de l'humanité trahit la conscience d'un ordre précaire, toujours menacé par la démesure. Par « ordre », les Grecs entendaient équilibre des choses, ordonnancement harmonieux (pléonasme pour eux) des puissances de ce monde, lui-même appelé *kósmos* dont le sens premier du mot est la « bonne disposition ».

Hésiode puis Platon donneront une description du processus inéluctable de dégénérescence d'un type d'humanité.

D'un type d'humanité, car il n'y a pas d'humanité au singulier dans le paganisme grec, mais succession de « races », toutes principalement évaluées à l'aune des sacrifices qu'elles offrent ou non à la reconnaissance des dieux. Quand l'évaluation est négative, une race disparaît pour laisser la place à une autre, plus soucieuse des hommages à rendre. Race d'or, race d'argent, race de bronze, race des héros, race de fer (mythe hésiodique), race pré-diluvienne (mythe de Deucalion et Pyrrha) ou race ovoïde (Aristophane) : toutes sont vouées à disparaître soit par autodestruction (argent), par épuisement naturel du nombre limité de ses représentants (or, héros), par transformation (les boules vivantes d'Aristophane) ou soit par pure et simple destruction divine (bronze, fer et race pré-diluvienne, précèdent celle de pierre).

Mais la décision divine de destruction n'est pas toujours motivée par le manque d'égard à leur endroit, mais aussi par la violation humaine des lois non écrites. C'est cela le phénomène de dégénérescence. Hésiode fait précéder la destruction de la race de fer (la sienne/la nôtre) par un processus rapide et irréversible de dégénérescence et de dégradation :

« L'heure viendra où Zeus anéantira à son tour cette race d'hommes périssables : ce sera le moment où ils naîtront avec des tempes blanches. Le père alors ne ressemblera plus à ses fils ni les fils à leur père ; l'hôte ne sera plus cher à son hôte, l'ami à son ami, le frère à son frère, ainsi qu'aux jours passés. À leurs parents, sitôt qu'ils vieilliront, ils ne montreront que mépris ; pour se plaindre d'eux, ils s'exprimeront en paroles rudes, les méchants ! et ne connaîtront même pas la crainte du Ciel. Aux vieillards qui les ont nourris ils refuseront les aliments. Nul prix ne s'attachera plus au serment tenu, au juste, au bien : c'est à l'artisan de crimes, à l'homme tout démesure qu'iront leurs respects ; le seul droit sera la force, la conscience n'existera plus. Le lâche attaquera le brave avec des mots tortueux, qu'il appuiera d'un faux serment » (*Trav.*, 180-195).

Quand Hésiode évoque le processus de dégénérescence, il insiste moins sur la question des sacrifices à offrir aux dieux que sur celle du mépris des lois non écrites qui apportent aux gens leurs premiers droits. Ces lois tissent des relations humaines harmonieuses tant au sein de la famille (respect des parents) qu'au cœur de la cité (respect du serment) et qu'auprès des étrangers (devoir d'hospitalité). C'est en ce sens que ces lois façonnent un *kósmos*, un bel agencement des rapports entre mortels. Les bafouer, c'est régresser à l'instar de ces nouveau-nés dont les tempes de vieillards trahissent une inexorable pulsion à rebours de la bonne disposition des choses. La détérioration et la dégradation immédiates des ultimes rejetons de la race de fer signifient que la génération des héros, de ces mortels fauchés dans la fleur de l'âge pour toujours donner un sens impeccable à tout pied de nez à l'usure du temps, que cette « race » est définitivement révolue.

L'Athénien, dans *Les Lois* de Platon, tient ce propos :

« À la suite de cette liberté [cesser de craindre l'opinion de meilleur que soi] vient celle qui refuse de se soumettre aux autorités, puis on se dérobe à la servitude et aux avertissements d'un père, d'une mère, des gens d'âge ; presque au terme de la course, on cherche à ne pas obéir aux lois, et au terme même, on perd le souci des serments, des engagements et en général des dieux ; on manifeste ainsi et l'on reproduit la nature primitive des légendaires Titans, et l'on revient comme eux à cette condition ancienne où la vie pénible que l'on mène comporte des maux incessants » (*Lois*, 701 b-c).

Non-respect des parents, non-respect du serment : l'Athénien de Platon se réfère donc explicitement à deux transgressions de lois non écrites. Tout ceci reste dans la continuité d'Hésiode. À noter les accents orphiques sur la menace d'un retour à la « nature primitive » des Titans, c'est-à-dire à une violence rustique : la violence policée de Zeus advenant plus tard.

→ Destruction de l'humanité ; Lois non écrites ; Progrès de l'humanité

DÉMESURE

Le mot *húbris* (ὕβϱις), traditionnellement traduit par « démesure » n'a certainement aucun équivalent dans notre système de pensée. L'*húbris* s'oppose à la *sôphrosunê*, cette « sage réserve » qui est cette santé (*sôs*, sain) de l'esprit (*phrên*) propre à se manifester dans le double respect des dieux et des lois non écrites édictées soit par les habitants supposés de l'Olympe, soit depuis la nuit des temps.

Le fondement de la mesure

Être sain d'esprit c'est fondamentalement respecter le précepte delphique de « se connaître soi-même », une incitation à la modération consistant à reconnaître à chaque instant de sa vie éphémère l'infranchissable distance qui sépare les humains des dieux afin de ne jamais être tenté d'empiéter sur leurs prérogatives. La règle fondamentale de la mesure *(métra)*, l'assise même de la sagesse comprise comme savoir-faire protégeant des déconvenues, est l'acceptation de l'inconnaissance humaine de son devenir. La connaissance de l'avenir n'appartenant qu'aux dieux, il serait démesuré pour le consultant d'un oracle de demander une prédiction du genre « de quoi demain sera-t-il fait ? », tandis qu'il est tout à fait sage de soumettre aux dieux en toute occasion les termes d'une alternative concernant la conduite à suivre dans le présent (si oui ou non il faut engager ou envisager telle entreprise). « Il ne faut demander aux dieux que ce qui convient à des cœurs mortels, rappelle Pindare, il faut regarder à nos pieds, ne pas oublier notre condition » (*Pyth.*, III, 59-60). Plutarque a fort bien résumé en une formule la démesure du consultant qui ne se plie pas au fameux précepte delphique : « Le dieu [Apollon Pythien] envoie promener les dialecticiens pour qui la particule *si* et la proposition placée après elle n'expriment aucun fait réel » (*Sur l'E de Delphes*, 386 c). Le vieux sage platonicien renouait avec l'ancienne recommandation hésiodique d'« observer la mesure » (*Trav.*, 694).

Une fois ce principe posé, ne pas soumettre sa conduite à l'assentiment du dieu (seul et unique sens de la consultation oraculaire) revient à faire preuve d'orgueil et d'insolence en se prétendant autosuffisant dans sa capacité à décider de ses choix. Dans les *Suppliantes* d'Euripide, Adraste, roi d'Argos, reconnaît qu'il a mené sa désastreuse expédition contre Thèbes « sans la faveur des dieux », sans donc les avoir consultés (Eur., *Suppl.*, 157-161).

Les dieux : un exemple à ne pas suivre

Se résigner à n'être qu'un éphémère soumis à l'instabilité et à l'inconnaissance du lendemain est une attitude plaisante aux dieux qui s'offusquent des certitudes humaines. Énoncer que « Jamais ceci ne se fera » revient à déborder sur leur domaine qui est de pouvoir « mener à loisir une chose à son terme » (Théognis, 659-661). Fondé sur cette résignation, le comportement sage, mesuré, s'applique à observer les lois non écrites *(ágraphoi nómoi)*, instaurées à première vue par les dieux pour le bénéfice des relations entre mortels, mais, à les considérer de plus près, comme une protection et une revendication de l'identité même du divin. Deux d'entre elles sont le reflet inversé des règles de la société des dieux :

La mesure impose aux enfants le respect de leurs parents : or Kronos mutile son géniteur, Ouranos, et Zeus, fils cadet de ce même Kronos, détrône violemment son père qu'il balance dans la moisissure du Tartare infernal.

La mesure interdit l'union de l'ascendant et de l'un de ses descendants : mais pour les immortels, l'inceste est une règle de leur âge d'or. Perséphone eut Dionysos *Zagreus* en s'unissant à son père, Zeus.

Tout mortel qui suivrait ces deux exemples donnés par les dieux dans leur pratique même, serait coupable de démesure. En ce sens, l'*húbris* humaine est la volonté d'imiter le divin. Euripide sera particulièrement sensible à cette non-exemplarité des dieux : « Comment peut-on souffrir que vous-mêmes, qui faites les lois pour les humains, vous soyez convaincus de violer ces lois ? s'insurge Ion [...] Il ne faudra plus blâmer les hommes coupables d'imiter ce qu'approuvent les dieux, mais les maîtres divins qui donnent ces exemples » (Euripide, *Ion*, 442-443 ; 449-451).

Ne pas s'occuper des dieux

Dans un deuxième sens, la démesure consiste, non plus à vouloir imiter les dieux, mais à ne pas les honorer. D'abord en les confrontant au spectacle de leur altérité : la mort. Une autre loi non écrite oblige les vivants à ensevelir leurs défunts. Cette pratique imposée aux humains a deux avantages pour les dieux : d'une part, elle soustrait de la vue des Olympiens l'existence même de leur négation (la mort) ; d'autre part, elle transforme le cadavre en offrande aux dieux infernaux. Quand Achille promet à Hector de « donner ses chairs crues à dévorer aux chiens » (*Il.*, XXIII, 21), détournant ainsi l'offrande à Hadès en charogne, il transgresse cette loi non écrite. Sa démesure est certes sa propre sauvagerie à l'égard de la dépouille du héros troyen, mais surtout l'inconfort et la frustration qu'elle suscite respectivement chez les dieux célestes et infernaux.

Ensuite, d'une façon plus générale, ne pas « honorer les dieux » (ne pas craindre leur colère), être impie, revient à refuser ou à omettre d'offrir des sacrifices sanglants dont le sens, loin de faire communier hommes et dieux, distribue au contraire le corruptible d'un côté (les chairs animales pour le ventre des hommes) et l'incorruptible de l'autre (les fumées grasses et odorantes pour les narines des dieux).Tout acte transgressant cette absolue reconnaissance de deux sphères séparées de la vie est une impiété. Le mythe hésiodique des races insiste sur ce point. Les hommes d'argent « refusaient d'offrir un culte aux Immortels ou de sacrifier aux saints autels des Bienheureux, selon la loi *(thèmis)* des hommes » (*Trav.*, 135-137). Pour cette impiété, appelée par Hésiode « folle démesure » *(húbrin atásthalon*, 134), Zeus les raye de la carte, non sans prendre soin de fabriquer aussitôt une autre race, nécessité des hommages à rendre aux immortels oblige. Seulement, la nouvelle race, de bronze, ne songe qu'à la guerre. Les hommes de bronze sont entièrement voués à Arès, fils de Zeus et d'Héra, dieu totalement abruti qui ne se réjouit que dans le carnage, le sang versé et la destruction où s'exerce, pour l'assouvir, la sauvagerie aveugle de son caractère. Sous la démesure guerrière livrant cette race à son propre anéantissement à force de luttes fratricides, perce une autre *húbris*, nettement d'ordre religieux. Les hommes de bronze ne pensent à *rien* d'autre qu'au carnage. Mais comment les dieux pourraient-ils n'être *rien* ? C'est l'humanité qui est négligeable. Hésiode exprime cette absence de reconnaissance du divin en prenant soin de souligner que ces hommes « ne mangent pas le pain » (*Trav.*, 148), manière de diagnostiquer cette folie qui les faisait précisément prendre pour des dieux qui, selon la tradition homérique, sont les vivants qui « ne mangent pas le pain » (*Il.*, V, 341). La démesure de la race de bronze nie doublement la distance qui sépare le mortel de l'immortel en ne sacrifiant pas et en s'identifiant à un mode de vie divin.

Les effets de la démesure sont donc sélectifs : ils menacent principalement l'identité de la sphère du divin en tendant à effacer la distance entre les deux registres, immortel et mortel.

Ne pas s'occuper des dieux c'est encore prétendre se substituer à eux. L'*Antigone* de Sophocle est explicite. « Le crime de Créon, ce qui fait sa "démesure", commente Pierre Aubenque, ce n'est certes pas d'avoir préféré sa cité à ses affections (car ce ne fut jamais là un crime pour les Grecs), mais, en refusant la sépulture à son adversaire mort, d'avoir outrepassé les pouvoirs de l'homme, qui s'arrêtent devant les portes de la mort. La faute de Créon est d'avoir voulu se substituer aux dieux pour résoudre humainement un problème insoluble » (*La prudence chez Aristote*, PUF, 1963, p. 162).

Excès et manquement

La démesure est l'impiété même, au sens d'empiétement de l'humain sur le domaine divin. Empiétement par un spectacle que dieux et déesses ne peuvent supporter (l'altérité de la mort, leur propre négation d'être des *a-thanathoi*) ; empiétement par l'imitation d'un mode de vie qui n'appartient qu'à eux seuls afin, précisément, de les distinguer des mortels, *thanathoi*. Mais aussi empiétement sur les attributs des immortels. Parce que les dieux jouissent idéalement d'être les « bienheureux » à l'« éternelle jeunesse », il ne faut pas prétendre accéder au parfait bonheur ou à l'impeccable beauté physique sous peine de s'attirer leur jalousie. La démesure n'est donc pas nécessairement une violence ; c'est une négation du contraste. C'est outrepasser ce qui convient aux mortels, à savoir le respect du « rien de trop », *mèden agan* (Esch., *Suppl.*, 1062). « Point de zèle excessif », μηδέν ἄγαν σπεύδειν, recommande Théognis, pour qui « une juste moyenne est en tout la meilleure chose » (335, cf. 401). Elle protège de la satiété *(kóros)* qui, prévient Solon, « engendre la démesure, quand une grande fortune échoit à ceux qui n'ont pas une sagesse suffisante » (Solon, d'après Aristote, *Const. Ath.*, 12, 2 ; cf. Diogène Laërce, I, 59). *Kóros* est source de la démesure en tant qu'orgueil, outrecuidance, insolence et suffisance (Théognis, 153, 1171-1176), ambition excessive et désir du toujours plus, une avidité que Platon appellera πλεονεξία (*Rép.*, II, 359 c ; IX, 586 b). Athéna met en garde Ulysse contre le danger d'*húbris*, même si Sophocle n'emploie pas le mot : « garde-toi bien d'émettre à l'égard des dieux une pensée insolente. Ne va pas non plus te gonfler d'orgueil, si tu tires quelque avantage ou de ta force ou d'un amas d'amples richesses. Un jour suffit pour faire monter ou descendre toutes les affaires humaines. Les dieux aiment les sages, ils ont les méchants en horreur » (Sophocle, *Ajax*, 128-133). Démesure humaine et jalousie divine sont étroitement associées. Isocrate y ajoute le mépris dont l'homme mesuré doit faire preuve quand il rappelle à Démonicos que l'excès ne sied pas au mortel : « Apprécie dans la richesse non pas des biens disproportionnés, mais une jouissance modérée. Méprise ceux qui s'acharnent à la poursuite de la fortune sans pouvoir jouir des biens qu'ils possèdent ; ils connaissent les mêmes mésaventures qu'un mauvais cavalier qui ferait l'acquisition d'un beau cheval » (Isocrate, I, 27). Euripide avait prévenu : « C'est la richesse qui engendre l'excès (*húbrin*), non un train de vie modeste » (*Hippolyte se voilant*, frag. 8).

Tout est à l'aune des règles divines toujours promptes à niveler la race des mortels. La dépossession de biens matériels par des « gens de peu » *(kakói)*, dont se plaint un aristocrate comme Théognis, est une démesure en tant que le coupable veut plus que sa part : elle signifie davantage la recherche d'une opulence excessive, *hupérpheu*, par rapport à ce qui convient à un mortel que par rapport à la victime. (Une étymologie propose de rattacher le mot à *hupér* au sens de « au-delà »). La justice est moins humaine que reflétée sur le miroir des dieux.

Et ces dieux ont des yeux. Ils voient tout ce qui dépasse, matent (!) tout ce qui pourrait outrepasser les limites d'un ordre qui leur convient. On peut lire chez Hérodote cette adresse à Xerxès dans laquelle jalousie divine et démesure mortelle offrent le spectacle de la remise d'un attribut d'acteur : l'orgueil de Zeus. « Regarde les animaux qui sont d'une taille exceptionnelle : le ciel les foudroie et ne les laisse pas jouir de leur supériorité ; mais les petits n'excitent point sa jalousie. Regarde les maisons les plus hautes et les arbres aussi : sur eux descend la foudre, car le ciel rabaisse toujours ce qui dépasse la mesure [...]. Car il ne permet l'orgueil à personne d'autre que lui » (Hérodote, VIII, 77).

La légendaire démesure de Xerxès est un exemple accompli d'impiété. Le Grand Roi perse a osé franchir la frontière établie par les dieux entre l'Europe et l'Asie, « l'Hellespont sacré » (détroit entre la mer Égée et la mer Noire). Il outrepasse ainsi les limites du lot accordé par les dieux aux peuples d'Asie de guerroyer entre eux à condition de ne jamais se frayer de nouvelles routes par la mer. Plus encore : lors des préparatifs perses pour la deuxième guerre médique, une tempête détruit les deux ponts de bateaux jetés sur le détroit tel « un joug au cou de la mer » (Eschyle, *Les Perses*, 71, 722) pour permettre à son armée de franchir le Bosphore. En réponse, le monarque ne se contente pas de faire décapiter les responsables militaires, mais fait donner à l'Hellespont trois cents coups de fouet et donne l'ordre de balancer une paire d'entraves dans ses eaux (cf. Hérodote, VII, 35). Parvenant à franchir les flots, Xerxès tombe dans le piège d'Até, puissance d'égarement. Par cette folle décision, le roi barbare dérange l'ordre des choses en désirant posséder plus qu'il ne lui est permis et conduit ses troupes au désastre après les avoir incitées, une fois parvenues sur la terre grecque, « à dépouiller les statues des dieux, à incendier les temples ; [à détruire] des autels, des images divines, pêle-mêle, la tête en bas, renversées de leurs socles » (Esch. *Les Perses*, 810-812). Xerxès a outrepassé les limites de son lot par un excès de confiance, toujours synonyme d'égarement divin : « Quand un mortel s'emploie à sa perte, les dieux viennent l'y aider » (*ibid.*, 742) ; « Nul homme ne doit nourrir de pensées au-dessus de sa condition mortelle. La démesure en mûrissant produit l'épi de l'erreur » (*ibid.*, 820-821). Atteinte à l'ordre divin, la démesure de Xerxès « fait que, contre les Perses, le vrai protagoniste n'est ni Thémistocle [le stratège athénien], ni Athènes, ni les Grecs, mais la volonté divine » (J. de Romilly, *La tragédie grecque*, PUF, 1997, p. 57).

La démesure est dans le « trop », λίαν, ἄγαν. Trop d'amour pour les hommes est une démesure aux yeux de Zeus, et Prométhée, le dieu philanthrope, en fait les frais. En tant qu'excès d'attention bienveillante portée aux humains, la philanthropie du Titan transgresse la norme imposée par Zeus, le nouveau souverain. « Du feu brillant d'où naissent tous les arts, il a fait larcin, pour l'offrir aux mortels. Pareille faute doit se payer aux dieux. Qu'il apprenne donc à se résigner au règne de Zeus et à cesser ce rôle de bienfaiteur des hommes, *philanthrôpou* » (Eschyle, *Prométhée enchaîné*, 7-11). En ce sens, le Titan a « manqué » *(amartanein)* au règlement de Zeus qui interdit de porter une trop grande importance à ces éphémères négligeables et pitoyables que sont les mortels. La punition est à la hauteur de la démesure du philanthrope, ainsi que le rappelle Héphaïstos en charge du supplicié : « Voilà ce que tu as gagné à jouer le bienfaiteur des hommes *(philanthrôpou)*. Dieu que n'effraie pas le courroux des dieux, tu as, en livrant leurs honneurs aux hommes, transgressé le droit : en récompense, tu vas sur ce rocher monter une garde douloureuse, debout toujours sans prendre de sommeil ni ployer les genoux. Tu pourras alors lancer des plaintes sans fin, des lamentations vaines : le cœur de Zeus est inflexible ; un nouveau maître est toujours dur » (*Ibid.*, 28-35). « Trop » de sollicitude divine excède ce qui convient aux hommes, ce que Prométhée supplicié exprime en ces termes : « Pour avoir pris les mortels en pitié, je me suis vu refuser la pitié » (240).

De même, tout excès d'un hôte envers un étranger est-il considéré comme un manquement : « Je blâme également dans l'hôte qui reçoit l'excès d'empressement et l'excès de froideur : j'aime avant tout la règle », rappelle Ménélas à Télémaque (*Od.*, XV, 70-71).

L'Iliade s'ouvre sur un acte explicitement qualifié d'*húbris* (I, 203, 214) qui provoque la colère d'Achille. Agamemnon a privé le Péléide de sa part d'honneur, la captive Briséis. Le roi à la fois outrepasse son pouvoir et manque aux règles guerrières du partage du butin. La démesure est intrication d'excès et de manquement.

Les mythes n'ont jamais cessé de mettre en garde contre la démesure et d'insister sur ses conséquences catastrophiques. Le mortel Ixion éprouve un désir brûlant et brutal pour une immortelle, et pas n'importe laquelle puisqu'il s'agit de la déesse de l'institution matrimoniale, Héra, l'épouse de Zeus. Sa démesure le pousse à vouloir l'étreindre jusqu'à la contraindre. En fait, prévenu, le masculin légitime d'Héra, Zeus, avait façonné une nuée (Nephélê) ressemblant trait pour trait à la déesse convoitée. Ixion viole alors l'apparence de celle qui, précisément, patronne ce qui, dans le mariage, est l'engagement faisant d'une vierge une épouse légitime. La démesure d'Ixion conjugue viol avec violation des règles religieuses et civiques de la famille. Les conséquences sont effrayantes. D'une part, Ixion est attaché à une roue de feu tournant sans cesse dans les airs : sans cesse car Zeus a pris soin d'immortaliser le mortel pour qu'il subisse son châtiment sans espoir de rédemption. D'autre part, de cette union contre nature – la nature rejoignant ici la loi –, autant brutale d'un côté que simulée de l'autre, naît Kéntauros, rejeton d'une extrême laideur qui s'accouple aux juments de Magnésie : « Et de lui naquit une troupe prodigieuse, semblable à ses deux parents, par les membres inférieurs à sa mère, par le haut du corps à son père » (Pindare, *Pyth.*, II, 46-48. Cf. Diodore, IV, 12, 6). À l'exception de Pholos et surtout de Chiron, dont les actions sont bénéfiques pour les hommes, tous les autres centaures forment une engeance sauvage et mortelle, totalement esclave de pulsions primaires. Excités par l'odeur du vin et la senteur de la peau féminine, ces êtres hybrides (corps de cheval duquel jaillit, à la place du col, un torse humain), en proie à une espèce d'atavisme, se précipitent sur les femmes. D'où des rapports conflictuels avec les humains qui devront les chasser pour les exterminer. Le mythe est bien cette parole évoquant toujours la catastrophique issue du dérèglement et des avatars de la démesure.

C'est encore un mythe, conté par Aristophane dans le *Banquet* de Platon (189 c – 193 b), qui rapporte explicitement notre condition actuelle d'êtres sexués, torturés par la quête d'une unité primordiale, à un acte de démesure de nos prédécesseurs sur terre. L'humanité d'alors était autosuffisante. Elle a tout pour faire n'importe quoi grâce à sa forme ovoïde, unité bien en double, bras, jambes, sexes, tellement agile sur ses quatre pattes qu'elle se met à grimper jusqu'à l'Olympe pour braver ses bienheureux habitants. La réponse à une telle démesure, dont les acrobaties semblent confondre s'adresser (au céleste) avec se dresser (contre les cieux), ne se fait pas attendre : Zeus les coupe en deux. La démesure des uns offre le double de sacrificateurs aux autres.

Démesure **versus** *violence licite*

Un acte de démesure de l'homme vers l'homme a-t-il une quelconque épaisseur éthique dès lors que le démesuré l'est toujours par rapport à l'ordre olympien ? La démesure de Créon réside dans sa décision de se substituer aux dieux en inversant la règle établie par une loi non écrite : il enferme une vivante [Antigone] dans un tombeau et prive un cadavre [Polynice] de sa sépulture (Sophocle, *Antigone*, 1068-1073). C'est une anti-loi divine que la violence de Créon promulgue, car une vie dans une tombe n'est pas une offrande à Hadès, et refuser la sépulture à un mort prive ce même Hadès, le Zeus infernal, d'un nouveau sujet. Créon a décidément tout faux. En tant qu'impiété, la notion de démesure échappe à la sphère des atrocités et abominations tacitement reconnues comme licites, car ignorées des lois non écrites. Cet aspect mérite d'être précisé.

Certains êtres animés subissent une telle violence qui semble parfaitement autorisée et naturelle que la question d'une démesure opérée sur eux ne se pose pas. Il s'agit principalement des esclaves achetés et des nouveau-nés rejetés. À partir du moment où ni l'esclavage ni l'infanticide ne relèvent d'un interdit des lois non écrites (qui sont, rappelle J. de Romilly, la première expression d'un droit des gens), les victimes de ces pratiques licites ne sont pas évaluées à l'aune de la mesure. Celle-ci se fait ici à la fois protectrice du droit du père d'exposer (au coin de sa rue) ou d'éliminer (dans la lumière noire de son foyer) un rejeton qu'il juge indésirable et du droit du citoyen (ce même père) d'acheter de la main-d'œuvre servile pour lui laisser le temps de participer aux affaires civiques, et donc religieuses. L'*húbris* menace le commerce hommes-dieux, fondement d'une cité d'hommes reconnus libres offrant des sacrifices pour des divinités réputées protectrices : elle ne concerne pas la vente des hommes, femmes et enfants sur les marchés d'esclaves. En fait, il est certainement anachronique de parler de violence opérée sur des êtres humains que la conscience antique ne considère précisément pas comme tels, mais plutôt, sans honte, comme du bétail.

Les dieux, fauteurs de la démesure des hommes ?

« Il faut éteindre la démesure plus encore que l'incendie », recommandait Héraclite (frag. 48 Conche). Seules les maisons ou les cités des hommes peuvent brûler ; l'homme peut toujours les reconstruire, tandis que la démesure attise la jalousie et la colère des dieux, et « Zeus est le vengeur désigné des pensées trop superbes et s'en fait rendre de terribles comptes » (Eschyle, *Les Perses*, 827-828). Mais le dieu est-il vengeur ou incitateur ? Cette question, qui est celle de la responsabilité humaine face à l'existence du mal, fut posée. La réponse est tranchante : « La démesure est le premier mal qu'un dieu envoie à l'homme qu'il veut anéantir » (Théognis, 151-152). Choquante pour Platon, cette idée de dieux inspirateurs de la démesure humaine qu'ils ne manquent pas de châtier durement une fois l'*húbris* accomplie, est assez banale à l'époque classique. « La divinité implante le crime chez les humains quand elle veut ruiner complètement leur maison » (Eschyle, frag. 160, cité par Platon, *Rép.*, 380).

Revenons sur Xerxès. Selon l'enquête menée par Hérodote, le roi perse aurait, dans un premier temps, reconnu le caractère démesuré d'une invasion de l'Hellade, au point de renoncer à son projet. Mais, poursuit l'historien, un songe (donc un message divin) l'aurait prévenu qu'il s'attirerait le courroux des dieux s'il ne levait pas son armée contre les Grecs. On connaît la suite (Hérodote aussi !) : la débâcle des Perses, aussitôt interprétée comme punition infligée par la colère des dieux jaloux que provoque tout empiètement sur les lots qu'ils accordent aux mortels (Hérodote, VII, 10-18). L'orgueil de Zeus, évoqué plus haut par Hérodote (VIII, 77), n'est pas pur de démesure.

Alors le mal fait-il partie des desseins divins ? Et dans ce cas, les dieux ne sont-ils pas eux-mêmes victimes de la démesure ? Ne condamnent-ils pas ce qu'ils inspirent ?

Platon propose une mesure législative pour contrer cette réflexion inquiète sur l'existence du mal ; une loi qui interdise de clamer que la divinité « est la cause du malheur de quelqu'un [afin qu'aucun] citoyen tienne ou écoute de tels propos » (Platon, *Rép.*, 380 b-c). Une législation contre l'*húbris* ?, cette « mère hâbleuse de la Suffisance (Kóros) » (Pindare, *Ol.*, XIII, 10). C'est le poète qui semble plus lucide que le philosophe sur l'impossibilité de tordre le cou à la démesure… tant qu'il y aura des dieux et des hommes.

Sache que tu n'es qu'un mortel, pas un dieu. L'âge classique de la sagesse grecque martèle cette reconnaissance de la limite à ne pas franchir. À l'époque hellénistique, il se produit avec le stoïcisme une « révolution qui rendra possible une apothéose de l'homme qui eût paru aux générations précédentes le comble de l'impiété (ασέβεια) […] C'est alors seulement que le « Sache que tu es un homme » deviendra : « Sache que tu es un dieu » » (P. Aubenque, *La prudence chez Aristote*, PUF, 1976, p. 166-167). Les dieux classiques viendront à se temporaliser au fur et à mesure que l'homme hellénistique sort de sa réserve.

Une autre histoire de la démesure s'ouvre alors. Pire. Celle de la divinisation d'un humain.

► MATTÉI J.-F., *Le sens de la démesure. Hubris et Dikè*, Cabris, Sulliver, 2009.

→ Abandon des dieux ; Barbare ; Bétail humain/Troupeau humain ; Exposition du nouveau-né ; Impiété ; Jalousie divine ; Oracle ; Philanthropie ; Piété ; Sagesse delphique

DÉMON

Le démon des Hellènes n'est pas l'esprit malin des chrétiens. Le mot δαίμων, d'ailleurs parfois féminin, désigne originellement une puissance divine indéterminée qui peut être elle-même faste ou néfaste. « Le diable n'est point grec », rappelait Clémence Ramnoux (*Mythologie*, 1962, p. 91). Les dieux païens ne présentent aux mortels que l'aspect ambivalent de leur puissance.

De l'indétermination à l'infortune

M.P. Nilsson résumait ainsi la conception homérique : « L'homme a souvent l'impression d'être poussé par une puissance obscure qui contrecarre ses intentions et l'amène à un résultat final qu'il n'a ni préparé ni désiré » (1955, p.72). Cette croyance au démon personnel se retrouve à l'époque classique. L'épopée homérique reconnaît une puissance divine que le mortel ne peut ou ne veut nommer (Chantraine). Elle nomme « démon » un dieu indéterminé capable de stimuler les forces d'Hector (*Il.*, XV, 418) ou d'Achille (*Il.*, XXI, 93) ou de faire tomber l'arc des mains de Teucros (*Il.*, XV, 468). L'expression δαίμονι ἴσος, traditionnellement traduite par « semblable à un dieu » peut indiquer qu'il vaut mieux se méfier. Ménélas le comprend très vite quand il renonce à défendre le corps de Patrocle contre les Troyens qui ont le « démon » de leur côté. Pour Hector, il ne fait pas de doute que ce sera un δαίμων qui accordera la victoire soit aux Troyens soit aux Danaens (*Il.*, VII, 291). « *Daímon* est le visage voilé de l'agir divin », résume W. Burkert pour qui ce terme « est donc le complément nécessaire à la vision homérique des dieux en tant que personnes individualisées. Le terme recouvre ce "reste" embarrassant, qui ne peut être caractérisé ni nommé » (*Religion grecque*, p. 250).

L'exception qui confirme la règle est au troisième chant de *l'Iliade*, quand le mot est rapporté à une divinité particulière : c'est Aphrodite en personne, identifiée et nommée δαίμων, qui guide les pas d'Hélène (*Il.*, III, 420).

Selon la généalogie hésiodique, les démons sont le devenir d'une race mortelle issue d'un âge révolu et stérile : les êtres asexués de l'âge d'or qui, après leur mort, deviennent les démons « gardiens des mortels, dispensateurs de la richesse » (Hésiode, *Trav.*, 122-123). Notons que, contrairement à certaines interprétations structuralistes, le devenir des hommes d'argent n'est pas celui de « démons ». Le mot δαίμονές n'est pas employé à leur endroit par Hésiode, qui parle de « bienheureux souterrains », ὑποχθόνιος μάκαρες (141), ce qui est une façon de signifier qu'ils ne sont rien d'autre que la destinée de leur ensevelissement sous une poussive mémoire d'usage (« que quelque honneur [τιμὴ] accompagne encore »)… « quand le sol les eut recouverts à leur tour ».

Platon retrouvera le thème hésiodique des démons philanthropes issus de la race d'or qui, selon les nécessités de sa pensée, se juxtaposent désormais à la race mortelle pour la guider et la protéger selon le vouloir de Kronos (*Lois*, IV, 713 sq.). Ce ne sont plus, avec Platon, les êtres de la race d'or qui se transforment en démons bienveillants pour les races mortelles à venir, mais une catégorie d'immortels, « une race supérieure et plus divine » qui offre sa bienveillance et sa philanthropie aux mortels de l'âge d'or. Démon et bon pasteur protégeant les faibles mortels sont ici deux termes synonymes.

La poésie dresse une figuration adaptée de ce qu'elle ressent comme puissance, toujours ambivalente. Alors le *daímôn* s'attache à l'homme, au point de lui devenir personnel : « Bien des gens sans qualité, constate Théognis, ont la faveur d'un bon démon, qui fait tourner à leur profit ce qui semblait devoir leur nuire ; il en est d'autres que, malgré leurs sages desseins, leur mauvais démon met à dure épreuve, et dont les entreprises restent sans succès » (Théognis, 161-164). Théognis emploie *daímôn* là où Solon employait *theós* pour exprimer la même idée : « L'un s'efforce de bien faire mais il est imprévoyant et tombe dans un malheur grave et pénible ; l'autre travaille mal, mais la divinité (θεός) lui accorde en tout un heureux succès et la délivrance de son ignorance » (Solon, 1, 67-70). Selon son *daímonos*, le mortel se voit échoir heureuse fortune ou pauvreté

(165-166). De son caractère divin, le démon en retient surtout l'ambivalence : le démon peut entraîner la vertu elle-même « dans une grande erreur, après lui avoir fait sans peine juger bon ce qui est mauvais, et mauvais ce qui est utile » (404-406). G. François traduit par « Puissance surnaturelle » (1957, p. 63 sq.). Force ambivalente qui induit l'homme en erreur autant qu'elle le sert.

Pindare constate l'action du *daímôn* dans le cours de la vie humaine : « Le succès ne dépend pas des hommes. C'est la divinité (δαίμων) qui le donne. Tantôt elle lance et élève l'un, tantôt sa main rabaisse l'autre » (*Pyth.*, VIII, 76-78). Dans un poème de Bacchylide, Thésée s'adresse en ces termes à Minos : « Nous montrerons d'abord la force de nos bras, le démon décidera de la suite » (XVII, 46 ; G. François traduit par « Puissance surnaturelle »). Se fait alors jour l'association du démon avec l'idée de sort, qu'il ne faut pas confondre avec celle de destin. Le destin, c'est la *moîra*, la certitude de la mort ; le sort-*daímôn*, c'est ce qui accompagne la vie d'un homme. Pindare a explicitement établi la distinction : « Nous mourons tous pareillement ; mais notre sort (δαίμων) n'est pas semblable » (*Isth.* VII, 42-43).

Sur la scène tragique, le *daímôn* se conceptualise pour exprimer davantage un faisceau de situations d'existence. Le terme peut autant dire l'issue favorable que défavorable, se réappropriant ainsi la totale ambivalence du sacré, pour mieux l'étaler dans le monde des hommes.

Les poètes tragiques emploient souvent le terme pour désigner une infortune. Ce peut être ce qui s'abat sur un foyer (Eschyle, *Agamemnon*, 1468-1471), ce qui ne doit pas souffrir d'une transgression, par exemple un acte de démesure qui consisterait à mépriser son sort – d'être mortel – en nourrissant des « pensées au-dessus de sa condition mortelle » (Esch., *Perses*, 820-825). C'est l'ambivalence d'une vie alternant heur et malheur, telle celle d'Œdipe (Sophocle, *Œdipe Roi*, 1194, 1311). Chez Euripide, le mot désigne souvent la rigueur du sort qui frappe tout mortel, son infortune (*Andromaque*, 98 ; 974 ; *Alceste*, 561 ; *Suppliantes*, 592 ; *Phéniciennes*, 1653), mais aussi, telle une réminiscence des démons hésiodiques, le statut réservé à un trépassé : morte, Alceste « est maintenant un *daímôn* bienheureux » (*Alc.*, 1003). Ce ne sera qu'à l'époque hellénistique que le vocable *daímôn* nommera le défunt sur son inscription funéraire.

L'expression *tò daimónion* (τὸ δαιμόνιον) n'apparaît certainement pas avant Euripide qui l'emploie pour signifier une puissance divine capable de « châtier les hommes qui tiennent l'injustice en honneur » (*Bacchantes*, 884). Socrate, qui écoutait son *daimónion*, savait donc que ses futurs accusateurs se tenaient déjà du côté de l'injustice.

Les **daimones** *d'Empédocle*

Le discours des *Catharmes* (ou *Purifications*) d'Empédocle (ve s. av. J.-C.) fut souvent entendu comme un récit de la migration des âmes et, à ce titre, reçu comme une doctrine de la métempsycose. C'est en détourner complètement le sens (détournement peut-être dû à une compréhension du poème à travers la grille de lecture platonicienne, notamment à partir du mythe du *Phèdre*) car le penseur d'Agrigente ne s'intéressait pas à l'âme qui habiterait dans l'homme – le mot *psukhê* n'apparaît d'ailleurs qu'une fois dans les vers qui ont été conservés des *Catharmes* (B 158) pour signifier « vie ». Il s'intéressait plutôt aux *daimones*, ces êtres divins jetés dans le monde des éléments, duquel ils ne sont pas nés, pour expier une souillure dont ils se sont entachés eux-mêmes en s'étant parjurés pour avoir répandu le sang et mangé la chair d'êtres vivants. Ce n'est pas l'âme qui est soumise à un vêtement de chair qui lui est étranger, c'est le *daímôn* qui s'incarne dans un homme qui, lui, n'est rien d'autre qu'une créature simplement dotée de pensée – *noêma*, qu'Empédocle concevait comme « le sang autour du cœur » (B 105, 3) – et sinistrement vouée à croupir au creux de la « vallée de larmes » qu'est la terre, terreau des maladies, de la putréfaction, du malheur et des contradictions. « Le démon, dieu déchu, dans sa cohabitation avec le corps d'un homme, se distingue de l'âme sous tous ses aspects, qu'elle soit souffle, sang ou principe vital. L'âme est une partie du corps, le démon ne l'est pas, il est d'une autre nature, noétique et immatérielle autant que le sont les dieux de l'éther, se perdant dans leur brillance » (Bollack, 2003, p. 21).

Exilé de la plénitude originelle pour avoir suivi la Discorde en versant le sang, le *daímôn* est ainsi banni pour un temps incalculable (trois fois dix mille saisons : mais qu'est-ce qu'une saison ? est-ce une éclosion ? une floraison ? ou une disparition ?). Il passe par toutes les formes *mortelles* (végétales, animales, puis humaines), bref par un cycle d'évolutions (ce qui ramène à la question insoluble de la "saison"), processus nécessaire de purification du forfait primordial. En d'autres termes, la révélation des *Catharmes* concerne la chute d'êtres démoniques qui ont failli en rompant le Serment des immortels pour se faire « vassaux » de la Discorde (115, 14) : elle ignore l'immortalité de l'âme humaine… l'homme n'étant doté que du sentir et du penser. Le *daímôn* incarné n'est en quelque sorte qu'une faculté ajoutée, parfaitement autonome, une « tierce chose » (Bollack, 2003, p. 65) toute tendue vers une perfection un "temps" perdue pour être retrouvée à l'issue d'une plongée à travers tous les ordres du vivant : un buisson, un oiseau, un poisson, une jeune fille, un jeune homme… (B 117). Le mieux, pour le démon, est l'incarnation dans un corps humain ; mais si elle doit se faire dans le règne végétal, le laurier apollinien sera préférable ; dans le règne animal, le lion est le meilleur lot (B 127). Ce n'est donc pas une parcelle d'immortalité qui est incarnée (ce qui serait un état du cycle des métempsycoses), mais un *daímôn* conservant son individualité distincte. Il n'y a pas enlacement immortalité-mortalité, mais parallélisme *daímôn*-homme. Selon l'antique décret de Nécessité, tout égarement criminel d'une divinité enclenche sa purification comprise comme errance (d'une incalculable longueur, mais néanmoins finie) sur le pire lieu de misère qui soit, la terre, avant de pouvoir réintégrer le cercle des Bienheureux. Simple réceptacle de *daimones* bannis, l'homme n'a rien à gérer. C'est à l'exilé divin qu'incombe cette tâche en se gardant de répéter, sur terre, sa faute originelle en s'abstenant de tuer et de manger d'autres vivants, ce qui reviendrait à dévorer d'autres démons incarnés.

Mais tout ceci ne signifie qu'une chose : les mortels restent eux-mêmes, des êtres périssables, éphémères ; tandis que le divin (l'idée que s'en font les éphémères) n'est rien d'autre que lui-même (cette seule idée). Le *daímôn* se sert des humains pour se purifier. Ce sont toujours de ces éphémères dont les dieux immortels ont besoin. Empédocle ne semble pas dire autre chose. Ce que nous appelons « philosophie présocratique » s'aligne sur la conception traditionnelle de l'impérieuse nécessité des mortels pour les dieux.

Le* daimónion *de Socrate

Ni Platon ni Xénophon ne parlent du « démon » *(daímôn)* de Socrate, mais de sa « divinité » *(daimónion)* qui intervient pour l'empêcher d'accomplir une action qu'il est sur le point d'entreprendre, et non pour lui indiquer ce qu'il doit faire. Injonction divine sans justification, cette « voix » *(phônê),* telle une sorte de prémonition négative, s'adresse intérieurement à Socrate pour le détourner de l'acte à éviter, pour l'écarter du chemin qu'il y aurait danger à suivre, par exemple, de faire de la politique (Platon, *Apol. Socr.*, 31 d). Un tel commerce strictement privé avec une divinité qui, de surcroît, se trouve totalement « désanthropomorphisée » (« une certaine voix ») ne pouvait que se heurter à la piété civique selon laquelle l'échange, fondement de la cité, n'est jamais entre un individu et un dieu, mais toujours entre la collectivité des citoyens et son panthéon de dieux bien statufiés et dénommés selon les qualités reconnues par l'ensemble des citoyens. (Lire J.-F. Mattéi, *L'homme indigné*, Cerf, 2012, p. 65-70). Socrate paiera de sa vie son écoute personnelle à cette voix particulière qui l'incitait à faire marche arrière, mais pas devant l'honneur.

▶ BOLLACK J. (éd., trad. et comm.), *Empédocle. Les purifications*, Paris, Seuil, 2003. – FRANCOIS G., *Le polythéisme et l'emploi au singulier des mots θεος, δαιμων dans la littérature grecque d'Homère à Platon*, Liège/Paris, Les Belles Lettres, 1957. – NILSSON M.P., *Les croyances religieuses de la Grèce antique*, trad. fr., Paris, Payot, 1955.

→ Âge d'or ; Ambivalence des dieux ; Métempsycose ; Philanthropie

DESTIN

Les poèmes homériques transmettent une tradition selon laquelle s'impose, telle une assignation, une *limite* irrépressible à la *part* qui convient à chacun des vivants. Le destin de l'homme c'est la mort, et non ce qui détermine le cours d'une vie. Cette conception connaîtra une grande fortune dans la culture générale des Hellènes. L'expression « le destin *(moîra)* m'a dompté [m'a assujetti] » signifie être mort (Lamelles de Thurii).

Si les dieux vivent pour vivre, les hommes vivent pour mourir. Le destin réglemente en fait moins le registre de la vie que la décision de la mort. Les anciennes cosmogonies disaient tout cela, en affirmant que l'apparition des puissances de destruction et de mort précède celle des humains. Ces antiques discours dévoilent du même coup la *nécessité* des mortels pour un « monde » *(kósmos)* qui ne compte à l'origine que des immortels. En ce sens, la condition humaine se révèle comme l'avenir d'une décision séculaire : celle, pour les dieux olympiens, de refuser une « part » de ce qui appartient pourtant à l'ordre des choses : la mort. Un fragment de Sapho énonce clairement que les dieux ont eu à débattre et à choisir entre immortalité et mortalité : « La mort est un mal. Les dieux en jugent ainsi, car, sinon, ils choisiraient de mourir » (Sapho, frag. 170 Reinach-Puech).

Les Grecs, qui n'ont pas fait correspondre destin avec prédestination absolue, n'ont donc pas donné le sens d'un *fatum* à cette « décision de mort » dont l'application n'empêche pas le mortel de décider de sa vie et donner ainsi un sens à sa « part » octroyée. (La compréhension du destin comme détermination n'apparaît pas avant l'époque hellénistique, avec le stoïcisme). Le destin ne détermine pas les orientations de la vie des humains : il ne fait qu'accomplir leur finitude d'êtres mortels. Les hommes ont un « destin de mort », θανάτου μοῖρα (Eschyle, *Agamemnon*, 1462).

La culture populaire a retenu deux noms communs : μοῖρα *(moîra)* et αἶσα *(aîsa)*. Mot ayant la même racine que μείρομαι *(meíromai)*, verbe signifiant « obtenir en partage », « recevoir pour sa part », « assigner à chacun le lot qui lui échoit », *moîra* signifie en tant que nom commun la « part qui revient à chacun », puis, en tant que nom propre, la force présidant au respect du partage assigné. La *moîra* impartit… un délai, donc une part de temps. Quant au mot αἶσα *(aîsa)*, quasi-synonyme de *moîra*, il désigne la durée de vie réservée à chacun. L'idée prédominante de partage ou de lot échu met en avant celle d'*assignation* dans l'antique compréhension du destin.

***La* moîra**

le mot *moîra* est utilisé selon diverses acceptions par la tradition homérique. D'abord en un sens concret pour désigner une portion de terre ou du monde, une part de nourriture, de butin, d'héritage ou encore une partie de la nuit. Au chant IX de *l'Iliade* (318-319), le mot tend vers un contenu abstrait quand Achille s'indigne qu'une même part – un même sort – attende à titre posthume le lâche et le brave dans l'Hadès. Mais c'est dans son association avec l'idée de mort que *moîra* trouve en fait son emploi le plus fréquent dans *l'Iliade* (vingt-sept associations sur quarante-cinq occurrences). La formule homérique relative à un homme qui a été frappé mortellement est « la mort (*thánatos*) rouge et l'impérieux destin (*moîra*) lui ont fermé les yeux ». Cette signification s'éclipse pourtant dans l'*Odyssée* (seulement huit associations avec l'idée de mort sur soixante emplois) au profit de l'idée de coutume, de droit, d'ordre naturel.

Ces différentes déterminations montrent toutefois que la *moîra* ne se comprend que par rapport à l'être auquel elle revient. En ce sens, elle définit une *convenance* comprise comme mélange d'obligation et de nécessité. Tout comme le ciel, en plein éther, "convient" à Zeus en tant que *portion* du monde lui revenant à l'issue du tirage au *sort* originel de l'ensemble des choses entre lui et ses deux frères, Poséidon et Hadès (*Il.*, XV, 189-195), la mort "convient" à Sarpédon en tant qu'il n'est qu'un éphémère. Lorsque la *psukhê* de Patrocle révèle à Achille sa *moîra*, qui est de mourir bientôt sous les murs de Troie (*Il.*, XXIII, 80), elle se borne à rappeler un fait *convenu* depuis que le fils de Pélée a choisi la mort glorieuse pour vivre comme héros dans la mémoire des générations à venir (*Il.*, IX, 412-416). Le passage du sens concret de *moîra* (portion de quelque chose) à l'abstraction (part de vie) s'enroule autour de l'idée de convenance. Ce glissement met l'accent sur la mort impartie par la *moîra*.

En effet, l'imaginaire grec s'est posé la question de la *destination* et de l'*accomplissement* de ces paradoxales puissances *immortelles* de la *Mort* qui surgissent, d'après les récits cosmogoniques, dans un monde originellement peuplé d'immortels. Selon Hésiode, des entités primordiales (Gaia, Nyx...) engendrent à la fois les Titans, géniteurs des dieux « toujours vivants » (les Olympiens) *et* les puissances du déclin et de la corruption (exprimées dans la cosmogonie hésiodique par le groupe triadique Moros, Kère et Thanatos). Or, à l'instar des Olympiens, la triade signifiant la Mort est immortelle puisqu'elle est issue d'une entité primordiale : odieuse Mort, noire Kère et Trépas sont des enfants de la Nuit (Nyx). La forme féminine du nom propre Moros (Mort) sera Moîra. Expression de l'inflexible destinée, Moîra ne doit donc pas être confondue avec la mort, qui existe déjà : elle en est la décision, réclamant *stricto sensu* la nécessité des mortels. Le destin est tout à la fois destination de la mort pour les hommes *et* interdiction faite aux dieux de revenir sur leur propre décision. Zeus lui-même ne peut empêcher l'accomplissement de ce que la *moîra* a « filé » pour chacun au moment de sa venue au monde : Sarpédon et Hector, ses protégés, succomberont sous les murs de Troie. Encore faut-il bien comprendre que la *moîra* ne « file » pas le contenu de la vie individuelle, mais l'application du « jour du destin » ; la mort devenant ainsi synonyme du « jour de la décision » (αἴσιμον ἦμαρ).

À Delphes, ou, plus exactement, dans la Delphes imaginée par la littérature, la Pythie rappelait aux envoyés de Crésus qu'« échapper à la destinée (*moîra*) est chose impossible, même pour un dieu » (Hérodote, I, 91, 2-3.). Le thème de la soumission des dieux au destin (nommé *anankê*) est repris par un Platon se prenant à citer le poète Simonide : « Aucun dieu n'offre résistance à la nécessité, ἀνάγκη » (Platon, *Protagoras*, 345 d, je traduis. Cf. *Lois*, V, 741 a : « La nécessité ne souffre pas que le dieu la contraigne »). La *moîra* est, selon l'expression de W. Otto, un « jusqu'ici et pas plus loin! » s'imposant à *toutes* les manifestations du règne de la vie – mortelles et immortelles.

Subordination des dieux au destin ? Certainement pas. Subordination des dieux au respect de la distribution des « parts » (immortalité/mortalité) décidée par eux-mêmes ? Incontestablement. « Distribuer, c'est comme promettre ; une fois que c'est fait, on doit s'y tenir » (Onians, 1999, p. 460).

Moîra, les dieux et la décision de la mort

Part octroyée à chacun, la destinée limite toujours quelque chose : le temps des uns (les humains éphémères), l'action des autres (les dieux). Ainsi, la mort de l'homme, en tant qu'elle est sa *moîra*, semble être la limite de la puissance des dieux : « Même la divinité, reconnaît la déesse Athéna, ne peut détourner la mort de l'homme qu'elle aime, quand la fatale décision (*moîra*) l'en frappe » (*Od.*, III, 236-238). Zeus ne peut sauver du trépas son fils Sarpédon dont l'heure est venue de succomber sous les coups de Patrocle (*Il.*, XVI, 433). Le seul fait qu'il ait songé un instant à soustraire le héros de sa *moîra* est déjà une pensée de démesure, coupée net par le rappel à l'*ordre* d'Héra : un simple mortel, depuis longtemps « voué à son destin, *peprômenon aísêi* », ne peut être soustrait à la mort (*Il.*, XVI, 441-442). Le maître de l'Olympe caressera encore une fois le dessein de sauver de la mort un autre héros, Hector. Peine perdue (*Il.*, XXII, 168 sq.).

Plus encore : selon une conception développée à l'époque classique, les dieux ne peuvent même pas assister le mourant. « Adieu donc, dit la déesse Artémis à Hippolyte, il ne m'est pas permis de voir des trépassés, ni de souiller mon œil au souffle des mourants. Or je te vois déjà près de l'instant fatal » (Euripide, *Hippolyte*, 1437-1439). Artémis se recroqueville dans sa vierge immortalité pour s'effacer à l'approche de cette irréversible issue, la mort d'Hippolyte, sur laquelle, toute déesse qu'elle soit, elle n'a aucun pouvoir. Dans l'*Alceste* du même Euripide, Apollon doit promptement quitter la maison de son aimé Admète, car la mort va bientôt emporter son épouse (22 sq.).

L'homme est effacé par le destin tandis que le dieu s'efface doublement devant lui : une fois pour éviter la souillure d'un contact avec un moribond ; une autre en ne pouvant retarder l'échéance du « jour de la décision » frappant tel ou tel de ses protégés. En revanche, dans *l'Iliade*, si les dieux ne peuvent rien pour empêcher la mort des mortels qui leur sont chers, ils ne craignent pas le contact des cadavres (*Il.*, XVI, 670, 680 ; XXIII, 185-187 ; XXIV, 18-23). Entre les temps homériques et l'époque classique, les dieux se sont sensiblement éloignés des hommes, à moins que ceux-ci se soient positivement défiés de ceux-là.

Les dieux ont connaissance des arrêts inébranlablement établis du destin. C'est ainsi qu'Apollon abandonne Hector, qu'il avait pourtant si fidèlement assisté dans son combat contre Achille, quand le destin indique que le « jour de la décision » est arrivé pour son protégé (*Il.*, XXII, 208-213). L'homme sait qu'il est voué à la mort sans en connaître l'échéance : le dieu a connaissance du terme précis de la part de vie assignée à chaque mortel. S'il doit se soumettre à l'accomplissement de la *moîra* des humains, le dieu peut en revanche empêcher qu'un événement, provoquant une mort prématurée, ne « surpasse la décision » (*hupèr móron*) : Athéna peut ainsi protéger Ulysse pendant la tempête qui risque de l'emporter avant l'heure fixée (*Od.*, V, 436 sq.).

La tradition populaire considère que le divin ouranien (même si elle considère qu'une puissance peut à la fois relever du lumineux et du ténébreux) est fondamentalement étranger au domaine de la mort : le dieu, qui est le vivant par excellence, ne se montre même pas aux vivants. Il peut délivrer des signes obscurs pour gérer au moins mal le lot de vie octroyé à chaque mortel, mais il ne peut les assister quand la vie les quitte. Cette culture sera fondamentalement conséquente quand elle s'adressera à la divination pour demander un conseil pratique capable de trancher entre les deux termes d'une alternative, et non une révélation sur l'avenir en tant qu'absolu. L'arrêt du destin ne souffrant aucune remise en question de la décision de la mort, toute démarche envers un oracle consistera seulement à s'assurer que telle action engagée par le consultant ne sera pas entravée par telle autre durant le cours de son lot de vie. La mantique grecque ne dévoile pas le destin (chacun sachant qu'il doit mourir), mais se borne à seulement indiquer la solution préférable à un banal problème posé.

L'homme comme avenir d'un passé

La formule peut paraître à l'emporte-pièce, mais, à bien lire les Grecs, c'est pourtant de cela qu'il s'agit.

Que les puissances de la mort apparaissent dans un monde encore dépeuplé d'êtres mortels est le signe d'une *destination à venir* de la négation de la vie. La *moîra* est cette assignation à la fois impersonnelle et individuelle du lot de mort. C'est donc déjà d'un point de vue cosmogonique que le destin file le futur puisque celui-ci contient dans son attente l'apparition de l'homme à qui il sera assigné de mourir (« humain », « mortel » et « éphémère » sont synonymes). On ne peut qu'être frappé tant par la subtilité de cette conception traditionnelle que par sa glaciale froideur. La mort convient aux hommes parce que ceux-ci adviennent nécessairement comme *l'avenir d'un passé* qui a posé la décision du trépas au moment toujours actuel de la mise en ordre du monde.

Le destin précède donc l'homme, mais dans le sens où ce dernier est l'avenir nécessaire d'un passé. Il lui octroie son lot de vie en lui accordant une portion de temps selon un partage sur lequel les dieux ne peuvent plus revenir. En considérant le destin comme une rupture immanquable avec la vie, la tradition ôtait au défunt le réconfort de puissances n'ayant d'autre horizon que celui d'être « toujours vivants ». « La limitation, la cessation, telle est la loi. Elle est étrangère à la vie et aux dieux. C'est sous elle, cependant, que la vie doit succomber. C'est devant elle que la divinité doit s'écarter » (Otto, 1981, p. 306).

Décision* versus *choix : la faillite des Olympiens

Les Olympiens ont choisi de destiner la mort à des êtres dès lors *nécessairement* éphémères. Aux dieux de les fabriquer, ce qu'ils feront, *par nécessité*. Mais à eux de ne plus avoir le choix par la suite. Le temps de la réflexion s'est arrêté dès cette décision prise… pour les autres… ces éphémères toujours à venir… pour disparaître… afin de donner un sens au devenir. Les dieux en ont ainsi convenu, inexorablement prisonniers de leur immortalité –, ce qui est un aspect du destin. *L'Iliade*, nous l'avons noté plus haut, montre les dieux incapables de soustraire les hommes qui leur sont chers de leur destin. En revanche, il n'en va pas de même pour ces « feuilles qui tombent », pour ces humains pourtant capables de toujours délibérer au fond d'eux-mêmes parce que, précisément, ils n'ont rien décidé, rien rejeté à l'avance. Ils ont à décider de ce qui leur reste, de ce que la *moîra* leur échoit : leur part de vie. Achille a eu le choix : mourir jeune et couvert de gloire sous les murs de Troie ou mener une vie sans histoire, anodine et banale dans son pays natal avant de s'éteindre de vieillesse et se fondre dans l'anonymat des ombres qui peuplent l'Hadès. Thétis, sa divine mère, l'avait prévenu : il y a deux destins, ou plus exactement un destin partagé en deux, *dikhthadías kêras* (*Il.*, IX, 411) – car l'issue sera nécessairement la mort. Conscient des termes de l'alternative, Achille a choisi : « Si je reste à me battre ici autour de la ville de Troie, c'en est fait pour moi du retour ; en revanche, une gloire impérissable *(kléos áphthiton)* m'attend. Si je m'en reviens au contraire dans la terre de ma patrie, c'en est fait pour moi de la noble gloire *(kléos esthlón)* ; une longue vie, en revanche, m'est réservée, et la mort, qui tout achève, de longtemps ne saurait m'atteindre » (*Il.*, IX, 412-416). Qu'Achille ait pu choisir entre un impérissable renom et une misérable existence banale montre bien qu'il n'y a pas prédiction.

Le destin confronte les dieux à leur antique décision (rejeter la mort sur des « fabrications », appelées les « éphémères ») et conforte les mortels à choisir dans leur part de présent.

Décider de sa part de vie : *l'Iliade* en est l'hymne. Chacun sait qu'il ne peut échapper au destin (s'abîmer dans l'Hadès), mais chacun sait aussi qu'il peut tenter de survivre à la mort par une action à jamais gravée dans la mémoire des hommes. C'est la « belle mort », *kalós thánatos*, la mort héroïque, *nécessairement* indissociable d'une vie brève. Sarpédon s'adresse à Glaucos en ces termes : « Ah ! doux ami ! Si échapper à cette guerre nous permettait de vivre ensuite éternellement, sans que nous touchent ni l'âge ni la mort, ce n'est certes pas moi qui combattrais au premier rang ni qui t'expédierais vers la bataille où l'homme acquiert la gloire. Mais, puisqu'en fait et quoi qu'on fasse, les déesses du trépas (κῆρες) sont là, embusquées, innombrables, et qu'aucun mortel ne peut ni les fuir ni leur échapper, allons voir si nous donnerons la gloire à un autre, ou bien si c'est un autre qui nous la donnera, à nous » (*Il.*, XII, 322-328). Ce thème se prolonge sur la scène tragique. Au héraut des Grecs, Cassandre chante le destin d'Hector : « Quant au destin d'Hector, si cruel à tes yeux, écoute ce qu'il faut en penser. Il n'est plus, mais avant sa mort, il a fait apparaître sa valeur héroïque. C'est l'arrivée des Achéens qui est cause de sa renommée ; s'ils étaient restés chez eux, son mérite demeurerait inconnu » (Euripide, *Troyennes*, 394-397). L'homme peut rebondir sur les événements, et le « quoi qu'on fasse » évoqué (et non déploré) par Sarpédon n'exprime surtout pas un sentiment de résignation ou une adhésion à un parfait fatalisme, mais au contraire la conscience que sa propre finitude peut être une chance de perdurer dans la mémoire collective.

Les Grecs ont ainsi fait plier le destin (la mort) sous les arcanes de la vie éphémère (le choix de sa mort).

Certains mortels donnent un sens positif à la mort, là où les dieux n'y ont vu que négativité. Aux mortels la possibilité de la bonne renommée *(kléos)* et de la gloire *(kûdos)*. Les dieux n'ont plus le choix de la gloire. Seulement la décision d'être honorés.

Mais le commun des mortels ne s'appelle pas Achille, Patrocle, Sarpédon ou Hector. Il partage plutôt le sentiment accablant du pessimisme fondé sur la radicale séparation des hommes et des dieux. Comme l'exprime Simonide : « La mort inévitable est suspendue sur nous ; car au bon et au mauvais sont échues des parts égales » (frag. 39 Bergk). Que reste-t-il quand on n'est pas un héros ? Les cultes à mystères avaient certainement vocation à répondre à cette angoisse.

L'application de la décision du destin éloigne les Olympiens des mortels. Elle détourne l'immortel de la vie arrachée. La tradition épique dévoilait aussi la sinistre destination du défunt, précipité dans le royaume du seul dieu dont le nom fasse horreur aux vivants, Hadès, le garant inébranlable de l'altérité vie/ mort. Désignant à la fois un lieu rongé de ténèbres et le dieu impitoyable qui y règne, (l')Hadès retient les impalpables images des défunts dans une sorte de persistance ombreuse aussi inutile qu'indéterminée.

Parallèlement à cette conception très largement répandue pendant les époques archaïque et classique, les cérémonies des mystères peuplaient l'au-delà de dieux (dont Perséphone et Dionysos) auxquels ceux que « le destin a domptés » pouvaient s'adresser pour obtenir une part de bonheur dans l'au-delà, à condition d'avoir participé de leur vivant à certains rites d'initiation. « Trois fois heureux ceux des mortels qui ont contemplé ces choses [lors des cérémonies d'Éleusis] avant de s'en aller chez Hadès ! Pour eux seulement, il y a là-bas une vie ; pour les autres, il n'y a que des maux » (Sophocle, frag. 753 ; cf. Cicéron, *Lois*, II, 14, 36). Se fait alors jour l'idée d'un *changement de destin* : Déméter promet à qui aura accompli toutes les étapes de l'initiation éleusinienne un sort privilégié dans l'au-delà : « Heureux qui possède, parmi les hommes de la terre, la Vision de ces mystères ! Au contraire, celui qui n'est pas initié aux saints rites et celui qui n'y participe point n'ont pas le semblable destin *(aîsan)*, même lorsqu'ils sont morts dans les moites ténèbres » (*Hymne homérique à Déméter*, 480-482).

Le destin apparaît donc dans la pensée grecque comme l'objet d'un état de fait : *la* mort apparaît avant *les* défunts à venir. Faut-il y voir une confuse aberration de l'origine imaginée du monde et des puissances qui le peuplent avant l'apparition de l'humain ?

À ces habiles tricoteurs de paradoxes que furent les Grecs, le destin file, en fait, la seule certitude dont dispose l'éphémère : comme les feuilles, ainsi en « est » des hommes que le vent épand sur le sol…

► DIETRICH B.C., *Death, Fate and the Gods*, Londres, Athlone Press, 1965.– ONIANS R.B., *Les origines de la pensée européenne* (1951), trad. fr., Paris, Seuil, 1999. – OTTO W.F., *Les dieux de la Grèce* (1929), trad. fr., Paris, Payot, 1981, chap. VII.

→ Abandon des dieux ; Cosmogonie ; Éphémère ; Mort : Oracle

DESTRUCTION DE L'HUMANITÉ

Il semble que les immortels aient un fâcheux problème avec leurs propres fabrications de mortels. Ainsi ne cessent-ils pas de détruire puis de fabriquer de nouvelles races, pour qu'elles puissent toujours mieux les honorer et les faire exister.

Les dieux recherchent sans cesse une meilleure humanité, non pour elle-même, mais pour eux-mêmes, pour leur confort toujours confondu avec la réception des hommages des éphémères.

En retour, la croyance polythéiste s'est offert plusieurs histoires de ratages divins quant à la fiabilité de leurs laborieuses fabrications.

Le déluge

« Vas-tu inonder la terre et renouveler l'humanité en faisant naître une autre race ? » demande, à Hélios, Pindare alors témoin d'une éclipse de soleil (*Péans* IX).

Le thème grec du déluge ne signifie pas la destruction *de* l'humanité, mais celle *d'une* humanité destinée à être remplacée par une autre. « L'humanité (τὸ πολλάς ἀνθρώπων) aurait été plusieurs fois détruite par des déluges (κατακλυσμοῖς), des pestes et bien d'autres fléaux, à la suite desquels il ne restait que peu de représentants de la race humaine » (Platon, *Lois* III, 677 a 4-6). Peu, mais suffisamment pour enclencher la production de nouvelles « races » d'éphémères.

Le mythe de Deucalion et Pyrrha est ancien et bien connu des Hellènes. (Rapporté par le pseudo-Apollodore, I, 7, 2 sq., il est attesté dès Hésiode, frag. 2, 4, 6 et 234 M.-W., puis chez Akousilaos, frag. 34-35, et dans la IXe *Olympique*, 41 sq., de Pindare). Il s'offre à de multiples compréhensions, dont celles sur la différence des sexes ou sur la reproduction sexuée, mais aussi comme témoignage de la nécessité des mortels pour l'ordre olympien. Il s'agit ici d'un déluge déclenché par Zeus pour anéantir une humanité à ses yeux impie. Selon la version du pseudo-Apollodore, « lorsque Zeus voulut faire disparaître la race de bronze [notons que chez Hésiode la race de bronze s'autodétruit], Deucalion, sur les instructions de Prométhée, fabriqua un coffre, y mit des provisions et y embarqua avec Pyrrha. Zeus, versant du ciel une pluie abondante, inonda la plus grande partie de la Grèce [...] Deucalion, dans son coffre (λάρναξ), flotte sur la mer pendant neuf jours et autant de nuits avant d'aborder au Parnasse ; et là, la pluie s'étant arrêtée, il débarque et offre un sacrifice à Zeus Protecteur des fugitifs. Zeus lui envoya Hermès et lui permit d'obtenir à son choix ce qu'il voudrait. Deucalion choisit de faire naître une humanité à lui. Sur l'ordre de Zeus, il se mit à ramasser des pierres et à les lancer par-dessus sa tête. Les pierres jetées par Deucalion devinrent des hommes et celles qu'avait jetées Pyrrha des femmes. C'est pour cela précisément que, par métaphore, les nouveaux humains sont appelés *laoi* (« les gens »), mot qui vient de *laas*, la pierre (Ps.-Apollodore, I, 7, 2 sq., trad. J.-C. Carrière et B. Massonie). Cette nouvelle race de mortels est un « peuple de même origine », les pierres étant les os de Gaia dont la surface bien détrempée par les pluies diluviennes est propice à la germination. Contrairement à son origine d'être issue de la séparation radicale des deux sexes, cette « race de pierre » fera succéder ses générations par le moyen de la reproduction sexuée.

Zeus est un dieu qui fait toujours semblant. À Mékôné, il fait semblant de se laisser berner par Prométhée alors qu'il tire les ficelles de son dessein d'assignation de la place de l'homme dans le monde. Ici, il fait semblant d'exaucer le vœu d'un survivant. En fait, dans les deux cas, il a besoin de la réalisation d'une nouvelle humanité de sacrificateurs pour se sentir pleinement dieu.

Les ratages divins selon Hésiode

C'est de façon convulsive que les dieux rayent de la carte leurs fabrications d'éphémères. Sont-ils de mauvais fabricants, ou de piètres concepteurs ? La politique des hommages à faire respecter est un art que les dieux eux-mêmes ne semblent pas parfaitement maîtriser. N'ont-ils pas eux-mêmes laissé les hommes dans l'ignorance : « Les dieux n'ont pas donné de règles aux hommes ; ils ne leur ont pas indiqué la voie qu'il faut suivre pour plaire aux immortels » (Théognis, 381-382). Négligence divine qui sanctionne, comme toujours dans le paganisme, les éphémères ignorants.

Le *logos* (et non le mythe) hésiodique des cinq races compte explicitement une destruction totale par les dieux de ce qu'ils ont eux-mêmes créé et fabriqué *(poieîn)* : la deuxième race dite d'argent. Celle-ci, pourtant créée après la victoire de Zeus et de sa phratrie sur les Titans, ne répond pas aux attentes des habitants de l'Olympe. « Ils refusaient d'offrir un culte aux Immortels ou de sacrifier aux saints autels des Bienheureux, selon la loi des hommes qui se sont donné des demeures. Alors Zeus, le fils de Kronos, les ensevelit, courroucé, parce qu'ils ne rendaient pas hommage aux dieux bienheureux qui possèdent l'Olympe » (*Trav.*, 135-139). C'est la démesure par excellence qui tenaille cette deuxième fabrication. La race suivante, de bronze, ne vaut pas mieux, en proie à une démesure guerrière qui ne laisse place à aucune occupation cultuelle. Nous reviendrons plus bas sur cette autodestruction. Si les hommes de bronze s'entretuent jusqu'au dernier par folie guerrière, la race suivante, celle des héros, donne un sens au choc des armes. « Ceux-là périrent dans la dure guerre et dans la mêlée douloureuse, les uns devant les murs de Thèbes aux sept portes, sur le sol cadméen, en combattant pour les troupeaux d'Œdipe ; les autres au-delà de l'abîme marin, à Troie, où la guerre les avait conduits sur des vaisseaux, pour Hélène aux beaux cheveux, et où la mort, qui tout achève, les enveloppa » (*Trav.*, 161-166). Les (noms des) héros, fauchés à la fleur de l'âge, perdurent dans la mémoire des hommes et des dieux, contrairement aux guerriers de bronze qui sombrent dans l'anonymat ténébreux.

La première race, d'or, n'est pas détruite : elle s'éteint. La dernière, ou plutôt la cinquième, celle de fer, n'est pas encore détruite : pour l'heure, elle accumule angoisses et fatigues qui déclencheront un processus irréversible de dégénérescence, tant physique (les nouveau-nés aux tempes blanches) que morale (le mépris des lois non écrites). Alors, « l'heure viendra où Zeus anéantira à son tour cette race d'hommes périssables » (*Trav.*, 180)... pour en fabriquer une nouvelle à laquelle Hésiode aurait aimé appartenir (175).

Eschyle s'appuie sur une autre tradition qui insiste aussi sur la menace de la destruction. Prométhée donne la raison de son supplice : « Aussitôt assis sur le trône paternel, sans retard, il [Zeus] répartit les divers privilèges, et commence à fixer les rangs dans son empire. Mais, aux malheureux mortels, pas un moment il ne songea. Il en voulait au contraire anéantir la race, afin d'en créer une toute nouvelle. À ce projet nul ne s'opposait que moi. Seul j'ai eu cette audace ; j'ai libéré les hommes et fait qu'ils ne sont pas descendus, écrasés, dans l'Hadès » (Eschyle, *Prométhée enchaîné*, 228-236).

Menaces

Les dieux ont soif de reconnaissance. Seuls les mortels sont capables de tenir bien droit le miroir face aux dieux qui, eux, ne peuvent le traverser sous peine de ne pas se reconnaître comme dieu. L'altérité se jauge à la position par rapport à un objet de démesure : le miroir, et non par rapport à la dé-position d'une volonté inapplicable. Car les dieux peuvent bien vouloir anéantir les humains, ils ne le peuvent pas radicalement à cause de leur durée qu'il faut toujours et encore étirer à force de sacrifices. Le miroir que tiennent les mortels, c'est l'autel parfumé et rouge sang. Quand Zeus veut punir la démesure des premiers mortels qui se prennent à escalader les cimes de l'Olympe, alors les dieux, rapporte Aristophane selon ce mythe célèbre, « étaient bien embarrassés. Ils ne pouvaient en effet ni les faire périr et détruire leur race comme ils l'avaient fait pour les Géants en les foudroyant – car c'eût été la disparition des honneurs et des offrandes qui leur venaient des hommes –, ni supporter plus longtemps leur impudence » (Platon, *Banquet*, 190 c, tr. L. Brisson). Alors Zeus tranche, tant dans son esprit que dans le vif : il fend en deux ces mortels qui présentaient une apparence différente de la nôtre, mais dont nous procédons pourtant (boule à deux têtes, deux sexes, quatre mains, quatre pieds). En place de destruction, c'est le double de sacrificateurs qui s'offre maintenant aux immortels.

L'Olympe devait opérer un tel coup d'éclat pour minimiser ce que fut et sera ses précédents et futurs ratages.

Une destruction totale d'une humanité est toujours envisageable, mais une destruction définitive de l'humanité est ainsi totalement improbable du point de vue des dieux qui ne s'imaginent pas sans mortels.

Mais l'humanité n'a-t-elle pas en son sein la pulsion de se détruire elle-même ? Hésiode a donné une réponse à cette interrogation. Les abrutis de la race de bronze qui ne pensent à rien d'autre qu'au carnage, cette jouissance d'Arès, « succombèrent, eux, sous leurs propres bras » (*Trav.*, 152). Il est significatif que ce soient les immortels eux-mêmes qui incitent les humains à n'avoir aucun respect pour « l'ardent Arès : c'est un furieux, soutient Athéna à Diomède, le mal incarné, une tête à l'évent ! » (*Il.*, V, 831).

Arès, reconnu pair du bout des lèvres des autres Olympiens, puise son immortalité dans la destruction. « Son élément est le coup mortel : on le nomme "corrupteur", "exterminateur des humains" [...]. Son nom ne signifie souvent rien d'autre que le combat meurtrier. C'est pourquoi Zeus le réprimande comme celui qui n'a pas de caractère et qui est avec tout le monde, ou plutôt contre tout le monde [*Il.*, V, 889] » (W.F. Otto, *Les dieux de la Grèce*, trad. fr., Paris, Payot, 1977, p. 277).

Arès menace toujours la vie sur terre. Mais la mémoire transmise par les aèdes n'oublie pas de rappeler au donneur de leçon, Zeus lui-même, qu'« il n'est pas de dieu plus destructeur que toi » (*Il.*, III, 365 ; *Od.*, XX, 201).

► DEFORGE B., *Le commencement est un dieu. Un itinéraire mythologique*, Paris, Les Belles Lettres, 1990.

→ Philanthropie

DIEUX et DÉESSES

Hésiode chiffre à « trente milliers » le nombre d'immortels, donc de dieux qui surveillent les mortels (*Trav.*, 252-253). Thalès confirmera que « tout est plein de dieux ». Les registres ne sont certainement pas les mêmes, mais l'existence des dieux et des déesses est une évidence. La nier relève de la pathologie mentale (Platon, *Lois* X, 888 b 8 : νόσον ; 908 c 5 : πάθος). À cette évidence se mêlent deux certitudes contradictoires : les dieux sont inconnaissables, mais ils s'invitent sur terre pour s'offrir des espaces aussitôt sanctuarisés ; ils ne s'offrent jamais complètement dans l'absolu de leur puissance, mais ont une histoire. C'est à ce faux croisement du mythe et du culte que cet article s'intéresse exclusivement.

Il y a les dieux du culte qui ne se confondent « vraiment » pas avec les dieux des « théologiens », ceux des aèdes chantant des récits autant faux que véridiques car inspirés de déesses, les Muses, spontanément tenaillées par leur réflexe d'ambivalence caractéristique du divin. Les dieux du culte sont les propriétaires du sanctuaire d'où chacun d'eux présente un aspect de lui-même que les mortels devront honorer en adaptant un rituel particulier à cette manifestation. Sur le domaine de l'indivision (l'étendue matérielle des terres fermes, non celle de Gaia), le mortel accepte par consentement l'appropriation d'un terrain par une manifestation qui s'impose à sa condition d'éphémère. Un sanctuaire se dévoile alors. Un dieu cultuel est une manifeste prise de possession d'une portion de l'indivision, ou plutôt du domaine indivis, laissé tel un neutre lors du partage des quatre coins du monde entre trois frères mythiques : là-haut pour Zeus ; en bas pour Hadès ; tout autour pour Poséidon. (Surtout lire et relire la *Mythologie ou la famille olympienne* de Clémence Ramnoux). Trois pour quatre : reste un. C'est l'indivis que se partagent hommes et dieux, et c'est certainement le seul rapport de partage qu'ils entretiennent.

Chaque culte honore, non pas le dieu en sa plénitude mais une parcelle manifestée de sa puissance exprimée par l'épiclèse, qualificatif ajouté au nom pour exprimer une préférence résidentielle locale au sein de laquelle il se sent capable d'exercer une certaine action en échange de prières, d'offrandes et de sacrifices.

Le dieu du culte est non seulement amputé de plusieurs de ses attributs (mythiques), mais il est aussi et surtout en perpétuel manque : le sang lui manque ; il le réclame sur ses autels. Les dieux du culte reçoivent ainsi une extraordinaire variété d'hommages. C'est pourquoi une divinité peut bénéficier de sacrifices offerts à un autre dieu partageant localement la même épithète (Hermès s'en fera une spécialité). C'est aussi pourquoi un dieu n'est surtout pas une adéquation : Déméter n'est pas le grain de blé, Dionysos n'est pas la vigne, Zeus n'est pas la foudre. Zeus maîtrise la foudre pour en faire un instrument de mort et/ou d'immortalisation ; Déméter fait pousser le blé autant qu'elle peut le retenir caché sous terre et Dionysos se sert de la vigne pour perdre et/ou amuser les mortels. La réification n'est qu'une mauvaise interprétation moderne car un dieu est lui-même pluriel. C'est d'ailleurs sa singularité. Son seul nom ne suffit pas. Il peut seulement revenir au datif d'offrande.

Les dieux des aèdes sont les sujets des récits livrés à la mémoire collective. Ils se détachent de la particularité d'un culte (toujours local) pour se fondre dans une histoire, donc dans une généalogie. L'auditoire ne les honore pas ; il est seulement subjugué par le fracas de leurs combats, de leurs amours, de leurs aventures, voire amusé par certaines mésaventures (par ex., quand Aphrodite et Arès sont pris en flagrant désir amoureux…). Ces dieux-là ne se manifestent pas par petites touches ; ils se chantent et se déclinent entièrement. Ils naissent, traversent l'enfance (dont les récits forment la matière de péans et d'hymnes) puis ils atteignent, sans en avoir vraiment le temps, un âge plus idéal qu'adulte, un âge qui perdure dans l'absence d'altération, un âge confondu avec le temps *agéraos*, « qui ne vieillit pas ». Chaque naissance divine constitue un événement extraordinaire qui peut saisir les dieux eux-mêmes de *sébas*, crainte intense mêlée de respect admiratif : la naissance d'Athéna déclenche cette réaction chez tous les immortels (*Hymne [pseudo-] homérique à Athéna*, 6-7). Ces immortels *(athánatoi)* naissent dans un monde qu'ils n'ont pas créé, un monde éternel. En revanche, ils ont fabriqué l'humanité à travers diverses « races » mortelles successives pour répondre à deux besoins : occuper les puissances primordiales de la Mort issues de la redoutable Nuit (Nyx) d'une part, et recevoir des hommages d'autre part. Durant sa vie, le mortel honore les dieux par les rites sacrificiels ; à sa mort, il devient une offrande aux divinités infernales. Les dieux sont donc la négation des hommes (ils sont fondamentalement non-mortels), et les hommes l'affirmation des dieux.

Les dieux des aèdes peuvent connaître l'exil (Apollon) ou la destitution (Ouranos, Kronos), la réclusion (Titans, Arès…), la souffrance physique (Athéna blessée) ou morale (Zeus fait tomber une pluie de « sang » – de ce qu'un dieu n'a pourtant pas dans ses veines – en signe de deuil à la mort de Sarpédon, fils qu'il eut d'une mortelle) et encore le désir de transgression d'une loi précisément divine (Hermès tenaillé par l'envie de manger carné).

Les dieux des aèdes ne se confondent pas avec les dieux des pèlerins. Certes, se rendre à Éleusis c'est revivre la douloureuse quête de la Déméter du mythe, mais dans la salle des initiations la Déméter mythique devait s'effacer devant les divinités cultuelles.

C'est pourquoi nous évoquions au début un faux croisement.

Les déesses ne sont pas des femmes. Car la question fut posée par des interprètes récents. S'est-on demandé si les dieux étaient des hommes ? Oui, mais seulement bien tardivement, avec Evhémère. Sinon, jusqu'à l'époque classique, les dieux sont manifestes et l'idée de leur invention reste carrément marginale (Critias). Quant aux déesses, elles sont des *dieux* à part entière. Elles sont ambivalentes, farouches, jalouses, redoutables, brutales, tueuses, colériques, mais aussi aimantes et protectrices. Elles attendent les honneurs, donnent des ordres, conduisent des initiations. Elles donnent naissance et font mourir. Elles s'accouplent mais aussi se refusent. Athéna, Artémis et Hestia restent vierges, ce qui n'est surtout pas la destination de la fillette grecque. Comme les dieux, les déesses font la guerre, activité inconcevable pour une hellène. Les déesses ne font donc pas forcément figure de modèles pour les mortelles. Bref, les déesses sont avant tout des dieux. Ce sont des divinités. La différence des sexes est quasi nulle dans la mesure où il n'existe pas de « tribu des déesses » comme il existe sur terre une « tribu des femmes ». Généralement, les déesses naissent d'une union, tandis que, selon l'imaginaire misogyne grec, les femmes mortelles proviennent originellement d'une créature fabriquée, artificielle : Pandora.

Si les déesses sont des dieux, alors les dieux sont des déesses. Zeus ne fut-il pas enceint d'Athéna, ladite « fille du père » ?

Les dieux du mythe sont toujours ambivalents, redoutables, inquiétants. Leur présence en tant que dieux cultuels inhibe la conception d'un domaine profane : le Grec n'évolue pas entre deux domaines opposés, mais évolue au sein d'une opposition entre puissance redoutable et capacité de la rendre inoffensive par le respect de l'ancestrale coutume. Là sont les dieux, exactement à la nervure des mots : les chants des aèdes projettent le sacré ; les lois des sanctuaires l'impriment sur terre. Les dieux passent du narratif à l'administratif. C'est à cette condition que les mortels peuvent les honorer.

Une déesse (un dieu) n'apprécie la fréquentation d'un mortel qu'au travers d'une distance infranchissable ; jamais dans une proximité toujours dénuée de pertinence : attacher trop ses pas à une divinité, c'est verser dans la démesure, c'est se rendre impertinent, et donc vivre une relation sans pertinence. Le bel Hippolyte en fera les frais.

L'homme ne voit pas les dieux, mais ceux-ci ont des yeux auxquels il est interdit de verser une larme sur le sort des mortels. Un humain ne voit et n'entend les dieux que dans la nuit éclairée du rêve, à la condition que le fidèle ait fait l'effort de se rendre dans son sanctuaire (Asklépios, Amphiaraos). Mais, dans ce cas, s'agit-il vraiment de dieux ? Car un dieu – un « vrai » – peut-il être pleinement bienfaisant ?

Un dieu est invisible, mais il a une odeur que seuls les mourants semblent capables de percevoir (Euripide, *Hippolyte*, 1390 sq.). Agonisant, Hippolyte (res)sent la présence d'Artémis grâce à son « parfum à la divine haleine », mais la déesse s'empresse de lui signifier qu'elle ne peut « voir les trépassés, ni souiller son œil au souffle des mourants » : le parfum divin est l'exhalaison toute mentale, certainement létale, du vain désir de l'impossible réconfort au moment de la mort. C'est précisément à une référence au parfum divin que l'*Hymne à Déméter* fait allusion à propos de l'impossible immortalisation d'un petit d'homme.

Les dieux ont pourtant un corps, rare certitude que partage même Platon (avec la prudence d'interprétation nécessaire quand il s'agit du philosophe). Un corps plus grand et plus impeccable que le nôtre. Un corps exceptionnellement livré tel un éclair plus à la stupeur pétrifiante qu'à la vue des mortels. L'épiphanie de Déméter grimée en vieille nourrice accueillie dans le palais d'Éleusis rassemble tous les ingrédients de la crainte révérencieuse, *thámbos* (θάμβος), propre à stupéfier littéralement le mortel. Cet épisode est un pur témoignage de la réception grecque du sacré. La scène s'ouvre sur l'agacement d'une immortelle, d'elle-même rétractée aux mensurations humaines afin de s'infiltrer dans leur monde pour exfiltrer dans son monde immortel un petit d'homme. La transformation du petit Démophon, ce mortel désiré immortel par Déméter, échoue à cause du manque de connaissance humaine de la règle olympienne du jeu… avec le feu… garant d'immortalité. Effroi d'un côté (la mère voyant son fils dans les flammes), colère de l'autre (la déesse endeuillée voyant son processus d'adoption s'effondrer).

Alors Déméter se dévoile dans un geste donnant tout son éclat à une épiphanie païenne : « Rejetant la vieillesse, Déméter prit une haute et noble taille. Des effluves de beauté flottaient tout autour d'elle, et un parfum délicieux s'exhalait de ses voiles odorants ; le corps immortel de la déesse répandait au loin sa clarté ; ses blonds cheveux descendirent sur ses épaules, et la forte demeure s'illumina, comme l'eût fait un éclair. Elle traversa toute la maison : Métanire sentit aussitôt fléchir ses genoux et pendant longtemps resta muette, sans même songer à relever de terre son fils chéri » (*Hymne [pseudo-homérique] à Déméter*, 275-283).

Beaucoup est dit, voire tout, dans ces vers. La grandeur d'un dieu c'est d'avoir un corps plus grand que les mortels. La tête d'Aphrodite touche également le faîte de la demeure d'Anchise, mortel avec lequel la déesse vient de faire l'amour (*Hymne [pseudo-homérique] à Aphrodite*, 173-174). Son élévation c'est de toucher le plafond de la tête. Mais quel plafond ? L'Olympe semble en avoir un, celui d'Ouranos rejeté comme limite du concevable ; mais il y a aussi celui de la maisonnée, troué pour laisser s'échapper la fumée des sacrifices.

Les divinités ont une sexualité principalement récréative, contrairement à celle des mortels, essentiellement reproductive à cause de la nécessité de s'assurer une descendance capable d'accomplir les rites à apporter aux défunts pour qu'ils assument leur destinée d'être offrandes au Zeus d'en bas, Hadès : la sexualité humaine flirte toujours avec la mort.

La sexualité des divinités des aèdes peut être incestueuse : père-fille ; mère-fils. Elle est aussi fusion quand Hermès et Aphrodite se confondent dans la figure bisexuelle d'Hermaphrodite.

Quand l'épiclèse *Pándemos* colle à Aphrodite, la déesse du culte descend du céleste (*Ouranía*) pour poser les pieds sur les pavés de la prostitution (Platon, *Banquet*, 180 d sq. ; Xénophon, *Banquet*, VIII, 9).

Le corps parfaitement sexué des divinités est un corps en avance sur l'humanité qui ne connaîtra la différence des sexes que tardivement. Le mythe se plaît à démontrer par anticipation que l'anthropomorphisme n'a aucun fondement dans la perception mortelle des dieux. Empédocle le dira autrement, selon qui on ne peut atteindre le divin avec les yeux et les mains, bref en l'assimilant à l'homme (31 B 133).

Un dieu ne connaît pas l'altérité : la mort. Il la refuse pour l'avoir donnée à ceux dont le devenir est d'être des éphémères et n'assiste même pas le mortel qui rend l'âme. Âme ? Pour avoir une âme, il faut avoir du sang. D'une part, les dieux et déesses en sont dépourvus. D'autre part, si « avoir » signifie « pouvoir dire », les dieux ne peuvent dire qu'ils sont mortels. Ils en sont même la pure négation. Nouvelle preuve que les dieux sont la négation des hommes, et les hommes l'affirmation des dieux.

Voilà pourquoi il n'y a pas, *stricto sensu*, de « religion » grecque.

En ce cas, il est possible de formuler une question rarement posée : les dieux ont-ils cru en eux ?

Ce qui est certain, c'est qu'ils n'ont pas cru en leur autosuffisance.

Ce que savait parfaitement Aristophane, dès avant que les philosophes ne s'emparent du sujet : l'inconsistance des dieux ! Les oiseaux de sa comédie éponyme réapprennent que le ciel est leur domaine : à ce titre, ils sont des dieux pour les hommes. Ils seront moins des perturbateurs que des révélateurs : empêchent-ils la fumée des sacrifices d'atteindre l'Olympe que Zeus envoie la fidèle mais laborieuse Iris, sa messagère, auprès des hommes pour réclamer leurs offrandes sacrificielles. Bloquée à l'étage des « nouveaux dieux », entre terre et Olympe, Iris ne manque de préciser aux « Oiseaux » le but de son voyage : « Je vole vers les hommes de la part de mon père, pour leur dire de sacrifier aux dieux olympiens, d'immoler sur les autels bœufs et brebis, et d'emplir les rues de la fumée des viandes » (*Oiseaux*, 1230-1233).

Les dieux ont-ils cru en eux ?

Isocrate déplaçait la question, préférant penser qu'il était pieux de surestimer la puissance des dieux : ceux qui « nous présentent la protection des dieux et les châtiments qu'ils infligent comme supérieurs à ce qu'ils sont réellement, de telles gens rendent les plus grands services à la vie humaine » (XI, *Busiris*, 24). Il offrait une porte de sortie aux dieux. Rien de mieux que leur crainte pour éviter que nous n'agissions comme des bêtes.

Les animaux immolés pour les dieux ; l'humanité pour les humains.

Mais dieux et déesses ne semblent pas avoir trouvé l'issue de sortie. Elle sera bientôt nettement indiquée, balisée et vertement policée. Le temps « qui ne vieillit pas » n'est plus.

Fin du paganisme.

▶ LORAUX N., « Qu'est-ce qu'une déesse ? », in G. Duby & M. Perrot (éd.), *Histoire des femmes en Occident*, I, L'*Antiquité*, Paris, Plon, 1991. – OTTO W.F., *Les dieux de la Grèce*, trad. fr., Paris, Payot, 1981. – RAMNOUX C., *Mythologie ou la famille olympienne*, Paris, A. Colin, 1959 ; réed. Gérard Monfort, 1982. – VERNANT J.-P., « La société des dieux », in *Mythe et société en Grèce ancienne*, Paris, Maspéro, 1974 ; *Mythe et religion en Grèce ancienne*, Paris, Seuil, 1990.

→ *passim*

DIEUX ÉTRANGERS

La notion de dieux « étrangers » a-t-elle un sens au sein d'un univers mental qui considère que seuls les noms des dieux changent selon les langues, les dieux restant les mêmes en terre hellène comme en terres barbares ? Dans la mesure où un Hérodote pose spontanément l'équivalence entre Zeus et l'Ammon égyptien, le Bel-Mardouk babylonien ou le Papaios scythe, comment comprendre cette loi athénienne de l'époque classique : « Chez eux [les Athéniens] la chose était interdite par la loi et la peine frappant ceux qui introduisaient une divinité étrangère était la mort » (d'après Flavius Josèphe, *C. Ap.*, II, 267) ?

Socrate sera la victime la plus célèbre… d'une incompréhension qui confondait étranger avec étrangeté.

Que seule la nomination des dieux puisse changer selon les points de la galette terre n'empêche pas les dieux de se manifester selon leurs propres modes de dévoilement dans ce même monde de l'indivision, autant réservé aux mortels qu'aux préférences locales, aussitôt sanctuarisées, des immortels.

Un dieu se manifeste par petites touches insistantes. Il n'apparaît jamais dans la totalité de sa puissance aux humains qui ne sauraient résister à une totale épiphanie. Un dieu dévoile un aspect de sa puissance en un lieu qu'il a élu (sanctuaire). À chaque dévoilement divin correspond un rituel transmis par la tradition locale, et chaque rituel honore la façon dont le dieu a choisi de se présenter en tel endroit. Un rite/un lieu : selon cette adéquation caractéristique de ce que nous appelons le polythéisme, le transfert d'un rituel peut être facteur de perturbation dans le commerce que les hommes entretiennent traditionnellement avec les dieux. Ce n'est pas le dieu qui est étranger ; c'est un rituel déraciné de son sanctuaire qui l'est. « Le Grec reconnaît l'existence et la divinité d'un dieu étranger, sous quelque nom qu'il soit désigné, ainsi que la légitimité de son culte, dans les lieux où il est pratiqué conformément à une vieille tradition ; en revanche, il hésite à introduire ce culte dans sa propre cité. C'est que les νόμοι sont appropriés à chaque peuple » (Rudhardt, 1992, p. 237). Une tradition cultuelle ne s'exporte pas, sauf si l'oracle donne son accord. Il n'y a donc nulle incohérence dans la loi athénienne rapportée par Flavius Josèphe.

Au IVe siècle, la prêtresse Ninos fut condamnée et mise à mort pour avoir conduit des thiases en l'honneur du dieu phrygien Sabazios (Dinarque, *Catalogue de ses discours*, XXVIII). Or, la mère d'Eschine pratiquera plus tard le culte de Sabazios sans être inquiétée : entre-temps, l'oracle avait donné son agrément (Démosthène, *Couronne*, 259-260). L'assentiment oraculaire ne concerne pas le dieu, car quel que soit son nom, il ne saurait être une imposture : chacun reconnaît Dionysos sous les traits de Sabazios, Artémis du Brauron sous ceux de la déesse thrace Bendis, et Rhéa (fille de Gaia et d'Ouranos) ou encore l'Aphrodite du mont Ida et enfin Déméter sous la Cybèle phrygienne, la « Mère des dieux ». La question posée par les cités est seulement celle de savoir si l'innovation en matière rituelle peut être valide *ou* non valide sur son territoire.

La réception polythéiste hellène du divin répugne à transporter un culte dans l'espace, car il ne s'exporte pas sans prendre le risque de commettre une impiété. Les lois sacrées de chaque sanctuaire interdisent qu'on déracine un culte sans l'autorité de l'oracle dont le fonctionnement est binaire : oui ou non faut-il accepter tel rituel en tel lieu ? Lycurgue l'Athénien accuse son compatriote Léocrate d'avoir emporté « les dieux de son foyer » dans son exil à Mégare et ainsi les « chasser de leurs temples et du pays qu'ils occupaient, et de les installer sur une terre étrangère et nouvelle, où ils sont des intrus sur le sol et parmi les cultes de l'État mégarien » (*Contre Léocrate*, 25).

Au Ve s., les marchands thraces introduisent en Attique le culte de Bendis, officiellement adopté et intégré au panthéon civique par Athènes dès 430-429. Après consultation de l'oracle de Dodone, les Thraces obtiennent un droit pourtant réservé aux citoyens : celui de posséder une parcelle de terre et un toit (l'*enktêsis*, droit d'acquisition) sur le sol attique, ce qui leur permit d'établir le sanctuaire de leur déesse et d'organiser une association cultuelle, l'orgéon, officiellement reconnue (cf. Le Guen-Pollet, 1991, p. 35 sq.). Plus encore, ils furent autorisés à passer d'un culte privé au culte officiel, organisant ainsi leur propre procession à côté de celle des Athéniens. Socrate assista à la première célébration des *Bendideia*. Nous sommes en 411 ou 410 :

« [Socrate] J'étais descendu hier au Pirée avec Glaucon, fils d'Ariston, pour faire ma prière à la déesse [Artémis] et aussi pour voir comment on célébrait la fête, qui avait lieu pour la première fois. Or j'ai trouvé bien belle la procession des habitants [les Athéniens], et non moins magnifique celle que menaient les Thraces [...].

Adimante à son tour prenant la parole : Peut-être aussi, dit-il, ne savez-vous pas qu'il y aura le soir une course aux flambeaux à cheval, en l'honneur de la déesse ?

À cheval ! m'écriai-je ; voilà qui est nouveau. C'est à cheval qu'ils tiendront et se passeront les flambeaux et se disputeront le prix ? Est-ce bien cela que tu veux dire ?

C'est bien cela, répondit Polémarque. En outre il y aura une fête de nuit qui vaut la peine d'être vue » (Platon, *Rép.*, I, 327 a et 328 a).

Les nécessités politico-militaires du moment ne sont pas à exclure (R. Garland, 1992). C'est le début de la guerre du Péloponnèse, et Athènes a besoin d'une alliance avec les Thraces : un traité est conclu avec leur roi Sitalkès, tandis que l'Assemblée du peuple athénien accorde l'*enktêsis* aux Thraces du Pirée. Au-delà de ses arrangements tactiques, il est remarquable de constater l'acceptation de ce nouveau culte étonnant pour un Athénien, dès lors que l'oracle l'a autorisé. Non seulement la fête athénienne des *Bendideia* montre les étrangers à la fois conserver leur identité nationale et pouvoir organiser une procession, à l'instar des citoyens, mais aussi être en mesure de susciter l'admiration des autochtones. C'est parce que, aussitôt rassuré par l'autorisation donnée par la bouche oraculaire d'importer sur le sol d'Athènes le rituel thrace de la course aux flambeaux à cheval, le Grec associe sans problème Bendis à Artémis, mais aussi à Perséphone et Hécate.

Un dieu étranger n'entre pourtant pas indemne dans le cadre des célébrations autorisées par la cité. Dans l'Athènes du ve siècle, le culte devenu « officiel » de Cybèle, rendu sur l'agora même, se trouve amputé – si nous osons dire – de tout ce qui concerne son parèdre Attis, dont l'autocastration légendaire célébrée dans le rite phrygien fut jugée trop inconvenante par les citoyens. De même, le culte d'Adonis, dieu sémitique qui meurt, sera réservé aux femmes après associations avec Aphrodite (qui le désire) et Perséphone (qui obtient sa compagnie un tiers de l'année, donc dans sa condition de défunt). Ce mythe rapporté par Apollodore (III, 185) montre les contorsions que les Grecs devaient effectuer pour arranger l'acceptation d'un dieu dit étranger et mourant avec le mythe bien hellène de la concession de Perséphone avec la Mort (un tiers avec Hadès/deux tiers avec Déméter).

Ce qui n'est pas admissible pour le citoyen vaquant sur l'agora, c'est la communication personnelle avec une divinité. « C'était un bruit répandu que Socrate prétendait que la divinité *(daimónion)* lui faisait signe ; c'est surtout pour cette raison [semble-t-il à Xénophon] qu'on l'a accusé d'introduire des divinités nouvelles » (Xénophon, *Mém.* I, 1, 2). Seule la cité communique avec un dieu dont l'origine, disons l'appellation étrangère, a l'agrément de l'oracle. Prétendre, comme le fait Socrate, qu'une divinité puisse faire des signes à un seul mortel est aux yeux toujours mal ouverts de l'opinion publique un acte de démesure qui doit être sévèrement puni.

Les citoyens athéniens, ou plus exactement, une majorité de citoyens médiocres votera la mort de Socrate, tuant un homme tout en ratant l'autodafé de son message.

► GARLAND R., *Introducing new Gods. The Politics of Athenian Religion*, Londres, 1992. – LE GUEN-POLLET, *La vie religieuse dans le monde grec du Ve au IIIe siècle avant notre ère*, Toulouse, Presses universitaires du Mirail, 1991. – RUDHARDT J., « De l'attitude des Grecs à l'égard des religions étrangères », *Revue de l'Histoire des Religions*, CCIX, 3, juillet-sept. 1992, 219-238.

→ Épiclèse ; Impiété ; Noms et langue des dieux ; Oracle ; Prosélytisme ; Sanctuaire

DIVINATION → Oracle

DON DES DIEUX

Kronos offre aux premiers hommes sa protection philanthropique (âge d'or), tandis que, pour les âges suivants, et en particulier celui de fer, Zeus, nouveau souverain, donne aux humains à la fois un mal, Pandora, et un bien, Díkê. Ces deux dons ont la particularité commune d'opérer une différenciation dans le genre humain : des vivants se découvrent mâles dès le don de la première femme et apprennent avec Díkê (Justice) une nouvelle répartition des êtres, à savoir qu'ils se distinguent des animaux avec lesquels ils ne peuvent plus dorénavant communiquer. L'âge d'or s'efface à la cadence de ces dons ambivalents de Zeus.

« Aux hommes, Zeus a fait don de la justice (ἔδωκε δίκην), qui est de beaucoup le premier des biens » (Hésiode, *Trav.*, 279-280). Cette justice est une « loi (νόμον) que le Kronide a prescrite aux hommes : que les poissons, les fauves, les oiseaux ailés se dévorent, puisqu'il n'est point parmi eux de justice » (*ibid*, 276-278).

Ce don de la justice (*díkê*) doit permettre d'endiguer la loi du plus fort, mais il a aussi une autre signification. Revenons sur les humains et les animaux. Kronos les mélangeait, pacifiquement, au point de les faire s'entretenir entre eux. Son fils et successeur-usurpateur, Zeus, les sépare, selon une appréciation radicale : les hommes seront les sacrificateurs et les animaux les offrandes sacrifiées. La règle n'est pas dite explicitement mais elle l'est implicitement dans le discours hésiodique. En effet, le don de la justice remet chacun à sa place : les hommes ne peuvent manger les chairs animales qu'après les avoir justement consacrées – mais non offertes – aux dieux. La justice de Zeus est aussi la condition de son confort.

Le sens de la justice que les dieux semblent insuffler aux cités des hommes n'est pas celui espéré par les victimes. Les dieux étant par croyance immortels, leur justice peut prendre le temps de s'étaler dans le temps, prendre leur temps au point de faire perdre patience à ceux qui n'ont pas le temps : les éphémères. Le don olympien de la justice est à l'image de l'émetteur : ambivalent et ambigu. La suite le confirme.

Zeus et tous les dieux (*pan*) donnent Pandora. Ce don, on le sait, suscitera une brutale misogynie dans la conscience collective hellène. Pourquoi la femme ? N'est-il pas mieux, prétend Hippolyte, que les hommes « habitent dans des foyers affranchis de l'engeance femelle » (Euripide, *Hippolyte*, 623-624).

Les dieux peuvent aussi refuser de donner, c'est-à-dire imprimer un aspect négatif à leur action. En « retenant cachés les vivres des hommes », ils contraignent ceux-ci à travailler la terre (Hésiode, *Trav.*, 42-43). De même, les dieux ne donnent pas d'indications sur la façon de les honorer : ils laissent les mortels dans l'inconnaissance (Théognis, 381-382) qui les contraint à s'en remettre à d'ancestrales traditions pas toujours compréhensibles.

Chaque don divin est conforme à la nature du donneur : ambivalent. Les dieux balancent heurs et malheurs au gré de leur ambivalence naturelle. Ainsi, Hésiode recommande de ne « jamais jusqu'à faire opprobre à un homme de la pauvreté maudite qui consume l'âme [θυμοφθόρον] : elle est un don des bienheureux toujours vivants » (Hésiode, *Trav.*, 717-718).

Il est aussi quelque chose que les dieux ne donnent pas : l'exemplarité morale. Aristophane ne se privera pas de mettre en scène ce défaut d'adresse aux humains : « Es-tu surpris en adultère, tu répondras au mari que tu n'as rien fait de mal. Puis rejette la faute sur Zeus : celui-là aussi, diras-tu, est vaincu par l'amour et par les femmes. Et comment toi, simple mortel, pourrais-tu être plus fort qu'un dieu ? » (Aristophane, *Nuées*, 1079-1084).

Plus sérieusement, les dieux peuvent aussi et surtout faire don de ce qu'ils refusent pour eux : la mort. S'ils peuvent donner la mort (Apollon envoie la peste mortelle, Artémis décoche ses flèches) c'est parce qu'ils l'ont préalablement offerte comme lot aux humains et aux animaux : « La mort est un mal, constate Sapho. Les dieux en jugent ainsi, car sinon, ils choisiraient de mourir » (Sapho, 170, Reinach-Puech).

Les déesses de l'accouchement sont au cœur du don de la vie ou de celui de la mort. Eileithuia, « Celle qui vient » au cri angoissé de la parturiente, est la déesse dont la venue *donne* la délivrance : elle vient et le nouveau-né arrive avec elle. Honorée sous ce nom à l'époque mycénienne, Eileithuia sera plus tard confondue avec Artémis *Lokhía* « Accoucheuse » (Euripide, *Suppliantes*, 958 ; cf. *Hippolyte*, 168). Un tel rapprochement en dit long sur la signification du don d'une déesse de la naissance qui est autant responsable de la mort des femmes en couches.

Déméter fait don aux rois justiciers d'Éleusis des « rites augustes qu'il est impossible de transgresser, de pénétrer, ni de divulguer » (*Hymne pseudo-homérique à Déméter*, 476-478). Étrange don pourtant partagé dans le secret des mystères éleusiniens. Déméter donne encore la possibilité de la pratique agricole : cultiver et manger des céréales, c'est récolter et consommer ses propres fruits.

Sa fille n'est pas loin. Récupérée par les Orphiques, Perséphone donne des consignes de régime végétarien.

→ Ambivalence des dieux ; Attente des dieux ; Destin ; Femme ; Inconnaissance et théologie ; Initiation éleusinienne ; Mort ; Philanthropie

DROIT DES GENS **→ Hospitalité ; Lois non écrites ; Suppliant**

E

ÉPHÉMÈRE

La conscience humaine de n'être qu'un « éphémère », *hamérios ánthrôpos*, selon la formule employée par Sophocle (*Antigone*, 789 ; *Ajax*, 399-400), est une expression de la piété grecque fondée sur la certitude de l'infranchissable distance séparant les immortels des mortels.

L'instable contour

Les dieux jouissent idéalement de la pérennité et de la sérénité, tandis que les humains, vivant au jour le jour, sont à la fois voués à l'instabilité, à l'ignorance du lendemain, à l'inconnaissance du divin et à la nécessité de raviver quotidiennement leurs forces toujours menacées de défaillance. Les premiers vivent dans un temps suspendu : de jeunes, les dieux deviennent indéfiniment adultes, tandis que les seconds sont destinés à la destruction, tant de leurs espérances que de leur part de vie. « Les dieux sont seuls à ne connaître ni la vieillesse ni la mort. Tout le reste subit les bouleversements qu'inflige le temps souverain » (Sophocle, *Œdipe à Colone*, 608-609). « Qui donc à l'exception des dieux peut voir le temps perpétuellement s'écouler sans souffrance ? » (Eschyle, *Agamemnon*, 553-554). Les dieux sont les *reîa zôontes*, les vivants bienheureux… tant que les sacrifices renouvelés chaque jour leur sont offerts.

Déroulée de façon décomptée, au jour le jour (ἐφημέρια, *Od.*, XXI, 85), la vie éphémère adopte nécessairement le contour (sens originel de *ruthmós*, « rythme ») de l'instabilité caractéristique de la vie humaine, aussitôt aggravée par l'absolue méconnaissance de ce qui peut advenir. Être éphémère, c'est à la fois être conscient de sa finitude, la seule certitude offerte aux humains, et être à la merci de l'incertitude de ce que chaque jour amène. C'est alors partager la conscience obscure de vivre un étrange et pénible rêve : celui de se confondre avec une ombre découpée au gré des accidents de la vie, sur fond de ce quotidien auquel échapperaient (et là est le rêve) ceux que la croyance impose d'honorer comme « dieux bienheureux ».

Un tel sentiment déprimant est parfaitement exprimé par Aristophane qui, dans la parabase de ses *Oiseaux*, fait dire au chœur :

« Allons, hommes, qui par nature vivez obscurs, semblable à la feuille, impuissantes créatures pétries de limon, fantômes inconsistants pareils à des ombres, êtres dépourvus d'ailes, éphémères [ἐφημέριοι], infortunés mortels, hommes semblables à des songes, prêtez votre attention à nous les immortels, toujours existants, exempts de vieillesse » (Aristophane, *Les Oiseaux*, 685-689).

Comme naissent les feuilles…

C'est en pleine bataille sous les murs de Troie, au cœur de la tuerie, que deux guerriers, l'un achéen, l'autre troyen, engagent préalablement une joute question-réponse. À Diomède qui lui demande qui il est – façon de s'éviter la démesure qui consisterait à combattre un dieu –, Glaucos répond en commençant par ce propos dont le ton désabusé doit aussitôt rassurer l'adversaire sur son origine mortelle :

« Comme naissent les feuilles, ainsi font les hommes. Les feuilles, tour à tour, c'est le vent qui les épand sur le sol, et la forêt verdoyante qui les fait naître, quand se lèvent les jours du printemps. Ainsi des hommes : une génération naît à l'instant même où une autre s'efface » (*Il.*, VI, 146-149).

La pousse des feuilles toujours renouvelée, faisant tomber les unes pour faire croître les autres, est un thème homérique par excellence. À l'issue d'un dialogue houleux entre Poséidon et Apollon, ce dernier se range à l'idée qu'il ne convient pas de se disputer entre dieux « pour de pauvres humains, pareils à des feuilles, qui tantôt vivent plein d'éclat, en mangeant le fruit de la terre, et tantôt se consument et tombent au néant » (*Il.*, XXI, 463-466). La comparaison est encore attribuée au légendaire Musée pour décrire la condition de la « race des hommes » (2 B 5 DK, selon Clément d'Alexandrie, *Stromate*, 6, 5).

La poésie lyrique des VIIe-Ve s. s'emparera du thème pour l'articuler sur l'ignorance constitutive de tout mortel (thème qui appartient déjà à *l'Iliade*, puisque Diomède se demande si le guerrier qui se présente à lui n'est pas un dieu, tant sa rage d'en découdre est impressionnante).

Ainsi Mimnerme de Colophon (VIIe s.) :

« Nous, comme les feuilles qui poussent à la saison florissante du printemps, lorsqu'elles croissent sous les rayons du soleil, semblables à elles, pendant un court espace de temps, nous sommes sous le charme des fleurs de la jeunesse, n'ayant appris des dieux ni le bien ni le mal » (frag. 2 West).

Ou encore Sémonide d'Amorgos (fin VIIe-début VIe s.) :

« La connaissance n'appartient pas aux hommes, nous vivons comme du bétail de pâturage *(bota zômen)*, à la merci de ce qu'amène le jour, sans savoir quelle issue la divinité imposera à nos actions » (frag. 1 Diehl).

Mais aussi Simonide de Céos (VIe-Ve s.), filant à son tour la métaphore de la floraison destinée à disparaître :

« Une des meilleures choses qu'ait dite l'homme de Chios : “Comme naissent les feuilles, ainsi font les hommes”. Mais bien peu parmi ceux qui entendent ces mots les conservent en leur cœur ; car chacun garde l'espoir qui pousse dans les jeunes poitrines. Tant qu'un mortel connaît la douce floraison de la jeunesse, il a un cœur léger et pense à d'impossibles choses. Car jamais il ne s'attend à vieillir ou à mourir, et tant qu'il se porte bien, n'a cure de la maladie. Enfants ! qui ont l'esprit ainsi fait et ignorent que les hommes mortels ne disposent pour être jeune et pour vivre que de peu de temps » (frag. 8 West).

À l'époque classique, Euripide retrouve les accents du lointain Musée : « un même cycle régit les fruits de la terre et la race des mortels : croissance pour les uns, dépérissement pour les autres, suivi d'une nouvelle moisson » (*Ino*, fr. 16 cuf), tandis qu'Aristophane puise directement à la source homérique pour comparer la fragilité et la vacuité de la condition humaine à la destinée d'une génération de feuilles (φύλλων γενεᾷ προσόμοιοι, *Oiseaux*, 685. Cf. *Il.*, VI, 146 : οἵη περ φύλλων γενεή, τοίη δὲ καὶ ανδρῶν). Eschyle aussi évoquait le « feuillage » flétri du vieillard (*Agamemnon*, 79), et Sapho savait que « celui qui est beau ne reste beau que le temps de le regarder » (frag. 48 Reinach).

... et ce qu'amène le jour

L'éphémère est fondamentalement ignorant : « Ô dieux! combien s'égare la pensée des hommes éphémères, dans son ignorance » (Pindare, fr. 90 Puech, p. 221). Une telle inconnaissance le plonge dans l'instabilité. Le thème est particulièrement cher à Pindare : « Des courants changeants nous entraînent ;

ils amènent tantôt la félicité et tantôt l'épreuve » (*Ol.* II, 37-38). « Les vents qui soufflent dans les hauteurs changent sans cesse. La prospérité ne dure pas longtemps pour les mortels, quand elle vient à eux dans sa plénitude » (*Pyth.* III, 103-105). Mais il l'est aussi aux poètes tragiques. « Un jour suffit, prétend Athéna elle-même, pour faire monter ou descendre toutes les infortunes humaines » (Sophocle, *Ajax*, 131. Cf. Euripide, *Troyennes*, 612-613). Du point de vue des mortels, l'étude tourne en rond : « De longue date j'étudie les vicissitudes des mortels, dans quel bel ordre elles se succèdent. Celui qui trébuche se relève, et celui qui était d'abord heureux tombe » (Euripide, *Archélaos*, frag. 26 cuf).

Être éphémère, c'est supporter un lot de vie où il n'est nul bien sans mal : « Si les hommes obtiennent quelque félicité, ce n'est jamais sans labeur. La divinité peut y mettre le comble aujourd'hui ; – mais le destin demeure inévitable ; un jour peut venir, qui, trompant notre espérance, à l'inverse de notre attente nous donnera ceci, – et nous fera attendre encore le reste ! » (Pindare, *Pyth.* XII, 28-32). Euripide poursuit, désabusé : « pour le destin (τύχας) des mortels, le temps dans sa durée change la grandeur en néant (οὐδέν) et exalte la faiblesse » (Euripide, *Bellérophon*, frag. 19).

L'instabilité ne va pas sans un lot de vicissitudes (*sumphoraí*) : « Tandis que les jours se déroulent, le temps amène bien des vicissitudes » (Pindare, *Isth.* III, 19). Que le déroulement des jours aille de pair avec l'enroulement des vicissitudes est un lieu commun. « Il n'est pas d'existence humaine qui soit si stable que l'on puisse ou s'en satisfaire ou s'en plaindre. La fortune à chaque instant vient abattre l'homme heureux, aussi bien que redresser le malheureux » (Sophocle, *Antigone*, 1156-1158). « L'homme n'est que vicissitude », rappelle à Crésus le Solon d'Hérodote (I, 32, 20-21). « En sens divers se succèdent les vicissitudes, et les hommes voient changer leurs jours au gré d'un « éternel caprice » (Euripide, *Hippolyte*, 1108-1110). Électre en fait l'amer constat : « Las ! Race digne de toutes les larmes, éphémères douloureux, voyez combien sont imprévues les démarches du destin! Variant avec chacun, les calamités se succèdent dans la longue durée du temps : la vie entière des mortels n'est qu'instabilité » (Euripide, *Oreste*, 976-981 ; cf. *Ino*, frag. 17 cuf). Ou encore ces accents chez Sophocle : « Aussi bien le Kronide, le roi qui règle tout, n'a jamais aux mortels octroyé de lots sans souffrance. Joies et peines pour tous toujours vont alternant : on croirait voir la ronde des étoiles de l'Ourse. Pour les hommes, rien qui dure, ni la nuit étoilée, ni les malheurs, ni la richesse ; tout cela un jour brusquement a fui, et c'est déjà au tour d'un autre de jouir – avant de tout perdre » (Sophocle, *Trachiniennes*, 126-135).

L'instabilité est aussi la rencontre toujours changeante avec autrui, l'autre étant lui-même soumis aux fluctuations des jours. « L'esprit des hommes sur la terre se conforme aux jours divers que leur assigne le père des hommes et des dieux » (*Od.*, XVIII, 136 sq.). « Car la pensée des mortels [...] / Dépend toujours de ce que Zeus leur accorde selon les jours, / Et le sort qui leur échoit détermine aussi leur sentiment » (Archiloque, frag. 115-116 Lassère). Dans ces conditions, même la sollicitude d'autrui est éphémère (Théognis, 656 : εφημέριον).

La condition instable de l'humanité doit conduire chacun à s'adapter aux circonstances en prenant l'exemple du polype (Théognis, 215 ; Pindare, frag. 10 Puech). Et s'adapter, c'est ne jamais tenter de déchirer le voile de l'avenir : « Il n'est point de devin qui puisse prédire aux mortels le moyen d'assurer la stabilité » (Sophocle, *Antigone*, 1160). La fonction bien matérialiste des oracles est là pour ne cesser de rappeler qu'il est interdit aux mortels de connaître leur avenir, mais seulement d'offrir une réponse à chaque préoccupation du moment.

Antiphon l'Athénien (ve s.) rassemble précarité des mortels et fugacité de l'existence aux confins extrêmes de la condition humaine en affirmant que l'individualité d'une vie ne se réitère pas :

« C'est une veille d'un jour *(phrourâi ephêmérôi)* que la vie, et la longueur de l'existence une seule journée : haussant les yeux vers la lumière, nous laissons leur tour aux autres *(hétérois)* qui viennent après » (Antiphon, B 50).

L'éphémère ne renaît pas. Il laisse à un *autre* le soin d'assurer la relève pour, dès le lendemain, être le veilleur d'un jour. C'est dans ce contexte que l'idée de résurrection fut spontanément estimée absurde en tant qu'espérance insensée. (Notons aussi que la référence militaire ne peut être anodine à une époque qui est le théâtre d'incessantes guerres entre cités.)

Rien qu'un ventre

Dans l'épisode cité plus haut de la rencontre entre Diomède et Glaucos, quand le premier réalise – plus qu'il ne comprend – qu'il n'a pas devant lui un dieu, mais bien qu'il a affaire à un homme constitué, comme lui, de chair et de sang, il ne manque pas d'ajouter, telle une ultime confirmation : « un mortel vivant du fruit de la terre » (*Il.*, VI, 142), bref un être voué à la corruption, à l'instar de sa mangeaille. Car la « pâture d'éphémère », selon l'expression d'Apollodore (I, 6, 3), c'est la nourriture vouée à la putréfaction : le pain, la viande ou le fruit de la vigne. L'éphémère tient de la décomposition.

Le mythe rapporté par Hésiode du partage de Mékôné (*Théog.*, 535-564) rend compte à la fois de la fonction de l'homme (sacrificateur) et de sa condition (n'être qu'un ventre) – non de sa destinée, celle-ci (mourir) étant établie depuis l'origine.

Se mettre un instant à l'écoute du mythe, c'est envisager un âge incroyable où mortels et immortels vivaient ensemble, partageant les mêmes festins. Le nouveau souverain, Zeus, ne peut accepter cette proximité qui relève d'ailleurs de l'aporie : si les dieux mangent comme les mortels, alors la table des festins n'est pas un autel mais un espace rapprochant dangereusement les immortels des humains. Zeus décide de mettre un terme à cette situation abracadabrante. En demandant à un Titan, Prométhée, de partager entre commensaux un bœuf immolé, il sait que ce dernier qui appartient au clan « ennemi de toujours » des Olympiens, tentera de favoriser les humains. Ce que Prométhée ne manque de faire. Il dispose alors deux portions dont chacune cache ce qu'elle est réellement en offrant l'apparence de son contraire : il dissimule la viande et les abats sous l'écœurant aspect de la peau et de la panse *(gastèr)* du bœuf et recouvre les os nus de graisse blanche. Zeus, qui n'a jamais douté que le fils de Japet (Titan déchu par son accession au pouvoir) ne résisterait pas à son envie de régler ses comptes avec les Olympiens, accepte sa part (immangeable) au nom des dieux et du même coup retourne contre les hommes le piège où le fils de Japet croyait le prendre. En « héritant » de la viande, les hommes deviennent « comme des ventres, *gastéres oîon* » (*Théog*., 26), à l'image même de l'apparence du lot qui leur fut remis à Mékôné. Ils vont dorénavant connaître les affres de la faim et devront brûler les parties immangeables (les seules qui soient en réalité authentiquement incorruptibles) afin que les dieux apprécient la distance qui sépare désormais le divin et l'humain à travers la montée du fumet sacrificiel des os et des graisses calcinés. N'être rien qu'un ventre, appartenir à la race de ceux qui « mangent le grain » (Hésiode, *Trav*., 82), c'est chuter dans le domaine du corruptible, du précaire, du périssable, de l'affamé. Rien n'est plus « chien », se désespère Ulysse, que ce ventre odieux qui réclame son « plein » quand le cœur est au deuil (*Od*., VII216-221). En écho, Pindare confirme que le ventre enchaîne le mortel au besoin (*Isth*. I, 69-70).

Le régime alimentaire des hommes est le constant rappel de ce qu'ils sont : des misérables voués à la corruption, et cette invariabilité égrène les éphémères, comme des feuilles mortes, qu'Hadès attend *sans état d'âme* pour les transformer définitivement en ombres vaines et amnésiques.

Inutiles néants que ces éphémères ? Certainement pas. Et c'est même dans cette réponse négative que se dessine leur importance, car sans ces feuilles qui tombent, les dieux ne comprendraient rien au temps lisse et suspendu dont ils jouissent.

→ Destin ; Inconnaissance et théologie ; Mort ; Néant ; Sacrifice ; Sang

ÉPICLÈSE

L'épiclèse est la mise en mots d'une ligne de fracture entre le dieu du mythe et la divinité cultuelle. Elle est autant la marque que l'indication de ce qui fut le paganisme.

Dénomination restrictive mais idoine, car strictement particulière à un culte rendu à une divinité, l'épiclèse est le pivot de la croyance grecque selon laquelle chaque dieu ne peut s'appréhender dans la totalité de sa puissance. Par « essence » cultuelle, l'épiclèse, inscrivant le fractionnement au sein même de chaque divinité, fait fonctionner le polythéisme qui distingue le genre (*le* dieu archétypal du mythe) de l'espèce (*tel* aspect indigète de son culte).

Un dieu ne cesse de se décliner. Heinrich Dörrie parlait d'une « foison d'énoncés » cultivée par l'Antiquité non-chrétienne ainsi incapable à ses yeux de fournir une réponse quand on l'interroge sur le concept de Dieu. La question n'est pas là car les Hellènes ont patiemment bâti ce que polythéisme veut dire, ce que le(s) monothéisme(s) colonisateur(s) ne comprendra(ont) plus, à savoir cet étrange goutte à goutte du sacré. Pas de Révélation !

Au-delà de la manifestation

Le dieu se morcelle pour s'adresser à l'homme, et cet effritement, loin d'être une dégradation, condense sa grandeur. Il s'adresse au mortel en s'invitant chez lui, au sein même de son espace, pour s'approprier un lieu (qui devient sanctuaire), un lieu propice à y dévoiler un aspect de lui-même, une de ses fonctions, voire même son simple goût résidentiel – alors l'épiclèse se résume à la toponymie : Artémis *Limnâtis*, « aux marais » à Sparte ou Héra *Argeia* en Argolide ou Héra *Akraia*, « des hauteurs » (à Corinthe) ou l'origine géographique d'un culte transféré (à Athènes, le culte d'Artémis *Brauronia*, « de Brauron »). Aux mortels de traduire cette présence qu'ils ressentent par un culte approprié. Car l'épiclèse doit suffire à énoncer les interdits : par exemple, il est impie d'emporter le bois de cyprès *(kuparissôn)* jonchant le sol du sanctuaire d'Apollon *Kuparissios* à Kos.

L'épithète peut également indiquer la fonction d'une divinité sur un territoire particulier : Déméter *Karpophóros*, « pourvoyeuse de fruits », à Tégée, Aphrodite *Euploia*, « de la navigation propice », à Cnide, Athéna *Nikê*, « Garante de la victoire », à Athènes… Elle peut aussi provenir du nom même du sanctuaire (Apollon *Púthios*, Apollon *Délios*, Héra *Argeía*), de la fête (Zeus *Olúmpios*) ou encore du rituel (Dionysos *Oméstes*) – le dieu se manifestant en quelque sorte comme le prêtre de… lui-même.

L'épiclèse indique encore l'action des dieux : Apollon est *Apotrópaios* quand il protège et *Epikoùrios* quand il vient en aide. Artémis est *Lokhía* quand elle aide à l'enfantement.

Au morcellement évoqué plus haut, l'épiclèse peut inversement indiquer la fusion de deux divinités originellement distinctes : Athéna *Aléa*, Poséidon *Erechtheús*, Artémis *Orthía*.

Une épithète peut rester totalement incompréhensible pour nous autres « modernes », mais certainement pas pour les fidèles païens. Ce fut d'ailleurs un de leur effort de piété.

La piété humaine consiste à reconnaître que le dieu est toujours au-delà de ses nominations, et donc de sa manifestation. Le Grec, écrit Jean Rudhardt, « saisit des manifestations divines variables selon les circonstances ou les lieux et c'est sous diverses modalités qu'il perçoit concrètement la présence d'un dieu. Certes, il sait qu'un être divin unique se révèle ainsi à lui de plusieurs façons ; il énonce le savoir qu'il possède de cette unité en le nommant Athéna ou Zeus mais il exprime la conscience immédiate qu'il a d'une multiplicité d'aspects, en l'appelant en outre sous de nombreuses épiclèses. Ainsi le dieu est toujours au-delà de ses manifestations, au-delà des noms qu'on lui donne, des images qui le symbolisent, de la personnalité qu'on lui prête, mais dans cette transcendance, il ne perd pas son identité » (J. Rudhardt, 1991, p. 270).

Un dieu doit, à défaut de s'occuper de tout, au moins s'immiscer dans les affaires humaines. Un calendrier sacré d'Erchia, dème de l'Attique, consigne Zeus à la fois sous les épiclèses d'*Epakrios* (« des hauteurs »), d'*Epopète* (« le surveillant »), d'*Horios* (« des bornages »), de *Meilichios* (« l'aimable », un pur euphémisme), de *Polios* (« de la cité ») et de *Téléios* (épithète que Zeus partage avec la déesse Héra *Téleia* pour signifier la protection du mariage humain quant à sa finalité de reproduction… de sacrificateurs). L'épithète a encore cette particularité de faire descendre (et non pas chuter) le dieu dans le domaine privé des mortels pour ainsi le faire condescendre à une certaine proximité. Telle ou telle épiclèse montre le dieu s'inviter parmi les hommes. Le Zeus « des hauteurs » et des promontoires, l'*Húpsistos* (« d'en haut »), connu de l'*Iliade*, est encore celui qui veille sur l'agora *(Agoraia)* où se prête le serment (Zeus *Hórkos*) mais aussi sur l'*oikos*, la maisonnée, en tant que Zeus à la fois *Ktèsios* ou *Herkéios* (protecteur de la propriété). Zeus *Patrôos* et Zeus *Phátrios* apportent respectivement garantie tant au respect de l'autorité paternelle que des droits du sang. Les Zeus *Hikésios* et *Xénios* (« Suppliant »/« Hospitalier ») protègent les étrangers qui, errant en étrangers inquiets, s'invitent au foyer pour y trouver refuge. Selon ses épiclèses, le dieu ferme ou ouvre la propriété des humains.

L'épiclèse *Strophaios*, cette fois accolée à Hermès, ne fait-il pas du dieu le maître des gonds, celui qui fait pivoter le dehors et le dedans ? N'est-ce pas alors à une seule et unique représentation du divin que tout ce fatras d'épithètes semble tendre ?

Deux exemples illustrent parfaitement le fonctionnement grec de la réception du divin, toujours enlacée de conduite civique : celui, particulier, de l'examen d'admission des jeunes gens dans le corps civique athénien (la dokimasie), et celui, plus général, des cultes rendus à une divinité, en l'occurrence Athéna.

La nomination aux charges publiques en vue du renouvellement de la *boulê* (conseil de la cité, apte à contrôler les magistrats) nécessite un examen des candidats afin d'attester qu'ils sont bien des citoyens athéniens : l'une des questions posées concerne la participation aux cultes. Il n'est pas demandé au candidat s'il participe aux cultes de Zeus et d'Apollon, mais précisément à ceux de Zeus *Herkéios* et d'Apollon *Patrôos* (Aristote, *Constitution d'Athènes*, 55).

Un Grec ne s'adresse pas à Athéna tout court, mais selon sa cité ou le sanctuaire dans lequel il se trouve, il honore telle ou telle manifestation particulière de la déesse. Les Athéniens s'adressent à Athéna *Polias* (Protectrice de la cité), à Athéna *Ergané* (l'Industrieuse), à *Nikê* (Garante de la victoire), à *Boulaia* ou *Agoraia* (Bonne conseillère du peuple), à Athéna *Thémis* (Garante de la justice), etc. ; au Pirée, Athéna est *Sôtéria*, Protectrice des marins ; à Colone, elle est honorée comme *Hippia*, Amie des chevaux ; à Delphes, la déesse reçoit l'épiclèse de *Pronaia*, parce que son sanctuaire est situé en avant *(pro-)* du temple *(naos)* d'Apollon, ce qui en fait la gardienne, la sentinelle avancée *(Prómakhos)* ; elle est *Sôteira* à Délos pour avoir aidé à la délivrance (l'accouchement) de la déesse Létô, ou encore *Glaukôpis* (aux yeux de chouette)... L'Athéna *Zostoria* est à la fois la déesse qui protège le guerrier qui boucle son ceinturon avant le combat et la protectrice de la future mère qui dénoue sa ceinture pour accoucher... Les Hellènes s'adressent à Athéna *Pallas* (la Jeune fille, synonyme de *parthénos*). Cette liste est très loin d'être exhaustive, car plus de deux cents épiclèses d'Athéna sont aujourd'hui répertoriées. (Au moins trois cent quarante pour Aphrodite, et plus de sept cents épiclèses d'Artémis). Certaines épiclèses peuvent être communes à plusieurs dieux (*Anax*, « Seigneur » revient à Apollon, Poséidon et Zeus ; *Despoina*, « Maîtresse » s'applique à Artémis, Aphrodite, Athéna, Hécate et Perséphone). *Sôter/Sôteira*, « Sauveur/Salvatrice » qualifie Zeus, Athéna et Artémis. Héra, Hestia et Artémis sont, à l'exemple d'Athéna, *Boulaia* (*Boulaios* pour Zeus). *Hippia* ne qualifie pas seulement Athéna, mais aussi Héra et Poséidon *(Hippios)*. Les vocables qui conviennent à tous les dieux (les « immortels », les « bienheureux », etc.) sont plutôt de simples épithètes sans référence cultuelle précise.

Une épiclèse ne sert pas simplement à spécifier un aspect de la divinité. Elle peut aussi fusionner deux dieux en un seul, prouvant ainsi le constant effort de reconnaissance du divin dont fait preuve la piété grecque : Ényalios, l'ancienne divinité mycénienne de la guerre, en viendra à se confondre avec Arès (l'Arès *Ényalios* des Spartiates). Une épiclèse peut aussi traverser le monde grec : Zeus est *aithérios* ou *aithrios*, « du ciel clair », même quand il ne réside pas sur les sommets du mont Olympe – et nous verrons bientôt qu'il n'y réside pas toujours, car, conformément à la réception grecque du sacré, Zeus (en fait, comme les autres) est à la fois *Húpsistos* (« le plus haut ») et *Khthonios* (« le souterrain »).

Un dieu est toujours vertical : Hermès est *Agoraîos* (expert en commerce) et *Psukhopompós* (guide des défunts) ; Zeus est *Húpsistos* (Le plus haut) et infernal en tant que *Katakhtónios* ou *Khthonios*.

Le polythéisme est moins l'expression d'une pluralité de dieux que celle de la pluralité des aspects d'un même dieu. Parmi ces aspects, le premier d'entre eux : l'ambivalence. Comme le souligne Jean-François Mattéi, « si l'épithète d'Apollon, *Phoîbos,* évoquait la "pureté" et la "lumière" du soleil, elle connotait en même temps la "terreur" et la "panique", le dieu *Phobos,* à l'origine de notre "phobie", étant la personnification de *l'Effroi* » (*Le Sens de la démesure*, 2009, p. 46).

Épiclèse et euphémisme

Expression de la piété, l'euphémisme de certaines épithètes sert à conjurer la crainte qu'inspirent les dieux en invoquant leur terrible puissance sous un aspect bénéfique. Zeus *Meilíkhios* (l'« Aimable ») désigne l'aspect chthonien de l'Olympien : c'est le « Zeus des trépassés » dont le culte l'emporte largement en fréquentation sur celui de sa « contrepartie » céleste dont les fêtes n'étaient pas importantes. Perséphone est l'« Accueillante » car autrement redoutée comme étant la terrible maîtresse des Enfers orphiques (Lamelles, II A 2. Thurii). L'euphémisme est parfois décollé du nom du dieu pour devenir un surnom : Hadès (Zeus *Meilíkhios* ?), l'inflexible dieu des ombres des défunts devient Plouton, « le Riche » (*i.e.* celui qui thésaurise ses offrandes que sont les morts qui tombent comme des feuilles jaunies par les saisons du cycle des éphémères) ; les terribles, effrayantes et violentes Érinyes (les « Redoutables ») sont appelées les Euménides, les « Bienveillantes »...

Le sacré est fondamentalement redoutable et menaçant. Il est tout autant ambivalent, ce qui en fait toujours un havre d'espérance.

Mais, sous la déclinaison des épiclèses, ne sourde-t-il pas un effort de définition de *la* présence *du* divin ?

▶ BELAYCHE N, BRULÉ P., FREYBURGER G., LEHMANN Y., PIERNOT L. & PROST F. (dir.), *Nommer les dieux. Théonymes, épithètes, épiclèses dans l'Antiquité*, Turnhout, Brepols-PUR, 2005. – BRULÉ P, « Le langage des épiclèses dans le polythéisme hellénique » (1998), in *La Grèce d'à côté. Réel et imaginaire en miroir dans la Grèce antique*, Rennes, PUR, 2007, p. 313-332. – RUDHARDT J.,

« Quelques réflexions sur les hymnes orphiques », in Ph. Borgeaud (éd.), *Orphisme et Orphée*, Genève, Droz, 1991.

→ Ambivalence des dieux ; Dieux et déesses ; Honorer les dieux ; Noms et langue des dieux ; Piété : Sanctuaire

ÉPIPHANIE

Une épiphanie (*epipháneia*, « apparition ») peut être fatale pour un mortel : la mère inaccomplie de Dionysos en fera les frais. En demandant à son amant Zeus de lui apparaître dans toute sa splendeur, le feu de l'être olympien foudroie l'imprudente Sémélé.

Une apparition est toujours un phénomène exceptionnel provoquant une tétanisation des spectateurs, dieux compris. Elle se produit toujours aux rivages de la mort ou à l'avènement de ce qui est voué à la mort.

Épiphanie ? Ce peut être une naissance insolite. Celle d'Athéna, par exemple, sortant sa tête et son corps du cerveau rusé de Zeus : naissance provoquant le *sébas* (respect mêlé d'une profonde crainte) dans la famille olympienne (*Hymne pseudo-homérique à Athéna*, 5-6).

Apparaître, c'est arriver : Eileithuia arrive auprès de la parturiente et l'enfant paraît. Son épiphanie c'est la naissance de l'enfant.

Selon Walter Otto, Dionysos serait le « dieu de l'épiphanie » articulé selon un cycle disparition/réapparition. La présence du dieu est palpable à la fièvre démentielle et criminelle qu'elle suscite chez les femmes et les hommes. Refuser de reconnaître une épiphanie de Dionysos, donc nier sa divinité, c'est courir à la mort, à l'instar de Penthée, ce roi incrédule incapable de reconnaître sous l'apparence d'un mortel l'étoffe d'un dieu. Ailleurs, dans son intemporalité, quand Dionysos disparaît, au fond de la mer ou dans la demeure de Perséphone, le vacarme se tait. Avec ce dieu, la disparition « appelle » la réapparition.

Déméter, aux prises avec un accablement que sa condition d'immortelle ne peut comprendre, le deuil, atterrit physiquement sur la terre des mortels, à la recherche de sa fille disparue. La mort étant inconcevable pour la déesse, elle erre donc sur le domaine des éphémères pour y glaner quelques informations de connaisseurs en disparitions. Les dieux ne savent rien des malheurs d'en bas. Bref, la grande déesse se métamorphose en vieille femme, mais s'énerve bientôt de cette condition collée à ce qu'elle rejette : voulait-elle immortaliser un rejeton d'humain en compensation de l'offrande de sa fille faite par Zeus à la Mort, que l'ignorance apeurée d'une autre mère, la bien mortelle Métanire, vient contrecarrer par ses cris horrifiés devant ce qu'elle ne peut comprendre : un processus d'immortalisation par le feu. Alors :

« la déesse, rejetant la vieillesse, prit une haute et noble taille. Des effluves de beauté flottaient tout autour d'elle, et un parfum délicieux s'exhalait de ses voiles odorants ; le corps immortel de la déesse répandait au loin sa clarté ; ses blonds cheveux descendirent sur ses épaules, et la forte demeure s'illumina, comme l'eût fait un éclair » (*Hymne [pseudo-homérique] à Déméter*, 275-280).

Déméter rejette le grand âge pour laisser flotter sa beauté. Elle redevient *Kallistéphanos*, la Déméter « aux belles couronnes ». Sa révélation de déesse, c'est son rejet d'être mortelle. Son épiphanie n'apprend rien aux mortels, sinon ce qu'ils savent : qu'ils ne sont que des craintifs puisant leur peur dans l'ignorance. Le récit précise que Métanire fut tellement ébranlée par l'épiphanie qu'elle « resta muette, sans même songer à relever de terre son fils chéri » *(Ibid,* 281-283).

Aphrodite apparaît au mortel Anchise « en prenant l'apparence et la taille d'une vierge »… « afin qu'il n'eût point peur en l'apercevant de ses yeux ». Anchise dort quand Aphrodite sort de sa couche. Elle s'étire, sa tête touche le faîte de la chambre, et « sur ses joues brillait une beauté immortelle » (*Hymne pseudo-homérique à Aphrodite*, 82-83 ; 172-174). Fausse épiphanie, car il n'y a encore personne pour la voir. Alors elle réveille l'amant qui « lorsqu'il vit le cou et les beaux yeux d'Aphrodite, eut peur » au point de détourner son regard.

Les dieux « prennent des aspects divers » pour se mêler aux hommes afin de les surveiller (*Od.*, XVII, 485). Souvent le dieu prend l'apparence d'un ami, d'un étranger ou d'un vieillard, mais la métamorphose n'est pas toujours parfaite car un détail divin trahit la divinité : Aphrodite se présentant sous les traits d'une vieille femme pour approcher Hélène sera reconnue comme la déesse par celle-ci à cause de la perfection de son cou, de sa poitrine et de ses yeux (*Il.*, III, 396-397). C'est aussi aux yeux brillant d'une lumière farouche qu'Achille reconnaît Athéna, la déesse aux « yeux pers » (*Il.*, I, 200).

Et puis, les dieux préfèrent visiter toute la terre « vêtus de brume » (*Trav.*, 255). Le théomorphisme, qui n'est qu'un anthropomorphisme supposé, avance donc masqué.

Pour un humain, l'épiphanie se confond avec la crainte, mais aussi avec la certitude que son monde n'est pas celui du doux flottement des robes parfumées et de la lumière diaphane.

Étrangement, une épiphanie païenne flirte toujours avec la mort. Anchise, Sémélé (même si elle accédera à l'immortalité), Penthée… vont bientôt mourir, et *Démo*phon ne sera jamais rien d'autre qu'un mortel, n'étant que celui qui appartient au *démos*.

→ Dieux et déesses ; Ménade

ESCLAVAGE → Bétail humain/Troupeau humain

ÉTRANGER

Les Panhellènes rencontrent au moins deux types d'étrangers : le voyageur hellénophone, natif d'une autre contrée grecque, et le barbarophone.

L'hellénophone

Le premier type d'étranger concerne tout Hellène franchissant les limites de la communauté restreinte de sa cité d'origine. Quitter son clan et sa ville c'est devenir un étranger, ξένος. « Étranger [*Xénos*]… de quel nom dois-je t'appeler ? » est la formule-interrogatoire courante dans le monde grec qui fait qu'aux yeux de chacun, tant le « sur place » (l'habitant) que le « déplacé » (l'itinérant), tout le monde est étranger. L'étranger répond à l'étranger qui lui pose cette question en déclinant son patronyme et son ethnique (adjectif tiré du nom de sa cité d'appartenance ou de sa communauté d'origine). De toute façon, « c'est une vie bien pitoyable que de sortir des frontières de la patrie » (Euripide, *Éole*, 20). Il faut alors rechercher l'*aspháleia*, la sécurité procurée par l'hospitalité *(xenía)*. Celle-ci s'inscrit, dès l'époque archaïque, dans une structure de réciprocité. L'étranger devient un hôte *(xénos)* à celui qui le reçoit (le *xenodókhos*) remet un *súmbolon*, une poterie cassée en deux dont chacun conserve un morceau. Aux descendants voyageurs de reconstituer l'objet pour attester de la relation d'hospitalité de leurs ascendants. L'ajustement parfait des deux morceaux est le reflet d'une relation solidaire et transmissible entre personnes (de même rang, à l'époque archaïque). Au IVe siècle, les *sumbola* sont des accords passés entre deux cités pour assurer la protection élémentaire de leurs ressortissants en déplacement. Ce n'est certainement pas sans fondement qu'une tradition concernant Pythagore le fasse évoquer l'« étranger » quand il doit définir le « philosophe » : « Comme on vient d'une ville vers un autre marché, nous sommes partis d'une autre ville et d'une autre nature vers celle-ci » (Héraclide du Pont, fr. 88 Wehrli). On est étranger par rapport à la cité dans laquelle on se rend : par rapport à son panthéon de divinités protectrices, à son calendrier de cérémonies religieuses, aux lois sacrées particulières à ses sanctuaires. On est étranger par méconnaissance de la manière dont une divinité, qui d'Olympienne devient locale pour se manifester selon un mode particulier de réception (exprimé par une épithète, appelée épiclèse) indiquant le rite adapté à respecter. Ni Athéna, ni Apollon, ni Aphrodite, ni Zeus, etc., ne sont honorés ici comme ailleurs. Si le divin ne connaît pas de frontières – les dieux des Hellènes sont les mêmes dieux seulement différemment nommés par les Barbares – chaque dieu adopte une manifestation propre à chaque lieu auquel s'attache un rituel qui n'appartient qu'à ce lieu sanctuarisé que seuls les autochtones connaissent traditionnellement.

C'est à l'aune de ces traditions que l'étranger, qui doit les apprendre, est insolite et étrange, autre sens de *xénos*, mot qui a d'abord signifié « hôte » avant celui d'« étranger ».

À l'époque classique, la cité a recours au proxène. « Hôte public », le proxène est un citoyen représentant dans sa cité d'origine une cité étrangère qui lui a décerné ce titre par décret pour qu'il héberge et protège ses ressortissants, cette charge restant sans assise juridique. Il assure la protection des étrangers qu'aucun lien privé d'hospitalité ne relie à un citoyen particulier. (Sur ce rôle de protecteur de l'étranger venu en suppliant, voir Eschyle, *Les Suppliantes*, 471-523.) En retour, quand le proxène se rend dans la cité qu'il représente, il acquiert un statut d'étranger privilégié.

La cité athénienne, depuis Clisthène, a spécifié le statut de l'étranger libre résidant sur son territoire comme métèque, μέτοικος, « celui qui habite avec d'autres », qu'il soit grec ou non grec. Le préfixe *méta* indique le double sens de la condition de métèque qui est toujours un immigrant : avec la valeur de « après », *méta* renvoie au changement (en quittant sa communauté, il perd son plein statut de citoyen) ; avec la valeur de « avec », le préfixe indique une certaine intégration, le métèque étant « parmi, au milieu de » ceux qui sont citoyens. Distingué de l'étranger de passage, intégré dans l'espace social de la cité, le métèque reste pourtant bloqué dans l'échelle hiérarchique entre l'homme libre *(eleútheros)* et l'« instrument animé » qu'est l'esclave *(doûlos)*. Cette position intermédiaire est à la fois signifiée par des restrictions (ni droit de vote, ni possibilité d'épouser une femme autochtone, ni capacité d'acquisition de biens fonds en Attique, ni représentation directe devant les tribunaux) et des obligations (avoir un parrain ou protecteur, προστάτης, bref un répondant qui pouvait les représenter en justice, faute de quoi l'étranger risque l'esclavage à la suite d'une action publique ; payer une capitation, appelée μετοίκιον, s'acquitter de nombreuses liturgies, sauf la triérarchie, et être astreint au service militaire de garnison ou dans la marine, le service hoplitique étant réservé aux métèques fortunés). Le métèque désigne encore l'esclave affranchi dont le *prostatès* n'est autre que son ancien maître.

Un citoyen athénien, obligé de résider à Oropos, mais aussi à Delphes, Chalcis ou Mégare, y est un métèque (Lysias, *Contre Philon*, XXXI, 9). Quitter sa terre d'origine n'est jamais une bonne chose. Euripide le rappellera souvent : « C'est une vie bien pitoyable que de sortir des frontières de sa patrie » (Eur., *Éole*, frag 20). Et le poète philosophe de toujours enfoncer le clou : « Quiconque vient d'une ville étrangère s'installer dans une autre ville est comme une méchante cheville fichée dans une poutre : de nom, il est citoyen, de fait il ne l'est pas » (Euripide, *Érechthée*, frag.14 cuf, 11-13). Le grand logographe Lysias, métèque dont le père est originaire de Syracuse, n'hésite pas à rappeler les bienfaits de sa riche famille à l'égard d'Athènes quand il évoque la lourde prise en charge financière de liturgies, « toutes les chorégies que nous avons exercées et les contributions que nous avons versées [...], et les citoyens athéniens que nous avons rachetés des mains de l'ennemi » (12, 20). Lysias contribua personnellement au rétablissement de la démocratie contre la tyrannie des Trente. Un tel service ne lui valut même pas d'obtenir la citoyenneté athénienne.

De nombreux métèques firent la gloire d'Athènes : sculpteurs, peintres, architectes, médecins, philosophes, rhéteurs, orateurs... De Myron de Béotie à Polygnote de Thasos, d'Hippodamos de Milet à Hippocrate de Cos, d'Anaxagore de Clazomènes à Aristote de Stagire ou d'Isée de Chalcis (qui passe pour le meilleur spécialiste du droit attique) à Lysias, d'origine syracusaine (le modèle de l'atticisme), l'émulation artistique ou la spéculation intellectuelle sont, avec l'activité économique que Xénophon demande aux Athéniens de favoriser et d'encourager (*Revenus de l'Attique*, II), des exutoires honorables pour des métèques auxquels l'action politique reste pourtant fermée. Athènes en a conscience, et c'est en ce sens qu'Aristophane compare les métèques au son, « le pur froment de la Cité », qu'on mêle à la farine pour faire du bon pain (*Les Acharniens*, 508-509). Mais les honneurs publics, réservés aux citoyens, resteront bien parcimonieux pour les métèques (cf. Aristote, *Pol.*, III, V, 1278 a 40).

Outre Athènes, les cités de Delphes, Chalcis ou Mégare et probablement d'autres comptent aussi des métèques, tandis qu'en Thessalie, à Élis ou à Sparte, les étrangers sont tolérés à la périphérie, comme périèques (περίοικοι), « ceux qui habitent alentour ».

Quant à la xénélasie (ξενηλασία), expulsion ou bannissement des étrangers, une telle pratique brutale, sans être totalement à écarter, reste certainement abusivement accolée par Athènes à Sparte. Plutarque l'enracine dans un réflexe de défense d'une pensée qui associe étranger et nocivité : Lycurgue, le semi-légendaire législateur spartiate, « chassa même de la cité les étrangers qui s'y assemblaient et s'y insinuaient sans aucune utilité : ce n'était pas, comme le dit Thucydide, par crainte de les voir copier son gouvernement et en tirer profit pour apprendre la vertu ; il voulait plutôt les empêcher d'enseigner le vice ; car avec les étrangers, il est inévitable que s'introduisent des formes de pensée étrangères ; les raisonnements nouveaux entraînent de nouvelles façons de voir, lesquelles, inévitablement, donnent naissance à beaucoup de passions et de désirs qui troublent l'ordre politique, comme des dissonances dans une harmonie. Aussi fallait-il, à son avis, préserver la cité des mauvaises mœurs, avec encore plus de soin que de la contagion des maladies physiques venues de l'extérieur » (*Lycurgue*, XXVII. 7-9). Rappelons qu'un demi-millénaire sépare Plutarque de la société qu'il décrit.

Tandis que la langue barbare est inintelligible, l'étranger hellénophone reste celui qui peut (et qu'on peut) entendre, à défaut d'être inscrit sur le registre complet de l'expression civique.

L'interdiction de toute activité politique d'un étranger au sein d'une démocratie directe (Athènes) revient à exclure le métèque de la sphère du débat. On ne lui demande pas, selon la formule consacrée et réservée aux citoyens, s'il veut prendre la parole. Ne pas avoir à dire son mot est la condition de l'étranger résidant.

En fait, la cité classique n'est pas propice à l'intégration des étrangers. Dans la mesure où chaque citoyen participe à la gestion de la communauté, un tel régime n'est possible qu'à l'intérieur du cadre restreint d'un nombre limité de citoyens, seul rempart permettant d'éviter la cacophonie, sinon la paralysie, car l'activité est le propre du citoyen : « chez nous, proclame haut et fort un Athénien, un homme qui ne fait pas de politique ne passe pas pour un homme paisible, mais pour un mauvais citoyen » (Thucydide, II, 40, 2).

Plus une cité est démocratique et moins ce qui en fait son propre enjeu, la citoyenneté, se trouve favorable à son élargissement et à son partage. Davantage que des procédures de naturalisation, l'Athènes du IVe s. a privilégié des procédures destinées à démasquer ceux qui tentent d'usurper la qualité de citoyens : ce n'est même pas la case départ qui attend les coupables qui, démasqués, seront vendus comme esclaves.

Quant à l'étranger de passage, Zeus *Xénios* le protège (*Od.*, IX, 270-271 ; XIV, 57-58). Selon cette croyance, il y a du numineux chez l'itinérant dont l'altérité inquiète au point de supposer qu'il peut toujours s'agir d'un dieu venu « inspecter les vertus des humains et leurs crimes » (*Od.*, XVII, 487). Mal recevoir un étranger, c'est prendre le risque d'être inhospitalier envers un dieu visitant la maison des mortels (théoxénie). À l'étranger de profiter du fait qu'un dieu peut toujours se cacher sous les traits d'un inconnu, d'un proche lointain ou d'un vieillard.

Le barbarophone

Le second type d'étranger relève, aux oreilles d'un Hellène, d'une déficience langagière. Le Barbare désigne celui dont on ne comprend pas la langue. L'étranger devient l'inaudible : il borborygme, blablate. *Bárbaros* (substantif, rarement adjectif) est une onomatopée indiquant que l'Hellène ne perçoit qu'une espèce de bredouillis informe ou, plus précisément, qu'un *étrange* son, souvent comparé au pépiement d'oiseau : un gazouillement de rossignol ou d'hirondelle (Aristophane, *Grenouilles*, 680-681 ; cf. Eschyle, *Agamemnon*, 1051) ou encore de colombe (Hérodote, II, 57). L'onomatopée n'est qu'imitative, nullement péjorative, au moins au départ. Parler « barbare » et bredouiller sont des expressions tautologiques qu'Aristophane ne s'est pas privé de mettre en scène quand il évoque un démagogue d'Athènes, Cléophon, d'origine thrace : « sur [ses] lèvres babillardes [...] étrangement dégoise une hirondelle thrace posée sur un pétale barbare : elle gazouille une lamentable complainte de rossignol » (*Grenouilles*, 679-684). Pour le reste, le barbare, celui qui ne parle *étrangement* pas un dialecte grec, est idéalement placé sur le même plan que l'Hellène. (Idéalement, car la pratique réelle de l'esclavage distinguera entre étranger hellénophone et Barbare). Hérodote annonce qu'il va « raconter les hauts faits des Grecs et des Barbares » (I, 1, 3-4) et approuve même certains usages étrangers, comme le respect du serment donné chez les Arabes (III, 8) ou l'interdit, chez les Perses, de condamner à mort une personne coupable d'une faute unique (I, 137). Homère, déjà, ne faisait aucune distinction de valeur entre les Achéens (ou Danaens) et les Troyens (qui sont peut-être des Hittites). Le Barbare ne se confond pas encore avec la barbarie. N'entendre que le bruit d'une langue autant rugueuse qu'embourbée, empâtée et lourde (Strabon, XIV, 2, 28) n'a qu'une signification descriptive qui, n'en doutons pas, s'opère à l'aune d'un incontestable sentiment de supériorité à peine caché. Et c'est dans ce contexte qu'on doit comprendre que les Hellènes n'étaient racistes qu'à l'extérieur de leurs terres d'autochtones. « Racistes, les Grecs ne le furent qu'hors de chez eux, quand ils se sentaient minoritaires et menacés de perdre leur identité : la colonisation archaïque ne débouche sur aucune fusion avec les populations indigènes, en général maintenues dans un statut inférieur » (Baslez, 1984, p. 359-360).

Après le choc des deux guerres médiques opposant des cités grecques aux Perses venus les attaquer (490, puis 480-479), le Barbare devient explicitement l'ennemi (ἐχθρός – avec le sens de « détesté »). Mais en fait, dès Homère, avant de signifier la sauvage brutalité incarnée, le Barbare est celui qui semble maltraiter sa propre langue au point de n'en laisser échapper qu'un charabia (cf. Mattéi, *La barbarie intérieure*, Paris, 2004, p. 58-61). *Barbaróphônos* est, dans *l'Iliade* (II, 867), l'épithète des Cariens, guerriers d'Asie Mineure combattant dans les rangs troyens. Le dicton « que le risque soit pour le Carien » (cf. Euripide, *Cyclope*, 654 ; Polybe, X, 32, 11) signifie la réputation de têtes brûlées de ces habitants d'Asie Mineure, que les Grecs utiliseront comme mercenaires à partir du VIIe siècle.

Parler barbare, baragouiner, c'est aussi écorcher les dialectes grecs à force de… barbarismes.

L'étranger, qu'il soit hellénophone ou barbarophone, n'a pas voix au chapitre de la politique d'une cité. Son statut est situé entre ce dont on ne veut pas entendre parler (l'accession du métèque à la citoyenneté) et celui qu'on ne comprend pas.

► BASLEZ M.-F., *L'étranger dans la Grèce antique*, Paris, Les Belles Lettres, 1984. – JOLY H., *La question des étrangers*, Paris, Vrin, 1992.– CUSSET C. & SALAMON G. (coord.), *À la rencontre de l'étranger. L'image de l'Autre chez les Anciens*, Paris, Les Belles Lettres « Signets », 2008. – GAUTHIER P., *Symbola. Les étrangers et la justice dans les cités grecques*, Nancy, Université de Nancy II, 1972. – LORAUX N., « Variations grecques sur l'origine. Gloire du Même, prestige de l'Autre », in *Les langues mégalomanes, Le genre humain* 21, Paris, Seuil, 1990, p. 115-139. – LOUIS R. (éd.), *L'étranger dans le monde grec*, Nancy, Presses Universitaires de Nancy, 1988. – VATIN C., *Citoyens et non-citoyens dans le monde grec,* Paris, CDU/SEDES, 1984.

→ Autochtonie ; Barbare ; Citoyenneté et administration du sacré ; Dieux étrangers ; Exclusion ; Hospitalité ; Liturgie ; Lois non écrites ; Suppliant

EUGÉNIQUE

Le mot « eugénique » n'appartient pas au vocabulaire employé par les Hellènes qui emploient *eu-genês* (εὐ–γενής), signifiant « de bonne race » ou « de bonne naissance » (εὐγενίας, « noble naissance » : Euripide, *Egée*, 9). Mais, la conception d'un programme de sélection de l'homme par l'homme est pourtant attestée depuis l'Antiquité. Et peut-être sa pratique.

Eugénie et autochtonie

L'*eugénie* désigne la belle extraction : celle du terreau fécond des mythes dont l'imaginaire collectif, en ce cas plutôt aristocratique, voit spontanément pousser du sol même des autochtones qui grandissent comme fondateurs de communauté. Belle extraction d'un noble enracinement ; c'est là toute la ruse que les mâles opposent au piège de Pandora, la première femme tardivement fabriquée par les dieux. Les mythes d'autochtonie, vecteurs de cette idée selon laquelle la bonne naissance se passe du ventre des femmes, fondent la légitimité de lignées masculines. À chaque sexe de bien entendre ces mythes pour trouver sa place au sein de ces familles descendantes de lignées de mâles autochtones.

Distinction de fait, l'eugénie le fut en fait. Les familles des Agides et des Eurypontides donnent à Sparte leurs rois ; les Étéoboutades fournissent la prêtresse d'Athéna *Polias* ; l'hiérophante qui préside à l'ultime cérémonie des mystères d'Éleusis est recruté dans le *génos* des Eumolpides… Question de naissance, et l'Athènes démocratique n'échappe pas à l'impératif.

L'eugénie dit déjà l'eugénique. Admettre le privilège accordé en raison d'une belle extraction, c'est déjà envisager la fabrication d'une élite sur mesure, et s'autoriser à passer du mythe appliqué à la politique à appliquer.

De la bonne race dans le bétail

Au ve siècle, période qui s'étend de Solon à Socrate, le poète Théognis de Mégare, tout instruit par les chants homériques que d'un « vilain » (κακός) ne peut jamais sortir une race de rois, ces « nourrissons de Zeus » (*Od.*, IV, 64), fait cette recommandation à un certain Cyrnos, jeune homme de bonne naissance et dont l'éducation est à faire :

« Nous cherchons des béliers, des ânes et des chevaux de race, et on ne leur fait saillir que des femelles au sang pur ; mais un homme de qualité ne se fait pas scrupule d'épouser la fille d'un vilain, si elle lui apporte beaucoup de bien ; pas davantage une femme ne refuse de s'unir à un vilain, s'il a de la fortune : c'est la richesse, et non la qualité du parti qui la tente. On a pour l'argent un vrai culte ; l'honnête homme prend femme chez le vilain, et le vilain chez l'honnête homme ; l'argent croise la race. Ainsi ne t'étonne pas de la voir s'étioler chez nos concitoyens : c'est qu'au bon sang s'y mêle le mauvais » (Théognis, 183-192).

Ce modèle de l'élevage animal sélectif se retrouve dans le projet d'un Platon soucieux d'assortir correctement les reproducteurs en vue d'une société idéale. À la question posée par Théognis du bon choix des procréateurs pour éviter une mésalliance, la réponse platonicienne engage explicitement l'application de mesures eugéniques : « S'en remettre au hasard pour les accouplements, ou pour toute autre action, c'est une chose que ni la loi divine [ὅσιον] ni les magistrats ne permettront dans une société de gens heureux » (*Rép.*, V, 458 e). À l'instar des animaux de « bonne race » (γενναίων) dont les accouplements sont contrôlés par les maîtres pour éviter tout risque de dégénérescence (459 a-b), il faut « que les sujets d'élite de l'un et de l'autre sexe s'accouplent le plus souvent possible, et les sujets inférieurs le plus rarement possible ; il faut de plus élever les enfants des premiers, non ceux des seconds, si l'on veut maintenir au troupeau [ποίμνιον] toute son excellence » (459 d-e).

L'élite masculine avec l'élite féminine d'un côté ; le rebut avec le rebut de l'autre, et, à terme, la disparition de ces derniers puisque leur progéniture, n'étant « pas élevée », sera supprimée. Car l'expression « ne pas élever » signifie, pour un Grec (pour un citoyen maître de sa maisonnée), « exposer un nouveau-né », le livrer, dans sa nudité originelle, moins à la nature sauvage qu'à la sauvagerie des humains capables d'en faire un futur esclave, ce qui est une manière d'éliminer (du point de vue civique) un enfant sans avoir à le faire soi-même. Les méthodes eugéniques trouvent leur total accomplissement avec l'infanticide, direct ou indirect.

Ces mesures eugéniques qu'une société « idéale » devrait prendre auraient été appliquées, selon Plutarque, à Sparte. Lycurgue, le semi-légendaire législateur spartiate, considérait les enfants comme le bien commun de la cité, et non comme la propriété privée de leur père. À ce titre, « il souhaitait donc que les citoyens ne soient pas engendrés par n'importe qui, mais par les meilleurs » (*Lycurgue*, XV, 14). L'injonction eugénique suit : « Les gens, disait-il, amènent leurs chiennes et leurs juments aux meilleurs reproducteurs [...] ; mais ils mettent leurs femmes sous clef et montent la garde autour d'elles, désirant qu'elles n'aient d'enfants que d'eux, même s'ils sont eux-mêmes stupides, décrépits et malades! Comme si ceux qui ont des enfants et les élèvent n'étaient pas les premiers à souffrir de la progéniture déficiente d'un père déficient ! et inversement, à trouver leur bonheur devant des enfants de bonne souche! » (*ibid*, 15). On prête à Critias, pro-lacédémonien notoire, cet éloge de Sparte : « Je commence à partir de la naissance de l'homme ; comment lui donner le corps le mieux constitué et le plus fort ? Il faut que le père fasse de l'exercice, mange comme il faut et endurcisse son corps, et que la mère de l'enfant à naître soit vigoureuse et fasse de l'exercice » (Critias B, 32 Dumont).

Eugénie et absence des femmes

Chez Euripide, mais certainement pas *selon* Euripide, on trouve cette maxime : « d'une mère mauvaise ne sauraient naître des fils qui porteront vaillamment les armes » (Euripide, *Bellérophon*, frag. 11).

Mais la mère est-elle vraiment indispensable ? Comment pouvoir se passer de la reproduction sexuée ? Ces interrogations reviennent compulsivement en boucle dans l'imaginaire des Hellènes.

Acheter de la graine d'enfants en déposant dans les temples le poids convenu d'or, de fer et d'airain, sans passer par le ventre des femmes : tel est le souhait de l'Hippolyte d'Euripide (617-624). « Son “meilleur des mondes”, écrit

Clémence Ramnoux, ne connaît pas encore le bébé de l'éprouvette, mais il connaît l'équivalent pour une civilisation aussi sophistiquée que la nôtre, bien que scientifiquement moins avancée : la graine d'enfants achetée dans les temples. La solution, au surplus, épargnerait aux "caractérologues" des lieux et des temps, la peine de "tester" l'enfant pour savoir quel démon préside à son destin, et aux sages de la République la peine de l'examiner pour lui assigner sa juste place dans la juste classe. Tout serait enregistré à l'achat avec le nom du dieu du temple, la nature et le poids du métal » (C. Ramnoux, *Mythologie ou la famille olympienne*, 1962, p. 115-116). Concilier la production de la bonne engeance avec l'élimination du moyen de reproduction que Zeus a donné aux hommes comme punition, la femme : une eugénie administrée autant qu'administrative.

Dans le secret de ces mesures…

Il ne s'agissait là que d'une étonnante parenthèse. La reproduction sexuée est le lot des humains. Dans son projet politique, Platon livre sa République aux mains des magistrats « pour qu'ils maintiennent autant que possible le même nombre de citoyens, en tenant compte des guerres, des maladies et autres accidents de ce genre, et que notre État, autant qu'il se pourra, ne s'agrandisse ni ne diminue » (Platon, *Rép.*, 460 a). Alors, ne pouvant tolérer des accouplements au hasard dans une société qui préconise à la fois la communauté des femmes chez les guerriers et l'impératif de sujets d'élite, la tricherie organisée et le mensonge obligé ménageront ces mariages « sur mesure » : « Il faudra organiser d'ingénieux tirages au sort, afin que les sujets inférieurs rejettent la responsabilité de chaque union sur la fortune [*tukhên*], et non sur les magistrats » (460 a).

Conserver « la pure race des gardiens » *(ibid.)* est à ce prix. Le triangle « eugénique – infanticide – mensonge » est tracé.

L'assimilation de l'humanité à du bétail sur lequel les « dieux » auraient quelques droits d'ingérence est une constante du paganisme. Mais qui sont ces dieux dans ce cadre au sein duquel le troupeau humain, autrefois protégé par les pasteurs de Kronos, devient du bétail ?

La justification du cauchemar de la normalisation a déjà hanté le paganisme.

→ Âge d'or ; Autochtonie ; Bétail humain/Troupeau humain ; Exposition du nouveau-né ; Femme

EXCLUSION

L'exclusion est un acte courant de la société hellène, davantage interne plutôt que franchement xénophobe.

Fondée sur le principe d'exclusion, la cité retient l'exemple donné par la société fermée des dieux olympiens, notamment à travers celui que Clémence Ramnoux appelle « le fils de la favorite », Apollon.

Bannissement de l'Olympe

Les conditions de la naissance d'Apollon et de sa sœur jumelle Artémis résultent de l'exclusion frappant leur mère, Létô, du cercle de l'Olympe. La déesse attend de Zeus, l'époux infidèle d'Héra, deux enfants. Informée de l'adultère, la jalouse Héra condamne à l'exil la future mère et interdit à tous les endroits de la terre de lui offrir asile pour son accouchement. Seule une parcelle de Gaia, une île appelée Ortygie (puis Délos), n'ayant rien à craindre des menaces d'Héra à cause de la quasi totale stérilité de son espace, accueille la suppliante. Les jumeaux naissent sur cette terre d'exil, elle-même errante car privée d'enracinement dans les fonds marins. Plus tard, dans sa carrière de dieu lumineux et redoutable, Apollon souffrira lui-même à deux reprises d'une exclusion du cercle familial olympien. Dans les deux cas, la sanction tombe pour atteinte portée à l'ordre instauré par Zeus ; Apollon sera condamné à servir un mortel comme esclave, puis à se faire mercenaire pendant un temps « limité » (une année ou neuf ans selon les traditions). D'après le mythe le plus répandu, il doit garder les troupeaux de bœufs du mortel Admète (cf. Apollodore, III, 13, 3 ; I, 9, 15 ; Euripide, *Alceste*, 1-10. Une autre version, localisée en Troade, montre le dieu garder les troupeaux du roi Laomédon sur les pentes de l'Ida). Faut-il y voir l'exclusion comme une rétrogradation momentanée du grand dieu en simple démon, une des fonctions du *daímôn* étant de faire paître et de protéger le troupeau constitué par les humains de l'âge d'or sous le règne de Kronos ?

En fait, tous les dieux sont menacés d'exclusion du giron olympien si la moindre règle imposée par le bien nommé « Assembleur des nuées » est transgressée. L'exclusion se traduit par une descente « momentanée » dans la temporalité des hommes mortels avant de retrouver le temps suspendu qui est le leur. La punition des dieux est éphémère ; la condition des hommes est *d'être* éphémère.

Et puis, les dieux ont leur prison, l'effroyable Tartare : « Là-bas, Zeus expulse ceux d'entre les dieux qui déchaînent l'outrecuidance » (Phérécyde de Syros, 9 A 3 Colli). L'exclusion devient menace d'inconsistance dans ce lieu où le temps dépendant des honneurs des mortels cède la place aux tourments de l'absence de repères, car point de sacrifices ne leur sont rendus le « temps » de leur détention. Dans cette geôle, un dieu n'est plus véritablement un dieu – ou peut-être l'est-il totalement, absolument plongé dans son inconsistance originelle. Le Tartare peut être le giron de l'idée de dieu.

La cité et les sans voix

De la société des dieux à celle des hommes, l'exclusion répète le schéma de risque dès la naissance, à cette nuance qu'elle concerne moins la mère, déjà exclue de la société citoyenne en tant que femme, que le nourrisson lui-même.

Tout nouveau-né peut être d'emblée exclu du foyer selon une décision soit paternelle, soit collégiale. L'exclusion est sans appel : infanticide direct (souvent commis par un autre exclu, l'esclave) ou exposition du nouveau-né hors de la maisonnée, au coin des rues. Cette pratique tout à fait licite condamne de toute façon le nourrisson refusé soit à une mort lente, soit à une mort civique si les pilleurs de vie le recueillent pour le vendre plus tard sur les marchés d'esclaves.

Si l'exclusion a la sinistre brutalité de pouvoir s'abattre sur le nouveau-né, elle épargne en revanche la vieillesse, protégée par une loi non écrite qui impose le respect envers les parents.

Une cité est une portion de la communauté humaine qu'elle recense. Elle ne se confond jamais avec l'ensemble de la population du territoire qu'elle occupe et administre. Étrangers et esclaves ne font pas partie de la cité, qu'ils font pourtant vivre et croître. Le peuple n'est pas la population, qui, elle, comprend les sans voix : métèques, femmes, enfants et esclaves.

Solidement attachée à son principe de centre (*tò méson*), la société grecque exclut par circonvolution. Le centre de la vie civique c'est la prise de parole qui se confond parfaitement avec l'exercice de la liberté grecque. Sont automatiquement exclus de ce centre la « tribu des femmes », les Hellènes originaires d'une autre cité, les Barbares, les esclaves, les futurs citoyens, c'est-à-dire les garçons nés de citoyens mais ayant moins de vingt ans, ainsi que, d'une certaine façon, les paysans et ceux qui pratiquent les « métiers d'artisans *(banausikai)* ». Ces derniers, « assis dans l'ombre de leurs ateliers », ont des corps et des âmes amollis, selon le Socrate de Xénophon (*Économique*, IV, 3), ce que confirme à sa façon Aristote déclarant que « la cité parfaite ne fera pas du *banausos* un citoyen » (*Pol.* III, 1278 a 8). Il faut ajouter, concernant l'Athènes de Périclès, l'exclusion des sang-mêlé du cercle de la citoyenneté. Une loi votée en 451 refuse le statut de citoyen à quiconque ne peut justifier d'une double ascendance athénienne, en ligne paternelle comme en ligne maternelle. « Flétri de ce renom [d'être bâtard, *nothagenês*], déplore Ion, je resterai le *Rien, fils de Rien* du dicton » (Euripide, *Ion*, 593-594). Ce sont les quatre cinquièmes de la population athénienne qui se trouvent ainsi carrément exclus.

Une fois acquise la citoyenneté qui, rappelons-le, est une qualité et non une reconnaissance de compétence, l'exclusion du centre civique, de ce lieu d'où émanent les décisions engageant la cité, peut toujours frapper. Atimie et ostracisme en sont les principales procédures qui, toutes deux, ont de terribles répercussions sur le plan des considérations à entretenir avec le sacré.

Dans le mot *a-timie*, il y a la privation (*a-*) de l'honneur *(timè)*. Elle frappe le citoyen qui bafoue une loi non écrite en ne respectant pas ses parents. Elle frappe encore celui qui dissipe son patrimoine, se livre à la prostitution, tente d'échapper à ses obligations militaires ou s'endette envers la cité, souvent après une reddition de comptes suite à une magistrature ou à une prêtrise. Les principales sanctions sont l'exclusion des sanctuaires et la perte des droits et privilèges politiques. L'époque classique ne semble pas avoir assorti l'atimie du bannissement hors de la cité.

L'exclusion d'atimie met particulièrement la sanction là où cela fait mal : à la très sensible et essentielle jonction du civique et du religieux. Être exclu des lieux où se prend la parole, c'est se voir interdire toute magistrature. Or celle-ci participe activement à l'ordonnancement de la cité en tant qu'elle est autant la tribune des prières demandant la protection des divinités poliades que le droit d'accès à la bonne administration du sacré. C'est la magistrature citoyenne qui autorise à être prêtre, à gérer un sanctuaire, à devenir sacrificateur, bref à entretenir comme il convient « selon la coutume » les relations avec la société des dieux. En excluant l'individu du cercle des citoyens, l'atimie est une véritable condamnation à l'impiété. Celle-ci se vérifie encore avec la sanction d'exclusion des sanctuaires. Une telle interdiction revient à priver le condamné à la fois des lieux privilégiés de prières (qui sont toujours des demandes) et des pèlerinages (qui sont toujours des actes de piété), mais aussi à se couper des cultes locaux transmis par ses ancêtres. Ne pas pouvoir sacrifier autour de l'autel commun ni fréquenter les sanctuaires sont des actes impies. La sanction a cette particularité paradoxale de maintenir le condamné dans l'impureté… de l'impiété.

La double exclusion des lieux de parole et des sanctuaires forme donc les deux sanctions complémentaires d'une seule et même peine, la pire de toutes : celle d'être condamné à l'impiété.

L'ostracisme est une pratique d'exclusion temporaire propre au régime démocratique athénien. La tradition rapportée par Aristote attribue au réformateur Clisthène, soucieux de préserver la cité d'un régime tyrannique, cette mesure de sécurité prise par et pour le *démos*. La procédure dite ostrakophorie, elle-même enclenchée après un vote préalable de l'Ecclèsia sur sa nécessité, avait lieu tous les hivers. Elle consiste à inscrire sur un tesson de céramique *(ostrakon)* le nom du citoyen suspect d'ambitions tyranniques. Il fallait au moins un quorum de six mille participants pour que le vote soit valable : le citoyen dont le nom apparaissait le plus souvent était condamné à dix ans d'exil, sans toutefois perdre ni ses biens ni sa qualité de citoyen qu'il recouvrait à la fin de son bannissement de l'Attique. D'autres sources antiques considèrent le chiffre de 6 000 comme le seuil minimum de suffrages nécessaires au déclenchement de la procédure d'exil.

L'ostracisme est une suspension temporaire des droits civiques, à l'instar d'Apollon retrouvant ses pleins droits après son exil sur la terre des mortels.

Être ostracisé, c'est être inscrit sur une brisure de poterie pour être effacé de la scène politique. C'est aussi, par l'exil, être condamné à devenir un étranger, coupé de sa relation avec ses dieux poliades, ses sanctuaires et du culte dont ses propres ancêtres lui avaient enseigné les usages et traditions. Car nul ne peut déplacer un culte à cause de la singularité de l'épiclèse, cette force strictement nominative signifiant impérativement la particularité de manifestation qu'un dieu impose en tel lieu pour se voir honoré comme il le souhaite. Le lieu élu par un dieu étant unique, son culte est intransportable. La transcendance n'est pas divine, et c'est pourquoi le citoyen exilé ne peut transporter le culte particulier rendu sur le sol de ses ancêtres. Ladite « religion civique » des Grecs trouve ici en creux sa parfaite expression : exclure un citoyen de son territoire, c'est le rendre étranger au politique et le condamner à l'impiété. Comme dans le cas de l'atimie, le bannissement est une double peine.

L'ostracié est prévenu : aucun banni ne peut emporter dans son exil « les dieux mêmes de son foyer ». S'il le fait, à l'instar de Léocrate, citoyen athénien accusé de lâcheté et de fuite après le désastre de Chéronée (il ne s'agit donc pas dans ce cas d'exil pour condamnation d'ostracisme), il ajoute à son bannissement une impiété. Au-delà de l'ostracisme c'est toute la question de *s'exclure* de son cercle ancestral qui se trouve posée. L'orateur Lycurgue, accusateur de Léocrate, est précis sur ce point : « Il ne lui a pas suffi de mettre à l'abri, loin d'Athènes, sa personne et ses biens ; les dieux mêmes de son foyer, dont ses ancêtres avaient fondé le culte et qu'ils lui avaient transmis selon vos [= les Athéniens] usages et vos traditions, il les a transportés à Mégare et leur a fait quitter le pays. Insensible à leur titre de dieux de ses ancêtres, il n'a pas craint de les arracher à la patrie, de les associer à son exil, en les chassant de leurs temples et du pays qu'ils occupaient et de les installer sur une terre étrangère et nouvelle, où ils sont des intrus sur le sol et parmi les cultes de l'État mégarien » (Lycurgue, *Contre Léocrate*, 25). L'exilé est pris au piège de l'impiété dans le sens où il lui est autant interdit de participer aux cultes de ses ancêtres que d'emporter avec lui ses *hierá*, objets sacrés.

La fête du bouc émissaire

L'exclusion peut être aussi une fête, ou plus précisément ritualisée à l'occasion de la fête des Thargélies célébrée à Athènes et dans diverses cités ioniennes. Précédant la moisson dans tout le territoire ionien-attique (*thargêlos* serait selon Cratès, *ap.* Athénée, III, 314 a, le nom donné à une sorte de pain d'offrande), cette fête comportait parmi ses rites celui des *pharmakoi*. Le terme φαρμακός signifie ce qui peut servir de remède en vomissant, ce qui sert ainsi de « bouc émissaire » (φάρμακον ayant le double sens de drogue malfaisante ou salutaire). Deux hommes, déjà disgraciés par la cité, censés représenter les deux sexes, sont traînés dans les rues de la cité entière pour s'en incorporer tous les miasmes. La procession pour la purification de la ville s'achève au Pythion, une enceinte sacrée d'Athènes consacrée à Apollon Pythien, le dieu à la fois souillé et purificateur. Les deux victimes étaient blessées et fouettées avant d'être chassées à coups de pierres hors des murs de la cité, traînant dans leur sang souillures et impuretés, libérant pour l'attente populaire un espace purifié propice aux bonnes récoltes à venir.

Dans un contexte strictement judiciaire, différent des Thargélies, Lysias associe explicitement exclusion avec expiation et purification. Accusé d'impiété (déjà impliqué dans l'affaire de la mutilation des hermès), Andocide, lui-même orateur, doit jouer le rôle de bouc émissaire aux yeux de son accusateur : « Vous [Athéniens] devez vous dire qu'aujourd'hui, en punissant Andocide, en vous en débarrassant, c'est la ville que vous purifiez, que vous libérez de la souillure ; c'est l'impur (φαρμακὸν) [au sens de poison] que vous rejetez, c'est le sacrilège que vous écartez de vous : il est tout cela » (Lysias, VI. *Contre Andocide*, 53).

Apollon purifie et em*peste*.
Il n'a jamais rien fait d'autre. Ambivalence du divin oblige.

→ Barbare ; Bétail humain/Troupeau humain ; Centre ; Citoyenneté et administration du sacré ; Étranger ; Exposition du nouveau-né ; Femme ; Impiété ; Prison des dieux ; Souillure et purification

EXPOSITION DU NOUVEAU-NÉ

Survivre à la naissance ne suffit pas : un nouveau-né n'est rien pour le père tant que ce dernier n'a pas décidé de le présenter aux dieux, montrant ainsi qu'il accepte de l'élever. « La filiation, même incontestée, ne suffit pas pour entrer dans le cercle sacré de la famille : il faut le consentement du chef et l'initiation au culte. Tant que l'enfant n'est pas associé à la religion domestique, il n'est rien pour le père » (Fustel de Coulanges, *La Cité antique*, 7e éd., Hachette, 1879, p. 99).

Abandon, infanticide et avortement

Dans les faits, exposer un nouveau-né, c'est l'abandonner, encore vivant. C'est la seule différence avec l'infanticide toujours décidé par ceux qui ont la « parole » et commis par l'esclave qui en est exclu. Car, on peut user d'euphémismes (« exposer », « ne pas élever »), l'*apóthesis* (ἀπόθεσις) revient à tuer un être qui vient de naître : l'exposition conduit soit à la mort physique (faim ou suffocation provoquée par les pestilences urbaines), soit à la mort sociale (esclavage, prostitution). Exposer un bébé, c'est décider de son rejet hors de la maisonnée. Et il n'est pas besoin de prendre la peine, toute littéraire, de transporter le laissé-pour-compte dans la campagne hostile et sauvage, à l'instar des légendes d'un Œdipe ou d'un Ion. C'est pourtant sur cette littérature mythologique que s'est agrippée une certaine mode structuraliste, toujours soucieuse de maintenir artificiellement des oppositions stérilement intellectuelles : en ce cas, celle entre cité *(pólis)* et espace sauvage *(agrós)*. Mais l'espace sauvage, bien édulcoré par nos structuralistes, n'est pas celui des grottes ou du creux des arbres, mais celui du plus grand trafic que l'Antiquité ait connu : celui des enfants abandonnés dans les rues, puis « recueillis » (nouvel euphémisme) pour être revendus aux marchands d'esclaves qui ratissent et saignent tout le bassin méditerranéen. Ce sont les légendes, seules capables de colporter hors de la cité un Œdipe, inoffensif enfant aux chevilles transpercées pour l'encorder, qui peuvent abuser une interprétation.

Être exposé, c'est être déposé bien en vue, au coin d'une rue bornée d'hermes et d'autels, à portée des trafiquants ou de ceux qu'ils approvisionnent. L'exposition court autant les rues que les champs. La pratique est massive : les enfants peuvent être exposés « près des bœufs que l'on mène paître » (Euripide, *Mélanippe*, frag. 7). Dans la quasi-totalité des cas, les enfants recueillis sont promis à l'esclavage et à la prostitution ; une fille ou un garçon pouvant être mis sur le marché de la consommation sexuelle dès l'âge de six ans.

Exposer, c'est un sur-place de la mise à mort.

L'*apóthesis*, pratique parfaitement licite, cache mal cette fausse ambiguïté d'une décision de mettre à mort (physique ou civique) un enfant qui n'aura pas reçu de nom. La puissance paternelle est telle qu'elle peut s'exercer avant la naissance en contraignant la future mère à avorter. Dans ce cas, aucune incrimination n'est possible contre la femme qui s'est pliée à l'injonction de son mari. L'avortement tombe sous le coup des lois sur l'homicide quand il est pratiqué sans l'assentiment de l'époux. La loi ne protège pas le fœtus pour lui-même ; elle réprime toute spoliation de la maîtrise de la reproduction du chef de famille.

La seconde naissance

Tant que la cérémonie des Amphidromies n'est pas célébrée (le cinquième ou le septième jour après la naissance ?), le nouveau-né est à la merci de la puissance paternelle (Glotz, p. 353). Les Amphidromies tirent leur nom du principal acte rituel : la circumambulation du nouveau-né, certainement tenu dans les bras de son père, autour du foyer *(hestía)* de la maisonnée *(oîkos)*. Acte d'agrégation du nouveau venu au foyer familial, la cérémonie correspond autant au renoncement par le père de son droit de vie ou de mort, mais pas à son droit de correction et même d'expulsion d'un enfant jugé indigne. Cette reconnaissance paternelle déclenchait le processus de l'« élevage » de l'enfant, de sa « fabrication » (ποίησις), comme disaient les Grecs, de ses futurs « rites de passage » comme disent nos anthropologues. À l'issue d'une cérémonie déroulée le dixième jour (fête de la Dekatè), l'enfant reçoit enfin un nom qui le rattache à ses ancêtres, sanctionnant ainsi la totale reconnaissance de la seule naissance qui vaille : la naissance sociale par laquelle il accède au statut d'un être pleinement humain. (Allusions à la fête de la Dekatè *in* Euripide, *Égée*, 5 ; Aristophane, *Oiseaux*, 494, 922-923 ; Démosthène, XXXIX, 20, 21).

Le nouveau-né doit ainsi attendre une seconde naissance, son sort restant inféodé à la décision, soit du père (à Athènes), soit des plus anciens membres de la tribu *(phulè)* du père (à Sparte), de l'élever ou de l'exposer, de lui donner ou non « une » vie.

Ce sont, au moins, cinq catégories de nouveau-nés que l'infanticide direct ou l'exposition menacent : l'enfant d'esclaves, le rejeton illégitime, issu de l'adultère de l'épouse (et non celui de l'époux !) ou d'un viol ; l'enfant de la *pallaké* (la concubine), l'enfant difforme, dont les tares physiques adressent un mauvais présage à une conscience parentale tant fragile que vaseuse ; et le bébé de sexe féminin.

Les enfants souffrant de malformations ou conçus hors mariage sont éliminés. L'exposition de l'enfant d'une esclave rendait aussitôt celle-ci disponible pour l'allaitement d'autres enfants de parents libres, le maître de l'*oîkos* pouvant ainsi tirer profit de son esclave en la louant comme nourrice à des concitoyens. Quant à l'exposition préférentielle des filles, le débat n'est pas clos entre historiens, mais tout semble indiquer que la pratique fut réelle dès avant l'époque hellénistique dont certaines catégories mettaient déjà en pratique cet aphorisme de Poseidippos, poète du IIIe siècle av. J.-C. : « Un fils, tout le monde l'élève, même si l'on est pauvre, une fille, on l'expose, même si l'on est riche » (*Hermaphrodite*, fr. 11 Koch. Voir P. Brulé, 1992 ; N. Bernard, 2003, p. 25-28). L'Iphigénie d'Euripide savait ou, plus exactement, s'était soumise à la tradition selon laquelle « la vie d'un homme a plus de prix que celle de mille femmes » (Eur., *Iphigénie à Aulis*, 1394).

Législation ?

L'exposition et l'infanticide furent des règles acceptées tacitement, déléguées à la puissance paternelle quant à la reconnaissance ou non de la progéniture sur fond de planification familiale. Le cas de Sparte semble présenter une stratégie particulière.

Selon Plutarque, « pour Lycurgue [le mythique législateur de Sparte], les enfants n'étaient pas la propriété privée de leur père ; il les considérait comme le bien commun de la cité [...]. Quand un enfant venait au monde, le père n'était pas libre de l'élever ; il le prenait et le portait en un lieu appelé *leschè* où siégeaient les anciens de chaque tribu. Ils examinaient l'enfant. S'il était bien conformé et robuste, ils ordonnaient de le nourrir et lui attribuaient un des neuf mille lots [de terre]. Si au contraire il était mal venu et difforme, ils l'envoyaient en un lieu qu'on nommait les Apothètes [« les Dépôts »], un gouffre près du Taygète. Ils trouvaient qu'il valait mieux, pour lui-même comme pour la cité, ne pas laisser vivre un être qui, dès l'origine, n'avait pas d'aptitude à la santé et à la force. Pour la même raison, les femmes lavaient les bébés dans du vin, non dans de l'eau. Elles voulaient éprouver leur tempérament : ceux qui sont épileptiques et maladifs sont, dit-on, pris <meurent> de convulsions devant le vin pur, tandis que ceux qui sont en bonne santé en retirent une force mieux trempée et une plus grande vigueur » (Plutarque, *Lycurgue*, XV, 14 & XVI, 1-3).

Le projet platonicien de République préconise l'infanticide en termes feutrés, non sans se référer implicitement aux usages radicaux de Sparte : « Pour les enfants des hommes inférieurs et pour ceux des autres qui seraient venus au monde avec quelque difformité, ils les cacheront, comme il convient, dans un endroit secret et dérobé aux regards » (Platon, *Rép.*, V, 460 c). Les Apothètes ne sont pas loin.

Ses *Lois* (V, 737 e) établissaient un nombre idéal de citoyens à 5 040, limite capable d'éviter une redistribution incessante des lots de terre. L'implicite des mesures à prendre se lit « si l'on veut un nombre convenable » de propriétaires terriens. Les Apothètes ne sont jamais loin.

Le code de Gortyne (Crète), du ve siècle, est notre seul exemple à la fois d'une législation réglementant les modalités de l'abandon (exposition) et d'un rôle reconnu à la mère : c'est parce qu'elle est divorcée, que la femme peut faire légitimer l'abandon de l'enfant dont elle est la mère :

« Si une femme divorcée accouche, l'enfant sera présenté à l'époux, dans la demeure de celui-ci, devant trois témoins. S'il refuse de recevoir l'enfant, il dépendra de la femme de le nourrir ou de l'exposer » (IV, 21, cité *in* N. Bernard, 2003, p. 24).

Pratique au service de la régulation postnatale, l'*apóthesis* est une application de la planification familiale dans le souci obsessionnel de maintenir un nombre à peu près invariable d'enfants dans la cité. « Passons au problème des enfants qui, à leur naissance, doivent être ou exposés ou élevés, lit-on chez Aristote : qu'une loi défende d'élever aucun enfant difforme. Mais dans le cas d'accroissement excessif des naissances (comme le niveau des mœurs s'oppose à l'exposition de tout nouveau-né), une limite numérique doit dès lors être fixée à la procréation, et si des couples deviennent féconds au-delà de la limite légale, l'avortement sera pratiqué avant que vie et sensibilité surviennent dans l'embryon : le caractère respectable ou abominable de cette pratique sera déterminé par l'absence ou la présence de la sensibilité et de la vie » (*Pol.*, VII, 16, 19-26, trad. Tricot).

Ce « malthusianisme meurtrier », selon la juste expression de G. Glotz (p. 351), a toujours été pratiqué par la quasi-totalité des cités au point qu'à l'époque hellénistique, le déclin démographique provoque l'affaiblissement de la Grèce, dont Polybe, inquiet, se porte témoin : les Grecs « ont cédé à la vanité et à l'amour des biens matériels ; ils ont pris goût à la vie facile et ils ne veulent plus se marier ou, quand ils le font, ils refusent de garder les enfants qui leur naissent ou n'en élèvent tout au plus qu'un ou deux, afin de pouvoir les gâter durant leur jeune âge et de leur laisser ensuite une fortune importante. Voilà pourquoi le mal s'est, sans qu'on s'en fût rendu compte, rapidement développé » (XXXVI, 17, 7).

L'explication vaut certainement pour l'époque de Polybe, mais l'exposition et l'infanticide furent admis de tout temps en terres hellènes. Les laissés-pour-compte que furent les enfants exposés eurent-ils leur revanche avec l'effondrement du modèle qui les condamnait ? La question est sûrement indécente.

Un autre aspect mérite d'être souligné. Les dieux n'interviennent pas dans la décision paternelle ou tribale d'une condamnation à mort d'un petit d'éphémère. Ils n'y ont rien à (re)dire. C'est la mise à mort rituelle d'un animal domestique sur un autel qui seulement les concerne.

Triste tropisme divin.

► BERNARD N., *Femmes et société dans la Grèce classique*, Paris, Armand Colin, 2003, p. 24-28. – BRULÉ P., « Infanticide et abandon d'enfants. Pratiques grecques et comparaisons anthropologiques », *Dialogues d'Histoire ancienne*, 18.2,

1992, p. 53-90. – GERMAIN L.R.F., « L'exposition des enfants nouveau-nés dans la Grèce ancienne. Aspects sociologiques », *Recueils de la Société Jean Bodin*, 35, 1975, p. 211-246. – GLOTZ G., *La solidarité de la famille dans le droit criminel en Grèce* (1904), reprint New York, Arno Press, 1973, p. 351-354. – PARADISO A., « L'agrégation du nouveau-né au foyer familial : les Amphidromies », *Dialogues d'Histoire ancienne*, 14, 1988, p. 203-218. – PATTERSON C., « "Not Worth the Rearing" : The Causes of Infant Exposure in Ancient Greece », *Transactions of the American Philological Association*, 115, 1985, p. 103-123. – RUDHARDT J., « La reconnaissance de la paternité, sa nature et sa portée dans la société athénienne », *Museum Helveticum*, 19, 1962, p. 39-64.

→ Bétail humain/Troupeau humain ; Eugénique ; Exclusion ; Néant

F

FAUX DIEU

La question du faux dieu est, à l'instar de la divinité, ambivalente et dangereuse pour un Grec. Si le mortel se pose la question, il s'expose au risque d'une confrontation avec un vrai dieu ; si les dieux se posent la question, ils sous-entendent une première expression du doute : celle d'une filiation peut-être trompeuse, sinon ratée.

Le cas Arès : un doute strictement divin

« Dieu des larmes » (Eschyle, *Suppl.*, 681), Arès collectionne casques, glaives et casaques de guerre (Alcée, fr. 137). Du point de vue étymologique, P. Chantraine trouve « vraisemblable » le rapport Αρης avec *aré*, *áros*, « malheur », celui que la guerre apporte. Ivre de violence, il est l'abruti de la famille olympienne. Dans le schéma hésiodique du déroulement des différentes strates de mortels (*Trav.* 143-155), la race de bronze, la troisième, s'autodétruit à force d'être aveuglément vouée aux « œuvres de démesure » d'Arès, fils d'Héra et de Zeus aux yeux ouverts desquels il passe pour « le plus odieux » des immortels (*Il.*, V, 890). Carnage et destruction stimulent sa jouissance de corrupteur. « La furie des combats le manifeste » (Cl. Ramnoux, p. 60). Des abstractions (!) bien concrètes l'accompagnent : Phobos (Effroi), Deimos (Épouvante) Enyô (Dévastation) et Éris (Discorde) l'assistent dans ses œuvres sanguinaires. La fidélité à une cause est chose étrangère à son caractère tout orienté sur la tuerie pour elle-même. *L'Iliade* montre Arès passer de son camp a priori favori, les Troyens, à celui des Achéens quand il estime que la fureur guerrière n'est pas assez déchaînée, ce qui lui vaut de la part des autres dieux le qualificatif de « tête à l'évent » (*alloprósallos*, *Il.*, V, 831, 889). Arès n'est pas seulement le souffle du « tumulte du combat », il est aussi le lieu où les guerriers se mesurent dans l'affrontement mortel : il est le lieu bien humain de la chair blessée, souffrante, tranchée, agonisante.

La mort dont se gave la jouissance d'Arès n'est pas celle attendue par Hadès, dieu dont la consistance se fonde sur l'offrande du défunt enseveli selon les rites par et pour la mémoire des vivants. La mort provoquée par Arès est contaminée par celui qui la provoque : les hommes de bronze, après leur autodestruction, sombrent dans l'oubli total des ténèbres. Ils disparaissent sans laisser de nom (*Trav.*, 154 : le mot *nônumnoi* signifiant aussi bien « sans nom » que « sans gloire ») – et l'effacement de la mémoire collective est la pire des morts pour un Grec.

« Fléau des mortels » (*brotoloigós*, *Il.*, V, 31), Arès constitue aussi une réelle menace pour les immortels dont la nature (*être* des dieux) les contraint toujours à s'inquiéter de leur reconnaissance (*avoir* des sacrificateurs) : si les humains ne pensent à rien d'autre qu'à s'entre-tuer jusqu'au dernier à cause de la fureur belliqueuse insufflée par Arès, qui adressera aux dieux l'hommage des rites sacrificiels ? Athéna donne au mortel Diomède ce conseil avisé : « N'aie point de respect pour l'ardent Arès : c'est un furieux, le mal incarné, une tête à l'évent ! » (*Il.*, V, 830-831). La suggestion ne sera pas strictement écoutée par les Anciens (et au-delà) qui célébreront à ce dieu de la furie sanguinaire quelques cultes (notamment à Thèbes, à Tégée et à Athènes où Solon lui construit un temple après sa victoire sur les Mégariens : Plutarque, *Solon*, 9, 7 ; cf. Pausanias, III, 22, 7-6 ; VIII, 48, 4).

Arès provoque la mort des mortels pour voir les cadavres réduits en cendres et les balancer au deuil des parents, non pour les offrir comme offrandes aux dieux chtoniens, comme il se doit selon la règle des vrais dieux. Il est un dieu trop humain dans son inhumanité. Eschyle a parfaitement exprimé ce caractère avec la brutalité qui convient : « Arès, changeur de mort, dans la mêlée guerrière a dressé ses balances, et d'Ilion, il renvoie aux parents, au sortir de la flamme, une poussière lourde de pleurs cruels – en guise d'hommes de la cendre, que dans des vases il entasse aisément » (Eschyle, *Agamemnon*, 439-444). Ces vers, prononcés par le chœur, sont certainement une expression admirable du paganisme quand il se penche sur la condition humaine : si rien n'est à espérer d'un vrai dieu quand la mort frappe, on peut toujours espérer que son cadavre devienne offrande à Hadès. Arès ignore tout des convenances tant divines qu'humaines.

La descendance d'Arès subit de plein fouet le terrible poids de l'atavisme, à l'instar de ce roi barbare de Thrace, Diomède (qu'il ne faut pas confondre avec le héros du même nom), dont les juments se nourrissent de chair humaine. De même, l'espace qu'Arès occupe, ou qu'il fait garder, est pollué par ses émanations destructrices. Jason massacrera les *Gègéneis* qui ont poussé tout armés de la jachère d'Arès en Colchide. En territoire thébain, un dragon, issu du dieu, garde les eaux d'une source. Le héros Kadmos le tue et lui arrache les dents qu'il sème en terre. Une moisson de guerriers en armes jaillit de cette semence, les *Spartoi* (les Semés), qui s'entretuent spontanément. Les Amazones, ses « filles », courent aussi à leur perte quand elles décident d'attaquer les Hellènes.

Arès est fou *(mainómenos)*, affirme Athéna (*Il.*, V, 831), mais pas au sens où peut l'être Dionysos. Celui-ci communique sa folie pour faire partager aux mortels ses mystères dont la participation est toujours synonyme pour un Grec de caution de béatitude dans l'au-delà ; tandis qu'Arès embrume l'esprit humain pour l'abrutir et sceller son anonymat au tréfonds d'une urne. Dionysos est le dieu souffrant dans son immortalité, tandis que la pulsion d'Arès souffre d'un manque total de discernement. Sa fonction guerrière est stérile tant elle se dissout dans une obstination destructrice incapable d'instaurer une souveraineté. C'est pourquoi, comme pour s'en garder, les mythes en font souvent un dieu vaincu, voire ridicule : ils mettent en scène un Arès mis hors de combat ou un Arès pris au piège de l'adultère quand, dans les bras d'Aphrodite, il tombe aussitôt dans les filets du mari trompé, Héphaistos.

L'Iliade peut nommer le bon guerrier « rejeton d'Arès », qualifier les Achéens de « serviteurs d'Arès » et comparer l'élan des héros à Arès marchant au combat, les chants d'Homère ne s'appuient que sur des formules conventionnelles pour signifier la mêlée furieuse (Fr. Vian, 1968, p. 56-57). Dès Homère, il est un dieu « diminué » (Cl. Ramnoux, 1962, p. 58) au sens où sa fonction, l'impulsion agressive, ne signifie plus bravoure. Une sorte de sous-dieu, un simple « démon fou de sang » pour Walter F. Otto (*Les dieux de la Grèce*, Payot, 1981, p. 64).

Interprétations modernes ? Certainement pas. Ce sont les Anciens eux-mêmes qui se sont posé la question de sa divinité.

Totalement privé de l'ambivalence qui caractérise chaque divinité olympienne, tout entier du côté de l'impulsion sauvage et de la violence aveugle, jusqu'au-boutiste de la démesure, Arès est-il vraiment un dieu ? Homère rappelle même qu'il a failli périr si Hermès n'était pas intervenu « à temps ». Les Aloades, fils de Poséidon, irrités contre Arès qui avait provoqué la mort d'Adonis, l'enferment dans une jarre de bronze. « Treize mois enfermé, il eût bel et bien péri (*apóloito*) si la belle Eéribée n'eût avisé Hermès. Quand celui-ci leur déroba Arès, il était à bout de force » (*Il.*, V, 387-391).

Enfin, c'est du sang *(aîma)* qui coule dans ses veines, et non de l'*ikhôr* comme les autres dieux : Arès montre à Zeus le « sang divin » (*ámbroton aîma*) qui coule de sa blessure reçue dans une bataille (*Il.*, V, 870). Homère emploie aussi l'expression « sang immortel » à propos d'Aphrodite blessée, mais il s'empresse aussitôt de rectifier le vocabulaire en précisant qu'il s'agit de l'*ikhôr* (*Il.*, V, 339-340), ce qu'il ne fait précisément pas dans le cas d'Arès. Certes Arès « n'est pas né mortel » (*Il.*, V, 901), mais est-il vraiment un dieu ? Un dieu se réjouit de ce qu'il n'a pas : le sang, celui versé sur les autels. Arès se réjouit de ce qu'il partage avec les mortels, le sang, celui versé dans les tueries.

C'est Athéna, la *vraie* fille du père, qui prendra bientôt la direction des affaires guerrières.

Le doute humain : le cas Dionysos

Euripide a porté à la scène, dans ses *Bacchantes*, le mythe de Penthée, type même de l'impie. Roi de Thèbes, Penthée refuse d'accueillir dans sa cité le culte de Dionysos car il nie sa divinité (333). Le monarque considère le dieu comme un « étranger » ou un « intrus » *(xénos)*, un faux dieu, un « sophiste retors » (492), un charlatan, un imposteur qui ne sait que corrompre les femmes lors de pseudo-cérémonies. « Il m'écarte de ses libations ; jamais, dans ses prières, il ne fait mention de moi », constate le dieu (46). Pourtant témoin oculaire de quelques prodiges réalisés par un Dionysos en pleine épiphanie, Penthée persiste à le traiter de faux dieu. Le châtiment divin sera terrible : le roi sera déchiqueté vif (selon le rite mythique du *diasparagmós*) par les Ménades qui, sous l'emprise d'un égarement savamment insufflé par Dionysos, le prennent pour un animal sauvage. Pire, c'est sa propre mère, Agavé, qui tiendra, tel un trophée, la tête coupée de son fils au bout de son bâton (thyrse) de bacchante totalement hallucinée. Penthée périra selon les rites du culte bachique mythique.

Il n'est pas permis à un mortel de douter d'un dieu – car la question du faux dieu reste précisément « faussée » par l'ambiguïté que le registre divin renvoie aux éphémères de sa propre ambivalence.

En revanche, il est permis de s'interroger sur ce mal qu'est la furie guerrière. Mal endémique des cités auquel Aristophane, qui brocardait si bien les dieux et les hommes, opposait le mot « paix ».

► Sur Arès : LORAUX N., « Le corps vulnérable d'Arès », in Ch. Malamoud & J.-P. Vernant (dir.), *Corps des dieux*, Paris, Gallimard « Folio histoire », 1986, p. 465-492. – RAMNOUX Cl., *Mythologie ou la famille olympienne*, Paris, Armand Colin, 1962, reprint, Brionne, Gérard Monfort, 1982. – VIAN F., « La fonction guerrière dans la mythologie grecque », in J.-P. Vernant (éd.), *Problèmes de la guerre en Grèce ancienne*, Paris/La Haye, Mouton, 1968, p. 53-68.

→ Ambivalence des dieux ; Impiété ; Ménade ; Mort des dieux

FEMME

γένος γυναικῶν, *génos gunaikôn*, race des femmes

Comment exposer l'impossible condition d'être femme au sein d'une société qui se pense et se décline le plus farouchement possible au masculin ? Un fil est peut-être lancé à l'effort de compréhension : l'idée d'un « âge d'or » de l'humanité. Selon cet absolu fantasme – au creux duquel le vocable misogynie apparaît comme un pur euphémisme –, l'humain ne naîtrait pas de la femme, qui n'existe pas en ces « temps », mais surgirait totalement asexué de la terre.

L'espèce féminine n'appartiendrait donc pas à la nature originelle des mortels. C'est ce qu'il faut entendre de cette improbabilité qui, pourtant, fut probante au point de devenir un lieu commun de la grécité : la femme, créature secondaire, n'est qu'une pièce rapportée dont l'histoire (récente) se confond avec celle de sa dépréciation.

L'étrangère en son propre sein

À l'époque classique, l'époux (le citoyen) attend de son épouse qu'elle lui donne des enfants… mâles, de préférence. Mais cette attente n'a rien d'une reconnaissance. Eschyle fait tenir à Apollon ces propos :

« Ce n'est pas la mère qui enfante celui qu'on nomme son enfant : elle n'est que la nourrice [τροφὸς] du germe en elle semé. Celui qui enfante, c'est l'homme qui la féconde ; elle, comme une étrangère, sauvegarde la jeune pousse » (Eschyle, *Euménides*, 658-661).

Le dieu théâtral fonde son argumentation, tout au bénéfice du fantasme mâle d'une hérédité strictement paternelle, sur une « preuve », *tekmêrion* (662) : Athéna, la fille sans mère, donc la « fille du père » par excellence, fruit d'un engendrement purement paternel (idéalement cérébral), est née « sans avoir été nourrie dans la nuit du sein maternel » (665).

Être mère n'est pas être génitrice. Ce n'est pas participer à la conception, mais se résoudre à la chosification du simple récipient retenant la semence du père. Et, de surcroît, l'« étrangère » à sa gestation est passive. « Faire l'amour », ἀφροδισιάζω, est à l'actif en parlant de l'homme, au passif en parlant de la femme. Aristote en parle selon ses catégories :

« La femelle est bien, en tant que femelle, un élément passif, et le mâle, en tant que mâle, un élément actif, et c'est de lui que part le principe du mouvement » (Aristote, *Gén. anim.* I, 1, 20, 729 a).

Un personnage d'Euripide pousse déjà le trait. À son grand-père maternel, Oreste oppose clairement la fonction d'engendrement à celle, dévalorisée, de maternité : « mon père m'engendra, alors que ta fille me mettait au monde ; elle fut le sillon qui reçut la semence d'autrui » (Euripide, *Oreste*, 552-553). Rien sans le père. La mère n'est que nourrice du germe : « sans père, jamais il n'y aurait d'enfant. Je pensais donc, poursuit Oreste pour justifier son matricide, que l'auteur de mes jours avait droit à mon aide plutôt que celle dont j'ai reçu la nourriture » (554-556). L'enfant est enfanté « par celui qui saillit » (Eschyle, *Euménides*, 660). La mère, jusqu'au tréfonds de la maternité qu'elle éprouve, voit son corps réduit à une métaphore agricole particulièrement crue : celle du sillon (ἄλοξ, ἄρουρα) recevant la semence du mâle. « On rappellera, écrit Nicole Loraux, que, dans les rites de mariage comme sur la scène de la tragédie, la femme est un champ à labourer, un sillon à ensemencer » (*Né de la Terre*, 1996, p. 11 ; cf. J.-B. Bonnard, 2004, p. 105-115. Sources anciennes : Esch., *Sept contre Thèbes*, 754 ; Soph., *Œdipe roi*, 1257 ; *Antigone*, 569 ; Eur., *Oreste*, 553 ; *Médée*, 1281 ; *Ion*, 1095 ; Platon, *Cratyle*, 406 b ; *Lois*, 839 a). La métaphore devient une espèce de lieu commun proféré sans mesure sur la scène publique du ve siècle (athénien) qui, en matière de reconnaissance du corps, n'en voyait qu'un : le corps civique, addition de mâles, succession de pères et de fils libres. L'Athénien des *Lois* souhaite « qu'on s'abstienne, dans le champ féminin, de tout labour qui se refuse volontairement à la fécondation » (Platon, *Lois* VIII, 839 a) pour produire un corps de citoyens ignorant généralement et pour longtemps le mot « citoyenne », un corps strictement urbain (le « champ à labourer » étant relégué comme le propre métaphorique du féminin) duquel rien ne pousse sinon ... la procréation d'enfants légitimes mâles au creux de l'enfermement misogyne.

Diodore de Sicile a trouvé une source égyptienne à cette dépréciation du féminin comme champ à labourer : « D'une façon générale, ils [les Égyptiens] ont estimé que le père est le seul auteur de la conception, et que la mère ne fournit au fœtus que le gîte et le couvert » (I, 80, 4 ; cf. Plutarque, *De Iside et Osiride*, 58). L'étranger au secours de l'étrangère ! L'autre au profit d'un invariant de la culture grecque : la misogynie.

Il y a une certaine forme d'hypocrisie (mais peut-être pas pour un Hellène) à invoquer l'Égypte : Déméter ne s'unit-elle pas avec un jeune mortel dans le creux du sillon d'une jachère après le dernier labour (Hésiode, *Théog*. 970-971) ? Par cette étreinte, la déesse décolle l'accomplissement sur la terre labourée pour le plaquer sur la fonction féminine. Le labour (ἄροτος) du champ féminin comme figuration de l'action de procréer est, nous le verrons, la recommandation du père ou du tuteur au futur époux lors de la cérémonie de transaction que nous appelons mariage.

De la reproduction sans femmes

Penser la reproduction à partir d'un et non pas de deux est un problème spécifiquement grec (cf. Aristote, *Gén. an.*, II, 5, 741 b 2 sq.). Si Eschyle fut un porte-parole de l'imaginaire grec d'une hérédité strictement paternelle, Euripide a exprimé le pur fantasme d'une reproduction asexuée, voire d'un engendrement paternel. Ainsi fait-il déclarer à son Jason :

« Les mortels devraient avoir des enfants par quelque autre voie, sans qu'il existât de femmes ; et ainsi les humains ne connaîtraient point de maux » (Euripide, *Médée*, 573-575).

Et de la bouche de son Hippolyte, cette lamentation :

« Ô Zeus, pourquoi donc as-tu infligé aux humains ce frauduleux fléau, les femmes, en l'établissant à la lumière du soleil ? Si tu voulais propager la race mortelle, ce n'est pas aux femmes qu'il fallait en demander le moyen : contre de l'or, du fer, ou un poids de bronze déposé dans tes temples, les mortels devraient acheter de la semence d'enfants, chacun suivant la valeur du don offert, et habiter des maisons affranchies de l'engeance femelle » (Euripide, *Hippolyte*, 616-624).

Stupéfiant texte sur la monoparentalité, la banque du sperme et même sur l'ectogénèse et l'eugénisme!

Être passif, ou plus exactement passive – ce qui n'est paradoxalement pas le cas des « étrangers » tolérés par la cité –, semble la marque de celle par qui la citoyenneté advient pourtant à force d'accoucher de mâles. Et la citoyenneté est principalement affaire masculine. Nous assistons à « l'expression d'un même fantasme : celui d'une reproduction humaine qui ferait l'économie des femmes, d'un monde peuplé de père et de fils comme l'est, dans l'ordre du réel, le corps politique » (J.-B. Bonnard, 2004, p. 115).

Se reproduire hors du ventre des femmes, c'est traverser le miroir pour régresser au point de préférer la gestation animale : « Il [Er] avait vu, disait-il, l'âme qui avait été celle d'Orphée choisir la vie d'un cygne, parce qu'il ne voulait pas, en haine des femmes qui l'avaient mis à mort, naître du sein d'une femme » (Platon, *Rép.*, X, 620 a).

Le sein d'une femme, c'est sa « matrice », ou plus exactement ce « vivant » *(zôon)* en elle. Car la femme n'est maîtresse de rien, et surtout pas de l'utérus, conçu comme une sorte d'organisme interne *autonome* dont les mouvements échappent totalement au contrôle de celle en qui il loge et évolue. Cette effarante conception de l'appareil génital féminin s'inscrit tout à fait logiquement dans le processus de dépréciation de la femme, jusqu'à la déposséder de ce qui la distingue comme femme :

« Ce qu'on nomme la matrice ou utérus [μητραί τε και υστέραι] est, en elles [les femmes], comme un vivant possédé du désir de faire des enfants » (Platon, *Timée*, 91 c).

Organisme vivant à l'intérieur d'un autre corps, celui de la femme, la matrice a sa propre autonomie, et cette présence rend synonyme féminité et maternité. La femme se voit ainsi encore dépossédée de la qualité qu'on attend d'elle : la maternité n'étant pas un sentiment, mais la demande d'une thérapie capable de calmer cette espèce d'« irritation » ou d'« agitation » incontrôlable :

« Lorsque, pendant longtemps et malgré la saison favorable, la matrice est demeurée stérile, elle s'irrite dangereusement ; elle s'agite en tous sens dans le corps, obstrue les passages de l'air, empêche l'inspiration, met ainsi le corps dans les pires angoisses et lui occasionne d'autres maladies de toute sorte » (Platon, *Timée*, 91 c).

L'auteur hippocratique *Des maladies des jeunes filles* (L.VIII, 466-470) s'exprime sans équivoque quant au trouble occasionné par les premières menstrues : « Je recommande aux jeunes filles, éprouvant des accidents pareils, de se marier le plus tôt possible ; en effet, si elles deviennent enceintes, elles guérissent. » La justification misogyne se met en place : le mariage vient remplir une fonction thérapeutique, et l'accouplement est prescrit comme remède.

« Celle-là » : Pandora ou la séparation

Le propos d'Hippolyte rapporté plus haut trouve son fondement dans l'introduction tardive de Pandora, la première femme, qui transforme les *anthrôpoi* en *andres*, les humains en mâles.

On ne comprend rien à l'apparition tardive de la femme et de son corps comme « piège » *(dólos)* si on ne se réfère pas à l'idée d'un « âge d'or » de l'humanité, dont le principal mythe se trouve chez Hésiode (*Trav.*, 111-122). Durant cet âge, celui de Kronos, l'humain ne naît pas de la femme, qui n'existe pas, mais, fabriqué par les immortels patrouillant ce qu'ils ont sous la main, surgit de la terre et y retourne à sa mort. Entre cet aller-retour, il jouit de « biens sans nombre » : ingambe (« bras et jarret toujours jeunes », *Trav.*, 114) et satisfait à souhait (la nature, libre de tout cycle, délivre « spontanément » tout ce qu'il faut) ; l'homme de l'âge d'or ne connaît aucune nécessité, pas même celle de la reproduction sexuée : ainsi est-il sans descendance, expression même du fantasme vissé à

« l'esprit retors » de Kronos. Fils d'Ouranos et de Gaia, Kronos est le dieu qui nie à la fois la génération (en castrant son géniteur, Ouranos, pour accéder au pouvoir) et la reproduction (en avalant sa progéniture, les futurs Olympiens, que lui donne Rhéia – pour conserver le pouvoir). Cette double négation est la jouissance du roi de l'âge d'or (Hésiode, *Théog.*, 167 sq. ; 453 sq.).

Asexuée, étrangère au cycle de la reproduction, cette première race s'éteint paisiblement, la mort survenant avec la douceur du sommeil. Bref, un véritable « âge d'or ». Mais sont-ils des « hommes » ? Quand Zeus parvient par une ruse à détrôner son géniteur (dont la puissance souveraine, répétons-le, est précisément de se nier comme géniteur), le jeune dieu affirme du même coup les droits de la succession et donc de la nécessité du processus de génération dans l'ordre du monde.

La fabrication du corps féminin mortel – « modelé », *plássein*, pour être exact, *Trav.*, 70 – intervient dans cette stratégie de rupture de souveraineté. Zeus « profite » d'une atteinte portée au nouvel ordre olympien, en fait provoquée par sa ruse (le vol du feu céleste par Prométhée et sa remise aux mortels) pour introduire une nouveauté dans le monde des humains : la femme, dont la présence enclenche aussitôt le processus de reproduction sexuée, sonnant ainsi le glas de l'âge d'or. Avec Pandora, la première femme, les hommes *(anthrôpoi)* se découvrent comme mâles *(ándres)*.

Comme facteur de différenciation, la femme est aussi indication de la rupture définitive avec la nature humaine originelle. Sa seule présence déracine littéralement l'homme qui ne peut plus naître de la terre modelée par les dieux. La « race des femmes » *(génos gunaikôn)* fait chuter l'humanité d'un âge d'or à un âge de la nécessité, d'un âge de la production spontanée (tant des humains que des récoltes, bref de la *vie*) à celui de la reproduction sexuée, dorénavant nécessaire pour assumer sa *mort* en s'assurant de sa descendance… et encore, prévient Hésiode, ne faut-il n'avoir qu'un fils pour transmettre ses biens en toute sécurité (*Trav.*, 37).

Pandora, cadeau empoisonné, intervient pour substituer un couple à un autre : le couple primordial unissant à la table des festins (de façon totalement stérile, mais extraordinairement fantasmée) « les dieux et les hommes » au couple réel du mâle et de la femme. Dès lors, « quiconque cessera de maudire la femme, est un malheureux indigne du nom de sage » (Euripide, *Éole*, 18)… car « quand on trouve une femme vertueuse, on a de la chance dans son malheur » (Euripide, *Les Crétoises*, frag. 2. Ce sont les personnages d'Euripide qui expriment un lieu commun ; non l'auteur dont l'acuité puise une « inspiration » populaire qu'il n'est pas obligé de partager, et les « références » vont continuer).

La féminité de Pandora est ainsi conçue par les dieux comme un « beau mal » (*kalòn kakòn, Théog.*, 585) destiné aux humains en réplique à la démesure prométhéenne. Hésiode revient à deux reprises sur l'apparition de la première femme (*Théog.*, 570 sq. ; *Trav.*, 42 sq.). Modelé à partir de terre glaise trempée d'eau, et non de la glèbe féconde des autochtones de l'âge d'or, le corps de Pandora est le produit artisanal qu'un dieu boiteux, Héphaistos, fabrique sur la commande d'un nouveau souverain soucieux d'imposer la marque de son pouvoir dans la *différence*, entre un avant (asexué) et un après (sexué). Le boiteux s'applique à décalquer ce corps sur le seul qu'il puisse envisager : la forme impeccable des déesses immortelles. Ainsi le corps des femmes mortelles ne relève que de l'ordre du semblable, *ikélon* (ce qui est en soi une négation de l'anthropomorphisme, le modèle provenant du corps des déesses immortelles), dont la beauté attire et aimante les hommes – le feu dérobé s'intériorisant en quelque sorte dans le cœur humain, pour le consumer en épuisant ses forces. Là est le « piège profond et sans issue » tendu par Zeus (*Théog.*, 589) : séduction incarnée, Pandora n'est en fait qu'un ventre insatiable qu'il faut à la fois nourrir et féconder. Irruption du désir et de l'épuisement *versus* un âge d'or dont la particularité est l'absence de désir, tout advenant spontanément.

C'est « de celle-là, ἐκ τῆς » que provient la « race des femmes en leur féminité » (*Théog.*, 590), et non l'humanité tout entière. (La *Théogonie*, 590, ne dénomme pas la première femme, son nom n'étant donné que dans les *Travaux*, 80.) L'âge d'or, synonyme de production asexuée, hante l'imaginaire grec dont un large pan bascule dans une misogynie brutale. Puisque l'apparition de la femme dépossède l'humain de sa plénitude originelle (les *ándres* n'étant plus dorénavant qu'une moitié de l'humanité), le mâle va à son tour déposséder la femme de son corps en refusant de reconnaître sa participation active dans la procréation, et la (dé)considérer comme simple nourrice du germe semé en elle.

Les Grecs reproduiront le geste de Zeus : comme l'Olympien fait don de Pandora aux hommes qui découvrent par là l'asymétrie du même et de l'autre, le père ou le tuteur donne la fille en mariage à un autre homme. Don d'un fléau (κακόν), ainsi que le souligne violemment Hippolyte : « Voici la preuve qu'une femme est un grand fléau. Le père qui l'a engendrée et nourrie donne une dot pour l'établir ailleurs, afin de se délivrer d'un mal. De son côté, celui qui a pris chez lui cette fatale engeance est tout aise de mettre de beaux atours à une affreuse idole, et, pour la parer de toilettes, le malheureux ! il vide peu à peu le trésor domestique » (Euripide, *Hippolyte*, 627-633).

La femme apparaît dans une stratégie de représailles : au vol du feu correspond la consomption inexorable des forces de l'homme qui doit maintenant à la fois nourrir et féconder le ventre insatiable de la femme. À la lamentation d'Étéocle : « Ô Zeus, qu'as-tu créé en nous créant la femme ? », le Coryphée rétorque : « Un être misérable, aussi bien que l'homme, quand leur ville est prise » (Eschyle, *Les Sept contre Thèbes*, 256-257). Ce propos, faisant référence à l'esclavage des vaincus, revient à le légitimer. Dans *Hécube*, Euripide prête à Polymestor cette diatribe : « si des femmes on a déjà dit du mal, si l'on en dit encore ou si l'on doit en dire, d'un mot je résumerai tout : ni la mer ni la terre ne nourrissent pareille engeance. Quiconque l'a trouvée sur sa route connaît cette vérité » (*Hécube*, 1178-1182). Que le Coryphée condamne aussitôt l'excès de tels propos (1183-1185), ne change rien au fait qu'ils puissent être tenus en public.

Race des femmes et bestiaire

Le bestiaire des citoyens. La femme échappe au genre humain. Ce topo de la mentalité grecque trouve encore un enracinement dans le bestiaire comme métaphore de la « tribu des femmes ». Déjà chez Hésiode, Pandora a « un esprit de chien » (*Trav.*, 67) ; Aspasie, une de ses descendantes bien réelles, la compagne de Périclès, est la « concubine à la face de chienne, *pallakê kunôpis* » qu'un Kratinos expose sans retenue sur la scène du théâtre athénien. Huit hexamètres conservés de Phocylide de Milet (VIe s. av. notre ère) présentent quatre types de femmes rapportés à des animaux : elles sont nées d'une chienne, d'une abeille, d'une truie ou d'une cavale (frag. 2 Diehl = 3 Edmonds). C'est le poète iambique Sémonide d'Amorgos (milieu VIIe s.) qui remporte la palme de la misogynie avec son catalogue des femmes mariées, toutes rattachées à dix généalogies : deux types de femmes issus d'un élément (limon de la terre, mer) et huit d'un animal (truie, renarde, chienne, ânesse, belette, jument, guenon et abeille). À l'exception, en fait trompeuse, de la femme-abeille, chaque type stigmatise un véritable fléau *(kakón)* pour les mâles : la souillonne, la rusée, la lubrique, l'impudente, la paresseuse, la cyclothymique, la gloutonne, la nymphomane, la laide (frag. 7 West). Que la *mélissa*, la femme-abeille, semble trouver grâce aux yeux de Sémonide n'est certainement qu'un effet d'optique dans la mesure où l'abeille est, chez Hésiode, un modèle masculin (hors du foyer) opposé aux faux-bourdons, paresseux et toujours affamés, qui dans la ruche (la maison) constituent l'élément féminin : ce sont les « frelons sans dard » (!) qui, se refusant au travail, « engrangent dans leur ventre le fruit des peines d'autrui » (*Théog.*, 598-599 ; cf. *Trav.*, 305).

Sémonide confirme à sa façon que la race des femmes appartient moins au genre humain qu'elle relève davantage de l'animalité. La vulgarité du langage commun ne sera évidemment pas en reste : *khoîros* désigne à la fois le porcelet et le sexe des filles. L'animal offert en sacrifice et la vierge donnée en mariage ne font qu'un dans le bestiaire des citoyens. Un rite préliminaire de l'initiation aux cérémonies des mystères d'Éleusis ne manquera pas de rappeler cette correspondance.

Vers la domestication. Dans la réalité, qui n'est pas davantage policée, l'époque classique réserve aux fillettes un rite qui souligne l'étroite relation de leur sexe avec l'animalité sauvage, mais aussi la possibilité d'apprivoiser cette nature féminine. Il s'agit du rituel de l'*arkteia* célébré dans le sanctuaire attique d'Artémis à Brauron, puis transféré à Athènes. Lors de ces cérémonies, de jeunes vierges au service d'Artémis *Brauronia*, probablement âgées de cinq à dix ans, « faisaient les ourses » *(arkteúein).*

Le mythe étiologique raconte qu'une fillette imprudente (encore mal élevée/dressée) est blessée par une ourse venue d'elle-même dans le sanctuaire d'Artémis où elle commençait à s'apprivoiser (à montrer l'exemple). Des garçons, peut-être ses frères selon les traditions, tuent la bête, stoppant net le processus de domestication. Immédiate colère d'Artémis qui déclenche une peste qui ne s'éteindra qu'à la condition que de petites athéniennes, avant leurs noces, miment l'ourse en étant les servantes de son sanctuaire pour aller cette fois jusqu'au bout de ce qu'on peut appeler un domptage. Quant au rite de ces « ourses », certainement effectué annuellement par une centaine de fillettes choisies par tribu (P. Brulé, 1987), on ne sait quasiment rien, les Anciens considérant les Brauronies comme des cérémonies des mystères, donc secrètes dans l'ultime phase de leur déroulement. Que les fillettes portent la crocote, un chiton de couleur safran, pour s'en débarrasser le dernier jour de leur ségrégation (hypothétique) dans le sanctuaire et participer, autour d'un autel, à une course ou à une danse nocturne qui met fin à leur statut de servantes d'Artémis : tout ceci reste obscur. Mais ce qui reste significatif, sur l'écume du mystère, c'est cette insistance à confondre le sexe féminin avec la sauvagerie d'une animalité que la cité ne doit jamais oublier. C'est cette même cité qui patronne et surveille par l'intermédiaire de magistrats (dix Hiéropes) la fête pentétérique des *Brauronia* qui voit s'éloigner ces jeunes vierges de la figure de l'ourse originellement sauvage, pour calquer le processus de domestication suivi par l'animal et ainsi se rapprocher de celle de la future épouse, autant apprivoisée que domestiquée. Il s'agit, dans ce rituel d'initiation prénuptiale *(pro tou gamou)*, d'*apaiser* : apaiser la colère de la « bruyante Artémis » ; apaiser ses servantes (les futures épouses) qui apprenaient qu'Artémis, parce qu'elle est une déesse du monde sauvage, le *protège* en sanctionnant précisément tout retour à la vie sauvage : Artémis préserve sa chasse gardée de tout surplus. Elle en fait un domaine qu'on traverse pour en sortir, sans jamais y demeurer ni y revenir : un lieu de passage à sens unique. Artémis conduit les fillettes de leur nature sauvage à l'état « de cohabiter en mariage avec un homme » (Souda, s.v. *árktos ê Braurônios*). Les autorités civiques avaient compris cette subtilité, mais ne pouvaient se passer d'une référence au bestiaire. Chez les Hellènes, le joug du domptage de la femme est une figuration essentielle de ce que nous appelons mariage.

La femme ? : certes un animal, donc un vivant, mais jamais politique.

Emplois du corps

Les Grecs découpaient la « tribu des femmes » en diverses catégories strictement cloisonnées, ainsi que l'indique une fameuse formule choc notamment rapportée par un certain Apollodore, vers 340 av. J.-C., dans un plaidoyer transmis parmi les œuvres de Démosthène :

« Les courtisanes [*hetaíras*], nous les avons pour le plaisir ; les concubines [*pallakàs*], pour les soins de tous les jours ; les épouses [*gunaîkas*], pour avoir une descendance légitime et une gardienne fidèle du foyer » (in Démosthène, *Plaidoyers civils*, LIX, *Contre Nééra*, 122).

C'est le rôle sexuel, donc l'emploi du corps, qui distribue les femmes dans la société, et non les critères sociaux.

L'épouse légitime *(gamétè gunè)* doit donner à son mari des enfants pour garantir la transmission du nom et du patrimoine, « car l'état de mariage se reconnaît à ce qu'on procrée des enfants à soi, à ce qu'on introduit ses fils dans la phratrie et dans le dème, à ce qu'on donne ses filles en mariage comme étant les siennes propres » (in Démosthène, *ibid*). Être épouse légitime de citoyen est un statut ravalé au titre de fonction : la mise au monde d'enfants légitimes au profit de la pérennisation de l'*oîkos*. L'homme libre ne demande pas à sa femme d'être experte aux plaisirs érotiques, mais seulement d'être un champ propice à la fécondation.

La concubine *(pallakê)*, de naissance libre, mais sans fortune, est une fille *donnée sans dot*, pour être entretenue sous le toit d'un homme jouissant d'une certaine aisance et lui prodiguer « les soins quotidiens ». Elle n'est rien, ou plutôt un « rien » au sens où sa modeste origine, la désignant inférieure au statut de l'épouse légitime, indique que « rien » ne manque à la richesse de la maisonnée. Les enfants qu'une concubine pouvait avoir avec le chef de famille n'avaient pas le statut d'enfants légitimes, mais celui de bâtards *(nóthoi)*, ceux qui n'ont que des droits civils sans droits politiques. La *pallakê* forme « un ménage alternatif » avec le maître de l'*oîkos*, selon la juste expression de N. Bernard (2003, p. 87). C'est, pour l'homme, une bigamie qui ne dit pas son nom, peut-être une sexualité récréative, de toute façon un état parfaitement admis car ne relevant pas de l'adultère. Une concubine n'en reste pas moins femme et donc champ destiné au labour. La cession de cette catégorie de femme ne semble ni exceptionnelle ni immorale quand elle se passe entre anciens affranchis : de ceux qui sont, rappelle Démosthène, « gratifiés par vous [Athéniens] ou par d'autres, du droit de cité » pour service rendu à celle-ci, à leurs propres anciens esclaves affranchis à leur tour. Le *Pour Phormion* de

Démosthène énumère les exemples de donation de *gunaikai* (épouses non légitimes, concubines) d'anciens esclaves affranchis, devenus maîtres, à leurs propres esclaves qu'ils viennent à leur tour d'affranchir (*Plaid. Civ.*, XXXVI, 28-29). Cette fois, c'est « avec une dot » que celle qui avait été la concubine *(pallakê)* du maître est cédée par lui (*ibid*, 1).

L'hétaïre est celle qu'on n'épouse pas. C'est la « compagne » des symposiastes, ces citoyens qui « boivent ensemble », le *sumpósion* étant la seconde partie du banquet, réservée au divertissement. « Simple accessoire d'un rituel social » (N. Bernard, 2003, p. 91), objet décoratif (d'après Athénée, XIII, 572), propriété pouvant être commune à plusieurs hommes, l'hétaïre s'affiche en public avec celui dont elle *dépend*. Signe extérieur de richesse, une hétaïre est louée (au sens de location) deux drachmes la journée par celui qu'elle accompagne en public, à l'occasion des festivités réservées aux citoyens, banquets ou jeux. Paradoxalement, une telle dépendance fait de l'hétaïre la seule femme « libre » d'Athènes, la liberté se mesurant au fait de pouvoir sortir, d'être aux côtés de citoyens… liberté prêtant aussitôt le flanc à la calomnie. (Le mot *hétairai* est une méchante ironie faisant référence aux *hétairoi*, terme désignant les hommes libres, membres à part entière de la communauté civique.) Le socratique Héraclide du Pont, au IVe siècle, ne se privera pas de brocarder Périclès (comme le feront d'autres disciples de Socrate) qu'il accuse de tout chambouler en préférant renoncer à la sociabilité licencieuse des banquets pour mieux s'abandonner à son Aspasie, sa compagne-hétaïre qu'il garde pour lui… selon un mode vie jugé aristocratique.

Le plaideur Apollodore ne mentionne pas la quatrième catégorie : celle des prostituées, ces fillettes et femmes esclaves « vendues » ou « à vendre » (étymologie de *pórnê*). Mais pourquoi se donnerait-il la peine de parler de lots achetés sur le marché ? La *pórnê* (prostituée) n'est qu'une marchandise, qu'un sexe disponible dans un monde où la servilité est dénuée de la moindre considération morale. Ce sont autant les captives de guerre ou de razzias que le produit de l'« élevage » par des proxénètes des enfants exposés et ramassés au coin d'une rue, à côté des ordures, qui alimentent à la chaîne les rangs de la prostitution pour accumuler des objets dénudés et sans autre nom qu'une évocation d'un savoir-faire inculqué violemment. Objet prêt à la consommation, le corps prostitué n'est pas infécond, et les avortements sont massivement mortels. De sa vie violée à sa mort ignorée, la *pórnê* fait le naufrage de l'anonymat à l'anonymat. En réalité d'un anonymat carrément humiliant : celui des « petits noms » que les consommateurs donnent à leur plaisir arraché. Le bestiaire que les mâles poètes comparaient à la race des femmes se complète par la bouche des mâles consommateurs de « crapaud », « génisse »…

L'ordre du silence/l'ordre de la surveillance

« Femme, la parure des femmes [γυναιξὶ κόσμον], c'est le silence » : tel est l'« éternel refrain » que rapporte Sophocle (*Ajax*, 293), encore cité et approuvé par Aristote (*Pol.* I, 13, 1290 a 30). « Pour une femme, rien n'est plus beau que le silence et la réserve, et une paisible contenance à l'intérieur de la maison » (Euripide, *Les Héraclides*, 476-477). « Ton rôle, à toi, rappelle Étéocle s'adressant au chœur des femmes, est de te taire et de rester dans ta maison » (Eschyle, *Les Sept*, 232). « Ce qui se fait hors de la maison est l'affaire des hommes – que la femme n'y donne point sa voix! » (*ibid*, 200-201). Le silence imposé aux femmes a cette particularité d'embrouiller une oreille citoyenne quand une parole féminine s'énonce pourtant : « si tu es sage, ne crois pas une femme même si tu l'entends dire la vérité » (Euripide, *Hippolyte se voilant*, frag. 14).

Les jeunes pucelles doivent, à l'exception de certaines manifestations rituelles où elles sont « bonnes à voir », rester hors du champ visuel des hommes. « Entre dans mon logis, ordonne Agamemnon à Iphigénie, une fille se fait du tort en se laissant voir » (Euripide, *Iphigénie à Aulis*, 677-678), car « se mêler à la foule ne sied pas à des vierges » (Euripide, *Oreste*, 108), etc. Bref, « il est difficile aux femmes de sortir » (Aristophane, *Lysistrata*, 16). Chaque mâle n'oublie jamais que la (sa) femme est fille de Pandora et, à ce titre, un piège de séduction. Un plaidoyer de Lysias montre bien qu'il ne s'agit pas d'une simple fiction littéraire, mais d'une affaire relevant de la justice de la cité. L'épouse modèle d'Euphilétos est-elle obligée de sortir pour suivre les funérailles de sa belle-mère qu'elle est aussitôt aperçue par un certain Ératosthène qui « la perdit » dans l'adultère (Lysias, I, 6-8).

On a trop tendance à oublier que la société décrite dans *l'Iliade* connaît la relégation des femmes. À Ilion, certes terre étrangère, la place réservée aux femmes est au logis. La belle Andromaque « aux bras blancs » et au « sein parfumé » (*Il.*, VI, 377, 483), s'évanouit devant le cadavre d'Hector qui, quelques heures auparavant l'avait renvoyée à sa condition de femme : « Rentre au logis, songe à tes travaux, au métier, à la quenouille, et donne l'ordre à tes servantes de vaquer à leur ouvrage » (*Il.*, VI, 490-493).

Silence des femmes et ordre des choses riment aux oreilles du système androcratique de la cité. Quand il se dit dans l'*Antiope* d'Euripide que « la parure [κόσμος] du silence est le titre de gloire de l'homme de bien » (*Antiope*, 26), il faut bien entendre qu'il ne s'agit pas du même silence : se taire en toute occasion s'impose à la femme, tandis que se taire selon la situation est la distinction de l'homme de qualité. L'ordre du silence refuse même à la race des femmes le cri de la juste indignation : « Mais s'indigner, je le répète [Déjanire], n'est pas ce qui convient à femme raisonnable » (Sophocle, *Trachiniennes*, 552-553), ou même celui de l'admiration face à une œuvre d'art : « Si je craignais d'aller trop loin pour une femme, confie l'une à sa compagne devant les peintures du sanctuaire d'Asklépios à Cos, j'aurais jeté les hauts cris, de peur que le bœuf ne me fasse du mal, tant il a un œil, Cynno, qui regarde de travers » (Hérondas, *Mime* IV, *Les femmes au temple d'Asclépios*). Dans l'idéal, le silence devrait être absolu, afin qu'une femme ne puisse même pas adresser la parole à une autre et éviter ainsi le tissage de quelques perversités caractéristiques de leur espèce : « c'est la société des bêtes sauvages qu'il leur faudrait, pour qu'elles [toutes les femmes] ne puissent adresser la parole à aucune, ni recevoir aucun mot d'elles » (Euripide, *Hippolyte*, 647-648). Mais Artémis n'est-elle pas là pour rappeler que la sauvagerie ne saurait être que transitoire quand elle est domptée promptement. L'imaginaire, en façonnant cette sauvage déesse vierge, prétend atténuer une misogynie débridée.

Avant de s'intéresser à l'épouse, un détour par le silence féminin rompu grâce à la voix de mâles éclairés qui se font littéralement les porte-parole de ce que les femmes ont à dire. Socrate et Aristophane, deux perturbateurs ennemis, donnent pourtant aux femmes le droit d'expression. C'est au cours d'un banquet donné dans la maison d'Agathon que Socrate rapporte longuement et fidèlement les conceptions que la prêtresse Diotime lui a enseignées quand « elle discourait sur les choses de l'amour » (Platon, *Banquet*, 207 a – 212 c). Aristophane met en scène le féminin qui clame ses revendications et ses incitations, notamment à la grève du sexe, à travers la voix d'acteurs… l'actrice n'existant pas encore (*Lysistrata, L'Assemblée des femmes*). Des voix s'élèvent donc pour affirmer que les femmes ont des choses à dire… par la bouche des hommes. Sapho, qui décrivait la passion amoureuse, fut l'exception.

Retour sur l'épouse, qui, rappelons-le, est essentiellement destinée à n'être que « la nourrice du germe en elle semé », mais a aussi, après sa domestication, une vocation domestique : la divinité a « approprié la nature de la femme aux travaux et aux soins de l'intérieur, et celle de l'homme à ceux du dehors » (Xénophon, *Économiques*, VII, 30). Sorte de complémentarité des capacités sur laquelle il semble totalement inutile de s'attarder : « Ne perdons pas notre temps à parler du tissage et de la confection des gâteaux et des ragoûts, travaux où les femmes paraissent avoir quelque talent et où il serait tout à fait ridicule qu'elles fussent battues » (Platon, *Rép.*, V, 455 c-d). L'émulation agonistique des Grecs a sa limite : celle de la différence des sexes.

L'ordre du silence est l'ordre des choses pour une femme dont la fonction citoyenne est de donner naissance à un héritier mâle. Et pourtant, une « malsonnante rumeur » pèse toujours et encore sur les femmes (Euripide, *Médée*, 420). Andromaque, comme toute femme, le sait : « par sa seule présence, la femme s'attire le mauvais renom de ne pas savoir rester chez elle » (Euriîde, *Troyennes*, 649-650). Voilà qui vient justifier, au IVe siècle, la volonté de contrôler à la fois « excursions » (lors des funérailles et de quelques cérémonies), mœurs et tenue des femmes dans l'enceinte et à la périphérie de la cité, celle-ci chargeant officiellement des magistrats, appelés gynéconomes, d'une telle inspection. De l'observation de leurs expressions de deuil lors des funérailles des soldats morts au combat jusqu'à l'appréciation de la couleur des vêtements qu'elles portent, en passant par le contrôle d'une prescription visant à leur interdire de se rendre aux cérémonies éleusiniennes en char (signe de luxe), le gynéconome (γυναικονόμος) surveille les femmes hors du foyer, aux seules occasions des fêtes et cérémonies, la femme respectable ne sortant pas davantage de chez elle (Aristote, *Pol.*, IV, 15, 1299 a. Cf. J. Pouilloux, *Études Thasiennes*, 3, 1954, n° 141 et 155). Selon Plutarque, cette volonté de surveillance serait déjà attestée dans la législation de Solon (VIe s.) : « Il [Solon] soumit les voyages des femmes, leurs deuils et leurs fêtes à une loi visant à écarter le désordre et la licence. Il leur interdit de sortir jamais avec plus de trois vêtements, avec de la nourriture et de la boisson pour plus d'une obole, avec un panier dont la largeur serait supérieure à une coudée ; elles ne devaient pas voyager de nuit, sauf en chariot [...]. Il ne leur fut plus permis de se lacérer et se meurtrir le visage, de chanter des lamentations préparées à l'avance, et de pleurer à grands cris sur une autre personne que celle dont elles suivaient le cortège » (*Vie de Solon*, XXI, 5-6. Notons que l'érudition critique attribue cette législation à l'homme d'État athénien Lycurgue, soit vers 330). Les hommes scrutent, tandis que les femmes baissent les yeux. « La coutume interdit aux femmes de regarder les hommes en face », rappelle Hécube elle-même (Eur., *Hécube*, 974-975).

L'oraison funèbre que Périclès prononce en 431 pour les morts de la guerre du Péloponnèse est sans aucune équivoque sur le statut des Athéniennes : « Et s'il me faut rappeler à celles qui vivront désormais dans le veuvage quelles sont les vertus qu'on attend de leur sexe, j'exprimerai en une brève exhortation tout ce que j'ai à dire : on vous tiendra en haute estime si vous ne vous montrez pas inférieures à votre nature de femme et si vous vous conduisez de telle sorte que les hommes parlent de vous le moins possible, soit pour vous louer, soit pour vous critiquer » (Thucydide, II, 45, 2). Un silence enveloppé d'ombre doit peser sur la femme qui ne doit jamais faire parler d'elle, sa seule gloire s'étranglant dans l'absence de renommée (ni en bien, ni en mal).

Médée ose pourtant rompre le silence pour exposer à haute voix la condition féminine :

« De tout ce qui a vie et pensée, c'est nous, les femmes, la gent la plus misérable. D'abord il nous faut prodiguer l'argent pour acheter un époux et donner un maître à notre corps, cruel surcroît d'infortune ! Et voici le point capital : le prendra-t-on mauvais ou bon ? Car quitter un époux est infamant pour les femmes et il ne leur est pas loisible de le répudier. [Puis l'enfantement]. Être en ligne trois fois, le bouclier au flanc, je le préférerais à enfanter une seule » (Euripide, *Médée*, 230-237, 250-251).

Médée revendique en fait la pure et simple citoyenneté. Mais être citoyen n'est pas seulement exercer une fonction politique ou religieuse, en participant aux assemblées et aux tribunaux ou en étant temporairement élu prêtre d'un sanctuaire ; c'est aussi et surtout être quasiment à vie un soldat, mobilisable en permanence pour devenir, en cas de conflit (en fait, l'état naturel des relations entre cités), hoplite, peltaste ou même rameur, et ceci toujours selon sa fortune, mais jamais selon son sexe. La femme n'est pas un soldat. Qu'une femme puisse combattre gommerait les différences de statut entre les sexes. Le cas des Amazones, ces guerrières vêtues d'un justaucorps et armées de l'arc et de la double hache, capables de combattre à cheval, a pu être à la fois tenu pour historique (Lysias, II, 4) et relégué dans un « jadis » moins quasi légendaire que toujours repoussé plus loin dans les terres lointaines, elles-mêmes certainement moins imaginaires que géographiques, les terres barbares. L'existence d'une communauté de femmes vouées à la guerre, appelées « filles d'Arès », reste une aberration pour un Hellène qui, pourtant, ne semble pas en avoir refusé la réalité. De même, la théorie des incarnations de l'âme développée par Platon dans le *Timée* (90 e sq.) spécifie que l'âme d'un homme qui aurait fait preuve de lâcheté durant un combat entre, à titre de rétribution négative, dans un corps de femme. « Viril » et « courageux » s'expriment en grec par le même mot : ἀνδρεῖος. (Dans *l'Iliade*, Ménélas traite les guerriers de son camp d'« Achéennes », Ἀχαιίδες, et non d'Achéens, Ἀχαιοί, quand ceux-ci restent sans voix à la proposition d'Hector d'un duel entre champions ; VII, 96.) Les Grecs s'en tiendront à une stricte répartition des fonctions : *pouvoir* être soldat/*devoir* donner des enfants légitimes, et ceci principalement à une époque que nos contemporains considèrent comme celle du « miracle démocratique ».

La femme qui n'existe pas : les ombres d'Athènes

La femme qui n'existe pas, c'est, à Athènes, la célibataire dont l'indépendance lui offrirait la possibilité de gérer ses propres biens (cf. C. Mossé, 1991, p. 51 sq.). Cette femme n'existe pas car l'Athénienne est soumise à vie à un tuteur (*kúrios*), dont les aléas de l'existence font qu'il peut être son père, son époux, son frère, son fils ou son plus proche parent mâle. (Une épouse répudiée ou veuve retourne dans la maison paternelle.) L'institution immémoriale de l'épiclérat est d'ailleurs significative du rôle imposé aux femmes, voire aux fillettes. Quand un chef de famille meurt sans avoir eu de fils, la fille survivante est littéralement transmise en même temps que les biens matériels et la propriété au premier-né parmi les plus proches agnats du défunt, mais sans être elle-même arrachée du foyer paternel. Cette transmission se concrétisait par le mariage entre la fille épiclère (le mot *epí-klêros*, celle qui « colle à l'héritage », au sens propre de courroie de transmission des biens paternels, les *patroâ,* signifie bien qu'elle n'est pas l'héritière) et son plus proche parent rattaché à la lignée du défunt (dans l'ordre : oncle paternel, cousin germain, grand-oncle paternel, petit-cousin… ou, en dernier ressort, le fils d'une sœur du grand-père paternel : cf. Platon, *Lois*, 924 e sq.). La finalité est la procréation d'un enfant mâle qui, par une sorte d'adoption posthume, devenait le petit-fils du défunt, et donc l'héritier. Selon une législation de Solon, le mari de l'épiclère était dans l'obligation d'avoir au moins trois rapports par mois. Dans les mains de l'épiclère, « la succession n'était qu'un dépôt, souligne G. Glotz. Elle avait pour toute mission de procurer au mort un continuateur de sa personne » (*Solidarité*, p. 336). L'épiclère, qui ne quitte pas son foyer d'origine, contrairement aux autres filles mariées, n'est que l'instrument d'une stratégie visant à éviter que l'héritage paternel ne sorte de l'*oîkos*. Être fille épiclère, c'est ainsi transmettre un bien dont elle se trouve aussitôt dépossédée car frappée d'incapacité juridique. Femme et médiation instrumentale vont ensemble. L'épiclérat est un inceste par procuration *post mortem*.

À propos des termes de parenté, Benveniste note que *mêtrôios*, « maternel », ne dérive pas de *mêtêr*, « mère », mais de *mêtrôs*, « frère de la mère » : « En grec, *mêtrôios* « maternel » est fait sur *mêtrôs* « frère de la mère », parce que ce qui est propre à la mère n'est pas une possession, mais une relation ; du côté de la mère, c'est l'oncle maternel qui était le parent le plus important » (*Voc. inst. indo-europ.*, I, 1969, p. 274). Pour la fille qui a le malheur d'être épiclère, c'est l'oncle paternel qui lui est réservé. De toute façon, parce qu'elle est obligatoirement dotée, la fille est livrée à un époux pris dans son propre lignage paternel, selon une stricte hiérarchie parentale. Le sexe féminin n'a aucune chance de valorisation entre termes de parenté et issue du mariage.

La femme libre athénienne n'existe qu'à travers une institution qui n'a précisément pas de terme spécifique pour la désigner : ce que nous appelons le mariage (le mot *gámos* désigne le jour des noces) signifie le fait d'habiter avec son mari (το συνοικέιν), car « l'union de l'homme et de la femme n'a pas de nom » (Aristote, *Pol.* I, 3, 1253 b). Un père ne marie pas sa fille : il promet à un homme de la lui transmettre une fois son âge nubile atteint. Dans un premier temps, il la promet à son futur époux à l'issue d'une transaction, l'*enguê* (εγγύη), dont le but est le meilleur parti possible… pour les mâles. Dans un deuxième temps, celui de l'accession à l'âge nubile de la promise, le père ou, par défaut, un autre représentant masculin de la famille, de toute façon le tuteur, la transfère dans la maison de l'époux. La transaction initiale *(enguê)* ressemble donc à une programmation sanctionnée par ce transfert de la nubile d'un foyer à l'autre *(ékdosis)*, d'où l'union en vue de la procréation peut être consommée *(gámos)*. Quoi qu'il puisse arriver (divorce, répudiation pour cause d'infertilité, décès du mari), la femme retourne à la case départ : après avoir changé de tuteur, elle retourne sous l'autorité de son ancien *kúrios* (père, oncle paternel, grand-père paternel, frère).

La femme, ou plus exactement la jeune fille généralement âgée de 14 ans, mais parfois moins (12 ans), étant l'objet d'un don, reste chez son père/tuteur dans l'attente de sa « remise » *(ékdosis)*. Selon la formule attique prononcée par le père : « Je donne en gage [ἐγγυῶ] ma fille pour un labour producteur [ἐπ ἀρότῳ] d'enfants légitimes [γνησίων], et avec elle une dot » (Ménandre, *Dyscolos*, 842-844. Cf. Loi de Gortyne, VIII. La *proix*, dot, est composée de numéraire et de quelques ustensiles domestiques). Le mariage, ou plutôt la réalisation de l'engagement pris bien auparavant sous forme de transaction, est le pur et simple transfert de la qualité masculine du père, ou du tuteur, vers l'époux, celui-ci étant généralement âgé d'une trentaine d'années (selon Hésiode, *Trav.*, 698, et des sources athéniennes). Seulement, le décalage d'âge (parfois plus de vingt ans) reste toujours le même. Qu'une enfant impubère puisse être légitimement promise à un adulte prive à jamais la fillette d'être une adolescente (contrairement au garçon – éphèbe : cf. P. Brulé, 2001, p. 167-176). Que la transaction puisse précéder de nombreuses années l'union réelle, c'est-à-dire le transfert (cette fois corporel) de la jeune nubile de la maison paternelle à celle de l'époux *(l'ékdosis)* ne change rien à cette irrémédiable privation.

Il n'y a pas d'état civil, la cité n'intervenant pas dans une transaction qui, en fait, est tout à son bénéfice : produire des citoyens. On ne sort pas du cercle formé par un couple élevé au rang d'une communauté : celle de « la femme et de l'homme en vue de la procréation » (Aristote, *Pol.*, I, 27). Xénophon rapporte un propos que son Ischomaque, un grand propriétaire, adresse à sa très jeune épousée, qui reste sans nom (comme il se doit pour une épouse), un propos que tout mari pouvait certainement tenir à sa femme : « C'est après avoir réfléchi, moi pour mon propre compte, et tes parents pour le tien, au meilleur associé que nous pourrions nous adjoindre pour notre maison et nos enfants, que je t'ai choisie, toi, comme tes parents m'ont choisi, moi, me semble-t-il, parmi les partis possibles » (*Économiques*, VII, 11).

La future épouse est privée dans tous les sens du terme. D'une part, au sens où nul état civil n'est dressé : tout se passe oralement entre le *kúrios* et le futur époux, et un repas, la *gamélia*, offert lors de la fête des Apatouries par le mari aux membres de sa phratrie auxquels il déclare l'arrivée de son épouse dans l'*oîkos*, peut servir de preuve du mariage en cas de procès. D'autre part, la fille mariée est privée de tout capital immobilier, celui-ci (pouvant aller de la maison à l'atelier artisanal où travaillent les esclaves) revenant en parts égales aux seuls héritiers mâles. Enfin, l'épousée est privée de son consentement : la jeune fille n'a rien à dire lors de l'*enguê*, cérémonie à laquelle on se demande toujours si elle y assistait en personne. Plus encore, la « tribu des femmes » de l'âge classique est privée d'adolescence à cause d'un passage brutal de l'enfant au statut d'épouse (même si celui-ci est évidemment reporté à l'âge nubile). Le seul droit dont dispose la femme libre (athénienne) est le droit de cité... au bénéfice du renouvellement de celle-ci ... qui ne lui reconnaît aucune personnalité juridico-politique. Une épousée est littéralement « importée » chez son mari (Euripide, *Ino*, 13, 8). Point final.

Les fillettes et jeunes filles de citoyens ne seront pas des citoyennes, mais elles doivent suivre un cursus établi par la cité dont Aristophane livre une part du menu :

« Dès l'âge de sept ans, j'étais arrhéphore ; puis à dix ans, j'étais broyeuse de grains pour notre Patronne ; puis revêtue de la crocote, j'étais ourse aux Brauronies ; puis, devenue une belle fille, je fus canéphore » (Aristophane, *Lysistrata*, 641-646).

Il est impossible d'évaluer le degré de crédibilité de cette réplique énoncée sur la scène comique. Que l'ensemble de ces obligations soit réservé à une même personne évoluant dans l'âge ou le fait de plusieurs, selon l'âge, ne change rien à l'affaire : elles sont toutes féminines. L'arrhéphore, fillette entre 7 et 10 ans, tisse le *péplos* (manteau) offert à Athéna lors des grandes Panathénées et transporte les objets sacrés pendant la fête des Arrhéphories. La broyeuse de grains travaille pour une déesse (Déméter, mais peut-être Artémis ?) en préparant des galettes. Mimer l'ourse rappelle à la vierge à la fois sa sauvagerie naturelle et sa destination civique d'être domptée. Quant à la canéphore, elle transporte dans une corbeille les ustensiles indispensables au sacrifice sanglant. Il faut peut-être ajouter à cet emploi d'un temps que nous connaissons très mal les services accomplis par les pluntrides, gamines chargées de laver une statue cultuelle (certainement celle d'Athéna *Polias*) une fois l'an, et ceux des ergastines œuvrant avec les arrhéphores et aux côtés de femmes mariées à la confection du *péplos* de la déesse protectrice d'Athènes.

Une seule chose semble assurée : le choix de ces fillettes (toujours issues de pères citoyens) n'émane pas de leur part d'un choix de postulante, mais d'une liste de jeunes filles « mises au service » d'une tradition religieuse dont la cité des mâles se porte garante.

Dans l'Athènes de Périclès, l'*astè* n'est pas citoyenne. Selon un décret de 451-450, c'est une personne de sexe féminin, membre de la communauté civique par la naissance. Athénienne, l'*astè* (qui se distingue ainsi de la *xénè*, l'étrangère) est la seule à avoir la *capacité* de transmettre à sa descendance mâle la *qualité* de citoyen et, à ses filles, celle de futures épouses de citoyens. Si la qualité ne se confond pas avec la capacité à la produire, cette situation n'en implique pas moins que l'Athénienne n'est pas en dehors de la cité, contrairement à l'étrangère. L'Athénienne, qui ne dispose pas de la citoyenneté au sens politique du terme mais détient un droit de cité (simple reconnaissance d'appartenance à la communauté), appartient donc à la communauté civique : appartenance restrictive, cette fois au même titre que l'étranger, qui d'ailleurs ne peut l'épouser. Le droit de cité accordé aux femmes légitimes n'est qu'un devoir de fécondité.

La femme libre, épouse légitime du citoyen, n'est pas citoyenne, mais fille de citoyen. L'emploi de *politês*, citoyen, au féminin est tardif et rare (Aristote, *Pol.*, III, 2, 1275 b ; 5, 1278 a). « Il ne renvoie pas à une fonction mais au statut que transmet la femme en produisant des citoyens » (N. Bernard, 2003, p. 130). Le verbe *ekklésiazô*, « prendre part à une séance de l'ecclésia », n'est jamais employé au participe féminin… sauf par Aristophane : *ekklésiazousaï*, *(Assemblée des femmes)* dont la plaisanterie rappelle que les femmes, qui ne pouvaient assister à une assemblée du peuple, n'avaient aucun droit en matière politique. Que Xénophon puisse évoquer l'épousée comme la « gardienne des lois pour les affaires de la maison », libre d'« inspecter quand il lui paraît bon les objets, comme le commandant de place inspecte sa garnison, [d']examiner si chaque chose est en bon état comme le Conseil soumet à examen les chevaux et les cavaliers, [libre de] louer et récompenser, comme une reine, avec les moyens qui sont à sa disposition, celui (l'esclave) qui le mérite, [libre d']infliger réprimandes et châtiments à qui en a besoin » (*Éco.* IX, 15)…, toutes ces comparaisons faites à l'aune de la participation civique, et ainsi plutôt gratifiantes ne modifient pas pour autant le regard de la cité des mâles. Les *erga gunaikeia*, les travaux *naturellement* féminins (fabrication du pain, préparation des repas, filage et tissage des vêtements) sont autant d'activités dévalorisées par rapport à celles politico-militaires des mâles. Le pilon traditionnellement accroché au-dessus de la porte de la chambre nuptiale *(thálamos)*, lors de la remise *(ékdosis)* de l'épousée promise, indique par un frustre et plat symbolisme à la fois le travail féminin et la finalité sexuelle (reproductrice) de l'union légitime d'un homme et d'une femme.

C'est dans ce contexte qu'Aspasie, la compagne de Périclès, de surcroît à la fois étrangère (Milésienne) et instruite, fut soupçonnée de tous les maux. La rumeur citoyenne, principalement relayée sur la scène du théâtre comique, enflera jusqu'à l'accuser d'être l'instigatrice de la guerre du Péloponnèse (cf. N. Loraux, 2003, p. 133-166).

« Vous autres, Lacédémoniennes, vous êtes les seules à commander aux hommes »

Si la démocratie athénienne ne fut pas favorable à la condition féminine, qu'en est-il de la femme de Sparte, objet de nombreux fantasmes ? Il faut bien avoir à l'esprit que nous ne possédons aucun document d'origine spartiate concernant l'époque classique. Nos connaissances puisent à la source athénienne, ce qui n'est pas un gage d'objectivité. « Quand un Spartiate parle, rappelle C. Mossé, c'est toujours un Athénien qui le fait parler, et qui lui prête les propos qu'il imagine que le Spartiate aurait tenus » (Mossé, 1983, p. 81).

Il semble que la femme de Sparte ait eu la capacité légale d'hériter de biens fonciers. À l'épiclère athénienne, Sparte aurait substitué la *patroûkhos*, « celle qui possède *(ékhein)* les biens paternels ». La femme qui n'existe pas à Athènes, la propriétaire, aurait existé à Sparte. Ceci est un débat d'historiens dépassant notre propos.

Plein air et motivation eugénique. À Sparte comme ailleurs, la procréation définit le rôle fondamental de la femme. Selon Xénophon, pro-spartiate affiché, ce rôle aurait impliqué pour la Lacédémonienne un genre de vie différent de celui réservé aux autres fillettes grecques, les futures épouses, que leurs tuteurs confinent dans la maison. « Les autres Grecs veulent que les jeunes filles vivent comme la plupart des artisans qui sont sédentaires et qu'elles travaillent la laine entre quatre murs. Mais comment peut-on espérer que des femmes élevées de la sorte aient une magnifique progéniture ? Lycurgue au contraire pensa que les esclaves suffisaient à pourvoir les vêtements et, jugeant que la grande affaire pour les femmes était la maternité, il commença par établir des exercices physiques pour les femmes aussi bien que pour les hommes ; puis il institua des courses et des épreuves de force entre les femmes comme entre les hommes, persuadé que si les deux sexes étaient vigoureux, ils auraient des rejetons plus robustes » (Xénophon, *République des Lacédémoniens*, I, 3-4). Plutarque confirmera : la gymnastique imposée aux jeunes filles sert à consolider la matrice de la future mère : l'éducation sportive est instituée par Lycurgue pour que « la semence de l'homme fortement enracinée dans des corps robustes poussât de plus beaux germes et que [les femmes] fussent assez fortes pour supporter l'enfantement et lutter avec aisance et succès contre les douleurs de l'accouchement » (Plutarque, *Vie de Lycurgue*, XIV, 3).

La solide constitution physique des Lacédémoniennes est une affaire entendue. L'Athénienne Lysistrata, l'héroïne pacifiste d'Aristophane, accueille en ces termes la Spartiate Lampito : « Ah ! bien chère Laconienne, salut, Lampito. Comme ta beauté, ma toute douce, est resplendissante ! Quelle belle carnation ! Quel corps vigoureux tu as ! Tu étranglerais un taureau. » Réponse de l'intéressée : « Ma foi ! oui, par les Dioscures. Je m'exerce au gymnase et me donne du talon au derrière en sautant » (Aristophane, *Lysistrata*, 78-83). Course à pied, lutte, lancer du javelot et du disque sont l'entraînement physique des jeunes filles spartiates qui, à l'instar des athlètes mâles, devaient paraître nues dans les processions.

Alors une certaine perception athénienne de la femme se trouve confortée : dérèglement, laisser-aller, dévergondage, lubricité..., bref, toute la panoplie du bestiaire regroupant la race des femmes se condense dans la Spartiate. Le vieux Pélée rappelle à Ménélas que sa propre femme, Hélène de Lacédémone, celle qui « prenait les armes, le sein nu », est « partie avec un jouvenceau faire la fête en terre étrangère » à cause de son éducation : « Même si elle le voulait, une jeune fille ne saurait rester chaste *(sôphrôn)* à Sparte, où, désertant les maisons, avec les jeunes hommes *(néoi)*, cuisses nues et péplos flottant, elles partagent, chose intolérable à mes yeux, pistes de course et palestres » (Euripide, *Andromaque*, 595-604). Déjà Ibycos appelait les femmes spartiates les « montre-cuisses » (frag. 61 Page) et Sophocle évoquait « cette jeune Hermione dont la tunique peu serrée remonte sur la cuisse » (frag. 788 Nauck 2). Plutarque contestera cette condamnation principalement athénienne de la Lacédémonienne : « La nudité des jeunes filles n'avait rien de déshonnête, car la pudeur l'accompagnait, et tout libertinage était absent » (*Lycurgue*, XIV, 7).

En fait, la femme de Sparte est vouée à la circulation : elle doit circuler sur le mode du rapt et/ou sur celui du prêt. Le mariage spartiate se déroule, à une variante près, selon la tradition des Hellènes : transaction/engagement *(enguê)*, puis, le temps (physiologique) venu, transfert (« importation ») de l'épousée dans la maison du mari *(ékdosis)*. Mais ce transfert a la particularité d'être un rapt *(harpagè)* : la jeune femme n'est pas conduite par son tuteur dans sa nouvelle demeure, mais est « enlevée » de la maison paternelle par son époux pour être remise à une femme appelée *numpheútria* (celle qui assiste la fiancée) : « elle lui rasait la tête, lui donnait un manteau et des chaussures d'hommes, la faisait coucher sur une paillasse, toute seule et sans lumière » (Plutarque, *Lyc.*, XV, 5). Sélectionnée pour sa capacité reproductrice, affublée d'attributs masculins pour lui signifier le courage (toujours synonyme de virilité, en grec) dont elle ne manquera de faire preuve face aux douleurs de l'enfantement, la jeune mariée est dans le même temps rasée pour aussitôt la ramener à la fonction de son sexe en la distinguant des mâles spartiates à l'ample chevelure (cf. Lysias, XVI, 18).

Après une brève nuit de noces (ces notions de brièveté et de noces sont à la fois décalées et anachroniques), le jeune marié « s'en retournait discrètement à l'endroit où il avait l'habitude de dormir précédemment, avec les autres jeunes gens » (*Lyc.*, XV, 8). Celui-ci continue à vivre avec ses compagnons jusqu'à l'âge de 30 ans, venant rendre quasi clandestinement visite à sa femme, même si, à l'occasion de ces furtives visites, elle est devenue mère. La vie commune *(sunoikéin)* est donc tardive, ce qui a pu autant laisser un espace de liberté à la femme alors seule maîtresse *(déspoina)* de la maison qu'indiquer leur marginalisation.

Objet d'un rapt, la femme épousée peut encore devenir l'objet d'un prêt : « Si un homme âgé qui avait une jeune épouse se prenait d'affection et d'estime pour un garçon valeureux, il avait le droit de l'introduire auprès d'elle, de la faire engrosser par une noble semence et de considérer l'enfant qui en naîtrait comme le sien propre. De même, si un homme de bien admirait une femme féconde et vertueuse qui était l'épouse d'un autre, il avait le droit de s'unir à elle avec la permission du mari, de l'ensemencer comme une terre fertile en beaux fruits, et d'en avoir de bons enfants, du même sang et de la race » (Plutarque, *Lyc.*, XV, 12-13). La visée eugéniste ne va pas sans une certaine reconnaissance de la maternité. La *teknopoiïa*, « fabrication d'enfants », est un devoir civique reconnu comme tel par les Lacédémoniens, contrairement à la dévalorisation de la maternité par les citoyens athéniens. La femme spartiate ne paraît pas être une simple nourrice. La cité hoplitique qu'est Sparte charge les femmes hilotes, périèques et esclaves des activités nourricières et des travaux alimentaires et vestimentaires. Le « temps social » des Lacédémoniennes n'est pas celui des Athéniennes.

Alors, « vous autres, Lacédémoniennes, vous êtes les seules à commander aux hommes ? » L'apostrophe, en forme de question, émane d'une femme d'Attique s'adressant à Gorgô, fille du roi spartiate Cléomène et épouse de Léonidas. Elle aurait eu cette réponse : « C'est que nous sommes les seules à enfanter des hommes » (Plutarque, *Apohtegmes laconiens*, 240 E, n. 5 ; *Lyc.*, XIV, 8). Sur la scène théâtrale athénienne, Sophocle fait dire à Créon qu'il « vaut mieux succomber sous les bras d'un homme, de façon qu'on ne dise pas que nous sommes aux ordres des femmes » (Sophocle, *Antigone*, 679-680). Mais l'expression « seules à enfanter les hommes » signifie aussi la revendication de la reproduction sexuée : l'autre sort de l'autre, le masculin du féminin, et non plus le même du même.

Sortir

Les Lacédémoniennes sortent à l'air libre pour aussitôt rentrer dans leur fonction de bonnes reproductrices. Revenons aux autres Grecques des cités hors de l'influence spartiate.

Une hétaïre, on l'a vu, accompagne son homme-client, notamment à l'occasion des banquets, mais encore peut-elle le faire, parfois seule, lors de certaines fêtes, dont les *Haloa,* en l'honneur de la Déméter « des plants de vigne » (αλωή).

Dans *l'Iliade*, sortir est pour une femme se rendre chez une autre femme. Quand Hector demande où s'est rendue Andromaque, sa question contient les cases à cocher : « Est-elle allée : chez mes sœurs ? chez les femmes de mes frères ? ou s'est-elle rendue au temple d'Athénée ? » (*Il.*, VI, 376-380). Qu'importe que la scène soit située en terres étrangères, peut-être sur un terrain hittite, car c'est un aède grec qui, s'adressant à un auditoire grec, doit se faire comprendre, c'est-à-dire se faire bien entendre à partir de repères codifiés. Hector le Troyen se comporte comme un Achéen.

Mais, à l'époque classique, que peut signifier « sortir » pour une femme-épouse ?

Sortir hors de l'*oîkos*, c'est accompagner le défunt hors de ses murs ; façon de se retrouver confinée au carrefour de la vie (que la femme doit donner) et de la mort (dont elle doit ritualiser le passage par ses déplorations et lamentations dont les dérèglements auraient été écartés par une loi de Solon [Plutarque, *Solon*, 21, 4]). Les femmes sortent alors en tête de l'*ekphora*, le cortège funèbre menant le défunt de sa maison à la nécropole, sans pour autant être admises à la cérémonie de la crémation ou de l'inhumation du corps.

Sortir en cortège (loutrophorie) jusqu'à une fontaine pour y puiser l'eau du bain nuptial de la vierge donnée en mariage, c'est encore revenir à sa condition initiale.

Sortir c'est, trois jours durant, camper sur la colline de la Pnyx, pour y célébrer les Thesmophories, cérémonies en l'honneur de Déméter et Koré exclusivement réservées aux « femmes de bonne lignée, *eugeneis gunaikes* », selon l'expression d'Aristophane (*Thesmophories*), donc aux seules épouses légitimes de citoyens, dont les plus riches d'entre ces derniers devaient d'ailleurs s'acquitter des frais du rituel (liturgie) : ceux du sacrifice sanglant offert aux deux déesses et du banquet des femmes qui clôturait la cérémonie. À l'époque classique, Déméter *Thesmophoros* (« Législatrice ») est célébrée dans de nombreuses cités. Comme toujours, sortir pour participer aux Thesmophories, c'est rentrer immédiatement dans son statut d'épouse qui se confond avec celui de champ à labourer pour la procréation des futurs citoyens. Appelé *kalligéneia*, καλλιγένεια, « belles naissances », le troisième et dernier jour de cette fête rappelait à la femme son devoir de donner une bonne progéniture. Sortir pour pouvoir participer aux Thesmophories c'est aussi faire preuve du statut incontestable d'épouse au sein d'une cité qui ne dresse pas d'état civil, et, selon les circonstances, pouvoir faire reconnaître devant les tribunaux par un orateur sa qualité d'épouse légitime d'un citoyen (cf. Isée, VIII, 19-20).

Sortir, c'est encore s'enfermer. La fête des Adonies, célébrée à Athènes en plein été, réunissait huit jours durant des femmes, pour la plupart courtisanes ou concubines, dans des demeures privées pour s'adonner à une méticuleuse mise en pot de semences. Sortir c'était plutôt se rendre sur les terrasses des maisons pour y déposer ces plantations que le soleil allait bientôt griller sous le vacarme des lamentations des femmes… porteuses… de pots. L'approche structuraliste n'a pas manqué de dresser une trop parfaite opposition entre Thesmophories et Adonies. Miracle de la reconstruction anachronique qui voit en rien toujours son contraire : agriculture, promesse de fécondité et mariage/labourage d'un côté (épouse légitime) ; jardinage infécond et débauche licencieuse de l'autre (hétaïre). Comme tout est parfaitement carré avec les structuralistes ! Seulement, la fête des Adonies invite des épouses de citoyens (Aristophane, *Lysistrata*, 390-398). Elle permet encore de sortir dans la cité pour y accomplir les rites funèbres en l'honneur d'Adonis (Plutarque, *Alcibiade*, 18, 5 ; *Nicias*, 13, 11). Ce n'est pas l'engeance des hétaires qui creuse sa marginalité par cette célébration, mais plutôt la tribu entière des femmes qui déroule l'éventail de l'emploi qu'elle peut avoir d'elle-même.

Sortir au théâtre ? Sur scène, il n'y a pas d'actrice, mais uniquement des acteurs pour tenir les rôles féminins. Le féminin est représenté par le masculin. Sur les gradins, certainement pas de femmes au premier rang, le droit de préséance (proédrie) étant réservé à certains hommes (prêtres, archontes, fils de soldats tués au combat, hérauts et même éphèbes dont le devoir est d'assister aux représentations théâtrales). Socrate semble distinguer le théâtre comme « assemblée où se pressent pêle-mêle, à côté des hommes, les enfants et les femmes, et les esclaves avec les hommes libres », des lieux d'où l'orateur s'adresse au peuple d'Athènes, les « assemblées d'hommes libres » (Platon, *Gorgias*, 502 d). La question de la présence de femmes dans l'auditoire a peut-être une réponse. Dans la mesure où la représentation théâtrale est considérée comme un *rituel* des fêtes religieuses, et que celles-ci sont ouvertes aux femmes, rien n'interdit de supposer leur présence sur les gradins. La discrétion, pour invisible qu'elle soit, n'a jamais correspondu à l'absence.

Sortir sur une agora des femmes ? Comme le souligne Claude Mossé, « si la condition juridique de la femme athénienne était une, la situation sociale réelle introduisait des différences sensibles » (Mossé, 1991, p. 59). En effet, les épouses des milieux populaires semblent avoir une plus grande liberté de mouvement hors de la maisonnée que celles des riches citoyens, et même si cette *liberté* n'est en fait qu'une *nécessité* : se rendre sur les marchés pour y vendre des produits alimentaires ou de la laine, des parfums, des couronnes (les sources évoquent une « agora des femmes ») ou, à l'instar de la mère d'un client de Démosthène, se louer comme nourrice chez une famille nantie (cette fonction n'est pas l'exclusivité des esclaves) pour augmenter les ressources du ménage (Démosthène, *Contre Euboulidés*, 35 ; 45).

Quant à « sortir hors de soi », c'est se faire thyiade, une ménade « historique » quittant la cité pour mimer la bacchante mythique sur les cimes givrées des montagnes, rapporte Plutarque (*De primo frigido*, 18, 953 D). Diodore de Sicile livre ce précieux témoignage : « Tous les trois ans, des groupes bacchiques de femmes s'assemblent, et il est d'usage pour les vierges de porter le thyrse [bâton surmonté d'une pomme de pin et enroulé de lierre et de feuilles de vigne] et d'entrer en transes en poussant des cris et en rendant hommage au dieu [Dionysos] : les femmes, en groupe, offrent des sacrifices au dieu, célèbrent les mystères bacchiques, et, en somme, louent par un chant la présence de Dionysos, en mimant les compagnes en délire qui jadis, raconte-t-on, entouraient le dieu » (IV, III, 3). La thyiade mime la ménade, imitation que l'imaginaire masculin de la cité traduit automatiquement comme un retour momentané, mais indispensable, à la case départ de la nature féminine : celle de la sauvagerie à ritualiser pour mieux l'évacuer.

Service religieux et charges patrimoniales

Que faut-il retenir de la place des femmes dans la vie religieuse ? Peut-être moins qu'on ne le dit. L'hypothèse aujourd'hui parfois émise d'une « citoyenneté cultuelle » de la femme semble, sinon inadéquate, au moins totalement exagérée.

Certaines femmes, et non la tribu des femmes, ont pu voir s'effacer devant elles l'autorité d'un tuteur. Dans le dernier quart du ve siècle, la prêtresse d'Athéna *Polias* (déesse « protectrice » de la cité athénienne) jouissait certainement d'une autonomie judiciaire, pouvant même recevoir, par décret, l'éloge public et la couronne, deux honneurs *civiques*. Cette femme, mariée ou veuve, choisie parmi le *génos* des Étéoboutades, exerçait ses prestigieuses charges sacerdotales à vie. (Lysimaché fut prêtresse d'Athéna *Polias* pendant soixante-quatre ans, ce qui lui valut l'insigne honneur d'une statue de bronze à son effigie sur l'acropole.) Seuls les biens de la déesse échappaient à son contrôle. La prêtresse de Déméter et Koré, à Éleusis, issue du *génos* des Philléides, disposait de revenus confortables : une obole par initié et cent drachmes par an.

Une prêtresse « héréditaire » pouvait certainement engager une action judiciaire quant aux entorses commises par un membre du personnel masculin à l'encontre des lois sacrées de son sanctuaire. En fait, il s'agit pour cette poignée de femmes d'assumer des charges patrimoniales.

Quant aux prêtresses élues ou tirées au sort, rien ne permet d'inférer une quelconque promotion. La revendication de Mélanippe selon laquelle « c'est le sexe féminin qui communique les volontés de Zeus à tout Grec qui le désire » (Euripide, *Mélanippe philosophe*, frag. 14, 16-17) se heurte à la réalité du processus oraculaire instauré par Apollon (Loxias) considérant sa Pythie comme n'étant rien d'autre que son « instrument » sonore et définitivement anonyme.

La femme grecque est clivée entre dépréciation et défectuosité, entre pièce rapportée et matrice compulsive. Elle reste confinée hors du genre humain… aux yeux fermés des mâles qu'elle enfante.

▶ BERNARD N., *Femmes et société dans la Grèce classique*, Paris, Armand Colin, 2003. – BODIOU L. & MEHL V. (dir.), *La religion des femmes en Grèce ancienne. Mythes, cultes et société*, Presses universitaires de Rennes, 2009. – BONNARD J.-B., *Le complexe de Zeus. Représentations de la paternité en Grèce ancienne*, Paris, Publications de la Sorbonne, 2004. – BRULÉ P., *La fille d'Athènes. La religion des filles à Athènes à l'époque classique. Mythes, cultes et société*, Paris, Les Belles Lettres, 1987 ; *Les femmes grecques à l'époque classique*, Paris, Hachette, 2001. – LORAUX N., « Sur la race des femmes et quelques-unes de ses tribus », (1978), in *Les enfants d'Athéna*, Paris, Maspero, 1981, p. 75-117 ; (éd.), *La Grèce au féminin*, Paris, Les Belles Lettres, 2003. – MOSSÉ C., *La femme dans la Grèce antique* (1983), Paris, Complexe, 1991. – SCHAPS D.M., « The Woman Least Mentioned : Etiquette and Women's Names », *Classical Quarterly*, 27, 1977, p. 323-330. – SCHMITT PANTEL P. (dir.), *Histoire des femmes en Occident*. I. *L'Antiquité*, Paris, Plon, 1991 ; « Les femmes grecques et l'*andron* », *Clio*, 14, 2001, p. 155-181.

→ Amazone ; Citoyenneté et administration du sacré ; Don des dieux ; Eugénique ; Grève ; Ménade ; Prostitution sacrée ; Reproduction sexuée ; Sang ; Sexes (Différence des) ; Virginité

FÊTE → Honorer les dieux ; Temporalité

FILS JAMAIS NÉ

Le fils qui n'advient pas, c'est la hantise du mortel. *Le* fils qui ne doit pas advenir est le souhait d'un Zeus inquiet pour lui-même.

Le « fils jamais né » est un thème à double détente, particulièrement caractéristique de ce que fut le paganisme.

Zeus est un usurpateur : il a détrôné son père, Kronos, et à ce titre il prend le risque de subir le même sort. C'est ce que Gaia et Ouranos lui prédisent s'il doit avoir un fils de la déesse Métis, la « sagesse rusée ». Selon Hésiode, « pour que l'honneur royal n'appartînt jamais à un autre que Zeus », celui-ci doit ingérer la déesse alors enceinte de Pallas Athéna. « Métis devait ensuite enfanter un fils au cœur violent qui eût été roi des hommes et des dieux, si Zeus auparavant ne l'eût engloutie au fond de ses entrailles » (*Théog*., 891-892, 897-899). D'une pierre deux coups : en s'incorporant Métis, Zeus s'approprie la sagesse rusée et efface le risque de sa destitution.

Selon une autre version rapportée par Apollodore (1.34-8), Zeus devait s'abstenir de s'unir avec la déesse Thétis pour la même raison. Thétis dénouera sa ceinture pour le mortel Pélée pour enfanter Achille, certes le plus divin des mortels, un héros au-dessus des autres, mais jamais un prétendant, toujours une demi-portion… pourtant capable d'affronter la mort.

Dans le monde des mortels, l'absence de fils est redoutée. « Puisses-tu n'avoir qu'un fils, souhaite Hésiode à Persès, pour nourrir le bien paternel – ainsi la richesse croît dans les maisons (*oîkon*) – et mourir vieux en laissant ton fils à ta place » (*Trav.*, 376-377). Vieillir privé d'enfant est une malédiction, rappelle Dictys à Danaé… mais un fils suffit (Euripide, *Dictys*, frag. 3 & 6). Le fils légitime (*kata phúsin*) est le cas idéal du droit successoral grec (attique) qui doit toujours se comprendre dans le cadre de *l'oîkos*, la « maisonnée ». Alors qu'une fille quitte (doit quitter) *l'oîkos* paternel pour celui de son époux désigné, « les fils restent toujours au foyer en tant que protecteurs des dieux domestiques et des tombeaux familiaux » (Euripide, *Danaé*, frag. 4).

L'oîkos n'est pas l'Olympe. Ce sont les murs, les biens mobiliers, l'ensemble des mortels qui y évoluent, du nouveau-né accepté à l'esclave acheté par un citoyen qui lui-même partage sa couche entre le légitime et le marginal, entre l'épouse et la concubine (ce en quoi le mâle se rapproche de Zeus). *L'oîkos* c'est aussi, et peut-être surtout, la pratique familiale d'un rite opéré autour du foyer (*hestia*). Et ce rite doit aussi se décliner en culte funéraire. C'est là l'importance de la descendance : l'assurance pour le défunt de recevoir « comme il se doit » les rites funéraires, l'assurance de transformer sa dépouille en offrande à Hadès grâce à un corps lavé et inhumé selon les règles.

Isée prévenait qu'à l'article de la mort, il convenait de prendre ses dispositions pour que les « sacrifices funèbres et tous les rites dus aux défunts » soient correctement accomplis. « Ainsi, ne manque de préciser l'orateur, ceux qui n'ont pas d'enfants au moment de leur mort en adoptent-ils » (Isée, *Sur la succession d'Apollodoros*, 30, trad. P. Roussel ; cf. *Sur la succession de Ménéklès*, 36).

Le citoyen grec a pu autant décider de l'exposition de son propre nouveau-né (et par conséquent d'une très probable mise à mort de sa descendance) que de l'adoption (pour s'occuper du suivi cultuel de sa mort). Mais l'adoption d'un petit d'homme par un mortel reste inféodée à la condition humaine d'être sous le joug de l'ambivalence divine : « il est insensé l'homme qui, n'ayant pas eu d'enfants jusqu'alors, accueille ensuite des fils étrangers dans sa maison : il détourne ainsi le destin dans un sens qui n'est pas permis. Celui à qui les dieux n'ont pas donné la joie de voir naître des enfants ne doit pas lutter contre la volonté divine, mais se résigner » (Euripide, *Mélanippe*, frag. 21). Heureusement pour les dieux infernaux que les mortels passeront outre cet interdit, car sans hommages funéraires, pas d'offrande à Hadès.

Pour le Zeus du mythe, le Zeus « tout court » car sans épiclèse, la prévoyance revient à s'interdire une descendance. Pour l'éphémère, la prévoyance c'est de procréer voire d'adopter un rejeton, qu'importe pourvu qu'il accomplisse ce qu'il convient aux feuilles tombées à terre pour plaire à ces dieux verticaux qui sont le socle épineux du paganisme.

Entre le Zeus d'en haut (l'Olympien) et celui d'en bas (l'Hadès), il y a nécessairement une connivence que les mortels ne peuvent partager : le pouvoir pour les uns, le devoir pour les autres.

De toutes les façons, et c'est la ruse de Zeus, la descendance des Olympiens est « maintenant » superflue, car ils ne sont pas mortels...

Précisément, le paganisme a encore un mot à dire entre mortels : les Asclépiades, hommes dévoués au soin des autres, « descendants » par vocation d'un mortel devenu dieu, Asklépios, seront toujours pour les souffrants ses bienvenus « fils adoptifs » (*SEG* 16, 326).

→ Funéraire (Culte)

FOYER → **Centre**

FUNÉRAIRE (Culte)

Restitution et destruction

Hector offre à un champion des Achéens un duel afin d'éviter une tuerie collective, mais à une condition : « Si c'est lui qui de moi triomphe avec le bronze à la longue pointe, qu'il me dépouille de mes armes et qu'il les emporte aux nefs creuses ; mais qu'il rende mon corps *(sôma)* aux miens, afin que les Troyens et les femmes des Troyens au mort que je serai donnent sa part de feu » (*Il.*, VII, 77-80). Inversement, si Hector triomphe, il dépouillera son adversaire vaincu de ses armes, mais s'engage à rendre son cadavre *(sêma)* aux Achéens afin qu'ils « puissent l'ensevelir et répandre sur lui la terre d'un tombeau » (*Il.*, VII, 86).

Barbares et Hellènes partagent le même souci du respect d'une loi non écrite : prendre soin de la dépouille. L'éphémère n'a qu'un destin *(moîra)* : devenir offrande du Zeus Souterrain (*Katachthónios*), Hadès. Pour ce faire, les vivants doivent respecter les rites funéraires. Les funérailles *(táphoi)* effacent la souillure de la mort – la souillure étant considérée comme un phénomène étranger à la sphère divine. Elles doivent transformer la dépouille en offrande consacrée aux dieux infernaux : le visible cadavérique, inacceptable pour les immortels, en ombre invisible, finalité des humains. C'est pourquoi la mort en mer est particulièrement redoutée.

Incinération et inhumation sont les deux modes de funérailles des Hellènes (du XIe au IVe s.), l'une pouvant accompagner l'autre : après avoir tué Éétion, Achille brûla son cadavre « puis sur lui répandit la terre d'un tombeau » (*Il.*, VI, 416-419).

Aux offrandes funéraires de pièces de vaisselle, de bijouterie, d'armes ou de quenouilles – qui sont autant de preuves d'abandon par les survivants de biens habituels du défunt –, les temps homériques superposent des sacrifices de destruction : « si l'être aimé est mort, écrit W. Burkert, tout le reste doit être détruit également. Les armes et les outils sont cassés. Des chiens, des chevaux, et même des serviteurs ou la femme du défunt, peuvent être tués » (Burkert, 2011, p. 265).

Le chant XXIII de *l'Iliade* offre une description précise des funérailles de Patrocle. L'acte inaugural consiste à faire couler le sang des animaux et de festoyer des chairs grillées. Taureaux, brebis, chèvres et porcs sont égorgés « et leur sang, recueilli à pleines coupes, coule partout autour du mort » (34). À l'aube, le bûcher funéraire est dressé. Achille égorge moutons et bœufs, quatre chevaux, deux des neuf chiens du défunt ainsi que douze prisonniers Troyens (175-176 ; cf. 22-23 & XXI, 26-32). Il oint la dépouille de son ami de la graisse des animaux sacrifiés. Toutes les victimes sont entassées sur le bûcher, autour de Patrocle, ainsi que des jarres de miel et d'huile. Quand le bûcher s'enflamme, Achille répand du vin sur le sol. La flamme retombée, les os de Patrocle sont recueillis dans une urne d'or avec double couche de graisse. L'urne est enterrée. Les Achéens sont alors invités à un *ágon*, c'est-à-dire à concourir entre eux en participant à diverses compétitions (course de chars, tir à l'arc, lutte, pugilat, lancer de javelot ou du disque, course à pied et même duel à l'épée).

Sang animal et sang humain coulent : le défunt des temps épiques réclame la mise à mort pour accéder à sa condition d'offrande à Hadès.

Rendre présentable

Aux époques post-homériques, la *próthesis*, exposition du mort, sert à rendre présentable non pas le corps entier (enveloppé dans un linceul), mais la tête seule… aux yeux des endeuillés. Un récipient d'eau lustrale permet aux visiteurs du défunt ablutions ou aspersions, actes capables de leur restituer la pureté après leur visite d'hommage car tout contact avec la mort entraîne automatiquement une souillure. L'exposition du cadavre, impeccablement lavé (cf. Sophocle, *Antigone*, 900-903 ; Euripide, *Hér.*, 609 sq.), dure une journée, soit jusqu'avant le lever du soleil, moment de l'*ekphorá*, transport nocturne (à Athènes) du corps jusqu'au cimetière (nécropole) situé à l'extérieur de la cité (sauf à Sparte).

Alors, après le chant funèbre *(thrênos)*, les libations *(khoaî)* sur la tombe (inhumation) ou sur l'urne mortuaire (incinération) et le banquet funéraire *(perídeipnon)* organisé dans la maisonnée du défunt, celui-ci peut rejoindre l'Hadès, tandis que les vivants se protègent du revenant. Le tombeau, qui reçoit des offrandes alimentaires ou ornementales, est aussi le lieu de trois banquets les 3e, 9e et 30e jours après les funérailles. Dès Solon, des dispositions législatives sont prises pour endiguer toutes les manifestations bruyantes et excessives de deuil que W. Burkert a décrit comme un chavirement des proches « dans un état d'anormalité » (2011, p. 264) – par exemple, interdiction des lamentations hors de l'*oîkos* et de la pratique féminine des griffures sur les joues. Le thrène est une lamentation chantée, une plainte funèbre rituelle. Il exprime le déchirement du cœur des vivants tout en s'adressant au disparu et à son sort. Pindare utilisera cette plainte pour exprimer ses idées sur la mort : « Tous, par un sort bienheureux, sont parvenus à la fin qui nous délivre de nos peines. Le corps de tous cède à la mort toute-puissante, mais, vivante encore, reste une image de notre être ; car, seule, elle vient des dieux ; elle dort, tandis que nos membres agissent, et quand au contraire ils dorment, en maint et maint rêve, elle nous montre, s'approchant, le jugement qui nous récompense et celui qui nous punit » (Pindare, Thrène, 2 Puech).

D'une façon plus ordinaire, le thrène peut être exécuté par des chœurs professionnels dans le but d'empêcher que les proches du défunt ne s'abandonnent à une ostentatoire manifestation excessive de plainte et de peine. Toujours se garder de la démesure.

Le citoyen étant toujours soldat, mourir sur le champ de bataille est un grand honneur que consacre la sépulture collective *(poluándrion)*. Simonide de Céos, au Ve siècle, a composé un thrène pour célébrer la mort glorieuse des soldats des Thermoplyles : « L'urne qui renferme leurs cendres a pris à la Grèce son lustre le plus resplendissant La valeur de Léonidas brille d'un immortel éclat. »

Célébrés pour avoir repoussé les Perses de l'Hellade, les morts de Platées reçoivent chaque année des offrandes en vêtements et les prémices des fruits de Gaia sous les honneurs officiels (Thucydide, III, 58, 4). Dans le Livre II de son *Histoire de la guerre du Péloponèse*, Thucydide donne cette description des funérailles organisées par Athènes pour les guerriers tombés lors de la première année du conflit (431-430) : « Voici en quoi consiste la cérémonie. On expose les ossements des morts sous une tente dressée deux jours à l'avance, et chacun apporte ses offrandes à celui qu'il a perdu. Quand vient le moment du convoi, les chars amènent des cercueils de cyprès [un bois réputé imputrescible], un pour chaque tribu ; les ossements y sont placés d'après la tribu dont les morts faisaient partie. Un lit vide est porté en l'honneur des disparus dont les corps n'ont pu être retrouvés. Tout citoyen ou étranger est libre de se joindre au cortège. Les parentes viennent auprès du tombeau faire entendre leurs lamentations. Les restes sont déposés au monument public, dans le plus beau faubourg de la ville. C'est toujours là qu'on enterre ceux qui ont perdu la vie dans les combats [...]. Dès que les morts ont été recouverts de terre, un homme, choisi par la cité parmi les hommes du plus d'esprit et des plus considérés, prononce un éloge digne de la circonstance ; après quoi l'on se retire » (II, 34, trad. É.-A. Bétant). Alors place à la renommée immortelle initiée par la parole de l'orateur – dans ce cas précis, celle de Périclès – pour ces soldats protégés par leurs cercueils indestructibles.

Hors du contexte guerrier, les funérailles relèvent de la sphère familiale. D'où l'extrême importance de la descendance déjà énoncée par Hésiode (*Trav.*, 376-377). On trouve plus tard chez Isée cette recommandation : « Tous les hommes à l'article de la mort prennent des mesures de prévoyance dans leur intérêt propre, afin que leur maison ne soit pas livrée à l'abandon, mais qu'il reste après eux quelqu'un pour accomplir les sacrifices funèbres et tous les rites dus aux défunts. Ainsi ceux qui n'ont pas d'enfants au moment de leur mort en adoptent-ils » (*Sur la succession d'Apollodoros*, 30, trad. P. Roussel ; cf. *Sur la succession de Ménéklès*, 36).

Mais la pratique civique ne peut laisser les morts privés de culte, faute de descendants. Elle leur consacrait le troisième jour des Anthestéries, une des fêtes de Dionysos. Ce jour, appelé *khútroi*, celui des marmites dans lesquelles on jetait une panspermie de graines offerte à Hermès *Khthónios* avant de congédier les morts. La cité athénienne organisait à ses frais chaque année une autre fête commémorative des morts : la Génésia, fête des ancêtres, dont la participation était obligatoire. La cérémonie consiste principalement à offrir des libations d'huile, de lait, d'eau, de miel ou de vin que les parents des défunts versent dans des récipients sans fond.

Passage de l'urne à la terre.

► ALEXIOU M., *The Ritual Lament in Greek Tradition*, Cambridge, Cambridge University Press, 1974. – BURKERT W., *La religion grecque à l'époque archaïque et classique* (1977), trad. fr., Paris, Picard, 2011. – GARLAND R., *The Greek Way of Death*, Londres, Duckworth, 1985. – MORRIS I., *Death-Ritual and Social Structure in Classical Antiquity*, Cambridge, Cambridge University Press, 1992.

→ Fils jamais né ; Lois non écrites ; Mort ; Revenant ; Sang ; Souillure et purification

G-H

GRÈVE

L'idée de cet article décalé,
entre insolite et insolent,
m'est venue de la lecture
toujours stimulante de Jean Rudhardt

La grève : une invention féminine ? C'est ce qu'un mythe et une comédie affirment explicitement à leur manière, sans évidemment avoir de mot pour le dire. Pour l'heure, la grève (αἰγιαλός) ne signifie que le rivage.

Tractations entre sommités

Le thème de la grève comme moyen de pression sur le cours des événements apparaît dans un des mythes que tous les Grecs connaissent : celui de la déesse Déméter en quête de sa fille soudainement disparue (*Hymne pseudo-homérique à Déméter*, composé peu avant 610 avant notre ère).

Zeus, nouveau patron de l'Olympe, a conclu un contrat avec son frère Hadès, trésorier et comptable de la filiale souterraine de la grande société. (Les actionnaires sévissent de haut en bas.) Le patron lui donne sa fille Koré, qu'il eut de Déméter. Donner, c'est conclure un mariage (en grec, une délocalisation de la mariée) sans prendre le soin d'en informer celle qui détient pourtant l'appareil de production, la déesse de la croissance des céréales. Quand Déméter apprend cette transaction faite à son insu, elle décide d'arrêter l'outil de production pour contraindre Zeus à revenir sur sa décision : « elle cesse de remplir son activité », comme le dit si bien Jean Rudhardt (p. 52). Le grain est retenu sous terre. Rien ne germe, tout se dessèche. Les hommes, qui s'épuisent à labourer en vain (*HhD.*, 305-309), crient famine, et leurs forces diminuent au point qu'ils ne pourront plus bientôt honorer les dieux en leur offrant des sacrifices.

Zeus est contraint à la négociation. Il ne peut pas prendre le risque de gripper plus longtemps les rouages de sa propre société, l'Olympe, quotidiennement huilés par les offrandes et sacrifices des mortels qui ne sont que les otages muets d'un conflit qui les dépasse. La famine des travailleurs de la terre n'émeut pas (pour l'instant) les Olympiens. En revanche, elle menace à moyen terme la réception de leurs intérêts que sont les sacrifices offerts (consentis) par les laborieux mortels, tandis que les actionnaires, tous rejetons de l'Olympe, s'inquiètent pour eux-mêmes.

Tout se passe entre la représentation de la base (Déméter) et celle des hautes autorités (l'Olympe et l'Hadès). Même réseau social. C'est l'entre-deux, les travailleurs de la terre, qui, pour l'heure, subit de plein fouet les conséquences du conflit.

Zeus ouvre alors des négociations pour sortir de l'impasse avec Déméter, la revendicatrice de son propre giron. La première tentative, dépêchée par Iris, une déesse de l'alternance, échoue car, à ce stade de la négociation, le patron des hautes sphères n'accorde rien. La seconde, conduite par Hermès, dieu autant expert en relation qu'en roublardise, aboutit à un compromis secrètement concocté entre Zeus et Hadès. Le contrat est revu : Koré, la fille donnée en épousailles forcées (pléonasme pour une vierge grecque), passera une partie de l'année auprès de sa mère, et l'autre (un tiers-temps) auprès de son époux. La délocalisation de la « fille-iale » est donc négociée. Il se dit même que des « promesses » de mieux-être pour ceux qui souffrent auraient été tenues. Mais ces « accords d'Éleusis » sont restés secrets…

Chacune des parties en présence a fait des concessions, mais toujours dans leur propre intérêt, pour elles-mêmes. Chacun s'en tire. Tout ce petit monde a gagné. Sauf le reste. Sauf l'ensemble de ceux qui ne disposent pas de leur action, qui doit se contenter d'une reprise du travail. Car Déméter-*leader* (une épiclèse devant toujours s'accoler à une divinité « culte »), satisfaite, a libéré l'outil de production, et de nouveau « les gras sillons se chargent de lourds épis que l'on lierait en gerbes » (*ibid.*, 456).

La production reprend : verdure et fleurs recouvrent la terre. Les mortels, retrouvant des forces, peuvent à nouveau s'occuper des intérêts de leurs dieux actionnaires en leur offrant des sacrifices.

Tractations à la base

Passons de ce mythe éleusinien, certes quelque peu malmené – mais beaucoup moins qu'il n'y paraît –, à une mise en scène que les citoyens d'Athènes ont pu voir vers 411 : la comédie *Lysistrata*, d'Aristophane. Même si le vecteur, tout imaginaire, reste le même, l'idée prend… chair.

Le conflit fratricide qui oppose Athéniens et Lacédémoniens ruine l'Hellade (guerre du Péloponnèse dont la rumeur bien réelle en attribue à une femme, la concubine de Périclès, le déclenchement). Dans ce plaidoyer pour la paix qu'est *Lysistrata*, Aristophane met en scène son héroïne éponyme, épouse d'un important citoyen athénien. Elle se révèle bientôt être une véritable meneuse. Lysistrata s'adresse non seulement aux femmes d'Athènes, mais aussi aux représentantes de Sparte, de Béotie et de Corinthe, qu'elle a carrément convoquées pour leur donner le seul mot d'ordre qui, selon elle, peut mettre fin à cette terrible guerre : « Il faut vous abstenir… du membre » (*Lys.*, 124), slogan que les femmes devront répéter et marteler en cadence…

La grève du sexe afin d'exténuer de désir les maris-citoyens-soldats pour les contraindre à laisser tomber les armes. Aristophane montre encore la grève se durcir par une séquestration : Lysistrata et son groupe de femmes se barricadent dans l'Acropole pour dédoubler la grève du sexe par la mainmise sur le trésor de l'État, nerf de la guerre. Au bout du compte : une négociation s'engage avec un ambassadeur de Sparte, et la paix est conclue (au moins sur la scène).

La grève : une affaire féminine ? La perturbation de l'ordre des choses, dans l'imaginaire grec, se trouve spontanément associée aux femmes. C'est la misogynie qui n'est pas un mythe sur le terreau hellène.

Mais pourtant, c'est Achille qui, dans sa colère contre une décision injuste tombée d'« en haut » (du basileus Agamemnon) pour le frustrer d'une… femme, décide d'arrêter tout et de rester sur le rivage… sur la grève.

• Hymne à Déméter I, in *Homère. Hymnes*, Paris, Les Belles Lettres, 1936. – Aristophane, *Lysistrata*, in Aristophane, t. III, Paris, Les Belles Lettres, 1977.

► RUDHARDT J., « Reflets de la féminité dans le miroir de la mythologie grecque », *Les dieux, le féminin, le pouvoir*, Genève, Labor et Fides, 2006, p. 41-72.

→ Attente des dieux ; Femme ; Sacrifice

HÉROS

« Les héros sont des demi-dieux, affirme Socrate. Tous, évidemment, sont nés de l'amour d'un dieu pour une mortelle, ou d'un mortel pour une déesse. Considère encore ce nom à la lumière de l'ancienne langue attique, et tu t'en rendras mieux compte : tu verras qu'il a été dérivé du nom de l'amour *(érôs)*, auquel les *héros* ont dû la naissance, avec un léger changement pour la forme » (Platon, *Cratyle*, 398 c-d).

Cette présentation n'appartient qu'à Socrate engagé dans un débat sur la rectitude des noms. En fait, les héros ne descendent pas tous directement d'un dieu ou d'une déesse. Ulysse, selon une tradition, aurait Hermès pour arrière-grand-père. La question n'est pas là car il n'existe pas de définition stricte du héros, mais plutôt des modalités extrêmement variées à partir desquelles un mortel ou une mortelle sont appelés héros ou héroïnes. Car, contrairement à ce qui est conventionnellement énoncé, les Hellènes ont aussi des héroïnes : Iphigénie, Antigone…

Un héros ou une héroïne est une personne défunte dont la mort a la particularité exceptionnelle de ne pas souiller le monde des vivants.

De l'imminence de la mort…

Dans *l'Iliade*, les héros désignent les « meilleurs » parmi les hommes. Ce sont des mortels, même s'ils peuvent entretenir une filiation avec un dieu ou une déesse. L'immortalité ne se partage pas ; seule la renommée a la puissance de se détacher de l'oubli. Ce sont des rois et des guerriers qui aspirent au renom et à la gloire. Le face-à-face avec l'altérité, plus que la bravoure, est la vertu par excellence. Le héros vit dans l'imminence de la mort. Hector comprend que son sort est sellé : « Eh bien ! non, je n'entends pas mourir sans lutte ni sans gloire, ni sans quelque haut fait, dont le récit parvienne aux hommes à venir » (*Il.*, XXII, 304-305). De même Achille : « mon sort est de périr ici, loin de mon père et de ma mère. Il n'importe : je ne cesserai pas, que je n'aie aux Troyens donné tout leur soûl de combat » (*Il.*, XIX, 421-423). Le héros homérique, qu'il soit achéen ou barbare, est au point exact de rupture de cette parfaite tension : vivre intensément dans l'immanence souhaitée de la mort.

Hésiode, homme de la race de fer, connaît parfaitement la race précédente. Cette « race divine des héros que l'on nomme demi-dieux, *hêmítheoi* » (*Trav.*, 159-160) a fait couler beaucoup d'encre chez les interprètes qui ont eu souvent une certaine difficulté à comprendre le simple message qu'Hésiode souhaitait transmettre : la race des héros, celle des Sept (Thèbes), celle des Achille, Patrocle, Hector, Ulysse, etc. (Troie), forme la première humanité de sacrificateurs. Les héros offrent aux dieux leurs premiers hommages, mettant ainsi fin à une succession de ratages divins sanctionnés par l'impiété des races précédentes, argent et bronze, qui n'ont cure des dieux (la race d'or n'étant que le troupeau de Kronos et ainsi, du point de vue du nouveau souverain, Zeus, qu'un parfait ratage dans sa stratégie de distanciation entre mortels et immortels). Aucun héros n'appartient à ces trois races : l'humanité d'or s'accomplira en démons et les deux suivantes sombreront dans le total anonymat.

…à la manifestation de la disparition

Un héros, n'étant pas un dieu, n'est pas ambivalent, mais seulement paradoxal. Il peut être valeureux et battre en retraite devant l'ennemi, tel Amphiaraos englouti par la terre avec ses chevaux et son char. *Un héros apparaît dans sa disparition* : il se trouve soudainement soustrait à l'ordre des choses pour pouvoir mieux l'énoncer : Amphiaraos, chef guerrier d'Argos en lutte contre Thèbes, l'un des Sept, mortel sans filiation divine, s'effondre (s'enfonce) dans sa déroute dans une crevasse ouverte par la foudre de Zeus d'où le disparu se transforme en héros guérisseur. La disparition manifeste un pouvoir et, dans ce cas, le héros vit dans la rétraction de la mort.

De son vivant, un héros est souvent une force libératrice. Thésée libère Athènes de l'obligation de livrer tous les ans des jeunes gens au roi Minos qui les donne en pâture au Minotaure. Œdipe délivre Thèbes du sphinx. Bellérophon, fils de Poséidon et de la reine d'Éphyre (future Corinthe), libère la Lycie du monstre Chimère. Héraklès tue les animaux les plus dangereux, Persée élimine Méduse, Iphigénie « libère » la flotte d'Agamemnon qui ne pouvait prendre le large faute de vents favorables grâce au sacrifice de sa vie …

Le fondateur d'une cité coloniale, l'oikiste, est promis au statut de *Heros Ktístes* et, à sa mort, son corps est enterré au centre de la nouvelle fondation.

Mais de son vivant, le héros n'a pas encore ce statut. Il doit attendre sa mort, le plus souvent de façon brutale, pour accéder à ce rang. C'est là toute la différence avec le commun des mortels. Car la dépouille de celui qui deviendra « héros » ne souille pas le monde des vivants. Au contraire, elle lui offre toujours sa puissance. Contrairement à la destination réservée aux restes des simples mortels dont les tombes sont creusées hors de l'enceinte de la cité et hors de ses sanctuaires, les reliques des héros ne polluent pas l'espace civique mais manifestent sa puissance protectrice. À Athènes, les restes de Thésée sont recueillis dans son monument, *l'herôon* (encore appelé *Theseîon*), érigé près de l'agora. Le défunt n'est pas remis à la périphérie, mais inséré près du centre civique, là où les principaux cultes sont rendus. Et les cultes voués aux héros se rapprochent plus de ceux consacrés aux dieux que de ceux rendus aux morts. Dans ces derniers, la victime sacrificielle est entièrement détruite, tel un don total fait au défunt. Le sacrifice rendu aux héros est de type olympien, c'est-à-dire sacrifice sanglant (ou non) de consommation. Les héros sont invoqués à côté des dieux à l'occasion des serments ; lors d'un banquet, la seconde libation leur est adressée.

Mais un héros n'est pas toujours héroïque. Disqualifié pour avoir tué son adversaire lors d'une compétition de pugilat, Kléomède d'Astypalée laisse libre cour à sa colère en faisant s'écrouler le toit d'une école sur des enfants, en tuant ainsi une soixantaine. Poursuivi par la vindicte populaire, le forcené criminel se réfugie dans un sanctuaire d'Athéna et se cache dans un coffre. Quand on ouvrit le coffre, Kléomède avait disparu. Ce sort extraordinaire lui vaudra les honneurs d'un culte (Pausanias, VI, 9, 6-8). « Ce qui fait le héros, résume W. Burkert, c'est une qualité extraordinaire, quelque chose d'imprévisible et d'inquiétant qui y est attaché. On passe toujours en silence à côté d'un *herôon* » (*La religion grecque*, trad. fr., Picard, 2011, p. 284).

En règle générale, un héros est local. Héraklès est la belle exception. La terre de l'Hellade ne retient aucune tombe du héros alors que son culte est répandu dans tout le monde grec. Le fils de Zeus et d'Alkmène est *héros theós* (Pindare, *Ném.* III, 22), c'est-à-dire à la fois et successivement honoré comme héros puis comme dieu dans une même fête.

À la fois et successivement… sur un champ où les dieux cultivent l'ambivalence…

▶ DELCOURT M., *Légendes et cultes des héros en Grèce*, Paris, PUF « Dito », 1992. – PIRENNE-DELFORGE V. & SUÁREZ DE LA TORRE E. (éd.), *Héros et héroïnes dans les mythes et les cultes grecs*, *Kernos* suppl. 10, 2002.

→ Incubation

HONORER LES DIEUX

νομίζειν τοὺς θεούς, *nomízein toùs theoús*

« Honorer les dieux » est une expression indiquant l'évidence qu'il y a à croire en l'existence des dieux selon les coutumes particulières qui s'attachent à chacune de leur manifestation. Aphrodite le dit sans ambages : « S'ils révèrent ma puissance, je les mets en honneur, mais je les abats quand ils nous méprisent. Car c'est un sentiment que connaît la race des dieux : ils se réjouissent d'être honorés par les hommes » (Euripide, *Hippolyte*, 5-8).

Les Grecs ont connu la démultiplication des souhaits divins. Aphrodite parle ici à la fois au nom des dieux, mais surtout en tant qu'Aphrodite *Kúpris*. L'épiclèse fragmente la divinité, dieu ou déesse, pour mieux l'honorer dans chacun de ses aspects. Car le culte d'un dieu est inséparable de son lieu. Tout le paganisme grec s'exprime dans cette adéquation : manifestation partielle d'un dieu en un lieu/réglementation cultuelle spécifique au site aussitôt sanctuarisé.

De la coutume…

C'est la coutume *(nómos)* qui décide de cette croyance aux dieux. Mais qu'est-ce qu'une coutume sinon la concrétion ritualisée de ce qui apparaît spontanément comme une manifestation originale dans le décor naturel : un endroit foudroyé, un bosquet inattendu, un marécage ou une source d'eau pure manifestent une présence qu'il convient d'honorer (*nomízein* signifie « attacher de la valeur à », « estimer », « tenir pour établi »). Le site privilégié appartenant nécessairement à un territoire contrôlé par une cité, devient le sanctuaire de la manifestation d'une divinité que seule une épiclèse pouvait identifier pour en conserver un aspect, et donc un rite à honorer : la verdoyante, le tonnant, l'industrieuse, l'amie des chevaux, l'hospitalier, etc.

Honorer c'est respecter un rite propre à un sanctuaire. C'est pourquoi il y a impiété à transporter un culte spécifique à un sanctuaire dans un autre endroit qui n'a pas été élu par la divinité. L'orateur Lycurgue ne manque pas de souligner cette impiété dans son plaidoyer contre Léocrate exilé à Mégare : « Il ne lui a pas suffi de mettre à l'abri, loin d'Athènes, sa personne et ses biens ; les dieux mêmes de son foyer, dont ses ancêtres avaient fondé le culte et qu'ils lui avaient transmis selon vos usages et vos traditions, il les a transportés à Mégare et leur a fait quitter le pays. Insensible à leur titre de dieux de ses ancêtres, il n'a pas craint de les arracher à la patrie, de les associer à son exil, en les chassant de leurs temples et du pays qu'ils occupaient, et de les installer sur une terre étrangère et nouvelle, où ils sont des intrus sur le sol et parmi les cultes de l'État mégarien » (Lycurgue, *Contre Léocrate*, 25). La dimension juridique colle à celle d'honorer les dieux.

La retraite, la solitude ou la réclusion mystique n'ont rien à voir avec le fait, bien affiché, d'honorer les dieux. « Honore toujours la puissance divine et surtout fais-le en t'unissant à tes concitoyens : tu donneras ainsi l'impression que tu accomplis ton devoir envers les dieux et que tu observes en même temps les lois de ta patrie » (Isocrate, *À Démonicos*, I, 13). Honorer, c'est se montrer autour d'un autel rouge de sang.

Honorer n'est surtout pas adorer. C'est fêter, en signe d'appartenance à une communauté ; c'est pouvoir participer avec les autres citoyens aux rituels traditionnels de la cité.

C'est aussi pouvoir adresser une prière, qui est toujours une demande à double détente. Pour exemple, celle qu'Étéocle adresse aux dieux devant le péril des Sept contre Thèbes : « Soyez notre secours. Je parle dans votre intérêt autant que dans le mien, je crois : une ville prospère, seule, honore ses dieux » (Eschyle, *Sept contre Thèbes*, 76-77). Poséidon s'en désespérait déjà quand il doit abandonner Ilion et ses autels désertés par une population décimée ou soumise (Euripide, *Troyennes*, 25-27). Que le culte des dieux puisse languir et s'éteindre heurte davantage la susceptibilité des immortels que la chair des mortels.

C'est à une évidence, plus qu'à une problématique d'existence, que renvoie fondamentalement le fait d'honorer les dieux. Les Pelasges, premiers habitants de la Grèce, ont d'emblée honoré les dieux, sans les nommer individuellement, les appelant simplement θεούς. Bien longtemps après, ils apprirent de maîtres égyptiens les dénominations de chaque dieu (Hérodote, II, 52 sq.)

H.-G. Gadamer rappelle que le « *nómo*s est d'abord les us et coutumes publiquement en vigueur que chacun doit respecter. Le terme νομιζειν suppose donc la sphère publique. Il n'est ici de la certitude intime d'une croyance en un être invisible ou de l'intimité d'un rapport personnel à un dieu, mais du comportement public. Le mot νομιζειν fait avant tout référence à l'observation des cultes et des coutumes, et seulement ensuite à la reconnaissance de l'existence du divin comme objet de vénération » (*Interroger les Grecs*, Québec, Fides, 2006, p. 168).

La piété de l'époque classique consiste à honorer « les dieux que la cité reconnaît et révère », θεούς οὓς ἡ πόλις νομίζει (Platon, *Ap. Socr.*, 24 b 9). Isocrate rappelle que, pour Solon et Clisthène, les grands législateurs athéniens, « la piété consistait, non dans de vaines profusions, mais dans un attachement inébranlable aux institutions transmises par les ancêtres » (*Aréopagitique*, VII, § 30). C'est participer aux fêtes de sa cité, à ses sacrifices, à ses prières ouvrant les assemblées, à la demande de confirmation par l'oracle des décisions prises collectivement.

…et des fêtes

Les fêtes sont toujours données en l'honneur des dieux. Une inscription de la fin du ve siècle, gravée par un certain Nikomachos à la demande de l'assemblée incapable de se retrouver dans le déroulement des fêtes, permet d'en reconstituer le calendrier héortologique à Athènes : environ un tiers de l'année leur est réservé. Honorer c'est célébrer périodiquement.

Une fête (*héortè*) est une procession (*pompè*) de participants couronnés tenant les objets cultuels et escortant les animaux du sacrifice jusqu'à l'autel (hors ou au centre de la cité) ; c'est ensuite la mise à mort sacrificielle (*thusía*) des bêtes domestiques dont les chairs sont généralement consommées à l'occasion d'un repas collectif organisé par dèmes (subdivisions de la tribu) et relevant de la liturgie dite de l'*hestíasis* (organisation et dépenses du banquet à la charge des citoyens riches). Deux cent cinquante animaux peuvent être abattus lors d'une même fête. En tant que boucherie ritualisée, la fête est la reconnaissance du mortel de n'être qu'un ventre qu'il faut remplir de chairs corruptibles, les fumées incorruptibles des os rôtis dans la graisse ne s'adressant qu'aux narines des immortels. Peuvent suivre des concours (*agônès*) dont l'éventail est large : gymnastique, course à pied, course de chars, danse en armes (la pyrrhique), course au flambeau, course de bateaux, mais aussi concours musicaux et théâtraux (comédie, tragédie, drame satyrique et dithyrambe). La compétition honore les dieux en tant qu'elle souligne leur qualité d'accorder la victoire.

La procession est une manière de dresser l'inventaire de l'espace civique en l'arpentant jusqu'aux sanctuaires extra-urbains ; le sacrifice permet de manger carné ; les concours offrent une formidable tribune aux poètes, mais aussi aux rhéteurs qui, en ces nombreuses occasions fixées par les calendriers héortologiques, se prennent, tel un Lysias ou un Isocrate, à en appeler à la nécessaire concorde entre les Hellènes.

Toutes les fêtes ne s'achèvent pas nécessairement sur des concours, mais, quand ils sont organisés c'est toujours au titre de rituels de la fête.

Les fêtes athéniennes données en l'honneur de Dionysos ne comportaient pas d'épreuves sportives, mais des concours que les Grecs appelaient « musicaux » car liés aux arts des Muses.

Honorer les dieux est ainsi un comportement civique en ce qu'il attire sur la cité la protection de ses divinités poliades.

« Lorsque nous honorons les dieux, c'est soit parce que nous cherchons à obtenir le détournement d'événements malheureux et la réalisation d'événements heureux, soit parce que nous sommes déjà bénéficiaires de leur bonté, soit par pur et simple hommage rendu à leur perfection ». C'est Théophraste qui s'exprime (*Sur la piété*, in Porphyre, *De l'abstinence*, 2, 24, 1) et cette idée n'appartient déjà plus à l'époque classique, plutôt fixée sur le rassemblement des citoyens autour d'un autel que sur celui de l'écoute intérieure. Car Socrate honorait bien les dieux de sa cité…

Honorer les dieux n'est pas un face-à-face avec eux, mais un vis-à-vis entre citoyens, chacun accomplissant, bien à la vue des autres, les rituels traditionnels de sa cité. « Car on ne doit rien concevoir, rien pratiquer qui soit supérieur aux traditions. Il en coûte fort peu, en effet, de croire à la puissance de ce principe – quelle que soit la nature de la divinité – qui au cours des âges a toujours eu force de loi et tire son origine de la nature » (Euripide, *Bacchantes*, 890-895).

Honorer les dieux c'est encore les craindre, se laisser frapper par la stupeur ou le trouble *(thámbos)* que leur redoutable puissance ambivalente inspire. C'est ainsi ne pas souhaiter les voir en face, une épiphanie annonçant souvent la mort.

→ Adresse aux dieux ; Attente des dieux ; Citoyenneté et administration du sacré ; Épiclèse ; Épiphanie ; Impiété ; Noms et langue des dieux ; Oracle ; Piété ; Sacrifice ; Sanctuaire ; Temple

HOSPITALITÉ

L'autre, cet inquiétant inconnu étranger, force à surmonter la méfiance de celui qui reçoit et le pousse à l'acte pieux de l'hospitalité. Car les dieux sont taquins au point de s'amuser en abusant les mortels. L'autre n'est-il pas un dieu déguisé ?

Les sens de l'hôte

Hors de sa communauté, chacun devient un étranger. Le vocable ξένος *(xénos)* condense le double sens d'étranger et d'hôte, la notion d'hôte étant elle-même applicable tant à celui qui est reçu qu'à celui qui reçoit. L'idée de devoirs réciproques se condense en un seul mot. Dans le fameux épisode du retour d'Ulysse à Ithaque, le porcher Eumée ne reconnaît pas son roi qui a l'apparence d'un mendiant étranger. Eumée l'accueille pourtant et l'appelle son « hôte » (*xeîne*, *Od.*, XIV, 145) ; Ulysse remercie Eumée qu'il appelle aussi son « hôte » (*xeîne*, 53). Celui qui offre l'hospitalité et celui qui en bénéficie sont tous deux des « hôtes », c'est-à-dire des étrangers qu'une situation rassemble selon une codification précise. Car, ce rassemblement, signifié par un même mot, obéit à une règle de la piété : « Étranger, confie Eumée à son mendiant accueilli, ma coutume *(thémis)* est d'honorer les hôtes, quand même il m'en viendrait de plus piteux que toi ; étrangers, mendiants, tous nous viennent de Zeus » (*Od.*, XIV, 56-58).

L'hospitalité relève ainsi de la piété : en honorant l'étranger selon un rituel c'est Zeus *Xénios* (« Hospitalier ») qu'on honore. « Zeus est l'Hospitalier, qui amène les hôtes et veut qu'on les respecte ! » (*Od.*, IX, 271). Quand, selon le cycle de dégénérescence de l'humanité décrit par Hésiode, l'impiété régnera en maîtresse, alors « l'hôte ne sera plus cher à son hôte » (*Trav.*, 183).

Transformer l'étranger *(xénos)* en hôte *(xénos)*, c'est étrangement apparaître soi-même comme étranger à cause du surgissement de l'autre. Alors s'entendre vaut mieux que se méprendre. Eumée semble justifier son hospitalité par ce dicton : « petite aumône, grande joie » (*Od.*, XIV, 59). Car un inconnu l'est jusqu'au bout des ongles : il peut être de passage, banni d'une cité, esclave en fuite, citoyen exilé, ou encore, s'il accoste par la mer, pirate, mais peut-être négociant. Sans autre signal visible informant qu'il puisse s'agir d'un ambassadeur ou surtout d'un héraut dont le bâton entouré de deux serpents indique qu'il est sous la protection d'Hermès, il peut être, en fin de compte, un dieu déguisé en homme, un invisible visitant les foyers des mortels pour s'assurer de leur respect des lois protégeant les itinérants. La chose s'est « vue » : « Semblables à des hôtes venus d'autres pays, les dieux prennent des aspects divers et vont, de ville en ville, inspecter la violence outrageante ou la conduite bien réglée des humains » (*Od.*, XVII, 485-487, trad. M. Lacore). Toujours en situation d'être étranger quand il se rend hors de sa cité, l'Hellène a ainsi songé à se protéger en s'inventant un code d'hospitalité dont les rouages sont huilés sur la réciprocité hôte-hôte, ce que le seul vocable *xénos* dit depuis toujours…

Jouer sur l'ambiguïté du mot *xénos* peut être un des ressorts fondamentaux de l'hospitalité, une sorte de grand écart entre la distance à maintenir avec l'altérité et sa relation imposée par l'incertitude. Car, celui qui reçoit, devenant lui-même hôte, ne sait pas dans un premier temps à qui il a affaire. En ce sens, il assume sa condition d'être un homme voué à l'ignorance. Alors la prudence commande l'accueil avant tout questionnement sur l'identité du survenant. C'est la prudence qui semble mâtiner la méfiance. N'est-ce pas Zeus *Xénios* (Hospitalier) ou Zeus *Hikésios* (Protecteur des suppliants) qui conduit l'étranger jusqu'au seuil de la maisonnée ?

Platon avait aussi composé de belles lignes sur le sens de la prudence. « Isolé qu'il est, en effet, sans compagnon ni parent, l'étranger inspire plus de pitié aux hommes et aux dieux ; dès lors, celui qui peut davantage le venger met plus d'empressement à le secourir, et celui qui le peut éminemment en toute occasion, c'est le démon ou le dieu des étrangers qui fait partie de l'escorte de Zeus *Xénios*. Il faut donc à l'homme tant soit peu prudent une grande vigilance pour ne commettre aucune faute à l'égard des étrangers au cours de sa vie et dans sa route vers le terme de celle-ci » (Platon, *Lois*, V, 729 c).

C'est à l'aune rituelle de l'accueil d'un hôte que la mentalité homérique juge un homme : « On doit offrir le repas, et toutes les commodités qui le précèdent ou l'accompagnent, avant de poser la moindre question. Il faut éviter tout ce qui risque de déplaire à celui que l'on reçoit, organiser en son honneur des réjouissances, où la poésie aura sa place. Et pour finir, il faut lui donner des cadeaux magnifiques. » (J. de Romily, *Homère*, PUF, 1985, p. 99). Ce n'est qu'une fois l'hôte accueilli et rassasié, que suit une sorte d'interrogatoire sur son identité (Cf. Nestor s'adressant à Télémaque qu'il a accueilli à Pylos).

L'hospitalité tisse des engagements de réciprocité entre hôtes. Un glissement s'opère sur ce thème entre l'époque archaïque et les siècles classiques : de devoir religieux (ne pas offenser Zeus *Xénios*), l'hospitalité devient la possibilité de créer un système de réseau social. Dans les grandes familles, « on porte fréquemment des noms composés sur *xénos* (l'hôte) ou l'on donne à ses fils des noms de cités ou de peuples étrangers (Thessalos est un des fils de Cimon) pour bien manifester une vocation universelle à l'hospitalité et rendre évidente l'importance du réseau de ses relations » (Baslez, 1984, p.43).

L'époque classique passe du privé au public, avec la délégation dans diverses cités d'un proxène, citoyen d'une cité désigné par une autre pour lui confier la prise en charge et la protection de ses ressortissants.

Don de l'hérédité

Le lien créé entre deux étrangers par l'hospitalité se transmet de génération en génération. La déclaration de l'Argien Diomède au Lycien Glaucos, en plein combat meurtrier, est sans équivoque sur les égards réciproques qu'imposent les liens d'hospitalité noués par leurs grands-parents paternels, Œnée et Belléphoron :

« Ainsi je suis ton hôte au cœur de l'Argolide, et tu es le mien en Lycie, le jour où j'irai jusqu'en ce pays. Évitons dès lors tous les deux la javeline l'un de l'autre, même au milieu de la presse. J'ai bien d'autres hommes à tuer parmi les Troyens ou leurs illustres alliés… Et tu as bien d'autres Achéens à abattre, si tu le peux. Troquons plutôt nos armes, afin que tous sachent ici que nous nous flattons d'être des hôtes héréditaires » (*Il.*, VI, 224-231).

Hériter en quelque sorte d'un *xénos* hors de sa communauté, grâce à des liens réciproques tissés par ses ancêtres, est un inestimable bienfait. « L'individu qui avait un *xénos* dans une terre étrangère – et toute communauté autre que la sienne était pays étranger – possédait un substitut effectif de ses parents, un protecteur, un représentant et un allié » (M.I. Finley, *Le monde d'Ulysse*, trad. fr., La Découverte, 1986, p. 126).

Rien, sinon la sauvagerie, ne justifie un manquement au devoir d'hospitalité. Admète, accablé par la douleur du deuil de sa femme, offre pourtant gîte et couvert à Héraclès.

Hésiode avait prévenu les mortels de l'âge de fer : l'hôte malmené, bafoué ou rejeté est signe de la décadence morale de son hôte. L'époque historique dite classique (en fait la permanence de la race de fer) restera attentive à cette mise en garde. Au IVe siècle, l'affaire « Ctésiphon » montre que la raison d'État n'est pas et ne peut être au-dessus des règles d'hospitalité. L'Athénien Ctésiphon n'aurait pas hésité à torturer son hôte Araxinos, originaire d'Oréos, qu'il soupçonnait d'être coupable d'espionnage pour le compte de la Macédoine.

Autre et hôte

Être hospitalier c'est amener l'autre vers le même par le don de ses vêtements : offrir des vêtements frais c'est s'offrir en l'autre une apparence familière, le déshabiller de son altérité en lui ôtant son étrange vêture. Pour que l'hospitalité soit une sorte d'intégration, il faut qu'elle impose ses repères. Mais jamais avec excès, car la démesure menace toujours la conduite des hommes.

Être hospitalier c'est craindre les dieux. Ulysse n'aborde pas un nouveau rivage sans se demander s'il va trouver « des brutes, des sauvages sans justice, ou des hommes hospitaliers, craignant les dieux » (*Od.*, XIII, 202). Degré de civilisation et respect des dieux sont intimement liés dans la conscience grecque. L'épisode de la rencontre d'Ulysse et de ses compagnons avec le Cyclope Polyphème, dans l'*Odyssée* (IX, 252 sq.), peut souligner cette adéquation, à condition d'avoir à l'esprit une version tellement caricaturale qu'elle n'a pu manquer de faire sens. Figure par excellence du sauvage, le Cyclope inverse carrément la relation d'hospitalité. Non seulement il interroge d'emblée les étrangers fraîchement débarqués sur son île sur leur identité, mais il s'offre un repas cannibale avec les dépouilles de deux compagnons d'Ulysse qu'il n'a pas hésité à massacrer.

Le tableau est tellement ridicule qu'il en efface l'important. Ce n'est pas de l'opposition sauvagerie/civilisation qu'il s'agit, mais de la fragilité du respect.

Car Ulysse, décidément porte-parole autant des inquiétudes que des résolutions du paganisme, a retrouvé l'autre, Eumée. Le premier reconnaît l'autre, mais l'autre non. Alors la loi non écrite de l'hospitalité transforme la rencontre pour fondre les deux « étrangers » dans la mémoire à partager ensemble. La reconnaissance se fera.

Les hommes savent conjuguer les temps, ce que les dieux ne savent pas faire.

► BASLEZ M.-F., *L'étranger dans la Grèce antique*, Paris, Les Belles Lettres, 1984. – LACORE M., *Le rôle de l'hospitalité dans la poésie grecque, d'Homère aux tragiques*, Villeneuve d'Ascq, Presses universitaires du Septentrion, 1991.

→ Autel ; Étranger ; Lois non écrites ; Sanctuaire ; Suppliant

I

IMAGE DIVINE → Temple

IMMORTALITÉ

La notion est ambiguë, voire ambivalente, et ainsi totalement conforme à la réception grecque du divin. Si le monde, en tant que *kósmos*, est éternel dans le perpétuel dévoilement de son agencement, les vivants, eux, naissent mortels ou immortels. Dans les deux cas, l'immortalité est toujours un risque : du point de vue de l'immortel, le risque de ne plus être reconnu comme tel ; de celui du mortel, le risque de partager une immortalité de fait naturellement incompatible avec sa condition d'être fondamentalement un éphémère. Quand Apollon rappelait à Diomède que dieux immortels et humains « seront toujours deux races distinctes» (*Il.*, V, 442), il ne disait pas autre chose.

La distinction se nuance donc en crainte partagée, telle une sorte d'appréhension qui rassemble hommes et dieux autour de cette notion d'immortalité, pour davantage les opposer. Génie du paganisme qui peut nouer immortalité avec crainte et inquiétude.

De plus, l'immortalité entraîne des décalages dans l'application de la justice divine souvent défavorable aux innocents, à ceux qui n'ont pas le temps, les pieux éphémères.

Craintes

Chez les dieux la crainte est simple. Toute primaire : les mortels vont-ils honorer notre immortalité ? L'immortalité se reconduit au rythme des sacrifices offerts par les mortels. Sans honneur rendu, l'immortalité semble bien vaine et vide. Et Zeus peut bien parfois passer ses nerfs sur l'humanité en la détruisant, il fabrique aussitôt une nouvelle race mortelle (récit hésiodique des races) ou en autorise l'apparition (mythe de Deucalion et de Pyrrha). L'immortalité n'est pas autosuffisante : elle a besoin de sacrificateurs mortels pour pouvoir s'apprécier comme différence sur le continuum de la vie.

Chez les mortels, la crainte est plus complexe, moins basique, plus réfléchie car l'ambivalence constitutive du sacré peut toujours se retourner vers eux. Si les dieux sont immortels, alors leur justice a tout son (leur) temps pour s'appliquer, même sur la descendance innocente d'un impie. Solon en faisait le constat : « l'un paie sur-le-champ sa dette, l'autre plus tard ; quant à ceux qui y échappent eux-mêmes, la vindicte divine qui les a épargnés se déchaîne sans faute un jour : ce sont leurs enfants innocents qui la subissent, ou leurs descendants plus lointains » (Solon, frag. I Diehl, 29-32). Théognis s'indignera de cette hérédité de la faute, conséquence à ses yeux d'une immortalité poussive, dont la lenteur sur le fil d'un temps qui n'est pas humain mais égoïstement le leur, néglige la condition éphémère des mortels. Bref, les délais de la justice des immortels sont injustes à l'aune de l'espérance de vie d'un mortel : « que les erreurs de leur père ne fassent pas plus tard le malheur de ses fils ; que les enfants d'un père injuste, mais dont les pensées et les actes sont inspirés par la justice parce qu'ils redoutent ta colère, Kronide, et qui dès le premier instant l'ont pratiquée au milieu de leurs concitoyens, n'aient rien à expier des fautes de leur père. Ainsi le veuillent les dieux bienheureux ! Aujourd'hui le coupable échappe, et le mal qu'il a fait retombe sur un autre » (Théognis, 731-742). Le poète de Mégare ne réclame pas l'indulgence pour les innocents, ce qui serait pure absurdité, mais seulement une activité plus « présente » de la justice divine.

« Je suis au service des dieux, quels que soient les dieux », affirme Oreste à qui Ménélas demande : « Et après cela, Loxias ne te délivre pas de tes maux ? » La réponse d'Oreste est sans illusion : « Il tarde ; la puissance divine est telle par nature » (Euripide, *Oreste*, 418-420).

Le présent n'est pas le fort des dieux. L'immortalité des uns est une tare pour la mortalité des autres vivants. L'immortalité est toujours en retard, toujours décalée, jamais présente quand le temps la convoque. Les délais de la justice des immortels sont inhumains. Que les dieux aient tout le temps pour intervenir constitue une menace pour les justes innocents.

Risques

Si les dieux sont immortels, alors cette condition ne peut convenir au mortel, et la souhaiter, la réclamer ou se la voir dotée peut opérer une transformation de la crainte en risque terrible. Ulysse, nous le verrons plus loin, en aura la splendide et toute mythique intuition.

Des mythes ont nettement souligné ce deuxième aspect de l'immortalité en exposant les conséquences désastreuses de toute application de la condition immortelle à la vie mortelle.

Tithonos : la régression perpétuelle. L'immortalité se décline sur le thème du vœu incomplet ou imprudent. Tithonos, mortel éperdument aimé de la déesse Éos (Aurore), sera celui qui n'en finit pas de finir, piégé par la vieillesse sans fin, à cause d'un oubli de son amante. Éos demande à Zeus d'accorder l'immortalité au beau guerrier Tithonos. Elle n'en demande pas davantage, insouciante qu'elle est de sa jeunesse pour toujours suspendue. Zeus, toujours sourcilleux sur le partage de l'immortalité, toujours prompt à piéger chacun, accède à la demande, conscient qu'elle est imparfaite. C'est parce qu'il est conscient de cette imperfection qu'il accepte d'offrir l'immortalité. Car Éos a oublié de demander en sus de l'immortalité une perpétuelle jeunesse pour Tithonos. Jouissant elle-même des deux, elle en a omis un terme. « Elle ne songea point en son esprit, l'auguste Aurore, à demander la jeunesse, et la faveur d'effacer la funeste vieillesse ! » (*Hymne[pseudo-homérique] à Aphrodite*, 223-224). Alors, le mortel immortalisé ne cesse de vieillir, de se ratatiner, et de vieillir encore et toujours jusqu'à (ne pas) en finir dans un panier et continuer sa vieillesse immortelle en cigale, selon une tradition, ou, selon une autre, solitaire en un lieu où « il répand sans cesse un flux de paroles », tel le babillage des vieillards (*Ibid.*, 237).

Ixion : l'immortalité comme châtiment éternel. Le mortel Ixion convoite sans pudeur la déesse Héra, épouse légitime « réservée à la couche bienheureuse de Zeus ». Celui-ci, informé, fabrique un leurre, Nephélé, parfait sosie de l'impeccable épouse légitime. Ixion, tout à sa démesure, violente et viole l'image de celle qu'il prend pour Héra. Zeus décide d'infliger au coupable d'une union factice un châtiment exemplaire : il immortalise le mortel afin qu'il puisse souffrir pour toujours, attaché sur une roue de feu ne cessant de tourner dans les airs ou dans les Enfers selon les traditions. Constamment brûlé dans sa « geôle à quatre rayons », selon la forte image de Pindare (*Pyth.*, II, 40), Ixion éprouve cruellement l'immortalité.

Chiron : l'immortalité comme condition intenable. Le centaure Chiron est un cas à part. Sous son nom (c'est déjà l'indication de la main, *kheír*, du chirurgien) sourde une réflexion mythologique sur l'immortalité. Il appartient à une engeance mortelle, mais il est immortel. Il appartient à une engeance néfaste, sauvage, brutale, mais il est bénéfique, éducateur et philanthrope. Il est surtout au cœur de la tension entre immortalité et mortalité. Chiron éduque des êtres tiraillés entre la mort et l'immortalité, notamment Asklépios et Héraclès. Au premier, il apprend l'art de guérir, au point que son disciple parvient à brouiller la frontière séparant les éphémères des dieux en retenant les hommes de mourir. L'enseignement ne sera pas du goût de Zeus qui met fin à une telle immortalité des mortels. Mais Chiron donne encore son amitié à Héraclès, ce mortel tendu vers l'immortalité. Tout mythe ne réservant aucune place au hasard, l'ami Héraclès blesse involontairement son mentor. Celui-ci étant immortel, sa blessure l'est autant. Le centaure souhaite la mort tant son mal incurable fait souffrir son immortalité. Mais celle-ci doit s'échanger, Hadès étant l'intraitable comptable de ces défunts-offrandes que sont ses sujets. Dans une pensée, qu'elle soit mythique ou rationnelle, qui a toujours soutenu l'axiome selon lequel rien ne se perd ni rien ne s'ajoute, Prométhée, dieu exceptionnellement présent dans l'Hadès à cause d'un châtiment imposé par Zeus, accepte l'offre de Chiron (de devenir offrande d'Hadès) pour le remplacer dans les Enfers : quand l'un remonte à la lumière du soleil, l'autre s'enfonce dans l'obscurité du domaine des morts. L'équilibre est maintenu. Celui qui a appris à Achille la science des « remèdes apaisants » (*Il.*, XI, 831-832) et à Asklépios « à guérir les douloureuses maladies des hommes » (Pindare, *Pyth.*, III, 46), celui-là ne peut soigner son immortalité.

Exceptions

On naît immortel. On ne le devient pas... sauf exceptions rappelées par Hésiode (*Théog.*, 940-955) et Pindare. Sémélé, fille mortelle de Kadmos, conçoit Dionysos de son union avec Zeus. Le fils ira rechercher sa mère descendue dans l'Hadès. Une fois dans l'Olympe, Sémélé devient l'immortelle Thyoné. Ariane, la mortelle épousée par Dionysos, est « soustraite à jamais à la mort et à la vieillesse ». Au terme de ses souffrances, Héraclès partagera la condition des immortels. De même Asklépios et Amphiaraos, tous deux nés mortels, accéderont à l'immortalité grâce à la foudre de Zeus, le foudroiement de l'Olympien étant assimilé dans la conscience grecque à l'accession à l'immortalité (Pindare, *Pyth.* III ; *Ném.* IX ; *Ol.* VI).

La leçon d'Ulysse

« Ma chère âme, n'aspire pas à la vie immortelle, mais épuise le champ du possible » (Pindare, *Pyth.* III, 61-62). L'Ulysse d'Homère aurait approuvé ce précepte, même si le mot « âme » n'avait pas pour lui le sens entendu par Pindare. La trame Éos/Tithonos semble se répéter avec la rencontre entre la nymphe Calypso et Ulysse : mais le mythe tisse autrement les fils d'un amour profond d'une immortelle pour un mortel. Calypso ne réclame rien à Zeus, trop consciente de la jalousie et de la perfidie du maître de l'Olympe quant au partage de l'immortalité. Elle s'adresse directement à Ulysse pour lui accorder l'immortalité en échange de partager sa couche pour toujours. Le voyageur refuse, s'accrochant à son statut d'*étranger* à la condition immortelle. Accepter l'immortalité reviendrait à nier le sol natal, à s'effacer comme homme, à renier toutes les épreuves qui font qu'un mortel reste debout pour, retrouvant ses proches, qu'il puisse humer les « fumées de sa terre », son humus, tandis que les immortels attendent passivement que montent les fumets des bêtes égorgées et brûlées ici-bas pour eux (*Od.*, I, 55 sq. ; V, 214-221 ; VII, 245-247).

La décision d'Ulysse a peut-être inspiré Pindare. Elle doit rester comme une extraordinaire revendication grecque de la dignité de la condition humaine. La vie ne peut être indéfinie.

→ Âme ; Destin ; Dieux et déesses ; Éphémère

IMPIÉTÉ

L'impiété (*asébeia,anósion)* est une infraction, une grave entorse faite aux règles qui régissent le commerce qu'entretient la cité tant avec ses dieux protecteurs qu'avec les dieux propriétaires de ses sanctuaires.

L'Hellène n'est pas impie par rapport à une profession de foi (expression incompréhensible pour un Grec), mais par rapport aux us et coutumes qui s'appliquent soit universellement comme lois non écrites, soit localement comme lois sacrées des cités et de leurs sanctuaires. L'Hellène impie l'est par rapport à une relation, non par rapport à une Révélation.

Délit contre la religion civique (laïque car le sacré est administré par des citoyens élus ou tirés au sort temporairement), l'impiété se décline en autant d'infractions.

Constat d'infraction : la mutilation des hermès

L'affaire de la mutilation des hermès illustre parfaitement la triple collusion de la piété, de l'impiété et de la vie civique.

Périclès est mort depuis quatorze ans quand, un matin, les Athéniens découvrent avec effroi que la quasi-totalité des statues d'Hermès a été mutilée. Traditionnellement dressés devant les portes des maisons, au coin des rues ou aux alentours des temples, ces piliers quadrangulaires surmontés de trois ou quatre têtes barbues du dieu ont, en ce matin de 415, nez et oreilles brisés. Peut-être aussi le phallus surgissant de la borne (?). Le sacrilège est aussitôt interprété comme une « conjuration contre la démocratie » (Thucydide, VI, 60). Cette assimilation spontanée entre profanation et complot anti-démocratique plonge au cœur même de la conception que les Hellènes se faisaient de la piété et donc de son avers, l'impiété. Si la détérioration des statues divines ébranle la cité, c'est parce que celle-ci est fondamentalement conçue comme une communauté d'hommes et de dieux. La cité est une association qu'il faut gérer au mieux. Gérer, car il y a bien commerce : aux hommes d'honorer les dieux ; aux immortels de protéger les cités. En mutilant les représentations du dieu de l'échange par excellence (Hermès est le messager de Zeus), ce commerce venait d'être mis en cause. Alors l'impie concerne la justice des hommes.

Énumération d'impiétés

L'*asébeia* recouvre toute transgression des multiples lois sacrées spécifiques à chaque sanctuaire : interdits pouvant concerner tant l'habit que le pèlerin ne doit pas porter que sur la protection du paysage sanctuarisé qu'il est défendu de modifier. (Par exemple, déraciner un olivier sacré ou prendre le bois mort jonchant le sol en tant qu'il est propriété du dieu.) Le vol d'ex-voto, de l'argent sacré ou d'un bien appartenant à celui qui vous accorde l'hospitalité, la simple imitation des rites secrets de certains cultes par et chez un particulier sont autant d'actes impies. (À propos de la révélation du secret des cultes mystériques : Diogène Laërce rapporte un échange entre Théodore l'athée et le hiérophante Euryclidès : « "Dis-moi, Euryclidès, quels sont ceux qui se montrent impies à l'égard des mystères ?" Euryclidès ayant répondu : "Ceux qui les dévoilent aux non-initiés", "Donc toi aussi tu es impie, dit Théodore, puisque tu les expliques à des non-initiés" » [D.L., II, 101, trad. Livre Poche].)

Plutôt que d'impiété, il faut parler d'une énumération des impiétés, car la liste continue. Le refus d'accorder l'asile à un suppliant, le mépris des honneurs dus aux parents vivants ou décédés, le manquement aux rites funéraires, la violation du serment, la maltraitance des hérauts, bref toute transgression des immuables et universelles lois non écrites dresse le coupable d'impie par excellence aux yeux de l'opinion publique. L'introduction de nouveaux dieux sans l'aval de l'oracle, la non-participation aux cultes de sa cité, la tenue de propos qui sortent du discours officiel sur les dieux (et donc sur les astres) sont des comportements impies. La sanction sera souvent le bannissement hors de la cité ou la peine capitale. L'*asébeia* c'est aussi ne pas consulter l'oracle avant toute entreprise, ce qui revient à mépriser l'assentiment des dieux et proclamer ainsi l'autosuffisance de l'homme, acte de démesure par excellence.

Déraciner les dieux des ancêtres de leur foyer vers une cité étrangère est acte impie. Lycurgue l'Athénien accuse son compatriote Léocrate d'avoir emporté

« les dieux de son foyer » dans son exil à Mégare et ainsi les « chasser de leurs temples et du pays qu'ils occupaient, et de les installer sur une terre étrangère et nouvelle, où ils sont des intrus sur le sol et parmi les cultes de l'État mégarien » (*Contre Léocrate*, 25).

L'impiété déborde la simple relation à un dieu pour polluer à la fois le monde des dieux et la société civique. Ainsi l'impiété peut être une offense publique. Chorège aux Grandes Dionysies de 348, Démosthène est giflé par son vieil adversaire, Midias. L'orateur lui intente un procès public et non privé : en agressant celui qui tenait une fonction publique au service du dieu, Midias offense la cité entière et les dieux qui la protègent.

Un texte du Pseudo-Aristote affirme que l'impiété n'est pas seulement envers les dieux, mais aussi « la faute, volontaire ou non, envers les concitoyens, les parents, la patrie » (*Des vertus et des vices*, 1251 a 31).

Des procès d'impiété

Un décret contre l'impiété aurait été promulgué à Athènes, en 433 ou 432, par un certain Diopeithès, chresmologue auxiliaire de Cléon : « Diopeithès rédigea un décret en vertu duquel on poursuivrait pour crime contre l'État *(eisangélia)* ceux qui ne croyaient pas aux dieux et qui enseignaient des doctrines relatives aux phénomènes célestes » (Plutarque, *Vies*, III, *Périclès*, 32, 2).

Ce décret autorise la poursuite sous le grief d'impiété de ceux qui s'occupent des « hauteurs » *(meteôra)*, c'est-à-dire des phénomènes météorologiques. Anaxagore en fut certainement une victime. Diogène d'Apollonie, dont le Socrate des *Nuées* d'Aristophane reprend la doctrine, semble aussi avoir été indésirable à Athènes.

L'historiographie n'est pas unanime sur la réalité de ce décret évoqué seulement et tardivement par Plutarque. Ce déchirement des interprétations correspond à un débat sur la « démocratie athénienne » : attester avec certitude des procès d'impiété contre les proches de Périclès reviendrait à jeter une part d'ombre sur ce régime qui se dévoilerait persécuteur, tandis que refuser l'éventualité même de procès pour impiété reviendrait à plaider pour une démocratie tolérante. (Voir V. Azoulay, *Périclès. La démocratie athénienne à l'épreuve du grand homme*, Paris, Armand Colin, 2010, p. 147-151). Au-delà de ces deux réflexes d'écoles historiographiques, il est admissible de douter de l'existence de ce Diopeithès, mais certainement pas de procès.

Entre 437 et 432, sont instruits à Athènes des procès contre trois familiers de Périclès : Phidias, Anaxagore et Aspasie. Le premier pour malversation, le deuxième pour trahison et le troisième pour proxénétisme. Mais c'est l'impiété qui chapeaute chaque acte d'accusation de « droit commun ». L'étranger Ménon accuse Phidias d'avoir détourné une partie de l'or destiné aux travaux du

Parthénon et, ajoute l'accusation, d'avoir commis un crime d'impiété parce que l'artiste se serait représenté lui-même (sous les traits d'un vieillard !) et aurait sculpté le profil de Périclès dans son œuvre *Le combat des Amazones*, gravée sur le bouclier de la statue d'Athéna *Parthénos*. L'impiété de Phidias est de confondre le simple monde des hommes avec l'extraordinaire monde des héros et des dieux. Selon la même logique, Aristote, à la fin de sa vie, fut accusé d'impiété pour avoir, officiellement, « immortalisé » par un hymne son ami Hermias (fr. 645 Rose).

Anaxagore, natif de Clazomènes, ville d'Asie Mineure, est accusé d'entretenir des relations avec sa patrie d'origine, mais aussi d'impiété pour avoir enseigné que le soleil (n')est (qu')une pierre incandescente, et la lune de la matière terreuse : exit Hélios qui, parcourant le jour le ciel sur un char d'or, est le témoin redoutable des serments ; exit Sémélè, sa sœur, amante silencieuse d'Endymion. Quant à la femme qui partageait la vie de Périclès, la Milésienne Aspasie, elle fut accusée par le poète comique Hermippos de jouer les entremetteuses et d'impiété, peut-être celle d'introduire de nouvelles divinités.

La délation devient ainsi un acte pieux. (Dans la cité athénienne, la procédure judiciaire ne peut être enclenchée sans le préalable de la dénonciation).

Notons qu'Aristophane peut mettre en scène un Dionysos piteux et grossier *(Grenouilles)*, des Olympiens forcenés car privés des fumées sacrificielles *(Oiseaux)*, il ne sera pas inquiété. Souligner l'inconsistance des dieux n'est donc pas une impiété.

Le constat platonicien

Platon distingue trois formes d'impiété : « De nos jours [...], les hommes, ou bien, les uns, rejettent absolument l'existence des dieux, ou croient qu'ils n'ont de nous aucun souci, ou bien, opinion la plus répandue et la plus perverse, imaginent que, en retour d'un peu d'encens et de quelques flatteries, les dieux se font complices de grosses spoliations et délient, en bien des cas, le coupable des graves peines qu'il mérite » (Platon, *Lois*, XII, 948 c).

Penser qu'on puisse « acheter » les dieux à coups de sacrifices et d'offrandes, c'est penser que leur justice est corruptible, ce qui est une forme d'impiété pour le philosophe qui ne semble engager que lui-même quand on sait que tous les sanctuaires, Delphes en premier, recevaient d'énormes offrandes. De même, la définition de l'impiété comme excès de croyance n'appartient qu'à Platon. Il condamne ceux que la peur, et elle seule, pousse à multiplier les cultes privés (c'est le superstitieux, non encore nommé comme tel dans les *Lois*). L'impie, celui qui est en proie à une crainte irraisonnée des dieux, se caractérise donc par un excès de croyance (cf. *Lois*, X, 909 e-910 a). C'est pourquoi Platon qualifie l'impiété de « maladie », *nóson*, ce mot désignant de façon plus large tout ce qui va mal (*Ibid.*, 888 b 8), là où la religion civique y voit plutôt une offense publique.

Le procès de Socrate

En 399, la démocratie est restaurée à Athènes quand un poète insignifiant dépose une plainte publique : « Socrate est coupable de ne pas reconnaître comme dieux ceux de la cité et d'en introduire de nouveaux ; il est coupable aussi de corrompre la jeunesse. Peine demandée : la mort. »

En fait Socrate participait aux cultes rendus par la cité, mais il revendiquait une intimité avec une divinité (*daimónion*) sans image qui lui signifiait ce qu'il ne devait pas accomplir. Affirmation intolérable pour la cité qui, au nom de l'égalité entre ses citoyens, ne pouvait admettre un échange privilégié entre un individu et un dieu de surcroît étranger à toute représentation anthropomorphe. (Que les dieux aient un corps est une pieuse certitude.)

Corruption de la jeunesse ? Socrate s'attaquait aux timorés de tous âges pour déverrouiller leur crainte et les amener à prendre soin de l'âme et ainsi apprendre à mourir (sens originel de la pratique philosophique).

L'Héliée, tribunal populaire dit apte à juger les affaires civiles et criminelles par 6 000 héliastes, le condamne à mort. Quand Socrate déclare à ses juges : « J'obéirai aux dieux plutôt qu'à vous », il rompt le lien essentiel entre la cité et ses dieux. Son impiété, c'est de s'en remettre exclusivement au divin.

▶ DERENNE E., *Les procès d'impiété intentés à Athènes aux* v*e et* IV*e siècles*, Liège-Paris, 1930. – MACTOUX M.-M., « La *polis* en quête de théologie », in *Mélanges P. Lévêque*, IV, Paris, 1990, p. 289-913. – MOSSÉ C., *Le procès de Socrate*, Paris, Complexe, 1996. – MIKALSON J.D., *La religion populaire à Athènes* (1983), trad. fr., Paris, Perrin, 2009. – RUDHARDT J., « Le délit d'impiété dans la législation attique », *Museum Helveticum*, 17, 1960, p. 87-105.

→ Agnostique ; Athée ; Citoyenneté et administration du sacré ; Invention des dieux ; Loi sacrée ; Lois non écrites ; Piété

IMPURETÉ → Interdit et injonction ; Souillure et purification

INCESTE

Le mot français « inceste » (union entre consanguins) n'a pas d'équivalent précis en grec dont la réception de l'acte relie fréquentation et impiété.

L'Olympe : une tribu endogamique

Le ton est donné avec les divinités mêmes du mariage, Zeus et Héra, époux légitimes qui sont frère et sœur. De leur union naîtront un fou furieux, Arès, et un infirme boiteux, Héphaistos. Manière de signifier que l'inceste peut être contraire à l'eugénisme car ni Arès ni Héphaistos ne sont aptes à la fonction royale. Ce qui n'était pas le cas pour la génération divine précédente : Kronos eut six enfants de sa sœur Rhéa, dont le futur souverain, Zeus lui-même. Le mythe souligne ainsi un épuisement des fruits de l'inceste à travers ces deux dernières générations. Mais, conformément à la logique des mythes, rien n'est définitivement fixé, car la génération olympienne peut aussi s'offrir des fruits incestueux éminemment puissants. Perséphone, la future redoutable souveraine des Enfers, l'implacable surveillante orphique, mais aussi éleusinienne, de tous les mortels, est née de l'union d'un frère et de sa sœur (Zeus/Déméter).

L'exemple est primordial, à défaut d'être ancestral. Okéanos et sa sœur Téthys, deux puissances primordiales connues d'Homère, n'ont-ils pas inauguré les noces dont la consommation configure le monde en le ceinturant de leurs ondes fluviales mêlées ? L'exemple vient d'un temps qui n'appartient pas au temps humain. Les filles de Mémoire inspirent à Hésiode une autre tradition, mais toujours filée sur la trame de l'inceste. Elles dévoilent que, sitôt né, Ouranos étreint sa mère, Gaia. Un des fruits de cet inceste, Pontos, la divinité des eaux salées, fournira « une génération à part. Tous les Pontides possèdent un caractère qui mêle la vertu de sapience à la monstruosité. Ils ont la transparence de l'eau, et son inconsistance, sa capacité de recevoir toutes les formes et d'amplifier les mouvements » (Cl. Ramnoux, *Mythologie*, A. Colin, 1962, p. 24). Fermons cette parenthèse sur ces aurores primordiales d'où sourdent déjà les dangers de l'inceste.

En fait, Zeus n'a devant lui qu'un échantillon limité de l'autre sexe. Tout reste en famille tant que l'ordre ne se fondera pas sur la dissémination exogamique. Pour l'heure (osons la notion pour un mythe), Zeus ne rencontre que ses sœurs (les Kronides), ses cousines (les Titanides) ou encore ses tantes. Évoquer une pulsion incestueuse débordante à son égard est inapproprié dans la mesure où son univers n'est que celui d'un cercle strictement tribal. Pour que Zeus, dont l'appétit sexuel est évident, devienne infidèle, il faut qu'il sorte de sa famille. Il faut qu'il descende sur terre pour s'unir à des mortelles qui n'existaient pas tant que Pandora ne fut façonnée. Ainsi passe-t-il de la relation incestueuse à l'adultère.

Le ton change avec la naissance du Dionysos orphique. Dionysos *Eubouleus* est « conçu de l'union indicible [*arrhêtos*] de Zeus et de Perséphone » (*Hymne Orph.*, 30, 6-7), du père et de sa fille. Le mythe atteint à ce point la limite du concevable, voire de l'acceptable. « L'union d'un enfant avec son père ou sa mère superpose du sacré au sacré [contrairement au couple endogamique dont les membres sont de condition égale] ; dangereuse parce qu'elle est sursacralisante, elle menace de compromettre l'équilibre où les puissances sacrées produisent des effets bienfaisants. Dionysos est né d'une telle union ; elle est à peine concevable, on ne peut en parler » (J. Rudhardt, in *RHR*, 219, 4, 2002, p. 490). Dionysos le « rugissant » ne manquera pas de manifester cette naissance.

La famille civique

Dans l'*Odyssée*, l'inceste avec la sœur ne fait l'objet d'aucune réprobation. Polyphème rapporte sans état d'âme qu'Éole, fils d'Hippotès, « en son manoir nourrit ses douze enfants, six filles et six fils qui sont à l'âge d'hommes : pour femmes, à ses fils il a donné ses filles et tous, près de leur père et de leur digne mère, vivent à banqueter » (*Od.*, X, 5-9).

Le mariage étant un contrat privé conclu entre deux mâles, le père ou le tuteur de la fille « donnée » et le futur époux, la coutume des mâles autorisait le mariage entre frère et demi-sœur, à condition qu'ils ne fussent pas de la même mère (*homomêtrios*) tandis que l'*homopátria*, la sœur née du même père, pouvait être épousée par son frère. Elles autorisaient aussi les unions entre oncles et nièces, tantes et neveux. Se marier avec son oncle paternel ou avec un cousin paternel est même encouragé, à Athènes, pour la fille épiclère (fille unique, donc seule héritière, au décès du père). Ce qui effraie, comme le mythe orphique de la naissance de Dionysos l'a montré, c'est l'union de l'ascendant et de l'un de ses descendants (Œdipe).

Loi non écrite

L'époque classique s'inquiète de la relation verticale (ascendant/descendant) de l'inceste. Socrate et surtout Platon se font alors pointilleux.

Le Socrate de Xénophon considère l'interdiction des rapports sexuels entre un père et ses filles et entre un fils et sa mère comme une loi non écrite dont la transgression est sanctionnée par une descendance dégénérée, des enfants « mal venus » en signe de punition divine (Xénophon, *Mém.*, IV, 4, 20).

Dans les *Lois* de Platon (VIII, 838 b), l'Athénien remarque qu'une personne aussi perverse qu'elle soit s'interdit toute relation sexuelle avec son frère ou sa sœur, et ajoute que « la même loi non écrite protège encore et si efficacement un fils, une fille ». L'Athénien des *Lois* proscrit (prohibe) autant les relations horizontales (frère/sœur) que verticales (ascendant/descendant).

Dans la mesure où une loi non écrite a cette valeur universelle s'imposant à tous les peuples, il semble que l'identification de la prohibition des relations incestueuses à ce type de loi n'appartient qu'à Socrate et Platon. En effet, Hermione ne manque pas de rappeler à l'esclave et captive de guerre qu'est Andromaque qu'elle appartient à « la gent barbare », au sein de laquelle « le père s'y unit à la fille, le fils à la mère et la sœur au frère » (Euripide, *Andromaque*, 173-175).

Législation et utopie

Dans le projet platonicien de cité idéale, le législateur régule ainsi la liberté de s'accoupler une fois dépassé l'âge de la conception :

« Quand les femmes et les hommes auront passé l'âge de donner des enfants à l'État <40 ans pour la femme, 55 ans pour l'homme>, nous laisserons, je pense, aux hommes la liberté de s'accoupler à qui ils voudront, hormis leurs filles, leurs mères, les filles de leurs filles et les ascendantes de leurs mères ; nous donnerons aux femmes la même liberté, en exceptant leurs fils, leurs pères et leurs parents dans la lignée ascendante et descendante » (Platon, *Rép.* V, 9, 461 b-c).

Seulement, dans sa cité idéale, nul ne sait de qui il est le père ou le fils.

▶ KARABELIAS E., « Inceste, mariage et stratégies matrimoniales dans l'Athènes classique », *Symposium 1985*, Cologne/Vienne, Böhlau, 1989, p. 233-251.

→ Eugénique ; Femme ; Lois non écrites

INCONNAISSANCE et THÉOLOGIE

Le divin échappe à la connaissance humaine. C'est, paradoxalement, la seule certitude affirmée par des témoins venus de tous horizons. D'Homère à Euripide en passant par Théognis et Isocrate, la reconnaissance de l'inconnaissance humaine du divin n'a cessé d'être admise.

Certitudes d'ignorance et inconnaissance

L'inconnaissance se superpose à l'ignorance *(agnôsia)*. Celle-ci est le propre de la nature mortelle dans son cheminement aveugle. L'*agnôsia* reconnue par le sentiment religieux civique n'est surtout pas à confondre avec le constat agnostique d'un Protagoras : à la suspension de la croyance (« Des dieux, je ne puis rien savoir, s'ils sont ou s'ils ne sont pas »), l'*agnôsia* populaire ne doute pas un seul instant qu'ils sont, mais se borne à constater l'incapacité humaine à prévoir le flot des événements. « Nul de nos actes n'est exempt de danger, déplore Solon, personne ne sait, quand il entreprend une chose, en prévoir l'issue » (Solon, 13 Edmonds, 65-66 ; cf. Théognis, 135-136 ; *Hymne « homérique » à Déméter*, 256-257). Le flot, mais non la fin : car l'humain sait avec certitude que son destin *(moîra)* est de descendre dans l'Hadès. Avant cette fin tout reste incertain : « Qui peut prévoir au juste les destins d'un mortel ?

demande Iphigénie. Toujours, la volonté des dieux prend des voies ténébreuses, et personne ne sait le malheur qui l'attend : car le sort *(túkhê)* le dérobe à notre connaissance » (Euripide, *Iphigénie en Tauride*, 475-478). L'*agnôsia* est alors évoquée autant par reconnaissance de l'instabilité de la condition humaine que par indignation envers celle-ci.

Savoir quel sera son destin (mourir) et ne pas savoir prévoir le cours de sa vie sont les deux plates certitudes formatant la condition mortelle. Euripide, dans *Hécube*, dévoile la motivation divine à l'origine des incertitudes des éphémères. « Les dieux bouleversent tout de fond en comble ; ils y jettent le trouble, pour se faire adorer de nous à la faveur de notre *agnôsía* » (958-960). L'ignorance, déclenchant ainsi la crainte des dieux, a au moins la conséquence positive de contenir les pulsions agressives. Dans ses *Euménides*, Eschyle développe le thème de la crainte *(sébas)* comme rempart contre le déchaînement de la violence des hommes. L'absence de crainte engendre l'impudence, souligne Platon (*Lois*, 701 a-c).

L'inconnaissance humaine n'est pas sur le même plan : elle émane de la volonté des dieux de rester dieux, à « savoir » des puissances impénétrables à la perception mortelle. Les dieux n'aiment pas qu'on recherche ce qu'ils n'ont pas voulu rendre clair, affirme le Socrate de Xénophon, qui précise le danger de perdre la raison *(paraphronêsai)* à s'adonner à de telles méditations (*Mém.*, IV, 7, 6). Si l'ignorance est tournée vers les aléas du bas monde, l'inconnaissance vient de l'éther divin qui impose aux mortels la volonté que les dieux ont de rester non seulement imprévisibles mais résolument inconnaissables.

Le devenir est connu des humains (mourir), mais pas l'avenir. Ignorer l'avenir d'une part et ne pouvoir connaître les dieux eux-mêmes de l'autre, établissent le mortel dans sa condition humaine.

« Nous n'entendons qu'une rumeur, et nous ne savons rien » (*Il.*, II, 486), alors que « les dieux savent tout » (*Od.*, IV, 468). Les poèmes homériques donnent le ton sur ce thème de l'inconnaissance comme constat de l'impénétrabilité des desseins divins : « Il n'y a pas de règle établie par la divinité *(pròs daímonos)* à l'égard des mortels, pas même de chemin qu'on puisse suivre pour plaire aux immortels » (Théognis, 381-382). L'inconnaissance pourrait bouleverser les fondements mêmes de l'adresse humaine à ses dieux si les traditions transmises ne venaient pallier cette déficience « car on ne doit rien concevoir, rien pratiquer qui soit supérieur aux traditions » (Euripide, *Bacchantes*, 890-891). La tradition comble l'inconnaissance.

Le *nómos pátrios*, la tradition coutumière ancestrale, dicte l'action rituelle sans rien révéler d'autre. Les traditions s'appliquent aux sanctuaires et aux foyers, privés de l'*oîkos* ou publics de la *pólis*. Elles ritualisent, pouvant ainsi tenter de codifier un comportement susceptible de plaire aux dieux. Mais elles ne sont pas capables de résoudre l'énigme de l'inconnaissance des hommes en matière de divin.

La rationalité d'un Xénophane exprime nettement que l'inconnaissance l'est par rapport à la nature absolue du divin :

> « Non, jamais il n'y eut, jamais il n'y aura
> Un homme possédant la connaissance claire
> De ce qui touche aux dieux et de toutes les choses
> Dont je parle à présent. Même si par hasard
> Il se trouvait qu'il dît l'exacte vérité,
> Lui-même ne saurait en prendre conscience :
> Car tout n'est qu'opinion » (Xénophane, 21 B 34, trad. Dumont).

Plus théâtralement, Euripide s'interroge :

> « Qu'est-ce que Dieu (Ὅ τι θεὸς) ? Qu'est-ce qui n'est point Dieu ? Qu'y a-t-il entre ces deux termes ? Quel mortel prétendra le savoir à la fin de ses longues recherches, quand il voit les dieux (θεῶν) se porter dans un sens, et puis dans un autre, et puis changer encore par des sursauts capricieux, inattendus, contradictoires » (Euripide, *Hélène*, 1137-1143).

En ce sens, l'inconnaissance procède de l'instabilité qui anime à leur tour les dieux eux-mêmes. Il ne reste aux mortels que le recours aux conjectures. « Sur les choses cachées comme sur les choses mortelles, constate le médecin pythagoricien Alcméon de Crotone, les dieux seuls ont connaissance certaine ; aux hommes n'appartient que la conjecture » (Alcméon, 14 B 1). Que le mortel ne puisse faire que suppositions sur la pensée impénétrable des dieux sera un constat récurrent : « Le dessein de Zeus n'est pas facile à saisir [...] Cachées et recouvertes d'ombres profondes, les voies de la pensée divine vont à leur but d'une manière telle qu'on ne peut les connaître » (Eschyle, *Suppl.*, 86-87, 92-94). Eschyle poursuit dans la même pièce sa réflexion sur l'inconnaissance pour admettre que prétendre contempler la pensée de Zeus revient à plonger dans l'abîme (*Suppl.*, 1058-1059). Pindare ne cessait de rappeler que l'homme doit rester à sa place car « il n'est pas possible de sonder les volontés des dieux à l'aide de l'intelligence humaine » (*Péans*, XIII, 3). Euripide ne cessera de marteler qu'« absolument rien n'existe pour les hommes, rien du tout, en dehors des arrêts des dieux. Nous nous donnons bien du mal, poussés par l'espérance : c'est peine perdue, car nous n'obtenons que misère et aucun savoir sûr » (Euripide, *Thyeste*, 1, p. 178 cuf = fr. 391 Kn.). Isocrate et Andocide confirment (Isocrate, III *Nicoclès* 26, XIII *c. Sophistes* 2 : « pour les hommes c'est chose impossible » [de connaître la pensée des dieux] ; Andocide, *Myst.*, 139 : « Si tant est qu'on doive pénétrer la pensée des dieux »).

Mais les hommes sont-ils eux-mêmes capables de désigner les dieux d'après leur nom ? Socrate a cette réponse : « Par Zeus, Hermogène, si nous avions quelque bon sens, nous devrions pour parler de la meilleure façon dire que nous ne savons rien des dieux, ni de leur nature propre ni des noms qu'ils se donnent à eux-mêmes – car il est évident qu'ils se nomment de leur vrai nom. Il y aurait une seconde manière de parler correctement, en faisant comme dans les prières où la règle veut que nous les invoquions sous les noms qui leur plaisent, quels qu'ils soient et quelle qu'en soit l'origine, et que nous parlions ainsi comme des gens qui ne savent rien de plus » (Platon, *Cratyle*, 400 *d-e*, trad. Rudhardt, *RHR*, 1992, 3, p. 233-234).

L'homme est condamné à employer un nom qui ne correspond même pas au dieu à qui il pense s'adresser. Non qu'il ne corresponde à rien, mais il ne correspond pas à une connaissance exacte. Le fidèle se retrouve ainsi enfermé dans le cercle du rituel puisqu'il ne peut qu'invoquer un nom qui semble plaire au dieu : Zeus, l'« insoluble énigme » qu'implore pourtant Hécube (Euripide, *Les Troyennes*, 885), peut être appelé pour être invoqué sous ce nom « s'il lui plaît, qui que soit Zeus » (Eschyle, *Ag.*, 160-161). En fait, un mortel s'adresse à un dieu sous un nom traditionnel, sous une appellation qui n'est pas véridiquement la sienne. Invoquer, c'est s'adresser à un dieu par l'intermédiaire d'une appellation incertaine. La prière s'adresse à une puissance dont le nom ne relève d'aucun savoir exact. Plaire aux dieux, pouvoir s'en faire entendre, c'est avant tout forger des vocables qui peuvent retenir leur plaisir.

Un dieu qui échappe à toute connaissance humaine est un dieu qui ne peut échapper à la différence des représentations qu'un mortel peut s'en faire. Un dieu n'est jamais adéquat. Impénétrable à l'intelligence humaine, il s'offre dans l'image que l'homme peut se faire de cette impossibilité qu'ont les facultés mortelles à l'atteindre. Est-ce une avancée du dieu vers ce que peut appréhender l'homme du divin ? Ou est-ce une invention de l'homme concernant ce qui peut être appréhendé comme divin ? « Tout conscients qu'ils soient de leur incapacité à connaître la réalité divine, les Grecs en parlent beaucoup » (J. Rudhardt, *RHR*, 1992, 3, p. 235).

La reconnaissance par l'homme de son inconnaissance lui évite au moins la présomption, ce « haut mal » dénoncé par Héraclite (frag. 46 Diels) pour stigmatiser toute démesure. Eschyle retiendra l'injonction à se protéger de l'*húbris* en mettant en garde contre la prétention humaine à sonder l'insondable à force de vouloir contempler la pensée de Zeus (Esch., *Suppl.*, 1058-1059).

Theología

La théologie est une parole. Mais que signifie le mot *theología* pour un Grec ? Employé par Adimante dans la *République* de Platon (379 a 5), le vocable désigne la première « espèce » des mythes, celle qui concerne les dieux eux-mêmes. La théologie est une partie de la mythologie qui comprend quatre autres « espèces » de récits des poètes : ceux sur les démons, les héros, les défunts (les habitants de l'Hadès) et enfin sur les hommes (*Rép.* III, 392 a). Cette division des êtres n'est pas platonicienne, peut-être pythagoricienne, mais en tout cas fondée sur une très ancienne tradition (Goldschmidt, 1970, p. 150-151). C'est donc la parole de l'aède qui, inspirée par les Muses, transmet non pas une parole divine mais un récit sur les dieux. Celui-ci ne procède d'aucune Révélation, mais des Muses qui affirment être capables autant de vérité que de mensonge : « nous savons conter des mensonges tout pareils aux réalités ; mais nous savons aussi, lorsque nous le voulons, proclamer des vérités » (Hésiode, *Théog.*, 27-28). La théologie des poètes, mixe de vrai et de faux, témoigne de l'inconnaissance humaine.

Platon va déplacer radicalement la question de l'inconnaissance. Le législateur de sa République aura la tâche de fixer des règles *(túpoi)* de lecture des fictions poétiques pour expulser toute représentation dégradante de la divinité et montrer que les dieux « ne sont pas des enchanteurs qui se métamorphosent et qu'ils ne nous égarent pas par des mensonges, ni en paroles, ni en actes » (Platon, *Rép.* III, 386 a). En se portant au secours de la pureté du divin, la philosophie remet en cause la religion civique : si, comme des mythes le prétendent, les dieux changent constamment de comportement, leur offrir sacrifices, libations et autres offrandes est vain et inutile. Il ne peut donc exister de théologie chez Platon dans le sens où le philosophe la rapporte à la mythologie, ce discours impie quand il affabule sur la jalousie des dieux envers les hommes et sur les luttes qu'ils se feraient entre eux.

Il ne faut pas confondre la critique des mythes « injurieux » opérée par des penseurs qui, par ailleurs, semblent admettre l'inconnaissance quant au divin, avec l'entreprise platonicienne de discrédit de tout récit qui « oublie » que la divinité « n'est pas cause de tout, mais seulement des biens » (*Rép.*, II, 380 c). Pindare (« Non je ne puis appeler cannibale aucun des dieux », *Ol.*, I, 50) ou Euripide (« Si les dieux agissent violemment, ce ne sont pas des dieux », *Bellérophon*, fr. 292. 7 ; cf. *Héraclès*, 1341 sq.) rectifient le discours sur les dieux tenu par les traditions véhiculées par les aèdes. Il faut encore citer Isocrate qui, dans cette veine, condamne « les traditions injurieuses des poètes qui [...] sur les dieux eux-mêmes ont tenu des discours tels que nul n'oserait les tenir sur ses ennemis : non seulement ils leur ont jeté à la face des vols, des adultères, des services mercenaires chez les hommes, mais ils ont même inventé que les dieux dévoraient leurs fils, mutilaient leur père, enchaînaient leur mère et faisaient beaucoup d'autres actes contraires à toutes les lois » (Isocrate, *Busiris*, XI, 38).

Ces rectifications et condamnations restent en deçà de la critique platonicienne des récits des « théologiens » qui rejette l'inconnaissance au profit de la réminiscence *(anamnêsis)*, étape vers une approche du divin en termes d'assimilation. Ce n'est alors plus de théologie qu'il s'agit, mais, en terrain païen, de philosophie. Il ne s'agit pas de sonder l'insondable, démesure stigmatisée dès Héraclite, mais de se ressouvenir de ce que notre âme connaît depuis toujours, avant qu'elle ne soit attachée à notre corps. Une connaissance comprise comme reconnaissance est donc possible : « L'hypothèse de l'*anamnêsis* implique un double postulat métaphysique, rappelle J.-F. Mattéi : celui de la *préconnaissance* de ce que l'on cherche, et celui de la *préexistence* de l'âme au corps. Avant son incarnation dans l'existence actuelle, l'âme a été en contact avec ce dont elle doit acquérir la connaissance de sorte que celle-ci est toujours, en fait comme en droit, une *re*connaissance » (J.-F. Mattéi, *Platon*, PUF, 2005, p. 48). Nécessairement bon, un dieu possède le savoir (il est *sophos*), mais l'homme a la possibilité de tendre vers le savoir (c'est le sens de *philosophei*) grâce à cette préexistence de l'âme immortelle. Ainsi est-ce la philosophie, et non la théologie des aèdes, qui permet la contemplation de l'intelligible (l'âme se ressouvenant des réalités contemplées alors qu'elle était séparée du corps), bref l'assimilation au dieu.

Aristote identifiera philosophie première et science théologique *(philosophía theologikè)* dont les objets d'investigation sont les « êtres à la fois séparés et immobiles », donc les êtres divins. La terminaison par le suffixe *-ikè* souligne la dimension hautement technique d'une telle science qui, elle-même qualifiée de « divine », ne prend plus la peine de s'opposer à ladite « religion civique ».

▶ BRISSON L., *Platon, les mots et les mythes*, Paris, Maspero, 1982. – GOLDSCHMIDT V., « Théologia » [1950], in *Questions platoniciennes*, Paris, Vrin, 1970, p. 141-172.

→ Agnostique ; Dieux et déesses ; Éphémère ; Noms et langue des dieux

INCONSISTANCE DES DIEUX → Ambroisie ; Destruction de l'humanité ; Sacrifice

INCUBATION

L'incubation est un rite. Il consiste à s'abandonner au sommeil dans un sanctuaire après avoir accompli les actes recommandés par ses lois sacrées, et espérer voir la divinité apparaître en rêve afin d'obtenir d'elle un conseil ou une guérison.

Le mot est formé par les modernes à partir du latin *incubo*, « être couché sur ou dans » ; les Grecs employaient ἐγκαθεύδω, « dormir dans, sur, parmi ».

Dieux humains

Asklépios et Amphiaraos, dieux guérisseurs, ont un passé humain. Tous les deux ont connu la condition mortelle.

Les dieux immortels, qu'ils soient célestes ou souterrains, sont toujours eux-mêmes pour eux-mêmes. L'immortalité est étrangère à l'altérité, à l'étrangeté mortelle. La souffrance, la maladie, les aléas de la vie éphémère aussitôt précipitée dans la vieillesse et dans l'effondrement de la mort ne les atteignant pas, rien d'humain ne peut les concerner.

L'imaginaire est un réservoir d'espoir qui se figure des dieux humains. Ces derniers conservent de leur passé mortel l'absence de cette ambivalence qui caractérise les immortels « par naissance » dans le but d'inspirer la crainte de leur double pouvoir. Ni Asklépios ni Amphiaraos n'inspirent la crainte, mais l'espoir aux mortels qui viennent les consulter.

Dès lors, un dieu guérisseur ne peut être qu'un héros, c'est-à-dire un demi-dieu, donc un demi-homme. Pleinement divinisé à sa mort, le nouveau dieu n'oublie pas sa condition terrestre, et ainsi se penche-t-il sur les maux qui accablent les humains pour les atténuer. C'est certainement cet état d'esprit qui motivait les malades à se rendre dans les sanctuaires des héros guérisseurs.

Asklépios est né mortel de l'union d'Apollon et de Coronis, fille du roi thessalien Phléhyas. Il doit sa vocation de « doux artisan de la santé robuste » à son origine : sa mère, enceinte d'Apollon mais amante infidèle, succombe sous les flèches d'Artémis soucieuse de venger l'honneur de son divin frère. Le corps de Coronis est-il incinéré que le dieu trompé décide de sauver son fils : Apollon « le ravit au cadavre : devant lui s'entrouvraient les flammes » (Pindare, *Pyth.* III, 43). Asklépios est d'emblée placé au carrefour de la vie et de la mort : il naît d'une morte et survit au feu funéraire : sa vocation de repousser les limites de la vie s'en trouve ainsi tracée, et sa réputation de « guérisseur sans reproche », déjà connue d'Homère (*Il.* IV, 194), se répand dans l'Hellade : « Tous ceux qui venaient à lui porteurs d'ulcères nés en leur chair, blessés en quelque endroit par l'airain luisant ou la pierre de jet, le corps ravagé par l'ardeur de l'été ou le froid de l'hiver, il les délivrait chacun de son mal, tantôt en les guérissant par de doux charmes, tantôt en leur donnant des potions bienfaisantes, tantôt en appliquant à leurs membres toutes sortes de remèdes ; tantôt enfin il les remettait droits par des incisions » (*Pyth.* III, 47-53, trad. A. Puech). Une telle habileté à soigner les humains agace Hadès (le Zeus d'en bas) frustré de ses offrandes que sont les morts ; Zeus (l'Hadès d'en haut) foudroie celui qui ose repousser sans cesse les limites de vie. C'est le même dieu (le Zeus souterrain/le Zeus céleste) qui remet de l'ordre. Dans la conscience grecque, le foudroiement de Zeus immortalise. Le foudroyé, maintenant de l'autre côté du miroir, n'osera plus chambouler l'ordre distinguant le mortel de l'immortel, dernière catégorie à laquelle il appartient dorénavant. Mais il peut apaiser. C'est le dieu humain.

Notons encore que le jeune Asklépios est confié à Chiron, celui qu'Homère appelle déjà « le très juste centaure » (*Il.*, XI, 832). Chiron est un immortel qui se lassera de son immortalité quand celle-ci deviendra douloureuse. Avant cela, il est notamment et notoirement expert en pharmacopée et chirurgie (son nom dérive de *kheír*, main). Chiron, l'être tenaillé entre l'animalité et l'humain (un corps de cheval duquel jaillit, à la place du col, un torse d'homme), entre l'immortalité faite chair, donc souffrante (il est accidentellement blessé) et le désir de mortalité (à cause de cette souffrance sans fin), représente le continuum de la vie. Ce qui n'est pas neutre dans la projection grecque de leur imaginaire : gérer la souffrance, c'est ce que dit le mythe du centaure Chiron. Asklépios, son élève, avait bien toutes les cartes en mains pour devenir un dieu humain.

À l'instar d'Asklépios, Amphiaraos n'appartient pas par naissance au cercle fermé des immortels. C'est un prince d'Argos. Membre de la famille prophétique de Mélampous et prophète lui-même, Amphiaraos compte parmi les Chefs qui accompagnent Adraste dans l'expédition guerrière des Sept contre Thèbes. Il y participe contre son gré car sa clairvoyance de ce qui est « devant » lui a dévoilé l'issue désastreuse de l'entreprise. Quand celle-ci s'accomplit et que l'armée argienne bat en retraite, Amphiaraos prend la fuite. Sur le point d'être frappé dans le dos, il échappe au coup mortel grâce à Zeus dont la foudre ouvrit une crevasse, où s'engouffrèrent le héros fuyant, son char et ses chevaux – manière de dire qu'il devient immortel (Pindare, *Ném.* IX, 25-27 ; X, 8-9 ; *Ol.* VI, 13-14). Sa fonction guérisseuse correspond à l'installation de son culte à Oropos, en Attique, sous contrôle athénien, aux alentours de 420.

Les cultes d'Asklépios et d'Amphiaraos remontent au VIe siècle. D'Épidaure s'essaimèrent de nombreux sanctuaires secondaires. Le IVe siècle en compte plus de deux cents d'Asklépios. Quant à Amphiaraos, plusieurs cités, dont principalement Oropos, en Attique, revendiquent la légitimité de son sanctuaire (qui serait son lieu d'engloutissement).

L'imaginaire se raconte ainsi l'histoire de deux mortels immortalisés pour survivre au bénéfice des maux des humains. Une fois les légendes digérées, retour sur terre, sur le terreau de l'incubation.

Être pris en charge par le dieu

L'Amphiaraion d'Oropos. La consultation d'un dieu guérisseur est payante. Le règlement de l'Amphiaraion, sanctuaire d'Amphiaraos, datant des années 387-371, stipule « Que celui qui est sur le point d'être pris en charge (θεραπεύεσθαι) par le dieu donne une *éparkhè* de pas moins de neuf oboles de l'argent ayant cours » (in Sineux, 2007, p. 139-140). Offrande en nature à l'origine, l'*éparkhè* prend la forme du versement d'une somme d'argent dont le tarif minimum est fixé par la loi sacrée. Cette taxe cultuelle est déposée dans le thésaurus (tronc) du sanctuaire.

Le malade, à défaut obligé d'être sain, doit être pur. Ablutions (l'eau est certainement un vecteur important dans le processus de guérison), interdits et sacrifices préalables à l'incubation purifient les consultants. Ils devaient s'abstenir de vin, de lentilles et de fèves durant trois jours, observer une journée entière de jeûne (cette pratique n'est vraiment attestée qu'à l'époque impériale), et offrir deux sacrifices : celui d'un porc, dont la croyance commune attribue à son sang des vertus purificatrices, et celui d'un bélier, dont la toison écorchée pouvait servir à envelopper le consultant lors de son sommeil. Les épaules des animaux immolés revenaient aux prêtres du sanctuaire. Il semble qu'au IVe siècle av. J.-C. la nature des victimes sacrificielles n'était pas fixée, mais dépendait des possibilités du pèlerin (Sineux, 2007, p. 165 sq.). L'homme grec commerce toujours avec le divin… et avec ses intermédiaires.

Point culminant du rite, l'incubation, sommeil révélateur, se faisait dans le *koimètèrion*, dortoir de l'Amphiaraion, situé au-dessus de la demeure souterraine de la divinité afin de susciter par le songe une indication bienfaitrice qu'évoque encore Pausanias (I, 34, 5). Avant de se livrer au sommeil, le suppliant faisait une prière qui, pour un Grec est à la fois une demande (ici, de guérison) et un vœu (promesse d'offrande au dieu qui aura redonné la santé). N'étant plus un homme mais un dieu, Amphiaraos laissait à des mortels (les prophètes attachés à son sanctuaire) le soin d'aider les consultants à interpréter leurs rêves.

*L'*enkoimétérion *d'Épidaure*. L'*enkoimétérion* ou *abaton* – « lieu interdit » tant que le suppliant, statut du malade, n'a pas accompli toutes les prescriptions rituelles – est un portique servant de dortoir que parcourent d'inoffensifs grands serpents jaunâtres et les chiens d'Asklépios. (Pour les Anciens, les serpents sont des animaux familiers qui peuvent même vivre dans les maisons : Lucien, *Alexandre*, 7 ; Cicéron, *De divinatione*, II, 66.) Plusieurs nuits, en cette compagnie, pouvaient être nécessaires à la guérison. Le consultant devait auparavant s'acquitter de « la drachme d'Asklépios », d'un sacrifice préliminaire *(prothusia)* en l'honneur d'Apollon *Maléatas*, d'une offrande de gâteaux et sacrifier un coq ou un cochon de lait. Aux ablutions rituelles avec l'eau des fontaines sacrées semble s'ajouter un impératif moral ainsi que l'atteste cette inscription datant du début du IVe siècle : « Pur doit être celui qui pénètre dans le temple où fume l'encens ; et la pureté *(agneia)* consiste à penser sainement *(hosia)* » (in Clément d'Alexandrie, *Stromates*, 5, I, 13). Pas sain de corps, mais pur d'esprit ?

Le passage des consultants par la Tholos, appelée de façon générique « l'édifice circulaire » par les pèlerins, reste un supposé rite qui pose « une fois de plus l'irritant problème de la destination de cet édifice qui occupe une place de choix dans le sanctuaire et un rang prépondérant dans l'histoire monumentale du IVe siècle » (Martin/Metzger, *La religion grecque*, PUF, 1976, p. 101). Strabon affirme que le sanctuaire ne désemplissait pas (*Géographie*, VIII, 15). Il restait ouvert aux hommes, aux femmes, aux esclaves et à quiconque comprenait un dialecte grec.

Nombre d'ex-voto inscrits ou figurés (oreilles, jambes, genoux, bras, seins, organes génitaux...) témoignent d'une attente comblée, mais il faut certainement interpréter avec Li Donnici (1995) les récits rédigés par les prêtres comme des « catalogues des guérisons » tout au bénéfice du sanctuaire. Telle cette inscription sur l'une des stèles dressées à l'intérieur du temple d'Asklépios à Épidaure : « Ambrosia d'Athènes était aveugle d'un œil. Celle-ci vint en suppliante vers le dieu. Faisant le tour du sanctuaire, elle se moquait de certaines guérisons qu'elle jugeait incroyables et impossibles, à savoir que des boiteux et des aveugles guérissent par le seul fait d'avoir une vision en dormant. S'étant couchée dans [le portique d'incubation] elle eut une vision. À ce qui lui semblait, le dieu se tenait au-dessus d'elle et lui disait qu'il la guérirait mais qu'elle devait déposer en salaire dans le sanctuaire une truie d'argent pour commémorer sa sottise ; après ces mots, il incisa l'œil malade et y versa un remède. Quand le jour vint, elle s'en alla guérie » (cité par J. Jouanna, *Hippocrate*, Fayard, 1992, p. 281-282).

Cette médecine des temples, comme on l'appelle par opposition à la médecine hippocratique, n'a pas manqué de susciter un certain scepticisme chez quelques esprits critiques. Ainsi Thucydide, à propos de la pestilence survenue en 430 av. J.-C. : « Rien n'y faisait, ni les médecins qui, soignant le mal pour la première fois, se trouvaient devant l'inconnu (et qui étaient eux-mêmes les plus nombreux à mourir, dans la mesure où ils approchaient le plus de malades), ni aucun autre moyen humain. De même, les supplications dans les sanctuaires, ou les recours aux oracles et autres possibilités de ce genre, tout restait inefficace : pour finir, ils y renoncèrent, s'abandonnant au mal » (*Histoire de la guerre du Péloponnèse*, Laffont, 1990, p. 270). Ce cas extrême ne doit pas occulter le fait que, généralement, les Grecs n'ont pas opposé la médecine des temples à celle, naissante, d'observation et d'expérimentation de l'école d'Hippocrate. Au contraire, ils les ont fait coexister. « Si [au Ve siècle] les médecins sont sollicités par les cités et reçoivent des honneurs à la mesure des services rendus, ceci n'empêche pas que, parallèlement, on continue, en tant que particuliers ou au nom des cités, à avoir recours aux dieux guérisseurs et aux rituels de guérison. On ne peut donc se contenter d'opposer les progrès de la médecine rationnelle et l'école d'Hippocrate aux pratiques religieuses et magiques. Tout au long de l'Antiquité, et bien au-delà du ve siècle, les deux formes de recours fonctionnent en parallèle, sans qu'on puisse parler d'une "survivance de la superstition" à propos de la pratique des rituels de guérison » (L. Bruit Zaidman, 2005, p. 86).

Les premières traces du culte d'Asklépios remontent à la fin du vi[e] siècle, à Épidaure, à côté du culte d'Apollon *Maléatas*, puis à Pergame (Asie Mineure), Sicyone, Naupacte et Cos. Vers 420, soit dix ans après la grande peste, son culte fut officiellement et non moins solennellement intronisé à Athènes. Même si la maison mère reste Épidaure, le nombre de sanctuaires d'Asklépios *(asklépéia)* ne cessera d'augmenter jusqu'au iie siècle de notre ère.

Aristophane nous fait « assister » à sa manière à une consultation d'Asklépios dans son *Ploutos* (653-747), insistant notamment sur la rapacité de prêtres qui profitent du sommeil des consultants pour les détrousser. La comédie a sûrement bon dos quand on l'accuse de forcer le trait de pratiques qui relèvent certainement moins de l'imaginaire que du passage à l'acte.

Voir et entendre un rêve

Le rêve est une expérience sensorielle. Non seulement le rêveur voit le dieu (par nature invisible), mais aussi l'entend.

Le recours au rêve comme contact avec la divinité rejoint une caractéristique essentielle de la sphère des cérémonies des mystères, à savoir le primat de la vue. Le Grec n'a pas *eu* ou fait un rêve pendant son sommeil : il a *vu* un rêve ; il n'a pas cru voir ceci ou cela, il a perçu les figures réelles des dieux eux-mêmes. Cette réalité objective conférée au personnage onirique relève d'une mentalité qui assure à ce que l'on voit (ὅραμα) le pouvoir de communiquer avec l'invisible. Dès Homère, le rêve est compris comme la visite d'un personnage qui, comme le dit Dodds, « existe objectivement dans l'espace, et est indépendant du rêveur » ([1977], p. 110). Le personnage onirique se « tient au-dessus » ou « à la tête » du rêveur pour lui communiquer une information ; le rêveur n'est pas dans son rêve, mais bien dans son lit, parfaitement « conscient » qu'il est endormi (là est le… paradoxal), et qu'au creux de ce sommeil un messager prend la peine de se montrer et de lui adresser la parole. Cette passivité du rêveur en fait naturellement le patient des sanctuaires guérisseurs qui fondent leur rite d'incubation sur cette conception encore communément partagée à l'époque classique. (La « visite des songes » est un thème qu'on retrouve chez les poètes tragiques : Eschyle, *Agamemnon*, 13 ; Euripide, *Alceste,* 355, et encore chez Platon : *Criton*, 44 a ; *Phédon*, 60 e).

Pendant le rêve, le consultant soit voit le dieu intervenir directement sur la partie malade de son corps ou lui administrer un remède (Hérondas parle de « l'imposition des douces mains » d'Asklépios, *Mimes*, IV), soit voit et entend le dieu lui prescrire oralement un traitement à appliquer, un régime à suivre… et les rites religieux, toujours onéreux, à respecter.

La lumière du rêve est pourtant d'essence ténébreuse : le sommeil *(húpnos)* est frère de la mort *(thánatos)* selon la cosmogonie hésiodique. Mais, lit-on chez Eschyle, « dans le sommeil l'âme mortelle est tout éclairée d'yeux, à qui le don de voir est refusé quand vient le jour » (Eschyle, *Euménides*, 104).

La tension des contraires est le ressort des héros guérisseurs, ces humains immortalisés dans la vaporeuse conscience du rêve.

► BRUIT ZAIDMAN L., *Les Grecs et leurs dieux*, Paris, Armand Colin, 2005, chap. 4. – DOODS E.R., *Les Grecs et l'irrationnel* (1959), trad. fr., Paris, Flammarion, 1977, chap. IV. – LI DONNICI L.R., *The Epidaurian Miracle Inscriptions*, Atlanta, Scholar Press, 1995. – SINEUX P., *Amphiaraos. Guerrier, devin et guérisseur*, Paris, Les Belles Lettres, 2007. – VERBANCK-PIÉRARD A. (éd.), *Au temps d'Hippocrate. Médecine et société en Grèce antique*, Mariémont, 1998.

→ Oracle ; Philanthropie

INITIATION ÉLEUSINIENNE

Quand il est difficile d'expliquer un rite, il est alors fait souvent appel à l'idée de « fertilité ». Les « païens » étant avant tout des paysans aux yeux des chrétiens, l'explication coule de source pour ces frais convertis à un nouveau mystère. L'interprétation peut encore recourir au mysticisme quand elle n'a décidément rien à dire sur un rite.

De même que les prétendues réponses « énigmatiques » attribuées à l'oracle de Delphes n'appartiennent qu'à une littérature infantile, les dites « révélations » d'Éleusis relèvent du fantasme. Ni mysticisme, ni rituel paysan de fertilité ne correspondent aux cérémonies éleusiniennes.

Pourquoi ? Parce que se rendre à Éleusis est un acte civique. C'est un pèlerinage convenu, un simple phénomène de masse qui, nous le verrons, débouche sur une promesse de béatitude qui ignore encore l'âme et les élans de la mystique autant qu'il n'a cure des cycles agraires.

Centre d'un culte rendu à Déméter dès l'époque créto-mycénienne (XVe s. av. J.-C.), puis de cérémonies appelées mystères, le territoire est annexé à Athènes vers la fin du VIIe s. avant notre ère. Ce nouveau dème d'Attique, situé à moins d'une trentaine de kilomètres au nord-ouest de la grande cité, conservera toujours une aura jusqu'à l'époque romaine. Selon Pausanias, les Anciens « considéraient les mystères d'Éleusis supérieurs en mérite à tous les actes concernant la religion, de la même façon que les dieux sont supérieurs aux héros » (X, 31, 11).

Au seuil de l'époque classique, le culte prend une dimension panhellénique sous l'impulsion du rattachement politique d'Éleusis à Athènes (cf. Hérodote, VIII, 65). Une trêve sacrée entre cités (souvent en guerre) est instaurée pour la protection des pèlerins.

Le culte fut supprimé par l'empereur romain Théodose en 393 après J.-C. Deux ans plus tard, les Wisigoths d'Alaric détruisent le sanctuaire, stoppant net par leur saccage un millénaire de fréquentation.

Les « deux déesses »

Un mythe chapeaute le rite. Déméter et sa fille qu'elle eut de Zeus, Koré, forment le couple central des mystères éleusiniens. L'Hymne dit « homérique » à Déméter, dont la composition remonterait aux dernières années de l'autonomie d'Éleusis, soit peu avant 610 av. J.-C., est le plus ancien texte sur la fondation des cérémonies. Le récit s'ouvre sur le rapt d'une vierge, Koré, enlevée par Hadès, avec l'assentiment de son frère, Zeus. Dans le monde antique, ce type de rapt correspond à une figuration de la mort, appelée « mariage » forcé avec Hadès. Confrontée au choc de la disparition (inconcevable pour n'importe quel immortel), Déméter, déesse mère du grain, apprend d'Hélios que Zeus en est le véritable responsable – ce qui n'est pas en soi une révélation dans la mesure où le père/tuteur marie (donne) sa fille. La mère s'éloigne de l'Olympe. Arrivée à Éleusis sous les traits méconnaissables d'une vieille femme, refusant toute nourriture, Déméter propose de s'occuper d'un enfant nouveau-né, Démophon (peuple ?), qu'elle décide de rendre immortel en le soumettant secrètement à un rite d'immortalisation par le feu (cryptie). Poussée par sa curiosité d'ignorante, la mère de Démophon, Métanire, assiste à l'hallucinante scène et pousse un cri d'effroi, stoppant net la régénération de son fils qui ne pourra plus échapper à la mort. Ce nouveau choc (à la disparition de sa fille immortelle s'ajoute l'impossibilité d'immortaliser le fils d'une mortelle) pousse Déméter à dévoiler sa divinité et à exiger la construction d'un temple. L'édifice construit, la déesse s'y retire, endeuillée. Déméter sombre dans le souvenir de sa progéniture disparue en retenant le grain au sein de la terre. La famine menace la vie des hommes dans le seul but de frustrer les Olympiens des offrandes et des sacrifices que les mortels leur doivent. Ce que comprend aussitôt Zeus qui s'empresse de persuader Hadès de laisser Perséphone (nouveau nom de la « mariée ») vivre deux tiers de l'année auprès de sa mère. L'orge se met à pousser. Déméter, reconnaissante de l'hospitalité des éleusiniens, révèle aux « rois justiciers » (chefs des familles d'Éleusis) les rites (*órgia*) secrets. Et le poète de l'Hymne d'affirmer le sort réservé aux initiés : « Heureux *(ólbios)* qui a eu la vision *(ópopen)* complète. Celui qui n'a pas été initié, qui n'a point de part aux saints rites, celui-là n'a pas une destinée égale, même après que, mort, il est descendu dans les humides ténèbres » (480-482).

Quand la destinée de l'âme ne fait résolument pas sens

Les témoignages sur les mystères d'Éleusis ne font jamais mention de l'âme, mais du sort bienheureux de l'initié lui-même dans l'au-delà. La démarche vers Éleusis n'est pas motivée par ce que les Grecs appellent un « genre de vie » (disons une philosophie ou une observance de type marginal). C'est, comme nous allons le voir, une recommandation civique.

La finalité de la participation aux cérémonies des mystères assure à l'initié son bonheur *(ólbia)* dans l'au-delà. Cette confiance en une caution de béatitude *post mortem* est un fait attesté tout au long du paganisme. Le mot « heureux » (*ólbios*) reviendra, tel un leitmotiv, pour qualifier la béatitude du parfait initié : « Heureux qui a vu cela avant de descendre sous la terre : il sait ce qu'est la fin de notre vie, ce qu'en est le principe *(arkhán)*, donné par Zeus » (Pindare, Thrène 6, trad. A. Puech). « Trois fois heureux ceux d'entre les mortels, qui vont dans l'Hadès après avoir contemplé ces mystères : eux seuls jouissent de la vie là-bas, pour les autres il n'y a que des maux là-bas » (Sophocle, frag. 753 Nauck, trad. G. Colli).

Rien sur l'âme, qui ne fait décidément pas sens dans ce contexte, mais plutôt un éclairage sur la condition du défunt. La référence à la vue, plus qu'à la vision (ce mot ayant une connotation trop mystique), est récurrente et fondamentale dans le contexte éleusinien – ce qui l'enracine d'ailleurs parfaitement dans le terreau mental hellène qui a toujours donné le primat à l'œil.

Tout d'abord réservés aux membres de quelques familles locales, puis aux Athéniens après le rattachement politique d'Éleusis à la grande cité, les mystères prennent une dimension panhellénique à partir du Ve s. avant notre ère. Dès lors, hommes et femmes, sans distinction de classe ni d'âge, ont accès aux solennités éleusiniennes. Chaque année, un enfant athénien est choisi pour représenter sa classe d'âge : c'est l'« initié du foyer ». Les esclaves y furent admis dès le IVe s. av. J.-C., ce qui contraste avec leur exclusion formelle des fêtes religieuses importantes d'Athènes. L'interdit *(prórresis)* solennellement prononcé à la veille des Grands Mystères contre quiconque avait « les mains souillées ou la voix inintelligible » écartait les assassins et ceux qui ne pouvaient convenablement répéter les formules sacrées : la réserve frappant ces derniers (les « barbares », ceux qui ne parlent pas un dialecte grec) sera levée à l'époque d'Alexandre.

N'étant pas réservés à une élite ou à une communauté partageant un « genre de vie », les mystères éleusiniens ne constituaient donc pas le point d'aboutissement d'un enseignement préalable et orienté. N'importe qui pouvait prendre part à l'initiation au terme de laquelle ce « tout le monde » recevait la promesse d'une béatitude (mot typique d'Éleusis selon W. Burkert, 1992, p. 31). Les mystères des « deux déesses » cultivent cette indifférence à l'égard du recrutement de ses initiés. Redisons-le : le pèlerinage vers Éleusis ne procède pas d'une quête mystique, mais au contraire d'une pratique civique organisée et encouragée par Athènes et pour son rayonnement panhellénique. En tant qu'elles proposent une initiation *collective*, les cérémonies suscitent le sentiment d'appartenir à un groupe dont le secret qui les entoure renforce la cohésion. L'opprobre s'abat sur quiconque refuse l'initiation (cf. Lucien, *Demon.* 11). La masse n'aime pas l'individualité.

Sensoriel* versus *conceptuel

La finalité des mystères a toujours été dévoilée, et même très largement divulguée dans le monde panhellénique. Chacun parle tout haut et en toute liberté d'esprit du bien suprême que faisait entre-*voir* l'initiation à Éleusis : elle vise la félicité, la béatitude outre-tombe ; seuls les rituels la permettant font l'objet d'un secret total. Pourtant leur efficacité peut être affirmée : sinon pourquoi la fin escomptée aurait-elle été tant vantée en place publique ? Aristote ouvre une piste à la compréhension des moyens utilisés pour assurer la confiante espérance des initiés : les rituels donnent une nouvelle disposition à la sensibilité. L'initiation « est atteinte quand la capacité intuitive même subit une fulguration : ce qu'Aristote appela précisément un état mystérique, et qui est semblable aux initiations d'Éleusis (dans celles-ci en effet l'initié était formé par des visions, mais n'était pas soumis à un enseignement) » (Psellos., *Schol. ad Joh. Climac.* 6, 171 Bidez = Aristote, *Sur la philosophie*, frag. 15 Ross, trad. G. Colli). Synésius avait déjà rappelé qu'Aristote soutenait que « les initiés n'ont pas à apprendre quelque chose, mais à éprouver une émotion et à être en un certain état, après en avoir été rendus aptes » (Synésius, *Dion* 10, 48 a = Aristote, frag. 15 Ross). Ce n'est certes pas de l'Aristote dans le texte, ces attributions étant tardives. Mais elles convergent vers un aspect bien ordinaire qui n'a rien de spectaculaire : la participation au processus initiatique ne nécessite aucune faculté intellective particulière.

Éleusis ne délivre aucune doctrine. C'est pourquoi parler d'« éleusinisme » est autant ambigu que tendancieux. Ses rituels amènent le participant à faire coïncider une promesse de béatitude avec la vue de quelque chose (lors de l'époptie), non par un quelconque enseignement (*matheîn*) mais à force d'émotions (éprouver, subir, être touché, *patheîn*) dont l'intensité a préalablement modifié sa disposition d'esprit. Nous ne pouvons certainement rien avancer de plus sur la nature de l'efficacité des moyens utilisés dans les mystères. La félicité dépend donc d'une époptie, vocable désignant une partie du registre sensitif : la vue. Celle-ci, dans ce contexte, est provoquée sans le concours d'un enseignement, mais plutôt à force d'épreuves bien réelles (que nous ne pourrons qu'énumérer plus bas, avec les réserves qui s'imposent). Retenons que le participant aux rites n'apprend rien au sens doctrinal du verbe : « Aucune explication n'est produite pendant les cérémonies et les rites d'initiation » (Plutarque, *Sur la disparition des oracles*, 422 c). L'opposition apprendre/éprouver, subtilement rendue par les vocables *matheîn*/*patheîn*, est une dimension essentielle du contexte éleusinien.

Compensation

Le mythe éleusinien relate l'échec de l'immortalisation d'un humain (Démophon…, mais qui peut bien se cacher sous le secret de ce nom – *Démophon* ?) à cause de l'effroi des mortels devant ce qu'ils ne comprennent pas – ce qui est une définition de l'ignorance… elle-même fondatrice de la condition humaine. On y entend aussi que, désireuse de remercier les habitants d'Éleusis pour leur hospitalité, et ainsi de leur respect d'une loi non écrite, Déméter instaure les mystères en *compensation* : les hommes n'accéderont donc jamais *directement* à la béatitude dans l'au-delà – l'intervention malencontreuse de Métanire signifiant l'incapacité foncière des humains à recevoir immédiatement un tel présent – mais *graduellement*, c'est-à-dire selon le rythme éprouvant, physiquement supporté, des étapes de l'initiation. Le processus rituel associe de cette façon l'homme à la victoire de la déesse sur le deuil en lui faisant partager sa quête douloureuse. Sans se rendre coupable de la moindre indiscrétion au sujet de l'arcane, l'auteur inconnu de l'*Hymne* rapporte la « passion » de Déméter que les candidats à l'initiation devront dorénavant vivre à leur tour : jeûne, purification, pèlerinage (quête), angoisse et attente (l'initiation se faisant par étapes sur dix-huit mois) sont autant d'états nécessaires pour parvenir à ce bonheur que le mythe associe aux retrouvailles de la Mère et de la Fille. Celle-ci, la « Jeune fille », Koré, étant devenue Perséphone au contact d'Hadès. Changement de nom pour un changement de statut : une compromission avec la mort selon un rituel de compensation.

L'idée de compensation est latente dans le mythe. Déméter applique effectivement une sorte de loi du talion quand, avec Démophon, elle veut soustraire à l'Hadès un mortel en compensation d'une immortelle ravie par Hadès.

Étapes de masse

La participation est avant tout une préparation. Il fallait vraisemblablement franchir au moins trois étapes pour parvenir au point ultime du cheminement éleusinien (et non de l'initiation, celle-ci ayant déjà commencé dès le début) : participation aux Petits Mystères (certainement début mars), puis, six/sept mois plus tard, aux Grands Mystères (qui, la première année, faisaient accéder le myste au premier degré de l'initiation, *tèlètê*) ; enfin, l'année suivante, la cérémonie suprême, l'époptie *(epopteía)*. Burkert a certainement raison de distinguer dans le même « arrivage » au sanctuaire deux classes de célébrants : « les *mýstai*, qui prennent part pour la première fois, et les *epóptai*, "ceux qui regardent", qui en sont au moins à leur deuxième expérience » (*Rel. grecque*, p. 380). On revient alors pour vraiment « voir » quelque chose, ou pour mieux la voir.

Les « Petits Mystères » n'avaient pas lieu à Éleusis mais sur la rive gauche de l'Ilissos, dans le domaine d'Agra. Il s'agit certainement d'une fête de purification qui permettait au personnel éleusinien chargé de son organisation « d'initier rapidement les esclaves auxquels était confié le nettoyage du sanctuaire d'Éleusis » (Burkert, 2005, p. 328, qui s'appuie sur IG, II/III^2 1672, 207 ; 1673, 24). Une allusion de Socrate dans le *Gorgias*, laisse entendre que la participation aux Petits Mystères n'était pas impérative ou, du moins, pas destinée à tous (Platon, *Gorgias*, 497 c).

Les « Grands Mystères » commencent à Athènes et durent dix jours. Ces cérémonies comportaient d'abord le sacrifice préliminaire d'un porcelet, *khoîros*. W. Burkert a montré que ce mot désigne en argot le sexe féminin. « L'animal destiné à mourir à la place du myste lors du sacrifice préliminaire était perçu comme une entité femelle : le sacrifice du porc avait le caractère d'un sacrifice anticipatoire de jeune fille » (Burkert, 2005, p. 323). Transformation de Koré en Perséphone, ce sacrifice rappelle le rapt de la vierge et le deuil qui s'ensuit. Les mystes observent alors deux jours de retraite et de jeûne (peut-être au sein de leur propre foyer). Suit le jour du retour des objets sacrés *(hierá)* au sanctuaire des « deux déesses », ceux-ci ayant fait l'aller d'Éleusis à l'Eleusinion d'Athènes, au pied de l'Acropole, où une prêtresse d'Athéna accueillait cette procession le jour précédant le début des Grands Mystères – ce qui est une manière de souligner que, dès le début de l'époque classique, Athènes est aux commandes.

Le pèlerinage vers Éleusis peut alors commencer selon le calendrier athénien. Moins d'une trentaine de kilomètres à parcourir à pied (bien que l'usage de chariots ait pu s'insérer au fil de certaines processions) par une foule devant scander à intervalles réguliers *íakhh' ō íakche*, une espèce de cri ou de pseudo-vocifération (la colère étant exclue) en l'honneur du *daímôn* de Déméter – à moins qu'il ne s'agisse de Dionysos lui-même –, Iakchos enfant dont la statue, sorte de guide, caracolait en tête du cortège. Protégés par une trêve sacrée allant bien au-delà du calendrier des cérémonies (trêve de quarante-cinq jours), mystes couronnés de myrte, prêtres, magistrats et théores suivent le chariot portant ces fameuses *hièra* (choses sacrées) dont nous ne savons rien, car les conjectures forcément tardives sur leur caractère licencieux, voire carrément sexuel (représentations de phallus et de vagin sont évoquées), n'appartiennent qu'à la nouvelle propagande chrétienne de discrédit de tout ce qui est païen.

Après une traversée montagneuse – un sanctuaire est toujours difficile d'accès –, le cortège doit encore passer le pont de Képhise, autre épisode dont la signification ne peut être établie avant d'avoir compris ce qu'obscénité peut signifier pour un païen. Lesdites « farces du pont » bien graveleuses selon la tradition, appelées « géphyrismes » et lancées oralement aux pèlerins par des hommes masqués peuvent autant déstabiliser que conditionner la foule. Tout ceci est hypothétique, et l'histoire de l'injonction insultante reste à faire.

Passé le pont, le cortège parvient la nuit tombante dans la plaine d'Éleusis. Nouveau jour éclairé à la lumière des torches car la manière ancienne de calcul fait débuter un jour dès le coucher du soleil. Visite guidée des lieux sacrés, dont la « pierre de douleur » où s'était assise Déméter en pleurs et la prétendue grotte infernale où avait disparu Koré, avant de réunir les mystes pour un sacrifice solennel en prélude aux actes rituels de la *tèlètê* proprement dite, initiation du premier degré.

C'est peut-être à ce stade que s'opérait le rituel de la *thronôsis* consistant à imiter la posture que la déesse Déméter a prise lors de son arrivée chez Métanire : assise sur un modeste siège recouvert d'une toison et qui « de sa main, ramena le voile sur son visage » (*HhD*, 197). Le myste est celui qui n'a toujours pas « vu ». Il y a certainement une répartition des pèlerins : les *mústai* et les *epóptai*, ces derniers revenant à Éleusis pour… mieux voir.

Puis tout le monde s'entasse dans le Telestêrion, vaste salle devenue sous la domination athénienne quadrangulaire, hypostyle, entourée de gradins taillés dans le roc. C'est une des rares certitudes concernant les mystères d'Éleusis. Ça afflue, on participe et on attend de voir. On attend de voir pour les pèlerins du second tour, pas encore pour ceux du premier contact avec le sanctuaire des « deux déesses ». Les « re-venants » devaient certainement assister à une autre scène, supérieure en intensité à celle réservée aux « nouveaux venants ».

Dix-huit mois environ séparaient donc la première démarche *(tèlètê)* de la suprême « vue » finale. Si nous sommes à peu près capables de retracer le calendrier des cérémonies, il est en revanche absolument conjectural, voire parfaitement vain d'associer tel pan de rite qui nous fut transmis (le plus souvent par des païens convertis au christianisme) à telle étape de l'initiation. Ainsi, les témoignages anciens affirment que trois sortes d'éléments composaient les mystères : les *drôména* (ce que l'on faisait), les *deiknúmena* (ce que l'on montrait) et les *legómena* (ce qui se disait).

Les rituels d'Éleusis, certainement organisés selon cette triade, sont vécus en masse, dans la fièvre collective d'une foule entassée des postulants venus « voir ». (L'archéologie révèle que le Télestêrion pouvait contenir jusqu'à trois mille personnes.) Le long processus des cérémonies éleusiniennes comportait des représentations, imposait la récitation parfaite de formules rituelles (ce qui n'a rien d'une prière, au sens grec de ce terme) et nécessitait des postulants une participation à la fois passive (comme spectateurs des drames joués par les autorités cultuelles ou comme auditeurs des incantations) et active (pèlerinage, posture, danse, course, jeûne...). Pour le reste, ce qui est rapporté d'Éleusis le fut fort tardivement et non sans arrière-pensées de la part de chrétiens fraîchement convertis.

Epopteia *et* démos

Nous l'avons déjà souligné, les rites ne s'apprennent pas par le truchement d'une connaissance professée ou révélée, mais s'éprouvent physiquement et de façon sensorielle.

Comment susciter une adhésion, sinon en rassemblant les absences de convictions ? L'éphémère est une feuille nervurée d'inconnaissance, et le politique et sa manipulation ne sont jamais loin en terre hellène.

Le mortel est plongé dans l'inconnaissance. C'est son lot. Il ne le conteste pas. Ce lot vient des dieux. Alors la pratique athénienne d'Éleusis ne peut ni ne doit proposer une connaissance, mais, plus efficacement, une re-connaissance du pouvoir de l'initiation éleusinienne à fédérer un bienfait : celui de partager la même illusion sur un sujet dont personne ne sait rien tout autant qu'il sait qu'elle « est » : la mort. Avec l'appropriation d'Éleusis, sa récupération, son écho panhellénique, Athènes fond toutes les convictions en un seul espoir : la béatitude de l'initié. Splendide manipulation des masses.

Reprendre le processus initiatique par sa fin a un sens – qui peut être le sens d'Éleusis. Quelle vue offre l'époptie ? Celle d'un « épi de blé moissonné » montré par le hiérophante à la masse muette des spectateurs ? C'est ce que prétendait Hippolyte de Rome, au IIIe siècle après J.-C., dans sa *Réfutation de toutes les hérésies* (5, 8, 39). La belle affaire ! Le contexte davantage intolérant que polémique interdit de tirer le moindre enseignement de ce « témoignage » d'un futur martyr converti au nouveau mystère de l'eucharistie.

Conformément au primat du sensoriel sur la réflexion abstraite, l'initiation parfaite *(époptеía)* – dont nous ne savons rien du déroulement – devait pourtant dévoiler, sinon apporter quelque chose. Et Platon, justement, à propos des Grands Mystères, en dit quelque chose : « Il me semble qu'il y a beaucoup de bifurcations et de détours (dans les Enfers) comme je le conjecture d'après ce qui se pratique ici dans nos cérémonies » (*Phédon,* 108 a. Cf. *Gorgias,* 524 a).

Le défunt erre « un temps » au seuil de l'au-delà. Tous les Grecs s'accordaient sur cette errance synonyme d'incertitude : il y avait déjà conjonction des aboutissements pour ces errements, puisque tous rassemblés dans un morne pessimisme. Les mystères éleusiniens, bien civiques, furent institués pour tout le monde afin de faire concevoir des espérances, quelle que soit la conviction du pèlerin. La nature de la félicité reste imagée, car personnelle et nécessairement délestée de la moindre once de dogmatisme. L'initié est celui qui *connaît*, pour l'avoir *vu*, le secret des chemins que « les déesses » lui ont révélé : il a ainsi acquis la certitude de parvenir à un endroit privilégié de l'au-delà (« bois couvert de fleurs », « plaine de Vérité »....) où il coulera une existence dépouillée de toute peine, ce qui lui fera considérer les non-initiés comme les « morts d'en haut » (Aristophane, *Grenouilles*, 420). Sa connaissance n'est pas un savoir, mais une participation à un spectacle.

Un mythe affirmait que ceux qui avaient omis les *télétai* pendant leur vie étaient condamnés à accomplir des travaux en vain, comme porter de l'eau dans un crible jusqu'à une jarre qui fuit – ce qui peut signifier être dans l'incapacité de pouvoir retenir l'eau qui purifie. Chacun, selon ses convictions, pouvait donc trouver dans la participation aux mystères une échappatoire au triste sort que rencontre au seuil de l'au-delà celui qui n'a pas *vu*, par l'entremise des rituels, le chemin permettant d'échapper à ce qu'il craint. D'autres mythes évoquant Éleusis insistent sur ces méandres de l'Hadès : ainsi Héraclès (un futur dieu) se fait initier aux mystères par le non moins mythique Eumolpos lui-même pour pouvoir pénétrer dans le royaume des Ombres et en revenir ; tandis que Dionysos (dieu en devenir) reçut l'initiation pour le même motif (cf. pseudo-Platon, *Axiochos*, 371 e).

C'est pourquoi il n'y a pas de doctrine à Éleusis : chacun, inquiet par les affirmations pessimistes des diverses pratiques civiques, trouvera dans l'époptie la réponse qu'il espère pour déjouer les pièges de l'Hadès. Une assurance et rien d'autre. La boucle encerclant l'éphémère à la croyance se serre. S'il fallait trouver un seul « dogme » propre aux mystères, ce serait l'affirmation des bifurcations (*skhíseis*) de l'au-delà.

Faisons une brève incursion dans l'époque hellénistique. Plutarque donnera aux mystères éleusiniens une représentation qui n'appartient qu'à son temps, mais surtout à la hauteur de son adhésion au platonisme : une représentation inquiète et surdéterminée. « Ce sont d'abord des courses au hasard, de pénibles détours, des marches inquiétantes et sans terme à travers les ténèbres. Puis, avant la fin, la frayeur est au comble ; le frisson, le tremblement, la sueur froide, l'épouvante. Mais ensuite une lumière merveilleuse s'offre aux yeux » (*in* Stobée, IV, 52 b 49 = Plutarque, *Traité de l'âme* ; trad. P. Foucart). Ce grand platonicien, qui fut prêtre d'une Delphes agonisante, théâtralise à outrance frayeur, mort fictive et brusque passage des ténèbres à la lumière. Prendre note du fait que les fouilles archéologiques infirment l'hypothèse de l'existence dans le Télestêrion d'une machinerie capable de « mettre en scène » ces faits terrifiants, ne doit pas occulter le principal : les cérémonies d'Éleusis n'étaient pas informées du platonisme et de ses enseignements sur la destination de l'âme.

L'époptie marque la fin de la méconnaissance des prétendues « bifurcations » dans l'au-delà. Elle met un terme (*télos*) autant qu'elle donne une finalité aux épreuves de l'initié qui a parcouru le dédale infernal à l'instar de Perséphone et peut-être aussi de Dionysos.

« Vues sacrées » et « sons sacrés » – *on ne conceptualise pas à Éleusis* – concouraient au changement d'esprit nécessaire à l'époptie : « Dans les initiations des mystères, on devait tenir bon devant les premières purifications et les premiers faits troublants, et espérer que quelque chose de doux et de brillant devait sortir de l'inquiétude et de la confusion présentes » (Plutarque, *De aud. poet.*, 47a). À la fois « le plus terrifiant et le plus resplendissant de tout ce qui est divin pour les hommes » (Aelius Aristide, *Or.* 22, 2), le rituel éleusinien fait participer les mystes au cheminement des déesses : séparation, espérance inquiète et retrouvailles divines. Ces commentaires n'appartiennent qu'à l'époque hellénistique qui, elle, se permet de conceptualiser, le néo-platonisme ne se privant pas, par essence, du recours à l'anachronisme.

Retour sur la terre des pèlerins d'Éleusis : nous ne savons pas et ne saurons certainement jamais ce qu'ils voyaient. Le fameux « épi de blé moissonné en silence » par le hiérophante n'est qu'une rigolade entre chrétiens rapporté par le converti Hippolyte dans ses *Réfutations* (5, 8, 39). Nous savons seulement qu'au terme de ses épreuves, la Déméter du mythe re-*voit* sa fille..., sa propre descendance... et inversement.

Restons sur l'image de Démophon, personnage central de cette mise en scène de plus de dix siècles. À la fois sujet d'attention et objet d'intention, n'est-il pas le peuple, le *démos* sourd aux mises en garde et avide de spectacles ? Diagoras de Mélos aurait raconté les Mystères à tout le monde pour en révéler « la banalité et le manque d'intérêt » (selon Cratéros, *FgrHist* 342 F 16) et, selon Diodore, les rites éleusiniens, mais aussi samothraciens et orphiques, étaient entièrement dévoilés au grand jour à quiconque le souhaitait à Cnossos, en Crète (V, 77, 3). Et pourtant, le pèlerinage vers Éleusis ne cessa pas.

La manipulation des masses n'a pas de temporalité. D'autres pèlerinages s'ébranleront, autrement, vers d'autres lieux aussi appelés « sacrés ». Plutarque, témoin lucide et fatigué du IIe siècle après J.-C., en avait la prémonition.

Osons un faux anachronisme :

On se déplace en masse, on participe depuis son siège après avoir entendu des insultes pour vociférer ensuite au rythme de formules à scander pendant le spectacle. On retient son souffle, on implore, on exulte ou on en redemande. Puis on sort en déblatérant des banalités.

Le paganisme, qui a inventé les jeux Olympiques, s'offrait déjà la garantie du spectacle de masse.

• *Hymne homérique à Déméter*, in *Homère. Hymnes*, éd. et trad. J. Humbert, Paris, Les Belles Lettres, 1936. – Eleusinia, *in* G. Colli, *La sagesse grecque*, I, trad. fr., Combas, Éd. de l'Éclat, 1990 (frag., notes et trad.).

► BURKERT W., *Les cultes à mystères dans l'Antiquité* (1987), trad. fr., Paris, Les Belles Lettres, 1992 ; *Homo Necans. Rites sacrificiels et mythes de la Grèce ancienne* (1972), trad. fr., Paris, Les Belles Lettres, 2005. – FOUCART P., *Les mystères d'Éleusis*, Paris, Picard, 1914, réimpr. Pardès, 1999. – GRAF F., *Eleusis und die orphische Dichtung Athens in vorhellenistischer Zeit*, Berlin/New York, de Gruyter, 1974. – OTTO W.F., *The Meaning of the Eleusinian Mysteries*, Princeton, Princeton Univ. Press, Bollingen serie XXX, 1978.

→ Au-delà ; Bonheur et béatitude ; Bourbier ; Mort ; Mystères

INSPIRATION

Inspiration versus *Révélation : l'aède*

L'aède « sait contraindre l'eau elle-même à frissonner de la présence des dieux » (Alcée, I, 1, péan en l'honneur d'Apollon). La reconnaissance de l'aède (ἀοιδός, *aoidós*, « chanteur ») signifie la surdité, inhérente au paganisme, à toute révélation. L'aède est l'inspiré des dieux. Il ne révèle rien d'exclusif, son inspiration étant toujours partielle, incomplète, mais parfois d'une extrême précision sur un détail. Le « chanteur » fait partager une expérience parmi d'autres de la rencontre avec le divin, une expérience localisée, seulement valable dans une situation particulière. Il ne s'agit pas d'une connaissance telle qu'une religion révélée en imposerait le dogme, mais d'une reconnaissance de la présence du divin, ici et là, ici ou là. « Elle [la Révélation] apporte à l'homme la totalité de ce qu'il peut, de ce qu'il doit savoir du divin, écrit Jean Rudhardt. Il en résulte qu'une révélation est exclusive. Elle ne tolère aucune autre révélation à côté d'elle-même, à moins qu'elle ne se présente comme l'achèvement définitif de révélations antérieures, qu'elle rejette du même coup dans l'incomplétude » (J. Rudhardt, in *Rev. Hist. Rel.*, 1992, fasc. 3, p. 232).

À s'en tenir à l'imaginaire de la généalogie divine des Hellènes, les Muses, censées inspirer, appartiennent à une troisième génération de dieux. La naissance des Muses correspond à un passage de l'humanité de l'âge d'or, où les humains sont parqués avec bienveillance par des démons philanthropes, à un âge de fer où les mortels sont devenus de simples bergers aux champs. Les temps changent. Hésiode en est le témoin et l'acteur. L'inspiration s'instaure, signe d'une certaine audition. L'humanité d'or s'entretenait avec les animaux sous le règne philanthropique de Kronos, tandis que celle du fer, plus consciente de son humanité, davantage malheureuse sous le règne de Zeus, indice d'une certaine conscience de sa condition, ne s'entretient plus avec les bêtes, mais se soumet à une autre dépendance : l'impossible entretien avec les dieux qui ne lâchent rien sur leurs souhaits. Heureusement, il y a les neuf Muses. « Un jour, elles apprirent à Hésiode le bel art du chant, alors qu'il menait paître ses troupeaux au pied de l'Hélicon divin » (*Théog.*, 22). Selon la tradition hésiodique, les Muses naissent des neuf nuits où Zeus s'unit à Mnémosuné (Mémoire). Clio, Euterpe, Thalie, Melpomène, Terpsichore, Ératô, Polymnie, Uranie et, « la première de toutes », Calliope inspirent le chanteur qui, à son tour, captive son auditoire. C'est en ce sens que le chant inspiré apporte « l'oubli des maux et la trêve des soucis » (*Théog.*, 102). Il est une heureuse parenthèse. Selon la pertinente remarque de Barbara Cassin, il s'agit d'un « oubli qui naît de la mémoire » (art. « Muses » de l'*Encyclopædia Universalis*).

C'est cette efficacité qui est recherchée, non la totale véracité du récit inspiré. C'est en chœur que les filles de Mémoire affirment à Hésiode qu'elles savent « conter des mensonges tout pareils aux réalités ; mais nous savons aussi, lorsque nous le voulons, proclamer des vérités » (*Théog.*, 27-28). L'inspiration ne révèle rien, sinon qu'elle souligne l'instabilité de la condition humaine incapable de discerner le vrai du faux. Les Muses, en tant que déesses, sont naturellement ambivalentes.

La véracité semble s'accorder avec le cours humain des événements : aux Muses, Homère demande quels étaient les chefs des Grecs embarqués pour Troie car « nous n'entendons qu'un bruit, nous, et ne savons rien » (*Il.*, II, 486). L'énumération, détaillée, est impressionnante (presque 300 vers), tout comme le sont les conseils de navigation que donne le berger Hésiode (*Trav.*, 663-695). L'inspiration débouche sur un catalogue ou sur une praxis, non sur une connaissance de l'invisible. Le discours inspiré sur les dieux peut être, lui, fallacieux ou véridique, improbable ou probable.

Inspiration et tradition peuvent – ou peut-être doivent-elles – se confondre. Dans les *Bacchantes* d'Euripide, Tirésias adresse ces mots à Kadmos : « Nous ne raffinons pas sur les choses divines ! Car les traditions qui viennent de nos pères, et dont l'âge est ancien comme le temps lui-même, aucun raisonnement ne les terrassera, malgré l'effort subtil des cerveaux sophistiques » (Euripide, *Bacchantes*, 200-204).

Les aèdes sont « les Écoutants, durant que chante la déesse elle-même » (W. Otto, *Esprit Rel.*, p. 44). C'est ce qui est affirmé dès le premier vers de *l'Iliade* : « Chante, déesse, la colère d'Achille, le fils de Pélée ! »

De fait, l'absence du mot *poiêtés* chez Homère, Hésiode et encore Pindare rend compte de l'effacement de l'agent derrière la parole proférée : l'aède conserve un discours qu'il n'a pas créé. Si chez Homère et Hésiode on trouve *poiéô* (« créer », « fabriquer »), c'est sans aucune référence à la composition littéraire. Le verbe ne sera pas employé dans cette acception avant Hérodote (I, 23 ; II, 53 ; IV, 14), chez qui apparaît pour la première fois le mot *poíêsis* pour désigner tantôt la poésie (II, 83), tantôt l'action créatrice en général (III, 22).

Socrate distingue l'inspiration divinatoire *(mantikè)* rapportée à Apollon, l'inspiration télestique (des cultes à mystères) due à Dionysos, l'inspiration poétique *(poiêtikè)* venue des Muses, et l'inspiration érotique *(erôtikè mania)* suscitée par Aphrodite et Éros (Platon, *Phèdre*, 244 a-c ; 265 b-c). Comme toujours avec le couple Socrate/Platon, ces subtilités n'appartiennent qu'à leurs auteurs.

Les deux "Orphée"

Il semble qu'un glissement de l'inspiration vers la révélation s'opère sous le nom d'Orphée : de cet « Orphée au nom fameux », selon l'expression d'Ibycos (VIe s. av. notre ère), célébré à travers le monde antique jusqu'à Virgile et Ovide pour l'excellence incomparable de son chant capable de contraindre la nature sauvage à offrir un contour harmonieux vers cet autre Orphée de la nuit des cultes à mystères.

Inspiré *(éntheos)* par Apollon lui-même, mais aussi par sa mère, la Muse Calliope (d'autres versions évoquent Polymnie, la Muse de l'orchestique), le chant d'Orphée pacifie, rassemble, harmonise, apaise. À l'instar des autres aèdes, Orphée apporte l'oubli des maux tant qu'il chante et inspiration rime encore avec aspiration à l'harmonie.

C'est sa fameuse descente aux Enfers (catabase) qui transforme l'aède en fondateur de mystères. On connaît l'histoire, mais en mesure-t-on l'aboutissement ? Hadès et Perséphone acceptent de rendre la femme décédée d'Orphée à la lumière du soleil à condition que celui-ci observe une consigne (un rite). Orphée *oublie* et sort seul de l'Hadès. Alors, l'oubli n'est plus celui, tout passager, des maux de l'existence grâce au chant, mais la cause même d'autres maux moins éphémères : les cycles de la métempsycose. La légende d'Orphée se transforme alors en mythe d'instauration du « genre de vie orphique ». En renaissant endeuillé à la vie, l'impeccable aède devient l'implacable messager des consignes que les dieux infernaux souhaitent voir appliquer par les mortels. Orphée passe de l'inspiration à la transmission, du chant au livre *(biblia)*, de l'apaisant à l'inquiétant. Sur une des peintures ornant un vase de Tarente (IVe s. av. J.-C., soit deux siècles après Ibycos), Orphée joue de la lyre devant un vieillard qui tient à la main un rouleau de papyrus. « Orphée, la condition de béatitude dans l'au-delà et le livre se trouvent ainsi combinés d'une façon telle qu'il ne peut s'agir d'une simple coïncidence, remarque Walter Burkert. Le message de cette scène doit être le suivant : c'est le chant d'Orphée, contenu dans le livre, qui garantit aux défunts félicité et sérénité » (*La tradition orientale dans la culture grecque*, Macula, 2001, p. 89). Révélation et écriture ne pouvaient manquer d'étonner les Grecs habitués à vivre dans l'inconnaissance des desseins divins. Orphée révèle qu'une parcelle immortelle, donc divine, est attachée au corps, qu'il faut en prendre soin en écoutant les consignes de Perséphone et en se soumettant aux « rites de délivrance » (λὺσιοι τελεσταί) mentionnés par Platon (*Rép.*, 366 a). Il s'agit de la délivrance du cycle infernal des métempsycoses que toute âme subit tant qu'elle n'est purifiée par le « genre de vie orphique ». Si Orphée a pu descendre dans l'Hadès, c'est parce qu'il est mort ; s'il en remonte, c'est parce qu'il a oublié, sa vie durant, l'ordre de Perséphone, et renaître est synonyme pour un orphique de châtiment, d'éloignement de l'harmonie originelle.

Le phénomène orphique est incontestablement marginal : d'inspiré d'Apollon, Orphée devient le révélateur d'un autre type de discours.

→ Inconnaissance et théologie ; Métempsycose ; Orphique (Genre de vie) ; Révélations divines

INTERDIT et INJONCTION

L'interdit et l'injonction sont liés dès Hésiode dont les *Travaux* rappellent à Persès ce qu'il ne convient pas de faire : « Garde-toi, quand l'aube point, d'offrir à Zeus des libations de vin noir avec des mains que tu n'as pas lavées… Ne fais pas d'eau debout, tourné vers le soleil ; et, depuis l'heure où il se couche jusqu'à son lever, souviens-toi de ne pas uriner ni sur le chemin ni en t'avançant hors du chemin ; pas davantage en relevant ta tunique : les nuits appartiennent aux Bienheureux ; l'homme pieux et avisé s'accroupit, ou s'approche du mur de la cour bien close. Ne va pas non plus, dans ta maison, montrer indécemment près du foyer tes parties souillées de sperme… Ne fais pas d'enfants au sortir de tristes funérailles, mais au retour d'un festin des dieux [d'un sacrifice]. » La liste continue : ne pas se couper les ongles pendant un sacrifice ; ne pas manger ou se laver dans un récipient dont les dieux n'ont pas eu les prémices ; ne pas poser un nouveau-né de douze jours ni un enfant de douze mois sur des objets sacrés ; ne pas se laver, pour un homme, dans l'eau où s'est baignée une femme, et encore, tel un retour en boucle, « n'urine jamais à l'embouchure des fleuves qui se précipitent dans la mer, ni près des sources… ne t'y baigne pas non plus » (*Trav.*, 724-759). Interdits et injonctions polluent littéralement le quotidien grec.

Ne pas faire quelque chose : c'est aussi l'injonction donnée à Socrate par son *daimónion*. Mais, dans son cas, sans accent compulsif… N'est pas Socrate qui veut.

Du côté des « genres de vie »

La fraternité pythagoricienne impose à ses membres un grand nombre d'interdits dont l'observance purifie. Le *bíos pythagóreios* se fonde sur les *akoúsmata*, les « choses entendues » de la bouche même du Maître. Interdit d'incinérer les cadavres qui doivent être ensevelis dans un linge blanc ; interdit de pénétrer dans un temple par la gauche et avec des vêtements neufs ; ne pas passer au-dessus d'un joug ou d'un balai ; ne pas raviver le feu avec un couteau ; ne pas parler dans l'obscurité ; ne pas se regarder dans un miroir à la lumière d'une lampe ; ne pas uriner face au soleil ; ne pas ramasser ce qui est tombé de table car c'est la propriété des héros, ne pas s'asseoir sur une mesure de blé, ne pas rompre le pain ; ne pas fendre du bois sur le chemin… 39 prescriptions recensées, parmi lesquelles l'interdit se transforme en injonction : entrer pieds nus dans un sanctuaire ; cracher sur ses cheveux et ses ongles coupés ; faire disparaître la trace laissée dans la cendre par la marmite… Concernant les préceptes alimentaires, il semble étonnamment que l'interdiction de consommer de la chair animale ne soit pas stricte. C'est le cœur qu'il est interdit de consommer (cf. Jamblique, *Vie de Pythagore*, 82). Parmi ces interdits, une prescription d'orientation morale refuse au mari toute relation sexuelle hors mariage (*ibid.*, 50, 132), ce qui apparaît comme une profonde rupture avec les habitudes des citoyens.

Il faut admettre qu'énumération n'est pas compréhension. La motivation de certains interdits nous échappe et les interprétations allégoriques et symboliques ne relèvent que de leurs bien tardifs rapporteurs (Jamblique, Porphyre, Diogène Laërce et Hippolyte), appartenant tous à une époque de surdétermination des anciens témoignages. Par exemple, « Ne fends pas du bois sur le chemin » signifierait « Ne défais pas le lien naturel de l'âme et du corps sur le chemin de la perfection »… C'est Jean Philopon qui exprime… un accent néoplatonicien. L'allégorie est anachronique par essence.

Les « gens d'Orphée » doivent essentiellement s'interdire de verser le sang, de manger carné et de se suicider. Ils s'interdisent donc la vie citoyenne, certainement jusqu'au refus de boire le poison mortel donné au condamné à mort par sa cité. Socrate n'était pas orphique.

En revanche, injonction est faite au citoyen de banqueter après sa participation à un sacrifice sanglant et, selon sa fortune et le système des liturgies, d'offrir matériel de protection pour sa cité et fêtes en l'honneur de ses dieux poliades.

Du côté des dieux

Interdits et injonctions s'imposent à la société des dieux. Interdit d'assister un mourant pourtant aimé : « Il ne m'est pas permis de voir les morts », reconnaît la sauvage Artémis (Euripide, *Hippolyte*, 1437). On ne pleure pas sur le destin des mortels (le Zeus homérique transgressera pourtant une fois la règle). Interdit de manger comme les hommes éphémères : le jeune Hermès, à deux doigts de manger carné, doit se résigner à devenir un dieu.

Quand un dieu le devient pleinement, alors il s'effrite sur la terre des hommes, découpant ses choix en énonçant la liste des interdits et injonctions « administratives » garantes de « ce qui lui plaît » sur son « territoire ». Une inscription de la fin du ve s., gravée à Kos, associe interdit et injonction. Interdit de couper les cyprès poussés autour ou dans le domaine sacré d'Apollon *Kuparissios* et d'Asklépios ; et d'emporter le bois pour soi-même ; injonction adressée à l'assemblée de la cité qui doit considérer l'utilisation de ce bois coupé de manière impie… pour des réalisations publiques (18 A, Le Guen-Pollet). Un sanctuaire est par excellence espace d'interdictions (« lois sacrées »), toutes différentes car relatives à l'épiclèse du dieu-résident. En revanche, l'interdit du sang involontairement versé (accouchement ou mains souillées d'un meurtrier) est une « loi sacrée » partagée par tous les sanctuaires. Il y est aussi interdit d'y entretenir une relation sexuelle et surtout d'y mourir.

Toujours la vie aux confins de la mort…, à moins que ce ne soit l'inverse.

→ Abandon des dieux ; Impiété ; Liturgie ; Loi sacrée ; Orphique (Genre de vie) ; Piété ; Sanctuaire ; Sang ; Souillure et purification

INVENTION DES DIEUX

L'idée d'une invention humaine des dieux, de la race divine comme pure fiction, apparaît à la fin du ve siècle, au sein d'une Athènes profondément troublée et ruinée par l'issue désastreuse de la guerre du Péloponnèse. Cet athéisme ne se préoccupe pas de théologie, mais s'adresse à l'homme politique pour mettre au jour les fondements de son autorité. Une éducation politique en quelque sorte, qui n'est pas sans soulever le paradoxe de sa divulgation auprès du grand public qui, sans conteste, partageait traditionnellement et massivement la croyance que « les immortels savent tout » (*Od.*, IV, 379) car, « mêlés aux hommes, [ils] observent ceux qui, par des sentences torses, oppriment l'homme par l'homme et n'ont souci de la crainte des dieux » (Hésiode, *Trav.*, 250-251 ; cf 267). Zeus *Pantóptas*, « dont l'œil voit tout », surplombe toujours la scène eschylienne (*Euménides*, 1045) et Lycurgue évoque encore ces dieux qui « ont l'œil ouvert sur toutes les actions des hommes » (*Leoc.*, 97).

Dans sa variante cynique, au siècle suivant, l'idée d'une invention de ces dieux-surveillants germera sur fond d'agnosticisme.

Politiquement indispensable

« Inventer » (ἐξευρίσκω) la crainte des dieux pour canaliser la conduite spontanément brutale des mortels est une conception traditionnellement attribuée à un cousin germain de la mère de Platon, Critias, riche et ambitieux aristocrate athénien qui fut un membre sinistrement actif de l'assemblée des Trente Tyrans (404 av. J.-C.). Impliqué dans l'affaire de la mutilation des Hermès (415), pro-spartiate, farouche et féroce opposant à la démocratie, Critias tira concrètement les conséquences de l'incompatibilité qu'il y a à ses yeux d'être à la fois oligarque et modéré en faisant mettre à mort son ami Théramène. Il fut aussi l'auteur d'une œuvre littéraire, mais certainement abusivement considéré comme un représentant de la mouvance sophistique (cf. L. Brisson, *DPhA*, sv. « Critias »). C'est dans un drame satyrique qu'une tradition lui attribue, *Sisyphe*, qu'on trouve imputée à la ruse d'un politicien avisé l'invention des dieux et de leur crainte. Pour l'auteur, le geste inaugural de toute vie en société – de toute vie policée – est la tromperie, car le divin est un utile mensonge humain, une pure fiction destinée à asservir le peuple en le forçant au respect des lois de la cité. L'oligarque Critias savait de quoi il parlait. Mais pourquoi en aurait-il parlé en public, ruinant ainsi du même coup le stratagème habilement mis en place ? Considérons d'abord l'idée exposée dans le monologue d'une quarantaine de vers conservés de cette tragédie aujourd'hui perdue.

Dans le long fragment du *Sisyphe* conservé par Sextus Empiricus (*C. Phys.*, IX, 54 = 81 B 25), l'auteur décrit les premiers temps de l'humanité : une vie sans ordre *(átaktos)*, sauvage, bestiale *(thêriódês)*, soumise à la « loi du plus fort » *(iskhúos hupêrétês)* et à l'injustice : ni récompense pour les bons, ni châtiment pour les méchants. Un tel spectacle désespérant incite, dans un premier temps, certains mortels à établir des lois pour faire régner la justice. Mais, si elles se révèlent d'une certaine efficacité dans la sphère publique, ces lois bien humaines n'ont aucune prise au creux de la vie privée où, en l'absence de témoins, les violences s'exercent toujours. C'est alors que, pour la première fois :

> « Un homme sage à l'esprit avisé [*puknós tis kaì sophòs gnômên anér*]
> Inventa [*exeureîn*] pour les mortels la crainte des dieux » (88 B 25, v. 12-13).

Grâce à ce mensonge (l'inventeur « cachant la vérité sous un discours mensonger », v. 26), seul capable d'emmurer les hommes dans de terribles peurs (v. 37), l'anomie doit cesser –, les injustices ourdies dans le silence et le secret ne pouvant plus échapper à ces invisibles dieux prétendus doués du don d'ubiquité et omniscients (v. 18-19. Notons que le fragment emploie indifféremment *tò theîon* et *ho daîmôn*, tant au singulier qu'au pluriel, pour signifier la « totale » puissance divine). Imaginer de quoi effrayer les mortels en introduisant la croyance aux dieux, voilà une habile fiction. L'homme sage donna encore à ses dieux fictifs pour séjour le ciel (v. 27-33), le seul lieu capable par excellence de provoquer à la fois les sentiments de terreur (tonnerre, éclairs et autres phénomènes terrifiants) et de reconnaissance (la pluie fécondante, prometteuse d'abondantes récoltes), mais aussi, en surplombant le monde des cités, de valider la croyance en le Zeus d'Hésiode dont « l'œil perçoit tout et saisit tout » (*Trav.*, 267). Ainsi les dieux sont-ils une fiction utile, et la croyance exprimée dans le culte se fait-elle la garantie du maintien de l'ordre. La crainte de la justice divine n'est pas subitement vidée de tout contenu religieux : elle l'a toujours été, à condition (élitiste) de savoir que la colère divine n'est qu'une fable indispensable au bon ordre de l'organisation de la vie civique… œuvre d'un politique avisé. C'est le mensonge qui est indispensable. Pour l'auteur du *Sisyphe*, la crainte est *artificiellement* inspirée par un sage qui, le premier, a compris que seul le fait de vivre ici-bas sous le regard des dieux et de la crainte que cet œil inspire est capable de fonder, sinon une morale, au moins un comportement en rupture avec la sauvagerie des premiers hommes. C'est la nécessité sociale qui pousse à inventer les dieux et leur colère. Ce n'est pas la justice divine qui est opportune, c'est sa croyance.

Dévoiler publiquement la ruse des dirigeants politiques ne revient-il pas, par un effet pervers, à précisément affranchir les citoyens de la crainte des dieux, et donc de prendre le risque d'une régression vers l'état originel d'anomie ? Si seule une fiction peut garantir l'efficacité des lois, alors, à l'exception de son inventeur, chaque citoyen doit l'ignorer pour ne pas ignorer… la loi.

L'oligarque Critias pouvait se reconnaître dans cette explication athée de l'ordre, mais il ne pouvait certainement pas l'exprimer sur une scène de théâtre. Cicéron soulignera le paradoxe : « Mais quoi ? Ceux qui ont dit que la croyance aux dieux immortels avait été entièrement forgée par des sages dans l'intérêt de l'État, afin que la crainte religieuse amenât à leur devoir ceux sur qui la raison était sans pouvoir, ces gens-là n'ont-ils pas sapé les fondements de tout le culte ? » (*Nature des dieux*, I, XLII, 118).

La pièce *Sisyphe* est aussi attribuée à Euripide par Aetius (I, 7, 2) : « Ne voulant pas s'exprimer ouvertement par crainte de l'Aréopage, il [Euripide] exposa sa pensée de la manière suivante : il mit en scène Sisyphe dont il fit le défenseur de cette théorie, et lui fit soutenir la conception que voici... » (Aetius cite les vers 1-2, puis 17-18 du fragment de Sextus). On sait que le poète tragique fait dire à Hécube :

> « C'est la loi [*nómos*] qui nous fait croire aux dieux,
> et vivre en distinguant le juste de l'injuste » (*Hécube*, 800-801).

Dans son *Électre* (743), Euripide note que les récits effrayants « profitent au culte des dieux » pour ainsi conduire la bonne marche de la cité. Seulement, Euripide n'était pas athée : il ne croyait pas aux dieux violents qui s'ébattent pour agiter les récits mythologiques et la loi qu'il évoque pointe l'enseignement des poèmes homériques imposé à la jeunesse athénienne. Si le « sage avisé » est l'inventeur de ces « dieux » de la croyance populaire, alors Euripide peut être l'auteur du *Sisyphe,* avec cette forte réserve : chez Euripide, le thème de l'invention des dieux est aussitôt rapporté, non à une fiction à fin politique mais à une fiction poétique. Les dieux existent, mais pas ceux des poètes qui ne sont qu'inventions élaborées au miroir des turpitudes humaines. « La pensée que les dieux s'adonnent à des amours coupables ne peut pas être la mienne, pas plus que je n'ai jamais admis et je ne croirai jamais qu'ils se chargent mutuellement leurs bras de chaînes ni que l'un commande en maître à l'autre. Un dieu, s'il est réellement dieu, ne connaît aucun besoin ; les récits contraires sont de misérables inventions de poètes » (*Héraclès*, 1307 sq.).

Quoi qu'il en soit, le texte *Sisyphe* est attesté et l'idée appartient à la fin du ve siècle. Dans le *Protagoras* (325 a-d), Platon montre le sophiste éponyme de son dialogue affirmer que le fait religieux est indispensable à la vie civique. Cette idée connaîtra une certaine fortune. Le rationalisme d'un Polybe, par exemple, s'empare du thème près de trois siècles plus tard en attribuant au Sénat romain un rôle identique à celui du « législateur » du *Sisyphe*. Cet impératif de l'invention de la crainte des dieux est une sorte d'évidence aux yeux de l'historien hellénistique pour qui « on ne peut contenir [la multitude partout inconstante, sans cesse en proie aux passions déréglées, aux impulsions irraisonnées et aux emportements violents] que par la peur des choses invisibles » (VI, 56, 11, trad. D. Roussel, Quarto, p. 601). Dans son approche des « autres constitutions », Polybe reste décidément héritier d'une certaine conception de la religion « nécessaire pour le peuple » issue de la pensée bouillonnante du ve siècle.

Pour revenir à ce ve siècle, la thèse d'une invention humaine des dieux devait circuler dans certains milieux, au point que Platon adoptera une double attitude. D'une part, il s'inquiète de ce « fléau » *(lôbên)* ruinant la jeunesse athénienne : « l'impiété envahit nos jeunes hommes, instruits qu'il n'y a point de dieux tels que la loi prétend les leur faire concevoir » (*Lois*, X, 890 a 5-6). À une religiosité (civique) qui ne connaissait aucune profession de foi, une provocation se dressait soudain, sous la forme d'une confession de certitude athée qui équivaut toujours à un péril civique. Car, d'autre part, Platon, dans son utilisation des « beaux mythes » pour consolider la fraternité de la cité, n'est surtout pas dupe quand il recommande au législateur de fonder une cité sur la persuasion qu'il existe des mythes d'autochtonie faisant naître de la terre, et non du giron des femmes, les fondateurs/instigateurs de civilisation (*Rép.*, III, 414 d – 415 d).

Démocrite, ce penseur que Platon, son contemporain, ne cite jamais (du moins dans nos sources) a certainement songé à une invention humaine des dieux quand il relie leur idée bien humaine à la terreur occasionnée par les déchaînements de la nature ou par celle des cauchemars qu'il appelle « images maléfiques ».

Politiquement indispensable, le thème de l'invention des dieux peut encore appartenir à Diogène de Sinope (début IVe s), moins athée que parfait agnostique : « Comme on lui demandait si les dieux existent, il répondit : "Est-ce qu'ils existent ? Je l'ignore, sauf que je sais qu'il est utile qu'ils existent" » (d'après Tertullien, *Ad nationes* II, 2). La société policée a besoin de la crainte des dieux.

Peut-être faut-il jouer encore d'après les partitions de Sophocle égrenées sur l'air de la crainte : « Jamais, dans une cité, les lois n'auraient la force qui convient, si elles n'étaient pas maintenues par la peur (δέος) et une armée n'aurait plus de sage discipline, si elle n'était pas défendue par la crainte (φόβου) et le respect (αἰδοῦς). Il faut que l'homme, si robuste qu'il soit, s'attende à succomber même pour une faute légère. Qui éprouve crainte et respect, sache-le bien, a des chances de salut… Il faut qu'une peur salutaire existe » (Sophocle, *Ajax*, 1071 sq. Cf. Épicharme, frag. 221). Pindare savait que « plus grande est la foule, plus aveugle est son cœur » (*Ném.* VII, 24), et Xénophon que « ceux qui craignent les dieux ont moins peur des hommes » (*Cyropédie*, III, 3, 58). Le *Sisyphe* en révèlera le fondement.

Le fin mot revient à Aristote, selon qui c'est l'anthropomorphisme qui est une invention, un ajout tardif greffé sur une « antique tradition » (παραδέδοται) qui, elle, livrait « une assertion vraiment divine » en apprenant simplement « que les premières substances sont des dieux, et que le divin embrasse la nature entière ». On a donné aux dieux la forme humaine « en vue de persuader les "masses" et pour servir les lois et l'intérêt commun » (*Mét.* Λ, 9, 1074 b 1-10, Tricot).

→ Anthropomorphisme ; Athée ; Croyance (Origine de la) ; Impiété ; Jalousie divine ; Progrès de l'humanité

J

JALOUSIE DIVINE

φθόνος, phthónos

La crainte d'une jalousie des dieux à l'égard des hommes serait liée, selon W. Otto, à la croyance des Anciens en un rigoureux et immuable ordonnancement de la nature. « Cette conscience vive de la fixité des normes et des hiérarchies est caractéristique d'une religion qui ne se représente pas tant le divin comme figure et personne, que comme puissance obscure » (*Les dieux de la Grèce*, p. 42). Le dieu est jaloux (φθονερός) quand un homme outrepasse les limites qui lui sont assignées : un mortel comblé de bonheur, jouissant d'une exceptionnelle réussite, d'opulentes richesses ou d'une parfaite beauté, empiète sur les prérogatives divines. La jalousie divine refuse aux éphémères le droit de s'élever trop haut, même en pensée : « Nul mortel ne doit nourrir de pensées au-dessus de sa condition mortelle. La démesure en mûrissant produit l'épi de l'erreur, et la moisson qu'on en lève n'est faite que de larmes » (Eschyle, *Les Perses*, 819-822).

Cette conception sous-entend que les dieux puissent éprouver la frustration, qui n'est pas une privation mais un sentiment d'excès de l'autre.

« Chez les humains tout ce qui dépasse la moyenne engendre des fléaux : la parure (κόσμον) des dieux, il ne convient pas que les humains la portent » (Euripide, *Alcméon*, 8).

Euripide, nous le verrons, poussera jusqu'à l'extrême la conséquence d'une telle frustration divine.

Des dieux susceptibles...

Le thème de la jalousie divine n'appartient pas à *l'Iliade*, dont les dieux sont plutôt enclins à afficher une certaine susceptibilité face à un manque d'égards ou d'hommages. Seul le respect de la distance les séparant des hommes importe (*Il.*, V, 440-442). Comment, d'ailleurs, les immortels pourraient-ils être jaloux de ces pauvres mortels qu'ils comparent eux-mêmes à des feuilles ballottées et arrachées au gré des vents (*Il.*, VI, 146-150) ? La croyance exprimée dans *l'Iliade* est claire : les soucis sont le lot des mortels, tandis que l'absence de maux convient aux immortels (*Il.*, XXIV, 524-526. Notons que c'est toujours de privation qu'il s'agit quant à la condition des dieux, ces non-mortels). Pour le reste, la quête humaine de la gloire ne gêne pas les dieux d'Homère : l'humilité n'appartient pas au code héroïque, et les immortels ne s'en offusquent pas dès lors que des sacrifices leur sont offerts. Tant que la bravoure, toute tendue vers la gloire, se combine avec la piété, il n'y a rien à redire. Les dieux de *l'Iliade* laissent les hommes libres d'*aspirer* à tout ce que peut *espérer* un mortel : faire partie des « meilleurs », être supérieur à ses congénères, perdurer dans la mémoire des générations à venir... Tout ceci ne déborde pas du cadre de la condition humaine – la renommée n'est pas le bonheur –, et les dieux, n'y voyant rien d'autre que l'accomplissement permis aux quelques mortels qui s'épuisent dans la revendication héroïque, ne peuvent être envieux de ceux qui, à leurs yeux, ne dépassent pas la limite des qualités auxquelles peuvent rêver de simples éphémères. La donne change dès l'époque post-homérique.

... aux dieux jaloux

Le thème du dieu jaloux apparaît dans l'*Odyssée*, d'abord de façon oblique, quand Zeus ordonne à la nymphe Calypso de laisser partir Ulysse que son amour retient, au point de lui offrir l'immortalité. Calypso dénonce alors ces dieux jaloux qui font grief du moindre bonheur qu'une déesse peut prendre quand elle choisit un mortel pour compagnon (*Od.*, V, 118 sq.). Ulysse doit être rendu à sa destinée d'être mortel. La jalousie est ici entre dieux : elle concerne précisément la prérogative d'être immortel. L'ordre de Zeus est rappel à l'ordre : l'immortalité ne s'offre ni ne se partage. La jalousie est dans ce cas moins l'envie que le déni.

Mais l'*Odyssée* semble attester aussi le déclenchement de la jalousie divine à cause d'un bonheur trop humain. Ménélas pleure l'absence d'Ulysse : « Il a fallu qu'un dieu, m'enviant ce bonheur, ne privât du retour que lui » (*Od.*, IV, 181-182). Les choses s'annoncent toujours mal pour tout mortel comblé de bonheur.

La jalousie vient alors directement concerner les mortels, telle une malveillance provoquée quand un humain outrepasse les limites que la divinité lui a assignées. De retour de Troie, l'Agamemnon d'Eschyle craint de fouler les tissus brodés qui jonchent le sol de son palais, pompe réservée au parcours que doit suivre la statue d'un dieu lors d'une procession : s'il pose le pied sur ces tapis de pourpre, le roi redoute qu'un « regard envieux, de loin, ne tombe sur [lui] » (Eschyle, *Agamemnon*, 947). Empiéter, au propre comme au figuré, sur le domaine réservé des dieux déclenche leur jalousie. L'appât des richesses, prévenait déjà Solon, est une insolence *(kóros)* envers les immortels en tant qu'elle excède les dons qu'ils ont accordés (Solon, frag. 4 et 13 Edmonds). *Kóros*, vocable indiquant la suffisance affichée d'un mortel à qui tout réussit, n'est pas *kléos*, mot signifiant la gloire arrachée au prix de la vie. « De la prospérité germe un insatiable malheur » : ce « dicton » est rappelé par le chœur de l'*Agamemnon* d'Eschyle (v. 755). Le théâtre tragique ne cesse de mettre en garde contre un excès de réussite ou de bonheur (Eschyle, *Perses*, 362 ; Sophocle, *Philoctète*, 776 ; Euripide, *Alceste*, 1135). La jalousie des dieux exprime leur hostilité à la démesure *(húbris)* : « La divinité hait un empressement qui dépasse la mesure » (Euripide, *Oreste*, 708).

Le chœur de l'*Oreste* d'Euripide salue la chute d'Hélène : « Elle a fait justice, la jalousie des dieux [*némesis*], en s'abattant sur Hélène : de pleurs elle a empli la Grèce entière à cause du funeste Pâris » (1361-1363). La jalousie, frappant ce qui dépasse la mesure, se fait justice distributive (*némein*, distribuer, partager, d'où *némesis*).

Mais, pourtant, « la démesure est le premier mal que la divinité envoie à l'homme qu'elle veut anéantir » (Théognis, 151-152). Héraclite appelait déjà la présomption *(oíêsis)* une « maladie sacrée » *(hierán nóson)* pour souligner l'origine divine de l'*húbris* que le dieu envoie au mortel qu'il veut perdre (DK B 46). Sur la scène eschylienne, ce sont les dieux qui inspirent l'*húbris* aux mortels qu'ils souhaitent terrasser (frag. 160). Platon critiquera vivement cette croyance traditionnelle qu'il juge impie (*Rép.* II, 380 a-b), mais cette définition de l'impiété n'engage que son auteur résolument à rebours de l'opinion qui associe la piété à la reconnaissance de l'ambivalence du pouvoir divin, autant capable de courber les mortels orgueilleux et de transmettre à d'autres la gloire impérissable. Dans ce cadre, la recherche des honneurs devient une entreprise risquée : « Des gloires de la Grèce, une large part leur est échue [à Hippocléas et à son père]. Puissent-ils n'être point exposés aux vicissitudes dont nous menace la jalousie des dieux! » (Pindare, *Pyth.* X, 19-22 Puech. Cf *Isthm.*VII, 39).

À Crésus, préoccupé par son bonheur, Solon aurait rappelé que « la divinité est toute jalousie [*tò theîon pân eòn phthonerón*] et qu'elle aime à semer le trouble, et tu m'interroges sur des affaires humaines ! » (Hérodote, I, 32, 6). En conséquence, « il faut considérer la fin en toutes choses, et comment elles tourneront ; car la divinité a laissé entrevoir à beaucoup d'hommes un bonheur auquel brutalement elle les a arrachés » (I, 32, 46-47). Crésus fut alors frappé par le dieu d'un « châtiment cruel » parce qu'« il s'était cru le plus heureux de tous les hommes » (I, 34, 1). Toujours selon Hérodote (III, 40, 2), le roi d'Égypte, Amasis, suite à la visite de Solon, écrit à Polycrate qui vient de s'emparer du pouvoir dans l'île de Samos : « Quant à moi, tes grands succès ne me plaisent pas, car je sais que la puissance divine est jalouse. » Et Polycrate de périr d'une mort ignominieuse (III, 122-126), la divinité *(ho theós)* ne se privant pas de rabaisser les humains qui dépassent la commune mesure : « La divinité se plaît souvent à grandir les petits et à rapetisser les grands » (Xénophon, *Hell.* VI, 4. 23).

Ni complète prospérité, ni bonheur parfait ne conviennent à un mortel. À Hécube, la vieille reine troyenne déchue, l'ombre de son fils prévient : « Un dieu contrebalance aujourd'hui par ta ruine ta prospérité de naguère » (Euripide, *Hécube*, 57-58). Satisfaire pleinement ses désirs est une prérogative exclusive des immortels –, même si elle se trouve régulée par cette « loi des dieux » rappelée à Thésée par Artémis : « aux désirs qu'a formés la volonté d'un autre [dieu], nul [dieu] ne consent à faire obstacle » (Euripide, *Hippolyte*, 1328-1329). Un mortel comblé de réussite fait preuve d'une arrogance vite défaite. Les « enquêtes » *(historíai)* d'Hérodote (I, 32, 1 ; III, 40, 2 ; VII, 10 & 46, 4) mettent au jour l'action du *phthónos* sous la surface des événements :

« Tu vois [Artabane s'adresse à Xerxès] comme la divinité frappe de la foudre les animaux dont la taille dépasse celle des autres, et ne permet pas qu'ils en fassent parade, tandis que les petits ne l'importunent pas. Tu vois comme elle lance ses traits contre les édifices les plus hauts et les arbres les plus élevés ; car la divinité aime à rabaisser tout ce qui s'élève. C'est pour la même raison qu'une armée nombreuse est détruite par une petite, lorsque la divinité, dans sa jalousie, lui inspire l'épouvante ou la foudroie, en sorte qu'elle périt d'une façon indigne d'elle. Car la divinité ne permet à un autre qu'elle d'avoir des pensées altières » (Hérodote, VII, 10).

Xerxès provoque le *phthónos* divin quand il fait passer ses troupes en Europe, alors que les Perses ont reçu l'Asie des dieux (Hérodote, VIII, 109 ; cf. Eschyle, *Les Perses*, 362).

L'affirmation d'une crainte des dieux devant le succès d'un mortel est l'indice d'une certaine conception dégradée (dégradante ?) du divin, d'une inconsistance spontanément accordée aux dieux dont la société serait, à l'instar de celle des mortels, travaillée par l'envie et la jalousie. Platon, on l'a vu, refusera avec vigueur cette croyance bien établie en son temps au point de proposer une nouvelle définition de l'impiété (*Rép.*, III, 379 a-380 c ; *Phèdre*, 244 a ; *Timée*, 29 e-30 a). « Ce faisant, remarque Luc Brisson, il détruit la mythologie, et ouvre la voie à ce que l'on appellera plus tard la "théologie", c'est-à-dire une étude rationnelle, systématique et cohérente (en accord avec l'éthique notamment), de tout ce qui touche au divin. Car la jalousie est le moteur du récit dont se nourrit le mythe » (2000, p. 231). Mais pour l'heure, la théologie est encore ce que nous appelons la mythologie.

Le thème est aussi lié à la crainte, toute politique, d'une atténuation de la croyance en la puissance divine au profit d'un dédain des hommes envers les lois positives. Ne craignant plus la menace d'un courroux divin, les humains s'adonnent au désordre des ambitions personnelles (cf. Euripide, *Iphigénie à Aulis*, 1089-1097 : pièce composée dans le dernier tiers du ve s. av. J.-C., époque où la guerre du Péloponnèse épuise les Grecs et démoralise les belligérants). Le dieu jaloux devient ainsi un dieu inventé par une élite, une fiction destinée à juguler les ambitions des ignares qui croient en l'existence des dieux, ou du moins en la véracité des récits qu'on leur raconte.

La variante orphique

Revisité par les orphiques, le thème de la jalousie divine, on s'en doute, redistribue les termes. Dans le cadre marginal orphique, la démesure n'est conçue ni comme arrogance des mortels, ni comme souhait divin de perdre un mortel trop orgueilleux, car les humains n'existent pas encore quand se déchaîne la jalousie divine. Et pour cause! L'humanité, selon un mythe orphique, apparaît à cause de la jalousie qu'Héra, l'épouse légitime de Zeus, ressent face à la naissance de Dionysos, fruit pollué de l'union incestueuse du maître de l'Olympe avec sa propre fille, Perséphone. Trompée, Héra décharge sa jalousie sur le rejeton en le faisant dépecer et consommer par les « Titans ». Horrifié, Zeus foudroie les déicides : l'humanité naît de la suie déposée par les vapeurs exhalées des meurtriers encore gorgés des chairs de l'enfant-dieu. Ce mythe, certes tardivement rapporté par Olympiodore (OF 220), aura diverses applications dans la configuration du « genre de vie orphique » (refus de verser le sang, immortalité de l'âme, etc.) : il soulignera surtout que l'origine de l'humanité s'enracine dans la jalousie divine.

La jalousie au nom odieux

Ô dieux, pourquoi ce fléau funeste, « la jalousie au nom odieux » ? Euripide s'interroge : « dans quelle partie du corps peut-elle bien séjourner : dans les mains, dans les entrailles ou dans les yeux ? Elle est en nous : aussi ce serait une noble tâche pour les médecins de supprimer par une opération ou par des potions la plus terrible maladie qui soit au monde » (*Ino*, fr. 15 cuf).

Odieuse, la jalousie l'est jusque dans son absolu aboutissement. Au sentiment d'excès de l'éphémère que peut ressentir l'immortel répond ce constat affligeant :

« Les mortels ne doivent pas non plus viser à une conduite trop parfaite » (Euripide, *Hippolyte*, 467).

La jalousie ne s'inocule pas seulement du divin à l'humain, telle une malfaisante injection dont, comme toujours dans la pensée grecque, l'éphémère n'est pas responsable. Elle inhibe l'aspiration morale.

▶ BRISSON L., « La notion de *phthónos* chez Platon », in *Lectures de Platon*, Paris, Vrin, 2000, p. 219-234.

→ Démesure ; Invention des dieux

JUSTICE DIVINE → Adresse aux dieux ; Immortalité

L

LANGUE DES DIEUX → Noms et langue des dieux

LITURGIE

Institution principalement connue grâce au calendrier des dépenses à Athènes, la liturgie (λειτουργία) n'est pas le culte public rendu à un dieu, mais une contribution financière versée dans l'escarcelle publique par un citoyen, ou même par un métèque, à cause de sa richesse. Elle est la possibilité d'offrir une fête, toujours synonyme pour un Hellène de manifestation populaire donnée en l'honneur des dieux.

Financement privé des services publics

Taxation des riches, la liturgie ne redistribue pas pour autant les richesses. Une liturgie n'a pas de fonction économique, mais une finalité civique, sinon politique. La cité démocratique athénienne affichait une certaine pudeur hypocrite à recourir au prélèvement d'impôts directs – qui passait pour être le propre de la tyrannie –, à l'exception toutefois des taxes sur les transactions marchandes et de la taxe de résidence qui frappait les métèques, hommes *et* femmes, ces dernières n'étant pas oubliées dans ce cas. Fiscalité qui ne dit pas son nom, le système des liturgies, au IVe siècle, finance à la fois le très large éventail du festif organisé en l'honneur des dieux (des processions aux représentations théâtrales, en passant par les concours athlétiques), l'équipement et l'entretien de la flotte de guerre, les frais de réception d'hôtes de marque ainsi qu'une avance de trésorerie accordée au budget militaire de la cité.

L'exercice d'une liturgie publique n'est pas un investissement de nature économique. L'argent dépensé ne sert pas à faire fructifier un bien productif, qu'il s'agisse d'une terre ou d'un atelier, mais plutôt à des usages économiquement improductifs. Car l'argent, sa conception, reste une valeur non économique, toujours sociale. L'anachronisme menace toujours quand ce sujet est abordé, mais il faut admettre que la mentalité civique a toujours considéré que la richesse sert davantage à soutenir son rang dans le fonctionnement de la cohésion sociale (l'organisation des fêtes toujours rendues aux dieux et de la défense de la cité) que dans une quelconque fonction économique.

La démocratie a récupéré un système qui assignait aux grands propriétaires des charges de services publics. En ce sens, le système des liturgies se fonde sur une conception aristocratique de la cité et de la citoyenneté. Ce système fut définitivement supprimé par Démétrios de Phalère (fin IIIe s. av. J.-C.).

La palette des contributions est large. Outre la triérarchie et la chorégie sur lesquelles nous reviendrons, elle compte l'*hippotrophia* (entretien d'un cheval public pour les processions rituelles), l'*architheôria* (financement d'une ambassade vers un autre État pour annoncer l'ouverture des grandes fêtes), l'*hestiasis* (règlement des frais liés aux sacrifices et aux banquets de sa propre tribu), l'*arrhêphoría* (prise en charge des jeunes filles, âgées de sept à onze ans, chargées de tisser le péplos de la statue d'Athéna pour les Panathénées), la *gymnasiarchie* (prise en charge de membres de sa propre tribu devant participer à certaines épreuves sportives pour exercer et nourrir lutteurs et coureurs). Les dieux sont toujours en arrière-fond.

La palette des contributions est aussi très lourde. La *triérarchie* ne pèse pas seulement sur les biens, mais aussi sur les individus qui doivent alors « donner de leur personne » Cette coûteuse charge militaire consiste non seulement à recruter un équipage et à équiper un navire (une trière) un an durant en agrès, mais aussi à en assumer le commandement. Désigné triérarque, Apollodore, ami de Démosthène, aurait dû hypothéquer une partie de sa fortune héritée de son père, l'ancien esclave banquier Pasion, pour assumer cette liturgie (Ps-Démosthène, *Contre Polyclès*, 7). Au sortir de la guerre du Péloponnèse, la Cité instituera la *syntriérarchie*, permettant alors à deux citoyens désignés d'équiper une seule trière (Athènes ne fournissait que la carcasse et la mâture des vaisseaux). Puis, en 357, cette liturgie des plus coûteuses (à la fois investissement financier et physique) fut répartie sur les symmories, groupes de citoyens, mais aussi de métèques, rassemblant les contribuables déjà astreints à la levée de l'*eisphora*, une taxe de guerre versée au Trésor (cf. Xénophon, *Revenus* IV, 40). Il s'agit à proprement parler d'un impôt, dont la levée n'est attestée à Athènes qu'à l'occasion de la guerre du Péloponnèse (Thucydide, III, 19, I).

La *chorégie* est la plus importante des liturgies à finalité cultuelle. Elle consiste à recruter, nourrir, habiller et faire instruire un chœur destiné à se produire dans les concours tragiques, comiques ou dithyrambiques donnés en l'honneur de Dionysos. Chaque poète en compétition est financé par un chorège, toujours un riche Athénien âgé d'au moins quarante ans. Le chorège n'est pas un mécène dans la mesure où sa charge est obligatoire, mais entendre son nom proclamé avec celui du poète vainqueur n'est pas sans satisfaction. La chorégie exemptait l'année durant de toute autre liturgie.

Certaines inscriptions placent le nom du chorège avant celui du poète. Le chorège qui avait remporté le prix dans ces concours consacrait le trépied reçu comme récompense (mais qu'il semble avoir payé lui-même) dans le sanctuaire de Dionysos. Quand on apprend, selon une inscription de la fin du ve siècle, que le calendrier des fêtes athéniennes occupait un tiers de l'année...

Popularité versus *gloire*

« Les liturgies coûtaient cher, écrit Edouard Will, mais elles conservaient, de la vieille mentalité aristocratique, le double désir d'asseoir son prestige sur l'ostentation de sa richesse et de s'affirmer le meilleur dans la compétition *(agôn)* sociale : des triérarques, c'est à qui équipera le mieux son navire ; des chorèges, chacun aspire à entendre son nom proclamé avec celui du poète vainqueur. Sans doute certains aristocrates ressentaient-ils avec amertume que les liturgies avaient été détournées de leur idéal ancien pour financer la puissance et les plaisirs du peuple » (*Le monde grec et l'Orient*, 1972, p. 460).

Les liturgies, qui offrent la *philotimia* (la bonne image de soi), sont étrangères à la philanthropie. Les dieux philanthropes appartiennent au temps révolu du mythe que seul le théâtre tragique peut paradoxalement mettre en scène, grâce aux subsides des chorèges. Prométhée souffre sur scène de son amour pour les hommes, tandis que le liturge craint pour sa fortune. Ambivalente à l'instar de toutes les conceptions grecques, une liturgie est autant la chance de s'offrir une certaine forme de popularité à travers cette bonne image de soi qu'une terrible menace.

« Moi, je te ferai nommer triérarque, aux dépens de ta bourse, avec un vieux bateau qui nécessitera des dépenses sans fin et des réparations, et je trouverai moyen que tu reçoives une voile pourrie » (Aristophane, *Les Cavaliers*, 912-918).

Redoutée par ceux que les archontes ou stratèges désignent comme liturges, la charge, effectivement énorme, peut toutefois être contestée. Ce sont les « signes apparents de richesse » qui motivent la décision (présomption) de désigner un liturge, car aucun document ne consigne les fortunes privées. Une telle présomption de richesse peut toujours être contestée par la personne désignée comme prestataire, qui pouvait alors ouvrir un procès d'*antídosis* (échange des biens). Il s'agit d'une procédure par laquelle le citoyen désigné liturge conteste cette décision et demande au tribunal de contraindre celui qu'il désigne comme plus riche que lui à le remplacer ou, en cas de refus du nouveau désigné par le plaignant, à échanger avec lui sa fortune. Il s'agit, pour un homme libre, de s'affranchir de l'assujettissement à une contribution pour en faire porter le poids par un autre citoyen. Les procès furent nombreux, mais aucun exemple d'échange ne nous est parvenu (à notre connaissance).

La liturgie n'est-elle pas l'estimation d'un seuil ? Celui à partir duquel on est tenu pour un citoyen « riche » et dans ce cas, un métèque fait partie du lot des « contribuables ». Si nous ne disposons d'aucune confirmation de réalisation d'*antídosis*, nous possédons un plaidoyer de Lysias montrant que l'énumération précise de diverses liturgies peut, lors d'un procès, servir de sérieuse caution plaidant en faveur de l'intégrité de l'accusé. Au sortir de la guerre du Péloponnèse et après l'épisode sanglant des Trente, un client anonyme de Lysias, accusé de corruption, ne manque d'énumérer devant ses juges ses nombreuses liturgies entre 410 et 403 : « Nommé chorège pour le concours de tragédie, je dépensai trente mines, et deux mille drachmes deux mois après, aux Thargélies, puis [...] aux Grandes Panathénées, huit cents drachmes pour des danseurs de pyrrhique. De plus, je fus vainqueur aux Dionysies [...] avec un chœur d'hommes et je dépensai, en comptant la consécration du trépied, cinq mille drachmes ; plus, trois cents pour un chœur cyclique, aux Petites Panathénées [...] Dans le même temps, pendant sept années, j'ai été triérarque, et j'ai, de ce fait, déboursé six talents » (Lysias, XXI, 1-2).

Faire les comptes est un redoutable casse-tête pour l'historien, mais les sommes dépensées par l'accusé sont vérifiables par les juges, et là est l'important. Les dieux ont leur compte, pas les taxés.

Alors, certains aristocrates plongés dans la démocratie athénienne partagent cet amer constat « que ce sont les riches qui sont chorèges et le peuple qui fournit les choreutes, que ce sont les riches qui sont gymnasiarques et triérarques et le peuple qui est entraîné à courir et obéit aux triérarques ; le peuple réclame donc d'être payé pour courir, chanter, danser et ramer sur les bateaux afin de se remplir les poches et d'appauvrir les riches » (Ps-Xénophon, *République des Athéniens*, I, 13).

Citons encore l'orateur Lysias proposant cette nouvelle définition de la liturgie : « La liturgie la plus difficile, c'est de mener jusqu'au bout une vie honnête et sage, de ne pas se laisser vaincre par le plaisir ni entraîner par l'appât du gain, enfin de se conduire de manière qu'aucun de nos concitoyens ne puisse se plaindre de nous, ni ne se risque à nous intenter un procès » (Lysias, XXI, 19).

La condition sociale de Lysias, métèque isotèle, n'est certainement pas étrangère à cette noble conception.

► DAVIES J.K., *Wealth and the Power of Wealth in Classical Athens*, New York, 1981. – HANSEN M.H., *La démocratie athénienne à l'époque de Démosthène* [1991], trad. fr., Paris, Les Belles Lettres, 1993. – VAN EFFENTERRE H. (dir.), *Points de vue sur la fiscalité antique*, Paris, Presses de la Sorbonne, 1979. – WILSON P., *The Athenian Institution of the Khoregia, the Chorus, the City and the Stage*, Cambridge, 2000.

→ Citoyenneté et administration du sacré ; Honorer les dieux

LOI DIVINE

La loi divine *(hosía)* n'est pas une révélation délivrée aux humains, mais une manière d'accéder en creux au sacré *(hierós)*, tant d'ailleurs pour les hommes que pour les dieux eux-mêmes.

Dans l'*Hymne* [dit *homérique*] *à Hermès*, se trouve l'expression *hosíê kreáôn* (v. 130), traditionnellement traduite par « viandes consacrées [à la divinité] » (*hosíê* est un substantif ionien à l'étymologie inconnue). Émile Benveniste a montré que cette traduction est inexacte. Jeune dieu, Hermès sacrifie deux vaches du troupeau qu'il a dérobé à Apollon. Il confond encore sacrificateur (l'homme) et sanctifié (le dieu). Ce futur dieu de l'échange a encore à en apprendre les termes. Ce que la loi divine ne va manquer de faire. Pour l'heure, l'odeur des viandes rôties, partagées en douze parts offertes aux « douze dieux », trouble Hermès au point qu'il a envie d'y goûter, donc de faire une *hosíê* des viandes ; mais « il ne put se résoudre à les faire passer par son gosier sacré *(hierós)* » (v. 133), un immortel se définissant précisément par un régime alimentaire excluant toute consommation carnée (le corruptible). De cette antinomie *hosíê - hierós*, Benveniste en déduit qu'« un dieu ne peut pratiquer une *hosíê*, parce que l'opération ainsi dénommée porterait atteinte à la qualité de *hierós* inhérente au statut divin. On doit en conclure que *hosíê* dénote rigoureusement l'opposé de *hierós*. Il ne signifie ni "offrande" ni "rite", mais bien le contraire : c'est *l'acte qui rend le "sacré" accessible*, qui transforme une viande consacrée aux dieux en une nourriture que les hommes peuvent consommer (mais qu'Hermès, étant dieu, ne peut se permettre à lui-même), l'acte de *désacralisation* » (1969, p. 200). Rendre le sacré accessible, c'est donc le perdre aussitôt.

La loi divine énonce ainsi, à travers cet exemple, que le corruptible revient à l'homme (à lui, la consommation [désacralisée] des viandes sacrificielles) tandis que l'incorruptible s'élève jusqu'aux dieux (à eux, les volutes odorantes émanant de l'acte sacrificiel). L'*hosíê kreáôn* « désigne la portion qui, dans une victime, revient normalement à la consommation humaine » (H. Jeanmaire, 1945, p. 81), tandis qu'*hósios* exprime, « non la piété subjective, ni à proprement parler la pureté morale ou même rituelle, mais la situation dans laquelle se trouve l'individu qui s'est acquitté de ses obligations religieuses » (*ibid.*, p. 72). L'homme consomme une nourriture désacralisée à l'instant même où il l'offre aux dieux : telle est la loi divine, toujours propre à mettre le mortel en situation de s'acquitter d'une obligation de désacralisation pour être en règle avec le divin. Dans l'*Hymne* [dit *homérique*] *à Déméter* (v. 211), la déesse boit une mixture (le *kukéon*) dont elle a préalablement donné aux humains la composition : par cet acte, elle désacralise le breuvage et le rend accessible aux mortels qui le consommeront lors des rites qu'elle instaure à Éleusis.

La loi divine établit une frontière infranchissable entre le domaine des hommes et celui du sacré. Elle trace ce partage et, à ce titre, ne doit être confondue ni avec les « lois non écrites » *(ágraphoi nómoi)* qui, elles, régulent à la fois les actes des humains entre eux et à l'égard des dieux, ni avec la « loi des dieux » *(nómon theôn)* propre à régir les relations entre immortels et à leur imposer certains interdits vis-à-vis des mortels… dont celui de ne pouvoir assister un mourant pour le réconforter.

Le vocable *hósios* fait entendre une réception fondamentale du sacré par le paganisme. Il faut traverser ce qui est *hierós* pour se rendre *hósios*, la désacralisation, en fait condition de vie pour un mortel, n'ayant de possibilité qu'après un contact avec le sacré.

Quand les Muses prennent la peine de s'adresser à Hésiode, elles ne manquent pas de rappeler aux humains la loi divine : « vous qui n'êtes rien que ventres ! » (*Théog.*, 26). Hermès avait failli oublier qu'il n'avait que des narines pour se repaître des senteurs s'échappant des autels.

On ne revient pas sur le partage de Mékônê : aux hommes la consommation carnée, périssable ; aux dieux l'inhalation des effluves.

Mais l'*hosía* situe toujours le mortel sur la face inversée du sacré.

► BENVENISTE É., *Le Vocabulaire des institutions indo-européennes*, II, Paris, Minuit, 1969, p. 198-202. – JEANMAIRE H., « Le substantif *hosia* et sa signification comme terme technique dans le vocabulaire religieux », *Revue des Études grecques*, LVIII, 1945, p. 66-89. – RUDHARDT J., *Notions fondamentales de la pensée religieuse et actes constitutifs du culte dans la Grèce classique*, Paris, Picard, 2e éd. 1992, p. 30-36.

→ Abandon des dieux ; Loi sacrée ; Lois non écrites ; Piété ; Sacrifice

LOI SACRÉE

Alors que les *décrets* réglementent les devoirs et obligations des prêtres, la durée de leur service citoyen rendu au dieu-propriétaire du sanctuaire, le montant du casuel et l'indemnité versée par la cité, les *lois sacrées* organisent tout ce qui concerne l'entretien toujours particularisé d'un sanctuaire. Ces « règlements cultuels » (B. Le Guen-Pollet), fixant les règles spécifiques du lieu et la conduite à observer par les pèlerins qui s'y rendent, sont gravés sur des pierres fichées à l'entrée d'un sanctuaire.

En l'absence d'une Écriture dogmatique régulant un credo universel, les lois sacrées sont l'affirmation de ce qui sera appelé polythéisme pour ainsi en définir un aspect fondamental : à chaque sanctuaire, réceptacle d'une manifestation particulière du dieu exprimée par son épithète (l'épiclèse), correspond un rite particulier, une façon pour le pèlerin de se présenter, une manière de s'adresser ici et non comme ailleurs, parce qu'ailleurs le dieu propriétaire du sanctuaire a imposé un autre aspect de sa puissance.

Une loi sacrée est surtout l'indice d'une réception du divin qui ne se manifeste que de façon parcellaire, à chaque fois enracinée selon un rituel local rappelé par la tradition. Il ne faut jamais oublier que la terre est, pour tout Hellène, l'espace de l'absence de partage entre les dieux. À ce titre, elle est une surface capable d'accueillir autant les éphémères obligés d'y résider que les immortels qui aiment à résider dans tel ou tel site aussitôt décrété sanctuaire.

Une divinité n'a de sens que dans l'approche cultuelle que son épiclèse indique. Elle doit être honorée selon la tradition attachée à un sol. Transporter un dieu hors de son sanctuaire revient à le priver de son culte particulier, et ainsi de la loi sacrée de son lieu attitré.

Le divin n'est pas transcendant. Un dieu réside en quelque endroit qui lui plaît, ou que les mortels se plaisent à considérer comme tel, et ce plaisir tout divin à s'offrir une portion de nature se décline ici selon tel culte et là selon tel autre. Les épiclèses (épithètes attachées au dieu pour indiquer l'aspect de sa nature honoré en tel lieu sanctuarisé) n'ont d'autre fonction qu'indiquer qu'il y a de l'ordre dans tout ce fatras. Une puissance reste une puissance, mais un Grec ne peut la considérer dans sa totalité à cause de l'inconnaissance humaine en matière de divin. Alors cette puissance se fragmente, s'enracine ici et là, ici différemment de là, et là autrement qu'ailleurs. La puissance divine est une idée tellement admise par les Hellènes qu'ils la morcellent pour y déceler ses goûts, ses choix, ses attributs… bref tout ce que les traditions édicteront comme autant de disparates lois sacrées propres à chaque indication divine. Le sacré, toujours redoutable, jamais bien compris, se manifeste différemment selon les territoires.

Qu'un dieu puisse être ici ou ailleurs, son culte n'en est pas pour autant le même ici ou ailleurs. La transcendance n'est vraiment pas le propre du divin du paganisme. Une loi sacrée est le cachet d'une résidence divine. Elle ne vaut pas sur un autre territoire élu par une même divinité honorée d'après une autre épiclèse. L'orateur athénien Lycurgue l'énonce sans détour quand il accuse d'impiété Léocrate qui a transporté à Mégare, pour leur faire quitter le pays, « les dieux mêmes de son foyer, dont ses ancêtres avaient fondé le culte et qu'ils lui avaient transmis selon vos [= les Athéniens] usages et vos traditions » (*Contre Léocrate*, 25). Chaque divinité compte autant de lois sacrées qu'il a élu de territoires sanctuarisés : un mortel n'a rien à déplacer. L'impiété de Léocrate c'est de faire quitter le pays à ses dieux.

Le polythéisme est alors moins la croyance en une pluralité de dieux que l'assurance que le divin s'étale pour convenir aux us et coutumes que les mortels voudront bien y trouver. Boucle ouverte sur sa reconnaissance, le polythéisme se referme sur lui-même dès que cet accord est conclu entre hommes et dieux.

• LE GUEN-POLLET B., *La vie religieuse dans le monde grec du ve au IIIe siècle avant notre ère*, Toulouse, Presses universitaires du Mirail, 1991, p. 117-159. – SOKOLOWSKI Fr., *Lois sacrées d'Asie Mineure*, Paris, De Boccard, 1955 ; *Lois sacrées des cités grecques. Supplément*, Paris, De Boccard, 1962 ; *Lois sacrées des cités grecques*, Paris, De Boccard, 1969.

→ Dieux étrangers ; Épiclèse ; Honorer les dieux ; Prêtrise ; Sanctuaire : Sang

LOIS NON ÉCRITES

ἄγραφοι νόμοι, *ágraphoi nómoi*

L'Antigone de Sophocle invoque une des lois non écrites contre le décret promulgué par Créon de refuser les rites funéraires à son frère, Polynice, coupable d'avoir porté les armes contre sa patrie, Thèbes. Inébranlables, les lois non écrites de la piété sont établies depuis la nuit des temps : « Elles ne datent, celles-là, ni d'aujourd'hui ni d'hier, et nul ne sait le jour où elles ont paru. Ces lois-là, pouvais-je donc, par crainte de qui que ce fût, m'exposer à leur vengeance chez les dieux ? » (Sophocle, *Antigone*, 454-460). Préférant transgresser l'interdit décrété par Créon – qui constitue aussi une transgression du devoir d'ensevelissement des défunts –, Antigone recouvre de terre la dépouille de Polynice, ainsi que l'exige une de ces lois formulées pour toujours. Par cet acte, elle montre que la *légitimité*, fondée sur la loi non écrite, ne se confond pas avec la *légalité*, simple expression de la loi des humains, autant précaire et relative que contradictoire et même « tyrannique » (Hippias d'Élis, *in* Platon, *Protagoras*, 337 d).

Universalité et respect

Les lois non écrites, impératifs absolus et immuables, sont principalement le devoir d'ensevelir les morts, le respect dû aux parents, la protection des hérauts et des suppliants et la fidélité à l'engagement pris sous serment. La vénération des dieux est une loi non écrite d'une telle évidence pour un Grec qu'il est inutile d'y insister. Socrate et Platon ajoutent à cette liste la condamnation de l'inceste entre parents et enfants. Rempart contre divers excès, elles constituent « comme un début de droit des gens » (J. de Romilly, 1979, p. 27).

Le fait que ces lois soient précisément non écrites, *á-graphoi*, doit retenir l'attention : *gráphein*, avant de signifier écrire, a le sens d'écorcher. Dans *l'Iliade*, *graphè* signifie l'entaille faite sur un corps, au creux de l'os. Non inscrites, ces lois ne sont pas initialement destinées à blesser, leur finalité étant moins le châtiment corporel, que l'incitation à adopter une attitude respectueuse tant envers les dieux qu'à l'égard des hommes. J. de Romilly a noté le caractère consensuel des lois non écrites : le sentiment de honte (αἰσχύνη) est la sanction qui frappe celui qui les transgresse. Dans sa célèbre oraison funèbre rapportée par Thucydide (II, 37, 3), Périclès est clair : « Nous, Athéniens, obéissons aux lois, surtout à celles qui offrent une protection aux opprimés et à celles qui ne sont pas écrites mais qui apportent une honte indiscutée à ceux qui les enfreignent. » Platon confirmait aussi le sentiment de honte comme sanction à toute infraction faite à une loi non écrite (*Lois* VIII, 841 b). Le « bourbier » dans lequel pataugent les réprouvés des *Grenouilles* d'Aristophane rassemble précisément ceux qui ont dans leur vie violé une des lois non écrites : tous les irrespectueux envers leurs parents, les hôtes ou à leur parole donnée sous serment (*Gren.*, 145-150). Le « bourbier » peut être l'indication du mépris des vivants.

C'est l'opinion publique qui véhicule les lois non écrites ; c'est elle qui sanctionne par l'opprobre (cf. Platon, *Lois* VIII, 838 d). Toutefois, telle l'exception qui confirme la règle, une violation massive d'une des lois non écrites peut entraîner la peine capitale. En 406, les stratèges, pourtant vainqueurs à la bataille navale des Arginuses, furent condamnés à mort par les citoyens d'Athènes pour avoir abandonné sans honneur funèbre les soldats tués. La conscience hellène considérera toujours le refus de la sépulture comme la pire source de maux pour ceux qui négligent les rites funéraires. « Ce n'est pas un mal égal ni semblable que les morts soient privés de sépulture et que les vivants soient dépouillés de leur patrie ; l'un est plus grave pour ceux qui empêchent la sépulture que pour ceux qui subissent ce malheur » (Isocrate, *Plat.* 55).

Non inscrites, ces lois seraient donc déposées dans la conscience humaine de façon universelle. Elles « sont en usage de façon semblable dans tout pays » (Hippias *in* Xénophon, *Mém.*, IV, 4, 19). Leur origine divine ne fait alors aucun doute : les hommes ne pouvant en être les auteurs « puisqu'ils ne sauraient se réunir tous et qu'ils ne parlent pas la même langue » *(ibid).*

C'est ce caractère universel reconnu par les Grecs qui est particulièrement remarquable. Appelées « lois communes » par Aristote, les *ágraphoi nómoi* recueillent le consentement universel, au point de devenir synonymes de loi naturelle ou droit naturel, contrairement à la « loi particulière » correspondant à « celle qui pour chaque peuple, a été définie relativement à lui » (*Rhétorique*, I, 1373 b 4). Le caractère *naturel* suffit à fonder la *légitimité* de la loi non écrite. Antigone « affirme qu'il était juste d'enfreindre la défense [proclamée par Créon] et d'ensevelir Polynice ; car c'était là un droit naturel », commente Aristote qui poursuit :

« il y a une justice et une injustice dont tous les hommes ont comme une divination et dont le sentiment leur est naturel et commun, même quand il n'existe entre eux aucune communauté ni aucun contrat » (Aristote, *Rhét.*, I, 13, 1373 b).

La paternité des *ágraphoi nómoi* revient à « une puissance divine » (Isocrate, *Panathénaïque*, 169 ; cf. 174). Mais le divin restant le même ici et ailleurs (il n'y a que les noms qui changent selon la langue, grecque ou barbare), les lois non écrites sont les mêmes ailleurs comme ici – à la différence des rites, toujours spécifiques car locaux. Est-il possible d'identifier davantage cette inspiration, de toute façon divine ? Le chœur d'*Œdipe roi* s'écrit : « Ah ! fasse le Destin que toujours je conserve la sainte pureté dans tous mes mots, dans tous mes actes. Les lois qui leur commandent siègent dans les hauteurs : elles sont nées dans le céleste éther, et l'Olympe est leur seul père ; aucun être mortel ne leur donna le jour ; jamais l'oubli ne les endormira : un dieu puissant est en elles, un dieu qui ne vieillit pas » (Sophocle, *Œdipe roi,* 863-871)… n'est-ce pas le temps qui ne vieillit pas ? (Proclus évoquera ce *khronos agêraos* à propos d'une tradition dite orphique : OF 66).

« Pour moi, confie Hippias à Socrate, j'imagine que les dieux les ont fixées pour les hommes » (Xénophon, *Mém.*, IV, 4, 19). Lysias, se référant à un propos de Périclès, est moins catégorique : les lois non écrites sont « celles que personne n'eut encore le pouvoir d'abroger ni l'audace de contredire, et dont on ignore l'auteur même » (*Contre Andocide*, VI, 10).

Quoi qu'il en soit, il est remarquable de constater que ces lois non écrites ne s'inscrivent pas dans un processus temporel de civilisation. Elles en sont la condition intemporelle. Barbares (ceux qui ne parlent pas un des dialectes grecs) et Hellènes les partagent sans s'être concertés (différence des langues oblige) [cf. Hippias, *in* Xénophon, *Mém.*, IV, 4, 19]. C'est bien la preuve que les lois non écrites n'appartiennent pas à une stratégie de progression de l'humanité, mais qu'elles sont, idéalement, là, dans le cœur de chaque mortel. Mais certains Barbares ne sont pas réceptifs. « Chez vous, rétorque Agamemnon à un thrace, tuer un hôte est peut-être sans importance ; chez nous, qui sommes Grecs, c'est un acte honteux » (Euripide, *Hécube*, 1247-1248).

L'inceste revisité. – Socrate et Platon relient la prohibition des rapports sexuels entre un père et sa fille et entre un fils et sa mère à une « loi non écrite » qui protège aussi la sœur du désir de son frère, et réciproquement (Platon, *Lois*, VIII, 838 b ; Xénophon, *Mémorables*, IV, 4, 20 [dialogue entre Hippias et Socrate]. Relier la prohibition de toutes formes d'inceste à une loi universelle ne semble appartenir qu'aux deux philosophes.

L'ensevelissement des morts. – Il faut comprendre que la privation des rites funéraires est avant tout, selon la piété de l'époque classique, une double offense faite aux immortels. Premièrement, aux dieux ouraniens (ceux d'en haut) à qui il n'est permis ni d'approcher ni de voir un cadavre. Deuxièmement, aux dieux chthoniens (ceux d'en bas) qui se trouvent lésés de leur lot, le défunt, considéré comme une offrande qui leur est offerte et dont l'ombre ne peut descendre dans l'Hadès tant que la terre n'a pas recouvert sa dépouille.

Imposer aux Olympiens le spectacle d'une corruption cadavérique, c'est exposer la mort, et ainsi frustrer Hadès d'un nouveau membre de son « peuple éteint ». Créon se trompe donc lourdement quand il prétend que les dieux ne peuvent porter intérêt à ce mort (*Antigone*, 282-283) : qu'il fût un homme juste ou injuste, le mort est avant tout pour les dieux ouraniens un cadavre dont la seule vue souille (Euripide, *Alceste*, 22-24 ; *Hippolyte*, 1437-1439). La règle de conduite des dieux leur interdit d'approcher et de voir ce qui représente en fait leur négation : la mortalité.

Il y a l'amour filial ; il y a le respect des dieux : les deux attitudes doivent se fondre en une pratique (les rites funéraires) qui convient autant aux mortels (ensevelissement du cadavre) qu'aux immortels olympiens (non-vue du cadavre) et infernaux (réception d'une offrande). Entre ensevelir un défunt et être incapable de voir un cadavre, il y a la marque propre à différencier les hommes des dieux d'en haut. La peine humaine (ne plus jamais voir *le* mort) d'un côté, l'incapacité divine (voir *la* mort en face) de l'autre. Les immortels sont incapables de voir leur négation. Ce qui est façon de dire que les vivants n'ont aucun droit sur les morts, seulement des devoirs instamment recommandés par les immortels qui édictent ou s'appuient sur une loi sans devoir pour eux. C'est à cette loi non écrite qu'Antigone se réfère.

Il apparaît que le devoir d'ensevelir les morts est, avant tout, au bénéfice des dieux. L'Ulysse de Sophocle met en garde Agamemnon de ne pas laisser sans sépulture la dépouille d'Ajax, pourtant son pire ennemi : « tu ne saurais l'outrager sans crime, car ce n'est pas lui, ce sont les lois divines que tu offenserais » (*Ajax*, 1342-1344 ; cf. 1130-1131).

Respect envers les parents, les hérauts et les suppliants. – La notion de respect *(aidôs)* est le pivot des lois non écrites. Nous avons vu que le rite d'ensevelissement témoigne du respect dû tant au défunt (qui se transforme en offrande) qu'aux dieux, ouraniens (ceux que la mort ne concerne pas) et chthoniens (ceux qui engrangent leur lot d'offrandes).

Le respect dû aux parents est une constante du comportement des Hellènes. Homère stigmatise tous ceux qui n'ont pas « payé le prix de leurs soins » à leurs parents (*Il.*, IV, 478 ; XVII, 302). Hésiode rappelle que celui « qui cherche querelle à un père âgé, au triste seuil de la vieillesse, et l'assaille de mots brutaux » s'expose à l'indignation de Zeus (*Trav.*, 331-332). « À ceux qui n'honorent pas leurs parents sur le déclin de l'âge, prévient Théognis, à ceux-là ne revient que peu de place » (821-822). Solon avait déjà prescrit que « si quelqu'un ne nourrit pas ses parents, qu'il soit privé de ses droits civiques » (d'après Diogène Laërce, I, 55). « N'oublie pas de rendre honneur à tes parents, aussi longtemps que le destin fait durer leur vie » (Pindare, *Pyth.* VI, 25-26) car, « n'est-ce pas aussi une loi établie partout d'honorer ses parents ? » (Xénophon, *Mém.* IV, 4, 19, 20). Sur la scène aristophanesque des *Oiseaux*, une antique loi des cigognes stipule : « Quand le père cigogne a mis en état de voler tous les cigogneaux en les nourrissant, les petits doivent à leur tour nourrir le père » (*Oiseaux*, 1355-1357). Tout manquement à l'amour filial empêche l'enfant indigne de pénétrer dans un sanctuaire, ce qui revient à le maintenir dans l'impiété. Isocrate transpose la loi non écrite en une exhortation quasi pré-kantienne : « Sois pour tes parents ce que tu souhaiterais que tes propres enfants soient pour toi-même », recommande-t-il au jeune Démodicos (I, 14). Un célèbre élève d'Isocrate, l'orateur et homme politique athénien Lycurgue (390-324), ne manque pas de transmettre sous une forme écrite dans son réquisitoire *Contre Léocrate*, un Athénien fuyant sa cité pour échapper à une levée en masse, les valeurs ancestrales et non écrites de la piété : fuir seul sa patrie, c'est abandonner ses parents en les livrant à l'ennemi (*Léocr.*, 97) : « quand il s'agit de ceux à qui nous devons le principe même de notre vie et tant d'autres biens, ce serait la plus grave des impiétés, je ne dis pas de les offenser, mais de ne pas dévouer sa vie entière à payer ces bienfaits de retour » (94). Dans les *Nuées*, Aristophane stigmatise la nouvelle morale, appelée « Raisonnement injuste », qui permet l'irrespect envers les personnes âgées et même de battre ses parents (1077 sq.). Selon le « témoignage » sur l'au-delà fournit par le moribond Er, le sort réservé aux coupables « d'impiété envers les parents » dépasse l'entendement (Platon, *Rép.*, X, 615 c ; cf. *Phédon*, 113 e-114 a).

Dans le livre IX de ses *Lois*, Platon opère une sorte de duplication de la loi non écrite concernant les violences faites aux parents en loi édictée par le législateur. Duplication au sens propre de doubler, dans ce cas, la peine, car, l'impiété galopante étant telle qu'il faut faire un rappel. Aux impies, décidément sourds aux lois non écrites, il convient de les inscrire : « le législateur sera tenu d'édicter des lois dont il eût souhaité n'avoir jamais à faire usage ». Platon dit clairement que les lois non écrites ne sont pas audibles par tous. Il convient de les inscrire, mais sans la certitude d'être lues par les ignorants. Reste la punition, conçue comme un constat d'une dégradation des conduites, et donc d'un échec de l'aspiration à vivre en paix selon les règles jamais inscrites. Alors, « quiconque osera porter la main sur un père, une mère ou des aïeux, et user envers eux de violence et de mauvais traitements, sans craindre ni le ressentiment des dieux célestes ni celui des dieux de sous terre qu'on nomme les Vengeurs, mais sera poussé, au contraire, à enfreindre les lois, parce qu'il s'imagine savoir des choses qu'il ignore totalement et méprise celles qu'ont dites les vieux âges et que disent tous les hommes [référence explicite aux *ágraphoi nómoi*], celui-là, on ne peut le détourner du crime que par l'ultime châtiment » (*Lois*, IX, 880e-881 a).

Platon témoigne ainsi d'un effondrement de la considération morale : l'opprobre ne semble plus suffire, pas plus d'ailleurs que la peine de mort. Il faut alors brandir la promesse de châtiments *post-mortem.* Comme à son habitude, Platon prend le contre-pied de l'opinion commune en affirmant une peine dans l'Hadès.

« Chéris de Zeus » (*Il.*, VIII, 517), placés sous le patronage d'Hermès, les hérauts sont les intermédiaires entre deux cités en guerre. Une « guerre sans héraut » peut ouvrir la voie à tous les débordements. Car un héraut ne peut être confondu avec un ambassadeur : le premier transmet un message au nom de lois non écrites, tandis que le second est un citoyen mandaté par sa cité pour une représentation, souvent oratoire, de celle-ci. Munis du *kérukeion*, bâton entouré de deux serpents, tel celui d'Hermès, les hérauts doivent pouvoir intervenir en toute sécurité autant sur le champ de bataille pour demander un arrêt des combats afin d'ensevelir les morts (principale application d'une loi non écrite), qu'au cœur de la cité adverse pour lui proposer, après qu'il put être le porteur d'une déclaration de guerre, un ultimatum ou une trêve. À ce titre, ces négociateurs bénéficient de la même immunité que les suppliants, et leur inviolabilité protège ceux qu'ils accompagnent. Hérodote rapporte que Sparte tua deux hérauts de Xerxès : deux hérauts spartiates furent livrés au roi pour expier ce crime. Mais

Xerxès, pourtant connu pour sa démesure, les épargna : « Ils avaient, eux, violé les lois reconnues par tous les hommes en faisant périr des hérauts : il ne ferait pas, lui, ce qu'il leur reprochait » (VII, 136). Piétiner les lois non écrites revient à contracter une souillure contagieuse (un αγος) : parce qu'un membre des Alcméonides avait massacré des suppliants réfugiés auprès des autels, toute la famille se trouvait souillée (Thucydide, I, 126-128, 134).

L'engagement sous serment. – Le serment comporte une invocation aux dieux qui, en quelque sorte, et si ce vocable a un sens, les responsabilise. Accordant leur engagement sur des affaires dont ils n'ont cure le plus souvent (ce que nous appelons le profane), les dieux ne peuvent souffrir d'être trompés par le parjure. Si l'invocation propre au serment ose convoquer la puissance divine dans les affaires humaines, alors prestation de serment et violation de la parole donnée se heurtent à la loi non écrite d'honorer les dieux. « Un parjure, prévient Lycurgue, ne peut échapper à l'attention des dieux ni éviter leur vengeance » (*Contre Léocrate*, 79-80). Dans la mesure où un dieu est installé dans un temps sans continuité – la temporalité (ici exprimée par l'invocation de l'assermenté) n'appartenant qu'aux mortels – tant qu'il s'accroche à cette sorte de suspension qui lui est caractéristique, alors le châtiment du parjure peut être différé sur sa descendance. C'est toujours la même puissance, qui a « tout son temps », qui châtie une lignée. Ne pas être parjure enraye le mécanisme de ce que Glotz nommait la « solidarité » des générations. La loi non écrite relative à tout serment bafoué est donc préventive dans le sens où elle permet d'empêcher en amont le parjure pour ne pas avoir à le punir. « Ne perdons pas de vue, écrit J Rudhardt, que la fonction du serment n'est pas de punir le parjure, mais de l'empêcher ; non exclure qui que ce soit de la communauté civique et de l'ordre religieux dont elle participe, mais de la raffermir » (Rudhardt, *Notions*, 1992, p. 212).

Quand Hésiode décrit la dégénérescence frappant inexorablement la race de fer, qui est la nôtre, il souligne très précisément le mépris des lois non écrites de la piété : « L'hôte ne sera plus cher à son hôte… À leurs parents, sitôt qu'ils vieilliront, [les enfants] ne montreront que mépris… Ils ne connaîtront même pas la crainte des dieux… Nul prix ne s'attachera plus au serment tenu ». Au droit des gens se substituera « le droit de la force » (*Trav.*, 183, 185, 187, 190, 192). La démesure de la force pour elle-même foulera les lois non écrites. Ce thème sera repris et amplifié à l'époque classique qui ajoutera l'idée de punition dans l'au-delà. Aristophane, nous l'avons vu, reprenant exactement les mêmes exemples qu'Hésiode, montre les défunts coupables couchés dans « un grand bourbier et une fange intarissable » (*Grenouilles*, 145-146), dans le mépris et la honte que sont les principales sanctions prévues par les lois non écrites.

► GUTHRIE W.K.C., *Les sophistes* (1971), trad. fr., Paris, Payot, 1976. – ROMILLY J. de, *La loi dans la pensée grecque*, Paris, Les Belles Lettres, 1971 ; *La douceur dans la pensée grecque*, Paris, Les Belles Lettres, 1979.

→ Autel ; Colère des dieux ; Dégénérescence de l'humanité ; Honorer les dieux ; Impiété ; Inceste ; Piété ; Revenant ; Souillure ; Suppliant

M

MÉNADE

Le mot « ménade » provient de la racine d'une épithète qu'Homère accole à Dionysos : *mainoménoio*, « délirant » (*Il.*, VI, 132). Le caractère moins furieux que furieusement ambivalent du dieu désigne ses servantes mythiques (*manía*, « délire », « démence », « frénésie » ; *mainás*, « agitée de transports furieux », « démente »). Mais la prétendue libération des femmes dionysiaques n'échoue-t-elle pas sur les rives de la convention civique ? À y regarder de près, il apparaît que la ménade reflète parfaitement la conception que le citoyen de l'époque classique, tout à la fois homme libre, soldat et adulte, se fait de la femme.

Une déesse peut aussi être transportée au point de « faire la ménade », telle Déméter qui « d'un bond, parcourt les bois d'une montagne ombreuse » (*Hymne à Déméter*, 385-386). Simple figure poétique, car une déesse n'est pas une femme… pas plus qu'une femme n'est une ménade, mais plus rituellement, une célébrante appelée tyiade. La ménade n'appartient qu'à l'imaginaire masculin.

Dionysos et ses femmes

Fils « rugissant », « mugissant » et « grondant » *(brómios)* que Zeus, selon une tradition, eut d'une mortelle, la princesse thébaine Sémélè, Dionysos fait partager à ses fidèles son goût pour les lacérations de chairs vives. Des mythes décrivent une pratique de manducation de la viande crue *(ômophagía)* d'un animal sauvage déchiqueté vif *(diasparagmós)* à l'issue de son implacable traque par monts et par vaux. Euripide a évoqué le délice *(kháris)* particulier que ressent la possédée de ce Dionysos hurleur « encorné comme un taureau » et « coiffé d'une couronne de serpents » quand, au terme d'une course tumultueuse *(oreibasía)* à travers les montagnes boisées, la ménade se gave des chairs sanglantes et encore palpitantes de sa victime (*Bacchantes*, 135-140 ; *Les Crétois*, frag. 472. *Les Bacchantes* sont jouées en 405).

Le chrétien Arnobe, tout concentré sur sa lutte contre le paganisme, ne manque pas de stigmatiser ces festins ômophagiques en précisant que les participantes déchiraient à pleines dents les entrailles de victimes caprines dont les bêlements se faisaient encore entendre (*Adversus gentes*, V). C'était confondre mythe et rite, indication et théâtralité. Les ménades du mythe ne sont pas celles de la cité, ces dernières pratiquant l'*ômophagía* d'une façon bien moins sauvage : à Milet, au IIIᵉ s. av. J.-C., la prêtresse de Dionysos *Lénaios* déposait dans la corbeille sacrée une « bouchée de viande crue » *(ômophagion)* les jours de sacrifices publics. La cruauté débridée exposée dans les mythes recouvre peut-être (au moins) deux significations. D'une part, elle n'est qu'une façon de dire quelque chose de difficilement exprimable et acceptable dans le cadre policé et masculin de la religiosité grecque : à savoir qu'il existerait une proximité du divin qui, comble de tout, semble principalement réservée aux femmes. Mais d'autre part, c'est, paradoxalement à l'opposé, le rappel de la nature féminine, entièrement du côté du désordre et de la sauvagerie à cause de la « matrice » (l'utérus) qui, conçue tel un organisme totalement autonome, échappe au contrôle de celle en qui elle évolue. La ménade illustre le désordre interne de la femme, au point d'en être la figurante, ainsi que l'affiche sa vêture.

Pieds nus, une couronne de lierre autour d'une chevelure dénouée, vêtue d'une longue tunique plissée ceinturée (important détail signifiant le refus du commerce sexuel), d'un cordon de laine brute, la nébride (peau de faon ou de chevreau) rejetée sur les épaules et nouée par les pattes ballantes sur la poitrine, la ménade exprime aussi un désordre externe en rupture avec les deux tuniques traditionnelles dont dispose la femme grecque depuis l'époque archaïque, le péplos et le khitôn, pièces de tissu carrées, rectangulaires ou arrondies pour enrouler le corps dans une sorte de tube.

Dionysos maintient son thiase (groupe fermé de ses adeptes) dans un perpétuel état d'affolement. Hallucinées, les ménades mythiques voient jaillir des fontaines de lait, de vin et de miel quand elles frappent sol et rocher d'un coup de thyrse, ce « dard [long bâton] enguirlandé de lierre » et surmonté d'une pomme de pin (*Bacch.*, 25). À peine entendent-elles les mugissements d'un troupeau au loin qu'elles cessent de donner le sein à des animaux sauvages pour bondir et fondre sur les bêtes qu'elles déchirent. En pleine transe orgiaque, les ménades ne s'incorporent pas le dieu quand elles dévorent tout cru l'animal, car elles sont déjà ses possédées. La manducation de viande crue et sanguinolente ne fait pas communier avec le dieu qui habite ses fidèles quand elles accomplissent les rites d'oribasie et de diasparagmos. Sa signification est à chercher ailleurs : elle rompt avec le rituel sacrificiel que rendent les citoyens en l'honneur de leurs distants immortels. Sous le nom de Dionysos couve le feu d'un dieu proche des humains, donc une incitation à transgresser la piété commune essentiellement fondée sur le respect de la frontière établie entre le monde des dieux et celui des humains. Il faut « sortir de soi », « s'égarer » *(ekstásis)* pour « recevoir » Dionysos (*éntheoi*, d'où *enthousiasmós*). Pratique excentrique au sens originel du terme. Mais comment la comprendre ? Qualifiée de libération *(lúsis)*, cette pratique vise-t-elle la régénération au contact du divin au moyen d'une évasion par la lie des pulsions ? Rien n'est moins certain. L'extase est atteinte parce que Dionysos est un dieu proche –, ce qui le rend étrange pour un Grec habitué à honorer la distance infranchissable qui le sépare de ses dieux.

La question de savoir *qui* est ce Dionysos n'a pas de sens pour une mentalité ayant fondé sa croyance sur l'ambivalence des dieux : c'est plutôt celle des modes de sa proximité, tant auprès de ses ménades qu'auprès de ses détracteurs, qu'il faut se poser.

Dionysos dans ses œuvres : proximité et commotion

Cette proximité de Dionysos s'exprime de différentes manières, toutes violentes.

Elle s'exprime d'abord dans le partage qu'il offre de sa propre expérience de jeune dieu : la fuite en avant (rapportée par Homère) et la folie (décrite par Euripide, *Cycl.* 3 ; Platon, *Lois*, 2, 672 b). Éperdu *(phobêthìs)*, l'enfant Dionysos fuit la fureur du fils de Dryas, Lycurgue (celui dont la violence écarte des loups), pour se réfugier dans l'humidité originelle, dans le sein de Thétis (*Il.*, VI, 130-143). Le jeune dieu a non seulement connu la peur, mais aussi traversé la folie. Il fut un temps frappé de démence par la jalouse Héra en punition d'être le rejeton d'une amante de Zeus, son époux, et dont elle est la seule à avoir le droit de partager le trône d'or. (Héra, l'épouse légitime, est précisément la déesse qui ne s'approche jamais des hommes). Guéri, Dionysos est resté « follement » irritable et susceptible. De cette irascibilité à fleur de peau jaillit une nouvelle proximité avec les humains exprimée dans la relation du voir : « Je l'ai vu en train de me voir » (*Bacch.*, 470). Cette simultanéité « le voyant/me voyant » fait éclater le vécu ordinaire en tant qu'il contraint le mortel à se regarder à travers le miroir d'une expérience en rupture avec son quotidien : le vécu d'un dieu ne pouvant être humain, son partage est nécessairement affolant (la confrontation avec l'altérité est l'expression grecque d'une introspection – « se regarder » – que cette pensée n'a jamais conçue dans son acception platement psychologique). Ne pas voir, ne pas reconnaître ce dieu regardant – le masque le symbolise – revient à s'exposer à sa susceptibilité essentielle. Dieu proche, Dionysos ne peut supporter qu'on ne le reconnaisse sous peine d'être en proie à des dérèglements hallucinatoires catastrophiques (Euripide évoque encore « ces Bacchantes infernales qui vont mettre en pièces [les fils de Polymestor], égorgés pour servir aux chiens de sanglante pâture », *Hécube*, 1076-1078). Lycurgue, le roi de Thrace, refuse à Dionysos le droit de traverser son pays (donc, de se plier à une injonction divine relative à la diffusion de son culte). Frappé de démence, Lycurgue s'acharne à coup de hache sur ce qu'il croit être un pied de vigne, alors qu'il s'agit de son fils. Les Minyades, princesses royales d'Orchomène, ont-elles ignoré l'appel de Dionysos qu'elles sont frappées de folie meurtrière les conduisant à déchirer et à dévorer un de leurs enfants. Quant à Penthée, roi de Thèbes, il commet un double sacrilège : non seulement il refuse de reconnaître la divinité de Dionysos, mais il soupçonne encore les bacchantes de s'adonner à la luxure. Avec Penthée, on passe du « voir » au voyeurisme : le roi veut voir ce qu'il fantasme comme frénésie impudique des bacchantes. Sa perte est scellée : désireux d'aller « voir », non pas le dieu mais ses sectatrices, il périra démembré par celles-ci qui, pour ne pas l'écarter, l'écartèlent. C'est sa propre mère, Agavé, qui donnera le branle au déchirement de son fils transformé aux yeux hallucinés des bacchantes en animal sauvage.

Dionysos entre ménade et thyiade

Le mot « ménade », synonyme de « bacchante » chez Euripide, est l'expression mythique de la « thyiade », la véritable célébrante des cultes rendus à Dionysos, notamment à Delphes (cf. Hérodote, VII, 178). Or, être une thyiade (une ménade « historique »), ce n'est pas délirer, mais représenter le délire des ménades (H. Jeanmaire, p. 169). La femme grecque a vu sa condition et sa considération sociales se détériorer au fur et à mesure de l'instauration du régime de la cité. Pour être, dès l'époque classique, devenue une mineure à vie dont le rôle essentiel est la procréation d'enfants légitimes (dans le cas de la femme dite « libre », épouse de citoyen), le fait de pouvoir mimer la ménade a pu signifier détenir le *droit* de participer à un rite qui rapproche du divin, l'éloignant ainsi d'une cité qui ne sait que sanctifier les dieux dans leur distance. Quand elle « fait la bacchante » sur les cimes givrées des montagnes (selon Plutarque, *De primo frigido*, 18, 953 D) ou lors de fêtes communes à « beaucoup de villes grecques » (selon Diodore, qui ne précise malheureusement pas davantage, IV, III, 3), la thyiade échappe à la cité, dont le régime se pense obstinément au masculin. « Tous les trois ans, des groupes bacchiques de femmes s'assemblent, et il est d'usage pour les vierges de porter le thyrse et d'entrer en transes en poussant des cris et en rendant hommage au dieu : les femmes, en groupe, offrent des sacrifices au dieu, célèbrent les mystères bacchiques, et, en somme, louent par un chant la présence de Dionysos, en mimant les compagnes en délire qui jadis, raconte-t-on, entouraient le dieu » (Diodore de Sicile, *ibid*, trad. A. Bianquis. Notons que le rythme triétérique, en plein hiver, du calendrier des fêtes rendues un an sur deux en son honneur suffit à exclure les cultes de Dionysos de la sphère des célébrations de la vie végétative et de ses connotations sexuelles). De nombreux auteurs, dont Euripide, puis Plutarque et Nonnos, insistent sur la chasteté des participantes. Les ménades mythiques dorment « chastement *(sôphrónôs)*, et non pas enivrées par le vin et le son de la flûte ; elles ne cherchent pas, à l'écart, l'amour dans la forêt… » (Euripide, *Bacch.*, 686-688 ; cf. 317-318). Dans ses *Dionysiaques*, Nonnos de Panopolis, poète du ve siècle apr. J.-C., révèle qu'elles cachent sous leurs vêtements un serpent qui les protège des hommes quand elles dorment (14, 363 ; 15, 80 ; 33, 368 ; 35, 209). Un épisode, donné comme historique par Plutarque (situé en 335 avant notre ère, pendant une des Guerres sacrées), montre des thyades épuisées après leur danse, perdues de nuit sur la route de Delphes, s'effondrer de fatigue au milieu d'un marché d'Amphissa et aussitôt protégées par la population féminine locale d'éventuelles violences sexuelles de la part de soldats (*De mulierum virtutibus*, XIII, 249 c). Les orgies dionysiaques n'ont rien de scabreux (*orgiá*, pluriel désignant les actes cultuels en général, non la débauche) : que le phallus soit l'un de ses attributs cultuels ne signifie pas que Dionysos se confonde avec lui. Il n'assure pas les passages entre les contraires (une fonction assumée par Hermès). Sa présence déplace le champ du divin sur le terrain de la proximité… toujours ambivalente quand il s'agit du sacré.

Les différents mythes de Dionysos font surtout entrevoir aux humains, et principalement aux femmes, la possibilité d'une relation avec le divin radicalement contraire à celle que la cité impose à ses citoyens. Rappelons que le sacrifice sanglant offert aux dieux par la cité en gage de sa stabilité et de sa cohésion toute masculine se pratique sur un autel construit, suit des règles strictes d'abattage d'un animal domestique mené solennellement en procession, de découpage des chairs et viscères et de leurs cuissons (broche et chaudron ; rôti/bouilli) ; qu'il se poursuit par un repas pris en commun par les citoyens autour d'une table, et surtout, qu'il sert à consacrer l'éloignement entre les hommes et les dieux (consommation de nourritures périssables par les mortels/inhalation de fumées grasses par les immortels). Tout ce schéma, au cœur même de la piété grecque, s'inverse avec Dionysos : sa victime, un animal sauvage, est lacérée, déchirée et dévorée crue en pleine nature, loin des pâturages où paissent les animaux promis aux sacrifices offerts par la cité. Le festin ômophagique, absorbé solitairement et principalement réservé aux femmes, s'oppose point par point aux attitudes civiques de la religion poliade : cru/cuit ; nature/cité ; individu/collectif ; chasse/pâturage ; femme/citoyen… proximité du divin/éloignement des dieux.

À ces oppositions/inversions dont sont friands les structuralistes, on peut en ajouter d'autres, plus subtiles. Par exemple, celle relevée par P. Brulé : « Avec la chasse (qui correspond à la procession), la mise à mort, le repas carné, on retrouve, conjugués selon un mode sauvage, féroce, « cannibale », incivilisé, donc « féminin », les temps du sacrifice politique, masculin, culturel » (P. Brulé, 2001, p. 38-39).

Le phénomène de la ménade se prête en fait à toutes les dichotomies. Il en reste une autre, rarement évoquée : dans l'*Ajax* de Sophocle, le héros tue les bêtes d'un troupeau que son délire transforme en guerriers à combattre ; le délire ménadique est inverse : il pousse à tuer des humains pris pour des bêtes.

Par-delà ces inversions qui, reconnaissons-le, sont toutes sur mesure, ne faut-il pas plutôt se demander si le dieu libère pour autant la femme orgiastique. Et si les ménades n'étaient que des femmes, au sens « civique » du terme, c'est-à-dire des nourrices ? Déjà Homère qualifie les porteuses de thyrse qui accompagnent Dionysos, donc les ménades, de « nourrices », *tithênas* (*Il.*, VI, 132). Le mythe leur fait donner le sein à des serpents ou à de jeunes animaux mâles. Sur le Parnasse, les thyades réveillent à intervalles réguliers l'enfant Dionysos endormi dans son berceau (*Liknitès*). Or, dans l'imaginaire masculin grec, la femme est certes une mère mais surtout une nourrice.

La proximité du dieu n'est-elle donc pas celle de la proximité de la femme avec sa représentation masculine ?

Sauvage d'un côté, nourrice de l'autre. Les hommes renvoient aux femmes l'image dépréciée qu'ils s'en font, soulignant du même coup l'ambivalence des dieux : Dionysos à la fois libérateur et oppresseur des femmes. L'ambivalence du divin restera une constante du paganisme.

Peut-être venons-nous de frôler les mystères bacchiques ?

► BRUIT ZAIDMAN L., « Les filles de Pandore », in P. Schmitt Pantel (dir.), *Histoire des femmes en Occident*. I. *L'Antiquité* (1990), Paris, Perrin, 2002, p. 465-472. – BRULÉ P., *Les femmes grecques à l'époque classique*, Paris, Hachette Littératures, 2001. – DODDS E.R., *Les Grecs et l'irrationnel* (1959), trad. fr., Paris, Flammarion, 1977, p. 265-278. – JEANMAIRE H., *Dionysos. Histoire du culte de Bacchus*, Paris, Payot, 1978, chap. V, « Le ménadisme ». – OTTO W.F., *Dionysos. Le mythe et le culte* (1960), trad. fr., Paris, Mercure de France, 1969.

→ Ambivalence des dieux ; Femme ; Mystères

MÉTEMPSYCOSE

La croyance en la métempsycose (μετεμψύχωσις) est marginale. Elle détermine pourtant plusieurs genres de vie adoptés par certains Hellènes.

Dans le contexte pré-hellénistique qui nous intéresse, l'emploi du mot « âme » se réfère à une parcelle d'immortalité et non au fondement de la personne humaine.

Le terme *metempsúkhôsis* (μετεμψύχωσις) désigne *tous les états successifs* que parcourt ce que nous appelons l'âme, qu'elle soit ou non incarnée, tandis que vocable « métensomatose » (μετενσωμάτωσις) indique une progression (quand il s'agit d'une métensomatose dans un corps humain) ou une régression (dans un végétal). L'idée de métensomatose enregistre une seule étape parmi l'ensemble des états traçant le cycle des métempsycoses qui, lui, couvre aussi les transitions, *i.e.* les intervalles incorporels des différentes vies.

Le vocable «métempsycose » est souvent donné comme synonyme de « transmigration », du latin *transmigrare* signifiant « changer de demeure ». La synonymie n'est valable qu'à la condition de préserver l'idée de succession en comprenant « demeure » par « état » et non par « corps ».

Le mot *metempsúkhôsis* ne semble pas attesté avant le Ier s. avant J.-C. (Diodore de Sicile, X, 6, 1).

En fait, les antiques sages n'ont pas élaboré un vocabulaire précis et encore moins « conceptuel » pour exprimer leur compréhension de ce que nous appelons métempsycose, mais ont eu recours à une formulation propre à instaurer une ascèse, ἄσκησις, un « genre de vie » permettant d'enrayer le cycle angoissant des « états successifs de l'âme ». Les révélations apportées par Pythagore ou Orphée n'avaient pas vocation à être débattues. Chacune était un monologue sur la manière de s'occuper de la parcelle d'immortalité qu'elles affirment se loger en l'homme. Gérer l'immortalité plongée dans le devenir : tel est le ressort des mystères sectaires. L'adepte apprenait qu'à sa mort, son âme, contrairement à ce qu'enseignait le culte civique fondé sur la tradition homérico-hésiodique qui a la particularité d'ignorer totalement le soin de l'âme au profit du seul soin des dieux, que cette « âme » n'est donc pas destinée à stagner à jamais dans l'Hadès tel un pur simulacre ombreux, inconsistant et amnésique. Il savait que son âme ne viendrait pas grossir le « peuple éteint » des « têtes privées de force et de sens » effondrées dans le sous-sol infernal des aèdes homérides, qu'elle ne sera pas ce « je-ne-sais-quoi » qu'Achille suppose à tort (*Il.*, XXX, 102), mais qu'elle se trouvera aspirée par la roue des naissances, condamnée au cycle des douleurs tant qu'elle ne sera pas purifiée, c'est-à-dire tant qu'elle n'aura pas accompli son assimilation au divin (*homoiôsis theôi*), seule démarche réclamée par l'immortalité. Il revenait à chaque doctrine d'édicter les conditions de réalisation de l'assimilation. De cette croyance en rupture avec le sentiment religieux commun, découlaient ainsi des règles de conduite guidant l'action d'un groupe restreint (les « adeptes »), donc un genre de vie, d'où une *éthique*, mais jamais à une morale civique, puisque c'est précisément au nom de leur croyance aux métempsycoses que les sectateurs de Pythagore ou les orphiques refusaient les convenances religieuses de la cité.

Une précision doit être rappelée avec force sur l'emploi du vocable « âme ». Ce n'est pas le fondement de la personne humaine au regard de Dieu qui transmigre : cette interprétation serait totalement anachronique. C'est plutôt une parcelle d'immortalité, une puissance démonique, une manifestation participant du divin. Comme telle, l'« âme » soumise au cycle des métempsycoses s'oppose au corps, ce qui est déjà une inversion de la conception homérique communément partagée par les Grecs d'une *psukhê* comme force d'animation corporelle totalement étrangère au divin. Les croyances aux métempsycoses sont, à strictement parler, carrément originales, donc nécessairement marginales.

Le paganisme s'offre avec la métempsycose une forme de croyance sans vocable.

Les pythagoriciens

Pour les pythagoriciens des VIe-Ve siècles, la chute de l'âme dans un corps consécutive à une faute ou à un crime originel enclenchant la nécessité de s'en purifier par une ascèse est une trame qui paraît avoir été ignorée de Pythagore, pour qui l'évidence de la transmigration s'imposait d'elle-même. Pythagore *se souvenait* d'avoir vécu quatre existences précédentes. Selon Diogène Laërce (VIII, 4-5), il prétendait avoir été d'abord Aithalidès (fils d'Hermès et messager officiel des Argonautes), puis Euphorbe « à la bonne lance » (guerrier phrygien, héros de la guerre de Troie, tué par Ménélas), Hermotime le devin et Pyrrhos, un simple pêcheur de Délos. Le Pseudo-Jamblique rapporte, sur le témoignage des pythagoriciens Andocyde et Euboulidès, que les métempsycoses de Pythagore avaient durées deux cent seize ans et qu'il était de nouveau venu au monde après le même nombre d'années « comme s'il avait attendu le premier retour cyclique du cube du nombre 6, principe générateur de l'âme en même temps que nombre récurrent en raison de sa sphéricité » (*Théol. arithm.*, 52, 8). Selon Porphyre (*V. Pyth.*, 26), Pythagore prenait un soin particulier pour chanter les vers homériques concernant Euphorbe (il s'agit des vers 53-60 du chant XVII de *l'Iliade*).

Cette capacité de remémoration d'anciens fragments de passé vécu était une faveur exceptionnelle, un don divin. Aithalidès, sur sa requête, avait reçu d'Hermès ce merveilleux présent que son âme, après la mort et au cours de ses migrations, pourrait se rappeler dans quel homme, quel animal ou quelle plante elle avait été incarnée. Cinquième réincarnation d'un rejeton d'Hermès (le dieu des passages !), Pythagore jouissait de ce privilège qui lui permettait aussi de « remettre en mémoire à beaucoup de ceux qui l'abordaient la vie antérieure que leur âme avait jadis vécue avant d'être attachée à leur corps actuel... Lui-même apprenait à connaître ses propres vies antérieures et, à partir de là, commençait à prendre soin de la vie des autres, leur remettant en mémoire celles qu'ils avaient précédemment vécues » (Porphyre, *V. Pyth.*, 63). Le Maître savait que Myllias de Crotone « n'était autre » que Midas de Phrygie (Élien, *Histoires variées*, I, 98, 40) ; ainsi put-il, selon son contemporain Xénophane, se permettre d'arrêter le bras d'un homme qui bâtonnait son chien en proclamant : « c'est l'âme d'un de mes amis : en entendant sa voix j'ai reconnu cette âme » (21 B 7 DK). Le ton railleur de cette dernière anecdote ne doit pas faire écran. Il témoigne de l'existence d'une telle croyance dès le VIe s. et pointe vers une nécessité : celle de l'exercice de remémoration. « La doctrine pythagoricienne, écrit Proclus, préparait les âmes à se souvenir de leurs vies antérieures, car la remémoration des vies antérieures est aussi celle des âmes » (*In Tim.*, I 124, 4). Il témoigne aussi du caractère controversé du personnage Pythagore : charlatan aux yeux d'Héraclite (frag. 26 et 55 Conche), vénéré pour sa sagesse par Empédocle, il inspira ce commentaire à un Aristote particulièrement malicieux : « Dans le monde rationnel, il y a d'un côté le dieu, de l'autre l'homme, et enfin les êtres comme Pythagore » (Aristote, *Sur les Pythagoriciens*, § 31).

Prendre soin de son âme : voilà en fait le fin mot de cette légende. Pour Pythagore, les métempsycoses ne sont pas un mal, mais au contraire une chance car une seule vie ne suffit pas à devenir sage. Que la métempsycose soit un bien, car au service de la sagesse, est une conception diamétralement opposée à celle des Orphiques. C'est pourquoi parler d'orphico-pythagorisme reste toujours scabreux.

Le pythagorisme primitif affirme que la transmigration est le lot de toutes les âmes ; mais la réminiscence celui de quelques-unes. L'âme transmigre parce qu'elle est immortelle (*athanatos*). « L'âme est immortelle et passe dans d'autres espèces de vivants » (Porphyre, *V. Pyth.*, 19). Elle l'est « à cause de sa ressemblance avec les êtres immortels, et cette ressemblance lui vient de ce que l'âme ne cesse de se mouvoir », aurait affirmé au seuil du Ve s. avant notre ère Alcméon de Crotone, un médecin et naturaliste proche du pythagorisme (d'après Aristote, *De l'âme*, I, 2, 405 a 29 ; Aétius, *Opinions*, IV, 2, 2). Platon confirmera : « Ce qui en effet se meut soi-même est immortel » (*Phèdre*, 245 c). Les métempsycoses s'expliquent par la nature de l'âme d'être en perpétuel mouvement. Les témoignages sur l'ancien pythagorisme n'établissent aucun rapport entre la qualité des métensomatoses successives et une quelconque valeur morale des actes accomplis dans une vie précédente. N'importe quelle âme, semblable à la poussière en suspension dans l'air, peut entrer dans n'importe quel corps, rapporte avec agacement Aristote (*De l'âme*, 404 a et 407 b 22 sq.). « L'âme est dite tourner suivant la roue changeante de la nécessité, tantôt unie à un animal, tantôt à un autre » (Diogène Laërce, VIII, 14). Si elle doit habiter un corps animal, la meilleure des métensomatoses pour une âme est de prendre la forme d'un lion ; si elle doit habiter un corps végétal, celle d'un laurier (frag. 127 D). La préoccupation strictement *morale*, dans son acception rétributive, n'était pas le propos de Pythagore dont la sagesse consistait à imposer une *éthique* en édictant pour un groupe – la Confrérie pythagoricienne, ensemble des *synédria* – des règles de conduite respectueuses de l'ultime conséquence du constat des métempsycoses, à savoir la parenté unissant tout ce qui a vie. Tous les êtres animés sont *congénères* (Porphyre, *V. Pyth.* 19 fin, d'après Dicéarque sur Pythagore). Connaître son âme c'est se souvenir, et se souvenir c'est se plier à un exercice (ἄσκησις, « genre de vie », d'où « ascèse »), dont l'une des règles est l'interdit de *phoneuein,* littéralement « commettre un meurtre », ce qui signifie surtout l'interdiction de consommer la chair des animaux « qui possèdent une âme » – chevreaux et cochons de lait exceptés, Pythagore, selon Aristoxène de Tarente, les ayant décrétés aptes à être sacrifiés et propres à la consommation.

L'évidence pythagoricienne du phénomène des métempsycoses va de pair avec la reconnaissance de l'appartenance à une même espèce de tous les êtres vivants. Il s'agit moins de se purifier d'une souillure que de se préserver d'un miasme, celui du « meurtre ». L'enseignement transmis sous le nom de Pythagore, établi sous la forme des préceptes de la « vie pythagorique » (πυθαγόρειον τρόπον, Platon, *Rép.* X, 600 b), favorise la remémoration. La seule « faute » que connaisse l'antique pythagorisme est l'oubli de la parenté des êtres : tuer, c'est entraver un cycle de purification ; se purifier, c'est se souvenir de l'immuable à préserver pour le retrouver, car le but est toujours de soustraire l'âme à cette vie terrestre, la délivrer de toute corporalité. C'est parce que le mal est extérieur (un « meurtre » peut être commis par ignorance) que maintenir l'âme dans la pureté ne nécessite pas une transformation morale mais une orientation soucieuse de l'anamnèse. Cette pratique pythagoricienne n'a rien à voir avec l'opération platonicienne par laquelle l'âme se ressouvient des connaissances acquises avant son union au corps.

Les orphiques

« L'âme est enchaînée à la roue de la nécessité et de la naissance dont il est impossible de s'échapper, selon Orphée, sauf en rendant favorables les dieux à qui Zeus a confié le pouvoir de libérer de ce cycle » (Simplicius, *In Arist. De*

Caelo, II, 1, 284 a 14 = OF 230. Cf. Proclus, *In Pl. Tim.*, 42 c-d). Ces dieux sont le Zeus d'en-bas, appelé Hadès, et Perséphone, la vierge Koré violée à l'occasion d'un inceste. Le fruit de la prohibition, Dionysos, sera déchiré par des êtres motivés par Héra, l'épouse légitime d'un Zeus qu'elle appelle Olympien, le Zeus d'en haut.

Les orphiques interpréteront l'accablement de la déesse face au déchirement de son fils comme la cause de la dispersion de l'immortalité à travers la multitude des « âmes ».

Le déchirement touche maintenant tant les dieux que les humains. L'orphisme a certainement promulgué ce sentiment.

Pièce centrale de la révélation qu'apportaient les écrits transmis sous le nom d'Orphée, le mythe de Dionysos démembré par les Titans exposait à qui voulait l'entendre la nature divine de l'âme humaine et son revers, les métempsycoses. Au commencement, tout se passe entre immortels, ou plus exactement dans l'immortalité. Les Titans, ennemis « de toujours » des dieux olympiens, démembrent l'enfant-dieu Dionysos ; le Zeus d'en-haut foudroie les meurtriers. L'homme se forme alors de la suie déposée par les vapeurs qui s'étaient élevées des déicides calcinés. Issue des retombées (dans tous les sens du mot) d'un épisode nécessairement antérieur à son advenue, donc divin, l'espèce humaine procède de l'immortalité.

Mais le meurtre des Titans est perpétré sur un enfant-dieu : il disperse la divinité et en égrène l'immortalité. Chaque humain retient une part de cette dispersion, se nourrissant perpétuellement du grain originellement éparpillé : telle est peut-être l'explication orphique des métempsycoses. L'âme ne peut mourir à cause de son origine divine, mais celle-ci est souillée par le crime ancestral. Pour reprendre une célèbre allitération symbolique, cette parcelle immortelle se trouve condamnée à être emprisonnée dans un corps (*sôma*) comme dans un tombeau (*sêma*) tant qu'elle n'aura pas payé la « rançon » exigée par Perséphone en compensation de son « antique deuil ».

Une ascèse est le prix à payer. C'est respecter ce qui a vie. « Nous abstenir de meurtres » n'est pas un précepte anodin quand il est appliqué au contexte cultuel antique. En refusant toute pratique de mise à mort, l'orphisme repousse le mode de vie carnivore : c'est alors refuser de participer aux rituels sacrificiels sanglants qui constituent le principal acte cultuel de la « religion civique ». Le comportement panhellénique traditionnel liait l'obligation d'accomplir des sacrifices sanglants à celle de consommer en commun les chairs sacrifiées. Autrement dit, « s'abstenir de meurtres » revient à la fois à adopter un régime végétarien (*apsukhou boras*, littéralement « nourriture sans âme » ou « sans vie ») incompatible avec les repas entre citoyens où se consommaient les chairs bouillies d'un animal dont les restes osseux et graisseux étaient brûlés pour être offerts aux dieux, et à contester radicalement le bien-fondé des mises à mort sacrificielles. La règle impérative du genre de vie orphique (*orphikòs bíos*), articulée sur l'intrication refus d'ôter la vie/abstinence de nourriture carnée, était un acte profondément subversif, un déni de la piété sous sa forme obligée, c'est-à-dire sanglante. Mais aussi un engagement sans concession puisque l'adepte d'Orphée ne pouvait partager les subtilités pythagoriciennes consistant à légitimer un découpage entre viande licite et viande illicite : sa croyance en l'immortalité de l'âme, fondée sur le mythe du dépècement de Dionysos, lui interdisait toute réitération du meurtre ancestral, cause des métempsycoses. Purifié à force d'abstinences quotidiennes, l'adepte d'Orphée pouvait espérer échapper au « bourbier », soit synonyme d'existence terrestre (résultat de la réincarnation) ou de condition *post mortem* (châtiments dans l'Hadès). L'initié parfait recevait un viatique dont, non pas l'entier contenu, mais des fragments nous sont parvenus grâce aux découvertes effectuées dans des sépultures de « lamelles d'or » retrouvées posées sur la poitrine du défunt ou près de sa main. Il s'agit d'une sorte d'aide-mémoire capable de conduire l'âme à travers les bifurcations de l'Hadès jusqu'à Perséphone et atteindre cette « vie qui est délivrance du cycle et repos loin du mal » (OF 229 Kern). Avant la « béatitude », l'orphisme place encore le secours. Il envisage l'ultime risque d'oublier la divinité de l'âme. Les lamelles d'or rappelaient à l'âme du défunt qu'elle devait se garder de boire à la source du Léthé (Oubli) sous peine de *s'oublier*, et donc de rompre le fil de la mémoire du divin (ce type d'oubli est toujours indissociable de la remontée sur terre, pour un Orphique) ; qu'elle devait ensuite prononcer aux gardiens des lieux un mot de passe, allégeance d'une mémoire qui refuse de s'effacer, affirmation de l'immortalité comme origine commune aux hommes et aux dieux (âme « fille de la Terre et du Ciel ») ; qu'elle devait enfin parvenir devant Hadès, Dionysos et Perséphone. Celle-ci, en sa qualité d'« éphore [juge] de tous les êtres à semence » (OF 192 Kern), constaterait la pureté de l'âme dont la mémoire, en conservant la connaissance du passé et de l'immuable, en a respecté son propre « deuil » et sa propre « loi ». L'immortalité originelle se recompose alors dans les « saintes prairies » de Perséphone.

Ce sont les marginaux qui eurent des croyances au sein du paganisme.

De Socrate à l'aspiration platonicienne

Socrate rapporte la pensée de prêtres, de prêtresses et de certains poètes, Pindare explicitement en tête, mais Orphée certainement en filigrane :

« Ils disent que l'âme (ψυχὴν) de l'homme est immortelle, et que tantôt elle sort de la vie, ce qu'on appelle mourir, tantôt elle y entre de nouveau, mais qu'elle n'est jamais détruite ; et que, pour cette raison, il faut dans cette vie tenir jusqu'au bout une conduite aussi sainte (ὁσιώτατα) que possible ;

Car ceux qui ont à Perséphone, pour leurs anciennes fautes,
Payé la rançon, de ceux-là vers le soleil d'en haut, à la neuvième année,
Elle renvoie de nouveau les âmes,
Et, de ces âmes, les rois illustres,
Les hommes puissants par la force ou grands par la science
S'élèvent, qui à jamais comme des héros sans tache sont honorés parmi les mortels.

« Ainsi l'âme, immortelle et plusieurs fois renaissante, ayant contemplé toutes choses, et sur la terre et dans l'Hadès, ne peut manquer d'avoir tout appris. Il n'est donc pas surprenant qu'elle ait, sur la vertu et sur le reste, des souvenirs de ce qu'elle en a su précédemment. La nature entière étant homogène et l'âme ayant tout appris, rien n'empêche qu'un seul ressouvenir (c'est ce que les hommes appellent savoir) lui fasse retrouver tous les autres, si l'on est courageux et tenace dans la recherche ; car la recherche et le savoir ne sont au total que réminiscence (ἀνάμνησις) » (Platon, *Ménon*, 81 b-d ; frag. de Pindare = 133 Schr.).

Le Socrate de Platon fait glisser un fond orphique (rendre compte de son ascèse à Perséphone) vers une conception de la qualité progressive des métempsycoses qui peut être d'inspiration orphique (un fondateur de mystères tel Orphée ne pouvait qu'être un héros) pour aboutir à une théorie de la connaissance comprise comme réminiscence qui, elle, n'a rien d'orphique.

La pensée platonicienne, son aspiration, est un exercice spirituel. L'homme, « plante céleste et non terrestre » (*Timée*, 90 a), aspire « de toute son âme » à retrouver son origine et sa fin : le ciel divin des Idées. Apparentée au divin, l'âme humaine a contemplé les Idées dans une existence pré-empirique. Plongée dans le monde sensible à force d'incarnations successives, elle doit tendre vers sa pureté première. Une fois libérée de sa prison charnelle, l'âme est jugée. Chez Platon, la transmigration de l'âme est au fondement de sa doctrine de la réminiscence. Comme nous le disions au début, la croyance en la métempsycose est marginale.

Les métempsycoses enregistrent les retards du cheminement de l'âme vers sa réalité d'origine, chaque état marquant toujours le signe d'un inachèvement sanctionné par le cycle des purifications. L'ascèse lave une « faute » pourtant supra-humaine : l'homme n'est pas « responsable » de l'oubli de son origine. Une telle croyance modifie radicalement la mythologie de la Mémoire et de l'Oubli. L'oubli pythagoricien, mais surtout orphique ne se confondent plus avec l'amnésie du défunt, avec ce point de non-retour irrémédiable vers l'inconsistance ombreuse supposée par les récits homériques, mais la projection dans le cycle du devenir, le retour à la sinistre vie sur la terre obscurément éclairée par le soleil.

→ Âme ; Au-delà ; Démon ; Bourbier ; Interdit et injonction ; Mort ; Orphique (Genre de vie) ; Résurrection

MORT

« Un je-ne-sais-quoi »

Au seuil de l'Hadès, à la limite extrême du compréhensible, c'est une défunte, Anticléia, qui apprend à son fils vivant, Ulysse, pourquoi celui-ci ne peut plus serrer sa mère dans ses bras : « Ainsi est la règle *(díkê)* quand la mort nous prend : dès que le *thumós* a quitté les ossements blanchis, la *psukhê* s'envole et vole comme un songe *(óneiros)* » (*Od.*, XI, 221-222).

La *psukhê* envolée n'est surtout pas l'âme des philosophes à venir et encore moins celle des futurs chrétiens, mais plutôt l'indice, par cet envol, de l'effondrement d'un corps. La *psukhê* c'est ce qui maintient debout un éphémère sa vie durant. Elle peut s'envoler momentanément, provoquant une syncope, ou définitivement. Quant au *thumós*, qui, notons-le, se retire en premier (*prôta*), c'est une force qui pousse, excite, presse le vivant en lui conseillant ou lui ordonnant de faire tel acte, d'adopter telle attitude, de suivre telle conduite ou de prononcer telle parole, mais aussi l'empêche de commettre des excès de comportement en suscitant le scrupule ou le sens de l'honneur. C'est pourquoi les dieux, ces « toujours vivants », ont un *thumós*, mais pas de *psukhê* ; ils ont un *thumós* pour fonder leur avis ; ils n'ont pas de *psukhê* car la vie leur est vissée.

Dans la conscience homérique, la mort, tout insaisissable et saisissante soit-elle, n'est pas une cessation d'être mais une persistance impalpable de l'image du vivant, ce qu'Achille appelle « un je-ne-sais-quoi [qui] vit encore chez Hadès » (*Il.*, XXIII, 100). Privés de *thumós*, les morts n'ont plus d'avis à donner… mais peuvent être « éveillés » un moment en leur offrant libations de lait, de vin, d'eau pure avant le sacrifice d'une brebis : abreuvés du sang sacrificiel, les défunts se mettent, non à agir, mais à parler pour évoquer ce qu'ils ont vu de leur vivant avant de se retrouver plongés dans l'inconscience, l'inconsistance et la réclusion définitive (*Od.*, XI, 23 sq.).

Les époques postérieures émettront toutes les hypothèses quant au statut réservé au défunt. Cébès, solide interlocuteur de Socrate, l'interpelle à propos de l'âme : « peut-être doit-on craindre, pensent-ils [les hommes], que l'âme, une fois séparée du corps, n'existe plus nulle part, et qu'elle ne soit détruite, et ne périsse le jour où meurt l'homme ; dès le moment de la séparation, dès qu'elle sort de lui, peut-être se dissipe-t-elle comme un souffle ou comme une fumée, et s'envolant ainsi, n'est-elle plus rien nulle part ? » (Platon, *Phédon*, 69 e-70 a). L'anéantissement semble souhaitable à Macarie : « puisse pourtant tout s'y anéantir ! Car si là-bas aussi les soucis attendent les humains prêts à mourir, je ne vois nul refuge : la mort passe pour être aux maux le souverain remède » (Euripide, *Héraclides*, 593-596. Cf. Sophocle, *Electre*, 1170). Euripide, dans son *Méléagre*, transforme le souhaitable en affirmation : « Une fois mort, l'homme n'est plus que terre (γῆ) et ombre (σκία). Le néant (μηδὲν) retourne au néant (οὐδὲν) » (*Méléagre*, frag. 23). C'est une nourrice, femme qui entretient la vie, qui s'exprime ainsi. L'éphémère *vit* son néant puis s'y endort. Aussi est-ce « une folie de l'esprit humain que de consacrer aux morts de vaines dépenses » (Euripide, *Polyidos*, frag. 6).

Eschyle semblait embrasser une autre conception. Ses défunts éprouvent toujours des passions. « Sous terre, les morts âprement se plaignent et s'irritent contre leurs meurtriers » (Eschyle, *Choéphores*, 41-42) ; cf. *Euménides*, 94-102).

Enfants de la Nuit

La cosmogonie transmise par Hésiode précise que les puissances de la Mort précèdent l'apparition des mortels : « Nuit (*Nux*) enfanta Moros, la noire Kère et Thanathos » (*Théog*., 211-212). Moros signifie la limite en tant que lot de vie ; Kère désigne l'esprit vengeur du mort, et Thanatos dit le trépas. Ce sont les enfants immortels de Nux, l'Obscurité primordiale directement issue de Chaos. La mort décline ses aspects au rythme brutal de ses froides naissances. Moros, Kère et Thanatos sont engendrés par division de Nux, « sans union amoureuse », au terme d'un glacial et ténébreux processus de scissiparité (*Théog*., 213). Il n'y a pas inconséquence, mais plutôt l'affirmation que tout est là, dès le foisonnement originel, sauf l'ingrédient qui fait la moisson à faucher : l'éphémère.

Les dieux naissent à la vie ; les hommes sont fabriqués pour la mort. Là est toute la différence explicitement soulignée par Hésiode.

La Mort a la particularité de naître dans un monde où seule la naissance immortalise. Elle suppose l'altérité, sa distinction à l'instar des conditions de son enfantement. La Mort est l'Autre du divin accroché par naissance à son immortalité. La funeste triade originelle renvoie à une référence encore absente, à un vide « plus tard » sinon comblé, du moins organisé selon un entassement d'êtres voués à la finitude : les éphémères, à qui le registre théogonique – ce « plus tard » correspondant à l'instauration de l'espace/temps – réservera un lieu « destinal » d'effacement sous le nom d'un dieu infernal : Hadès. La mort a donc une triple naissance : une fois sur le registre cosmogonique, hors du temps et de l'espace, « avant » la venue des générations des Titans puis des Olympiens ;

une autre fois sur le registre théogonique, quand le monde spatialisé et temporel s'offrira à l'appétence et à la répartition des pouvoirs ; enfin quand l'homme en fera l'expérience, la mort naissant à chaque fois qu'un éphémère s'éteint, à chaque fois qu'une feuille tombe.

D'Homère aux Tragiques, l'Hadès est un lieu de ténèbres. Quand Héraclès en sort, selon une anabase réglée sur une mythologie connue de tout Hellène, il recommande aux vivants de lever le regard vers la lumière, car « elle est douce à contempler pour des yeux qui l'échangent contre l'obscurité infernale » (Euripide, *Héraclès*, 563-564). Le thème revient sur les lèvres d'Iphigénie bientôt immolée par son père : « Cette lumière est pour les hommes la chose la plus agréable à regarder ; sous terre, il n'y a plus rien. Bien fou qui souhaite mourir. Vivre malheureux ici-bas vaut mieux que mourir avec gloire » (Euripide, *Iphigénie à Aulis*, 1250-1252). Le mort est sur scène, tandis que la mort court les rues. La Grèce antique expose autant le défunt que le nouveau-né rejeté par le père-citoyen. La mort dresse son décor, banal comme un fait divers.

Immortelle est la Mort, et les dieux sont immortels. Ainsi, les générations de Titans puis d'Olympiens ont dû faire avec. Elles devaient trouver un moyen de l'occuper, car, révèle Sapho, « la mort est un mal. Les dieux en jugent ainsi, car, sinon, ils choisiraient de mourir » (frag. 170 Reinach-Puech). Le moyen fut la fabrication des races d'éphémères.

N'être point né

Selon la croyance commune, la mort est un mal. Conception fort pessimiste dans la mesure où la mort, synonyme de destin de l'homme, ne reçoit même pas le soutien bienveillant des dieux qui, à l'époque classique, craignent la souillure du cadavre. Quand Théognis, à rebours, présente la mort comme un bien préférable à la vie, il n'inverse pas une hiérarchie des biens mais enracine davantage la vie dans la souffrance. Pessimisme absolu qui rompt avec les autres variations grecques sur le thème « mieux vaut ne pas naître » plutôt articulées sur le regret et le chagrin qu'il y a à quitter la vie, comme chez Bacchylide, par exemple (Ode, V, 160 sq.). Rien de tel chez Théognis : « Le plus enviable de tous les biens sur terre est de n'être point né, de n'avoir jamais vu les rayons ardents du soleil ; si l'on naît, de franchir au plus tôt les portes de l'Hadès, et de reposer sous un épais manteau de terre » (425-428). La mort est moins un bien qu'un moindre mal. Désespérance radicale autant qu'antithèse absolue de la plainte d'Achille dans l'*Odyssée :* « J'aimerais mieux, valet de bœufs, vivre en service chez un pauvre fermier, qui n'aurait pas grand'chère, que régner sur ces morts, sur tout ce peuple éteint ! » (*Od.*, XI, 489-491). À l'idée selon laquelle la vie vaut mieux que la mort, Théognis rétorque : rien ne vaut rien.

Le thème se retrouve chez Euripide. « Pour moi, affirme Bellérophon, ainsi qu'on le répète en tout lieu, j'affirme que le mieux pour un mortel est de ne pas être né » (Euripide, *Bellérophon*, frag. 1). « N'être pas né ou être mort, c'est tout un, à mon avis, prétend Andromaque, et mieux vaut mourir que de vivre misérablement ; car alors on n'éprouve plus nulle douleur au sentiment de ses maux » (Euripide, *Troyennes*, 631). Plus encore : « nous devrions nous réunir pour pleurer l'enfant qui vient de naître : vers quels malheurs il s'achemine ! Mais celui qui est mort et qui a vu la fin de ses misères, nous devrions l'escorter hors de la maison avec de joyeuses félicitations » (Euripide, *Cresphonte*, frag. 6 ; cf. Hérodote, V, 4, 2).

La question se pose. « Qui sait si vivre n'est pas mourir et si mourir n'est pas considéré aux enfers comme vivre ? » (Euripide, *Polyidos*, frag. 12).

À propos des soldats morts dans la première année de la Guerre Lamiaque « si, une fois morts, il en est pour nous comme si nous n'étions pas nés, ils se trouvent désormais affranchis des maladies, de la douleur, et des autres misères qui s'abattent sur la vie humaine. Mais, si le sentiment nous reste dans le séjour d'Hadès, et si la divinité s'y préoccupe de nous, comme nous le présumons, il est naturel que ceux qui ont pris la défense des dieux pour empêcher la ruine de leurs honneurs obtiennent de la divinité la plus large sollicitude » (Hypéride, *Oraison funèbre*, XIII, 43).

Un seul comportement reste assuré : « Ne maltraite donc pas les morts ; sans quoi il t'en cuira, sois-en sûr », conseille Teucros à Ménélas (Sophocle, *Ajax*, 1154-1155). L'Achille d'Homère avait transgressé la règle envers Hector…, ce même Achille qui reconnaissait ce « je-ne-sais-quoi »… perdurant… faute de mots pour dire la mort.

→ Au-delà ; Châtiment/Récompense *post mortem* ; Destin ; Éphémère ; Funéraire (Culte) ; Métempsycose ; Résurrection ; Revenant

MORT DES DIEUX

Aux Corinthiens, Paul énonce que « chaque fois que vous mangez ce pain et que vous buvez cette coupe, vous annoncez la mort du Seigneur jusqu'à ce qu'il vienne » (*Première Épître de saint Paul aux Corinthiens*, II, 26). Cette conception, exprimée par celui que Nietzsche appelait « l'inventeur de la christianité » (*Aurore*, § 68), n'a pu manquer de marquer les esprits qui, d'une très ancienne tradition à laquelle nous nous attachons, ont appris que « si ce sont des dieux, pourquoi chanter pour eux le chant funèbre ? Mais si vous chantez pour eux le chant funèbre, vous ne les considérez plus comme des dieux » (Héraclite, 0045 Conche), puis encore que « si c'est un dieu, ne le pleurez pas ; si c'est un homme, ne lui sacrifiez pas » (Xénophane, 21 A, 13, à propos du culte de Leucothéa à Elée).

Ces conceptions paulienne et antésocratique sont évidemment totalement asymétriques. En terrain grec païen, la question de la mort d'un dieu correspond soit, d'un point de vue strictement local, à la disparition d'un culte particulier, soit à la manifestation même de l'essence d'une divinité. Le premier cas affecte la mémoire collective, tandis que le second suppose la réflexion individuelle.

Du collectif…

Un dieu ne meurt pas. Seul un type de sa manifestation peut s'éteindre. Tout dans le polythéisme doit être à chaque fois compris à l'aune des épiclèses, de ces déclinaisons imaginées volontaires de la manifestation d'une divinité. Telle épiclèse peut s'effacer de la mémoire collective, mais non le dieu. La mort d'un dieu est la conséquence naturelle de l'effacement progressif puis de la disparition de tel ou tel culte. Le cas d'Iphigénie peut être instructif. Ancienne déesse ou nouvelle héroïne ? Immortelle ou mortelle sanctifiée après sa mort ? Quand la mémoire locale se perd, cette divinité s'éteint, mais une certaine Iphigénie perdure.

En fait, un dieu est plus que la somme de ses épithètes cultuelles. C'est ce « plus » qui le rend dieu. Il est toujours en surabondance de ses caractéristiques, ce qui est l'essence même de la réception païenne du divin. Qu'une épiclèse, indiquant un type particulier de manifestation divine, s'efface de la mémoire des éphémères peut être l'intention du dieu lui-même d'abandonner tel aspect (local) de sa puissance. La disparition devient ainsi le résultat du souhait divin de ne plus se faire honorer sous cette forme. La « mort d'un dieu », c'est un dieu mettant fin à un de ses multiples cultes. Car c'est toujours le dieu qui décide de ses résidences sur terre, décision fondatrice d'autant de sanctuaires.

…à l'individuel

Un dieu est toujours ambivalent, et cette permanence n'a cessé d'être reconnue à défaut d'être connaissable. Expliquons-nous à travers le cas Dionysos dont Walter Otto a parfaitement souligné qu'un dieu obéit à sa « manière d'être », à ce qu'il ne cesse de faire lui-même : « s'il est déchiré et dévoré à la fleur de son enfance, c'est qu'il est lui-même le dieu qui déchire et dévore la vie naissante » (Otto, 1969, p. 204). Sa « mort » n'est qu'illusion : elle ne promet rien sinon sa manifestation dans le monde des mortels. Elle est une expression de sa puissance, non une communion à espérer. Dionysos fait lui-même « ce qui le frappe » (*ibid.*, p. 200). Son tombeau dans le sanctuaire de Delphes ne devait donc point choquer les consultants de la pythie.

Arès fait semblant de périr. Enfermé pendant treize mois dans une jarre en bronze (dans le Tartare ?), celui qui se gave de la mort des guerriers a failli communier avec le sort de sa pulsion (cf. *Il.*, V, 885-887). C'est sa « manière d'être », lui dont on ne sait pas vraiment s'il est un dieu à part entière. (Sur les « morts virtuelles » d'Arès dans *l'Iliade*, voir N. Loraux, 1986). Il n'empêche que les dieux ne meurent pas. Arès ne ressuscite pas : il « pâtit *diminution* et *ressurgence* », selon la parfaite expression de Clémence Ramnoux (*Mythologie*, 1962, p. 58).

Certains aussi ont douté de la divinité de Dionysos. Leur mort fut la réponse donnée par le dieu vivant.

Les Grecs ont ainsi donné un sens à la mort d'un dieu : un sens radicalement délivré du cultuel pour s'accrocher à l'essentiel, à l'essence d'une manifestation divine… qui peut toujours se retrancher… pour donner le semblant à l'effacement toujours prompt de la mémoire mortelle.

► LORAUX N., « Le corps vulnérable d'Arès », *in* Ch. Malamoud & J.-P. Vernant (dir.), *Corps des dieux*, Paris, Gallimard « Folio Histoire », 1986, p. 465-492. – OTTO W.F., *Dionysos. Le mythe et le culte* [1960], trad. fr., Paris, Mercure de France, 1969.

→ Ambivalence des dieux ; Épiclèse ; Faux dieu

MYSTÈRES

Les mystères sont des cérémonies rituelles permises par les cités, en marge de ses cultes obligatoires mais non en rupture avec ceux-ci. Ces cérémonies ont peut-être vocation à « compenser » la froideur du rite civique.

Cités et mystères

Généralement ouvertes à toutes les catégories « sociales » (citoyen, femme, métèque, et même esclave, barbare et enfant), leur participation aurait pour finalité l'assurance personnelle d'une promesse, d'un « avantage ». Promesse d'une protection dans la vie quotidienne ou promesse d'une condition privilégiée dans l'au-delà. La participation à ces cérémonies n'est pas obligatoire, contrairement à celle rendue aux cultes civiques. Elle n'implique aucun genre de vie particulier (à la différence des orphiques).

Il convient de souligner immédiatement que le paganisme n'a pas posé à travers ces multiples cérémonies des réponses à des attentes mystiques. L'inquiétude mystique ne pouvant trouver terreau dans ce sol stérile, mais en fait utilement sain, de l'inconnaissance humaine du divin, la religion civique a fermé les yeux, mais non son intérêt, sur diverses ritualisations d'un réconfort tout humain que ses propres sacrifices publics offerts aux dieux de son panthéon ignoraient par ailleurs. La promesse ou l'avantage arraché au terme de l'initiation reste concret.

Tout dieu, ou à peu près tout ce qui est nommé tel, a sa cérémonie des mystères. Chaque mystère se déroule en un lieu précis, élu par les divinités elles-mêmes : Hécate à Égine, Aphrodite à Chypre, les « Grands dieux » à Samothrace, les Dioscures à Amphissa de Locride, Zeus en Crète, Héra à Argos et Nauplie, Athéna à Athènes, Déméter à Phlya, Déméter et sa fille Koré-Perséphone (les « deux déesses ») à Éleusis, les Cabires à Lemnos et à Thèbes, etc. Très probablement domestiques à l'origine, c'est-à-dire réservés à certains membres d'une famille, les mystères seront assez rapidement reconnus officiellement par les cités qui protégeront et favoriseront leur célébration, sans pour autant les adopter comme cultes civiques.

Les mystères cautionnés par les cités sont publics, largement ouverts à toutes les couches de la société, sans considération des mérites individuels – à l'exception des meurtriers que leur souillure éloigne de toute façon de n'importe quel culte. Il s'agit de fêtes communautaires d'initiation réglementées par décret de la cité (Athènes/Éleusis en Attique, Andanie en Arcadie, etc.) et administrées selon un strict calendrier propre à chaque cité. Conformément à l'attitude civique du Grec envers le divin, ces mystères ne sont fondés sur aucun dogme, sur aucun écrit : leur pouvoir d'attraction se fonde certainement sur le complément ou la *compensation* qu'ils offrent au rituel (plutôt que « religion ») officiel.

L'idée de compensation est essentielle car, dans le cadre de la participation civique aux sacrifices, l'individu n'avait pas à considérer ses espérances sur sa condition en ce monde ou *post mortem* (« âme » ne faisant pas sens), son seul rôle étant celui de sacrificateur. Le culte civique consacre la distance « infranchissable » (dixit Apollon) qui sépare les dieux des mortels.

Le silence et son vocabulaire

Le silence s'impose à la masse qui ne peut bavarder qu'après le spectacle.

Premièrement, parce que *l'initié n'apprenait rien*, au sens doctrinal du verbe. Il n'a pas une « révélation », mais la promesse de la réalisation d'un vœu (Samothrace) ou d'une espérance (Éleusis). Le déroulement des rituels suscitait des impressions, non un enseignement. « Aucune explication n'est produite pendant les cérémonies et les rites d'initiation », affirme Plutarque à propos des cérémonies éleusiniennes (*Moralia*, 422 c). Déjà Aristote, dans un fragment rapporté par Synésius, considérait l'opposition apprendre/éprouver – subtilement rendue à travers les vocables grecs *matheîn/patheîn* – comme une dimension essentielle du contexte « mystérique » en général : « Les initiés n'ont pas à apprendre (μαθεῖν) quelque chose, mais à éprouver (παθεῖν) une émotion et à être en un certain état, après en avoir été rendus aptes » (*Sur la philosophie*, frag. 15 Ross). Toujours dans le cadre du contexte éleusinien (le moins mal connu, donc la référence obligée), le hiérophante, le prêtre qui montre les choses sacrées, n'enseignait rien à l'initié : il montrait, et ce qu'il offrait à la vue avait la force de modifier la disposition d'esprit (*diatethênai*). La connaissance mystérique (*to telestikon*) passe par la vue, non par l'entendement (« entendre » : l'ouïe étant la condition du *didaktikon*, l'«enseignement »), ni par le visionnaire. C'est pourquoi elle pouvait s'adresser à tout le monde, à toutes les inquiétudes suscitées par telle ou telle croyance, car en général une incertitude apeurée pesait plus sur l'entreprise à mener que sur sa destinée connue comme telle : la mort.

Deuxièmement, les rituels mis en œuvre échappaient par nature à toute application objective dans le monde profane. Si leur divulgation avait pu trouver le moindre crédit auprès d'un tiers, alors l'initiation se serait déroulée de bout en bout sur la place publique. Privés d'ancrage dans le sol banal du quotidien, *les rituels sont insignifiants*, au sens propre du mot, puisque sans aucune application significative dans le contexte mondain. Cette impossibilité de transmettre au grand jour les rites sacrés se vérifiait en quelque sorte dans la vie courante dans la mesure où chaque initié, pourtant censé avoir vécu un moment chargé d'émotion, reprenait le cours normal de la vie, retournait à ses devoirs civiques, sacrifiait à ses cultes privés mais aussi et surtout publics de sa cité et, d'après Philon (*Cher.* 48), s'enquérait même de la date de nouvelles cérémonies auxquelles il ne manquerait de participer.

Ne proposant aucun dogme (conformément au culte civique), mais requérant la participation à un rituel souvent nocturne et toujours dans un sanctuaire résolument clos, les cultes à mystères n'avaient ainsi aucune chance d'être dévoilés. Les anciens témoignages montrent effectivement que les adjectifs *arrhêtos* (« indicible ») et *aporrhêtos* (« interdit ») sont d'usage interchangeable quand ils s'appliquent à l'aspect non public de l'initiation, c'est-à-dire à partir du moment où commence ce que Théon de Smyrne appellera la « tradition des choses sacrées ». En effet, le postulant devait préalablement se plier à des purifications opérées au grand jour. Autrement dit, l'initiation est parfaitement exotérique « au début », puis indicible au fur et à mesure qu'on parcourt les cérémonies de bout en bout (Les mots français « initié » et « initiation » sont donc équivoques puisqu'ils concernent ce qui vient « au début ».) Ce n'est pas le secret qui est ritualisé ; c'est le rituel qui est secret. L'esprit grec, toujours soucieux de déceler l'essence, a donc exprimé le contexte des mystères à travers des familles de mots évoquant un ensemble d'*actions ritualisées,* d'où l'emploi du pluriel *ta mustéria* – le singulier *mustérion* pouvant signifier « secret » sans association rituelle. Les Grecs parlaient primitivement d'*orgia*, autre pluriel désignant les actes cultuels en général, et se servaient du verbe *orgiadzein* signifiant « célébrer les mystères ». Les mots *muêsis (*μύησις) et *mustês (*μύστης) étaient respectivement usités pour qualifier l'« initiation » et l'« initié ». Le verbe *mueîn (*μυεῖν), « initier », au passif *múeisthai (*μύεισθαι), « recevoir l'initiation », n'a pas d'étymologie établie. Sa formation à partir de *múô (*μύω), « fermer ses yeux ou ses lèvres », est aujourd'hui rejetée comme simple dérivation populaire. L'érudition philologique confirme ainsi le primat de l'idée de rituel sur celle de secret. L'autre famille de vocables est composée de *télétê (*τελετή), « fête, rite, initiation », de *teleín (*τελείν, « accomplir, célébrer (un rite) », d'où *télestès*, prêtre de l'initiation ; *télestérion*, bâtiment de l'initiation. Pindare (frag. 137) puis Cicéron (*Des lois*, II, 14, 36) affirmaient que l'initié retirait de son expérience des révélations sur les « principes de la vie » (*biou arkhan ; principia vitae*). Les principes de la vie, pour les marins de Samothrace, devaient probablement se confondre avec les moyens d'échapper à la noyade, et pour la masse se rendant à Éleusis de se confondre avec elle-même.

Le myste est le confiant, peut-être convaincu d'un certain sentiment d'intimité avec le divin. « Ô trois fois heureux, ceux parmi les mortels qui, ayant vu ces rites, vont dans l'Hadès ! Car eux seuls y jouissent de la vie, tandis que pour les autres il n'y a que des maux là-bas » (Sophocle, frag. 753 Nauck : cf. *Hymne homérique à Déméter*, 480-482 ; Pindare, Thrène 6 Puech). Isocrate louait les mystères dont les cérémonies font concevoir aux fidèles de réconfortantes espérances sur ce qui les attend « à la fin de la vie et de toute éternité » (*Panégyrique* IV, 28). Ainsi, « nul ne se lamente quand il est initié » (Aristote, *Sur la philosophie*, fr. 14 Ross). On bavarde.

L'initié de Samothrace est rassuré sur les conditions du voyage naval qu'il va entreprendre : périr noyé est une redoutable fin en tant qu'elle prive de sépulture et ainsi interdit au défunt d'accéder au statut d'offrande à Hadès. Les « Grands dieux » de Samothrace, qui n'ont pas de noms – au moins peut-être pour les non-initiés – offrent la sécurité sur mer à ceux qui suivent la démarche initiatique (dont nous ne savons quasiment rien). Selon le mythe, les Argonautes, premiers navigateurs, se font préalablement initier à Samothrace (Apollonios de Rhodes, I, 915-921).

L'initié éleusinien est quant à lui plutôt délivré (*áphetos*) de la crainte de la mort : il descendra dans l'Hadès avec confiance, tandis que le profane s'y « traînera dans la fange, *en borborô keisetai* » (Platon, *Phédon*, 69 c). Ces deux types d'initiation pouvaient être suivis par la même personne… Participer à une effusion collective donne de l'espérance… ça bavarde toujours.

Mystères orphiques

Le deuxième type d'initiation correspond à une orientation en marge de la cité : les rituels orphiques en sont l'exemple par excellence. Il s'agit d'initiations privées, non pas au sens élitiste d'une famille choisie par tel ou tel dieu pour célébrer des rites secrets (comme à Éleusis, par ex.), mais au sens d'une démarche individuelle foncièrement en *rupture* avec la vie de la cité. Aucun décret civique ne concerne donc ces mystères qui établissent sur la *lecture* (le terme peut être employé en ce cas) de textes sacrés (les « grimoires » des « gens d'Orphée ») un « genre de vie » dont le caractère asocial est présenté comme la condition, non plus d'une certaine félicité, mais d'un salut outre-tombe. Ainsi, contrairement aux cérémonies officielles, les mystères orphiques ne sont pas administrés à date fixe, mais constituent une pratique (ascèse) à la fois exercée tous les jours et orientée contre les croyances traditionnelles de la cité. Les mystères tolérés, voire encouragés par une cité, s'adressent à toutes les convictions, tandis que les pratiques secrètes orphiques s'insèrent dans une forme exclusive et doctrinaire. Alors qu'il faut adhérer à un credo dans le cas orphique (l'origine divine de l'âme et les conséquences de la passion de Dionysos), il faut s'affranchir de toute conviction pour participer aux mystères acceptés par la Cité.

Dans le cadre des mystères orphiques, le mystérique est synonyme de sotérique. Les sectateurs d'Orphée ont appris qu'il faut fuir le monde. La promesse de *makaria* (bonheur) dans l'au-delà signifiait alors que l'intimité avec le divin permettait, non pas tant de vivre une vie semblable à l'existence terrestre, les peines et les souffrances en moins, que d'être définitivement soustrait au processus de réincarnation et ainsi, selon cette croyance, de reconquérir l'identité perdue avec le divin. La participation aux mystères orphiques – pour autant qu'on puisse s'en faire une idée à travers les tablettes tumulaires des IVe-IIIe s. av. J.-C. – assurait à l'âme du défunt la conservation de la mémoire outre-tombe, antidote imparable au mal absolu de la réincarnation. Le défunt initié ne pouvait alors manquer de suivre la voie qui permet de s'évader du cycle des douleurs, indéfiniment recommencé tant que l'âme est oublieuse de ses phases précédentes parce qu'elle n'a pas participé aux mystères. Ceux-ci consistaient en purifications quotidiennes (abstinences, refus des sacrifices de la religion civique…) et révélation dogmatique de la boucle reliant Dionysos à Phanès, autrement dit évocation de l'âge d'or (immortalité), de sa dispersion (démembrement de Dionysos/roue des naissances) et de sa réunification (âge d'or retrouvé/libération du cycle des métempsycoses). Doté d'une espèce de viatique, le myste d'Orphée pouvait s'affranchir de la répétition des naissances et des morts, atteindre le terme de ses épreuves et accéder à une forme d'existence nouvelle.

Distances…

Une certaine expression de ceux que nous appelons « philosophes » n'a pas manqué de relever l'impiété (*anierôsti*) des participants aux mystères là où la

Cité trouvait pourtant son compte : « Aux choses considérées chez les hommes comme des mystères, ils sont initiés dans l'impiété », dénonçait Héraclite (frag. 42 éd. M. Conche) pour qui la promesse d'un pur bonheur dans l'au-delà est une absurdité en contradiction avec la loi fondamentale de l'unité et de l'indissociabilité des contraires : de même que la vie ne peut aller sans la mort, béatitude et peine ne peuvent aller l'une sans l'autre. D'autres esprits s'agaceront de ce qu'ils considèrent comme une stupide soumission à ritualisme vulgaire. Ainsi Diogène de Sinope (IVe s. av. J.-C.) rétorque à quelqu'un qui le presse de se faire initier : « Laissez-moi rire ! Agésilas et Épaminondas [deux valeureux généraux] croupiraient dans le bourbier, tandis que n'importe quel pauvre type, à condition d'être initié, séjournerait dans les Iles des Bienheureux ! » (D.L. VI 39 = V B 339 G ; cf. Plutarque, *Comment faut-il entendre les poètes ?*, 4, 21 f). Voilà pour Éleusis : maintenant pour Samothrace, le cynique aurait eu cette repartie à quelqu'un s'étonnant devant les ex-voto offerts par les marins en remerciement aux « Grands dieux » : « il y en aurait beaucoup plus si les gens qui n'ont pas été sauvés en avaient offert aussi » (D.L., VI, 59).

L'accord d'Héraclite et de Diogène pour juger les initiations mystériques bonnes pour les vulgaires et les naïfs n'est que de surface : le premier s'appuie sur sa propre élaboration philosophique ; le second sur son éthique. Et c'est bien sur le terrain éthique que la réflexion sur les mystères portera. Les mystères officiels ne sont-ils qu'un pur phénomène de compensation résolument étranger à toute idée de mérite ici-bas ? Platon y voyait une source de fraternité, même si le philosophe jugeait aussitôt cette amitié bien inférieure à celle qui se tisse de la philosophie (Lettre VII, 333 e).

Officiellement interdits sous Théodose, en 396, les mystères disparurent en fait avec le déclin du polythéisme, car la possibilité de transgresser la pluralité des dieux pour partager l'intimité singulière avec le divin avait trouvé une autre expression, mais toujours sur le ton du phénomène de masse.

• *Fontes historiae mysteriorum*, N. Turchi (éd.), Rome, 1923, rééd. 1930.

► BURKERT W., *Les cultes à mystères dans l'Antiquité* (1987), trad. fr., Paris, Les Belles Lettres, 1992. – KERN O. & HOPFNER T., « Mysterien », in Pauly-Wissowa, *Real-Encyklopädie*, XVI, 1935, col. 1209-1350.

→ Bonheur et béatitude ; Bourbier ; Initiation éleusinienne ; Ménade ; Orphique (Genre de vie)

N

NÉANT

μηδέν, *mêdén* (neutre subst. de μηδείς, rien), avec l'art. το, ce qui n'est rien, le néant.
οὐδέν, *oudén* (neutre de οὐδείς, rien)

Le néant est moins l'objet d'une spéculation cosmologique, aussitôt jugée vaine et absurde, qu'une référence fondamentalement destinée à la condition humaine.

Exclusion de principe et principe de raison

Pour un Grec, le monde ne naît pas du néant. Qu'il puisse être tiré *ex nihilo* par un Dieu créateur est une pure absurdité. C'est son arrangement, la mise en ordre de ses éléments, sa visibilité qui apparaît sur fond d'éternité. Les emplois anciens du mot *kósmos* expriment l'ordre bien organisé, la parure correctement mise, l'agencement parfait. Quand, au VIIe siècle, le poète Alcée énonçait que « rien ne naîtrait de rien » (frag. 35 Reinach-Puech), il exprimait une idée vouée à un long devenir dans la conscience grecque. En témoigne ce dialogue attribué au poète Épicharme (VIe-Ve s.) à propos de l'expression hésiodique selon laquelle « en tout premier, Chaos naquit, γένετ' » (*Théog.*, 116) :

« Mais Chaos le premier, dit-on, parmi les dieux
Parvint à l'existence.
Mais comment ? Impossible,

Puisqu'il n'existe rien dont un premier provienne
Et en quoi un premier pourrait se transformer.
Alors, rien en premier ne vient à l'existence ?
Ni en second, parbleu ! Pas un de ces objets
Dont ici nous parlons ; car ils sont éternels (αεί) » (DK 23 B 1, trad. J.-P. Dumont).

Ce dialogue se fonde sur une exclusion de principe : quelque chose ne peut venir de rien (μηδέν) ; puisque rien ne s'est produit pour la première fois, rien n'est pas : Chaos *(Kháos)* ne peut naître du néant : il a donc toujours été… Rien ne pouvant naître de rien, et puisque l'étant est, l'étant a toujours été et sera toujours… Bref, le non engendré et l'éternité découlent de l'impossibilité « ontologique » du rien, car il est exclu que quelque chose naisse de rien, puisque, en ce cas, il n'y aurait pas de raison pour que ce « quelque chose » soit plutôt ceci que cela. L'exclusion de principe devient une expression du principe de raison. Hésiode ne disposait pas du vocabulaire adéquat. La fracture n'est pas entre « rien » et « création », mais entre invisible et visible.

Aristote rappelle que les premiers penseurs de la nature « estiment que rien ne se crée et que rien ne se détruit, puisque cette nature est à jamais conservée » (*Mét.*, A, III, 983 b 6). La pensée éléatique, héritière de Parménide, avait radicalisé ce refus de concevoir une création à partir de rien. Selon Mélissos de Samos : « Si quelque chose existe, ce quelque chose est éternel : car il ne se peut faire que rien provienne du néant » (DK 30 A 5).

Ce que les hommes appellent « nature », *phúsis*, n'est seulement que « mélange et distinction des choses mêlées » (Empédocle, frag. 8 Dumont). Pas de place pour le néant.

En revanche, pour la mentalité hellène dans son ensemble, « l'humanité n'est que néant, *oudén* » (Pindare, *Ném.*, VI, 5). Mais, étant inconcevable, voire absurde, le néant est aussitôt rapporté à sa plus ténue illustration : l'ombre, σκιά, indissociable du songe, ὄναρ.

Ombre et songe

Le tissage du songe et de l'ombre destine l'éphémère que Pindare, sans illusion, accroche au métier de l'aède : « Êtres éphémères ! Qu'est chacun de nous, que n'est-il pas ? L'homme est le rêve d'une ombre, σκιᾶς ὄναρ ἄνθρωπος » (Pindare, *Pyth.* VIII, 95-97).

Euripide confirme : « Quant à la condition humaine, dit à Médée le Messager, ce n'est pas d'aujourd'hui que je la tiens une ombre (σκιάν) » (*Médée*, 1223-1224). Toujours en écho à Pindare, le Coryphée des *Oiseaux* d'Aristophane rappelle aux hommes « semblables à des songes » qu'ils ne sont que des « fantômes inconsistants pareils à des ombres » (*Oiseaux*, 687 et 686).

Ombre, songe, songe d'une ombre : ce lieu commun de la poésie lyrique et tragique identifie l'homme à son destin : la mort. Chez Euripide, le « songe ailé » (πτανὸν ὄνειρον) désigne explicitement le défunt (*Phéniciennes*, 1545). Sur terre, l'homme n'a guère plus de consistance que les morts dans l'Hadès.

Que l'humanité ne soit rien est un thème cher à Sophocle, ainsi que l'exprime son fameux stasimon :

« Pauvres générations humaines, je ne vois en vous qu'un néant *(mêdèn)*! Quel est, quel est donc l'homme qui obtient plus de bonheur qu'il n'en faut pour paraître heureux, puis, cette apparence donnée, disparaître à l'horizon ? » (Sophocle, *Œdipe roi*, 1186-1192).

Hécube voit les dieux élever certains humains « de leur néant » *(mêdèn)* et faire chuter les autres (Euripide, *Les Troyennes*, 612-613). L'Apollon d'Homère avait déjà évoqué le sort de ces « pauvres humains, pareils à des feuilles, qui tantôt vivent plein d'éclat, en mangeant le fruit de la terre, et tantôt se consument et tombent au néant » (*Il.*, XXI, 463-465).

Le deuil de soi

Le néant, c'est le sentiment sans fond de la fragilité de l'éphémère et l'instable condition humaine. Un tel sentiment peut provoquer en retour une sorte de compassion mêlée à une auto-compassion. Devant le spectacle de la folie d'Ajax, Ulysse, pourtant son ennemi attitré, ne se réjouit pas, comme le souhaiterait Athéna. Au contraire : « Le malheureux a beau être mon ennemi, j'ai pitié de lui quand je le vois ainsi plier sous un désastre. Et, en fait, c'est à moi plus qu'à lui que je pense. Je vois bien que nous ne sommes, nous tous qui vivons ici, rien de plus que des fantômes, εἴδωλ, ou que des ombres légères, κούφην σκιάν » (Sophocle, *Ajax*, 121-126). Ulysse, face au néant de la condition humaine, n'analyse-t-il pas le deuil ?

La seule valeur du rien, c'est de révéler la condition humaine : « C'est quand je ne suis plus rien, constate Œdipe, que je deviens vraiment un homme » (Sophocle, *Œdipe à Colone*, 393 ; cf. *Œdipe Roi*, 1186-1195).

Naître et n'être

Alors, n'être point né serait-il la solution en adéquation avec l'homme-néant ? La pensée grecque a certainement distingué entre ne pas naître et aspirer à n'être plus. La première attitude est exprimée par Bacchylide : « Le mieux pour les mortels c'est de n'être jamais né et de n'avoir jamais vu la lumière du soleil » (Ode V, 160-162). Le contexte de l'ode montre qu'il est préférable de ne pas naître pour ne pas éprouver de regret à quitter cette vie, ce qui revient à donner une certaine valeur positive à l'existence humaine, revendication contraire à l'esprit de la seconde attitude clairement affichée par un Théognis, un Sophocle ou surtout par le Solon d'Hérodote. « Ne pas naître, voilà qui vaut mieux que tout. Ou encore, arrivé au jour, retourner d'où l'on vient, au plus vite, c'est le sort à mettre aussitôt après » (Sophocle, *Œdipe à Colone*, 1224-1227). Le poète tragique retrouve les accents de Théognis : « Le plus enviable de tous les biens sur terre est de n'être point né, de n'avoir jamais vu les rayons ardents du soleil ; si l'on naît, de franchir au plus tôt les portes de l'Hadès, et de reposer sous un épais manteau de terre » (425-428). Mais c'est dans un passage d'Hérodote que la conception de l'homme-néant est nettement exprimée. Il s'agit de l'épisode de la « récompense » (en fait, la mort) qu'Apollon a réservée aux impeccables et très pieux Cléobis et Biton, véritables forces de la nature se substituant aux bœufs pour amener, « pendant quarante-cinq stades », le char où leur mère avait pris place pour se rendre impérativement dans un sanctuaire d'Héra dont elle était la prêtresse. Solon, s'adressant à Crésus, en tire l'enseignement suivant : « La divinité, *ho theòs*, fit bien voir que, pour l'homme, il vaut mieux être mort que vivant » (Hérodote, I, 31, 16). Plus question du moindre regret. En présentant la mort comme un bien préférable à la vie, cette conception est à rebours de celle qui traditionnellement la considère comme un mal. L'inversion souligne radicalement le néant de l'existence humaine.

Le néant, ombre portée de la condition mortelle, place l'homme en état d'urgence. L'éphémère n'a pas à disperser son pauvre esprit avec de vaines chimères sur une autre vie qui n'existe pas. L'homme ne doit pas ajouter à l'écoulement du temps la perte de son temps : « Il y a des gens qui ne vivent pas la vie présente : c'est tout comme s'ils se préparaient, en y consacrant toute leur ardeur, à vivre on ne sait quelle autre vie, mais pas celle-ci. Et pendant qu'ils font cela, le temps s'en va et il est perdu » (Antiphon, B 53 Dumont). Figure éphémère, passagère, l'homme s'évanouit bientôt dans l'anonymat qu'Antiphon appelle l'*arruthmiston*, l'absence de contour. Déjà Sapho signifiait sans ménagement à une femme sans éducation le sort qui lui sera réservé dans l'au-delà : « morte tu seras couchée sans que jamais, pour personne, nulle mémoire (nul regret) de toi survive plus tard, car tu n'as pas de part aux roses de Piérie [pays des Muses] : invisible, même dans la demeure d'Hadès, ton âme envolée errera parmi les morts obscurs » (Sapho, frag. 63 Reinach).

Une certaine conception de la mort comme néant s'exprime à l'âge classique. Dans le *Phédon*, Cébès s'adresse à Socrate en ces termes : « peut-être doit-on craindre, pensent-ils [les hommes], que l'âme, une fois séparée du corps, n'existe plus nulle part, et qu'elle ne soit détruite, et ne périsse, le jour où meurt l'homme ; dès le moment de la séparation, dès qu'elle sort de lui, peut-être se dissipe-t-elle comme un souffle ou comme une fumée, et s'envolant ainsi, n'est-elle plus rien nulle part ? » (Platon, *Phédon*, 69 e-70 a). Ultime expression de la conscience humaine de la finitude.

Les siens et le rien

Les pratiques parfaitement licites de l'exposition d'un nouveau-né indésirable et de l'infanticide ne se fondent-elles pas sur ce postulat selon lequel une progéniture n'est *rien* tant qu'une autorité, paternelle ou collective, ne l'a pas admise dans le cercle sacré de la famille ou de la cité ?

Pour prendre conscience de son néant, le mortel doit d'abord avoir été admis parmi les siens.

Et les dieux se taisent.

► Sur le refus de la création *ex nihilo* : LAURENT J. & ROMANO C., *Le néant. Contribution à l'histoire du non-être dans la philosophie occidentale*, Paris, PUF, 2006. – SOREL R., *Chaos et éternité. Mythologie et philosophie grecques de l'Origine*, Paris, Les Belles Lettres, 2006.

→ Cosmogonie ; Éphémère ; Exposition du nouveau-né ; Mort ; Philanthropie ; Suicide

NOMS ET LANGUE DES DIEUX

Pluriel des noms et sentiment religieux unique

Le Grec sait que le nom qu'il donne à une divinité n'a qu'une valeur relative car « nous ne savons rien des dieux, ni de leur nature propre ni des noms qu'ils se donnent à eux-mêmes – car il est évident qu'ils se nomment de leur vrai nom » (Platon, *Cratyle*, 400 d). L'homme ne possède le plus souvent qu'un nom rituel, dont il sait qu'il ne se confond pas avec le dieu lui-même quand il prie ou sacrifie : « Zeus ! Quel que soit son vrai nom, si celui-ci lui plaît, c'est ainsi que je l'invoque » (Eschyle, *Agamemnon*, 160-161. Cf. Euripide, *Les Troyennes*, 884-888).

D'un peuple à l'autre, ce sont les noms divins qui changent selon les variations linguistiques, les Grecs pensant que leurs dieux et ceux des Barbares sont les mêmes. Un texte assez obscur d'Hérodote (II, 52) rapporte que les Pélasges, premiers habitants de la Grèce, mais de langue barbare, ont spontanément honoré les dieux sans pour autant les nommer individuellement, les appelant simplement du terme générique θεούς. Bien longtemps après, ils apprirent de maîtres égyptiens à les dénommer individuellement. W. Burkert (1945) a bien montré que le mot οὔνομα, « nom », ne désigne pas chez l'historien le nom du dieu, mais signifie le fait de lui donner un nom, autrement dit de fixer l'expérience humaine de sa rencontre avec une expression de l'altérité. Hérodote ne donne surtout pas aux dieux grecs une origine égyptienne : les dieux sont universellement, naturellement et spontanément reconnus comme instaurateurs de l'ordre cosmique. C'est l'art de les singulariser en les nommant individuellement, et non plus d'une manière collective, que les Pélasges doivent aux Égyptiens.

La conséquence est la croyance grecque en un sentiment religieux unique. « Puisque le nom employé par les hommes n'est pas le véritable nom du dieu mais simplement un instrument qu'ils utilisent, selon leurs traditions, leurs νόμοι, il n'y a rien de troublant dans le fait que les peuples emploient des noms différents pour désigner de mêmes dieux » (J. Rudhardt, 1992, p. 234). L'imperfection des langues des mortels coupe à la racine toute velléité prosélyte.

Pluriel des langues et inspiration

L'aède inspiré n'est pas seulement celui qui « sait contraindre l'eau elle-même à frissonner de la présence des dieux » (Alcée, à Apollon) ; il est aussi capable de livrer quelques fragments de la langue des dieux, de les décoller de leur lieu d'émission pour, en les prononçant sur terre, indiquer aussitôt la différence de leur dénomination avec le langage imparfait des humains. L'émission de vocables divins aux oreilles des mortels peut, exceptionnellement, être l'indication de dénominations communes aux deux races. Mais, dans les deux cas, quand la langue des dieux daigne s'entendre sur terre, c'est toujours pour rappeler l'homme à sa condition inférieure. L'exemple de l'oiseau appelé *khalkída* par les dieux et *kúmindin* par les hommes, reste un modèle du genre, car nous ne savons toujours pas de quel volatile il s'agit (*Il.*, XIV, 290-291).

Le remède magique donné à Ulysse pour contrer les sortilèges de la magicienne Circée est une herbe que « les dieux appellent *môlu* ; elle est difficile à arracher pour les mortels, mais les dieux peuvent tout » (*Od.*, X, 305-306). La philologie a montré que μῶλυ- est originellement un adjectif signifiant « adoucissant », ce qui, selon A. Pinchard, « n'est pas arbitraire puisque ce remède aura justement pour fonction de rendre inefficaces les charmes maléfiques de Circée » (2003, p. 216).

Le fleuve d'Ilion, appelé Scamandre par les hommes, est appelé Xanthe par les dieux (*Il.*, XX, 73-74). L'adjectif ξανθός signifie « roux », « alezan ». Les dieux l'appellent ainsi, non par rapport à une contingence toute matérielle (le limon charrié, par exemple), mais parce qu'ils connaissent le destin de ce fleuve de rougir du sang des guerriers qui vont tomber sous les murs de Troie. La langue des dieux se suffit à énoncer l'accomplissement.

Polythéisme oblige, les dieux parlent entre eux, et leur langue anticipe la conjugaison des temps pour évoquer immédiatement ce qui fut, ce qui est et ce qui sera. Aux dieux la synchronie, aux hommes la diachronie.

« Parole émancipée de toute fonction instrumentale » (Pinchard, 2003, p. 220), la langue des dieux condense l'ensemble d'une tradition narrative en un seul nom, et quand celui-ci, exceptionnellement, coïncide avec la nomination des mortels, alors le miracle se produit (le miracle n'est-il pas l'essence même de la relation hommes/dieux ?).

Trois noms employés par les mortels appartiennent à la langue des dieux : Aphrodite, Titans et Pandore. Les Muses les ont soufflés à Hésiode.

D'abord, « la belle et vénérable déesse [...] que les dieux aussi bien que les hommes appellent Aphrodite, pour s'être formée d'une écume *(aphrós)*, ou encore Kythérée, pour avoir abordé à Kythère » (Hésiode, *Théog.*, 195-198). Le nom dit l'histoire en un souffle ; c'est le propre de la langue des dieux, alors que celle des hommes, toujours aux prises avec la temporalité de l'énonciation se déroule lentement, laborieusement, péniblement : Aphrodite naît de l'αφϱός, mot signifiant autant l'écume des flots marins que la semence s'écoulant des bourses d'Ouranos émasculé par Kronos ; manière de dire que moins + moins = plus : moins (les flots marins sont inféconds) + moins (la cruelle impuissance infligée à Ouranos) = plus (Aphrodite, celle qui jette au cœur le désir). Mais tout ceci est fort long, péniblement narratif et laborieusement démonstratif, alors que les dieux ne disent qu'... Aphrodite.

Comme le dit fort bien Monique Dixsaut, le nom employé par les dieux « tire sa signification de ce qu'il récapitule le mythe, raconte l'histoire » (1990, p. 63). De même pour les Titans, ainsi nommés par Ouranos en personne : « Mais le père, le vaste Ciel, les prenant à parti, aux fils qu'il avait enfantés donnait le nom de Titans : à tendre trop haut le bras (τιταίνοντας), ils avaient, disait-il (φάσκε δέ), commis dans leur folie un horrible forfait, et l'avenir en saurait tirer vengeance (τίσιν) ». (*Théog.*, 207-210. Soulignons le tour de force de cette traduction de Paul Mazon). Le nom dit toute l'histoire : le geste castrateur de Kronos, puis le renversement de son règne par son propre fils, Zeus.

Et puis, il y a Pandore, la première femme. Comment, d'ailleurs, ce nom pourrait-il appartenir au vocabulaire des mortels dans la mesure où la différence des sexes ne semble pas être originelle. C'est Hermès, le dieu roublard des échanges, qui donne à cette fabrication tardive qu'est la femme le nom de « Pandore » « parce que ce sont tous (πάντες) les habitants de l'Olympe qui, avec ce présent (δῶϱον), font présent du malheur aux hommes qui mangent le pain » (Hésiode, *Trav.*, 80-82).

Quand dieux et hommes usent de la même dénomination, quand les deux langages coïncident au point de condenser une tradition narrative en un vocable, c'est « le fait de la volonté d'un dieu, volonté d'imprimer dans la mémoire des hommes le souvenir d'un événement qui devient, par le biais de l'intelligibilité du nom, inoubliable, ineffaçable. L'accent mis sur la coïncidence suffit à montrer qu'elle est exceptionnelle. S'agissant des noms divins, c'est la transparence étymologique qui est l'exception et l'inintelligibilité la règle » (M. Dixsaut, 1990, p. 63).

Quand hommes et dieux partagent l'emploi de mêmes vocables, c'est toujours parce que ceux-ci veulent rappeler à ceux-là leur condition mortelle : désir (Aphrodite) de ce qui est pourtant un « beau mal » (Pandore), ventre qu'il faut à la fois nourrir et féconder ; pulsion néfaste de la démesure (Titans) qui menace toujours les ambitions humaines et entraîne inexorablement la ruine.

C'est certainement dans cet esprit que Critias considère le « Connais-toi toi-même » delphique comme un morceau de la langue des dieux. Apollon salue par cette formule l'homme en l'invitant à être sage, c'est-à-dire à ne pas outrepasser les limites de la condition humaine, à ne pas demander plus que ce qui lui est permis (Platon, *Charmide*, 164 d – 165 b).

La langue des dieux fixe, condense et concentre là où la simple langue des hommes s'écoule pour narrer. Elle se moque ainsi de la distinction *muthos/logos* : son énonciation est le pur et soudain développement d'une histoire… racontée par la théologie que les Grecs appelaient mythologie… à moins que ce ne soit l'inverse.

► BURKERT W., « Herodot über die Namen der Götter », *Museum Helveticum*, 1945, p. 121-132. – DIXSAUT M., « La rationalité projetée à l'origine : ou, de l'étymologie », in J.-F. Mattéi (dir.), *La naissance de la raison en Grèce*, Actes du congrès de Nice, 1987, Paris, PUF, 1990, p. 59-75. – PINCHARD A., « La langue des dieux, de Platon à Proclus », in J. Laurent (éd.), *Les dieux de Platon*, Caen, Presses universitaires de Caen, 2003, p. 213-249. – RUDHARDT J., « De l'attitude des Grecs à l'égard des religions étrangères », *Revue de l'histoire des religions*, CCIX, 3, 1992, p. 219-238. – WATKINS C., « Language of Gods and Language of Men. Remarks on Some Indo-European Metalinguistic Traditions », in *Selected Writings* II, Innsbruck, 1994, p. 456-471.

→ Dieux étrangers ; Épiclèse ; Inconnaissance et théologie ; Prosélytisme ; Sagesse delphique

O

ORACLE
Dodone et Delphes

Un oracle comprend à la fois un lieu élu et habité par un dieu *(tò khrêstérion, tò manteîon)* et la réponse du dieu consulté *(ho khrêsmos, hè manteía)*. Voilà pour la croyance, qui s'en remet solidement à un personnel sacerdotal à la fois chargé de reformuler convenablement les questions posées et de transmettre les réponses adéquates, bien cadrées à l'image des consultants.

On consulte quand une décision est difficile à prendre ou quand l'issue d'une entreprise semble incertaine. Les questions portent sur l'opportunité d'un projet ou sur une incertitude qu'il faut lever, bref sur ce qui engage un « proche avenir » dont les termes de l'alternative sont déjà pesés par le requérant pour pouvoir être posés. On ne consulte pas un oracle pour « connaître l'avenir », pour savoir de quoi demain sera fait, ce qui serait outrepasser la connaissance permise aux hommes, mais pour soumettre ses propres hésitations et sa conduite « à venir » à l'approbation du sacré. Consulter un oracle, c'est s'enquérir de l'assentiment du dieu concernant une initiative et non attendre une prédiction : le fait de venir poser sa question et d'entendre un oui ou un non, une approbation ou une désapprobation à un projet déjà élaboré, est donc un acte de piété. « Pour ma part, je ne fais aucun cas des projets humains qui excluent les dieux » (Euripide, *Pélée*, frag. 4).

Le lieu élu a la caractéristique d'être difficile d'accès et farouche. Une telle âpreté naturelle indique la difficulté à pouvoir s'adresser au dieu et non l'obscurité de la réponse oraculaire, celle-ci n'appartenant qu'à la fiction littéraire.

DODONE : l'oracle de Zeus *Náïos* et de Dionè

Sanctuaire oraculaire de Zeus *Náïos* (qui « habite ») et de la déesse Dioné, « homonyme de Zeus » (Euripide, *Archélaos*, 1 b 21), Dodone est situé aux confins du monde où l'on parlait un dialecte grec, en Épire (Thesprôtie), sur la croupe du mont Tomaros. Cette situation géographique, à la fois excentrée et difficile d'accès, ne sera un frein ni à sa réputation, ni à sa fréquentation jusqu'à l'époque romaine. Un plaidoyer de Démosthène évoque même un manquement de la puissante Athènes qui se doit d'honorer le lointain sanctuaire en lui adressant tous les ans une théorie (ambassade sacrée) porteuse de riches offrandes (*Contre Midias*, 53). Platon, Euripide, Aristophane ou encore Cicéron hissent l'oracle de Dodone, l'un des plus anciens de Grèce, à l'égal de celui de Delphes. Outre Démosthène, Hypéride et Dinarque confirment qu'Athènes a souvent consulté l'oracle du dieu dodonéen. Le sanctuaire épirote sera détruit sous le règne de l'empereur Théodose Ier (IVe s. apr. J.-C.).

Le chêne, l'airain, les colombes, la source… et les Argonautes

L'Iliade (II, 750) évoque le culte de Zeus rendu à Dodone « l'inclémente » par les *Selloi* (Σελλοι), ses « interprètes (*hupophêtai*) aux pieds jamais lavés, qui couchent sur le sol » (XVI, 234-235). L'*Odyssée* apprend que Zeus délivre ses oracles par le truchement d'un chêne sacré : Ulysse demande au « grand chêne haut feuillu [*ek druòs hupsikómoio*] » un conseil sur son retour à Ithaque : doit-il se cacher ou paraître au grand jour ? (XIV, 327-330 ; cf. XIX, 296). Socrate rappelle que « c'était une tradition dans le sanctuaire de Zeus à Dodone, que d'un chêne *(druós)* étaient issues les premières révélations divinatoires » (Platon, *Phèdre*, 275 b). Dans *Les Trachiniennes*, Sophocle attribue à l'oracle la prédiction de la durée des travaux d'Hérakles : « J'entends te révéler aussi les oracles [...] que, dans le bois saint des Selles montagnards qui couchent sur le sol, je me suis fait écrire sous la dictée du chêne aux mille voix [*poluglôssou druós*] » (1164-1168). Mais, dans un autre passage de sa pièce, Sophocle attribue à « deux prêtresses », et non plus à des hommes, le soin d'interpréter ce que « le chêne antique de Dodone avait un jour proclamé » (171-172). Un fragment de l'*Érechthée* d'Euripide évoque peut-être les obligations rituelles de ces mystérieux *Selloi* : « Ils dorment sur la terre nue et ne baignent pas leurs pieds dans l'eau courante » (frag. 4). La connotation chthonienne semble ici soulignée, mais toutes les conjectures sont possibles. À la remarque sèche de Philostrate selon laquelle il s'agirait « de quelques individus vivant dans l'improvisation, sans avoir jamais aménagé les conditions de leur existence » (*Imagines*, 33, 2), il est toujours possible d'envisager (d'imaginer) qu'à l'instar des racines du « chêne parlant » qui plongent dans le sol dodonéen, la terre qui macule les pieds des *Selloi* les « enracine » dans le sanctuaire.

Certains commentateurs en ont déduit que la pratique de l'oniromancie par le moyen de l'incubation était le mode primitif de divination à Dodone. Mais, dans ce cas, les *Selloi* furent moins les prophètes de Zeus (l'Ouranien) que ceux de la Terre (Gaia) dont ils sont si respectueux des effluves qui s'en dégagent. Ou ont-ils pratiqué deux types de divination, l'une « inspirée » (interprétation des sons émis par l'arbre lui-même), l'autre ténébreuse, en se livrant à l'incubation (au bénéfice des consultants) ? On ne saurait trancher sérieusement, d'autant qu'une autre tradition insiste sur la présence de chaudrons de bronze. Callimaque évoque les « gardiens allongés sur le sol, gardiens de l'airain jamais silencieux » (*Hymne IV à Délos*, v. 286). Selon l'historiographe Damon d'Athènes (milieu IVe s. av. J.-C.), le sanctuaire n'était pas entouré de murs, mais ceinturé de chaudrons d'airain placés sur trépieds qui, collés les uns aux autres, produisaient une vibration sans fin dès qu'un seul d'entre eux était touché. D'après Polémon, il n'y aurait eu qu'un seul bassin de bronze porté par une colonne : à côté, sur une autre colonne, se dressait la statue d'un enfant tenant un fouet dont les lanières, terminées par un osselet de bronze, venaient frapper le chaudron sacré au gré du vent. Restait-il à interpréter les vibrations en oracles, à donner une signification aux résonances ? Aucun texte ancien ne l'affirme. En revanche, Cicéron (*De la divination*, I, 76 ; II, 69) atteste la pratique, à Dodone, d'une consultation mantique par tirage au sort, le cuveau du chaudron servant peut-être de récipient pour le jet de sorts, *klêroi* (d'où cléromancie).

Hérodote rapporte une tradition encore différente où il n'est plus question d'hommes parlant sous l'autorité du dieu, les *Selloi*, mais de femmes, appelées *Peleiades* (« Colombes »). Les prêtres de Zeus Thébain (Amon), en Égypte, apprennent à Hérodote que deux femmes consacrées au dieu furent enlevées par des Phéniciens et vendues comme esclaves, l'une en Libye, l'autre en Grèce. Toutes deux établissent un oracle sur leur lieu de déportation. Celle qui parvint à Dodone « fonda sous un chêne, *hupò phêgoû*, qui avait poussé là un sanctuaire de Zeus » (II, 56, 7). Hérodote recueille des trois prophétesses du moment une transposition du récit de la fondation du sanctuaire : deux colombes noires s'envolent de Thèbes d'Égypte ; l'une se rend en Libye, l'autre à Dodone ; celle-ci, posée sur « un » chêne, demande avec une voix humaine qu'on établisse à cet endroit un oracle de Zeus, tandis que la colombe rendue chez les Libyens exige la fondation d'un oracle d'Amon – qui est aussi oracle de Zeus. De ces deux récits, Hérodote tire l'opinion suivante : « Les femmes, me semble-t-il, furent appelées colombes [*peleiádes*] par les Dodonéens pour cette raison qu'elles étaient barbares et qu'ils trouvaient leur langage pareil au chant des oiseaux. S'ils disent qu'après un temps la colombe parla avec une voix humaine, c'est qu'alors la femme s'exprimait d'une façon intelligible pour eux ; tandis que, aussi longtemps qu'elle parlait une langue barbare, elle leur semblait proférer le même genre de sons qu'un oiseau ; comment en effet une colombe pourrait-elle émettre une voix humaine ? Et, quand ils disent que la colombe était noire, ils donnent à entendre que la femme était égyptienne » (II, 57). Le nom *Peleiades* restera accolé aux prêtresses qui lui ont succédé, ce que confirme Pausanias : « Les femmes furent appelées colombes par les Dodonéens » (X, 12, 10). Hérodote ne cherche qu'à proposer une explication rationnelle au nom de « colombes » appliquées aux prophétesses sans nous renseigner sur le mode de divination propre à l'oracle. Ce sont les témoignages postérieurs qui, à force de combinaisons, montrent que l'origine des prêtresses détermine le mode de consultation : ce seraient les oiseaux perchés sur le chêne sacré qui portent la réponse aux questions des consultants. D'autres encore évoquent l'interprétation du vol des oiseaux dans le ciel de Dodone. Mais il ne s'agit que de conjectures.

Relire Strabon est toujours nécessaire, à condition d'avoir présent à l'esprit qu'il émet une hypothèse, étant donné le caractère aléatoire de la documentation parvenue jusqu'à nous. Documentation qui, rappelons-le, ne s'adressait pas aux mentalités à venir, et auxquelles Strabon appartient déjà : « Aux origines donc, des hommes exerçaient la fonction prophétique, et sur ce point, le poète [Homère] est clair ; il les appelle *hupophêtai* [litt., ceux qui parlent "sous l'autorité" de <Zeus>]. [...] Par la suite, ce sont trois vieilles femmes qui furent chargées de cette fonction, lorsque le sanctuaire devint commun à Zeus et à Dionè » (VII, 7, 12).

Un texte très tardif, le commentaire à l'*Énéide* (III, 466) de Servius, se fait l'écho d'une tradition isolée selon laquelle une source jaillirait des racines du grand chêne et dont les murmures, interprétés par une vieille femme appelée Pélias, livreraient les oracles. C'est d'hydromancie qu'il s'agirait alors. Il est certain qu'aucun auteur grec ne mentionne particulièrement la source, et que les fouilles n'ont révélé aucune fontaine. En revanche, il ne faut pas oublier que Dionè siège à Dodone comme la parèdre de Zeus. Son nom est formé sur la racine qui apparaît au génitif de celui de Zeus, *Diós*. Fille d'Okéanos et de Téthys d'après Hésiode (*Théog*. 353) ou fille d'Ouranos et de Gaia selon une autre tradition, Dionè appartient de toute façon à la première génération divine. Le caractère chthonien marque toujours cette déesse de la fécondité dont l'épithète Naia (de *naîon*, habiter et ruisseler) indique son rapport étroit avec le lieu et l'eau. On ne peut rien affirmer de plus.

Si le mode de mantique de Zeus dodonéen reste énigmatique, il faut, avec Jean Rudhardt, souligner l'absence de référence au bruissement des feuillages du chêne qui, contrairement à l'opinion actuellement partagée, caractérise en creux tous les témoignages anciens que nous avons cités plus haut. D'Homère à Platon, en passant par Sophocle ou Hérodote, force est de reconnaître qu'aucun témoignage n'évoque des signes qui seraient donnés par le truchement du vent s'engouffrant dans le feuillage. « On admet généralement aujourd'hui qu'agitées par le vent, les feuilles du chêne produisent un bruissement dont des prêtres ou des prêtresses expliquent la signification au consultant. Cette théorie se réfère à un phénomène naturel, intelligible à nos contemporains ; elle les satisfait pour cette raison. C'est elle que l'on voit exposée dans la plupart des guides de la Grèce » (Rudhardt, [1996], 2006, p. 108). L'analyse du grand historien de la pensée religieuse grecque met le doigt sur les déviations que notre rationalité impose à une antique mentalité. Il faut reconnaître et admettre que les Anciens projetaient sur l'oracle de Dodone une dimension que nos catégories appellent surnaturelle. Se rendre à Dodone, c'est consulter un (ou plusieurs) arbre(s) sacré(s). Hésiode situe l'oracle dodonéen « au pied d'un chêne [*en puthméni phêgoû*] » (frag. 240 Merkelbach-West, trad. Rudhardt, 2006, p. 109) ; Eschyle évoque « l'incroyable prodige des chênes parlants [*prosêgoroi drúes*] » (*Prométhée*, 832) ; Ovide décalque cette antique croyance quand il décrit le frémissement du haut chêne sans qu'aucun souffle, précise-t-il, n'agite ses branches (*Métamorph.* VII, 629-631). Dans l'*Odyssée*, Ulysse ne s'adresse pas au feuillage du chêne, mais au chêne haut feuillu, ce qui n'est pas du même « ordre ».

À chaque croyance ses miracles ! Le principal reste à les prendre en compte pour comprendre quelque chose des démarches mentales qui y sont liées. Que le chêne fût miraculeux, qu'il déroge à l'ordre habituel, sinon naturel, des choses, bref qu'il puisse parler, est une affaire de croyance, peut-être préhellénique, qui entendait une parole sortir du sol et s'émettre du tronc d'un arbre : « L'idée d'un arbre sacré doté de la parole est si présente à l'esprit des Grecs, constate J. Rudhardt, qu'ils expliquent de la façon suivante le pouvoir miraculeux du navire des Argonautes [l'Argo]. Quand on le construisait, Athéna avait introduit dans sa charpente une poutre provenant du chêne sacré de Dodone. C'est pourquoi l'Argo était capable de parler, pour énoncer la pensée de Zeus. Cette histoire serait incompréhensible si l'oracle de Dodone était émis par les feuilles du chêne sacré ; c'est le bois qui produit un son » (Rudhardt, 2006, p. 111).

Cette croyance est à prendre en compte, mais simplement à l'aune du respect que les Hellènes portaient aux traditions ancestrales : le sanctuaire de Dodone a son origine dans les temps pélasgiques, c'est-à-dire aux temps originels, avant que les humains vivant sur ces terres aient appris à nommer individuellement les dieux. Premiers habitants des territoires qui deviendront hellènes, les Pélasges invoquent les dieux sans savoir les dénommer individuellement. Les Égyptiens leur révèlent l'art de nommer chaque dieu : ils consultent l'oracle de Dodone qui en confirmera le bien-fondé (Hérodote, II, 52-53).

En résumé, la mantique par le biais du bruissement des feuillages du chêne, du tintement et de l'écho des chaudrons sacrés, des cris ou du vol des colombes ou du murmure de l'eau de source, sont autant de modes divinatoires rapportés par les traditions *tardives*, et dont nous ne savons rien, ni même s'ils se sont succédé ou juxtaposés. Nous ne pouvons retenir que deux aspects : être requérant à Dodone c'est, d'une part, aller à la rencontre d'un lointain passé auréolé du prestige religieux de l'antique, et d'autre part, être obligé de poser sa question selon certaines conditions et règles. C'est ce second volet, largement instructif sur l'attente des consultants (le mot « psychologie » n'ayant ici aucun sens), qu'il faut maintenant ouvrir.

Le "préférable" et le "meilleur", le "plus profitable" et le "plus avantageux"

Nous ne savons donc pas quel mode exact empruntait l'oracle pour répondre aux consultants. C'est à peine si notre rationalité est capable d'accepter la croyance ancestrale projetée sur le pouvoir du chêne sacré. Mais nous sommes davantage informés sur l'esprit et la forme des questions posées grâce aux nombreuses lamelles de plomb découvertes dans le sol du sanctuaire de Dodone.

Principalement interrogé sur des affaires privées ne dépassant pas la modeste sphère des humbles préoccupations personnelles, le Zeus de Dodone fut aussi consulté sur des questions d'intérêt public, par exemple au nom d'une cité inquiète de savoir quel sacrifice offrir à quel dieu ou héros, pour se garantir d'abondantes récoltes (demande des Corcyréens et des Oriciens, certainement datée du IIIe s. av. J.-C. ; n° 6 Parke). Selon des sources littéraires, les Spartiates auraient consulté le Zeus *Naios* avant la bataille de Leuctres (371). D'une façon générale, indique Xénophon, la question posée doit être formulée selon le modèle simple suivant : « Sera-t-il bénéfique <ou non> pour la cité d'agir ainsi ? » (*Revenus*, 6, 2).

Les lamelles de plomb exhumées appartiennent en majorité à la période hellénistique, mais certaines remontent à la seconde moitié du VIe s. avant notre ère. Le requérant présente au dieu les deux termes d'une alternative quand le choix est difficile à prendre. Les questions, certainement gravées par le consultant lui-même, dans l'alphabet de sa cité et en divers dialectes (du Nord-Ouest, mais aussi de la Grande Grèce), portent principalement sur des problèmes pratiques et autres embarras domestiques : « Alkinoos demande à Zeus *Naïos* et à Dionè s'il serait plus profitable et plus avantageux pour Nikeas de construire l'atelier auquel il songe » (IVe s. av. J.-C. ; n° 21 Parke) ; « Agis demande à Zeus *Naios* et à Dionè à propos de ses couvertures et de ses oreillers si c'est lui-même qui les a perdus ou si c'est quelqu'un venu de l'extérieur qui les a volés » (datation non précisée ; n° 27 Parke).

Quand on n'attendait du dieu qu'un assentiment ou, au contraire, un avis négatif, la demande ne comportait que le terme positif : « Sera-t-il plus profitable de partir à Alyzéa ? » La réponse, inscrite au verso de la lamelle de plomb indique : « Reste ici et persévère » (n° 23 Parke). On peut lire sur la face d'une autre tablette : « Dois-je devenir soldat sur terre ? », et sur l'autre côté la réponse : « Demeure absolument sur terre » (Christidis éd.). C'est toujours, selon l'expression oraculaire consacrée, ce qui sera « préférable et meilleur » (λῷον καὶ ἄμεινον), avantageux et utile, que recherche le requérant pour lui-même ou pour un proche. Déjà Ulysse demandait au divin chêne haut feuillu s'il était préférable pour lui de se cacher ou de paraître au grand jour quand il atteindrait Ithaque. L'oracle, soit répond par oui ou par non, soit répète l'un des deux termes de l'alternative.

En répondant par « oui/non », « fais/ne fais pas » à la question « sera-t-il plus profitable et plus avantageux » de faire ou de ne pas faire telle ou telle chose, le dieu tranche un simple dilemme et efface l'angoisse de la décision ou du doute. Delphes fonctionnera de la sorte.

DELPHES : l'oracle d'Apollon *Pythien*, prophète de Zeus

Accroché au farouche flanc méridional du Parnasse, au-dessus du golfe de Corinthe, à près de six cents mètres d'altitude : Delphes. Là, une pierre conique, appelée *omphalos*, ombilic ou nombril de la terre, devient la borne initiale à partir de laquelle les chemins peuvent être mesurés après que deux aigles (ou deux cygnes), envoyés par Zeus aux extrémités du disque terrestre et volant « d'une vitesse égale », se sont rejoints à l'aplomb de cette pierre fichée dans un endroit sans nom avant d'être appelé la « rocheuse Pythô », puis Delphes (Pindare, *Pyth.* VI, 3-4 ; VIII, 59 ; XI, 10 ; cf. Plutarque, *Sur la disparition des oracles*, 409 e ; Pausanias, X, 16, 3 ; Strabon, IX, 3, 6).

Voici pour le regard de l'imaginaire, certainement jamais innocent quand il s'agit pour un sanctuaire de se placer au centre *(méson)* du monde. Car Delphes est au premier rang des instituts oraculaires grecs (aux côtés du sanctuaire de Dodone, selon une tradition de l'époque classique). Son prestige et son autorité s'imposent, sur une période de fonctionnement de près de mille ans, à l'ensemble du monde hellénique à partir du VIIIe siècle avant notre ère, et culminent deux siècles plus tard. Agamemnon lui-même aurait franchi « le seuil de pierre » de Pythô pour consulter le dieu oraculaire (*Od.*, VIII, 79-80).

La fin de l'oracle, certainement tardive, échappe aux historiens. C'est encore l'imaginaire, l'emportant totalement sur l'historique, qui lui rend un dernier hommage quand il consigne ces vers que la Pythie adresse au médecin Oribasios venant, en 362, s'enquérir, au nom de Julien l'Apostat, de la manière de restaurer ce qui peut l'être encore du sanctuaire bien mis à mal par les progrès du christianisme :

« Dites au roi qu'il s'est effondré le superbe édifice
Phoïbos [Apollon] n'a plus de cabane, plus de laurier divinatoire,
Plus de fontaine parlante, s'est même tue l'eau loquace » (476 Parke).

Que cette réponse émane de Delphes ou, selon certaines hypothèses, d'un autre oracle (celui de Daphné d'Antioche ?) reste un débat entre historiens qui ne doit pas occulter le fait que ces vers, qui appartiennent à la littérature et non à la stricte rhétorique divinatoire, déclinent de toute façon une épitaphe du paganisme.

Le « chassé-croisé des traditions »

Cette expression est de Clémence Ramnoux (*La Nuit et les Enfants de la Nuit*, 1986, p. 28). Elle « trahit le travail de mains savantes » qui ont doté de plusieurs histoires la fondation du centre oraculaire, dont le chassé-croisé aide à la compréhension de la divination en terrain hellène.

Dans la *Suite pythique* de l'*Hymne* [pseudo-homérique] *à Apollon* [*HhA*] (datant de la fin du VIIe s. ou des premières années du VIe av. J.-C., l'hymne n'ayant d'homérique que le nom), le dieu est présenté comme le fondateur de l'oracle. Apollon trouve, sur un flanc du Parnasse, un domaine vierge qui ne porte pas encore de nom : aucune divinité n'y habite sinon une bête énorme et géante, elle-même sans nom, un « dragon femelle ». Il tue le monstre qui « faisait tant de mal aux hommes » et lui donne un nom en le laissant pourrir (*pútheu*) sur place (*HhA*, 363) : « Depuis, jusqu'à ce jour, on l'appelle *Pythô* – et on donne au Seigneur le nom de Pythien – parce que c'est là que l'ardeur pénétrante du Soleil a fait pourrir le monstre » (*HhA*, 372-374). Ce mythe instaure le dieu aventurier comme un bienfaiteur des hommes auxquels son oracle révélera « les desseins infaillibles de Zeus », et vient souligner la force créatrice de la parole (nommer, c'est faire advenir l'être : *Pythô* signifie « lieu de putréfaction », *HhA*, 363). Le récit narre encore la recherche des prêtres que le dieu entame pour le service du temple qu'il veut ériger sur ce nouveau site : apercevant un navire chargé de Crétois venant de Cnossos, il se métamorphose en dauphin (*délphinos*) pour amener l'embarcation dans le port menant à Pythô en chantant un Io-Paean semblable aux paeans de la Crète. Il est certainement intéressant de reconnaître la trace de mythes anciens qui faisaient venir Apollon de l'île de Minos, mais surtout plus pertinent de constater que « la dérivation de tous ces noms, du pourrissement au monstre, du monstre au dieu et du dieu à la prêtresse, *pythein*, *python*, *pythias*, *pythia*, souligne la transposition de la démesure du monstre à la mesure de la prêtresse » (J.-F. Mattéi, *Le sens de la démesure*, Sulliver, 2009, p. 47).

Les autres traditions évoquent plutôt des passages successifs de l'oracle entre générations divines, soit sur le mode légitime, soit sur celui de l'usurpation. Les antiques vers attribués à Musée ou à Eumolpe considéraient que l'oracle avait tout d'abord appartenu à Gaia (la « Terre » des cosmogonies), qui l'avait ensuite partagé avec Poséidon, puis avait abandonné sa part à Thémis, qui elle-même l'avait transmise à Apollon (Pausanias, X, 5, 5-7). Le prologue des *Euménides* (1-19) reprend la tradition en établissant que le trône delphique passa de Gaia à Thémis, de Thémis à Phœbé, de Phœbé à Phoibos-Loxias (Apollon). Cette succession eschylienne respecte exactement les strates de la théogonie hésiodique : Gaia appartient à la première génération des puissances divines, sous le règne d'Ouranos ; Thémis et Phœbé, ses filles, à la génération des Titans, sous le règne de Kronos ; enfin Apollon, petit-fils de Phœbé, à la génération des Olympiens, sous le règne de Zeus. À cette succession sereine du trône oraculaire, transmis avec consentement selon l'ordre d'ancienneté, Euripide oppose une autre tradition selon laquelle Apollon s'empare par force d'un oracle chthonien en évinçant Thémis après avoir tué le serpent posté par Gaia au seuil de l'oracle (*Iphigénie en Tauride*, 1240-1282 ; cf. Pausanias, V, 14, 10 et X, 5, 6).

Ce chassé-croisé des traditions ne révèle pas seulement les motivations et les rivalités des prêtres soucieux d'ancrer leur sacerdoce dans un lointain passé, mais indique, au-delà de leurs nécessaires divergences, l'apparition d'un nouveau type de mantique : celle par la parole. Dans la *Suite pythique*, la divination apollinienne s'installe sur un terrain vierge. Le serpent n'est pas ici l'expression de la souveraineté de puissances telluriques, n'y étant jamais désigné comme le gardien d'un oracle chthonien (contrairement à la version d'Euripide), mais nettement comme la manifestation du mal qu'Apollon élimine. Dans les autres traditions, qu'elles soient pacifiques ou sanglantes, l'apparition d'Apollon marque aussi un progrès, cette fois par rapport à un type de mantique beaucoup moins éprouvant pour les consultants que l'incubation, mode propre aux oracles chthoniens. D'après Euripide, Zeus, confirmant l'installation d'Apollon à Delphes, « affranchit les hommes de la mantique ténébreuse. À Loxias il remit ses honneurs ; il rendit aux humains confiance dans le chant des oracles promulgués sur ce trône que viennent visiter de nombreux pèlerins » (*Iphigénie en Tauride*, 1279-1283).

Le passage d'une mantique chthonienne à une mantique par la parole inspirée répondait-il, au début du VIIIe siècle, à la demande des consultants redoutant les songes obscurs et les visions effrayantes provoqués par l'incubation ? La fréquentation longtemps attestée des sanctuaires oraculaires chthoniens d'Amphiaraos à Oropos et surtout de Trophonios à Lébadée, montre que le problème ne se pose pas catégoriquement en termes de rejet. De plus, si la tradition est tenace pour affirmer l'antériorité d'une divination ténébreuse à Delphes – seule la *Suite pythique* ignore Gaia qui est généralement considérée comme la première prophétesse, *prôtomantis* –, elle l'est tout autant pour souligner que la mantique apollinienne ne se résume pas au seul échange verbal, ou du moins, que son installation à Delphes n'a pas fait table rase de toutes les techniques divinatoires : la Pythie pouvait aussi répondre en secouant dans la cuve du trépied des osselets, appelés *thriaï*, associant ainsi la divination mécanique par jet de sorts (cléromancie) à la divination dite « inspirée ». La technique cléromancienne, consistant à « enlever en levant » des osselets, dés ou fèves, permettait-elle de seconder la Pythie quand l'affluence des pèlerins se faisait trop écrasante ou restait-elle indépendante de la prophétesse d'Apollon ? L'*Hymne* [pseudo-homérique] *à Hermès* (555 sq.) rapporte la tradition selon laquelle Apollon aurait appris les rudiments de l'art divinatoire des Thries, trois nymphes issues de Zeus, dont l'oracle se rendait au moyen de cailloux. Ceci ne prouve rien, mais la cléromancie fut toujours attestée à Delphes. Le verbe *anairéô*, « soulever, tirer un sort », est fréquemment employé à propos des réponses de la Pythie. L'expression *aneîlen ho theós* en viendra à signifier : « le dieu répondit ». Selon P. Amandry, la divination cléromantique est un procédé constamment utilisé à Delphes : à la question devant être résolue par un oui ou un non, la Pythie donnait une réponse favorable en tirant une fève blanche ou défavorable en tirant une noire. Notons la parenté entre cette technique divinatoire et un mode de vote civique lors des procès : un caillou blanc ou plein pour l'acquittement ; un caillou noir ou percé pour la condamnation. Le mot pour désigner l'opération du dépouillement du vote, le verbe *ekpíptô*, est aussi employé dans le contexte sacré de Delphes : « l'oracle tombe » *(ekpiptei khrêsmos).*

La divination parlée ne fut donc pas le seul mode de mantique proposé à Delphes après l'instauration du clergé apollinien. Le consultant attend un signe… qui n'était pas nécessairement oral. Un épisode important de la cité athénienne, gravé en 352/351 sur une stèle, montre l'existence d'une divination par le truchement de la gestuelle pythique. Athènes possède une terre fertile située dans un pays qui ne l'est pas, aux confins de l'Attique et de la Mégaride. Cette particularité fait de ce domaine une *orgas*, terre consacrée aux déesses de la croissance végétale, Déméter et sa fille Korê. La cité exploite le terrain, dans le but pieux de récolter des fonds pour l'entretien du sanctuaire des « Deux Déesses » à Éleusis. Or, selon la tradition, un domaine consacré ne peut être modifié, sauf avis contraire de l'oracle. Athènes envoie des théores, ambassadeurs sacrés, présenter à la Pythie deux urnes scellées, renfermant deux textes de réponses opposées. Sur la première : « est-il plus profitable et plus avantageux pour le peuple athénien que le *basileus* afferme les champs maintenant cultivés dans les limites de l'*orgas* sacrée pour financer le portique et entretenir le *hieron* des Deux Déesses ? » Sur la seconde : « est-il plus profitable et plus avantageux pour le peuple athénien de laisser en friches en l'honneur des deux déesses les champs aujourd'hui travaillés dans les limites de l'*orgas* sacrée ? » (Le Guen, n° 32).

Ce document ne fait pas que prouver l'existence d'une mantique aveugle et silencieuse, simplement gestuelle. Il montre à la fois la confiance qu'on avait en Apollon et la méfiance à l'égard, non de la Pythie, mais des administrateurs delphiens toujours capables de manipulations, ces derniers n'ayant pas alors connaissance du contenu des urnes (lamelles d'étain). La réponse fut certainement la seconde solution. Mais l'important est ailleurs. C'est dans la formulation suivante qu'il faut le trouver. La cité athénienne ne demande pas si elle a eu raison ou tort de cultiver un domaine consacré, mais si elle doit continuer à le faire ou non, ce qui, dans n'importe quel choix du dieu Pythien, lève aussitôt une inquiétude. Que les formulations contenues dans les lamelles soient inconnues de la Pythie n'a donc aucune importance : la désignation d'une réponse (exploiter/laisser en friches) lave immédiatement de toute impiété. La question posée, selon les règles de la consultation oraculaire, est aussi manipulation de l'oracle, avec sa connivence !

Le sanctuaire oraculaire

« Le sanctuaire et la cité sont gardés non par des murailles, mais par des précipices, non par l'ouvrage de la main des hommes, mais par des défenses naturelles – en sorte qu'on hésite à admirer plus ici la position stratégique du lieu ou la majesté du dieu » (Justin, XXIV, 6,6).

Centre du monde idéalisé des Hellènes, le site est miné par les légendes que l'imaginaire lui imprime quand il se met à creuser l'image d'une faille *(khasma gès, stomion)*, d'une ouverture terrifiante sur un abîme d'où s'élèverait un mystérieux souffle *(pneuma)* propice à l'inspiration oraculaire. Disons-le tout net : les vapeurs venues des entrailles de la terre sont une invention de l'époque hellénistique, principalement véhiculée par Diodore de Sicile (XVI, 26) au premier siècle avant J.-C., puis relayée, au premier siècle de notre ère, par l'auteur du traité *Sur le sublime* (XIII, 2), dit le Pseudon-Longin, par Strabon (IX, 3-5) et, au siècle suivant, par Pausanias (X, 5, 7). Tous rapportent un ouï-dire, mais les fouilles géomorphologiques infirment absolument l'existence au fond du temple de la moindre cavité qui puisse correspondre à la crevasse naturelle dont parle en premier Diodore : ni crevasse dans la terre ou ouverture dans la substructure, ni trace d'émanation provenant d'une activité volcanique (cf. P. Birot, in *Bulletin de correspondance hellénique*, 1959, p. 258 sq.). Les exhalaisons sulfureuses et autres vapeurs méphitiques relèvent de la pure légende dont le but était d'enraciner le souffle prophétique dans une réalité matérielle. En vérité, Pindare fréquentait un « sanctuaire embaumé » (*Ol.* VII, 32) et Plutarque officiait dans un temple baigné d'une « odeur agréable » (*Sur la disparition des oracles*, 437 C ; cf. 421 B). Nul gaz délétère, mais plutôt des fumigations de feuilles de laurier et de grains d'orge (cf. P. Amandry,

1950, p. 127) ; nulle excavation naturelle ou même artificiellement taillée dans le granit, mais « tout au plus une très modeste chambre souterraine » (M. Delcourt, 1981, p. 43).

Quant à l'aménagement et la disposition intérieure de l'adyton (*áduton)*, cette « modeste chambre » du temple d'où se prononce l'oracle, l'archéologie delphique reste prudente : trépied, laurier, statue en or d'Apollon, tombeau de Dionysos, *omphalos*... autant d'« accessoires » évoqués dans les textes littéraires et dessinés sur des vases. « Il est actuellement acquis, précise G. Rougemont, qu'il s'agissait pour l'artiste de situer à Delphes la scène qu'il représentait, en aucun cas de donner une "photographie" de l'adyton » (Rougemont, in J.-P. Savignac, 2002, p. 193 ; cf. P. Amandry, in J.-G. Heintz, 1997, p. 271-281). Comment pourrait-il d'ailleurs en être autrement, dans la mesure où l'endroit où vaticinait la Pythie restait dissimulé aux consultants ? Lieu dont l'accès est interdit, « inaccessible », « impénétrable » au commun des mortels, donc sacré, l'adyton du sanctuaire, qui n'est pas souterrain mais certainement en contrebas (puisque les textes rapportent que la Pythie y « descendait »), est le lieu d'où émane la réponse de l'oracle, séparé de l'*oîkos*, sorte d'isoloir où étaient retenus les consultants (cf. G. Roux, 1976, p. 132-136, 149).

L'instrument du dieu : la Pythie entre folklore et philosophie

Recrutée dans les premiers temps parmi les jeunes filles vierges, la Pythie, c'est-à-dire la Prêtresse de Pythô, sera par la suite choisie parmi les Delphiennes d'âge mûr. Selon une hypothèse plausible, elle était désignée par tirage au sort, une pratique courante laissant à la responsabilité du dieu le soin de choisir sa prêtresse à partir d'une liste préétablie de candidates (G. Roux, 1976, p. 68). Elle prophétisait une fois l'an, le jour anniversaire de la naissance d'Apollon (7 du mois de Byzios – cette appellation, qui n'appartient qu'à Delphes, correspond à février-mars), puis, à l'époque classique, une fois par mois (toujours le 7) et finalement plusieurs fois, sauf pendant les mois d'hiver durant lesquels Apollon était censé séjourner chez les Hyperboréens, « aux confins du monde, aux sources de la nuit, là où le ciel se déploie » (Sophocle, frag. 956 Pearson). Le jour des consultations s'appelait *poluphtoos*, « le jour des multiples questions et réponses ». L'oracle comptera jusqu'à trois Pythies en même temps pendant sa période de splendeur afin de répondre à une affluence croissante (entre 700 et 400). À l'époque de Plutarque, vers 100 apr. J.-C., une seule Pythie suffisait, et encore pour ne prophétiser qu'une fois par mois. On ne sait si sa présence à Delphes fut antérieure à celle du clergé d'Apollon : on sait seulement qu'en dehors de ce sanctuaire, le dieu exprimait ses oracles, soit par un personnel prophétique mixte (à Argos, à Didyme), soit par des bouches masculines (au Ptoïon, près d'Akraiphia, à Claros, à Thèbes).

Le collège dévoué à Apollon se composait, outre la (les) Pythie(s), de prêtres, de prophètes et d'*Hósioi* ('Οσιοι, vocable difficilement traduisible, au sens proche de « Vénérables », « Purs » ou « Sanctifiés »), tous delphiens.

Les prêtres, en leur qualité de gestionnaires, entretiennent la statue cultuelle, veillent au choix de l'animal offert en sacrifice préliminaire *(próthusis)* à toute consultation oraculaire, font respecter les lois sacrées du sanctuaire ; bref, se cantonnent à la fonction traditionnellement dévolue à n'importe quelle prêtrise. Ils ne participaient probablement pas à la consultation proprement dite, le fonctionnement de l'oracle relevant certainement de la compétence des prophètes et des *Hósioi* (G. Roux, 1976, p. 56).

Le mot *prophêtes* a deux sens. D'une part, il désigne la personne qui « parle à la place » d'un dieu et transmet ses oracles. En ce sens, la Pythie est la prophétesse d'Apollon qui, lui-même, est le prophète de Zeus. Le second sens « s'applique souvent à une fonction moins noble, rappelle G. Roux. Il qualifie alors de simples ministres du culte chargés d'assister, au cours de la consultation, le "prophète" ou la "prophétesse" au sens propre et de veiller au bon fonctionnement de l'oracle » (*ibid*).

Nommés à vie, les *Hósioi*, qui se prétendaient descendants directs de Deucalion (le mythique fils de Prométhée), présidaient au bon déroulement des sacrifices préliminaires et, les jours de consultation publique, faisaient office de proxènes (hôtes publics) auprès des requérants étrangers. Tandis que les prêtres procédaient au sacrifice probatoire, les *Hósioi* l'interprétaient pour savoir si Apollon Pythien était disposé à prophétiser les volontés de Zeus.

Des « ministres du culte » assistaient donc la Pythie pendant la consultation. Il est difficile de définir précisément cette dernière fonction sans induire automatiquement la façon de se comporter de la prophétesse, alors que le secret pèse toujours sur ce qui se déroulait dans l'adyton. En effet, si les assistants se contentent de recueillir les paroles de la Pythie, celle-ci parle donc de sang-froid ; s'ils doivent les rétablir selon un ordre logique, elle vaticine en état de trouble ; si ceux-ci devaient traduire des sons ou des cris, alors elle prophétise en véritable état de transe ou d'égarement d'esprit. Dans les cas solennels, les prophètes ou les « Vénérables » consignaient les oracles sous forme de vers hexamètres. Mais, selon Plutarque, la Pythie rendait elle-même à l'origine ses oracles en vers, ce qui suppose une maîtrise au moins technique de la parole oraculaire, mais aussi et surtout l'existence d'un cadre formel préétabli dans lequel la réponse devait s'insérer.

Les commentateurs tardifs ont souvent associé le comportement de la Pythie à un état de « névrose hystérique ». Au premier siècle de notre ère, Lucain brossait un portrait hallucinant qui n'est pas sans évoquer la transe (mythique) d'une Ménade : « Elle délire comme une bacchante, démente, portant à travers l'antre sa tête égarée, secouant avec ses cheveux défaits les bandelettes du dieu [...] ; sa nuque vacille et se tord ; elle renverse en tous sens les trépieds qui font obstacle à sa marche éperdue ; un feu terrible l'embrase : elle te porte en elle, Phoibos plein de fureur [...]. Alors l'écume de la démence se met à couler de sa bouche affolée ; de sa gorge haletante sortent des gémissements et des éclats de voix [...]. Elle fait rouler ses yeux farouches et ses regards parcourent tout l'espace céleste. Assombri par un éclat tantôt effrayé, tantôt menaçant, jamais son visage n'est immobile. Une couleur de feu colore sa bouche et ses joues livides. Sa pâleur n'est pas de l'effroi, mais elle l'inspire » (*Pharsale*, V, 169 sq.). Voici pour un pan du folklore que d'autres descriptions, notamment celles des chrétiens (Origène et Jean Chrysostome, s'inspirant de penseurs païens hostiles aux pratiques oraculaires, comme Oinomaos de Gadara), vont prétendre consolider en insistant à leur tour sur le caractère délirant de la bouche oraculaire, cette fois soumise à l'effet grisant des exhalaisons sulfureuses du lieu. Or, nous savons d'une part qu'aucun phénomène géologique de ce genre n'a pu se produire à Delphes, et d'autre part que le consultant ne voyait pas la Pythie. Des raisons apologétiques évidentes motivaient les prétendues « descriptions » des chrétiens.

Mais la thèse (folklorique) d'une Pythie hystérique s'est encore appuyée sur la présence à Delphes de Dionysos, à qui le calendrier sacré du sanctuaire consacrait les quatre mois d'hiver. Et c'est en boucle que se dessinent les traits de la Pythie sous la représentation d'une femme exaltée sortie du cortège tout mythique des Ménades. La « possession » delphique résulterait d'une contagion du culte orgiastique de Dionysos… Seulement, Dionysos ne fut jamais un dieu oraculaire à Delphes, comme il le fut à Amphiclée (voir la mise au point de H. Jeanmaire, *Dionysos*, Payot, 1978, p. 187-198), et les témoignages concordent sur le fait que la Pythie ne vaticinait pas quand Apollon était censé avoir quitté le sanctuaire pour l'Hyperborée. De plus, les monuments figurés n'ont jamais représenté ni un Apollon délirant ni une Pythie dionysiaque (cf. P. Amandry, 1950, p. 20-24 et 77). Il faut donc à la fois préférer et se contenter de la présentation de Plutarque, sage platonicien qui fut lui-même prêtre d'Apollon Pythien à Delphes dans les dernières années du premier siècle de notre ère : « La Pythie sort d'une des familles les plus honnêtes et les plus respectables qui soient ici et elle a toujours mené une vie irréprochable. Mais, élevée dans la maison de pauvres paysans, elle n'apporte avec elle, en descendant dans le lieu prophétique, aucune parcelle d'art ou de quelque connaissance ou talent. Comme la jeune épouse, selon Xénophon, doit n'avoir rien vu, rien entendu jusqu'à ce qu'elle entre chez son mari, de même l'inexpérience et l'ignorance de la Pythie sont à peu près totales et c'est vraiment avec une âme vierge qu'elle s'approche du dieu » (*Sur les oracles de la Pythie*, [*Or.P.*], 405 C).

Pour qu'elle devienne l'instrument (*órganon*) du dieu, la Pythie devait vivre une « existence pénible en veillant à ce qu'elle reste toute sa vie pure et chaste » (Plutarque, *Or.P.*, 400 D ; cf. *Dispar. or*, 435 B, 438 C ; Euripide, *Ion*, 1323). Elle se pliait à des actes rituels avant la consultation : se purifier et boire de l'eau (dans/de la fontaine de Castalie ?), mâcher une feuille de laurier et en tenir une branche, inhaler des fumigations de laurier mêlé à de la farine d'orge. « La Pythie [...] dans le laurier s'installe, chante grâce au laurier, s'étend sur le laurier » (Callimaque, Iambes IV, frag. 194, 26-27 ; le texte est peu sûr. Rappelons que le premier temple d'Apollon aurait été une hutte de branches de laurier apportées de la vallée de Tempè où le dieu serait allé se purifier après le meurtre du serpent Python : Pindare, *Schol. in Péan* VIII, Pap. Oxy. 841 F. 87 ; Pausanias, X, 5, 9. On constate la permanence d'une certaine référence naturaliste au sein même d'un sanctuaire oraculaire qui prétend libérer les hommes d'une mantique chthonienne.)

La Pythie inspirée serait assise sur un trépied couvert. Ce cuveau, sorte de bassine à trois pattes, ne nous est en fait connu que par des représentations athéniennes de peintres qui ne pouvaient avoir vu la Pythie prophétiser, celle-ci se tenant toujours hors du regard des requérants. Ainsi ces artistes ont-ils reproduit le seul type de trépied qu'ils connaissaient, le support de chaudron... que toutes les conjectures et fantasmagories se sont efforcées de remplir, soit des os et des dents du serpent Python, soit des membres du Dionysos dépecé...

Possédée (ἔνθεος) par le dieu, la Pythie transmet la réponse de l'oracle. « Ce n'est pas au dieu qu'appartiennent la voix, les sons, les expressions et les vers, c'est à la femme qu'il inspire ; pour lui, il se contente de provoquer les visions de celle-ci et de produire en son âme la lumière qui lui éclaire l'avenir : c'est en cela que consiste l'"enthousiasme" » (Plutarque, *Or.P.*, 397 C). L'enthousiasme passerait donc par la vision, mais il ne faut pas en déduire que la pré-vision précéderait la pré-diction car *Delphes ne délivre pas de prédictions*, au sens d'un dévoilement du Destin, mais seulement des conseils ponctuels et pratiques sur ce qui est, selon la formule consacrée, « le plus profitable et le plus avantageux » pour le consultant.

Selon Plutarque, l'instrument de la mantique inspirée (la Pythie) est avant tout un réceptacle de visions traduites en mots (ou en sons ?) après coup. Plutarque ne cesse d'insister sur cette métaphore de la lumière (oracle) réfractée (Pythie) pour être décrite (mantique inspirée). Il n'y aurait donc ni hystérie ni sang-froid, mais enthousiasme : « Le dieu de Delphes atteint notre oreille en se servant de la Pythie comme la lumière du soleil atteint notre œil en se servant de la lune. Ce que le dieu montre et révèle, ce sont bien ses pensées, mais mêlées à des éléments étrangers, parce qu'elles passent par un corps mortel et une âme humaine » (*Or.P.*, 404 D). Plutarque évoque encore les avis d'Apollon

« adultérés » par leur passage à travers un corps mortel et une âme humaine (404 E). Platon conceptualisait le « délire » *(manía)* des Pythies propice à rendre aux hommes « nombre de bienfaits évidents, tant d'ordre privé que d'ordre public » (*Phèdre*, 244 b), mais ceci, comme l'enthousiasme, reste une pure construction intellectuelle. La fonction purement instrumentale de la Pythie est nettement soulignée par Aristophane selon qui Apollon, « du haut d'un trépied d'or ouvré vaticine » (*Ploutos*, 9).

Le requérant, qui ne voyait pas la Pythie, ne conceptualisait pas davantage sa fonction. La Pythie s'efface devant le dieu oraculaire, lui-même invisible. Elle n'est rien d'autre qu'un prête-voix pour quiconque croyait à l'oracle. Les deux expressions « La Pythie répond… » et « Le dieu répond… » sont parfaitement synonymes, et leur interchangeabilité explique l'anonymat quasi total dans lequel les Pythies furent plongées au cours de l'histoire delphique. Se rendre à Delphes pour consulter l'oracle, c'est avant tout croire que c'est Apollon qui dit « je » quand la Pythie parle à la première personne, après que le dieu a montré à son porte-parole ce qui doit être prononcé pour être ensuite interprété, mais aussi retranscrit dans le dialecte du consultant – laconien, phocidien, dorien, ionien… ; car il ne faut pas oublier que « la pythie parlait le patois de son village, qui ne devint du reste jamais une langue écrite » (M. Delcourt, 1981, p. 60). Maîtriser la bigarrure linguistique est certainement l'œuvre du collège delphique.

En fait, l'énigme de la Pythie n'en est certainement pas une, à condition de porter attention à la normalisation imposée à la formulation de la question qui lui était posée.

Avant d'exposer le mode delphique de questionnement, il faut essayer de saisir l'état d'esprit du requérant et la motivation qui l'animait.

Être requérant

Se rendre à Delphes pour obtenir une réponse à un problème précis, ou questionner sur l'opportunité d'un projet, n'est pas sans paradoxe dans la mesure où l'on s'adresse au dieu qui, dans la conscience grecque, est précisément celui qui tient les humains à distance en ne manquant jamais de rappeler aux impétueux leur limite de n'être que des éphémères (cf. *l'Iliade*, V, 440-442). Mais, comme ils sont tous voués à la putréfaction, alors le paradoxe se lève, Apollon se souvenant d'être le Pythien : le dieu qui a laissé pourrir *(pútheu)* le serpent femelle alors gardien du lieu pour libérer une parole.

Se rendre à Delphes pour interroger une Pythie, c'est être consultant, et non… consultante, les femmes n'étant pas admises à s'adresser personnellement à l'oracle. Contrairement aux cérémonies officielles des mystères (Éleusis…), les consultations oraculaires excluent donc la présence féminine, n'accueillant que des hommes selon un ordre protocolaire : d'abord les Delphiens, puis les membres de l'amphictionie pyléo-delphique (énorme groupement des douze peuples qui « habitent autour » du sanctuaire), suivis des Grecs originaires de cités plus lointaines, et enfin des Barbares accompagnés d'un hellénophone. Ambassadeurs sacrés (théores) ou personnages importants pouvaient bénéficier de dérogations accordées par Delphes (droit de *promanteía*, non négligeable dans la mesure où voyager trop longtemps hors de sa cité natale représente toujours un risque dans le monde méditerranéen). Un représentant de sexe masculin était autorisé pour présenter les demandes posées par des femmes.

Les « couteaux de Delphes ». Être consultant, c'est pouvoir s'acquitter de différentes taxes et sacrifices. Après acquittement du *pélanos*, offrande originellement en nature (gâteau rituel) puis en argent selon un tarif variable suivant les conventions passées entre les cités et les Delphiens, le consultant offrait un ovin en premier sacrifice. « Si vous avez offert devant le temple un gâteau consacré, et que vous désiriez consulter Apollon, approchez des autels. Mais ne pénétrez point à l'intérieur du temple sans avoir immolé des brebis… » (Euripide, *Ion*, 226-229). Les « couteaux de Delphes » sont proverbiaux (Aristote, *Pol.*, I, 2, 3). Selon le mythe, Apollon lui-même avait donné à ses premiers prêtres la consigne suivante : « Que chacun de vous tienne un coutelas dans sa main droite, et qu'il égorge sans cesse des moutons ; vous aurez à foison des victimes que les illustres familles humaines amèneront à mes autels » (*HhA*, 535-537). D'où la réputation d'avidité des Delphiens (cf. Burkert, *Homo Necans*, p. 148-159).

Le tressaillement de l'animal. Un second sacrifice, toujours aux frais du consultant, a valeur probatoire. Avant d'immoler la victime, une chèvre, on l'aspergeait d'eau froide : « Il ne suffit pas qu'elle remue la tête comme dans les autres sacrifices, rapporte Plutarque, il faut encore qu'elle tressaille et palpite en même temps de tous ses membres avec un bruit saccadé ; si ces symptômes ne se produisent pas, on déclare que l'oracle ne donne pas audience et l'on ne fait pas entrer la Pythie » (*Dispar. or.*, 435 C ; cf. 437 A-B. Plutarque rapporte la mort d'une Pythie à la suite d'une consultation forcée : 438 A-B). Si la mise à mort probatoire indiquait la bonne disposition du dieu, les consultants, mandataires des cités ou simples particuliers, étaient autorisés à pénétrer dans le *khrêstérion*, et la Pythie à prophétiser dans l'adyton.

Le salut du consultant. Parvenu au seuil du temple, le pèlerin découvre, suspendue dans l'entrée (*pronaos*), une offrande sacrée (*anathêma*) : l'epsilon majuscule (E), certainement en bois à l'origine, puis en bronze et plus tard en or. Identifiant cette lettre, le requérant instruit prononçait mentalement et spontanément un salut au dieu prophétique. En effet, cinquième lettre de l'alphabet, epsilon (ε) note aussi à elle seule la diphtongue εἰ (*ei*) : les explications conjecturales de l'E delphique s'étendront donc à la conjonction εἰ (« si ») et à la forme verbale εἶ (« tu es »). *Sur l'E de Delphes,* dialogue composé par Plutarque alors qu'il exerçait les fonctions de prêtre d'Apollon Pythien à Delphes (début du sacerdoce entre 85 et 90), expose plusieurs explications possibles de la présence de cette lettre majuscule dédiée à Apollon Pythien, dont trois nous intéressent en tant qu'elles indiquent dans quel état d'esprit le requérant devait aborder la consultation.

1/ La lettre signifierait εἰ (« si ») qui est la conjonction interrogative « caractéristique de tout entretien avec le dieu » (386 C). Effectivement placée au début des questions adressées à la Pythie, *ei* trouverait en E le rappel du mode de questionnement imposé aux consultants.

2/ À l'optatif, εἰ s'emploie dans les prières dans une expression comme εἰ γάϱ: « si tel événement pouvait se produire ! », « si je pouvais... » (386 D). L'E delphique exprimerait la ferveur de la prière (qui est toujours une demande) dans l'interrogation faite au dieu.

3/ Le maître de Plutarque, Ammonios, interprète l'E comme une graphie archaïsante du syntagme verbal ει, « tu es ». La lettre désigne « une manière d'interpeller et de saluer le dieu ». En fait, Ammonios retrouve toute la tradition qui, dès Homère, considère Apollon comme le dieu qui tient à distance en rappelant aux impétueux leur limite de n'être que des éphémères (cf. *l'Iliade*, V, 440-442).

L'accueil d'Apollon : mise en garde. Si la formule « tu es » salue le dieu, celui-ci s'adresse aux consultants par une injonction inscrite au fronton de son sanctuaire : « connais-toi toi-même » (γνῶθι σαυτόν).

La maxime enjoint l'homme à *connaître* ce qu'il est sur le plan civiquement religieux – et non sur celui d'une connaissance introspective de la subjectivité –, et ainsi à *reconnaître* l'étendue le séparant des dieux immortels avant de poser sa question (Platon, *Charmide*, 164 d-165 a). Pline consignera que les décisions de l'oracle de Delphes étaient rendues « comme pour rabrouer la vanité humaine » (*Hist. nat.*, VII, 151). C'est peut-être en cela qu'Apollon reste et restera associé à la pleine lumière : il préside un monde clairement ordonné dans lequel les dieux sont disposés d'un côté et les hommes de l'autre. Il saura, en conséquence, combler de ses oracles les mortels qui se tiennent à leur place dans l'ordre du monde en ne posant que des questions concernant leur modeste sphère et non celle, éclatante, des dieux. Pindare, familier du sanctuaire, enracine le *gnôthi sauton* delphique dans le contexte oraculaire : « Il ne faut demander au dieu que ce qui convient à des cœurs mortels » rappelle le poète, pour qui « il faut regarder à nos pieds, ne pas oublier notre condition » (*Pyth.* III, 106-108). Un éphémère sait quel est son destin (mourir), mais il ne peut en pénétrer les aléatoires orientations de son existence livrée au gré du vent.

Se soumettre à l'injonction d'Apollon revient à attendre de la parole oraculaire des prescriptions, non des prédictions.

Tandis que les mystères (au premier rang, ceux d'Éleusis) prétendent s'infiltrer dans le domaine divin pour susciter à la masse quelques espérances dans un « vivre dans l'au-delà », la mantique apollinienne ne concerne que le domaine quotidien et banal du seul consultant, qui demande soit des prescriptions rituelles, soit des réponses aux « petites préoccupations » de tous les jours (Plutarque, *Or.P.*, 408 C ; cf. 386 C). S'il fut dieu *de* mort dans l'esprit homérique – *apollumi*, « faire périr », est une explication courante de son nom –, Apollon ne sera jamais, en tant que Pythien, dieu *des* morts :

« Les libations et les chants
Offerts aux morts qui ne sont plus,
Apollon aux cheveux dorés refuse de les accueillir » (Euripide, *Suppliantes*, 975-977).

Le dieu est le prophète des volontés de Zeus pour le bénéfice des hommes qui savent interpréter les signes dévoilant un présent caché, non un au-delà hypothétique. Le requérant est prévenu : l'âme n'intéresse pas Apollon… conformément aux autres démarches dites « religieuses ».

Motivation pragmatique et règles de formulation de la question

Ainsi prévenu, le consultant savait qu'une seule question n'était pas possible de poser : « De quoi demain sera-t-il fait ? »

Qu'il se présente à titre officiel ou à titre privé, le requérant s'adresse à l'oracle pour savoir comment agir « pour le mieux » ici-bas : ce mieux (*ameînton*) – comparatif ou superlatif – concerne la vie active, qu'elle soit collective (questions d'organisation cultuelle ou civique) ou privée (questions pratiques). On consulte pour savoir comment tourner sa conduite vers l'avenir, mais non pour connaître l'avenir, ce qui serait interprété, cette fois par le dieu, comme une conduite de démesure : l'au-delà n'a pas de place à Delphes. C'est la motivation pragmatique qui prime dans la démarche vers l'oracle dans la mesure où le consultant n'attend rien d'autre qu'une caution à une décision préalablement envisagée, voire prise. Telle collectivité demande quelle constitution elle doit adopter (celle-ci ou celle-là) pour vivre le mieux (*kallista*) ou « ce qu'il serait préférable [*ariston*] de faire » pour se sortir d'une situation mal vécue ou, pire, pour laver un miasme engendré par une impiété envers les dieux ; tel particulier demande ce qu'il doit faire (si ou si) pour que telle chose envisagée réussisse. Dans les deux cas, l'oracle doit indiquer une condition rituelle du succès : « Il sera avantageux et meilleur [*lôion kai ameînon estai*] », édictera le Pythien. La réponse était alors irréfragable : en cas d'insuccès, qui aurait osé affirmer que la non-obéissance au conseil d'Apollon n'aurait pas entraîné pis ?

Les questions étaient-elles directement adressées à voix haute par le consultant à la prophétesse ou devaient-elles préalablement avoir été remises par écrit ? La bigarrure des dialectes, évoquée plus haut, implique une traduction par les prêtres. De plus, l'emploi obligé de l'alternative suppose une intervention sacerdotale en amont de la consultation. Par exemple, la question « Que dois-je faire pour être plus heureux ? » devient « Est-ce à tel ou tel dieu qu'il faut sacrifier ? ». Si, une fois la réponse donnée (tel dieu plutôt que tel autre), les choses ne s'améliorent pas, la raison en était une mauvaise exécution des sacrifices… ce qui explique certainement autant l'indifférence affichée par le clergé pythique aux « destinées » des réponses émanant du sanctuaire que cette remarque de Plutarque : « bien qu'exposé à perdre son crédit puisqu'il [le langage de la Pythie] est soumis à l'épreuve des faits, il n'a donné jusqu'à présent aucune occasion de le convaincre d'erreur » (*Or. Pyth.*, 408 F).

Exprimée sous forme d'alternative (appelée « question fermée » : « De ces deux partis, lequel est le meilleur ? »), la question contient un terme de la réponse : oui ou non ? bon ou mauvais ? *si* il faut faire ceci ou *si* il ne faut pas l'entreprendre ? « On consultait l'oracle en *si : si* il fallait faire ceci ? sous-entendu, ou exprimé, *ou bien* ne pas le faire. *Si* il fallait faire ceci, *ou bien* cela. Le fin du fin consistant à enfermer le dieu dans un dilemme, sans tiers parti possible, de façon à obtenir de lui avec un minimum de mots la réponse qui suffise à trancher le cas. La *parole* se fait alors un *signe* suffisant pour indiquer le *bon sens* » (C. Ramnoux, *La Nuit et les enfants de la Nuit*, 1986, p. 162). Une telle normalisation de la formulation permet automatiquement à l'oracle de confirmer ou d'infirmer le projet. On voit bien que l'hystérie n'était pas nécessaire pour obtenir une réponse. Entre l'hypothèse d'un état de transe, dans lequel la Pythie proférerait des sons seulement intelligibles pour le prophète, et celle d'une réponse donnée de sang-froid, le cadre normatif de la question fait nettement pencher pour la seconde.

Quand Khéréphon consulte l'oracle de Delphes au sujet de Socrate, il ne demande pas *qui* serait plus savant que Socrate, mais *si* quelqu'un l'est (sous-entendu : oui ou non). La Pythie aurait répondu par la négative. À supposer que sa réponse fût affirmative, il incombait alors au requérant d'identifier qui était plus sage que Socrate. Tâche bien difficile. La réponse (négative) était donc contenue implicitement dans la demande. Tout est ainsi déjà joué parce que la pression religieuse qui s'imposait aux consultants de Delphes (« Connais-toi

toi-même ») n'était pas propice à la possibilité de faire des choix en fonction d'une intériorité subjective.

Les États demanderont *si* il faut ou *si* il ne faut pas changer telle loi sacrée ou tel rituel, etc. Un simple particulier demandera *si* il doit se marier, *si* il doit s'embarquer, *si* il doit entreprendre telle affaire, etc. Ce choix entre deux solutions était la principale manière de s'adresser à Apollon. On peut en outre affirmer que la question posée ne concernait qu'un futur proche et envisageable : « Le dieu, dans sa sagesse, envoie promener les dialecticiens pour qui la particule *si* et la proposition placée après elle n'expriment aucun fait réel » (Plutarque, *Sur l'E de Delphes*, 386 c).

Philostrate, au début du IIIe s. apr. J.-C., évoquait de façon très pertinente l'oracle de Delphes : « C'est pour l'ornement qu'Apollon rendit ses oracles en vers. Sinon, il répondait simplement : "Fais cela ou ne le fais pas, va ou ne va pas, conclus ou non une alliance". Tout cela est court et, comme vous dites, nu » (*Vie d'Apollonius de Tyane*, VI, II, 5 ; cité in Delcourt, 1981 p. 95). Déjà Plutarque était net : « Le langage de la Pythie rappelle la définition que donnent de la ligne droite les mathématiciens : la plus courte qui soit entre deux points donnés ; ignorant les détours et les sinuosités du style, les équivoques et les ambiguïtés, il est orienté droit vers la vérité » (*Or. Pyth.*, 408 F).

C'est l'indication de l'éventualité la plus favorable pour une affaire concrète – le « bon sens » noté par Clémence Ramnoux – que le consultant demande à l'oracle de préciser à partir de deux options contraires envisagées, et non pas la prédiction d'un futur de toute façon inexorablement fixé tant pour les hommes que pour les dieux. Aux ambassadeurs de Crésus, la Pythie commence par rappeler que tout est fixé par le destin et que rien ne peut le contrarier.

De même que la transe hystérique de la Pythie n'appartient qu'à un tardif folklore étranger à Delphes, le problème de savoir si la réponse oraculaire était claire ou ambiguë relève d'une distinction qu'il convient d'opérer entre fiction littéraire et témoignages épigraphiques. C'est pour nous la « bailler belle » (selon l'expression de M. Delcourt, p. 105), que la littérature cultive la tradition de l'ambiguïté et de l'équivoque des oracles (notamment chez Hérodote), tandis que les textes épigraphiques consignent des réponses claires. Ces derniers correspondent à la réalité… nue, comme aurait pu le dire Philostrate.

En fait, Delphes a davantage inspiré l'historiographie au service du plaisir littéraire (c'est le cas de ce « prodigieux romancier d'oracles » que fut Hérodote, selon M. Delcourt, mais déjà épinglé par Thucydide, I, 21), que la réelle Pythie qui avait affaire avec les termes d'une alternative. Les énigmes et autres oracles à double sens ne sont rien d'autre que les simples ressorts d'une bonne histoire... pour bon public.

Prophétie et prescription religieuse

Dans l'« ancien temps » que regrette Plutarque, celui du VIe au IVe siècle, on consultait l'oracle d'Apollon Pythien à titre officiel sur « ce qui est juste et approprié, *dikên kai thémin* » (Alcée, frag. 142 Lobel et Page) pour la bonne marche de la cité – mais, en fait, la consultation à titre privé sur des entreprises bien fades au regard des questions d'intérêt public semble avoir été majoritaire. Ainsi placé au croisement des cités venues l'interroger, l'oracle ne pouvait éviter d'être soupçonné de partialité intéressée par ceux que ses réponses n'avantageaient pas : la Pythie sera successivement accusée de « laconiser » (prendre le parti des Laconiens au VIe s.), de « médiser » (prendre celui des Mèdes au Ve s.) et de « philippiser » au IVe siècle. Sans entrer dans ce débat d'historiens, nous pouvons supposer quelques interférences ponctuelles entre politique et divination sur le mode du règlement de comptes. Il reste toutefois que les Grecs dans leur ensemble n'ont jamais douté de l'existence d'un ordre divin, mais ont toujours considéré que les dieux *indiquent* aux humains ce qu'ils doivent ou ne doivent pas faire, même si concrètement cette « indication » s'enracine profondément dans les entrelacs d'un art certain de la rhétorique… propre aux notables de Delphes. Bref, la récupération « politique » de l'oracle, pour assurée qu'elle soit dans quelques cas (notamment personnels selon les ambitions de plusieurs rois de Sparte ou de tyrans d'Athènes), n'entame pas la totale confiance en Apollon qui motivait le plus grand nombre de ses consultants.

Les témoignages qui nous sont parvenus établissent, dans la quasi-totalité des cas, que les cités attendaient des conseils d'ordre cultuel quand ils envoyaient auprès de l'oracle une délégation officielle de théores (ambassadeurs sacrés) : procédures de purification en cas de souillures majeures (meurtre – même involontaire –, sacrilèges) ; mesures rituelles à prendre en expiation d'une épidémie ou d'une calamité naturelle ; gestion des domaines sacrés (par exemple, on l'a vu, Athènes à propos de sa mise en exploitation d'un terrain consacré aux déesses d'Éleusis) ; modification d'interdits religieux ou de lois sacrées concernant tel ou tel sanctuaire ; déplacement d'un autel ; réglementation des sacrifices, offrandes et dédicaces ; édiction des règles qui président à la construction des temples ; introduction de nouveaux cultes (divins ou héroïques) et organisation de nouvelles fêtes, fondation de colonies… ce qui fait dire à W. Burkert que « Delphes fut la seule communauté civique grecque à faire de la religion une fin en soi » (*Homo Necans*, p. 149).

La demande de confirmation par l'oracle d'une réforme législative ou constitutionnelle montre la cité soumettre à l'approbation divine ses propres décisions *déjà votées* par l'assemblée et inviter ainsi le dieu de Delphes à se mêler de l'organisation de la démocratie. Selon Aristote, lorsque Clisthène, après la chute de la tyrannie, projette de partager le peuple athénien en dix tribus, il dresse un catalogue de cent héros, dignes à ses yeux de servir d'éponymes en la circonstance, puis demande à la Pythie de choisir les dix *arkhêgétai* dont il a besoin (*Constitution d'Athènes*, XXI, 6). Les 27 trésors environnant le temple d'Apollon à l'époque classique témoignent de la reconnaissance des cités pour ces prescriptions rituelles et conseils religieux – même si de nombreux historiens n'ont pas tort d'y déceler parfois la marque la moins désintéressée de la dévotion. Platon, pourtant critique à l'égard de la divination en général, considère l'oracle d'Apollon Pythien comme la référence, à la fois préalable et ultime, de la vie religieuse de la cité : « C'est à Apollon, le dieu de Delphes, à dicter les plus importantes, les plus belles, les premières des lois. Celles qui regardent la fondation des temples, les sacrifices, et en général le culte des dieux, des démons et des héros, et aussi les tombeaux des morts et les honneurs qu'il faut leur rendre pour qu'ils nous soient propices ; car ces choses-là, nous les ignorons [...]. Ce dieu, interprète traditionnel de la tradition [*patrios exêgêtès*], s'est établi au centre et au nombril de la terre [*omphalou*] pour guider le genre humain » (Platon, *Rép.*, IV, 427 b-c ; cf. *Lois*, 759 c-d ; 828 a). *Exêgêtès* signifie l'interprète du droit sacré, et *patria* les traditions religieuses : entre ces deux notions, l'homme, ou plutôt les hommes à la fois désireux de fonder une cité et conscients de leur ignorance quant aux lois relatives aux choses relevant du sacré ; la prophétie apollinienne les instruira des fêtes, rituels et sacrifices « qu'il sera plus avantageux à l'État d'offrir aux dieux » (*Lois*, 828 a 4). Les cités attendent de Delphes une confirmation des modalités concrètes de l'organisation cultuelle, condition de la réussite des entreprises mortelles. D'une façon générale, c'est l'approbation des décisions déjà votées par l'assemblée que celle-ci attend d'un oracle, car « jamais on ne l'a fait pour de simples projets » (M. Delcourt, 1981, p. 273).

Si un oracle ne dévoile pas les arcanes de l'avenir, il n'en est pas moins une stricte conjugaison des trois dimensions humaines de la temporalité car, consulter, c'est se placer au cœur de cet axe :

l'attente (= *futur*) d'une approbation (= *présent*) sur la finalité d'une entreprise en fait déjà montée (= *passé*).

Consulter un oracle, c'est confirmer un passé.

• **Dodone** : CHRISTIDIS A.-Ph., « Oracular Tablets from Dodona », in C. Brixhe éd., *Poikila Epigraphika*, Nancy, 1997, p. 105-110. – LE GUEN-POLLET B., *La vie religieuse dans le monde grec du* v*e au* III*e siècle avant notre ère*, choix de documents épigraphiques traduits et commentés, Presses Universitaires du Mirail, 1991, p. 199-203. – PARKE H.-W., *The Oracles of Zeus, Dodona, Olympia, Ammon*, Oxford, 1967.

► DELCOURT M., *Les grands sanctuaires de la Grèce*, Paris, PUF, 1947, 2e éd. 1992. – RUDHARDT J., « Dodone et son oracle » (1996), in *Les dieux, le féminin, le pouvoir*, Fribourg, Labor et Fides, 2006, p. 95-121.

• **Delphes** : *Hymne homérique à Apollon*, in *Homère. Hymnes*, éd. J. Humbert, Paris, Les Belles Lettres, 1936. – PLUTARQUE, *Dialogues pythiques* (*Sur l'E de Delphes, Sur les oracles de la Pythie, Sur la disparition des oracles*), éd. R. Flacelière, Paris, Les Belles Lettres, 1974. – PARKE H. & WORMELL D., *The Delphic Oracle*, Oxford, 2 vol., 1956. – ROUGEMONT G., *Corpus des inscriptions de Delphes*, Paris, 1977.

► AMANDRY P., *La mantique apollinienne à Delphes. Essai sur le fonctionnement de l'oracle*, Paris, De Boccard, 1950. – CRAHAY R., « La bouche de vérité », in *Divination et rationalité*, Paris, Le Seuil, 1974. – DEFRADAS J., *Les thèmes de la propagande delphique*, Paris, Les Belles Lettres, 1973. – DELCOURT M., *L'oracle de Delphes*, Paris, Payot, 1955, nouv. éd. 1981. – DOODS E.R., *Les Grecs et l'irrationnel* (1959), trad. fr., Paris, Flammarion « Champs », 1977, chap. III. – FONTENROSE J., *The Delphic Oracle. Its Reponses and Operations with a Catalogue of Responses*, Berkeley/Los Angeles/Londres, Univ. of California Press, 1978. – HEINTZ J.-G. (éd.), *Oracles et prophéties dans l'Antiquité*, Actes du Colloque de Strasbourg, Paris, De Boccard, 1997. – MONBRUN Ph., *Les Voix d'Apollon. L'arc, la lyre et les oracles*, Rennes, PUR, 2007. – ROUX G., *Delphes, son oracle et ses dieux*, Paris, Les Belles Lettres, 1976.

→ Destin ; Inconnaissance ; Incubation ; Sagesse delphique ; Sanctuaire

ORIGINE et COMMENCEMENTS des MORTELS

Les différentes races mortelles trouvent toutes leur origine dans une double *nécessité* pour les dieux : celle d'occuper la Mort, dont les puissances immortelles appartiennent aux « enfants de la Nuit » (Moros, Kère et Thanathos), « avant » la naissance des Titans, puis des Olympiens, et celle de s'occuper de ces derniers venus en fabriquant des générations de sacrificateurs.

À partir de cette double origine nécessaire aux dieux, mais en fait unique, se ramifient plusieurs commencements pour ceux qui ne participent pas à l'immortalité. Ces commencements seront appelés des fabrications, puis « races » par les Hellènes, soit des successions de différents types de mortels sans aucune filiation entre eux. La race d'or n'engendre pas la race d'argent qui n'engendre pas celle de bronze, et ainsi de suite jusqu'à l'âge de fer. Celle-ci n'existant qu'« un temps » pour engendrer des sacrificateurs… jusqu'au bout de son « temps ».

Gaia et terre

La terre peut être matrice : principalement dans les légendes locales d'autochthonie : en ce cas, l'homme surgit du sol même de Gaia, de la Gaia du terroir. Il pousse comme une plante.

La terre peut être matière : l'homme est fabriqué à partir du terreux chthonien, comme un objet. Il s'offre comme une poterie modelée et propre à s'animer après un passage par le feu.

Les commencements de l'homme montrent l'inverse de l'anthropomorphisme : ce sont les dieux qui malaxent, pétrissent, modèlent et façonnent leurs créatures : à partir du seul giron dont ils proviennent, Gaia, et par rapport au seul modèle dont ils disposent : eux-mêmes. C'est pourquoi Pindare parle « d'une seule mère dont nous tirons notre souffle », les dieux comme les hommes (*Ném.*, VI, 1 ; cf. Hésiode, *Trav.*, 108).

Mais il faut être très attentif : il ne s'agit pas d'une « origine » commune, mais d'une gestation naturelle pour les uns (les immortels issus de Gaia), et artificielle pour les autres (les mortels pétris de la terre profane).

L'anthropomorphisme est une incompréhension totale de ce qui reste une inversion du miroir. « Du fait de sa parenté avec le dieu, le seul de tous les vivants à reconnaître des dieux [l'homme] entreprit d'ériger des autels et des statues de dieux » (Platon, *Protagoras*, 3222 a).

Autochtone ou chthonien ? Les Grecs ont cultivé les deux modes : de la pousse végétale à la poterie fabriquée (traditionnellement à partir d'argile).

Hésiode : créations des hommes* versus *genèse des dieux

Contrairement à ce qui est communément soutenu, notamment par J.-P. Vernant, Hésiode précise le mode d'apparition des hommes. Dans *Les Travaux et les Jours*, l'aède affirme à quatre reprises la création de races mortelles par les dieux. « D'or fut la première race d'hommes périssables que créèrent (ποίησαν) les Immortels, habitants de l'Olympe » (109-110)… « une race d'argent, plus tard fut créée (ποίησαν) par les habitants de l'Olympe » (127-128)… « Et Zeus, père des dieux, créa (ποίησ') une troisième race d'hommes périssables, race de bronze » (143-144)… « Quand le sol eut de nouveau recouvert cette race, Zeus, fils de Kronos, en créa (ποίησε) encore une quatrième sur la glèbe nourricière, la race divine des héros » (156-158).

Et la cinquième ? La nôtre. Si aucune origine n'est précisée (le verbe ποιέω n'est pas employé par Hésiode pour signifier le mode d'apparition de la race de fer) c'est parce que le mode de production s'est effacé au profit d'un mode de *re*production. La tribu des femmes a fait son entrée définitive sur la scène des éphémères (définitive, car des tentatives avortées de reproduction sexuée datent de la race d'argent). Le silence d'Hésiode sur la race de fer est donc bien éloquent : les dieux n'ont plus à prendre la peine de fabriquer des mortels qui les ignorent ; ils ont façonné une fois pour toutes une créature, Pandora, capable d'engendrer la race des sacrificateurs – ce qui suppose qu'avant la fabrication de Pandora, le sexe féminin ne produisait rien qui puisse plaire aux immortels.

Selon la conception orphique, l'humanité naît d'une indicible violence : indicible à l'instar des cérémonies des mystères qui en dérouleront le « menu » : violence de la démesure d'immortels (Titans) défiant les lois de l'immortalité en tuant un enfant dieu dont ils se régaleront de ses chairs. Les théophages foudroyés par Zeus donneront naissance aux mortels.

Création et inégalité

Des *Fables* dites ésopiques transmettent une ancienne tradition populaire selon laquelle les hommes auraient une double origine ou origine en deux temps : « Prométhée, sur l'ordre de Zeus, avait modelé *(eplasé)* les hommes et les bêtes. Mais Zeus, ayant remarqué que les bêtes étaient beaucoup plus nombreuses, lui commanda d'en faire disparaître un certain nombre en les métamorphosant en hommes. Prométhée exécuta cet ordre. Il en résulte que ceux qui n'ont pas reçu la forme humaine dès le début ont bien une forme d'homme, mais une âme de bête » (Fable 323 ; cf. 124). Cette tradition suppose une inégalité originelle entre les hommes : les « métamorphosés », participant de l'animalité, ne partagent pas le même rang que les « originaux ». Les traditions populaires découvrent les classifications : une forme humaine peut masquer un modelage en remplacement d'animal.

Pausanias (X, 4, 3) rapporte que près de la cité de Panopeus, située entre Athènes et Delphes, on montrait encore à son époque des blocs argileux d'où émanait l'odeur de la peau humaine : la tradition les considérait comme les blocs laissés pour compte par Prométhée quand il eut achevé son ouvrage de fabrication des humains.

Ce thème du Prométhée créateur des humains n'est pas hésiodique, ni même eschylien. Il est connu du sophiste Protagoras dont le récit transmis par Platon se contente d'associer le Titan à l'étape finale du processus de fabrication des mortels :

« C'était le temps où les dieux existaient déjà, mais où les races mortelles n'existaient pas encore. Quand vint le moment marqué par le destin, εἱμαρμένος [*i.e.* la *nécessité* évoquée plus haut] pour la naissance de celles-ci, voici que les dieux les façonnent *(tupoûsin)* à l'intérieur de la terre avec un mélange de terre et de feu et de toutes les substances qui se peuvent combiner avec le feu et la terre » (*Protagoras*, 320 c-d). Le commencement est mélange : de l'élément-terre (!) sur le feu. Prométhée intervient quand les dieux « furent sur le point de les produire à la lumière », chargé avec son frère Épiméthée, celui qui n'a pas la science infuse, selon l'expression de J. Duchemin, de répartir les diverses facultés entre animaux et humains. La suite est catastrophique pour l'homme, Épiméthée ayant dépensé tout le lot des facultés pour les divers animaux. Pour sauver l'homme nu, Prométhée dérobe le feu céleste qu'il accompagne du vol pour les humains du double savoir, technique et guerrier, d'Héphaïstos et d'Athéna : « C'est ainsi que l'homme se trouve avoir en sa possession toutes les ressources nécessaires à la vie » (*Protagoras*, 322 a). Prométhée sera, « par la suite, dit-on, accusé de vol ».

Les dieux fabriquent les mortels pour eux-mêmes, sans aucun d'état d'âme car ils en sont dépourvus. Ils fabriquent humains *et* animaux, autrement dit, sacrificateurs et sacrifiés.

Le mythe de Deucalion et Pyrrha évoque un recommencement de l'humanité plutôt qu'un commencement. Seuls rescapés du Déluge, le fils de Prométhée et la fille d'Épiméthée et de Pandora créent une nouvelle race de mortels en suivant les instructions de Zeus : « Voilez-vous le visage et jetez derrière vous les ossements de votre mère [les pierres] ». Le mâle naîtra des pierres lancées par Deucalion, et la femme de celles jetées par Pyrrha. La race de pierre ne provient pas d'une union, mais d'une stricte séparation des sexes. Seul l'ancêtre primitif, Hellen, naît de l'union de Deucalion avec sa cousine Pyrrha. Ce modèle de la reproduction sexuée s'appliquera désormais aux mortels de la race de pierre. Une loi non écrite évoquant l'inceste rappellera le tabou du « commencement ».

Il ne saurait être question de parler *du* genre humain : les Grecs parlaient de races mortelles (θνητὰ γένη) elles-mêmes distribuées par rapport au sexe ou à l'absence de sexe : non seulement l'opposition masculin/féminin (plusieurs traditions refusent d'attribuer une seule et même origine au mâle et à la femme) ; mais encore, les mortels peuvent être asexués : la race d'or hésiodique est dite « mortelle » et non « mâle ».

Les Olympiens, pourtant dirigés par Zeus, n'avaient rien vu venir. La race de fer s'achèvera, certes sur leur décision (relire attentivement Hésiode, *Trav.*, 174-180), mais la nouvelle « humanité » ne leur sera pas propice.

L'oubli des traditions, pouvant toujours tarauder les comportements de ces éphémères plongés dans l'instabilité d'un jeu perversement divin, vient pernicieusement menacer les cultes à rendre. Et c'est la mort des dieux païens.

Origine et commencements des mortels sont vraiment la faillite des immortels. Car ces derniers se sont souvent pris les pieds sous le tapis terrestre sur lequel ils pensaient essuyer leurs divines sandales célestes.

Quand, au ve siècle, l'hypothèse d'*un* commencement de l'humanité se substituera à celle de *ses* commencements mythiques, c'est l'idée d'une progression des humains qui se mettra en marche, désamorçant du même coup celle d'origine à finalité « religieuse ».

▶ DEFORGE B., *Le commencement est un dieu*, Paris, Les Belles Lettres, 1980. – DUCHEMIN J., *Prométhée. Le mythe et ses origines*, Paris, Les Belles Lettres, 1974. – LORAUX N., « Origines des hommes. Les mythes grecs : naître enfin mortels », in Y. Bonnefoy (dir.), *Dictionnaire des mythologies*, II, Paris, Flammarion, 1981, p. 197-202.

→ Anthropomorphisme ; Autochtonie ; Destruction de l'humanité ; Femme ; Mort des dieux ; Progrès de l'humanité ; Reproduction sexuée

ORPHIQUE (Genre de vie)

L'inscription ΟΡΦΙΚΟΙ est lisible sur un des graffiti des plaques en os retrouvées à Olbia (côte de la mer Noire). Elle date de la première moitié du ve s. av. J.-C et signifie « orphiques ».

La terminaison en -isme accolée postérieurement au nom d'Orphée est anachronique en tant qu'elle suppose une unité doctrinale tout à fait fantasmée après coup. S'agissant d'un néologisme, « orphisme » sert à désigner des mouvances protestataire qui considéraient le héros mythique comme l'instigateur de cérémonies de mystères dont la singularité consiste à adopter un « genre de vie » articulé sur la mémoire de l'origine divine de l'âme. Les orphiques refusaient ainsi de partager la croyance « civique » en la rupture radicale entre mortels et dieux. Ils ne se considèrent pas en « opposition » au divin, tels des feuilles irrémédiablement tombées de leur arbre.

De là à reconstruire la cohérence d'un schéma dogmatique reviendrait à supposer que ce dernier a existé. Il est préférable de conserver le pluriel employé par les Anciens et de considérer des croyances et des pratiques dites « orphiques », bref des mouvances.

Orphée au nom fameux : légende et mythe

Légende. « Orphée au nom fameux », déjà connu du poète Ibycos (VIe s. av. J.-C.), est célébré depuis Simonide de Céos, Pindare et Eschyle jusqu'à Virgile et Ovide pour l'excellence incomparable de son chant capable de contraindre la nature sauvage à offrir un contour harmonieux. Les diverses versions de sa légende s'accordent à peu près pour en faire le fils d'un dieu-fleuve de Thrace, Œagre, et d'une Muse (le plus souvent Calliope, la fille de Zeus et de Mémoire, parfois de Polhymnie, la Muse de l'orchestique) et le prince ou le roi d'une région de Thrace voisine de l'Olympe. Mais elles sont unanimes pour glorifier à travers son nom, non seulement le pouvoir irrésistible et bienfaisant de ses chants, mais la posture vénérable de son ancienneté : le chanteur et musicien inspiré *(éntheos)* par Apollon lui-même appartient à une génération de héros antérieure à celle de la guerre de Troie, les Argonautes que Jason entraîne dans sa quête de la Toison d'Or.

Mythe. Orphée est l'un des rares personnages de l'imaginaire grec à ne pas être tiraillé par l'ambivalence caractéristique de tous les autres acteurs de la scène mythico-religieuse des Hellènes. Ses interventions, toujours bénéfiques pour les humains, ne sont jamais ambiguës. Son chant pacifie, rassemble, harmonise, apaise. Docilité des bêtes fauves, disposition harmonieuse des arbres et des roches résultent des accents d'Orphée encore capables de calmer les tempêtes et de faire taire les querelles qui déchirent les humains. Son pouvoir suscite une irrésistible attirance : le navire Argo ne peut prendre la mer, alors le chant du héros attire les vagues jusqu'à sa coque. Orphée saisit le réel sans jamais le violenter.

Sa voix rassemble. Elle donne la cadence impeccable aux rameurs du navire des Argonautes. Quand une intervention d'Orphée met à distance, c'est toujours pour éloigner le danger. Son chant protège autant les Argonautes tant du déchaînement des flots et des vents que des voix maléfiques des Sirènes, qu'il neutralise le redouté gardien de la Toison d'Or. Aux accords de sa lyre, les roches branlantes des Symplégades qui menacent de briser Argo s'immobilisent. La mélodie d'Orphée laisse sans effet tout ce qui n'aspire pas à la paix. Certainement une première expression du « soin de l'âme », ce thème cher à Jean-François Mattéi.

La rencontre avec Eurydice marquera la limite du pouvoir incantatoire d'Orphée. De retour de l'expédition des Argonautes, le héros s'éprend de la nymphe Eurydice. Ce nom n'apparaît pas avant Virgile. Platon et Euripide, qui connaissent l'épisode de la descente aux Enfers d'Orphée, ne donnent aucun nom à son épouse. Le poète alexandrin Hermésianax est le premier à la nommer avant Virgile, mais il l'appelle Agriope, signifiant « aux yeux sauvages », renouant ainsi avec les Anciens qui en faisaient une dryade de Thrace, c'est-à-dire une nymphe des chênes au tempérament farouche. Mais la voix d'Orphée ne sait-elle pas domestiquer ? Toujours est-il que la dryade meurt bientôt d'une morsure de serpent. L'aspect chthonien s'invite ainsi dans le récit. Le cytharède décide d'extirper Eurydice du domaine des ombres. Le charme exercé par son chant et les accents de sa lyre lui ouvre la voie jusqu'aux maîtres des lieux, l'inflexible Hadès et la redoutable Perséphone, qui semblent se laisser persuader de rendre Eurydice à son époux. Perséphone y met toutefois une condition : que le chanteur ne se retourne pas vers sa femme tant qu'ils n'auront pas quitté le domaine des morts. Orphée *oublie* la consigne au seuil même de l'Hadès et Eurydice est irrémédiablement happée dans l'ombre infernale. L'oubli efface l'efficace de l'incantation.

Orphée sort seul de l'Hadès. Il renaît endeuillé à la vie. Les « orphiques », qui croyaient à la métempsycose comme punition d'une âme encore impure (pour n'avoir précisément pas suivi les consignes divines), ne manqueront pas de se souvenir de cette leçon : *si Orphée a pu descendre dans l'Hadès, c'est parce qu'il est mort ; s'il en remonte, c'est parce qu'il a oublié l'ordre de Perséphone*, et renaître est synonyme pour un orphique de châtiment compris comme éloignement de l'harmonie originelle. (La lumière du soleil orphique n'est surtout pas celle de la lumière platonicienne. Précision qu'il convient de méditer avant tout rapprochement de la secte avec le platonisme.)

Il semble qu'Eurydice échappe à la punition de la réincarnation. Peut-être fut-elle orphique avant Orphée ? Peut-être retrouve-t-elle les saintes prairies que Perséphone promet à ceux et celles qui s'alignent sur ses consignes dont nous verrons bientôt la motivation ?

La relation entre la figure légendaire d'Orphée et la réalité de la nébuleuse « orphique » suscite un débat impossible à résumer ici. Notons simplement que le nom d'Orphée fut toujours associé à la fois à une quête bienfaisante de l'harmonie, aux catastrophes qu'entraîne l'oubli d'une règle de conduite édictée par un dieu et à la fondation de mystères, ce qui pour un Grec signifie une promesse de moindre mal, appelée « béatitude » dans l'au-delà. Si le nom d'Orphée a pu inspirer un mouvement marginal pour asseoir ses croyances et son « genre de vie », c'est certainement à partir de ces élaborations mythiques. Car il est tout à fait probable de considérer une sorte de couture entre mythe et enseignement sur l'interface mémoire/oubli comme le réservoir d'un genre de vie à respecter.

La vie orphique

Le « genre de vie orphique » ou « vie orphique », *orphikòs bíos*, selon l'expression de Platon (*Lois*, 782 c 7), conteste le fondement de la piété pratiquée par la cité. Cette piété *(eusébeia)* consiste à « honorer les dieux » *(nomízein theoùs)*, expression signifiant de façon très précise l'obligation pour un citoyen, avec les autres et surtout à la vue des autres, d'accomplir les rituels adoptés traditionnellement par sa cité. Dans ce cadre où l'harmonie devient civique, « honorer les dieux » c'est, pour un homme libre, participer aux sacrifices d'animaux offerts à ses divinités poliades (protectrices), puis banqueter pour se rassasier des chairs cuites des bêtes égorgées. Sacrifier c'est pouvoir manger à la santé des dieux.

Un tel rituel s'adresse aux dieux dans le même temps où il consacre leur « infranchissable distance ». Pour faire bref, la mise à mort d'un animal domestique suivie de la consommation obligatoire de ses chairs par les participants signifie fondamentalement la reconnaissance de la condition éphémère de l'homme, donc de sa privation de toute filiation avec le divin. Le sacrifice offert par la cité rappelle la répartition suivante : la viande (le périssable) sur la table des hommes, tandis que les fumets des graisses et des os calcinés (l'impalpable) s'échappent des autels sanglants et brûlants vers les cieux éthérés. Le sacrifice sanglant n'est pas un rite de communion puisque l'homme consomme précisément une part de l'animal qui, non seulement n'est pas celle réservée aux dieux, mais est réprouvée par eux. Il célèbre une immortalité inaccessible à l'humain sur fond d'une disparition irréversible d'une sorte d'âge d'or originel où mortels et immortels auraient partagé les mêmes mets. C'est maintenant le corruptible qui se partage à la table des sacrificateurs, l'incorruptible s'étant envolé en fumée vers l'Olympe. Une telle croyance trouve son mythe étiologique chez Hésiode (*Théog*., 535 sq.).

Tel est le cadre populairement admis que le genre de vie orphique va s'efforcer de tordre.

Pour les orphiques, le rituel du sacrifice sanglant est l'impiété par excellence. À un âge d'or compris comme coexistence originelle des deux races distinctes des immortels et des mortels, les orphiques opposent l'idée d'un brutal déchirement d'une plénitude – que nous appellerons « divine » dans la mesure où l'homme n'est pas encore apparu. Oublier ce déchirement de la vie – le réactiver en sacrifiant dans le sang –, c'est reproduire l'acte de démesure qui, selon la croyance orphique, est à l'origine de l'humanité. Le mythe de Dionysos démembré, principalement rapporté par Olympiodore (*Commentaire sur le Phédon*, 61 c), illustre cette croyance. Les Titans, ennemis « de toujours » des Olympiens, mais aussi incités par la jalousie d'Héra, la « légitime » épouse de l'Olympien, tuent le fruit des amours incestueux de Zeus et de Perséphone, l'enfant-dieu Dionysos. Ils le dépècent, en font bouillir puis rôtir les membres et s'en repaissent, à l'exception du cœur. Zeus foudroie les meurtriers : l'homme surgit de de la suie déposée par les vapeurs exhalées des déicides calcinés. La race humaine procède donc doublement de l'immortalité : celle, coupable de démesure, des Titans, et celle, victime dans son innocence, de Dionysos. Perpétré sur un dieu, le crime titanique ne peut évidemment pas détruire l'immortalité. Il l'égrène, dispersant la divinité en autant d'âmes (souvent nommées *daímones* dans les témoignages, soulignant ainsi leur participation à la nature divine). C'est pourquoi, selon une fameuse allitération symbolique, le corps *(sôma)* est une prison *(sêma)* pour l'âme chargée d'expier la souillure titanique.

Pour se libérer des murs de sa prison, et ainsi vaincre les fers de la mort (le mot *sôma* signifie originellement le cadavre), l'âme devra suivre scrupuleusement les préceptes du « genre de vie orphique » qui se déclinent en autant d'interdits : interdit de faire couler le sang et de manger carné, interdit de consommer des fèves, interdit d'inhumer un mort dans un linceul de laine, interdit de recourir au suicide. Toutes ces proscriptions correspondent à autant de refus par l'orphique de se définir en opposition à la divinité. « S'abstenir de meurtre », précepte qui condense l'ensemble des interdits, c'est refuser de reproduire l'acte de dispersion de la plénitude divine. Le premier interdit revient à condamner la pratique du sacrifice sanglant de consommation (donc à tourner le dos à la piété civique profondément impie, car d'inspiration titanique). Le régime végétarien (*apsúkhou borâs*, littéralement « nourriture sans âme » ou « sans vie ») ne prolonge pas simplement le premier interdit, mais l'amplifie en s'inquiétant des conséquences de l'immortalité de l'âme : son immortalité étant liée à la nécessité de l'expiation de la faute ancestrale, l'âme est soumise à la roue des naissances, aussitôt insufflée dans un nouveau corps, humain ou animal, tant qu'elle n'a pas retrouvé par l'ascèse la pureté originelle (cette croyance en la métensomatose apparaît en pays grecs vers la fin du VIe s. av. J.-C. : outre le nom d'Orphée, ceux de Pythagore et de Phérécyde de Syros y sont fondamentalement attachés). Le végétarisme ne permet pas seulement de purifier l'âme : il protège « ce qui a vie » d'une rupture dans son processus de purification. (Notons que l'animal accède à une sorte de promotion sur l'échelle du vivant en tant que son corps peut renfermer une âme.) Repousser le mode de vie carnivore c'est encore s'assimiler au divin dans la mesure où les dieux ne consomment pas les chairs animales. Le respect de ce qui a vie passe aussi par le tabou des fèves, légumineuses souvent associées symboliquement par les Grecs au cycle de la génération (Diogène Laërce, VIII, 34). Consommer des fèves revient pour un orphique à pratiquer l'allélophagie des Titans déicides. La laine étant d'origine animale, l'interdit relatif à l'inhumation dans un linceul de laine préserve l'âme défunte de tout contact avec ce qui a eu vie. Enfin, s'abstenir de meurtre c'est aussi refuser le recours au suicide. Si incarnation signifie incarcération, vouloir se libérer par le suicide revient à commettre un meurtre de plus, donc une nouvelle violence sur « ce qui a vie ». Seule l'ascèse libère. Comment l'âme pourrait-elle s'octroyer la possibilité de dénouer elle-même par la violence ses liens corporels alors que la mort naturelle du corps n'y parvient pas tant que sa purification par l'ascèse du « genre de vie orphique » ne l'a pas extirpée de la roue des naissances.

Les mystères orphiques dévoilent le rôle de l'homme dans l'ordre d'un monde instable, toujours menacé par la pulsion titanique à verser le sang, à inverser l'ordre des choses tel que Zeus le projette en accordant à Dionysos le règne sur les âmes. Les divers schémas cosmo-théogoniques orphiques trouvent dans ce cadre leur signification : contrairement au déroulement linéaire de la théogonie hésiodique, qui progresse de l'obscurité primordiale (Nyx, la Nuit et sa ténébreuse descendance) au règne lumineux, stable et définitif de Zeus, les cosmogonies orphiques insistent sur la fragilité de la stabilité qu'elles identifient au processus de réunification de l'origine (la fin, Dionysos, coïncidant avec le commencement, nommé Phanès). Les mystères d'Orphée, réactivant la mémoire de l'origine divine de l'âme, niaient sa représentation héritée des mythes homériques comme ombre vaporeuse, amnésique et vainement persistante dans son inconsistance une fois noyée dans l'invisibilité de l'Hadès. L'orphique apprend des initiations mystériques que la fin (mort corporelle) peut se confondre soit avec le commencement de la vie bienheureuse (soustraite aux réincarnations), soit être synonyme de recommencement d'une existence terrestre (cycle des douleurs dans lequel la mort réelle est appelée naissance). L'Hadès homérique est lieu de réclusion définitive dans l'amnésie confondant purs et impurs ; l'Hadès orphique est un espace où la pureté est non seulement revendiquée par le défunt, mais surtout estimée à l'aune des critères des divinités infernales (Perséphone, Hadès et Dionysos). Comme tel, l'Hadès est un point de bifurcations entre oubli et mémoire : l'âme oublieuse de son origine renaît aux souffrances de la vie (emprisonnement de l'âme dans un nouveau corps) ; le défunt (le terme « âme » devant être compris comme une sorte de faculté d'éveil) ayant entretenu la mémoire des préceptes de la vie orphique, pure de toute effusion de sang, pourra progresser jusqu'à Perséphone qui, en sa qualité d'« éphore de tous les êtres à semence » (OF 192) l'autorisera à se rendre dans ses « saintes prairies ». L'oubli, tare stigmatisée par l'anabase d'Orphée, est toujours solidaire de la génération, mal absolu pour un orphique en tant qu'elle emprisonne une certaine conscience faillible dans un corps en la projetant dans le cycle douloureux du devenir (rappelons qu'Orphée renaît à la vie terrestre parce qu'il a oublié une consigne divine. Et renaître est contraire à la béatitude pérenne).

Les « lamelles d'or » découvertes dans les sépultures de Grande Grèce, de Crète et de Thessalie, documents épigraphiques de l'orphisme (ou plus exactement de tendances orphiques), sont autant de viatiques, d'aide-mémoire pour le défunt initié : elles rappellent la bonne direction à prendre « dans les profondeurs effrayantes de la terre », le mot de passe à prononcer aux gardiens d'outre-tombe et la manière de se présenter à leur souveraine, Perséphone. (Ces lamelles, feuilles d'or en forme de lierre, parfois stylisées en cœur, toujours de dimensions extrêmement réduites, retrouvées posées sur la poitrine du défunt ou près de sa main, remontent pour les plus anciennes aux ve-ive s. avant notre ère).

La nébuleuse orphique est un phénomène protestataire. Contrairement aux thiases de Dionysos, les gens d'Orphée sont totalement irrécupérables aux yeux de la cité. Outre leur refus de participer au sacrifice sanglant, ciment traditionnel de la cohésion civique, ajoutons que leur tabou des fèves peut aussi signifier le déni de tout régime politique, les fèves servant au tirage au sort des magistrats dans le système oligarchique (Jamblique, *De vita pythag.*, 260). On peut alors douter qu'un tel comportement asocial ait pu connaître un large développement tant que le régime de la cité s'imposait.

De protestataire, le mouvement orphique, ou une de ses branches (d'où la « mouvance » évoquée), est à coup sûr devenu sectaire. Un prosélytisme actif, bien étranger à l'esprit archaïque et classique de la « religion civique », a vu le jour au moins dès le vi[e] s. av. J.-C. Des « orphéotélestes », tout de blanc vêtus, dit-on, se rendent de ville en ville pour proposer aux particuliers leurs recettes de salut contre rémunération. Les esprits éclairés de l'époque classique condamneront fermement et explicitement le charlatanisme de ces diseurs de bonne aventure *(mánteis)* qui se réfèrent à une « foule de livres » d'Orphée pour persuader les riches des cités qu'un amalgame de rites propitiatoires, offrandes, incantations et autres jeux, suffit à obtenir purification et délivrance de leurs fautes passées (Platon, *Rép.*, 363 a - 366 b). Une pièce d'Euripide s'inquiète de « la fumée de tous ces grimoires » aveuglant ces végétariens qui prennent Orphée pour patron (*Hippolyte*, 954. Notons que cette « littérature » orphique atteste bien un prosélytisme au sein d'une religion qui ne connaît précisément aucun ouvrage dogmatique, aucun ensemble de « livres », *biblia*, consignant le sacré). Ces deux témoignages de haute référence montrent qu'une frontière venait d'être franchie : la confusion entre initiateurs et charlatans *(agúrtai)*. Si la « vie orphique » est pratiquement intenable dans le cadre de la cité, le charlatanisme qui prétend s'en réclamer se moquait de ces condamnations avisées, car la superstition, cette « sottise » stigmatisée par Aristote, avait de beaux jours devant elle. Au début de l'époque hellénistique, Théophraste croquera le caractère borné de ces clients qui alimentent le fonds de commerce des orphéotélestes (*Caractères*, XVI, 11).

Toutefois, ne faut-il pas comprendre l'agacement d'un Euripide ou d'un Platon comme le constat attristé d'une dégénérescence de la tradition orphique ? Ces grimoires « fumeux » ou « vains comme fumée » composant ce « tumulte de livres » que déplorent de concert le poète et le philosophe, ne seraient-ils pas l'« œuvre » tardive et grossière de charlatans jouant sur la superstition, et non plus l'expression recueillie d'une antique spéculation sur la pureté ? La « lettre » orphique se serait alors perdue en autant d'écrits déviants.

Dans le *Phédon* (67 c-d), Socrate se réfère à un discours sacré *(hieròs lógos)* orphique sur la purification : « Mettre le plus possible l'âme à part du corps, l'habituer à se ramener, à se ramasser sur elle-même en partant de chacun des points du corps, à vivre autant qu'elle peut, dans les circonstances actuelles aussi bien que dans celles qui suivront, isolée et par elle-même, entièrement détachée du corps comme si elle l'était de ses liens ». C'est Socrate qui parle de *phsukhê*, mais certainement pas les Orphiques qui ne s'en font aucune « idée » sinon la représentation d'un défunt qu'ils ne confondent certes pas avec le « semblant » inconsistant de l'image elle-même évanescente du mort reclus dans l'Hadès homérique : pour Socrate/Platon, l'âme est immortelle, et comme telle marquée du sceau de la divinité ; pour les Orphiques, c'est le défunt lui-même, lucide ou amnésique, selon son précédent régime de vie, qui déambule dans les vestibules de l'Hadès, soit pour s'y perdre (réincarnation) soit pour y trouver Perséphone et ses « prairies ».

Platon a toujours eu à l'esprit (en mémoire) cette inférence : si l'âme est immortelle, ne doit-elle pas susciter chez les humains le désir de se soucier de sa divinité, donc du divin ? « Si vraiment l'âme est immortelle, elle réclame qu'on en ait soin, non pas seulement pour le temps que dure ce que nous appelons vivre, mais pour la totalité du temps ; car ce serait dès lors un risque redoutable, semble-t-il, de ne pas se soucier d'elle ». Ainsi parlait Socrate, qui ajoute : « L'âme en effet n'a rien de plus avec elle, quand elle se rend chez Hadès, que sa formation morale et son régime de vie, dont justement selon la tradition, c'est ce qui sert ou nuit le plus à un trépassé dès le début de la route qui le conduit là-bas » (*Phédon*, 107 c-d).

Les préceptes du « genre de vie orphique » furent peut-être une étape du cheminement platonicien. S'y référer avec révérence et les critiquer avec véhémence ne sont pas neutres de la part d'un Platon qui semble nous indiquer que l'orphisme en tant que genre de vie (entendons « philosophique ») n'a jamais existé, mais que, peut-être, des intuitions originelles de pureté sont à se… remémorer.

• Témoignages in G. COLLI, *La sagesse grecque*, I, (1977), trad. fr., Combas, Éditions de l'éclat, 1990.

Orphicum fragmenta, éd. O. Kern, (1922), reprint Dublin/Zurich, Weidmann, 1972. – *The Orphic poems*, éd. M.L. West, Oxford, Oxford University Press, 1983. – *Orphée. Poèmes magiques et cosmologiques*, postface L. Brisson, Paris, Les Belles Lettres, 1993. – *Les lamelles d'or orphiques. Instructions pour le voyage d'outre-tombe des initiés grecs*, éd. G. Pugliese Carratelli, trad. fr., Paris, Les Belles Lettres, 2003.

► BERNABÉ A., « Orphisme et Présocratiques : bilan et perspectives d'un dialogue complexe », in A. Laks & C. Louguet (éds), *Qu'est-ce que la Philosophie Présocratique ?*, Villeneuve d'Ascq, Presses Universitaires du Septentrion, 2002, p. 205-247. – BORGEAUD Ph. (éd.), *Orphisme et Orphée*, en l'honneur de Jean Rudhardt, Genève, Droz, 1991. – BRISSON L., *Orphée et l'orphisme dans l'Antiquité gréco-romaine*, Aldershot, Variorum, 1995. – BURKERT W., *Greek Religion. Archaic and Classical*, Cambridge, Harvard University Press, 1985, trad. fr. *La religion grecque à l'époque archaïque et classique,* Paris, Picard, 2011 ; « L'orphisme redécouvert », in *La tradition orientale dans la culture grecque* (1999), trad. fr., Paris, Macula, 2001, p. 69-102. – JOURDAN F., *Orphée et les chrétiens*, t. I, Paris, Les Belles Lettres, 2010. – LINFORTH I.M., *The Arts of Orpheus*, Berkeley, Univ. of California Press, 1941, rééd. New York, Arno Press, 1973. – MOULINIER L., *Orphée et l'orphisme à l'époque classique*, Paris, Les Belles Lettres, 1955. – SOREL R., *Orphée et l'orphisme*, Paris, PUF, 1995. – Coll., *L'orphisme et ses écritures. Nouvelles recherches*, *Revue de l'histoire des religions*, t. 219, fasc. 4, Paris, PUF, oct.-déc. 2002.

→ Âme ; Au-delà ; Cosmogonie ; Inspiration ; Interdit et injonction ; Métempsycose ; Mystères ; Prosélytisme ; Sacrifice ; Suicide

P

PHILANTHROPIE

Originellement, pour un Hellène, la philanthropie ne s'opère pas de l'homme vers l'homme, mais du dieu à l'homme. Selon le dieu régnant, Kronos ou Zeus, la *philanthrôpia* est soit une sollicitude divine (Kronos), soit un excès condamnable d'amour pour l'homme (Zeus). Elle n'est en fait qu'une pure stratégie de domination.

L'adjectif *philanthrôpos* apparaît pour la première fois au milieu du ve siècle dans le *Prométhée enchaîné* d'Eschyle (11, 28). Au siècle suivant, Platon, Xénophon, Isocrate, Démosthène ou Eschine emploient le substantif *philantrôpia*.

Le règne de Kronos : la philanthropie comme remède à la démesure humaine

Un texte de Platon relie explicitement la sollicitude de Kronos à son souci d'éviter aux humains de se gonfler de démesure : « Kronos savait, dit-on, qu'aucun homme ne peut, de par sa nature, régler en maître absolu toutes les affaires humaines sans se gonfler de démesure (ὕβρεώς) et d'injustice (ἀδικίας) ; et dans cette pensée il imagina de préposer alors à nos cités, pour rois et pour chefs, non pas des hommes mais des êtres d'une race supérieure et plus divine, des démons, ainsi que nous le faisons aujourd'hui nous-mêmes pour le petit bétail et tous les animaux apprivoisés qui vont par troupeaux : nous ne préposons pas bœufs à bœufs, chèvres à chèvres, mais nous exerçons sur eux l'autorité de notre race, qui est supérieure à la leur. Ainsi donc, de la même façon, le dieu, dit-on, dans son amour extrême pour les hommes (καὶ φιλάνθρωπος ὤν), mit à notre tête la race des démons, qui nous était supérieure, et eux, avec grande facilité de leur part et à notre grand avantage, ils prirent soin de nous, et par la paix, le sens de l'honneur, la bonne législation et l'abondance de justice qu'ils nous procuraient, préservèrent des révolutions et établirent dans le bonheur l'espèce humaine » (Platon, *Lois*, IV, 713 c-e). C'est l'âge d'or auquel Zeus met un terme en accédant à la souveraineté. Comme le rappelle Eschyle, « le cœur de Zeus est inflexible ; un nouveau maître est toujours dur » (*Prométhée enchaîné*, 35). S'ouvre maintenant l'âge de fer où s'inverse le sens de la philanthropie.

Le règne de Zeus : la philanthropie comme démesure divine

S'occuper des mortels est une sollicitude révolue aux yeux du nouveau monarque, Zeus. Les humains doivent maintenant s'occuper des immortels. L'Olympien conçoit alors d'anéantir cette race « afin d'en créer une toute nouvelle » (Eschyle, *Prométhée enchaîné*, 233), bien séparée de la race divine. Le Titan Prométhée s'y oppose et donne le feu aux mortels : funeste don, et Prométhée aurait dû prendre le nom de son frère, Épiméthée, celui qui ne prévoit rien. Car le don du Titan est aussitôt transformé en obligation par Zeus. Les humains devront dorénavant honorer les dieux en immolant, en tuant pour répandre sur les autels brûlants un sang dont les sanctifiés sont dépourvus. Ils devront aussi se reproduire pour perpétrer la race des sacrificateurs. Telle est la loi de Zeus. « Rien de trop » pour les mortels, pas d'excès d'amour envers eux. Pour « jouer le bienfaiteur des hommes » en leur faisant don de « la semence de feu [...], qui s'est révélée pour les hommes un maître de tous les arts, un trésor sans prix », Prométhée est supplicié. Sa philanthropie l'accuse aux yeux d'un pouvoir établi sur le respect de la distance séparant les mortels des immortels. « Du feu brillant d'où naissent tous les arts, il a fait larcin, pour l'offrir aux mortels. Pareille faute doit se payer aux dieux. Qu'il apprenne donc à se résigner au règne de Zeus et à cesser ce rôle de bienfaiteur des hommes » (*Ibid.*, 109-111 ; 7-11). La philanthropie prométhéenne est une démesure à l'aune de l'ordre olympien. « Pour porter aide aux hommes, j'ai été moi-même chercher des souffrances » (*Ibid.*, 267. Cf. Lucien, *De sacrificiis*, 6).

Deuxième figure de la philanthropie sous le règne de Zeus : Asklépios. Il n'est pas un dieu, du moins à l'origine, mais il le deviendra pour mieux rentrer dans le rang. À trop aimer les humains en les guérissant de leurs maux, ce fils d'Apollon et d'une mortelle agace le Zeus souterrain, Hadès, qui se voit privé de ses offrandes. Car les hommes ne meurent plus ! L'Olympien remet tout en ordre, et Asklépios, le « guérisseur sans reproche » (*Il.*, IV, 194) ne pourra plus repousser indéfiniment les limites de la vie, mais seulement soulager et apaiser les souffrances des mortels.

La philanthropie flirte donc avec la démesure.

Toutefois, le « rien de trop » envers les hommes n'exclut pas une générosité dont les dieux font preuve quand ils aident l'humanité à s'arracher à leur vie sauvage originelle. Thésée le rappelle pour condamner ceux qui veulent toujours davantage : « je rends grâce au dieu qui régla l'existence des mortels, autrefois confuse et bestiale ; qui nous donna, d'abord, la raison, puis la langue, messagère de la parole, et rendit nette notre voix ; qui donna pour aliment aux hommes le blé, avec le blé la céleste rosée, pour féconder leur sol, rafraîchir leurs entrailles. Ce dieu nous enseigna, de plus, à nous couvrir l'hiver, à nous garder de la chaleur céleste, à parcourir les mers pour assurer l'échange mutuel des produits dont manquaient nos contrées. Enfin, ce qui demeure obscur, et se dérobe au savoir des humains, les devins nous l'annoncent en consultant le feu, les replis des viscères, et les oiseaux du ciel. Lorsqu'un dieu aménage ainsi votre existence, ah ! n'est-ce point folie d'enfants capricieux que de vouloir davantage ? » (Euripide, *Suppliantes*, 201-215).

Le Socrate de Xénophon développe dans les *Mémorables* le même thème, employant cette fois le mot *philanthrôpia* à deux reprises. La sollicitude (ἐπιμελῶς) des dieux consiste à alterner le jour et la nuit pour ménager le repos des humains, à produire les fruits de la terre, à donner l'eau et le feu : autant d'attentions établies « en vue des hommes », souligne J. de Romilly (1979, p. 45), et donc de preuves de leur « amour des hommes » (IV, 6 & 7).

Dès lors qu'elle n'outrepasse pas ce qui doit être accordé aux hommes, la philanthropie est sollicitude des dieux.

Philanthropie et éducation

La philanthropie émane aussi d'une créature que l'imaginaire place au triple nœud de l'animalité, de l'humanité et de l'immortalité souffrante : le Centaure Chiron. Contrairement à ses congénères, monstres hybrides ivres de démesure, Chiron ne s'avine pas, ne viole pas, ne brutalise pas : il éduque car il a un « cœur bienveillant à l'égard des hommes » (Pindare, *Pyth.* III, 5 ; cf. *Il.* IV, 219). Chiron représente le continuum de la vie : animal par une partie de son corps (croupe chevaline), humain par une autre (avant-train drapé à la mode citoyenne surmonté d'un visage) et immortel par son origine (fils de Pilrya et de Kronos). Connu d'Homère comme le « très juste *(dikaótatos)* centaure » (*Il.*, XI, 832), Chiron condense les expériences de ce continuum au service de l'éducation. Il enseigne la chasse, l'équitation, la musique, mais surtout la pharmacopée et la chirurgie (son nom dérive de *kheír*, main, celle experte de l'inciseur) à de nombreux héros, parmi lesquels on compte Jason, Nestor et surtout Achille et Asklépios. Il apprend à Achille la science des « remèdes apaisants » (*Il.*, XI, 831-832) et à Asklépios l'art de « guérir les douloureuses maladies des hommes » (Pindare, *Pyth.* III). Cet enseignement philanthropique de l'art de soigner conduit le disciple Asklépios, approfondissant son éducation, à transgresser l'ordre des choses en évitant la mort à une multitude de mortels. Comme toujours, Zeus mettra fin à cette philanthropie en foudroyant Asklépios, façon de faire rentrer l'élève de Chiron dans les rangs en le faisant passer de l'autre côté du miroir, puisque le feu de Zeus immortalise.

La philanthropie entre humains ?

Les « amis des hommes » sont donc originellement des êtres étrangers à l'espèce humaine. On l'a vu pour les dieux (Kronos, Prométhée, Asklépios), mais les Grecs ont aussi étendu la philanthropie à des animaux. Dans son *Histoire des animaux*, Aristote emploie l'adjectif *philanthrôpos* pour qualifier tel ou tel animal « ami » ou « attaché à l'homme » : l'ascalopas (IX, 26) ou le chacal : « Le chacal est ami de l'homme *(philanthrôpos)* ; il ne fait à l'homme aucun mal, et n'en éprouve pas une crainte bien vive » (IX, 44, 630 a 9). Chevaux et chiens sont ainsi qualifiés par Xénophon (*Eq*., 2, 3 ; *Cyn*., 6, 25). Mais un art dont l'humanité tire bénéfice peut être aussi « l'ami des hommes » : par exemple, l'agriculture (Xénophon, *Économique*, 15, 4 ; 19, 17).

Mais qu'en est-il des hommes entre eux ? L'idée d'un amour du genre humain par un humain appartient-elle à la pensée classique ? La question fait toujours débat, la majorité des interprètes réservant cet honneur d'avoir donné son sens fort à la *philanthrôpia* au stoïcisme de l'époque hellénistique.

Dans sa *Poétique*, Aristote emploie « *to philanthrôpon* » dans le sens de « sentiment d'humanité » suscité par la tragédie (13, 1453 a 2 ; 18, 1456 a 21), de sympathie naturelle que l'homme éprouve envers quiconque souffre (13, 1452 b 38), son sort fût-il mérité, précise sa *Rhétorique* (II, 13, 1390 a 19).

C'est peut-être plutôt de la pitié ressentie face à une issue que tout humain partagera : la mort et le respect des rites qui l'accompagnent. Aussi le sentiment d'une indulgence face à la condition des mortels de n'être rien que des ombres (Sophocle, *Ajax*, 121-126 ; 1361-1365). La pitié qu'Ulysse ressent devant le cadavre de son ennemi juré « reste liée à la présence du malheur, et se traduit plutôt par un refus de triompher : elle reste donc relativement négative par rapport à la notion de *philanthrôpia*, qui impliquera une solidarité active et généreuse, s'exerçant indépendamment des circonstances » (J. de Romilly, 1979, p. 44).

Bruno Snell a souligné la difficulté que la notion de philanthropie rencontre pour progresser dans une culture qui fait le plus souvent coïncider le néant avec la condition humaine. « Cet "amour de l'homme", écrit-il, est cependant chez les Grecs si marqué de dédain, étant donné que "l'homme" a toujours été un être négligeable et pitoyable, que le "philanthropique" a fini par signifier le pourboire » (Snell, 1994, p. 339).

Alors Athènes ne pouvait manquer de se distinguer. La grande cité est proclamée par Isocrate « l'amie des hommes » pour avoir ouvert le lieu sacré de son dème d'Éleusis en sanctuaire panhellénique, faisant ainsi partager à l'ensemble du monde grec, voire au-delà, les bienfaits des « deux déesses », Déméter et Koré. Permettre à l'Hellade les réconfortantes cérémonies des mystères, garantes d'une dite béatitude du défunt, autorise Athènes à être « non seulement aimée des dieux mais amie des hommes » (Isocrate, *Panégyrique* 29).

La philanthropie d'Athènes consiste à se protéger de la foule en lui offrant des rituels festifs et abrutissants : les rites de masse d'Éleusis.

Intrication réussie du sacré et du civique.

► ROMILLY J. de, *La douceur dans la pensée grecque*, Paris, Les Belles Lettres, 1979. – SNELL B., *La découverte de l'esprit. La genèse de la pensée européenne chez les Grecs* (1946), trad. fr., Combas, l'Éclat, 1994.

→ Âge d'or ; Bétail humain/Troupeau humain ; Démesure ; Démon ; Don des dieux ; Incubation ; Initiation éleusinienne ; Néant

PHILOSOPHE **→ Âme ; Impiété ; Inconnaissance et théologie**

PIÉTÉ

εὐσέβεια *eusébeia*
ὁσιότης, *hosiótês*

« Le préfixe *eu*, si je ne me trompe, désigne quelque chose qui est louable, et qui a de la valeur » (Aristote, *De la noblesse*, II). Comme l'*eu-*, dans *euôdia* signale la bonne odeur caractéristique des dieux, ce préfixe indique la qualité positive de l'*eusébeia*, mot que nous traduisons par piété. De la racine *seb-* proviennent le verbe *sébein*, « honorer », « respecter » ; et le substantif *sébas*, « ce qui suscite un témoignage de respect », autant que la « stupeur craintive ».

Quant à *hósios*, « le mot, écrit Pierre Chantraine, définit la situation de l'homme par rapport aux dieux et cette situation se trouve éclairée dans deux couples fréquents *hósios kaì díkaios* (*scil.* "pieux et juste"), *hósios kaì hierós* (*scil.* "pieux et sacré") ; *hósios* désigne ce qui est permis, recommandable aux hommes par les dieux : *hósia kaì díkaia* signifie ce qui est fixé comme règle dans la conduite humaine par les dieux et par les hommes » (*Dict. étym. langue grecque*, s.v. *hósios*). Plutôt par les hommes, car les dieux se plaisent à rester distants sur le sujet.

Comportements pieux

La piété est certainement un inventaire des conduites à observer, à l'instar de l'impiété qui recense les transgressions.

La piété est avant tout la stricte observance de règles de conduite respectueuses des lois non écrites, qu'elle applique sur un mode ritualiste : l'accompagnement et l'ensevelissement des morts, la réception des hôtes, la protection des suppliants et des hérauts, le respect envers les parents et la crainte révérencieuse à l'égard des dieux (« Il est pieux de surestimer la puissance des dieux », Isocrate, XI *Busiris*, 24), ou encore la fidélité à la parole donnée sous serment et celle envers ses amis (Gorgias, *Oraison funèbre*, fr. 5). Un fragment du *Bellérophon* (28 cuf = 311 Kn.) souligne le lien entre la « ferveur envers les dieux » et l'obéissance au devoir (tout civique) d'assister les hôtes et de venir au secours de ses amis.

Être pieux revient à présenter une attitude convenue. C'est se montrer : auprès des autels, autour du Foyer commun de la cité, l'autel-foyer d'Hestia *Prutaneia*, « Patronne des magistrats ». Être pieux, c'est sacrifier, tuer en égorgeant, puis remplir son ventre citoyen des viandes bouillies d'une carcasse dont le fumet des os et graisses grillés monte vers l'Olympe – tant que les Oiseaux d'Aristophane laissent passer l'offrande.

Être pieux, c'est ne pas oublier d'invoquer un dieu ou une déesse lors d'une célébration (*Il.*, IX, 534-549), car l'oubli est l'effacement d'un culte. La piété est toujours une expression de la mémoire, quel qu'en soit le sujet.

Être pieux, c'est dénoncer quiconque ne participe pas au culte de sa cité ou y introduit des divinités sans l'aval de l'assentiment oraculaire ainsi que des rites qui n'appartiennent pas au calendrier sacré respecté par la cité. Alors, la délation est pieuse : « Si un homme commet l'impiété ou en paroles ou en actes, le premier témoin venu doit prêter secours à la loi en le dénonçant aux magistrats » (Platon, *Lois*, X, 907 d). Comme toujours, en pays grec, piété et participation civique sont indissociables.

La piété c'est aussi savoir comment uriner pour ne pas offusquer les dieux. Hésiode livre le mode d'emploi : « Depuis l'heure où il [le soleil] se couche jusqu'à son lever, souviens-toi de ne pas uriner ni sur le chemin ni en t'avançant hors du chemin : pas davantage en relevant ta tunique : les nuits appartiennent aux Bienheureux ; l'homme pieux et avisé s'accroupit, ou s'approche du mur de la cour bien close » (*Trav.*, 728-732).

Piété et justice

Ces deux notions se recouvrent dans la mesure où les dieux sont garants de certaines relations humaines : le respect envers les parents, les défunts, les hôtes (Euripide, *Alceste*, 1146-1148), le respect des suppliants, celui de la parole donnée sous serment, etc., tous ces comportements sont justes, donc pieux car ils n'offensent pas les lois divines qui régissent la cité qui est, soulignons-le, toujours conçue, à défaut d'être fondée, sur une relation de commerce avec les dieux, ceux-ci offrant protection quand les citoyens offrent des sacrifices.

Il est courant que les orateurs considèrent la piété comme une affection envers les parents, envers les morts, envers les dieux (Lycurgue, *Contre Léocrate*, 94) et envers sa cité (Isocrate, XII *Panath.* 124-125 ; Lysias, *C. Nicom.*, 17-21).

Xénophon rappelle la formule delphique selon laquelle se conduire pieusement *(eusebôs)* revient à se conformer aux lois de la cité *(nómôi póleôs)* (*Mémorables*, I, 3, 1), et ces lois régissent autant les relations de l'homme au divin que celles des hommes entre eux (parents, concitoyens, étrangers…). Les *nómôi póleôs* sont votées avec l'accord des dieux.

Piété, législation et tradition

La piété est objet de législation. Porphyre rapporte une loi de Dracon (VIIe s. av. J.-C.) qui commandait aux Athéniens « en tant que groupe d'honorer les dieux et les héros locaux en accord avec les pratiques ancestrales du mieux qu'ils le pouvaient, par un langage pieux, des offrandes de prémices et des offrandes annuelles de gâteaux » (*De l'abstinence*, IV, 22). Que cette législation ne soit qu'une construction tardive du Ve siècle est possible, mais elle convenait à la piété populaire de l'époque classique dont Euthyphron se fait le porte-parole en déclarant qu'être pieux c'est « savoir dire et faire ce qui est agréable aux dieux, soit en priant, soit en sacrifiant, c'est là ce qui est pieux, ce qui assure le salut des familles et celui des cités » (Platon, *Euthyphron*, 14 b). « Au bon vieux temps, déplorera quelques lustres plus tard Isocrate, l'unique souci des Athéniens était de ne rien supprimer du culte qui vient de nos pères et de ne rien ajouter à la tradition. Car ils pensaient que la piété ne consistait pas en grandes dépenses, mais plutôt à ne pas changer ces choses que leurs ancêtres leur avaient léguées » (VII *Aréopagitique*, 30). Isocrate voyait aussi dans ce pieux souci la condition de la prospérité matérielle du pays. Mais avant tout, la piété est conscience et reconnaissance des limites de la connaissance humaine en matière de divin. « Il n'y a pas de règle établie par la divinité à l'égard des mortels, pas même de chemin qu'on puisse suivre pour plaire aux immortels », constate Théognis (381-382). Reste la tradition : un rite qui a traversé l'épreuve du temps est un rite qui convient nécessairement aux dieux, sinon ils savent manifester leur mauvaise humeur. Les dieux sont colériques, jaloux, instables, caractériels… bref, déficients à force de défauts. La piété consiste à ignorer cet aspect plutôt dégradant. Et ignorer est pieux dans la mesure où l'inconnaissance est le lot des mortels voulu par les dieux.

Dans ce cadre, la piété ne peut résulter d'une transformation intérieure de l'individu, la religion de la cité restant étrangère à l'idée d'une transcendance divine qui réclamerait une foi : c'est la coutume qui rend l'homme pieux. L'*eusébeia* est la manifestation visible du respect de la tradition ancestrale, la scrupuleuse observance des rites prescrits. Le comportement pieux s'affirme et s'affiche ainsi au sein des relations sociales comme composante de la vertu civique (cf. Xénophon, *Mém.*, IV, 3, 16).

Des dieux élisent domicile en certains endroits du territoire de la cité. Cette croyance en une invitation des dieux dans le domaine de l'indivision – plutôt que profane – est peut-être la définition la plus proche de ce que les Grecs entendaient par piété. À chaque sanctuaire correspond un rituel qui plaît au divin propriétaire qu'il dicte selon son mode de manifestation en l'endroit (mode condensé dans l'« épiclèse »). À chaque épiclèse, à chaque dévoilement savamment effeuillé d'une portion de puissance, correspond un rituel particulier que la tradition enracine dans l'espace élu par le dieu. Ici, sur l'agora, le Zeus *Agoraios* ; là, au cœur de la maisonnée, Zeus *Ktèsios* : à la piété de se retrouver dans tout ce fatras. C'est pourquoi déplacer un culte ou en amener un autre d'ailleurs est une impiété, la manifestation d'un dieu (et donc sa façon de l'honorer) n'étant jamais la même ici et là.

La piété ordinaire des Hellènes ne tend pas à rapprocher l'homme des dieux. S'élever vers le divin n'est pas communément admis. L'*eusébeia* tend plutôt à ostensiblement montrer l'acceptation de la place qui est celle de l'ignorant éphémère : radicalement coupée des dieux et totalement ignorante de leur nature. Alors, la piété est une espèce de recours pour pallier l'inconnaissance humaine des dieux et de leurs desseins. Théognis a insisté sur ce thème. L'homme, tout ignorant de la volonté des dieux, doit se contenter « d'implorer leur aide » (v. 358). Être pieux, c'est se tenir à sa place.

Se tenir à sa place : Euripide en dessine parfaitement l'attitude. « Je constate que souvent les pauvres sont plus sages que les riches et que ceux qui offrent aux dieux des présents modestes ont plus de piété que ceux qui immolent des bœufs » (Euripide, *Danaé*, frag. 12).

Contestation des orphiques

Les préceptes orphiques recommandaient précisément de ne pas suivre l'exemple des cultes civiques qui sanctifient par des pratiques sacrificielles sanglantes la distance séparant le mortel de l'immortel. Se tenir à sa place, c'est au contraire revendiquer sa filiation avec le divin, comme l'indiquent clairement plusieurs « lamelles orphiques », dont celle-ci retrouvée dans la sépulture d'une défunte initiée aux mystères d'Orphée : « Je viens d'entre les purs, ô pure souveraine des Enfers [Perséphone], / ô Euklès et Eubouleus et vous autres dieux et démons : / car je déclare appartenir, moi aussi, à votre race bienheureuse » (Thurii, II A 1, 1-3, IVe/IIIe s.). Une telle croyance conteste carrément le commerce que chaque cité entretient avec son propre panthéon de dieux protecteurs. Dès lors que l'effusion de sang sur les autels signifie la reconnaissance des humains à n'être que des mortels, alors un tel acte, pivot de la piété de la cité, est l'impiété par excellence. Déchirer la vie puis en consommer les chairs mortes, c'est raviver la douleur de Perséphone, mère de l'enfant Dionysos démembré puis ingurgité par les Titans. En refusant le sacrifice sanglant de consommation, réitération de l'assassinat originel, l'orphique inverse totalement le sens civique de la piété.

▶ BRUIT ZAIDMAN L., *Le commerce des dieux. Eusebeia, essai sur la piété en Grèce ancienne*, Paris, La Découverte, 2001. - RUDHARDT J., « Religion sociale et religion personnelle dans la Grèce antique », *Dialectica,* 30, 1976, p. 267-276.

→ Citoyenneté et administration du sacré ; Démesure ; Épiclèse ; Honorer les dieux ; Impiété ; Inconnaissance et théologie ; Interdit et injonction ; Lois non écrites ; Orphique (Genre de vie) ; Sacrifice

POLYTHÉISME → Épiclèse ; Dieux et déesses ; Sanctuaire

PRÊTRISE

ἱερεύς, *hiereús*, prêtre
ἱέρεια, *hiéreia*, prêtresse

Il n'y a pas de clergé en Grèce, les prêtres ne formant pas une caste distincte, comme à Rome ou dans l'Inde védique. Cette particularité est l'exception qui confirme la règle de la trifonctionnalité de Dumézil.

La prêtrise est un emploi partiel de type administratif, une sorte d'intermittence du spectacle du sacré local.

Une fonction administrative

En terres hellènes, un prêtre est avant tout un citoyen élu ou tiré au sort pour veiller, non pas au déroulement d'un culte unique et à vocation universelle qui n'existe pas pour un Grec, mais plus prosaïquement au strict fonctionnement du rituel propre et particulier à la tradition attachée à un sanctuaire. On n'est pas prêtre tout court (*la* religion ne faisant pas sens comme unité cultuelle), mais prêtre de tel ou tel dieu dans tel ou tel sanctuaire. Encore faut-il surtout ajouter : prêtre de tel dieu toujours flanqué de son épiclèse, dénomination cultuelle signifiant l'aspect que telle enceinte sacrée retient exclusivement de la divinité qu'elle abrite et honore..., et donc sa réelle figure cultuelle. On n'est pas prêtre d'Apollon, mais prêtre d'Apollon *Pythien* ou prêtre d'Apollon *Lykeios ;* on n'est pas prêtresse d'Athéna, mais prêtresse d'Athéna *Polias* ou prêtresse d'Athéna *Niké...* et ainsi de suite jusqu'à épuisement des épithètes que les traditions locales accolent à une divinité. À telle épiclèse correspondent à la fois tel sanctuaire à fréquenter et tel rituel particulier à y observer. On est prêtre ou prêtresse d'un culte particulier qui ignore généralement les autres cultes rendus à d'autres aspects d'une même divinité. Un dieu se décline en autant d'invocations ; aux prêtres et prêtresses de veiller au protocole lié à la vêture choisie par le dieu pour le lieu qu'il est censé avoir élu comme sanctuaire. Garants de la conformité du rite avec la tradition locale, les prêtres et prêtresses remplissent une fonction administrative au service du sacré –, celui-ci étant toujours saisi de façon morcelée.

Au service d'une portion de sacré

La prêtrise n'est pas une vocation, mais une fonction, généralement attribuée par élection ou par tirage au sort, ce dernier mode permettant d'imaginer que c'est le dieu lui-même qui choisit son prêtre (cf. Platon, *Lois*, VI, 759 c). Au même titre qu'un trésorier ou un surveillant de marché, le prêtre est un laïque désigné parmi les citoyens (hommes libres) ou, dans le cas des prêtresses, parmi les filles ou épouses de citoyens. Un prêtre est un officier public temporairement délégué par sa cité au service de l'application du règlement d'un sanctuaire relevant du territoire civique. Ce service, d'un an en moyenne, ne requiert pas une profession de foi (expression totalement anachronique), mais une connaissance empirique et précise des prescriptions et interdictions à appliquer dans l'enceinte sacrée qui revient au gardiennage du citoyen élu ou désigné prêtre. Pendant cette période définie, l'obligation de chasteté ou de virginité, fixée au cas par cas, reste plutôt marginale.

Il faut, avec les précautions d'usage, certainement nuancer l'affirmation d'Isocrate selon laquelle la prêtrise serait le fait de tout un chacun (*Nicoclès*, 6), car des critères sociaux et physiques conditionnent l'élection : « On vérifiera pour chacun des élus si tout d'abord il est physiquement intègre et de naissance légitime [*i.e.* ni métèque, ni étranger], ensuite si, autant que possible, il est né de maison sans souillure et s'il a vécu pur de meurtre et des crimes semblables qui offensent la divinité, lui et de même ses père et mère » (Platon, *Lois*, VI, 759 c 2-6. Cf. Démosthène, 59. 92 sur la loi refusant aux citoyens naturalisés le droit d'accéder à la prêtrise). De même faut-il relativiser la comparaison que

Démosthène fait avec le magistrat (*Prooimia*, 55) : certes le prêtre est élu, et non pas « ordonné », mais il ne décide de rien. La fonction de prêtre, précise Aristote, « doit être mise tout à fait en dehors des magistratures politiques » (*Pol.*, IV, 15, 1299 a 17). Il est gardien de la tradition attachée à son sanctuaire, celle-ci n'ayant ni valeur ni efficacité dans une autre enceinte sacrée. Dans ces conditions, la délibération, propre aux magistratures, échappe à la fonction sacerdotale qui, « conformément à la tradition », est chargée d'appliquer le règlement spécifique édicté par la loi sacrée locale. C'est en ce sens restrictif qu'un prêtre peut être consacré (*hieró-menos*).

Un prêtre ne prêche ni n'exhorte. Il n'enseigne rien. Qu'aurait-il eu d'ailleurs à enseigner ? La Révélation divine, par essence exclusive, étant une notion totalement étrangère aux Grecs, la formation du prêtre ne peut comporter un enseignement dogmatique en vue d'un quelconque prosélytisme, mais seulement un simple et empirique apprentissage pratique des règles coutumières *(nómoi, nómaia)* du culte particulier célébré dans le sanctuaire dont il devient de façon épisodique le gardien et l'administrateur. Il n'est pas un guide spirituel. Il veille à la conduite décente des fidèles. C'est le constat d'une infraction de ces derniers qui donne au prêtre la seule occasion de... sermonner... à coups d'amendes sacrées.

Le prêtre n'a pas devant lui une attente de prédication, mais, autour de lui, une masse de fidèles venus prier et offrir sacrifices et offrandes selon les rites du sanctuaire dont il a la charge et l'entretien. Il ne prêche pas, car il n'y a personne à remettre dans un « droit chemin » qui ne fait pas sens pour une culture qui honore spontanément et naturellement les dieux « toujours vivants ». Tout le monde, même les Barbares, croit en l'existence des dieux... que seule la différence des langues oblige à nommer différemment. La notion de mission religieuse, requérant une formation spéciale pour accompagner une foi déjà bien assurée, est résolument absente de la croyance hellène. Le prêtre n'a donc pas à se poser la question de savoir s'il doit convaincre. Il n'y a personne à agréger comme nouveau membre d'une chapelle, ce calcul n'ayant pas cours dans l'Hellade.

Conformément à la piété des citoyens qui les ont élus, prêtres et prêtresses doivent faire respecter les lois sacrées du sanctuaire. Personne n'a besoin du prêtre pour prier, mais seulement de ses recommandations pour ne pas enfreindre les lois sacrées particulières au sanctuaire et s'éviter ainsi un comportement impie. Un Hellène ne s'adressant jamais au divin dans sa plénitude, ce qui serait faire preuve de démesure et donc d'impiété, mais toujours à une portion de divin exprimée par l'épiclèse, il incombe au prêtre de rappeler les consignes particulières au sanctuaire dont il a la charge. Ici, ne pas permettre aux fidèles de pénétrer en arme dans l'enceinte sacrée ou d'y laisser paître un troupeau ; là, d'interdire tout faste vestimentaire ou de jouer d'un instrument au sein du *hierón*, etc.

D'une façon plus générale, en tant qu'officier garant d'un territoire sacré d'une cité, le prêtre doit éviter à son sanctuaire souillure et acte sacrilège. Dans le premier cas, il doit éloigner toute personne affectée par un deuil récent (le contact avec un défunt étant source de souillure), toute femme sur le point d'accoucher (le sang biologique étant impur à cause de son écoulement involontaire, contrairement au sang sacrificiel, versé après que le prêtre a lui-même requis le « consentement » de l'animal en lui faisant hocher la tête à force d'aspersion d'eau ou de graines sur son crane). Dans le second cas, le prêtre doit veiller à la pérennité du paysage sanctuarisé (ne pas couper les arbres ni même emporter du bois mort, ne pas tremper les peaux des animaux sacrifiés dans l'eau de ses sources ou de ses rivières, etc., selon le site). Cette fonction policière l'autorise à infliger des amendes aux contrevenants.

Un prêtre doit encore laver, habiller et parfois masquer la statue cultuelle, le gestuel venant ainsi se confondre avec l'imaginaire de l'épiclèse. Il doit aussi entretenir le temple, tâche qu'il peut déléguer à un néocore (« gardien d'un temple », au sens d'en prendre soin, de le nettoyer). Ion, attaché au sanctuaire d'Apollon *Pythien*, décrit sa charge par la voix d'Euripide : « Avec ces rameaux de laurier, avec ces guirlandes sacrées, je m'en vais décorer le portail de Phoibos [Apollon]. D'onde fraîche, j'arroserai son parvis. Et les troupes d'oiseaux, qui menacent les saintes offrandes, par les traits de mon arc, je vais les mettre en fuite » (Eur., *Ion*, 105-108). Le *néôkoros* n'est pas un membre secondaire dans l'organisation d'un sanctuaire – le rapprochement avec *koréô*, « balayer », étant trompeur. Selon le règlement de l'Amphiaraion d'Oropos (387-391), le néocore doit assister au dépôt dans le *thésauros* (tronc) de la taxe *(éparkhè)* dont doit s'acquitter le consultant du dieu guérisseur Amphiaraos, vérifier le montant et « prendre soin du sanctuaire conformément à la loi et aussi de ceux qui s'y rendent » en veillant à l'inscription du nom du fidèle qui a fait le versement.

Un prêtre assiste aux sacrifices après avoir veillé au choix et à la parfaite santé de l'animal, car tel aspect honoré du dieu exige une victime mâle ou femelle, de tel ou tel âge, gravide ou non, de telle couleur de robe… Ces conditions respectées, il choisit le bois adéquat à la cuisson sacrificielle, n'importe quelle essence de bois ne pouvant servir à n'importe quel sacrifice. (Pausanias rapporte, par exemple, que c'est exclusivement du peuplier blanc qui sert à brûler le bélier noir sacrifié dans le sanctuaire de Pélops : V, 13, 3). Puis le prêtre consacre l'animal, prononce les formules d'invocation et les prières (un vieux nom homérique du prêtre, *aréter*, le désigne comme « celui qui prie »). Il peut égorger lui-même la victime (dans ce cas, *sphageus*, « égorgeur », et *hiéreus* se confondent), ou laisser cette tâche au *mágeiros* (« boucher-sacrificateur »), comme c'est souvent le cas dans les grands sanctuaires. Il dépose en les disposant les parts des dieux sur l'autel.

Généralement, une prêtresse ne verse pas le sang, mais la règle n'est pas absolue. Si, dans les cérémonies exclusivement réservées aux femmes, un homme intervient pour mettre à mort la victime, et se retire aussitôt, une prêtresse peut pourtant le boire selon le rituel de certains cultes (cf. Pausanias, II, 24 ; VIII, 25, 13). À Hermioné en Argolide, quatre vieilles femmes égorgent les animaux lors de la fête des *Khthonia* (Pausanias, II, 35, 7-8).

Un prêtre doit avoir le souci de ne « rien mouvoir » *(mè kinein)*, afin de préserver un culte spécifique, autant fixé que ritualisé par la tradition. C'est en ce sens qu'il « sert » *(thérapeuein)* la divinité, service dont, à l'instar des magistratures de la cité, il doit pouvoir rendre des comptes devant le Conseil et l'Assemblée du peuple d'où s'édictent les lois sacrées. « La loi [athénienne] impose cette formalité [la reddition des comptes] aux prêtres et aux prêtresses [...], alors même qu'ils ne font que recevoir les victimes et offrir pour votre bénéfice des prières aux dieux ; et [...] cette responsabilité s'étend aux familles sacerdotales tout entières » (Eschine, *Contre Ctésiphon*, III, 18, trad. V. Martin).

Servir le dieu, c'est être comptable de ses biens en tenant à jour l'inventaire des marques de la piété des fidèles : des offrandes de boucliers arrachés aux vaincus jusqu'aux rustiques figurines de terre cuite.

Au bénéfice d'une peau

Le prêtre, qui est et reste un citoyen, tire l'essentiel de ses émoluments du sacrifice grâce aux parts des victimes accordées par privilège religieux, allant même jusqu'à « partager avec la divinité certains morceaux des bêtes immolées » (Le Guen-Pollet, p. 138). Recevoir les peaux des animaux immolés, pour les revendre, procurait des revenus non négligeables dans la mesure où elles servaient à la fabrication de produits de première nécessité. Le prêtre a aussi la possibilité de vendre les parts de viande des bêtes sacrifiées qu'il a obtenues rituellement. La quête d'aumône est rare.

Il peut aussi jouir d'honneurs « profanes » (siéger au premier rang lors des concours : droit de proédrie), et surtout être exempté de toute liturgie le temps de son sacerdoce –, une liturgie étant la lourde contribution financière qu'un citoyen aisé est obligé d'offrir à la communauté pour subvenir aux frais d'une célébration, d'une cérémonie ou d'un engagement militaire.

Aux sacerdoces électifs ou tirés au sort, il faut ajouter les prêtrises *kata génos*, attribuées « selon l'appartenance à une famille sacerdotale » traditionnellement dépositaire d'un culte gentilice devenu public. Dans le cas de ces sacerdoces patrimoniaux, la fonction est héréditaire et voue à vie des hommes et des femmes : la célébration des mystères d'Éleusis revient aux Eumolpides et aux Kérykes ; la prêtrise d'Athéna *Polias* et celle de Poséidon *Érechteus* aux Étéoboutades (à Athènes) ; le culte des Vénérables aux Hésychides ; à Phlya, les Lykomides perpétuent des cérémonies mystériques…

La prêtrise ne distribue pas systématiquement les sexes : les dieux ont des prêtresses et les déesses des prêtres.

Il faut encore évoquer la vente des sacerdoces. Opération financière tout au bénéfice des cités, cette pratique se développe principalement à l'époque hellénistique, mais des cas sont attestés dès le ve siècle. (Le sacerdoce d'Artémis *Pergaia,* obtenu à la suite d'une vente dès la fin du ve s., atteste la relative ancienneté de la vénalité des sacerdoces.)

La prêtrise n'épuise absolument pas l'ensemble des tâches religieuses. Des magistrats, « commissaires des cultes », interviennent directement dans la gestion du commerce avec le divin : organisation des fêtes, supervision des travaux dans un sanctuaire, choix des victimes sacrificielles... Hors de son sanctuaire, le prêtre n'est pas indispensable. Aristote signale une fonction religieuse relevant du gouvernement : « celle qui concerne spécialement les sacrifices communs, c'est-à-dire tous ceux que la loi n'attribue pas aux prêtres, mais aux magistrats qui tiennent leur dignité du Foyer commun, et qu'on appelle tantôt archontes, tantôt rois, tantôt prytanes » (*Pol.*, VI, 1322 b 26 sq.). Un stratège en campagne accomplit lui-même les sacrifices avant de livrer bataille. À Sparte, l'institution de la double royauté sert la vocation guerrière de la cité. Quand la guerre est décidée, un des deux rois conduit l'armée. Alors « le roi, pendant une expédition, ne consacre pas d'autres fonctions que celle de prêtre à l'égard des dieux et stratège à l'égard des hommes » (Xénophon, *Rép. des Lacédémoniens*, XIII, 10-11).

En fait, tout citoyen adulte est apte, au nom de sa famille, à offrir les sacrifices qu'il convient aux dieux protecteurs de son *oîkos*.

Un prêtre n'est qu'un officier élu pour appliquer un règlement appelé « loi sacrée ». Mais c'est aussi en ce sens que le prêtre aide le fidèle à être ce que l'époque classique considère comme pieuse attitude, en le conduisant à se conformer rituellement à la tradition cultuelle propre au sanctuaire dans lequel il s'est rendu de lui-même, conscient de son inconnaissance en matière de divin, mais confiant dans sa démarche vers cette portion territoriale sacralisée par l'offrande divine d'une épithète.

• LE GUEN-POLLET B., *La vie religieuse dans le monde grec du ve au IIIe siècle avant notre ère*, Toulouse, Presses universitaires du Mirail, 1991, p. 117-159. – SOKOLOWSKI Fr., *Lois sacrées d'Asie Mineure*, Paris, De Boccard, 1955 ; *Lois sacrées des cités grecques. Supplément*, Paris, De Boccard, 1962 ; *Lois sacrées des cités grecques*, Paris, De Boccard, 1969.

→ Citoyenneté et administration du sacré ; Épiclèse ; Loi sacrée ; Mystères ; Piété ; Sacrifice ; Sanctuaire ; Temple

PRIÈRE

« Ce ne sont point les sanglots, ce sont les prières et le respect des dieux, enfant, qui te vaudront des jours prospères » (Euripide, *Électre*, 195-197). On ne se lamente pas, on demande. Une injonction au dieu du type « Écoute-moi » inaugure souvent la prière. Originellement la prière (ευχη) est liée à un vœu. « Sacrifier, n'est-ce pas faire des présents aux dieux ? Prier, n'est-ce pas leur adresser des demandes ? » (Platon, *Euthyphron*, 14 c). Le mot αρα désigne le vœu de malédiction.

Parole humaine

La prière n'est pas une profession de foi, une affirmation collective d'un credo, mais une demande intéressée et particulière. À l'exception de la récitation de formules stéréotypées lors des cérémonies des mystères (éleusiniens au moins), la prière est une parole improvisée. Cette absence de formalisme laisse à l'orant la liberté des mots dans son adresse à la divinité. Dès le trente-cinquième vers de *l'Iliade*, une prière est adressée à Apollon, par un Barbare, le prêtre Chrysès, venu en vain rechercher sa fille capturée par les Grecs : « Entends-moi, dieu à l'arc d'argent, qui protèges Chrysé et Cilla la divine, et sur Ténédos règnes souverain ! Ô Sminthée, si jamais j'ai élevé pour toi un temple qui t'ait plu, si jamais j'ai brûlé pour toi de gras cuisseaux de taureaux et de chèvres, accomplis mon désir : fassent tes traits payer mes pleurs aux Danéens ! » (*Il.*, I, 35-42). Phoebos Apollon entendra sa prière (ici une *ará*) : les Danéens vont tomber comme des mouches. La prière, vœu, peut ainsi autant appeler la malédiction que son arrêt : après avoir attiré le fléau sur l'armée d'Agamemnon, Chrysès, satisfait, y mettra fin par une autre prière adressée au même dieu.

La prière grecque s'adresse à des dieux dont la seule certitude humaine est qu'ils sont des puissances ambivalentes : vœu de protection ou de malédiction se confondent. C'est le double sens du mot *ará.*

Sapho a certainement donné une des plus belles expressions de ce que prière signifie pour un païen par cette adresse aussi parfaite qu'intense à Aphrodite :

« Toi dont le trône étincelle, ô immortelle Aphrodite, fille de Zeus, ourdisseuse de trames, je t'implore : ne laisse pas, ô souveraine, dégoûts ou chagrins affliger mon âme (*thûmon*),

Mais viens ici, si jamais autrefois entendant de loin ma voix, tu m'as écoutée, quand, quittant la demeure dorée de ton père tu venais,

Après avoir attelé ton char : de beaux passereaux rapides t'entraînaient autour de la terre sombre [...] à travers l'éther.

Vite ils étaient là. Et toi, bienheureuse, éclairant d'un sourire ton immortel visage, tu demandais, quelle était cette nouvelle souffrance, pourquoi de nouveau j'avais crié vers toi » (Sapho, 1 cuf).

Aphrodite répond à la prière : le vœu d'un amour homosexuel sera exaucé. La prière grecque est toujours intéressée.

Vœu debout

La prière est aussi une gestuelle. Ni génuflexion ni prosternement : ce sont les bras et les paumes levés vers le ciel, étirés vers la mer ou frappant le sol qui désignent la résidence du dieu invoqué. Le Grec prie debout, à haute voix plutôt que « dans sa tête », de préférence dans un sanctuaire, mais aussi n'importe où, à l'air libre et ainsi très rarement dans un temple. En fait, la prière est un prélude à la parole prise en public : au discours des orateurs à l'Assemblée ou aux harangues des généraux avant la bataille.

Les rares exemples de prières à voix basse ou silencieuses relèvent beaucoup moins du rituel que de la pure stratégie. Quand Ajax comprend qu'il doit combattre Hector, il demande à ses compagnons de prier Zeus pour lui accorder la victoire « sans ouvrir la bouche, pour vous, afin que les Troyens ne s'en doutent pas » (*Il.*, VII, 195). Œdipe devra adresser aux « Bienveillantes », euphémisme désignant les terribles Érinyes, une prière « d'une voix qu'on n'entende pas, dont le son n'aille pas plus loin » (Sophocle, *Œdipe à Colone*, 488-489).

Toute prière est la reconnaissance de l'inconnaissance humaine en matière de divin. Et pourtant elle ne cesse de s'adresser à l'inconnu car, rappelle Socrate, nous invoquons dans les prières les dieux « sous les noms qui leur plaisent, quels qu'ils soient et quelle qu'en soit l'origine, et que nous parlons ainsi comme des gens qui ne savent rien de plus » (Platon, *Cratyle*, 400 e).

La prière comporte une salutation ou invocation, généralement au vocatif ; une énumération des épiclèses (extrêmement important) ; une promesse d'offrande ; une demande. L'orant dépose une *eukhê*, tandis que le dieu accomplit une *eukhê* quand il exauce la demande. Mais à celle-ci, les dieux peuvent répondre « non ». La prêtresse Théanô adresse cette prière à la fille de Zeus :

« "Puissante Athéné, protectrice de notre ville [Troie], ô toute divine ! ah ! brise donc la pique de Diomède ; fais qu'il tombe lui-même, front en avant, devant les portes Sées ; et aussitôt, dans ton temple, nous t'offrirons douze génisses d'un an, ignorant encore l'aiguillon, si tu daignes prendre en pitié notre ville, et les épouses des Troyens, et leurs fils encore tout enfants !"

Elle dit ; mais à sa prière Pallas Athéné fait non » (*Il.*, VI, 305-311).

Le vœu formulé doit, à l'instar des demandes adressées à l'oracle, être recevable. L'orant ne peut demander une faveur qui outrepasse sa condition d'éphémère. On demande la santé, la fécondité des épouses, la prospérité des troupeaux, une bonne chasse... ou la paix civique (« Voici l'heure pour les dieux, enfants de Zeus, de nous prêter l'oreille, tandis que nous épandrons nos vœux sur ce pays. Que jamais la terre des Pélasges ne soit en proie aux feux de l'ardent Arès, dont le cri suspend les danses et qui va moissonnant les hommes dans des champs où ils ne mûrissaient pas pour lui ! », Eschyle, *Suppl.*, 630-639). Ce n'est pas du banal matérialisme, mais l'expression de la piété hellène qui recommande toujours à l'homme de connaître ses limites. La prière que Platon prête à Socrate qui demande l'acquisition de la « beauté intérieure » n'appartient donc qu'à Socrate (*Phèdre*, 279 b-c) car demander (prier pour) le malheur ou la destruction d'autrui est une prière.

J. Rudhardt, en énumérant quatre types de prières, a démontré qu'il ne faut pas réduire l'*eukhê* au simple énoncé d'une demande : « La prière de sollicitation comprend une invocation et une demande. La prière votive compte en outre la promesse d'une offrande qui sera faite aux dieux si le fidèle obtient satisfaction [...]. La prière consultative comporte une question par laquelle le fidèle, après avoir invoqué le dieu, lui soumet une difficulté ou quête son approbation. La composition de la prière d'action de grâce dont nous trouvons dans les textes plusieurs mentions nous reste inconnue » (J. Rudhardt, 1992, p. 189).

Au moment de porter la coupe mortelle à ses lèvres, Socrate tient cet ultime propos : « Voilà ma prière : ainsi soit-il, γένοιτο ταύτῃ ! (Platon, *Phédon*, 117 c). Prière païenne d'un homme mis à mort.

► AUBRIOT-SÉVIN D., *Prière et conceptions religieuses en Grèce ancienne jusqu'à la fin du* v*e* *siècle av. J.-C.*, Lyon, Maison de l'Orient Méditerranéen, 1992. – RUDHARDT J., *Notions fondamentales de la pensée religieuse et actes constitutifs du culte dans la Grèce classique*, Paris, Picard, 1992.

→ Adresse aux dieux ; Attente des dieux ; Piété ; Sanctuaire

PRISON DES DIEUX

Le Zeus homérique promet le « Tartare brumeux » à tout immortel qui ose déroger à ses arrêts.

Tartare ou la prison des dieux réprouvés

Le *Tártaros* (certainement une onomatopée pour désigner quelque chose de redoutable et épouvantable) n'est pas une entité primordiale de la cosmogonie d'Hésiode. C'est un lieu, un espace identifié comme abîme qui, à ce titre, suppose un étagement des régions, une topographie du monde totalement étrangère à l'étape initiale du dévoilement du *kósmos*. Celle-ci compte trois noms : Khaos, Gaia et Éros. Selon Épiménide de Crète (~ VIIe-VIe s.), le Tartare est issu de l'Air et de la Nuit (Damacius, *De princ.*, 124).

À l'exception de l'*Odyssée* qui ne le mentionne pas, toute la tradition homérico-hésiodique, et au-delà, considère le Tartare comme une vertigineuse trouée s'engouffrant au plus profond des entrailles du monde. Elle se situe exactement « aussi loin sous l'Hadès que le ciel est au-dessus de la terre » (*Il.*, VIII, 14-16 ; *Théog.*, 720). Gigantesque gouffre en forme d'urne ou de jarre, le Tartare est plongé dans l'« obscurité brumeuse » (*Il.*, VIII, 13 ; *Théog.*, 682, *H. à Hermès*, 256). Pour noircir la représentation, Hésiode précise que trois épaisseurs de ténèbres ont été coulées sur son embouchure (*Théog.*, 726-727). *L'Hymne à Hermès* évoque ses « ténèbres sans issue » (257) et Eschyle son « noir repère » (*Prom. ench.*, 219).

Le Tartare est une prison où sont jetés les opposants à tout nouveau règne divin. C'est un lieu infernal à cause de son absence de repère. C'est ce que font entendre deux traditions pourtant contradictoires. Dans *l'Iliade* (VIII, 481), le Tartare est « privé des souffles de l'air », alors qu'il est en proie à de violentes bourrasques selon certains passages de la *Théogonie*, certes interpolés (736-740, 806-810, 810-819). La contradiction n'a jamais dérangé les Grecs, fondamentalement innocents de tout dogme. Elle ne les a jamais embarrassés parce que les deux termes disent souvent la même chose. Que toutes les directions se mêlent et se tressent au gré aveugle des vents entrecroisés et tourbillonnants ou qu'il y règne une absence de courants aériens et donc des indices fournis par les exhalaisons dont l'air est le réceptacle, sont deux hypothèses qui s'accordent sur la même conclusion : le Tartare est sans repère.

Les différents souverains divins, notamment Ouranos puis Zeus, y expédient tous ceux qui représentent une menace d'usurpation, à savoir leur propre descendance (ainsi les trois Cyclopes, Argès, Stéropès et Brontès, jetés dans le Tartare par leur géniteur, Ouranos) ou leur ascendance directe (les Géants et certains Titans plongés en ces lieux par Zeus qui a détrôné Kronos). Le Tartare n'a de signification que dans le cadre d'un monde en mal de souveraineté, c'est-à-dire en proie à des luttes divines de pouvoir. L'effroyable monstre Typhée « eut été roi des mortels et des immortels », précise bien Hésiode, si Zeus n'avait pu le neutraliser et le jeter « dans le vaste Tartare » (*Théog.*, 637-638 ; 808). Synonyme d'engouffrement carcéral dans une sombre brouillasse, *Tártaros* fait horreur à quiconque entend son nom. Zeus (*Il.*, VIII, 13-14) ou encore Apollon (*H. à Hermès*, 256-257) ne se privent pas de l'évoquer comme menace adressée aux dieux. Un fragment de Phérécyde de Syros confirme ce sort réservé à tout perturbateur : « Mais au-dessous de cette partie du monde se trouve le lieu de Tartare. Et les filles de Borée le gardent : les Harpyes et Tempête. Là-bas, Zeus expulse ceux d'entre les dieux qui déchaînent l'outrecuidance » (cité par Origène, *Contre Celse*, 6, 42 = DK 7 B 5 = Colli 9 A 3).

Le Tartare n'est pas un espace infini ou sans limite, mais une zone d'errance sans fin (cf. *Théog.*, 720-725). Espace inférieur clos, il a vocation à retenir les débordements des divinités qui prétendent peupler le monde. *Tártaros* n'est pas hors de la vie. Il est sous elle. Il est cette surface enterrée au-dessus de laquelle poussent les racines *(ridzai)* de la terre et de la mer inféconde (*Théog.*, 727-728). Il sous-tend l'organisation du vivant en effrayant tout dieu qui serait tenté par la démesure.

Un dieu peut être puni sans sombrer dans le Tartare. Apollon est notamment condamné par Zeus à la « condition de mercenaire chez un mortel » pour avoir, en représailles du foudroiement de son fils Asklépios, liquidé les artisans du feu de Zeus, les Cyclopes (Euripide, *Alceste*, 3-7).

Avec Platon, le Tartare s'ouvre aux âmes des mortels injustes « dont l'état aura été reconnu sans remède à cause de la grandeur de leurs fautes : auteurs de vols sacrilèges répétés et graves, d'homicides en foule, injustes et sans légalité, et de tous les forfaits de ce genre qu'il peut bien y avoir encore ; le lot qui convient à ceux-là, c'est d'être lancés dans le Tartare, d'où plus jamais ils ne sortent » (*Phédon*, 113 e). Quant aux coupables de fautes graves qui se sont repentis durant le reste de leur vie, ils ne sont précipités dans le Tartare que pour un temps (113 e-114 a ; Cf. *Gorgias* 523 b).

Dans la nuit du Tartare se fait jour l'idée du châtiment *post mortem*.

► RAMNOUX C., *La Nuit et les Enfants de la Nuit dans la tradition grecque*, Paris, Flammarion, 1986. – SOREL R., *Les cosmogonies grecques*, Paris, PUF, 1994.

→ Châtiment/Récompense *post mortem* ; Dieux et déesses ; Exclusion

PROGRÈS DE L'HUMANITÉ

À des essais d'humanités *fabriqués* laborieusement par les dieux (mythe des races d'Hésiode), des penseurs classiques opposent une humanité qui *se construit*.

L'idée d'un progrès de l'humanité est totalement en rupture avec celle exprimée par Hésiode de sa déchéance irréversible à partir d'un âge d'or : notre race de fer sera anéantie par Zeus quand les hommes « naîtront avec des tempes blanches. Le père alors ne ressemblera plus à ses fils ni les fils à leur père ; l'hôte ne sera plus cher à son hôte, l'ami à son ami, le frère à son frère, ainsi qu'aux jours passés. À leurs parents, sitôt qu'ils vieilliront, ils ne montreront que mépris [...] Nul prix ne s'attachera plus au serment tenu, au juste, au bien (...) ; le seul droit sera la force, la conscience *(aidos)* n'existera plus [...]. Alors quittant pour l'Olympe la terre aux larges routes, Conscience (Aidôs) et Indignation (Némesis), délaissant les hommes, monteront vers les Immortels » (*Trav.*, 182-201). La race de fer est promise à cet avenir fatal : dégénérescence physique et délabrement moral exprimé par le mépris des lois non écrites de respect (des parents, des suppliants, de la parole donnée) et par la disparition de cette faculté hautement salvatrice d'indignation devant la démesure *(húbris)*, ce qui entraîne l'adhésion au mal.

À cette double et inéluctable dégradation physique et décadence morale de notre humanité, des penseurs du ve siècle opposent l'idée de progrès de l'humain. Pour ce faire, il a fallu que la réflexion hellène passa d'une conception du commencement de l'humanité à une autre : d'un commencement à répétition, car jamais satisfaisant pour les fabricants (les dieux), décrit par le récit des races chanté par Hésiode à celle d'un commencement à dépasser, pour enfin pouvoir... commencer la marche vers la civilisation. Dans le cadre hésiodique, la succession des mortels n'enregistre aucun progrès. Elle est une fixation de chacune des successives races dans sa particularité jusqu'à son extinction pour ce qu'elle a, non pas été, mais à être. Les strates mortelles ne progressent pas. Elles perdurent en leur état jusqu'à leur perte ou leur disparition : nombrilistes impies (argent), abrutis guerriers (bronze), trop proches des dieux (héros) et dégénérés (fer)... la race d'or n'étant qu'un fantasme de Kronos, dieu anté-olympien. Fabriquées par les dieux, argent, bronze, héros et fer accusent un déterminisme divin.

Toutes ces « races » sont mortelles, accrochées à leurs tares, mais jamais bestiales au sens animal du mot. La race de bronze n'est pas bestiale, mais exprime la brutalité débridée d'Arès. Celle des héros n'est pas non plus bestiale ; sa brutalité obéit à une moitié d'ascendance, à la fois mortelle et immortelle. Ces races n'ont de vie que dans les veines du récit inspiré par les Muses.

La pensée grecque a pu faire l'hypothèse d'un progrès de l'humanité quand elle a refusé ce schéma pour lui substituer celui d'un commencement, non pas confondu, mais comparé car contemporain de l'apparition du règne animal, d'où la représentation d'une bestialité primitive (*thêriódês*). Il n'est certainement pas anodin qu'Archélaos, disciple d'Anaxagore et maître de Socrate, ait émis l'idée selon laquelle hommes et animaux ont vu le jour quand la terre, bien plate, a chauffé ses flancs aux rayons du soleil (A IV, 5).

Alors les vivants « évoluaient » sur/sous terre comme les autres vivants terrestres : « comme » des bêtes (Eschyle, *Prométhée enchaîné*, 450 ; Euripide, *Suppliantes*, 201 ; Platon, *Protagoras*, 320 c).

L'idée d'un et unique commencement de l'humanité autorise une réflexion sur la nécessité ou sur l'utilité des dieux.

L'origine, synonyme de destination de l'homme comme sacrificateur, ne semble plus faire sens pour un certain nombre de penseurs du ve siècle, qui nient le pluriel des commencements transmis par la parole hésiodique. Dans ce nouveau contexte, le mortel apparaît dénudé, démuni et bestial. Il est le sujet d'une histoire, non l'objet d'un discours dicté par les Muses.

« Il fut un temps », Ἦν γάρ ποτε χρόνος, est une expression employée pour commencer un récit sur les progrès réalisés par l'humanité (Platon, *Protagoras*, 320 c). Et ce temps est celui de l'extrême dénuement à l'instar des bêtes dont les premiers mortels vont partager la nature dans la plus grande confusion. Ceci est un lieu commun des auteurs de l'époque classique : de Démocrite à un orateur inconnu du IVe siècle, cité au siècle suivant par un certain Moschion. Le texte rapporté par Moschion peut donner les grandes lignes du commencement démythifié de l'humanité :

« Il fut un temps où la vie des hommes ressemblait à celle des bêtes. Ils vivaient dans les cavernes des montagnes et dans les sombres ravines… ». La suite du texte se déroule comme une sorte de rétrospective de diverses traditions condensées : c'est l'absence de technique qui plombe la vie des premiers hommes : aucune connaissance d'architecture, ni d'agriculture ou d'élevage ; en ces temps de cannibalisme, c'est encore l'absence de compréhension de lois immuables qui suppose une autre absence : celle des rites funéraires. Les lois non écrites n'ont pas toujours été audibles.

En fait, le texte, qui évoque autant Prométhée que Déméter ou Dionysos, semble insister sur la nécessité. Il n'est pas dit ici que Déméter révèle aux humains des « dons sacrés », mais que ceux-ci les découvrent au terme d'une longue expérience : « alors furent découverts les dons sacrés de Déméter, la culture du grain et les douces fontaines de Dionysos. La terre, qui avait été stérile, commença à être labourée par des attelages de bœufs, des cités flanquées de tours s'élevèrent, les hommes construisirent des habitations bien protégées et passèrent de la vie sauvage à la vie civilisée ».

Les dieux ont toujours aimé cacher (sur ce point, tout le monde s'accorde avec Hésiode, *Trav.*, 47) : la découverte humaine décapsule, car la stérilité est le fait des dieux. L'image est forte, mais elle dit le progrès de l'humanité qui se posera bientôt la question de l'utilité des dieux. Il y a dans la pensée grecque cette « croyance » selon laquelle les dieux se plaisent à laisser « tel quel » l'état des lieux. À l'instar de leur sanctuaire, où rien ne doit être modifié, la terre profane, qui peut être labourée si l'homme en découvre la nécessité, « se retient » par réflexe divin.

Du labour de la terre à la mise en terre, il n'y a qu'un pas que les humains franchiront bientôt, attentifs qu'ils sont maintenant aux lois non écrites : « À partir de cette époque ils se firent un devoir d'enterrer les morts ou de réduire en cendres les corps exhumés, ne laissant aucun souvenir visible de leurs anciennes fêtes impies. » (Moschion, [IIIe s. av. J.-C. ?], frag. 6 Nauck, cité in Guthrie, *Les Sophistes*, Payot, 1976, p. 89-90.)

Deux moteurs seront considérés à l'origine de ce mouvement : soit un dieu, soit l'homme lui-même.

Ce thème du progrès des mortels évoqué par l'orateur anonyme du IVe siècle s'inscrit dans le prolongement de ce qui fut un véritable lieu commun diffusé au siècle précédent. Au Ve siècle sourde une interrogation sur l'utilité des dieux : le sont-ils réellement parce qu'ils aident, ou le sont-ils virtuellement parce que leur crainte inspire une aspiration à l'ordre et à la civilisation ?

Dans le *Prométhée enchaîné* d'Eschyle, l'humanité progresse de la bestialité à la civilisation grâce au dieu philanthrope, le Titan éponyme. « Au début [les humains] voyaient sans voir, rappelle Prométhée, ils écoutaient sans entendre, et, pareils aux formes des songes, ils vivaient leur longue existence dans le désordre et la confusion. Ils ignoraient les maisons de briques ensoleillées, ils ignoraient le travail du bois ; ils vivaient sous terre, comme les fourmis agiles, au fond de grottes closes au soleil. Pour eux, il n'était point de signe sûr ni de l'hiver ni du printemps fleuri ni de l'été fertile ; ils faisaient tout sans recourir à la raison » (447-457). Le dieu énumère ensuite tous ses bienfaits envers les mortels pour diriger leurs progrès : astronomie, calcul, écriture, agriculture, architecture, navigation, artisanat, médecine, pharmacopée, divination… Tout y passe au point que « tous les arts aux mortels viennent de Prométhée » (506). Le dieu enseigne et les hommes apprennent. Le progrès n'est pas invention, mais apprentissage.

Prométhée intervient à nouveau dans le « mythe » que Protagoras expose à Socrate (Platon, *Protagoras*, 320 c-322 b). Le progrès de l'humanité s'ébranle grâce à la remise par le Titan du savoir technique qu'il a dérobé à Héphaïstos et Athéna. Reste le savoir politique qu'il n'a pas pu voler à Zeus. Sans art politique, l'homme est incapable de constituer l'ordre des cités. Dépêché par un Zeus étonnamment compatissant envers les mortels, Hermès leur apporte Aidôs (mélange des sentiments d'honneur, de dignité et de crainte respectueuse) et Dikê (justice).

Dans *Les Suppliantes* d'Euripide, Thésée loue « un dieu » (*theôn*) d'avoir permis aux hommes de sortir de la condition originelle de dénuement absolu, de confusion et de bestialité. Le texte insiste sur le don octroyé aux seuls hommes des instruments d'une mise en perspective de l'ordre du monde : celui du *lógos* (raison) et du langage articulé (*glôssan*). Sur ce socle, le « dieu » peut enseigner aux hommes ce qu'il convient pour aménager leur existence (Euripide, *Suppliantes*, 201-214).

Chez Eschyle, c'est Prométhée qui fait don aux hommes des techniques et des connaissances. Chez Euripide, c'est « un dieu » qui apporte un branle intellectuel au progrès. Mais, chez Sophocle, ce sont les hommes seuls qui inventent les arts construisant la civilisation.

C'est Sophocle qui a chanté ce que Jacqueline de Romilly appelle la grandeur de l'homme. Ce n'est pas sans fierté que, dans son *Antigone* (332-375), Sophocle attribue à l'homme seul une série d'inventions et de prouesses techniques : le mortel a su maîtriser la nature (agriculture, navigation, médecine, architecture…) par son « esprit ingénieux » (347). « Il est bien des merveilles *(deina)* en ce monde, il n'en est pas de plus grande que l'homme » (332). Sophocle frise la démesure en tenant un tel propos ; il rejoint peut-être Xénophane qui déjà aurait affirmé que c'est grâce à l'inconnaissance dans laquelle les dieux ont laissé les hommes que ceux-ci « avec le temps, en cherchant, trouvent ce qui est le meilleur » (B XVIII). Soit. Mais l'existence des dieux n'est pas (encore) remise en cause.

Les dieux peuvent être actifs (Eschyle), absents (Sophocle). Ou bien… ne sont-ils qu'une fiction utile au progrès de l'humanité ?

L'hypothèse de dieux inventés pour attiser leur crainte et canaliser les pulsions originelles, bestiales et sauvages de l'humanité primitive fut émise.

Avant cette affirmation (confidentielle) de l'invention des dieux comme moteur du progrès humain, il y a la reconnaissance de la nécessité. *De l'ancienne médecine*, (III, 1, 576-8 L) est un écrit hippocratique du ve siècle. On y apprend que c'est la nécessité qui pousse l'homme à inventer. La nourriture comestible est une invention des hommes dans la mesure où elle diffère de ce qui l'est naturellement pour les animaux. L'homme passe du cru (cause de maladies et de souffrances) au cuit pour se trouver en harmonie avec la « nature humaine ». Démocrite (V, 1-3) aurait aussi évoqué une « école de la nécessité » qui pousse l'humain originellement démuni à inventer des « choses utiles » : *exit* l'intervention divine. (Cf. Diodore de Sicile, I, VIII, 1-10 rapportant une tradition considérée d'inspiration abdéritaine : c'est le besoin engendré par l'extrême dénuement des premiers hommes qui a poussé l'humanité à développer les techniques.)

Des « choses utiles » ? Ces utilités, ces outils pour faire progresser l'humanité ne sont-ils pas simplement l'invention des dieux par les mortels ? À travers cette promotion de l'homme, les Hellènes ont-ils posé la question de leur émancipation des dieux ? Certainement.

Dans ce nouveau contexte un « sage avisé » se substitue à « l'esprit ingénieux » de l'homme sophoclien.

Dans le *Sisyphe* (de Critias selon Sextus Empiricus, ou d'Euripide selon Aetius, *Opinions* I, VIII, 2), l'auteur évoque le lieu devenu commun du désordre et de la vie bestiale des premiers humains pour proposer une explication radicale de l'ordre civilisé : « Il fut un temps où la vie des hommes était désordonnée et semblable à celle des bêtes, esclave de la force aveugle et où le bon ne recevait de récompense et le mauvais de châtiment. » (frag. 25 DK). Un sage avisé inventa la crainte des dieux omniscients. Les hommes progressent vers l'obéissance aux lois de la cité grâce à la crainte inspirée par la justice implacable de dieux fictifs. Le moteur du progrès, c'est le mensonge.

La dégénérescence évoquée par Hésiode est planifiée par Zeus, qui souhaite se donner « bonne conscience » pour s'offrir une autre humanité. Le progrès glorifié par Sophocle se passe précisément de l'intervention d'un dieu. Puis, la progression vers l'ordre planifiée par le « sage avisé » évoqué par Sisyphe se passe carrément de l'existence des dieux pour y substituer leur invention à but craintif.

► ROMILLY J. de, *La grandeur de l'homme au siècle de Périclès*, Paris, de Fallois, 2010.

→ Invention des dieux ; Origine et commencements des mortels ; Philanthropie

PROSÉLYTISME

Forcer la conviction d'autrui en matière religieuse est un comportement étranger à l'attitude traditionnelle (civique) grecque. Dans leur grande majorité, les Hellènes pensaient que tous les peuples partagent l'évidence de la présence des dieux et, qu'à ce titre, les Barbares (ces hommes qui ne parlent pas un des dialectes grecs) honorent sous d'autres noms les mêmes divinités que celles de leurs panthéons poliades.

Pas de religion étrangère, mais plutôt une croyance unique, une espèce d'universalisme de la réception du sacré, toujours ambivalent, toujours redoutable mais reconnu par tous les peuples. La sagesse grecque s'évitait ainsi la tentation d'une guerre de religion.

L'impossible fanatisme

En voyage en Égypte, Hérodote retrouve Apollon sous le nom d'Horus, Artémis sous celui de Boubastis, Dionysos sous Osiris, Zeus dans la personne d'Ammon, Aphrodite en Hathor, Athéna en Neith, Déméter en Isis, etc. (cf. livres II et IV). Sous les différents noms, le « chez soi » ! L'historien va même jusqu'à révéler les noms babylonien (Bel-Mardouk), perse (Ahura-Mazda) ou scythe (Papaios) de Zeus, langue qui appelle Tabiti son épouse légitime, Héra. Dans l'art de la traduction, Hérodote use autant de la version que du thème : l'Alilat des Arabes est une déclinaison d'Aphrodite qui s'appelle Mylitta chez les Assyriens, Hathor chez les Égyptiens, etc.

Les Grecs de l'époque classique préfèrent imaginer des correspondances nominatives pour avoir à éviter une confrontation interne qui briserait le consensus hellène de l'universalité de la croyance. Il n'y a pas de dieux étrangers ; seul le déracinement de leur culte local peut les rendre… étrangers à eux-mêmes, ce qui nécessite l'assentiment de l'oracle quant à l'opportunité ou à l'inopportunité d'un déracinement cultuel : oui ou non tel culte, venu d'ailleurs, peut-il être « importé » sans dommage pour le dieu. La question porte sur ce qui convient au dieu, non sur une appréciation humaine du dieu.

Ainsi, pas de prosélytisme parce qu'il n'y a pas *stricto sensu* d'« hérétique » ou d'« infidèle » à ramener dans le droit chemin. Grecs et Barbares honorent les mêmes dieux sous des noms et des rites différents. Les Hellènes, eux-mêmes, ont conscience d'honorer leurs dieux sous diverses formes et appellations selon tel ou tel emplacement du culte à rendre sur la *chôra*, ce territoire d'une cité toujours disponible à accueillir la manifestation aussitôt sanctuarisée d'un dieu. Par conséquent, offenser les divinités et les cultes des étrangers est une impiété car l'offense rejaillirait aussitôt sur ces mêmes dieux honorés différemment par les cités hellènes. La différence cultuelle rassemble culturellement. Quiconque bafoue cette élémentaire piété universelle peut être frappé dans sa chair, à l'instar de Cambyse qui, en Égypte, osa défier le dieu en ce lieu nommé Apis. Le sacrilège meurt bientôt dans les affres de la folie (Hérodote, III, 38), à moins que ce ne soit la folie qui l'ait poussé à une telle exaction, ce qui ne modifie pas le résultat.

Sur la scène tragique d'Eschyle, les armées achéennes victorieuses de Troie sont prévenues : « Que leur piété respecte seulement les dieux nationaux du pays vaincu et leurs sanctuaires, et ils n'auront pas à craindre la défaite après la victoire » (Esch., *Agamn.* 338-340). Eschyle souligne la continuité du divin à travers le respect d'une loi non écrite : n'importe quel sanctuaire, repérable aux rites particuliers imposés par la divinité, doit être inviolable, un dieu ayant manifesté un intérêt particulier pour ce lieu. C'est dans ce contexte qu'il faut entendre la maxime « Craindre la défaite après la victoire », condamnant tout risque de confusion mentale embuant la divinité entre « ses » dieux et ceux qui ne seraient pas les siens. La déclinaison des épithètes divines (épiclèses), correspondant à la multiplication des sanctuaires, a conforté l'Hellène à refuser l'idée de religion étrangère.

En ce sens, le fanatisme religieux n'est pas un réflexe convulsif du paganisme que nous étudions, la notion de foi n'y ayant aucun crédit : « La foi, écrit B. Snell, est liée à un dogme pour ou contre lequel on combat. C'est quelque chose qui n'a pas existé en Grèce. Pour l'homme grec, les dieux sont si naturels et si évidents qu'il ne viendra à l'idée de personne que d'autres peuples puissent avoir une autre foi ou d'autres dieux » (*La découverte de l'esprit*, l'Éclat, 1994, p. 44). Ceux qui seront rétrospectivement appelés « païens » n'ont pas enclenché des « guerres de religion ». L'absence de *credo* se réfléchit dans l'absence de volonté de convertir. « De la tolérance religieuse, souligne Jacqueline de Romilly, les textes anciens ne parlent pas. Mais l'explication de ce silence vaut d'être signalée : s'ils n'en parlent pas, ce n'est pas que les Grecs ne l'aient pas appréciée, c'est qu'elle allait de soi » (*Pourquoi la Grèce ?*, Paris, de Fallois, 1992, p. 118). L'évidence, pour un Grec, c'est l'élection d'un lieu par un dieu, ce lieu suscitant par ses propriétés naturelles (grotte, source, bosquet, terreau foudroyé, sommet, etc.) les effets du seul rituel particulier qui lui convient en l'endroit. Il n'y a pas de place pour le raisonnement humain.

En marge : le prosélytisme des orphéotélestes

Et pourtant, la Grèce classique a connu un certain mouvement prosélyte bien actif. Certes était-il non belligène, interne (non en direction de mentalités et de coutumes étrangères) et bien marginal (en marge de toute convention civique). Il s'agit de l'apparition, certainement au tournant du VIe siècle, des « orphéotélestes », ces « initiateurs orphiques », itinérant de cité en cité pour proposer aux citoyens recettes de salut et viatiques contre rémunération. Platon évoque ces « charlatans » *(agúrtai)* et diseurs de bonne aventure *(mánteis)* qui, tout de blanc vêtus, se réfèrent à une foule de livres *(bíblôn hómadon)* de Musée et d'Orphée pour persuader les riches et les cités qu'un amalgame de sacrifices purs, non sanglants, d'incantations et même de jeux divertissants suffit à obtenir purification et délivrance de leurs fautes passées (*Rép.*, II, 363 a - 366 b). Euripide s'inquiète de « la fumée de tous ces grimoires » qui aveugle ceux qui prennent Orphée pour patron (*Hippolyte*, 954). Au seuil de l'époque hellénistique, Théophraste croquera encore le caractère borné du superstitieux comme type du client qui alimente le fonds de commerce des frères orphiques (*Caractères*, XVI, 11).

Cette « littérature » estampillée « orphique », ces grimoires « fumeux » ou « vains comme fumée » composant ce « tumulte de livres » que déplorent de concert Euripide et Platon attestent l'existence marginale d'un courant prosélyte au sein d'une pratique religieuse qui ne connaît précisément aucun ouvrage dogmatique, aucun ensemble de « livres » *(biblia)* consignant le sacré. C'est ce prosélytisme, qui n'a pas encore de nom, qui choque les esprits éclairés qui, par ailleurs, ne semblaient pas confondre la pratique des orphéotélestes avec l'inspiration originelle des orphiques. Charlatanisme et prosélytisme correspondent à une dégénérescence d'une noble et antique spéculation religieuse.

La colonisation des Grecs, expansion entamée vers le milieu du VIIIe siècle sur le pourtour méditerranéen jusqu'aux rives de la mer Noire, établit certes des sanctuaires dans les nouveaux établissements qui apparaissent davantage comme des comptoirs que le centre d'un prosélytisme qui, résolument, ne fait pas sens.

Quand, dans le *Phédon* (109 b), Platon compare les colons à des grenouilles autour de la Méditerranée, il ne s'agit point de bénitier.

► RUDHARDT J., « De l'attitude des Grecs à l'égard des religions étrangères », *Revue de l'histoire des religions*, CCIX, 3, juillet-sept. 1992, p. 219-238.

→ Dieux étrangers ; Noms et langue des dieux ; Orphique (Genre de vie)

PROSTITUTION SACRÉE

La pratique est signalée à propos du principal temple d'Aphrodite à Corinthe, où des hiérodules, « femmes esclaves sacrées », devaient se donner, moyennant rétribution. Aucune épiclèse spéciale ne semble désigner cette Aphrodite alors simplement appelée Aphrodite *Corinthienne*. L'origine de l'expression employée à l'époque romaine : « Il n'est pas loisible à tout le monde d'aller à Corinthe » *(Non licet omnibus adire Corinthum)*, est certainement à mettre en relation avec les tarifs qu'exigeait l'administration du sanctuaire de la déesse à l'Acrocorinthe en échange des services de ses esclaves. « Mille hiérodules », selon Strabon, étaient « offertes à la déesse par des hommes ou par des femmes » (VIII, 378). Le verbe *korinthiázomai* (κορινθιάζομαι, littéralement « vivre à la corinthienne »), peut-être forgé par Aristophane (frag. 133), signifiant « vivre dans la débauche », traduit la réputation sulfureuse de Corinthe. Les Romains détruisent la cité aux deux ports en 146 av. J.-C.

C'est grâce à Athénée (XIII, 573 e-f = Pindare, *Éloges* 3 Puech) que nous sommes renseignés sur le fameux *enkomion* pindarique pour Xénophon de Corinthe (il s'agit de l'épinicie *Olympique* XIII). Athénée rappelle d'abord que, parmi les citoyens corinthiens, une « tradition existait » selon laquelle ceux-ci promettent à la déesse Aphrodite de lui offrir (dédier) des prostituées si leurs prières sont exaucées. C'est dans ce contexte qu'apparaît un certain Xénophon de Corinthe, à la fois athlète et richissime citoyen. Il fait le vœu, s'il triomphe aux jeux Olympiques, d'offrir à Aphrodite (ou plus exactement à l'Aphrodite de sa cité), cinquante « filles expertes », que les Anciens appelaient de manière hypocrite (prude, prudemment) hiérodules *(hieródoulai)*. Que venait faire le sacré *(hierós)* dans le sexe vendu (*doûlos*, esclave) ? Nous verrons que cette question risque d'être anachronique. Toujours est-il que ce Xénophon fut comblé au point de remporter deux victoires en 464 (olympiade 79), l'une au stade, l'autre au pentathle. À l'issue de ce doublet remarquable, le vainqueur tient sa promesse. Et c'est au cours du sacrifice auquel les cinquante hiérodules prirent part, qu'un *skolion* (poème monodique) de Pindare fut chanté. Athénée en rapporte le début :

« Jeunes filles très hospitalières, servantes de Péithô [Persuasion, déesse elle-même servante d'Aphrodite] dans l'opulente Corinthe, qui faites fumer sur l'autel les larmes blondes de l'encens pâle tandis que souvent votre pensée s'envole vers la mère céleste de l'Amour, Aphrodite [...]

et Aphrodite vous permet sans blâme, ô enfants, de cueillir dans votre aimable couche le fruit de votre tendre jeunesse. Quand la nécessité le veut, tout est bien… » (Pindare, Pour Xénophon de Corinthe, v. 1-9 ; d'après Athénée, XIII, 573 e, trad. Puech).

Tout ceci est bien troussé d'euphémismes pour mieux recouvrir une sinistre condition. Pindare, qui a composé une Olympique (la XIIIe) en l'honneur et sur la demande de ce Xénophon, en est certainement conscient car il s'inquiète du qu'en-dira-t-on (« Mais je me demande ce que vont dire les maîtres de l'Isthme… ») à partir du moment où il s'agit bien d'associer à des femmes publiques (ξυναῖς γυναιξίί) « un tel exorde pour un scolie doux comme le miel » (v. 12-13). Mais le fait est patent : « Ô souveraine de Chypre, voici qu'en ton sanctuaire Xénophon a conduit une troupe de jeunes femmes, cinquante corps voués à ton service, en sa joie d'avoir vu se réaliser tous ses vœux » (v.14-16).

Strabon cite encore le Mont Eryx, en Sicile, comme lieu de prostitution sacrée : « Sur la colline sacrée d'Eryx, se trouve un temple d'Aphrodite rempli d'esclaves que les Siciliens et les étrangers offrent à la déesse après avoir formulé un vœu » (VI, 272).

La coutume de « consacrer » ses filles et ses garçons à une déesse de la fécondité semble attestée chez les Arméniens à en croire Strabon (XI, 14, 16). Les Lydiens, d'après Hérodote, livrent leurs filles à la prostitution sacrée dans le but d'amasser l'argent nécessaire à la constitution de leur dot. L'historien grec décrit encore la prostitution prénuptiale imposée aux femmes assyriennes, « le plus honteux de tous les usages » des Babyloniens :

« Toute femme du pays doit, une fois en sa vie, aller prendre place dans un sanctuaire d'Aphrodite et s'unir à un étranger [...]. Lorsqu'une femme a pris place en ce lieu, elle ne retourne pas chez elle avant qu'un étranger [*xeínôn*] lui ait jeté de l'argent sur les genoux et qu'elle se soit unie à lui à l'intérieur du lieu saint. En jetant l'argent, il faut dire ces seuls mots : "Je te somme au nom de la déesse Mylitta" ; Mylitta [en fait Bélit-Ishtar] est le nom que donnent à Aphrodite les Assyriens. La somme peut être aussi modique qu'on veut ; on n'a pas à craindre que la femme vous repousse ; elle n'en a pas le droit ; car cet argent devient sacré [...]. Après s'être unie à lui, quitte envers la déesse de ses obligations religieuses, elle retourne chez elle ; et, par la suite, vous ne sauriez lui donner assez pour la gagner. Les femmes qui sont douées d'un joli visage et d'une belle prestance s'en reviennent bientôt ; celles qui sont laides demeurent longtemps sans pouvoir satisfaire à la loi ; il en est qui restent trois et quatre ans » (Hérodote, I, 199).

Hérodote peut bien s'insurger contre ces « obligations religieuses » des Barbares envers une déesse qu'il identifie à Aphrodite, peut-être mélange-t-il le manège de hiérodules avec les rumeurs colportées sur certains cultes orientaux. Toutefois, en terrain grec, la prostitution sacrée est une réalité, certes différente de celle qu'il décrit (ou se laisse décrire), mais elle pose la question de l'esclavage des femmes.

Les témoignages sur la prostitution sacrée en Grèce sont indigents. Hérodote en repousse la coutume chez les Barbares, et Strabon la confine principalement à Corinthe, cité portuaire géographiquement ouverte aux influences de l'Asie Mineure, ou en Sicile, autre point de rencontre avec les marins étrangers. Dans la mesure où n'existe ni ce que nous appelons une « bonne » conscience ni une « mauvaise », l'Hellène se protège d'une coutume qui ne sera certainement pas la sienne, mais dont certaines tournures lui appartiennent pourtant.

La prostitution sacrée en Grèce ne semble pas correspondre à un « rite de passage », mais à la livraison d'êtres humains en vue d'un certain rendement au bénéfice du fonctionnement d'un sanctuaire. À Corinthe, les femmes esclaves sont offertes par les dévots d'Aphrodite (cf. Strabon, VIII, 378). Elles deviennent en quelque sorte « des ex-voto vivants », selon l'expression de C. Salles (2004, p. 37). Seulement, il semble que Strabon confonde les *pornai* « offertes » dans les deux ports de Corinthe avec les hiérodules de l'Acrocorinthe quand il parvient au chiffre de mille prostituées.

De marchandise (πόρνη, *pórnê*, prostituée, signifie étymologiquement « vendue » ou « à vendre »), l'esclave offerte à Aphrodite devient hiérodule, à la fois prêtresse et prostituée. Une épigramme de Simonide de Céos (frag. 166 Edmonds = 104 Diehl) insiste sur la fonction religieuse de ces servantes d'Aphrodite. Avant de livrer bataille contre les armées de Xerxès, les Grecs s'adressent aux hiérodules de l'Acrocorinthe (« hétaïres », courtisanes, selon Athénée rapportant cet épisode : XIII, 573 c) : « Elles se sont tenues devant la divine Aphrodite. Elles l'ont implorée pour les Grecs et pour les vaillants Corinthiens. C'est pourquoi la divine Aphrodite n'a pas voulu livrer aux archers perses cette acropole. » Ces hiérodules, contrairement à la marchandise anonyme de la prostitution « profane », verront leurs noms gravés au-dessus de cette épigramme.

Qu'honorer une déesse en accroissant les revenus de son sanctuaire ne soit certainement pas une pratique répandue en terres grecques, ne doit pas occulter l'association sexe/sacré, parfaitement établie, sinon légalisée à Athènes. Qu'il n'y ait pas de trace de prostitution sacrée dans les sanctuaires de l'illustre cité ne doit pas faire illusion. Solon, réformateur de la constitution athénienne et répartiteur des citoyens en classes censitaires (début VIe s.), étatise la prostitution (πορνεία, *porneía)* au nom de l'intérêt public. Il s'agit de préserver le sang athénien des souillures de l'adultère en parquant dans des établissements publics des femmes achetées afin de les rendre « prêtes et disposes pour tout le monde » (Athénée, XIII, 569 e). Le témoignage de Philémon, poète de la « comédie nouvelle » de la fin du IVe siècle, est sans ambiguïté sur ce point : « Solon, tu as trouvé une loi pour tous les hommes. On rapporte que tu fus le premier à prendre cette mesure démocratique et salutaire. En voyant dans notre ville de très nombreux jeunes gens subir les impulsions de la nature et s'égarer dans la luxure, tu as acheté des esclaves et tu les as installées dans plusieurs quartiers [celui du Céramique ou au Pirée] en les préparant et en les mettant à la disposition de tout le monde » (*Les Adelphes*, cité par Athénée, XIII, 569 d). Solon décide dans le même temps que la construction du premier temple attique dédié à Aphrodite *Pandémos* (« Commune à tous », ce qui signifie aussi la patronne des « assauts » mercenaires, donc de l'amour tarifé) sera financée par le *pornikón*, taxe spéciale affermée annuellement par le Conseil des Cinq-Cents (Boulè) à des collecteurs chargés de son recouvrement auprès des tenancières de lupanars. Que la prostitution ne soit pas pratiquée à l'intérieur des enceintes sacrées d'Athènes n'empêche pas le financement de l'érection d'un temple par les profits de cette même prostitution « profane ».

Sexe vendu et sacré financé se croisent.

► SALLES C., *Les bas-fonds de l'Antiquité* (1982), Paris, Payot, 2004. – VANOYEKE V., *La prostitution en Grèce et à Rome*, Paris, Les Belles Lettres, 1990.

→ Femme

PURETÉ → Interdit et injonction ; Souillure et purification

R

« RELIGION », SACRÉ, PROFANE

Les Grecs ont-ils eu une religion ?

Le problème, pour pouvoir répondre à cette question, est qu'il faut partir d'un mot qui n'appartient pas au vocabulaire grec. Religion est un mot latin (*religio*) dont Cicéron, puis Lactance, Augustin et Thomas d'Aquin ont étudié le(s) sens et des étymologies.

Partons de *religio* comme scrupule de conscience. Jean Grondin a proposé une lumineuse critique, mais fort respectueuse, du célèbre texte de Benveniste sur « Religion et superstition » (1969). Devoir et *religio* se confondent chez les Latins pour exprimer l'empêchement de faire quelque chose au nom d'un scrupule de conscience. L'empêchement devient devoir de ne pas accomplir tel ou tel acte : une « religion » (un devoir) désigne la négation de ce qui peut diviser les hommes, donc le respect de ce qui doit les rapprocher, « de sorte, écrit J. Grondin, que l'on peut faire preuve de "religion" envers ses parents et ses amis » (*Philosophie de la religion*, Paris, 2009, p. 66-67).

En ce cas, les Grecs ont eu une religion exprimée par leur respect des « lois non écrites » (*ágraphoi nómoi*) imposant pour ses propres ascendants des règles de soins particuliers (notamment funéraires) et pour les étrangers un souci d'hospitalité. Néanmoins, ce sens du devoir et de la loyauté n'est pas une retenue, mais une convention. Il est positif.

Le sens latin de *religio* n'englobe pas primitivement le culte rendu à Dieu. En ce sens, les Grecs ont eu une religion par défaut, le culte rendu aux dieux étant le fondement de leur piété. « En grec, souligne Burkert, le concept de “religion” ne peut s’exprimer autrement que par *theôn timaí*, “les honneurs qui reviennent aux dieux”, ce qui désigne en même temps le culte de ces êtres » (2011, p. 360).

Les Grecs ont des prêtres qui sont des fonctionnaires civiques, un pléonasme pour signaler que tous sont des intermittents d’un spectacle immobile à l’image d’un sanctuaire dont rien du décor ne doit être changé. Ces intermittents appliquent le temps de leur mandat (un an en général) les lois sacrées propres à leur scène sanctuarisée. Ils s’appliquent au respect des coutumes ancestrales. À l’expiration du mandat, le prêtre retourne à la vie civique. Et la cité lui demandera de rendre des comptes sur le « trésor » dit sacré. Le dieu est lui-même, toujours à considérer dans son ambivalence. Le sacré, c’est ce que le dieu touche, ce qu’il s’approprie, ce qu’il tue… ce qui le réjouit. Le sacré jaillit de la dépossession des biens des humains.

Le sacré est *la* périphérie du divin, non *le* dieu. *Hierós*, vocable traditionnellement traduit par « sacré » dit tout cela, et beaucoup plus, mais toujours dans le même sens : celui de la dépossession. C’est l’homme qui accepte de se déposséder d’un champ pour le rendre *hierón*, « endroit sacré » élu par le dieu. Les interdictions (lois sacrées) en borneront aussitôt l’espace. Le sacré exclut toute pratique naturelle.

Les terres appartenant à un dieu doivent rester en friche, c’est-à-dire dans l’état qui a spontanément plu à ce dieu. De même, sur le registre de la dépossession, une boucle de cheveux offerte au dieu devient sacrée. La dépossession sacralise.

À la dépossession se juxtapose une promotion temporaire : un prêtre est sacré le temps de sa fonction. Le sacré est temporaire. C’est pourquoi les dieux ne le sont pas. Ils sont divins…

Le mot *hierós* « possède une fonction de tracer, de définir des limites » (Burkert, 2011, p. 357). Se relier à un sanctuaire (lieu sacré par excellence, puisque choisi par un dieu) est « sacré » : une route, une amende, une trêve, une guerre peuvent être sacrées, tout comme un esclave ou une prostituée le sont quand ils sont attachés à un sanctuaire. Les remparts d’une cité ou les armes sur lesquelles les éphèbes prêtent le serment de ne pas les déshonorer le sont. Actes et objets sacrificiels sont sacrés. Les viscères déposés sur l’autel sanglant le sont encore. Etc.

Hósios n’a de sens que dans son jeu de miroir avec *hierós* : celui de la désacralisation après un contact avec le sacré. Par exemple, tout mortel qui sort initié des mystères éleusiniens pour se rendre à son foyer est *hósios*. La compréhension de *hierós*, sa traversée, la sortie de ses limites (du *hierón*, le sanctuaire), rend *hósios*, donc désacralisé après un contact sacré.

Les Grecs ont surtout le vocable *bébêlos* (βέβηλος), un mot que nous traduisons par « profane ». Un mot qui ouvre sur cette fameuse indivision du monde : la terre des dieux accapareurs et des hommes accaparés. Un mot qui se définit par lui-même : « βέβηλος se dit de lieux qui ne sont pas consacrés, où il est permis de mettre le pied profane » (Chantraine). Mais se prendre les pieds dans le plat de l'indivision, pourtant décrite au moins dès Hésiode, est une attitude que les théoriciens du paganisme oseront.

Quel espace restait-il à ceux et celles qui n'avaient pas accès à la citoyenneté ? Les champs à labourer ? Les mines à creuser ? Les métiers à tisser… ?

Que le sacré soit décollé du divin, qu'il soit fondamentalement dissocié du dieu, reste l'expression de la piété grecque qui n'a donc pas besoin de « religion ». C'est la distance, jamais la communion, qui fonde le mode de relation homme/dieu.

Il reste que les Hellènes, qui n'ont pas de vocable pour signifier une foi qu'ils ignorent totalement, ont plutôt des symptômes religieux.

C'est le genre de vie philosophique qui s'intéressera à l'absolue absence de considération du culte pour l'âme pour lui donner *le souci de son soin.*

► BENVENISTE É, « Religion et superstition », in *Le vocabulaire des institutions indo-européennes*, 2, Paris, Minuit, 1969, chap. 7. – BURKERT W., *La religion grecque à l'époque archaïque et classique*, trad. fr., Paris, Picard, 2011. – GRONDIN J., *La philosophie de la religion*, Paris, PUF, 2009.

→ Citoyenneté et administration du sacré ; Loi sacrée ; Lois non écrites ; Prêtrise ; Sanctuaire… et *passim*

REPRODUCTION SEXUÉE

La reproduction sexuée ne va pas de soi pour un Hellène. Elle ne semble pas naturelle, au sens où elle ne serait pas originelle. D'une part, les enfantements des puissances primordiales, celles d'avant les Titans, se produisent davantage sur le mode convulsif de la parthénogenèse ou de la scissiparité que sur celui de l'union de deux sexes différents. D'autre part, telle une duplication du primordial nécessairement inhumain sur le territoire cultivé *(khôra)* des cités, de nombreux mythes d'autochtonie montrent la croissance végétale comme modèle de l'apparition de l'homme dont l'imaginaire se plaît à le voir pousser de la terre. « Naît-on d'un seul, ou bien de deux ? Le même naît-il du même, ou de l'autre ? » Claude Lévi-Strauss a souligné la permanence de ces interrogations dans la pensée mythique (*Anthropologie structurale*, Paris, Plon, 1958, p. 239).

Parthénogenèse et scissiparité

La cosmogonie d'Hésiode (*Théog.*, 216 sq.) nomme des puissances dévoilant leurs propres engendrements pour figurer le monde. Khaos est un mot neutre désignant ce solitaire réfractaire à toute représentation, résolument voué à son éternel retrait de la scène du monde – sinon, aucune figuration ne serait possible. C'est la façon d'être de ce neutre d'où surgissent les tréfonds de l'obscurité, Érébos « l'obscur » et Nyx « la noire ».

Nyx, la Redoutable et Ténébreuse Nuit des origines, celle qui est née d'une division, non d'une union, accouche elle-même par division d'Éther et de Lumière du jour. L'autre provient de l'autre, de sa négation, sans union.

Gaia, la Terre au large sein *(eurusternos)*, surgie aussitôt après Khaos, tire d'elle-même, ou différencie d'elle-même Ouranos, Ouréa (Hautes Montagnes) et Pontos (Haute Mer). Si Ouréa donne des formes et Pontos des ondulations, Ouranos donne le ton. Celui de l'égal *(îson)*, conçu comme tel par scissiparité. Alors, il recouvre totalement Gaia en s'étendant sur elle. La reproduction sexuée s'enclenche, mais sur le mode de l'impasse. Ouranos est encore un ciel bas, une chape nocturne recouverte par Nyx.

Le monde se féconde sans voir le jour. Il s'enterre, Ouranos restant toujours et encore plaqué sur Gaia qui va provoquer son accouchement par une sorte de césarienne inversée : c'est, de ses propres entrailles, qu'une de ses progénitures, Kronos, la libère en fauchant l'obstruction : le sexe paternel.

Une des premières reproductions sexuées de l'imaginaire grec, celle de Gaia et d'Ouranos, qui sont moins la terre et le ciel que le dévoilement du féminin et du masculin, relève donc plus de la contrainte que de l'étreinte amoureuse. Le même engendre son égal, telle une inversion du même… Le même naît-il du même ou de l'autre ? La réponse n'est toujours pas assurée.

Instauration de la reproduction sexuée et grossesses de Zeus

Kronos débride le monde. Il le sexualise par l'acte castrateur commis sur son géniteur (Aphrodite naît du sperme qui, dans l'écume marine, s'écoule du sexe tranché d'Ouranos), mais sans vouloir en assumer les conséquences. C'est pourquoi son règne, celui de l'âge d'or, ignore la reproduction sexuée. Certes Kronos a des relations sexuelles avec la déesse Rhéia qui lui donne les futurs Olympiens, mais c'est une progéniture qu'il s'empresse d'ingurgiter afin d'enrayer tout risque de renversement de son pouvoir. Kronos n'aime pas la succession, et il le prouvera encore en fabriquant une première race de mortels dont la particularité est d'être asexuée. La femme mortelle n'existe pas sous le règne de Kronos. Les hommes n'y sont pas des mâles, mais plutôt des pousses végétales issues de la terre vers laquelle elles retournent avec le statut de démons gardiens des mortels, mais sans descendance.

C'est ce que les Hellènes appelaient l'âge d'or…

Ce mode de vie s'effondre avec l'avènement de Zeus parvenu à détrôner son père. À la suite d'une colère du nouveau souverain provoquée, non par les hommes mais parce que ceux-ci bénéficient du feu divin volé pour eux par Prométhée, une nouvelle fabrication est envoyée parmi les humains : Pandora, la première femme mortelle dont sera issue la race entière des femmes. Son introduction différencie les humains en mâles. Mais ce don est un cadeau empoisonné car il s'agit en fait d'une punition infligée aux hommes « coupables » aux yeux de Zeus d'avoir profité de la philanthropie de Prométhée.

C'est dans ce contexte négatif, punitif, que les Hellènes ont appréhendé la reproduction sexuée. Au feu divin (la foudre) volé par Prométhée par philanthropie répond le feu donné sous forme de séduction et ainsi d'épuisement des forces. L'homme, maintenant sexué, doit se reproduire, se dérouler en descendance, et non plus surgir de la terre. Se reproduire pour quelles raisons ?

Selon Hésiode, grand témoin de l'âge de fer, l'humain a la nécessité de s'assurer une descendance pour, à sa mort, être enseveli selon les rites qui plaisent aux dieux. C'est le plus généralement la descendance et non la Cité qui assume les funérailles : la mise en terre ou l'incinération de son cadavre, actes pieux signifiant la mise hors de la vue olympienne de sa dépouille devenue ainsi offrande au Zeus des profondeurs, Hadès. Le respect d'une loi non écrite concernant le sort des défunts passe par la reproduction sexuée. Quiconque à l'article de la mort n'a pas de descendance doit, prévient encore Isée, trouver un substitut à la reproduction par le recours à l'adoption, désignant ainsi « quelqu'un pour accomplir les sacrifices funèbres et tous les rites dus aux défunts » (Isée, *Sur la succession d'Apollodoros*, 30).

Selon Euripide, grand scénariste des inquiétudes, « notre raison de mettre des enfants au monde, c'est d'assurer la défense des autels et des dieux de la patrie » (Euripide, *Erechthée*, fr. 14, 14-15 cuf). La reproduction sexuée s'inscrit à chaque fois dans l'ère de la nécessité. Il faut toujours des sacrificateurs. Le règne de Zeus ne demande rien d'autre : ne pas voir les morts mais humer les effluves des graisses et des os grillés sur l'autel des animaux sacrifiés. Hésiode et Euripide se complètent.

Chez Hésiode, c'est l'émasculation qui provoque la nécessité de l'union sexuelle. Aphrodite est la déesse issue du sexe mutilé : elle appartient à l'éloignement du masculin et du féminin, ainsi se fait-elle puissance de séduction : « Déesse de l'attrait amoureux, de la beauté des charmes et des parures, elle suscite le désir et le revigore, au-delà de la distance qui s'est creusée entre les sexes. Ouranos s'imposait à Gaia. Dans la dialectique du désir et de la séduction, les deux partenaires de la relation amoureuse auront chacun une part d'initiative. Ainsi la castration d'Ouranos n'abolit pas la sexualité ; elle définit les conditions de son exercice » (Rudhardt, 1986, p. 17).

Le mythe rapporte parfaitement le piège de la reproduction sexuée car Zeus lui-même a le privilège de s'offrir quelques grossesses sans union. Nostalgie des origines ? Surtout pas. Il s'agit plutôt de totale rupture. Kronos copulait pour aussitôt priver sa parèdre de ses engendrements : Zeus, soucieux de maintenir la distance qu'il impose à ses sacrificateurs, s'offre un engendrement sans reproduction sexuée : Athéna *amátoros*, « la sans mère » (Euripide, *Phéniciennes*, 666) : « Je n'ai point eu de mère pour m'enfanter » (Eschyle, *Euménides*, 736). Sur un mode différent, moins cérébral que cette parturition solitaire, plus physique, Zeus accomplit à son terme la gestation du fœtus Dionysos qui, du ventre de sa mère foudroyée, « entre dans la matrice (*nêdus*) virile de <s>on père » (Euripide, *Bacch.*, 88-100 ; 527).

Reproduction sans mélange : Pyrrha et Deucalion

Zeus s'amuse toujours avec la reproduction du mythe du « sans mélange ». Le mythe de Pyrrha et Deucalion est bien connu des Hellènes. Pyrrha, fille de Pandora et d'Épiméthée, et son époux, Deucalion, fils d'une Okéanide et de Prométhée, échappent au déluge inondant la terre noire pour anéantir l'humanité. Quand les deux seuls rescapés parviennent sur la crête du Parnasse, Deucalion offre un sacrifice à Zeus « Protecteur des fugitifs » qui lui accorde en retour l'accomplissement de son désir qu'il y ait à nouveau des humains – désir hypocritement partagé par l'Olympien. Le couple devra jeter derrière ses épaules des pierres (« ossements » de Gaia) : en touchant le sol détrempé, les pierres lancées par Deucalion deviennent des hommes, celles lancées par Pyrrha deviennent des femmes. Reproduction sans mélange, tout comme de Pandora « est sortie la race féminine des femmes » (*Théog.*, 590). Ce schéma d'une double germination minérale se substitue totalement à celui de l'union sexuelle. La recréation de l'humanité n'est pas une reproduction sexuelle. C'est, souligne Pindare (*Ol.* IX, 42), « sans l'aide de l'amour » que provient la « race de pierre » (*líthinon gónon*), composée des mâles (*andrès*) de Deucalion d'un côté et des femmes de Pyrrha de l'autre, autrement dit de deux *espèces*. Nicole Loraux observait avec pertinence que « la pensée scientifique des Grecs inclura l'étude des sexes dans celle des espèces : il y a les hommes et les femmes comme il y a les oiseaux et les poissons » (Loraux, 1981, p. 92). Quand ce mythe insiste sur la production du même par le même, poussant jusqu'à dévoiler la terre en train de s'autoféconder puisque les pierres sont ses « os », il se distingue de la trame hésiodique affirmant la création par le divin de ce qui lui est radicalement autre, l'humanité.

Pour revenir à la question que posait Lévi-Strauss, ce mythe affirme qu'un certain mode de reproduction (le même par le même) peut toujours s'insérer dans le cycle de la sexualité : la race de pierre qui unira hommes et femmes provient de l'absence d'union d'un homme et d'une femme, eux-mêmes pourtant conçus de l'union de deux sexes différents.

Associée à une stratégie de représailles, la reproduction sexuée est un mode dévalorisé. « Les mortels devraient avoir des enfants par quelque autre voie, sans qu'il existât de femmes ; et ainsi les humains (*anthrôpois*) ne connaîtraient point de maux » (Euripide, *Médée*, 573-575). Zeus ne s'est pas privé du plaisir de s'offrir, tel un pied de nez, « sa » production toute cérébrale d'Athéna. Le mythe, dans sa fonction grecque, ne cesse ainsi de décliner par le menu la distance qui sépare le corps immortel du mortel.

Se reproduire entre dieux serait admettre la finitude. La cessation de l'activité de reproduction est la finalité de la famille olympienne qui n'est qu'un cercle, rien d'autre qu'une fermeture de l'immortalité.

► BONNARD J.-B., *Le complexe de Zeus. Représentations de la paternité en Grèce ancienne*, Paris, Publications de la Sorbonne, 2004. – LORAUX N., *Les enfants d'Athéna. Idées athéniennes sur la citoyenneté et la division des sexes*, Paris, Maspero, 1981. – RUDHARDT J., *Le rôle d'Éros et d'Aphrodite dans les cosmogonies grecques*, Paris, PUF, 1986.

→ Âge d'or ; Autochtonie ; Cosmogonie ; Femme ; Fils jamais né ; Immortalité ; Sexes (Différence des)

RÉSURRECTION

« Le sang noir d'un être humain une fois répandu à terre, nul enchanteur ne le rappellerait dans les veines dont il sortit » (Eschyle, *Agamemnon*, 1019-1021). Arès, l'abruti de la famille olympienne, tout avide de tueries guerrières, a bu sa coupe de vin ; le sang des hommes morts dont Hadès engrange les ombres comme autant d'offrandes. La chose est dite : l'idée même de résurrection est absurde.

Si le mot *anástasis* (« résurrection ») justifie une croyance, voire le croyant appelant le regard de soi sur la mort, il sonne faux pour un Grec.

Espérance insensée, la résurrection est une notion particulièrement stigmatisée par les poètes tragiques. « Puis-je donc espérer ressusciter les morts ? », demande Chrysothémis à Électre qui rétorque sans détour : « Ce n'est pas là ce que je dis, je ne suis pas folle à ce point » (Sophocle, *Électre*, 940-941). « Lorsque la poussière a bu le sang d'un homme, s'il est mort, il n'est plus pour lui de résurrection [*anástasis*] » (Eschyle, *Les Euménides*, 647-648 : ἀνάστασις, au sens de l'action de se relever, de se tenir debout). On ne revient pas de l'Hadès (Euripide, *Héraclès*, 297). La poésie lyrique confirme : « La maison d'Hadès est terrifiante, le chemin qui y mène est ardu, et quand on a pris le chemin, il n'y a nul retour » (Anacréon, PMG, 395)… « car, déplorait déjà Théognis, les dieux ne laissent point les hommes mortels rajeunir ni se dégager de la mort » (1010-1011).

Quand le mythe s'empare du thème de la résurrection d'un mort par le « guérisseur sans reproche » qu'est Asklépios, c'est aussitôt pour souligner qu'il s'agit d'une violation des lois naturelles, à laquelle Zeus met immédiatement un terme en renvoyant *ipso facto* le ressuscité dans l'Hadès (Pindare, *Pyth.* III, 55-60). Mythe et ordre des choses relèvent du même discours.

« Lequel de ceux qui sont morts est revenu de l'Hadès ? » (Euripide, *Héraclès*, 297). La réponse est contenue dans la question tragique. Les mythes d'anabase (remontée des Enfers) que connaissent bien les Anciens, s'accordent tous : c'est toujours un vivant qui remonte des Enfers, c'est-à-dire un être qui n'a rien encore à y faire : une incongruité, un atypique au sens propre du mot. Orphée s'illusionne quand il pense pouvoir ramener à la vie la défunte Eurydice, et son « oubli » de la consigne divine de ne pas « se retourner » vers le visage de son aimée avant leur commune remontée à la lumière est davantage le signe d'un rappel à l'ordre qu'une amnésie. Ulysse ne remonte pas des Enfers dans la mesure où l'épisode de la Nekyia, décrite dans l'*Odyssée*, le laisse au seuil de l'Hadès, auprès de ce que les Hellènes appellent précisément « les rangées de cadavres », *nekádes*.

Les mythes de « retour à la vie » (Protésilas, Alceste) illustrent la conception commune du destin, et non un espoir de résurrection. Protésilas, héros thessalien tué devant Troie, est autorisé à rejoindre sa jeune épouse le temps de consommer leur mariage ; Alceste, ayant pris la place de son mari dans la mort, retourne à la lumière du soleil pour achever son temps de vie trop tôt fauché. Le destin, qui est toujours synonyme d'échéance, ne serait rien si sa seule et unique règle (le lot de vie octroyé à chaque éphémère) n'était pas respectée par tous les acteurs de la vie : mortels et immortels confondus. Protésilas s'assure de sa descendance, tandis qu'Alceste revient un temps à la vie pour que sa *moîra* (sa part de vie) ne soit pas usurpée (ce qui serait une démesure de la part des dieux). Ces mythes de « retour à la vie » n'annoncent pas une résurrection, mais l'application de la règle impérative des humains d'être domptés par la mort, seulement quand le temps est venu, et pas avant.

Platon ne peut manquer d'envisager le phénomène par le biais d'un mythe selon lequel la reproduction sexuée n'était pas possible dans la nature de l'humanité de l'âge d'or. L'Étranger qu'il fait parler dans le *Politique*, évoquant les cycles de rotations inverses de l'univers, semble émettre l'idée d'une résurrection des morts : « du moment que les vieillards revenaient à l'état d'enfants, les morts, enfouis en terre, devaient conséquemment se reconstituer sur place et remonter à la vie, entraînés par cette volte-face [de l'ordre de l'univers] qui faisait rebrousser chemin aux générations » (Platon, *Pol.*, 271 b).

Mais sont-ils des morts ? Plutôt des vivants végétaux qui repoussent selon le processus funérailles/semailles.

Dans l'Ancien Testament, enterrer les morts restés sans sépulture est un geste de piété. Il est le signe d'une attente de la résurrection. Selon une des lois non écrites des Grecs, donner une sépulture est aussi un geste de piété ; mais il ne sert qu'à apaiser le défunt en privant son ombre d'errer dans un monde qui n'est plus le sien. Ce type de piété le relègue pour toujours dans son au-delà où le défunt devient offrande de lui-même à Hadès.

→ Au-delà ; Destin ; Mort ; Revenant

RÉVÉLATIONS DIVINES

L'idée de révélation*s* divine*s* existe en terrain païen, mais celle *d'une* Révélation se proposant comme objet de foi y est totalement absente. Les révélations que les dieux consentent à faire aux hommes sont des données parmi d'autres, tandis que la Révélation accomplie en Jésus-Christ est la donnée centrale des nouveaux convertis.

Le pluriel est une des caractéristiques du paganisme : comme il y a des panthéons, des traditions cultuelles, des au-delà, des cosmogonies, diverses généalogies divines, il y a des révélations divines.

Une révélation divine peut se confondre avec l'inspiration poétique : « Contez-moi ces choses, ô Muses, habitantes de l'Olympe », demande Hésiode pour pouvoir déclamer son récit cosmo-théogonique. Les Muses accèdent au souhait tout en rappelant qu'elles sont des déesses, donc toujours susceptibles d'ambivalence : « nous savons conter des mensonges tout pareils aux réalités ; mais nous savons aussi, lorsque nous le voulons, proclamer des vérités » (*Théog.*, 27-28). Ce qui ne semble plus être le cas quand elles s'adressent à Zeus pour dire à l'unisson « ce qui est, ce qui sera, ce qui fut » (38). Mais c'est l'aède qui tient ceci des Muses…, donc la source reste incertaine… ou peut-être est-ce l'indication d'une inadéquation entre les différents registres du vivant qui peut sembler… vraisemblable. Les dieux – l'idée que les mortels s'en font – restent fondamentalement taquins.

Une révélation/inspiration peut être factuelle : Homère demande à la déesse (*theà*) de chanter la colère d'un fils d'une déesse et d'un mortel, Achille. *L'Iliade* s'ouvre sur le destin d'un être mi-divin par sa mère, mi-mortel par son père. Il finira héros. Jésus, fils incarné de Dieu, né de deux mortels, perdurera historiquement comme Jésus-Christ. Dans le cadre homérique, l'histoire est le récit d'un combat à mort entre des fils de dieux ou de déesses.

Une révélation divine peut être réservée à une population. Athéna révèle aux premiers autochtones de la future Athènes de précieux savoirs, dont l'art de la guerre (Platon, *Timée*, 24 a-c). Déméter, en remerciement pour leur hospitalité, révèle aux rois justiciers de la « terre odorante d'Éleusis » les « rites augustes qu'il est impossible de transgresser, de pénétrer, ni de divulguer » (*Hymne pseudo-homérique à Déméter*, 478-479). Le secret de l'initiation aura vocation à devenir panhellénique.

Une révélation divine peut encore se confondre avec un apprentissage pratique. Les révélations du Prométhée d'Eschyle permettent aux mortels de sortir de leur misérable condition originelle de dénuement absolu : « ils vivaient sous terre, comme les fourmis agiles, au fond de grottes closes au soleil ». Prométhée les extirpe de leur obscur enfermement craintif en leur révélant tous les arts fondateurs de civilisation : le dieu révèle aux mortels que vivre sous terre n'est pas leur destination de *vivants*. Il leur apprend à comprendre le rythme des saisons, à compter, puis à écrire par des « lettres assemblées, mémoire de toute chose, labeur qui enfante les arts ». Le reste suit : l'agriculture, l'élevage, le travail des métaux, l'art médical, l'interprétation des songes, le savoir-faire pour « plaire aux dieux » dans le polissage et la disposition sacrificielle des viscères destinés aux sacrifices, etc. Bref, « tous les arts (*tékhnai*) aux mortels viennent de Prométhée » (Eschyle, *Prométhée*, 506). La révélation est invention pour le bien des misérables éphémères.

D'autres traditions ignoreront ce type d'intervention philanthropique, préférant attribuer aux seuls humains la conquête de leur mérite : « Il est bien des merveilles en ce monde, il n'en est pas de plus grande que l'homme », proclamera Sophocle (*Antigone*, 332 sq. ; cf. Thucydide). Exit les dieux.

→ Inspiration ; Philanthropie ; Progrès de l'humanité

REVENANT

Le mot « revenant » est une commodité de langage. Il faudrait plutôt parler d'« esprits errants », ἀλάστορες, car nul défunt ne revient de l'Hadès, alors que le lot de chaque mortel est d'y parvenir.

Revenant et errance

Priver les morts des rites funéraires, rappelle Euripide, revient à les laisser « vagabonds sans demeure dernière » (Eur., *Suppl.*, 61-62. Cf. *Les Troyennes*, 1085 : « ton âme erre dans la détresse du mort resté sans tombe et sans ablutions »). C'est enfreindre une immuable et absolue loi non écrite selon laquelle la privation de sépulture « est chose pire pour ceux qui l'interdisent que pour ceux qui ne l'ont pas obtenue » (Isocrate, 14, 55). Les « esprits errants » (αλάστορες) tourmentent ceux qui négligent ce devoir. Chaque défunt étant destiné à devenir une offrande à Hadès, celui-ci n'ouvre les portes de son au-delà qu'aux ombres qui ont reçu des vivants les rites funéraires (incinération ou ensevelissement). Ainsi la supplique de l'ombre de Patrocle à Achille assoupi : « Tu dors, et moi, tu m'as oublié, Achille ! Tu avais souci du vivant, tu n'as nul souci du mort. Ensevelis-moi au plus vite, afin que je passe les portes d'Hadès. Des âmes *(psukhai)* sont là, qui m'écartent, m'éloignent, ombres des défunts *(eidôla kamontôn)*. Elles m'interdisent de franchir le fleuve et de les rejoindre, et je suis là, à errer vainement à travers la demeure d'Hadès aux larges portes. Va, donne-moi ta main, je te le demande en pleurant. Je ne sortirai plus désormais de l'Hadès, quand vous m'aurez donné ma part de feu » (*Il.*, XXIII, 69-76). Le rite funéraire épargne au vivant la fièvre affolée du mauvais rêve et au défunt l'errance dans un monde qui n'est plus le sien. *L'Iliade* est aussi le rappel de cette loi non écrite concernant les devoirs dus aux morts.

Que le revenant soit un errant est illustré par le sort tragique du fils de Priam, Polydore, dont le cadavre est jeté à la mer par son meurtrier, qui n'est autre que son hôte thrace soucieux de s'accaparer sa fortune. Non seulement le thrace est un meurtrier, mais il viole deux lois non écrites en bafouant les préceptes de l'hospitalité et en refusant à Polydore l'ensevelissement de sa dépouille. Alors erre l'ombre de sa victime. « Et me voici gisant, tantôt sur la grève, tantôt dans les vagues du large, longuement ballotté par le va-et-vient des flots, privé de larmes et privé de sépulture. Maintenant […], je voltige, ayant abandonné mon corps, et voici deux jours que je flotte dans les airs » (Euripide, *Hécube*, 28-32).

L'épisode odysséen de la visite d'Ulysse au seuil de l'Hadès confronte le héros vivant à l'ombre de son compagnon, Elpénor, mort accidentellement et laissé sans sépulture à cause du départ précipité des Grecs de la demeure de

Circé. L'ombre demande à Ulysse, son roi, de retrouver son corps pour lui rendre les honneurs funèbres afin de ne pas venir le tourmenter : « Avant de repartir, ne m'abandonne pas sans pleurs, sans funérailles ; la colère des dieux m'attacherait à toi...Il faudra me brûler avec toutes mes armes et dresser mon tombeau sur la grève écumante, pour dire mon malheur jusque dans l'avenir ! » (*Od.*, XI, 72-76).

Le revenant n'est pas un ressuscité. C'est l'errant incapable d'atteindre sa destination (l'Hadès) à cause d'un manquement des vivants, que celui-ci soit d'ordre rituel ou carrément criminel. Dans les *Euménides* d'Eschyle, le spectre de Clytemnestre erre parce que le corps de la reine reste déshonoré et sans sépulture. C'est donc moins une affaire de survie qu'une mauvaise conscience par rapport au droit fondamental de la sépulture et de l'accompagnement des morts (les honneurs funèbres, κτέρεα).

Rester « sans tombe et sans ablutions » condamne l'ombre du défunt à l'errance (Euripide, *Troyennes*, 1084-1085).

La meute et les festins d'Hécate

La croyance aux revenants est associée à Hécate, déesse des bifurcations. Divinité pré-olympienne qu'aucun mythe ne met véritablement au premier plan, elle partage avec Artémis et Koré l'épithète *Énodia*, « protectrice des routes et des carrefours » (Sophocle, fr. 480 ; Pausanias, III, 14, 9). Hécate est aussi appelée *Chthonia*, « souterraine » (cf. Sophron, *Schol. Theocrit.* 2, 12). Mais la chthonienne sait parfaitement trouver les chemins qui mènent à la « lumière du soleil » pour y côtoyer le domaine des mortels et s'imposer comme la déesse présidant aux trois carrefours que rencontrent les humains au cours de leur vie : naissance/union/mort. Déesse des femmes en couches (elle est alors identifiée à Artémis *lokheía* : Eschyle, *Suppliantes,* 676 ; cf. Sophron, 2, 12), Hécate est présente quand une vie surgit lors de l'enfantement ; déesse matrimoniale (cf. Euripide, *Troyennes,* 323), elle habite « dans la profondeur du foyer » (Eur., *Médée,* 397), au centre même de l'organisation familiale ; déesse présente aux funérailles, elle veille au parfait respect de l'accomplissement des rites mortuaires conduisant le défunt à sa sépulture (Sophron, *loc. cit.*). Hécate préside aux passages naissance/reproduction de la vie/mort : l'injustice opérée sur l'un d'eux (en fait, toutes les possibilités de la mort violente) l'amène à recueillir dans sa suite les vies (plutôt que les âmes) trop tôt fauchées ou négligées.

Hécate ne conduit pas les défunts dans l'au-delà, ce rôle revenant à Hermès psychopompe. Elle contrôle les bifurcations de la vie.

Avec Hécate, surgissent donc en terrains grecs spectres et apparitions. On ne peut d'ailleurs se contenter d'affirmer qu'Hésiode est le premier à parler d'elle. Si Hécate ne paraît pas dans les poèmes homériques, c'est probablement moins parce qu'Homère ne la connaît pas que parce qu'il ne souhaite la nommer. Ne pas nommer, c'est se préserver. De nuit comme de jour, la déesse apparaît aux vivants, le plus souvent sous la forme d'une chienne, parfois telle une louve ou encore une jument. Son cortège, ou plus exactement sa meute infernale, se compose des ombres privées de repos de ceux qui sont morts de mort violente (βιαιοθάνατοι), « avant le temps » qui leur avait été « destiné » (les ἄωροι, « frappés d'une mort prématurée »), et de ceux qui n'ont pas obtenu la sépulture et les rites sacrés qui s'y rapportent, autant conditions d'accès à l'au-delà que consécration du défunt au statut d'offrande faite à Hadès. La meute infernale prend l'apparence de chiens aboyants. Chaque apparition sanctionne une entorse aux rites. Quiconque croise cette meute d'ombres bafouées est entaché de cette souillure qui marque ceux qui n'ont pas conduit un défunt à sa sépulture. Folie ou épilepsie en sont les terribles manifestations. Hécate surgit à la croisée des âmes inquiètes. Le spectre (νυκτίφαυτον) qu'elle envoie est le signe d'un manquement de la part des vivants.

Nul n'est censé ignorer la loi non écrite de l'accompagnement funéraire des défunts. Déjà l'épisode cité plus haut de l'*Odyssée*, peut-être interpolé, n'était pas sans menace pour Ulysse : rends-moi les honneurs funéraires, sinon je te hante, prévient l'ombre d'Elpénor. Platon rapporte un antique on-dit *(palaion muthôn)* que content les Anciens. « On raconte que l'homme mort de mort violente, s'il a vécu libre et fier, est, sitôt mort, irrité contre celui qui l'a tué, et, lui-même rempli de crainte et de frayeur à la suite de la violence subie, ne peut voir son propre meurtrier vivre les habitudes qui lui étaient à lui-même coutumières sans être pris d'effroi, et, lui-même troublé, sans troubler autant qu'il peut son meurtrier, dont il prend la mémoire (μνήμην) comme alliée pour l'inquiéter en son âme et dans ses actes » (Platon, *Lois*, IX, 865 d 6 – e 6).

Un autre mot qualifie celui qui périt de mort violente : προστρόπαιος. C'est le disparu qui exerce dans la conscience humaine une sorte de « tourment moral », car lui-même maintenant incapable de confondre et de tourmenter son meurtrier (Rudhardt, 1992, p. 53-54, 120-121). « C'est dans la mesure où il a suscité, dans son passage sanglant de vie à trépas, une activité prostropaïque, que le mort lui-même est appelé ; il ne résulte pas de cette dénomination que son âme, dans l'au-delà, connaisse ce qui se passe dans le monde des vivants et puisse intervenir parmi eux » (Rudhardt, 1992, p. 121).

La croyance aux revenants s'exprime encore dans l'épisode dans lequel Pélops, après avoir assassiné Stéphalos, met en pièces le cadavre et disperse ses membres aux quatre vents : le meurtrier espère que les tronçons ne se rejoindront pas pour former un fantôme, prévenant ainsi la vengeance de la victime (Apollodore, III, 12, 6, 10).

Les spectres ténébreux de Platon

Un passage du *Phédon* développe une autre conception selon laquelle, cette fois, on peut parler d'"âme. Trop contaminée par les plaisirs sensuels durant la vie, l'âme ne peut se résoudre à s'extraire du monde matériel. « Elle en est [de sa familiarité avec le corps] alourdie et attirée, retenue du côté du lieu visible, par la peur de celui qui est invisible et qu'on nomme le pays d'Hadès ; elle se vautre parmi les monuments funéraires et les sépultures, à l'entour desquels, c'est un fait, on a vu des spectres ombreux d'âmes, et qui, pour avoir été libérées [du corps], non pas en état de pureté, mais au contraire de participation au visible, sont par suite elles-mêmes visibles » (Platon, *Phédon*, 81 c-d). L'errance de ces ténébreux fantômes ne provient pas cette fois d'un manquement de soins de la part des vivants, mais d'un excès d'indifférence à la purification de l'âme au cours de leur propre vie. C'est à la philosophie d'assurer le salut de l'âme en tant qu'elle est fondamentalement conçue par Socrate et Platon comme la pratique d'un genre de vie capable de détacher la partie immortelle de l'homme des appétits du monde sensible auquel les « spectres ombreux » restent vainement attachés au point de hanter les cimetières. Guidée par l'exercice de la philosophie, l'âme se souvient de son origine divine : au lieu de persister ici-bas, elle prend alors « le divin pour spectacle et pour aliment, afin de s'en aller vers ce qui lui est apparenté et assorti, se débarrassant ainsi de l'humaine misère » (*ibid.*, 84 a-b).

Sur la crête de la croyance commune, le revenant s'incruste, au point de s'incarner dans les tissus de l'inquiétude drapée d'elle-même. Ici, l'incarnation est soubresaut du remords qui ne dit pas encore son nom.

▶ RUDHARDT J., *Notions fondamentales de la pensée religieuse et actes constitutifs du culte dans la Grèce classique*, Paris, Picard, 1992.

→ Âme ; Au-delà ; Funéraire (Culte) ; Lois non écrites ; Mort

RITE → Honorer les dieux ; Piété ; Sacrifice

S

SACRÉ → Citoyenneté et administration du sacré ; « Religion », sacré, profane

SACRIFICE

Dès le premier chant de *l'Iliade*, une pratique sacrificielle est décrite : à Zeus, un bœuf mâle de cinq ans. Une fois immolé, « on l'écorche, on le pare, tout entier on le dépèce ; puis, savamment, on le coupe en menus morceaux ; on les enfile sur des broches, on les rôtit avec grand soin ; on les tire enfin tous du feu. L'ouvrage terminé, le banquet apprêté, on festoie, et les cœurs n'ont pas à se plaindre d'un repas où tous ont leur part » (*Il.*, VII, 316-321).

Homère donne le ton d'une boucherie déjà bien ritualisée. Hésiode en livrera la raison. Le sacrifice sanglant est instauré sous le règne de Zeus.

Le partage de Mékônê

Selon le mythe qualifié d'étiologique rapporté par Hésiode (*Théog.*, 535-560), mortels et immortels partageaient encore la même table quand Zeus usurpa le titre de nouveau souverain. Il hériterait donc d'une pratique de commensalité en cours sous le règne de Kronos, son père défait et déchu par ses soins.

Ce qui reste magistral dans cette affaire c'est l'inconséquence totale du récit par rapport à ses irréversibles conséquences : les dieux mangeraient ? Et du bœuf de surcroît ! Car c'est d'un bœuf immolé dont il s'agit de partager les parts. Selon un autre mythe hésiodique, les mortels de l'âge d'or profitaient certes de la bienveillance de Kronos mais observaient un régime végétarien grâce à une nature « donneuse de blé » (*Trav.*, 118). Mais le mythe de Mékôné semble déplacer le sujet pour supposer une autre situation propice à rendre compte d'une pratique. Il faut donc admettre que mortels et immortels étaient carnivores, d'où la mise à mort du bœuf et son dépeçage par Prométhée, cousin du nouveau souverain, Titan encore admis dans son cercle, mais aussi fils du Titan Japet précipité par Zeus dans la prison des dieux, le Tartare. La rancœur de Prométhée envers son cousin olympien ne peut être négligée dans la future distribution des fonctions et attributs des différents registres du « vivant » : des immortels aux mortels, tant animaux qu'humains. Comme toujours en terre hellène, ce sont les mortels qui font les frais d'une « querelle » (*Théog.*, 535) qui ne les concerne pas (cf. la querelle opposant Déméter à Zeus à propos de l'enlèvement de leur fille Koré, et la famine qui s'ensuit).

L'important est dans la répartition du cadavre sacrifié : elle assigne le nouvel ordre du règne des vivants, à savoir la fonction de l'animal, la destination de l'homme et la situation des immortels.

Prométhée partage un bœuf entre mortels et immortels. Admettons. Pour les premiers, il place « sous la peau chairs et entrailles lourdes de graisse, puis recouvre le tout du ventre du bœuf » ; pour les immortels, il « dispose en un tas les os nus de la bête, puis recouvre le tout de graisse blanche » (*Théog.*, 539-541).

Il faudrait arrêter d'y voir une joute de duperie entre Prométhée et Zeus. Les immortels restent immortels. Ils ont des jeux qui n'ont de la feinte que la tromperie des éphémères.

Le mythe sanctionne la destination réservée par Zeus aux mortels, leur achèvement au sens de finalité (*teléesthai).* C'est certainement ainsi que doit s'entendre le vers 552 de la *Théogonie*. Les mortels ne sont pas destinés à vivre avec les dieux, et ceux-ci n'ont pas vocation à n'être que des ventres. Fumées des os graissés pour les uns ; ventre (*gaster*), besace de tout ce qui est corruptible pour les autres. Kronos n'avait rien compris au ressort de la souveraineté ; Zeus, qui a assimilé Métis, la « prudence avisée », ne pouvait être berné… et Prométhée ne pouvait que le savoir. Même Prométhée, dieu réputé philanthrope, est ambivalent. C'est donc bien un dieu.

Le mythe du partage de Mékôné ne livre pas précisément la cuisine sacrificielle. Seulement ses grandes lignes. Il délivre surtout le message suivant : aux immortels, les effluves ; aux mortels, le gastrique. Aux premiers, l'immangeable ; aux seconds, le corruptible.

Quant à la cité, elle comprend que sa survie tient à la régénération de ses forces, donc à la consommation ponctuée de ce qui est nocif – les dieux ne mangent pas carné, et quand une part de viande leur est réservée, ce sont certes des notables, mais néanmoins des hommes qui les consomment –, permettant elle-même la reproduction des sacrificateurs.

La cérémonie sanglante de la thusía

Thusía (θυσία) est le vocable couramment employé à l'époque classique pour désigner à la fois la mise à mort sacrificielle et le repas qui la suit. Chez Homère, le verbe *thúô* « désigne toujours l'offrande aux dieux par combustion, notamment de nourriture ou de prémices » (P. Chantraine). *Thuein* se dit strictement des parties brûlées de l'animal.

Le déroulement et les pratiques du sacrifice public, c'est-à-dire offert par la cité, que nous proposons, doivent être considérés avec une extrême précaution car, conformément à la spécificité hellène, il n'existe pas une forme de rituel ni une expression du sacré mais différents rituels locaux selon différentes attentes du sacré.

Sacrifier c'est se mouvoir vers l'autel à feu blanchi à la chaux pour l'occasion. La couleur et l'odeur rouge sang sont prochaines quand la procession s'ébranle. Ceci est sûr. C'est s'y rendre avec la pureté d'habits propres, la tête coiffée d'une couronne, le sexe abstinent et les cornes des bêtes peut-être ornées de dorure. La prochaine mise à mort se drape de l'inquiétude festive des vivants. L'animal est prélevé dans le cheptel domestique – le sacrifice de bêtes sauvages reste l'exception (Pausanias mentionne le sacrifice de chevreuils, sangliers et cerfs à l'occasion de l'holocauste rendu à Artémis *Laphria* à Patras [VIII, 18, 11-13]). L'animal sacrifié n'est pas considéré par les Grecs comme une « victime » (P. Brulé & R. Touzé, in *Le sacrifice antique*, 2008, p. 111 sq.). Promu à la qualité de *hiéréion*, relevant ainsi du sacré, après qu'il soit déclaré *thúsimon*, « convenable pour le sacrifice », l'animal a reçu les soins « attentifs » de sa désignation par les sacrificateurs. La procession (*pompè*), menée par le prêtre et les magistrats, distribue les classes d'âge pour mettre en branle une cité ou une communauté qui compte ainsi ses abatis. C'est s'y rendre aux côtés des animaux parés de bandelettes pour la boucherie à venir. Une cruche d'eau lustrale est portée par une vierge et le panier sacrificiel (contenant des grains d'orge et du sel dissimulant le couteau) par une autre appelée *kanêphóros*. On se lave les mains. Les animaux sont aspergés d'eau et de grains d'orge. Leurs têtes vacillent sous les projectiles : ils « consentent » automatiquement à leur sacrifice. Alors quelques poils du front sont coupés à l'aide du couteau sacrificiel tiré du panier et sont jetés au feu avec les grains comme prémices. Le *boutúpos* assomme mortellement l'animal qui est égorgé par un autre sacrificateur sous le cri rituel (*ololugé*) des femmes et les stridences des flûtes. Le sang doit maculer l'autel mais surtout pas le sol, espace non consacré (*bébêlos*). La bête est alors dépecée et éviscérée.

On dissèque l'animal sur une *trapeza* (table à quatre pieds), distribuant son corps inerte en autant de morceaux qui ont tous une destination précise. La peau est revendue au bénéfice du trésor sacré. (Dans les sacrifices privés, la peau revient habituellement au prêtre qui en fera commerce.) Les viscères (*splánkhna*) – poumons, cœur, foie, rate et reins – et peut-être le système digestif (*éntera*) sont rôtis en brochettes sur l'autel et consommés sur place par les seuls officiants. La chair est découpée en parts égales (l'isonomie reste dans les esprits) pour être soit cuite soit laissée crue. Les parts à cuire sont généralement bouillies, mais peuvent être rôties (les témoignages diffèrent : cf. *Od.*, III, 418-472), puis distribuées aux citoyens qui la consomment à l'occasion du banquet qui s'ensuit. Une part est réservée aux dieux : à Athènes, elle est consommée autour du foyer sacré de la cité par les membres du Conseil, les prytanes. Les viandes crues sont distribuées aux exclus du banquet, femmes et métèques, mais aussi aux prêtres qui en tiraient profit en les vendant sur l'agora. Enfin, les os des cuisses et de la hanche recouverts de graisse et arrosés de parfums grillent sur l'autel : la fumée qui monte vers le ciel est la part par excellence. Les Olympiens ont donc besoin de tout ce qui n'est pas consommable (leur part de viande est consommée par des mortels, certes hauts dignitaires).

Avant de conduire sa fille chez son époux, Nicératos offre un sacrifice : « Le mouton que voici, une fois sacrifié, offrira aux dieux tout ce que les rites exigent d'une victime, et aux déesses aussi : il y a du sang, du fiel en suffisance, des os superbes, une rate de belle taille, toutes les choses dont les Olympiens ont besoin » (Ménandre, *Samienne*, 572-576). On constate que la destination des parts de l'*hiéréion* ne sera jamais strictement fixée car toujours locale et mouvante selon l'intention sacrificielle. Rudhardt distingue principalement deux fonctions ou intentions : propitiatoire (« Sois-nous favorable », adresse au dieu le sacrificateur), ou apotropaïque ou mantique (p. ex., avant d'engager une bataille, savoir si les signes sont favorables en examinant les entrailles de l'animal immolé). Fondamentalement, le sacrifice sanglant est la marque du règne de Zeus dont la souveraineté s'accomplit dans l'absence de communion, dans la mise à distance des mortels.

Les héros, les divinités infernales et aussi les morts reçoivent des sacrifices sans repas sacrificiel. Les puissances chthoniennes réclament la destruction totale de l'animal. Le sang se répand dans une fosse (*bóthros*) et l'animal est entièrement brûlé dans un foyer (*eskhára*) ou à même le sol.

« Le sacrifice est une rencontre avec la mort, une action de mise à mort, mais il garantit aussi la perpétuation de la vie et de sa nourriture » (Burkert, 2005, p. 348). Sacrifier c'est aussi se savoir (en fait seule connaissance humaine) destiné à s'offrir comme offrande : tout défunt revient au Zeus d'en bas, Hadès *Katachthónios*, de même que le feu divin restitué sur l'autel des hommes fait brûler pour le Zeus d'en haut les graisses et les os des animaux immolés. En revanche, les parents d'un défunt récent ne peuvent se mêler aux cérémonies sacrificielles avant le temps des ablutions.

Le sacrifice classique est « essentiellement l'acte d'une communauté, et il faut appartenir à cette communauté pour avoir le droit d'y participer » (Rudhardt, 1992, p. 257). Sacrifier c'est se montrer. On ne sonde pas les cœurs des mortels quand les os graissés grillent pour les narines des dieux et des déesses. Il faut seulement être là, se montrer physiquement autour de l'autel, en train de participer à un rituel qui noue autant qu'il dénoue les règnes de la vie : le sacrifice d'un corps animal au bénéfice du corps civique dont la cohésion dépend de ses divinités poliades… qui « offrent » à manger, rappelant ainsi la condition humaine de n'être qu'un ventre.

Les sacrifices humains sont connus d'Homère. Achille égorge douze prisonniers troyens sur le bûcher funéraire de son ami Patrocle (*Il.*, XXIII, 175-176). Des mises à mort pour un mort. La tradition rapporte aussi des mises à mort pour une transgression : la prêtresse Koimatho se serait unie à son amant Ménalippe dans le sanctuaire d'Artémis *Triklaria*, en Ionie. Le couple aurait été immolé pour redonner à l'enceinte sacrée sa pureté (Pausanias, VII, 19). Euripide a développé le thème de l'égorgement des vierges comme facteur de déblocage d'une situation fâcheuse pour l'armée. Macaria (Euripide, *Héraclès*, 485 sq.), Iphigénie (*Iph. à Aulis*, 380 sq.), Polyxène (*Hécube*, 518-582)… Chacune des immolations de ces trois vierges se révèle favorable à l'armée achéenne. Mais les traditions ne sont pas homogènes, ce flou trahissant peut-être la gêne à aborder le thème.

La reine Kúpris et ses « animaux peints »

La violence n'était pas (concevable) sous le règne de Kúpris. L'âge d'alors n'était pas d'or (Kronos n'était pas encore), mais de paix pure. Zeus, Poséidon, Arès et Kudoimos (Tumulte) ne sont donc pas encore advenus. L'âge de la furie héroïque est inconnu. Peut-être est-ce pour cela qu'ils restent sans nom, « ceux-là » qui ont vécu en ce temps dont Empédocle loue la douceur :

> « Ils avaient Cypris reine.
> D'elle, ces hommes cherchaient les faveurs par des offrandes pieuses,
> Par des animaux peints et les fines odeurs des parfums,
> Des sacrifices (*thusíais*) de myrrhe pure et d'encens fragrant,
> Ils jetaient sur le sol des libations de miel roux.
> L'autel n'était pas trempé du sang pur des taureaux.
> Mais c'était l'abomination la plus grave chez les hommes
> Que d'arracher la vie et de dévorer les membres splendides d'un corps. »
> (Empédocle, *Les Purifications*, frag. 128 DK, v. 3-10, trad. J. Bollack)

Les Anciens se plaisaient à évoquer avec une nostalgie en avance sur les temps l'idée d'un végétarisme primordial, de pratiques sacrificielles non sanglantes. Ainsi ces propos prêtés à Pythagore par Ovide : « Cet âge antique faisait ses délices des fruits des arbres, des plantes que nourrit le sol, et l'homme ne souillait pas sa bouche de sang » (*Métamorphoses*, XV). Cette conception est en filigrane dans le rituel des Bouphonies (*Bouphónia*) à l'origine duquel le bœuf laboureur est tué sur un coup de colère : céréales et gâteaux sont déposés sur l'autel du dieu de la Cité, Zeus *Polieûs* ; un bœuf s'approche et se met à les manger ; mis hors de lui par un tel sacrilège, un prêtre frappa mortellement l'animal par un coup de hache. Il n'y avait donc, « à l'origine », qu'oblations végétales, rappelées par Empédocle. L'histoire des Bouphonies est un échafaudage destiné dans un premier temps à « excuser » l'effusion de sang, puis à la « justifier » en montrant l'animal se diriger vers l'autel…, preuve de sa « destination » comme *hiéréion*. Toutes les interprétations sont ouvertes, mais la mise à mort traditionnellement instaurée par le « partage de Mékôné » reste un acte difficile à… avaler.

Elle le sera particulièrement pour les orphiques pour qui l'homme n'a pas été « créé » pour sacrifier ; il est né d'un sacrifice primordial (celui de Dionysos), synonyme d'éparpillement de l'immortalité, et à ce titre, l'homme a la charge de sa recomposition. La séparation humain-divin est tromperie et imposture. De plus, à la distanciation (moteur du sacrifice sanglant rendu par la cité), les orphiques opposent l'assimilation avec le divin, et s'abstenir de viande c'est être comme les dieux. C'est refuser de définir l'homme en opposition à la divinité (postulat fondamental du règne de Zeus). L'unique sacrifice avec abattage, dépècement et cuisson que connaissent les orphiques, c'est celui de leur Dionysos. Il doit précisément rester pour toujours unique.

Ce n'est pas l'athée qui s'éloigne des autels sanglants, mais l'homme pieux.

► BURKERT W., *Homo Necans. Rites sacrificiels et mythes de la Grèce ancienne* (1972), trad. fr., Paris, Les Belles Lettres, 2005. – DETIENNE M. & VERNANT J.-P., *La cuisine du sacrifice en pays grec*, Paris, Gallimard, 1979. – MEHL V. & BRULÉ P., *Le sacrifice antique. Vestiges, procédures et stratégies*, Rennes, Presses universitaires de Rennes, 2008. – RUDHARDT J., *Notions fondamentales de la pensée religieuse de la Grèce classique*, Paris, Picard, 1992, chap. V. – VAN STRATTEN F.T., *Hierà kala. Images of Animal Sacrifice in Archaic and Classical Greece*, Leyde, 1995.

→ Attente des dieux ; Autel ; Honorer les dieux ; Orphique (Genre de vie) ; Sang

SAGESSE DELPHIQUE

Parmi les nombreuses maximes prétendument inscrites sur le temple d'Apollon *Pythien*, trois sont seulement citées par les deux grands familiers du sanctuaire de Delphes que sont Platon et, plus de cinq siècles plus tard, au crépuscule du paganisme, Plutarque : « Connais-toi toi-même », « L'engagement porte malheur » et « Rien de trop ». Des noms circulent : Chilon, Thalès et Solon présideraient à ces adages dont il est plus sage d'entendre le message plutôt que de se disperser sur la question de la paternité des maximes. Leur inscription peut dater du VIe s. av. J.-C.

« Connais-toi toi-même », **Γνῶθι σαυτόν**

Toute interprétation psychologique du « Connais-toi toi-même » est totalement anachronique, l'ancienne sagesse n'ayant pas fait sienne le projet d'une analyse introspective de ce qui sera appelé « moi ». La maxime delphique est un impératif de la piété des panhellènes : elle enjoint à l'homme de *reconnaître* la distance infranchissable le séparant des dieux. « Connais ta portée, qui est limitée ; sache que tu es un mortel, et non un dieu, commente Pierre Aubenque. Le "connais-toi toi-même" ne nous invite pas à trouver en nous-mêmes le fondement de toutes choses, mais nous rappelle, au contraire, à la conscience de notre finitude : il est la formule la plus haute de la *prudence* grecque, c'est-à-dire de la sagesse des *limites* » (P. Aubenque, *La prudence chez Aristote*, PUF, 1963, p. 166).

L'impératif entraîne même plus loin en incitant fermement n'importe quel vivant, mortel *et* immortel, à avoir la sagesse de respecter l'ordre du monde. C'est ainsi qu'Eschyle emploie l'expression *gígnôske sautòn* pour rappeler à Prométhée, fils immortel du Titan Japet, qu'il n'a pas à s'emporter en propos violents contre son cousin Zeus (*Prométhée enchaîné*, 309).

On ne comprend rien à l'esprit de la maxime si on la déracine du sanctuaire de Delphes dont l'oracle ne délivre que des conseils pratiques concernant soit les préoccupations individuelles de la vie de tous les jours, soit les grandes orientations religieuses (disons, rituelles) de la cité qui, rappelons-le, est conçue comme une association d'hommes et de dieux. La voix de l'oracle ne dévoile absolument rien sur l'âme ou sur sa destinée. Le "Connais-toi toi-même" rappelle au consultant qu'il n'est qu'un mortel. Autrement dit, qu'il n'est qu'un éphémère dont la seule conscience se confond (pour s'y dissoudre) avec l'assurance de son inéluctable destin (mourir), et ainsi qu'il n'a rien d'autre à faire que de gérer au mieux sa « part de vie ». Vouloir pénétrer les orientations du destin ne fait pas sens dans la mesure où celui-ci est déjà connu d'avance : s'abîmer, un jour, dans les ombres de l'Hadès.

D'un point de vue strictement formel, l'impératif aoriste de la maxime montre qu'il s'agit d'une prise de conscience de la distance séparant l'homme du divin, et non du projet de se connaître par introspection. Se soumettre à l'injonction delphique revient à attendre de la réponse/parole oraculaire des confirmations, mais jamais des prédictions.

Le *gnôthi sautón* delphique est à comprendre dans ce contexte oraculaire. « Il ne faut demander au dieu que ce qui convient à des cœurs mortels » rappelle Pindare, pour qui « il faut regarder à nos pieds, ne pas oublier notre condition » (*Pythique* III, 106-108). Se garder de la démesure *(húbris)*, ne pas dépasser la frontière à jamais établie entre l'homme et le divin, bref plier sous la crainte de la jalousie divine, c'est se connaître soi-même. Pouvoir interroger l'oracle (*i.e.* se contenter de poser une question fermée : oui ou non faut-il entreprendre ceci ?), c'est avoir assumé le *gnôthi sautón*. C'est être prudent.

Les dieux ne sortent pas glorieux de ce type de relation. Se connaître soi-même, pour un éphémère rendu à Delphes, c'est alors prendre acte de l'incompétence du divin en matière de finitude humaine, admettre que les dieux, qui se définissent comme « toujours vivants », ne se préoccupent que de leurs honneurs et, ce constat fait, qu'il ne convient pas de leur demander plus qu'ils ne savent. Se connaître soi-même, c'est donc savoir comment s'adresser à ce divin dit lumineux dont l'incapacité à délivrer une « Révélation » est la principale caractéristique. Se connaître soi-même, c'est admettre que le divin n'a rien à dire sur l'au-delà. Le mortel ne consulte pas sur son avenir, mais sur la façon de tourner sa conduite dans le temps qui lui reste à vivre. Plutarque, qui fut prêtre d'Apollon à Delphes, est très clair sur ce point : « Le dieu, dans sa sagesse, envoie promener les dialecticiens pour qui la particule *si* et la proposition placée après elle n'expriment aucun fait réel » (*Sur l'E de Delphes*, 386 *c*).

« L'engagement porte malheur », **Ἐγγύα, πάρα δ' ἄτη**

L'*engúe* a deux significations possibles qui déclinent l'engagement : la transaction entre hommes (père/tuteur – futur époux) d'une fille à l'occasion de ce qui est appelé « fiançailles », et le cautionnement. Le contexte strictement delphique, soucieux de maintenir chacun à sa place (les dieux, puis les humains, et dans ce dernier cas les mâles avant la « tribu des femmes ») conduit à ne pas retenir exclusivement le seul sens juridique du cautionnement (*contra* J. Defradas, 1972). Que l'adage puisse mettre en garde contre un excès de générosité qui conduirait à se porter garant d'un tiers suspecté d'infraction, autrement dit de prendre la place du coupable qu'on cautionne, est une interprétation possible, mais certainement secondaire dans le contexte général de la mentalité hellène selon lequel l'*engúe* signifie la remise par le père ou le tuteur de la jeune fille à son futur époux. C'est une sorte de mal (la femme) nécessaire (la procréation d'une descendance) qui s'installe alors dans le foyer du mari. Sagesse delphique et arrière-pensées misogynes ne sont pas incompatibles.

***« Rien de trop »*, Μηδεν ἄγαν**

Cette maxime condense les deux précédentes en insistant sur la mise en garde contre l'excès, que la sagesse delphique pointe comme risque d'*excéder*, donc d'outrepasser sa condition mortelle pour irriter les dieux. L'impératif, répété à travers toute la poésie, est l'expression même de la jalousie divine qui refuse au mortel de s'élever *trop* haut (cf. Théognis, 335 ; Eschyle, *Suppliantes*, 1062), bien après la recommandation d'Hésiode d'observer la mesure (*Trav.*, 694) et celle d'Archiloque de « ne jamais exulter ouvertement dans la victoire, ne jamais s'abandonner chez soi aux lamentations de la défaite ; mais prendre le plaisir où il se trouve, ne pas s'en faire avec excès pour le malheur et saisir le rythme qui maintient l'humanité dans ses attaches » (frag. 118 Lasserre). Rester dans le cadre de son contour (sens originel du mot rythme, *rhuthmos*) c'est avoir la sagesse de s'éviter le débordement toujours puni par les dieux.

...Après

Le héros tragique, tel qu'il est mis en scène par Sophocle, mais encore plus tard par Euripide, tourne alors le dos aux préceptes delphiques, et particulièrement au premier d'entre eux, tant il lui est impossible de ne pas tenter la transgression de la mesure imposée aux éphémères. Quant à Socrate, il arrachera le « Connais-toi toi-même » du terreau delphique en prétendant, dans le premier *Alcibiade* (129 *b* sq.), que se connaître soi-même c'est connaître ce qu'il y a de divin en l'homme, l'âme : « c'est de notre âme *(psukhê)* qu'il nous est recommandé de prendre connaissance par le précepte de se connaître soi-même » (Platon, *Alcibiade*, 130 e). Et ceci pour s'assimiler au dieu autant que possible : le dieu d'une certaine philosophie tendue vers une vertu : la sagesse (Platon, *Théétète*, 176 a-b).

Alors l'Apollon *Pythien* s'efface devant ce qui n'est plus une maxime ou un précepte de mise à distance, mais, avec la parole de Socrate, l'expression d'une *autre* sagesse, celle qui pousse du terreau humain. Le dieu se retire comme à chaque fois qu'il se trouve confronté à ce qui n'est pas divin : la prise en charge de la destinée de l'âme humaine… qui serait, prétendent ces « bavards » que sont les philosophes, d'origine divine. Mais les dieux eux-mêmes, ceux honorés par la piété populaire, n'en savent rien.

► BRÉS Y., « La connaissance de soi chez Platon », in *La souffrance et le tragique*, Paris, PUF, 1992. – DEFRADAS J., *Les thèmes de la propagande delphique*, Paris, Les Belles Lettres, 1972. – SNELL B., *Leben und Meinungen der Sieben Weisen*, Munich, Heimeran, 4e éd., 1971.

→ Démesure ; Destin ; Jalousie divine ; Oracle

SANCTUAIRE

ἱερόν, *hierón*, espace consacré (forme substantivée de ἱερός, *hierós*, sacré)
τέμενος, *témenos*, part découpée
σηκός, *sêkós*, enceinte sacrée

Découpage opéré sur le domaine de l'indivision originelle (la terre ferme, seule partie du monde qui n'a pas été partagée entre Zeus, Poséidon et Hadès), appropriation d'un lieu comme propriété d'un dieu ou d'un héros, le sanctuaire est un terrain sacré, et non le lieu le plus saint d'un temple, comme l'indique aujourd'hui le mot français. D'ailleurs, un sanctuaire grec ne comporte pas nécessairement un temple, mais présente toujours, à ciel ouvert, un autel *(bômós)*, seul édifice indispensable à la fois à la déposition d'offrandes non sanglantes (céréales, gâteaux) et au rite du sacrifice de l'animal. Un péribole (cordes, bornes, mur…) en délimite clairement l'espace sacré *(sêkós)*.

Espace et épiclèse

Un sanctuaire ne spatialise pas seulement le sacré : il spécialise la divinité. Tout espace consacré délimite un aspect de la personnalité d'un dieu. Selon la piété grecque, un dieu est inaccessible aux mortels dans la totalité de sa puissance. Ainsi, à l'instar du découpage territorial, le fidèle s'adresse à un aspect de la divinité, à une particularité de sa puissance attachée à tel sanctuaire. C'est ce qu'indique l'épiclèse (appellation cultuelle d'un dieu). L'espace sanctuarisé selon l'épiclèse de la divinité – entendons, selon ses choix –, détermine son mode de sanctification. On sacrifie un bélier sur les pentes de l'Acropole, non pas à Déméter, mais à Déméter *Khloé* (« Verdure ») ; dans les sanctuaires d'Égine et de Paros, on honore Déméter *Thesmophoros* (« Législatrice ») ; on s'adresse à Zeus *Meilikhios* (« qui apaise », au sens d'effacer une souillure) à Orchommène, à Apollon *Erithaseos* en Attique, etc.

Dédié à une manifestation particulière du dieu, chaque sanctuaire a ses propres lois sacrées édictant ses rites, prescriptions et interdictions à respecter pour honorer l'aspect que la divinité a souhaité dévoiler de sa puissance quand elle a élu tel lieu. C'est cette « sorte d'autonomie » des ensembles rituels, selon l'expression de J. Rudhardt, qui caractérise un *hierón*. Chaque sanctuaire, se présentant dans son originalité par rapport aux autres, signifie qu'aucune uniformité cultuelle n'est concevable dans un système de croyances libre de toute autorité capable d'inscrire les articles d'un credo unique. Pouvoir pénétrer dans un sanctuaire, c'est comprendre ce que polythéisme veut dire : un goutte-à-goutte du sacré.

Manifestations et fondation

Diverses manifestations naturelles sont spontanément associées à l'expression de la volonté du dieu de s'octroyer tel ou tel site : une source, une grotte, une caverne, un antre, un promontoire, un rocher, un bosquet, un bois, un arbre, un marais ou surtout un endroit frappé par la foudre (l'Érechthéion sur l'Acropole d'Athènes) ou encore un lieu difficile d'accès (le site de Delphes) sont autant d'indications du choix de résidence d'un dieu. L'agora, ce « nombril de la cité » où se déroulent les cultes civiques, est considérée comme un sanctuaire précisément à cause de sa géographie particulière dans l'organisation de l'espace civique : la cité converge vers l'agora, ce qui en fait un lieu à part, nimbé de sacralité. De même, un site présentant les caractéristiques traditionnellement attribuées à une divinité lui est spontanément consacré : c'est le cas de l'*orgas* sacrée de Déméter et Koré, située aux confins de l'Attique, dont le sol particulièrement fertile manifeste la luxuriance des « deux déesses » de la végétation. Un emplacement sacré peut être aussi prélevé à l'occasion des fondations de cités : les *téménè* des dieux sont alors découpés sur le nouveau territoire avant même d'allouer aux humains leurs lots.

Un événement imprévu peut encore décider de la fondation d'un sanctuaire. Un document gravé sur une stèle d'Épidaure, datant de la fin du IVe siècle av. J.-C., montre l'extrême attention que les Grecs portaient constamment à tout signe pouvant être reçu comme émanant du divin, telle une sorte de glissement de l'attention vers l'interprétation. Un consultant d'Asklépios n'ayant eu « aucune vision durant son incubation » (n'ayant pas reçu guérison), s'en retourne dans sa cité, Élis, sans s'apercevoir qu'un serpent du sanctuaire s'est enroulé autour de la roue de son char. Arrivé chez lui, le malade se couche, et le serpent vient le guérir. Un dilemme se pose aux citoyens d'Élis : faut-il renvoyer le serpent à Épidaure ou le laisser sur place ? On consulte l'oracle de Delphes qui tranche pour la seconde solution. C'est ainsi qu'un *téménos* consacré à Asklépios fut fondé sur le territoire d'Élis (Le Guen-Pollet, n° 74).

Un sanctuaire peut être consacré à un dieu ou à plusieurs, démultipliant en autant le nombre d'autels. (Dans sa description du sanctuaire d'Olympie, Pausanias compte une trentaine d'autels : V, 1.) Il peut aussi n'être dévolu à aucun dieu particulier, la seule désignation de sa surface comme « sacrée » se suffisant à elle-même (cf. Pausanias, II, 37, 1). Mais en fait, comme nous l'avons rappelé à propos des épiclèses, il n'existe pas de dieu particulier, mais une manifestation particulière d'un dieu.

En tant que propriété du dieu, c'est la divinité qui reçoit les fidèles qui se rendent chez elle. « Tous les habitants de Scillonte et des environs, hommes et femmes participaient à la fête [en l'honneur d'Artémis dans son sanctuaire]. La déesse *fournissait* (παρεῖχε) aux convives de la farine d'orge, du pain, du vin, des fruits secs, une portion des victimes élevées dans les pâturages sacrés, du gibier » (Xénophon, *Anabase*, V, 3, 9, n.s.).

Mais un sanctuaire reste essentiellement *singulier*, dans les deux sens du mot : échapper à l'indifférenciation de l'espace profane par la singularité de son paysage d'une part, et d'autre part capter une singularité de la puissance du dieu.

Exclusions et interdits

Tout *hierón* doit être nettement circonscrit (le mot *sêkós* signifie à l'origine la palissade fermant un territoire) afin qu'aucun impur n'y pénètre par inadvertance. Être en état d'impureté concerne deux catégories de personnes. D'une part, l'accès des sanctuaires est refusé aux meurtriers, aux fils indignes envers leurs parents, aux citoyens frappés de déshonneur (atimie) pour actes délictueux, aux hommes qui se prostituent librement et aux femmes adultères. (« Les seules femmes auxquelles les lois interdisent l'accès des sanctuaires publics, ce sont les femmes adultères : si elles contreviennent, n'importe qui peut leur faire subir impunément tout traitement qu'il lui plaît, jusqu'à la mort exclusivement », Pseudo-Démosthène, LIX, *Contre Nééra*, 86). D'autre part, toute personne qui n'est pas coupable de ces actes ne peut toutefois fouler le territoire sacré si, venant d'avoir une relation sexuelle, elle ne s'est pas auparavant lavée. Attestées dès le VIIe siècle, des vasques de pierre ou de marbre *(perirrhantêria)* remplies d'eau lustrale, disposées aux bordures de l'enceinte sanctuarisée, offrent la possibilité de se plier aux rites de purification. Certains sanctuaires n'exigent pas seulement une simple aspersion d'eau à l'aide d'une branche de laurier pour se débarrasser de ses miasmes, mais un certain laps de temps avant d'autoriser le fidèle à entrer : selon le règlement affiché devant le temple de la déesse-Mère *Gallêsia* à Métropolis, en Ionie, l'homme redevient pur de ses relations intimes avec son épouse le deuxième jour, et avec une hétaïre, le troisième jour (Le Guen-Pollet, n° 29). Le contact avec un défunt entraîne aussi une souillure qui empêche la fréquentation d'une enceinte sacrée : le règlement du sanctuaire de Métropolis stipule qu'on est pur d'un deuil le douzième jour (*ibid.*).

De plus, un sanctuaire n'a pas vocation à être forcément ouvert à tous : certains sont fermés aux hommes, d'autres aux femmes, d'autres aux étrangers, aux esclaves, d'autres encore à tout le monde, à l'exception de ses servants (prêtres ou prêtresses).

D'une façon générale, il est interdit d'accoucher dans le *témenos*, d'y ensevelir un mort (à l'exception, évidemment, des héros locaux) ou d'y mourir. Ces trois interdictions s'édictent autour du refus divin de (voir) la mort. Si les deux dernières relèvent de l'évidence, la première nécessite cette précision : accoucher, c'est donner la vie, donc produire, dans le sang, un être voué à mourir. Les dieux, qui n'ont ni sang ni la mort en perspective, ne supportent pas l'altérité. Ce trait est une constante du paganisme.

Inscrits sur les bornes de chaque *hierón*, les interdits varient. Le règlement du sanctuaire d'Héraclès *Pankratês* à Athènes interdit de laver les peaux des animaux sacrifiés dans le fleuve Ilissos ; celui de Zeus *Panamaros* à Stratonicée de Carie interdit de faire paître des troupeaux, de pénétrer avec des armes de guerre et d'emporter quoi que ce soit (Le Guen-Pollet, n° 23). La prohibition des armes s'appliquait à de nombreux sanctuaires, dont ceux d'Artémis *Amarynthia* sur l'île d'Eubée, et de Déméter *Olympia* à Kos. L'interdiction d'emporter « quoi que ce soit », même du bois mort ou du feuillage tombé (sanctuaire d'Apollon *Erithaseos* en Attique), traduit la volonté de conserver parfaitement inchangé le paysage du lieu élu par la divinité : le sacré ne tolère aucune modification, sa pérennité s'offrant à travers la plus parfaite immobilité de son cadre paysagé.

C'est dans ce contexte qu'il faut comprendre l'inquiétude qui s'empara des Athéniens après qu'ils aient affermé, pour la cultiver, l'*orgas*, qui n'est pas un *témenos*, mais une terre consacrée aux deux déesses éleusiniennes, Déméter et Korê. Situé aux confins de l'Attique et de la Mégaride, le domaine avait la particularité – et c'est à ce motif qu'il fut précisément consacré aux déesses – de retenir un sol fertile au cœur d'une contrée pauvre en terre à blé. La mise en culture répondait à la pieuse intention de financer un portique et d'entretenir le *hierón* éleusinien des deux déesses. Mais, en modifiant le site par le labour de son sol, Athènes ne se rend-elle pas coupable d'une grave impiété ? L'affaire fut jugée très sérieuse (décret de 352/351) : la pieuse intention toute pragmatique (récolter des fonds pour le sanctuaire) n'était-elle pas en fait une usurpation de la propriété des deux déesses ? Se souvenant de la tradition selon laquelle tout cadre consacré ne peut être modifié, les citoyens d'Athènes ont certainement tenu le raisonnement suivant, fort pertinemment résumé par B. Le Guen-Pollet : « la nature devait pouvoir manifester sa vitalité et son exubérance, sans être dominée, ni contrainte par le travail de l'homme. Déméter et Korê en avaient décidé ainsi. Les honorer, c'était s'abstenir de cultiver ces terres sacrées [...]. Manifester sa piété, c'était faire aux déesses le sacrifice des revenus qu'elles auraient dû rapporter » (1991, p. 100). Continuer à labourer ou laisser en friches les champs consacrés ? La cité soumettra au dieu de Delphes les termes de l'alternative selon une procédure particulièrement ficelée et encadrée (cf. Le Guen-Pollet, n° 32). Le choix de la Pythie n'est pas explicitement rapporté, mais la lexicographie indique que l'*orgas* resta terre en friches. Ce qui devait rassurer la piété grecque, soucieuse de ne « rien mouvoir » *(mè kinein)* tant sur la forme (le paysage consacré) que sur le fond (la tradition rappelant toujours qu'il est démesuré de prétendre se substituer aux dieux : pour ce cas, faire fructifier un sol que la puissance des déesses suffit à rendre luxuriant).

Les prêtres, principalement chargés de veiller au respect du règlement, pouvaient sanctionner toute infraction par une amende dite « sacrée » puisque consacrée à la divinité. Le sacré ne se prêche pas : il s'administre.

Inviolabilité ambiguë

Tout ce qui se trouve à l'intérieur de l'enceinte nettement délimitée du sanctuaire est propriété du dieu décliné selon son épiclèse, de même que les terres voisines qui, affermées après accord de l'oracle, lui assurent de confortables revenus. À ce titre, le dieu propriétaire reçoit et accueille dans son *hierón* qui communique alors sa sacralité à quiconque y pénètre. Ainsi le sanctuaire devient-il automatiquement un lieu d'asile (*a-sulos*, « qui ne peut être violenté », donc qui protège contre la saisie de sa propre personne et de ses biens) : il est inviolable, ἄσυλον. Le droit d'asile apparaît comme la contrepartie ambiguë de l'inviolabilité du domaine sacré. Quand un suppliant (étranger, exilé, esclave en fuite, homme politique en délicatesse avec sa cité, etc.) trouve refuge auprès de l'autel ou de la statue du dieu, devenant ainsi « mécaniquement » la propriété du dieu, ses poursuivants se trouvent *de facto* confrontés à un choix entre deux formes d'impiété : soit ils renoncent à leur droit de prise (*sulè ; sulaô,* « arracher ») et laissent le suppliant mourir de faim dans le sanctuaire (ce qui revient à provoquer une souillure) ; soit ils passent outre le droit d'asile et, l'arrachant à la protection du dieu, commettent un outrage. Eschyle rappelle qu'enlever de force les suppliants réfugiés auprès des autels revient à « dépouiller les dieux » (*Suppl.*, 927). Thucydide a rapporté des exemples sanglants de violations du droit d'asile durant la guerre du Péloponnèse (III, 81, 5).

Sacrilège et expiation

Détruire un sanctuaire est le sacrilège impardonnable par excellence. Eschyle attribue le désastre subi par Xerxès lors de la seconde guerre médique (480-479) à la profanation par ses armées des sanctuaires de l'Attique : « Eux qui, venus sur la terre grecque, n'hésitaient point à dépouiller les statues des dieux, à incendier les temples ; eux par qui des autels ont été détruits, des images divines pêle-mêle, la tête en bas, renversés de leurs socles. Aussi, criminels, ils subissent des peines égales à leurs crimes » (*Les Perses*, 809-814). Le sacrilège et la démesure de Xerxès donnent en quelque sorte confiance aux Athéniens, ainsi que le rapporte Hérodote : « Confiants dans l'assistance des dieux et des héros dont, sans aucun respect, il a incendié les demeures et les statues, nous marcherons contre lui et le repousserons » (VIII, 143).

Avant la bataille de Platées (seconde guerre médique), qui entraînera le repli définitif des armées perses de Xerxès, les Hellènes auraient prêté un serment dont la fin affirme : « Je ne relèverai aucun des temples qui auront été incendiés ou abattus par les Barbares, mais j'en laisserai substituer les ruines comme un monument de leur impiété *(asebeias)* » (Lycurgue, *Contre Léocrate*, 81 ; cf. Diodore, XI, 29). Intouchable, un sanctuaire doit le rester même après sa profanation, afin d'offrir aux générations à venir le visage de la barbarie et de sa menace de ruine de la civilisation.

Occuper militairement un sanctuaire, même sans l'endommager, est une violation des lois tacites des Hellènes, surtout quand il ne s'agit plus de Barbares mais d'Athéniens qui, lors de leur intervention en Béotie pendant la guerre du Péloponnèse (424), « s'étaient mis dans leur tort en violant la rège reconnue en Grèce ; car bien que ce fût un usage général, quand on attaquait un pays, de respecter les sanctuaires qui s'y trouvaient, les Athéniens avaient fortifié [le sanctuaire de] Délion, et s'y étaient installés ; tout ce qu'on faisait normalement dans un lieu profane y avait cours, et l'eau à laquelle eux-mêmes [les Béotiens] s'interdisaient de toucher, sauf pour les ablutions rituelles, était puisée pour l'usage courant » (Thucydide, IV, 97, 3-4).

Sanctuaire et sentiment d'être hellène : opposer pour rassembler

« Même sang, même langue, *sanctuaires et sacrifices communs*, mœurs et coutumes similaires » unissent les Hellènes : voilà ce que rétorquent, en 479, les Athéniens à l'envoyé du Grand Roi perse venu leur suggérer de se ranger aux côtés des Mèdes, à la veille de la bataille de Platées (Hérodote, VIII, 144, n.s.). Un sanctuaire compte parmi les références sur lesquelles s'appuie le sentiment d'appartenir aux Panhellènes. (Ce terme, Πανελλήνεσσι, apparaît déjà chez Hésiode, *Trav*. 528.) C'est autour d'un sanctuaire que se constitue le regroupement des peuples voisins : l'amphictionie (amphictions, « ceux qui habitent autour »). Le sanctuaire de Poséidon à Onchestos rassemble les Béotiens ; celui d'Apollon à Délos réunit les Ioniens des Cyclades… Ces sanctuaires amphictioniques expriment la conscience d'appartenir à une communauté partageant un culte commun. L'amphictionie pyléo-delphique regroupe, outre les Delphiens, les Thessaliens, Phocidiens, Magnètes, Locriens, Béotiens, Doriens et Ioniens. Olympie est aussi un centre panhellénique.

Originellement, un sanctuaire fédère. Quand les rassemblements de cités de moindre importance s'appelaient *koina*, c'est toujours autour d'un sanctuaire que se soudait leur association. Le service éphébique effectué par les futurs citoyens athéniens comporte obligatoirement une tournée des sanctuaires péri-, extra- et urbains.

« La même pensée qui a présidé à la fondation des villes a fait instituer aussi les sacrifices communs à plusieurs cités, le voisinage et le besoin mutuel les rapprochant, elles célébraient ensemble des fêtes et des panégyries : un lien d'amitié naissait du repas sacré et de la libation faite en commun » (Strabon,

VIII, 374). Dans un univers où la guerre entre cités est un état normal des choses, les fêtes célébrées dans ces sanctuaires sont synonymes de trêves annoncées aux quatre coins de l'Hellade. Thucydide rapporte que la trêve des jeux isthmiques de 412 fut observée en pleine guerre du Péloponnèse. Les sanctuaires panhelléniques d'Olympie, de Delphes, de Délos ou d'Épidaure sont le théâtre de jeux (épreuves gymniques et dramatiques) et de concours (de rhapsodes déclamant des poèmes en les mimant) qui opposent, pour les rassembler, les cités grecques.

C'est sur le terrain de ces sanctuaires que se dressent les stèles scellant la trêve entre cités quasi perpétuellement en conflit, marquant peut-être le souci d'édifier la paix entre Hellènes. En 498, au début des guerres médiques, le sanctuaire de Panionion est le siège d'une ligue regroupant des cités d'Asie Mineure en révolte contre les Perses.

Le lien au sanctuaire irradie le sacré, qui se communique de la route qui y mène jusqu'à son terme, l'autel, en passant par la trêve qui en permet l'acheminement.

► DELCOURT M., *Les grands sanctuaires de la Grèce*, Paris, PUF, 1947, 2e éd. 1992. – LEFÈVRE F., *L'amphictionie pyléo-delphique, histoire et institutions*, Paris, BEFAR, 1998. – LE GUEN-POLLET B., *La vie religieuse dans le monde grec du* V*e au* III*e siècle avant notre ère. Choix de documents épigraphiques*, Toulouse, Presses universitaires du Mirail, 1991, p. 55-116. – RUDHARDT J., « La perception grecque du territoire sacré », *Mélange de l'École française de Rome. Antiquité*, 113, 2001, p. 175-188.

→ Autel ; Centre ; Épiclèse ; Incubation ; Loi sacrée ; Lois non écrites ; Piété ; Prêtrise ; « Religion », sacré, profane ; Sang ; Suppliant ; Temple

SANG

Axe paradigmatique du paganisme, le sang, dans ses diverses effusions, décline en boucle l'ambivalence du sacré, au nœud même où souillure et purification se confondent.

Le dieu et la cigale : la fable de l'immortalité

Le sang est moins la vie que l'indice de la mortalité, du sans retour. « Quand la poussière a bu le sang d'un homme, une fois qu'il est mort, point de résurrection possible » (Eschyle, *Euménides*, 647-648). À l'instar de certains insectes, dont la cigale, les dieux sont des vivants non sanguins. Plus précisément, ils ont une espèce de sérum qui ne s'appelle pas sang, mais *íkhôr* (ἰχώϱ), mot à l'étymologie inconnue, ce qui ne doit pas surprendre quand on sait que les Anciens croyaient fermement en l'existence d'une langue propre aux dieux. C'est donc par déficience langagière que les aèdes font dire à Zeus qu'Héraklès, enfant qu'il aura bientôt de la mortelle Alcmène, « appartient à la race des mortels sortis de mon sang [αἵματος] » (*Il.*, XIX, 105). Ne parlant pas la langue des dieux, l'humain est contraint de s'exprimer par le biais d'une analogie forcée avec le type de génération des mortels. De même, il n'y a pas incohérence quand Hésiode rapporte que les Erinyes, les Géants et les Nymphes Méliennes naissent des éclaboussures « sanglantes » (αἱματόεσσαι) que la blessure d'Ouranos émasculé par son fils fait tomber sur la terre (*Théog.*, 183). Il faut bien se faire comprendre.

Les dieux n'ont pas de sang, mais des veines dans lesquelles coule quelque chose que les aèdes s'efforcent de différencier du sang humain. L'épisode homérique de l'Aphrodite blessée en dit long sur l'étroitesse du langage des mortels : « au-dessus du poignet de la déesse, jaillit son sang immortel [ἄμβροτον αἷμα] : c'est l'*íkhôr*, tel qu'il coule aux veines des divinités bienheureuses : ne mangeant pas le pain, ne buvant pas le vin aux sombres feux, elles n'ont point de sang [ἀναίμονές] et sont appelées immortelles » (*Il.*, V, 339-342). C'est l'*ikhôr*, et non du sang, que Dioné essuie sur le bras d'Aphrodite (*Il.*, V, 416).

Les êtres privés de sang ont un régime alimentaire différent de celui des hommes qui « mangent le pain et boivent le vin ». La cigale *(tettix)* est, croit-on, immortelle car dépourvue de sang, comme les dieux : « Désaltérée par un peu de rosée, tu chantes comme un roi. [...] La vieillesse ne te tourmente pas, toi qui es sage, née de la terre, amante du chant, exempte de souffrance, la chair privée de sang, tu es presque pareille aux dieux » (Anacréon, 32 Bergk. Cf. Aristote, *Histoire des animaux*, 532 b 13 ; Théocrite, IV, 16 ; *Anthologie Palatine*, VI, 121). C'est le régime alimentaire qui trace la frontière mortalité/immortalité. La rosée ne peut convenir aux humains que les Muses d'Hésiode comparent carrément à des « ventres », *gastéres* (*Théog.*, 26).

Les dieux n'ont pas de sang, mais leurs autels doivent être arrosés du sang des bêtes qu'on sacrifie constamment et, occasionnellement, par le sang des vierges. Les dieux sont honorés par ce qu'ils n'ont pas. Faire gicler le sang des animaux égorgés, c'est prendre soin de canaliser l'effusion sur la surface sacrée de l'acte sacrificiel, ne surtout pas la laisser dégouliner sur la surface profane, *bébêlos*, là où il est permis de poser le pied... pour pouvoir mettre à mort.

Sacrificateurs et spectateurs tournent en rond dans le cube sacré/profane, tandis que le sang chaud arraché à la vie consacre l'autel et réjouit les dieux. C'est encore le sang de la flagellation des éphèbes spartiates qui se répand sur l'autel d'Artémis *Orthia* à l'occasion d'un rite consistant, pour ces jeunes, à voler le plus grand nombre de *lait*ages déposés sur l'autel encadré par des porteurs de fouet, dont Xénophon assure qu'ils ne se privaient pas d'user de cet ustensile de souffrance (*Constitution des Lacédémoniens*, II, 9 ; cf. Cicéron, *Tusculanes*, II, 34, 46 et Plutarque, *Vie de Lycurgue*, XVIII, 2). Destiné comme « ventre », l'humain doit manger.

N'ayant pas de sang, les dieux, par nature, ne peuvent donc jamais devenir exsangues. Ils le sont… à jamais. C'est pourtant ce qu'ils exigent des victimes que les humains doivent leur offrir pour les honorer comme la tradition le veut.

Mais le sang versé convient aussi à ceux qui ont quitté la vie. Dans *l'Iliade*, le sang des animaux sacrifiés coule, « puisé à pleines coupes », autour du cadavre de Patrocle (XXIII, 34). « Impossible, souligne Walter Burkert, de placer plus explicitement le cadavre au centre d'une opération sanglante, qui signifiait en même temps un repas délectable pour les dix mille Myrmidons. À Athènes aussi, on mangeait sur les tombes ; Solon fut le premier qui défendit d'immoler un bœuf aux morts. Pas question de faire brûler ou d'enterrer ce bœuf en entier, car la viande était pour les vivants, alors que les morts se "rassasiaient" de sang » (Burkert, 2005, p. 56). Le sang est donc bien du côté de la mort. Dans l'*Odyssée*, les morts sont amnésiques, sauf à boire le sang des animaux que leur offrent les vivants (XI, 36 sq. ; 141 sq. : 390 sq.). La mort donnée par sacrifice réveille dans l'au-delà. Sur la scène des Tragiques, c'est « le sang noir » des vierges immolées qui est réclamé par les morts (Euripide, *Hécube*, 534-537). Achille avait aussi égorgé douze jeunes troyens pour un défunt : son ami Patrocle.

La souillure et le don : la purification du sang par le sang

Les sanctuaires, qui ont chacun leur propre règlement (loi sacrée), s'accordent pourtant tous sur la question du sang : le sang des bêtes domestiques maculant les autels est signe de piété, tandis que le sang humain qui rougit les mains d'un meurtrier ou celui qui s'écoule du ventre des femmes sont causes de souillure.

Ce qui souille, c'est l'écoulement involontaire du sang (meurtre, mais aussi menstrues, défloraison, accouchement), contrairement au sang volontairement versé par le guerrier (le citoyen). « C'est le vin d'Arès [dieu de la guerre] que le sang des hommes » (Eschyle, *Les Sept contre Thèbes*, 244). C'est « pourquoi » le féminin, qui doit être un genre totalement étranger au soldat, est du côté de l'impureté, d'une impureté qui ne se lave pas, mais s'efface avec le cycle du temps, et revient avec lui. Aux femmes de gérer leur nature par rapport à leur fréquentation des lieux sacrés. Aristophane évoque, à sa manière, cet impératif quand, sur l'Acropole, enceinte sacrée, une des femmes réunies par Lysistrata, et peu disposée à suivre son mot d'ordre (la grève du sexe) prétend être sur le point d'accoucher, mensonge qu'elle estime imparable pour pouvoir rentrer chez elle, et ajoute : « Ô Auguste Ilythie [déesse des accouchements], retarde l'enfantement jusqu'à ce que j'arrive dans un lieu profane » (Aristophane, *Lysistrata*, 742-743).

Généralement, mais pas dans l'absolu, une prêtresse ne verse pas le sang lors des sacrifices, tâche qui revient à un homme : le sang offert volontairement n'étant pas du ressort des femmes (n'oublions pas que les Grecs « demandaient » l'assentiment de l'animal bientôt égorgé en lui envoyant des graines et du sel ou en l'aspergeant d'eau afin qu'il remue la tête en signe de consentement à sa mise à mort). En revanche, la prêtresse d'Apollon *Deiradiôtès*, à Argos, ne pouvait prophétiser qu'après avoir goûté du sang d'une brebis sacrifiée de nuit : ce rituel en faisait la « possédée » du dieu oraculaire (Pausanias, II, 24, 1. Cf. VIII, 25, 13).

Le sang versé involontairement souille. Tache de sang et souillure sont sur le même plan. Oreste, fameux matricide, est purifié par Apollon qui lave sa souillure en faisant couler sur ses mains criminelles le sang d'un porcelet : « Le sang sur ma main s'endort et s'efface ; la souillure du matricide est lavée. Elle était fraîche encore quand, au foyer de Phoibos, l'offrande purificatrice d'un pourceau immolé l'a chassée loin de moi » (Eschyle, *Les Euménides*, 280-283). Le sang de Clytemnestre souille son meurtrier en tant qu'il est versé involontairement ! Le matricide est moins souillé par son acte que par sa conséquence : le sang de sa victime sur ses mains. Quant au porcelet, il n'est pas une victime : il a donné, par la mise en scène sacrificielle, son « accord » à sa mise à mort : dès lors, son sang purifie.

Ce distinguo entre effusion provoquée de sang et don consenti a irrité certains esprits, à commencer par Héraclite : « Ils se purifient en vain par le sang lorsqu'ils sont souillés par le sang, comme si quelqu'un ayant marché dans la boue se lavait avec de la boue : il semblerait être fou si quelque être humain le remarquait en train d'agir ainsi » (Héraclite, frag. 44 Conche).

Euripide s'inscrit dans la continuité du penseur d'Éphèse quand il fait dire à Iphigénie dont la vie est réclamée par la vierge Artémis : « Je n'admets point les subtilités d'Artémis ! Comment ! Si un mortel touche du sang, ou même une accouchée, ou un cadavre, elle interdit qu'il accède aux autels, et le tient pour souillé ; et elle prend plaisir aux sacrifices humains ! Non, je ne puis penser que l'épouse de Zeus, Lètô, ait mis au jour un monstre aussi absurde ! (*Iphigénie en Tauride*, 380-386).

Absurde, *amabían*, est le mot de la fin.

▶ BURKERT W., *Homo Necans. Rites sacrificiels et mythes de la Grèce ancienne* (1972), trad. fr., Paris, Les Belles Lettres, 2005.

→ Autel ; Femme ; Noms et langue des dieux ; Sacrifice ; Sanctuaire ; Souillure et purification ; Virginité

SEXES (Différence des)

Les Grecs ont considéré que la différence des sexes est un phénomène différé, le féminin n'appartenant pas à l'humanité primitive de l'âge d'or. De plus, quand la différence s'impose à l'humanité, chaque sexe se qualifie en tant qu'espèce. « Il y a les hommes et les femmes comme il y a les oiseaux et les poissons » (N. Loraux, 1981, p. 92).

Le même absolu

L'âge d'or décrit par Hésiode dans les *Travaux et les jours* (109-126) est peuplé de mortels qui ne connaissent pas la nécessité de se reproduire. Il est seulement possible d'avancer qu'ils sont asexués par défaut, la femme étant alors inconnue. Qui sont ces êtres ? Ils sont indistincts par manque d'altérité. Des mortels, certes, mais non des mâles. Ils sont des mortels sans descendance. Zeus et les Olympiens n'ont pas encore façonné Pandora, la première femme. Le mythe hésiodique des races révèle que la différence des sexes n'est pas originelle. Elle l'est seulement dans le monde des dieux, au grand dam des futurs mâles. Car non seulement la déesse Athéna participe elle-même activement à l'introduction de la femme-piège dans le monde des mortels en faisant de Pandora un objet de séduction qui ne sera qu'un ventre insatiable qu'il faut à la fois nourrir et féconder, mais Héphaistos, le dieu boiteux chargé par la colère de Zeus d'inventer une telle créature, ne peut que décalquer ce corps qu'à partir du seul qu'il puisse envisager : la forme impeccable des déesses immortelles (Hésiode, *Théog.*, 570 sq. ; *Trav.*, 42 sq.).

Les dieux ont un sexe et ne se privent pas, Zeus en tête, d'engrosser non seulement les déesses (pas toutes), mais aussi et encore les femmes mortelles. Seulement, les dieux ne sont pas des hommes, et les déesses ne sont pas des femmes. Athéna, Artémis et Hestia resteront farouchement vierges, ce qui est un état refusé à la « tribu des femmes » issue de Pandora qui, elle-même, commencera sa carrière en s'accouplant : Pyrrha est sa fille qui, rescapée d'un déluge, donne naissance à une nouvelle tribu de femmes sans avoir recours à l'union sexuelle.

C'est le même absolu des éphémères de l'âge d'or que Zeus a brisé quand, pour mettre un terme au « genre de vie » asexué instauré par son père Kronos, il a profité d'un *différend* avec son cousin Prométhée pour, en nouveau souverain soucieux d'imposer la marque de son pouvoir, le faire dans la *différence*.

Le même du même

Selon le mythe de Deucalion et de Pyrrha, bien connu à l'époque classique, le même provient du même : le masculin du masculin, le féminin du féminin.

Ces temps, qui restent mythiques, ne sont pourtant plus ceux de l'âge d'or. Non seulement la différence des sexes est apparue, mais elle produit des générations. Deucalion, fils de Prométhée, a Pyrrha pour épouse, fille d'Épiméthée et de Pandora elle-même, la mère de la « race des femmes en leur féminité » (Hésiode, *Théog.*, 590). Le mythe relate une terrible colère de Zeus contre les humains sur laquelle il déverse tout ce qui est en son pouvoir : un déluge. Deucalion et Pyrrha, un homme et une femme, sont les deux survivants. Il faut pourtant que la race des mortels, celle des sacrificateurs, perdure, mais pas n'importe comment, et c'est là l'important quant à la compréhension grecque de la différence des sexes. Alors Zeus accorde aux deux rescapés un mode particulier de reproduction : Deucalion et Pyrrha ramassent des pierres (« os de la Terre », précisera Ovide, *Mét.*, I, 393-394) pour les lancer, chacun de leur côté, par-dessus leur tête : « Les pierres jetées par Deucalion devinrent des hommes et celles qu'avait jetées Pyrrha des femmes » (Apollodore, I, 7, 2). La nouvelle race mortelle, dite « de pierre », ne provient pas d'une union sexuelle (Pindare l'avait déjà souligné : *Ol.* IX, 44), mais d'une division absolue des deux sexes. Le même produit le même. Il y a auto-génération de chaque espèce, masculine et féminine. Ce n'est que plus tard que Deucalion s'unira sexuellement à Pyrrha pour avoir des enfants, dont l'ancêtre de tous les Grecs, Hellen.

Sans faire un rapprochement qui serait totalement abusif, notons qu'on trouve, attribuée à Empédocle, l'affirmation de l'origine différente des sexes : « Empédocle déclare que les mâles et les femelles se produisent selon la chaleur et la froideur. C'est pourquoi il raconte que les premiers mâles ont été engendrés à partir de la terre, plutôt du côté du levant et du midi, et les femelles dans les régions septentrionales » (A 81 = Dumont, p. 360).

Le double sexe unique

Les Hellènes, décidément agacés par la différence des sexes, ont encore imaginé le double sexe unique. Dans le *Banquet* de Platon (189 c-193 b), un mythe rapporté par Aristophane montre que la différence des sexes ne correspond qu'à un tiers de l'éventail du possible. Le poète décrit l'antique nature humaine qui, différente de l'actuelle, présentait la forme de boules au dos et aux flancs bien arrondis, et comptait trois catégories : mâle, femelle et androgyne. Chacune de ces « boules » a deux sexes, quatre mains, quatre pieds, deux visages identiques montés sur un unique cou rond, disposés à l'opposé l'un de l'autre et vissés sur une unique tête flanquée de quatre oreilles. Les mâles ont deux sexes masculins, les femelles, deux sexes féminins, et les androgynes, participant des deux autres catégories, un sexe masculin et un sexe féminin… « et le reste à l'avenant ». La forme ovoïde de l'humanité d'alors témoigne de l'origine circulaire de chaque catégorie : le mâle est issu du soleil, la femelle de la terre, et l'androgyne de la lune. Faisant alors le tour de ses possibilités naturelles, l'humain en vient à considérer que sa rotondité corporelle est propice aux acrobaties. Une telle agilité conduit à l'imprudence quand ces boules animées (humaines) entreprennent l'escalade de l'Olympe pour s'en prendre aux dieux. La réplique divine à cet acte de démesure ne se fait pas attendre. Ne pouvant les exterminer – qui rendrait les honneurs aux immortels si les mortels se trouvaient tous rayés de la carte ? – Zeus, pour les punir et les affaiblir, les coupe en deux, par moitié, « comme on coupe les œufs avec un crin » (190 e).

C'est donc encore un *différend*, cette fois avec les dieux qui rend ces humains *différents* avec eux-mêmes. Le corps passe de l'unité dédoublée à un pluriel bien singulier : scindé, le corps devient symbole, au sens originel du mot *súmbolon*, unité cassée en deux parties parfaitement emboîtables. Rechercher l'autre, c'est tendre vers l'unité perdue, vers la singularité originelle. Les corps, soudain sexués à cause de division, souffrent de leur propre quête de l'identique. La puissance d'Éros s'exerce au sein (au cœur) de cette souffrance. Homosexualités masculine et féminine et hétérosexualité trouvent leur impulsion dans ce mythe d'Aristophane.

La différence des sexes n'est donc pas la grande loi de répartition de l'humanité tout entière. Dans deux cas sur trois, le même recherche le même et non pas l'autre. Mais, dans le cas de recherche hétérosexuelle, le mythe dit que c'est en fait le même (l'unité originelle de l'androgyne) qui est désiré.

► LORAUX N., « Sur la race des femmes et quelques-unes de ses tribus », in *Les enfants d'Athéna*, Paris, Maspero, 1981.

→ Âge d'or ; Femme ; Reproduction sexuée

SOUFFRANCE DES DIEUX

Les bienheureux peuvent éprouver la souffrance quand ils s'égarent un instant dans le destin des éphémères.

« Je souffre trop du coup qu'un mortel vient de me porter » (*Il.*, V, 361). Le cri est lancé par Aphrodite blessée, manière de dire que la déesse n'avait rien à faire sur un champ de bataille. Réfugiée sur l'Olympe, elle tombe en suppliante aux genoux de sa mère, Dioné, qui, pour la consoler, lui rapporte les souffrances que les autres dieux ont endurées à cause des hommes : Arès, enfermé dans une jarre de bronze, délivré *in extremis* par Hermès (il serait mort... s'il n'était immortel) ; Héré, blessée « au sein droit d'un trait à trois arêtes : une incurable douleur la saisit aussi ce jour-là » ; le terrible Hadès lui-même, blessé par Diomède, est « transpercé par les douleurs » (*Il.*, V, 382-402). Toute cette famille mythologique souffre d'avoir un corps… de récits, bref un corpus dont l'absurdité sera particulièrement dénoncée par Euripide ou Platon.

Mais les dieux peuvent aussi souffrir de ce qui fait leur divinité : leur négation de la mort. Non pas de la mort comme destin (*moîra*) qu'ils ont carrément rejetée comme un mal, mais d'un deuil que, dans leur cas, ils sont parfaitement incapables de comprendre, effort que les humains devront pourtant faire. Les dieux sont toujours en deçà de la souffrance. Les dieux de la mythologie sont des pleutres. Et ils le resteront longtemps dans la conscience grecque car les dieux cultuels ne s'occupent que d'eux-mêmes. Les dieux ne comprennent rien, moins à l'affection que ce qui peut les affecter. Les dieux grecs ne partagent rien avec l'humanité. À l'exception de quelques « dieux humains », dont Asklépios, ils sont absents du monde mortel. C'est cette totale absence des dieux qui a fait fantasmer, et imaginer un sentiment que seuls les mortels possèdent : la crainte. Platon dira ce sentiment autrement… quand il réglera ses comptes avec les aèdes, dont pourtant il devait ne pas savoir que la parole poétique n'était pas dupe d'elle-même…, car venue de l'ambivalence des acteurs divins.

Le Zeus homérique aurait pleuré d'« une pluie de sang » (*Il.,* XVI, 450 ; XXII, 169) : du sang ? Certainement pas, puisqu'il ne peut mourir. L'expression poétique s'adresse aux mortels, alors référence oblige.

La Déméter éleusinienne aurait souffert des affres de l'errance pour retrouver sa fille disparue (promise à Hadès par Zeus). Elle se permet alors une épiphanie, démonstration que sa souffrance n'a rien de commun avec la douleur des mortels quand ils perdent un être cher, mais tout à voir avec la colère animant le *thumos* d'une déesse que le deuil ne pouvait ni ne devait pourtant jamais atteindre. (C'est ainsi que, selon Aristote, les récits des mystères racontent la « souffrance » des dieux [frag. 15 Rose]).

Les Grecs ont souvent associé l'incompréhension du deuil à Déméter et à sa fille, Koré-Perséphone. La souffrance (πένθος) de la Perséphone dite « orphique » provient du démembrement par les Titans de son fils, l'enfant Dionysos. Les orphiques en tireront des enseignements ascétiques pour ne pas raviver la souffrance divine.

Le Dionysos des Ménades est un dieu convulsif souffrant de ses craintes et frayeurs. Sa souffrance n'est pas offerte aux humains : elle demande à être mimée, partagée par ses adeptes, voire incarnée dans la consommation de chair crue.

Quant au rejeton redouté, le fils capable d'usurper le trône, celui qui ne doit jamais naître de Zeus, celui-ci ne peut souffrir, n'étant pas advenu.

Chez les hommes, le deuil est une période de souillure ; chez les dieux, c'est un temps d'incompréhension pouvant présider à la fondation d'un culte mystérique… dont la participation est interdite aux… souillés.

Mais, fondamentalement, les dieux souffrent de la perspective d'une absence : du risque d'une mémoire vacillante puis vacante des éphémères. Ils en sont tributaires. Les dieux du culte peuvent définitivement pâtir d'offrandes oubliées, de sacrifices délaissés. Alors ils meurent à petit feu, à mesure que le culte s'éteint… de la mémoire… de ceux qui restent les pieds sur terre à force de cesser de croire.

Un dieu païen fait toujours semblant. D'être vivant.

→ Épiphanie ; Fils jamais né ; Ménade ; Mort des dieux ; Mystères ; Orphique (Genre de vie)

SOUILLURE et PURIFICATION

« Impuretés innocentes »

Cette expression de Jean Rudhardt désigne la souillure *(tò lûma)* qui entache les deux extrémités de la vie : la naissance et la mort. La première en tant qu'elle provoque un écoulement involontaire de sang, rend impure la nouvelle mère, autant que les femmes qui ont assisté à l'accouchement. La seconde, la mort, ou plus exactement le contact craint des dieux avec le cadavre devient signe de souillure. Le rejet instinctif des dieux donne le ton de l'impureté… qui s'efface à la fois avec le temps et avec l'eau lustrale. Une maisonnée en deuil se doit d'offrir à ses visiteurs l'assurance de repartir purs grâce à ses vasques d'eau (Euripide, *Alceste*, 98-100). L'exclusion des sanctuaires est alors levée une fois cette impureté éliminée. Une simple ablution suffit à effacer ce type d'impureté qui s'applique aussi au combattant dont le devoir est de tuer pour défendre sa cité.

Le deuil est une période de souillure, au point d'être visible. Les proches du défunt doivent porter un temps des vêtements sales et déchirés, mais aussi cendrer leur chevelure.

Si le sang des immolés coule sur les autels, l'eau coule à grands flots dans l'imaginaire des Hellènes. Elle est fluviale et féconde (les ondes mariées et « incestueuses » des fleuves Okéanos et Thétys, confondues par Homère avec l'origine du monde) ; marine et inféconde (la surface des eaux salées de Poséidon) ; l'eau n'est pas « bénite », mais lustrale, puisée aux fontaines et aux rivières ou tombée du ciel pour remplir les vasques disposées à l'entrée des sanctuaires (*perirrhantéria*), devant le foyer domestique, au seuil de l'agora. L'homme qui a retrouvé sa pureté et celui qui ne l'a pas perdue doivent pourtant se plier au même rituel de lustration avant de pénétrer un de ces lieux sacrés. L'eau est puissance : une bûche retirée du foyer d'un autel pour être plongée dans l'eau purifie le sanctuaire grâce à son aspersion. C'est l'eau de mer qui asperge la maison une fois achevée la période fixée pour un deuil.

Le miasme

Tout autre est la souillure du meurtrier. *Tò míasma* désigne non seulement la salissure du meurtrier mais aussi sa puissance de contamination. Le meurtre d'un parent, un inceste ou un adultère sont des actes propres à diffuser la souillure : une telle souillure contamine le lieu du crime, pollue la cité d'un matri- ou parricide et contamine le pays qui tolère sa présence. Le théâtre tragique a largement mis en scène ces situations (Eschyle, *Sept c. Thèbes*, 679-682, *Agamemnon*, 1644-1646, *Suppliantes*, 619-620 ; Sophocle, *Antigone*, 775-776, *Œdipe roi*, 96-99. Les références ne peuvent être exhaustives).

La souillure dépasse donc l'impiété. Elle menace par simple contact, mais aussi par simple lignée. Le *génos* des Alcméonides fut banni à plusieurs reprises d'Athènes pour appartenir à la descendance des massacreurs des partisans d'un tyran en herbe, Cylon (VIIe s.), pourtant réfugiés en suppliants près de l'autel de l'Acropole. En fait, ils furent tués hors du sanctuaire après la promesse (qui s'avérera parjure) qu'ils auraient la vie sauve s'ils sortaient de l'enceinte sacrée. Les Alcméonides, instigateurs des meurtriers parjures, furent considérés comme frappés de *l'ágos*, mot difficilement traduisible, mais signifiant en ce cas une souillure transmissible de génération en génération. C'est pourquoi, deux siècles plus tard, au seuil de la guerre du Péloponnèse, les Spartiates réactiveront le souvenir de l'épisode sanglant pour demander l'éloignement du stratège Périclès, car fils d'Agaristè, qui n'était autre que la nièce de Clisthène… le grand réformateur athénien, mais appartenant à la lignée des Alcméonides. « C'est cette souillure que les Lacédémoniens priaient d'éloigner, analyse Thucydide : apparemment, ils défendaient avant tout les dieux, mais ils savaient que Périclès, fils de Xanthippe, y touchait par sa mère, et ils se disaient que, lui banni, ils obtiendraient plus facilement satisfaction du côté athénien. Toutefois, ils ne comptaient pas tant lui faire subir ce sort que jeter sur lui le discrédit dans la cité, où l'on croirait ses infortunes personnelles en partie responsables de la guerre à venir » (Thucydide, I, 127, 1-2). Périclès ne sera pas banni, alors que Clisthène le fut en 510 sous la pression du roi Cléomène (Hérodote, V, 72) arguant la transmission de la souillure.

Stratégie politique et vieille croyance se conjuguent.

► PARKER R., *Miasma. Pollution and Purification in Early Greek Religion*, Oxford, 1983, 1996.

→ Exclusion ; Impiété ; Sang

SUICIDE

Le suicide est une décision prise sur l'arête d'un mot : lâcheté, δειλία. Encore faut-il faire l'effort de comprendre ce mot : la lâcheté, est-ce vivre ou mourir ? Perdurer ou se retirer ? Les Grecs ont affronté la question.

Le tournant Euripide

Selon Jacqueline de Romilly, il y a un avant et un après Euripide quant à la question du suicide. « Avant Euripide, la lâcheté, c'est normalement de vivre. Un fragment de Sophocle dit par exemple (c'est 866 N) que quiconque souhaite prolonger une vie malheureuse est lâche ou insensé (δειλός ἐστιν ἢ δυσάλγητος φρένας). Après lui, au contraire, la lâcheté du suicide devient un des grands thèmes de la pensée grecque relative au suicide » (2007, p. 166).

Héraclès, illusionné par une divinité, vient de commettre le pire du pire en massacrant ses propres enfants. Ce meurtre lui impose de mourir. Mais, « Tout malheureux que je suis, j'ai réfléchi au danger d'être accusé de lâcheté, si je fuis la clarté du jour. Car l'homme qui ne sait pas supporter l'adversité, ne serait pas non plus capable de tenir ferme devant l'arme d'un ennemi. Je veux braver la tentation de la mort » (Euripide, *Héraclès*, 1347-1351).

Ce refus de fuir la clarté du soleil semble être une conception en rupture avec certaines incitations ou inclinaisons à la disparition. L'incitation est peut-être décelable chez Théognis ? « Le plus enviable de tous les biens sur terre est de n'être point né, de n'avoir jamais vu les rayons ardents du soleil ; si l'on naît, de franchir au plus tôt les portes de l'Hadès, et de reposer sous un épais manteau de terre » (425-428). On retrouve la même idée chez Sophocle : « Ne pas naître, voilà ce qui vaut mieux que tout. Ou encore, arrivé au jour, retourner d'où l'on vient, au plus vite, c'est le sort à mettre aussitôt après » (*Œdipe à Colone*, 1224-1227).

Ce même Sophocle dont sa mise en scène d'Ajax permet à J. de Romilly de repérer le tournant qu'opère Euripide. Ajax est déshonoré, ridiculisé à force d'être abusé. Trompé par une divinité (Athéna), il a massacré des troupeaux qu'il a pris pour des chefs guerriers. Le héros dépité conclut que l'honneur lui impose de mourir (*Ajax*, 473, 479), alors que l'Héraclès d'Euripide décide de « rester ferme devant la mort » (*Hér.*, 1351). Dans ce contexte euripidien, « “Rester ferme devant la mort” n'est plus en braver le risque, mais en braver la tentation. De même que le courage ne consiste plus à mourir, mais à vivre, la mort n'est plus la solution difficile, mais la solution facile à laquelle il faut savoir résister » (J. de Romilly, 2007, p. 163-164).

Quand, dans *Hécube*, Euripide fait dire au Coryphée : « Il est pardonnable à qui souffre des maux au-dessus de ses forces de se délivrer d'une misérable existence » (1107-1108), le poète rappelait la conception communément partagée.

Suicide, cité et philosophie

La cité a son mot à dire sur le sujet. Dans un livre de son *Éthique à Nicomaque*, Aristote précise que « la loi ne permet pas expressément le suicide, et ce qu'elle ne permet pas expressément, elle le défend ». Celui qui met fin à ses jours commet ainsi une injustice « contre la cité [dont les lois sont approuvées par les dieux], et non contre lui-même ». C'est pourquoi « la cité inflige une peine ; et une certaine dégradation civique s'attache à celui qui s'est détruit lui-même » (V, 15, 1138 a 5-14). « Si quelqu'un se fait périr, prévenait Eschine, nous ensevelissons à part du corps la main qui a accompli ce forfait » (*Contre Ctésiphon*, 244).

Platon distingue les conditions du suicide : « Je veux parler de celui qui se sera tué lui-même ; qui, de force, frustre la Destinée du lot qui est le sien, sans y être forcé par un arrêt de justice émanant de la cité, ni par les souffrances aiguës d'un mal accidentel à l'assaut duquel il ne peut échapper, ni non plus parce que le sort qui lui est fait est d'une ignominie sans issue et invivable ; mais qui par manque d'énergie, par une lâcheté indigne d'un homme s'impose à lui-même un arrêt sans justice » (*Lois*, IX, 873 c). Alors, au criminel endurci le législateur donne ce conseil : « Une fois que tu auras envisagé la mort comme une meilleure issue, débarrasse-toi de la vie ! » (*Lois*, IX, 854 c).

Pour Platon, le suicidé devient un mort obscur, entendons « sans gloire ». Selon ses Lois concernant le sort de suicidés, «les tombes seront d'abord isolées, sans qu'une seule autre les avoisine, puis placées dans les endroits déserts et sans nom sur les bordures des douze districts ; là on les enterrera sans gloire, sans stèles ni noms pour désigner leurs tombes » (*Lois* IX, 873 d 5-8). Que rien ne puisse signaler le tertre qui recouvre la dépouille d'un suicidé signifie que sa présence peut souiller en tant que l'acte suicidaire transgresse le lot de vie accordé à chacun par le destin *(moîra)*.

Selon Aristote, l'homme vertueux ne peut jamais connaître la torture du remords. Son infaillible vertu le protégeant de commettre une faute, il n'aura jamais de raison d'envisager le suicide. « Mourir pour fuir la pauvreté ou un désespoir d'amour ou une peine quelle qu'elle soit, ce n'est pas du courage, mais plutôt de la lâcheté ; car c'est mollesse que de fuir l'effort. Ajoutez que, en pareil cas, si l'on fait face à la mort, ce n'est pas parce que c'est beau, mais pour fuir un mal » (*Éthique à Nicomaque*, III, 11, 1116 a 12-14 ; trad. Gauthier/Jolif). La mort est un mal, sinon les immortels auraient décidé d'être mortels, disait déjà Sapho.

Dans le *Phédon* (62 b-c), Socrate affirme que « nous, les hommes, sommes une partie de la propriété des dieux » et que chacun de nous a donc « le devoir de ne point se tuer, d'attendre que la divinité nous [en] ait envoyé le commandement ».

La condamnation à l'empoisonnement par la ciguë, qui apparaît à la fin du ve siècle, « ne constitue pas, à proprement parler, un mode d'exécution, mais qu'il faut le concevoir comme un *suicide par tolérance*, d'ailleurs réglementé » (L. Gernet, *Anthropologie*, p. 308, ns). Platon appelait « contrainte extérieure » cette peine infligée par le tribunal.

Marginaux : un assassinat de plus

Socrate, condamné à mort, mais condamnant le suicide, cite une formule prononcée lors de cérémonies de mystères (orphiques ?). S'il se sent autorisé à la livrer en public (en fait, dans sa prison, le jour même où il doit, selon sa condamnation, se « donner la mort lui-même »), c'est qu'elle est répandue sur toutes les lèvres qui n'ont donc rien à sceller : « Une sorte de garderie, voilà notre séjour à nous, les hommes, et le devoir est de ne pas s'en libérer soi-même ni s'en évader » (*Phédon*, 62 b). Socrate obéira à la loi de la cité.

L'ascèse des orphiques, leur « genre de vie », ordonne de s'abstenir de verser le sang. Considérer qu'il s'agit là d'un précepte d'une évidence confondante reviendrait à ne pas en percevoir toutes ses conséquences. S'abstenir d'ôter la vie est d'abord un acte non civique : c'est refuser la façon commune, donc traditionnelle, d'honorer les dieux consistant à mettre à mort un animal. Mais c'est aussi, par le suicide, stopper net un processus de purification de ce qu'il y a de ténébreux en l'homme : sa pulsion titanique qui consiste à réitérer la violence destructrice des origines. Se suicider, c'est s'abandonner à la souillure, reproduire l'acte primordial de déchirement de l'innocence dionysiaque : c'est, dans la démesure, s'octroyer le droit de dénouer soi-même par la violence les liens qui unissent l'âme au corps, alors que seule l'ascèse de l'*orphikòs bíos* (« vie orphique ») peut y parvenir.

Toute condamnation du suicide ne se fonde pas forcément sur une ascèse. Selon le péripatéticien Cléarque de Soles, Euxithéos, certainement un personnage fictif mais estampillé pythagoricien, aurait soutenu que « les âmes de tous les êtres sont pendant la vie terrestre condamnées à vivre enchaînées au corps, et Dieu a décrété que si elles ne demeuraient pas dans le corps qu'elles habitent jusqu'à ce qu'il les en délivre, elles tomberaient dans des tourments encore plus grands et plus nombreux. C'est pourquoi tous les humains, redoutant la menace des puissances souveraines, craignent de quitter la vie de leur propre chef et accueillent volontiers la mort qu'apporte la vieillesse, tant ils sont convaincus que la libération de leur âme dépend du consentement des puissances souveraines » (d'après Athénée, *Deipnosophistes*, IV, 157 c, citant Cléarque ; trad. in Dumont, p. 508).

Petite incursion dans la pensée hellénistique pour mesurer les profondes divergences sur le sujet. Pour Épicure, cette tentation s'adresse au non-sage, à celui qui laisse la souffrance l'emporter sur le plaisir, car la mort n'est rien, et la vie, tout : « Homme de rien du tout celui aux yeux de qui nombreuses sont les bonnes raisons de quitter la vie » (Sentences vaticanes, 38, Conche p. 257). À l'opposé, les stoïciens grecs et romains, considérant le suicide comme un acte responsable, le recommandent à condition qu'il ne soit pas commis sous l'influence d'une quelconque détresse émotionnelle, mais comme l'expression absolue et réfléchie de la maîtrise de la fin de sa propre vie. Au début du IIIe siècle av. notre ère, le philosophe cyrénaïque Hégésias rédige un ouvrage énumérant toutes les bonnes raisons de mettre fin à ses jours car, selon lui, vie et mort étant indifférentes, à tout prendre, cette dernière solution est préférable pour le sage. Ainsi fut-il surnommé « Peisithanatos », « celui qui persuade de mourir », à tel point que le roi Ptolémée Ier interdit son enseignement pour endiguer la vague de suicides qu'il aurait suscitée (Cicéron, *Tusculanes*, I, 34, 83).

Retour à l'époque d'Euripide, de Platon et d'Aristote où le suicide, qui reste sans vocable précis (on emploie de façon neutre l'expression « mourir volontairement », *hekousios apothneisko*), est plutôt condamné dans la mesure où le sang versé avant l'heure dérange le destin, la *moîra* accordée aux hommes, et par conséquent trouble à la fois l'ordre du monde et la susceptibilité des dieux protecteurs de la cité. Aux vivants de montrer ouvertement et brutalement leur désapprobation : à Athènes, la main droite du suicidé est tranchée et enterrée à part ; à Thèbes, le cadavre est brûlé sans avoir reçu les honneurs funèbres ; pire, à Chypre, les corps des suicidés sont laissés sans sépulture, c'est-à-dire sans le respect d'une loi non écrite, ce qui souligne qu'une transgression répond à une transgression.

▶ GARLAND R., *The Greek Way of Death*, Londres, Duckworth, 1985. – LORAUX N., *Façons tragiques de tuer une femme*, Paris, Hachette, 1985. – ROMILLY J. de, « Le refus du suicide dans l'*Héraclès* d'Euripide » [1980], in *Tragédies grecques au fil des ans*, Paris, Les Belles Lettres, 2007.

→ Destin ; Mort ; Orphique (Genre de vie)

SUPPLIANT

ἱκέτης, *hikétês*, suppliant (nom d'agent de ἵκω, *híkô*, « venir », « arriver »)
ἱκετεία, *hiketeía*, supplication

De l'étranger qu'il convient d'accueillir au sein d'un foyer au réfugié qu'il faut respecter dans l'enceinte d'un sanctuaire, un suppliant est toujours un « arrivant » pressé par une menace. Ce peut être un exilé, un naufragé, un fugitif, un vaincu qui se rend... Sa survenue oblige, dans l'idéal, au respect d'une des lois non écrites, ces intemporelles fondations du premier droit des gens, selon laquelle « les dieux ne permettent pas de tuer le suppliant » (Euripide, *Alexandros*, 35), car « il n'a jamais échappé aux regards des immortels, le mortel qui a trompé un hôte ou un suppliant » (Théognis, 143-144)... même si la faveur qu'il veut obtenir n'est jamais justifiée *a priori*.

Un suppliant ne s'adresse pas à la pitié d'autrui mais à sa piété en adoptant une posture rituelle. Sa supplication n'est pas une prière (elle n'est pas une demande adressée aux dieux), mais une exigence imposée aux mortels qui peut s'avérer lourde de conséquences si ces derniers s'avisent de ne pas respecter ce que nous appelons le droit des gens et les Hellènes les *ágraphoi nómoi* (lois non écrites). J. Servais [1960] a justement souligné ce caractère *menaçant* de la survenue, et donc de l'exigence d'un suppliant. Mais, fictions littéraires et témoignages transcrits s'accordent pour souligner la précarité du statut prétendument inviolable du suppliant.

Atteindre les genoux

Dans le contexte guerrier de l'épopée, supplier c'est tenter de parvenir à toucher les genoux de son adversaire ou d'un interlocuteur pour demander la vie sauve ou une faveur. En pleine bataille, Lycaon saisit les genoux d'Achille : « pour toi, je suis un suppliant, *hikétao*, j'ai droit à ton respect, *aidoíoio* » (*Il.*, XXI, 75 ; cf. XI, 610). Face à la fureur du guerrier grec, la supplication reste vaine et le Troyen est aussitôt tué. Auparavant, Thétis s'était rendue auprès d'Héphaistos pour lui demander de donner à son fils Achille un bouclier, un casque, de bonnes jambières avec couvre-chevilles adaptés, et une cuirasse : « c'est pourquoi me voici aujourd'hui, suppliante, à tes genoux » (*Il.*, XVIII, 457). Le souhait sera exaucé..., mais le destin d'Achille n'est-il pas d'être encore invincible pour un temps ? Dans l'*Odyssée*, les deux postures possibles du suppliant sont présentées dans une même scène. Au moment du massacre des prétendants, l'aède Phémios se demande quelle attitude il doit adopter pour échapper à la javeline meurtrière d'Ulysse : « Tenant entre ses bras la cithare au chant clair, il restait indécis, auprès de la poterne : quitterait-il la salle ? irait-il au dehors, à l'autel du grand Zeus, protecteur de la cour *(herkeíou)*, s'asseoir contre ces pierres où Laërce et son fils faisaient jadis brûler tant de cuisses de bœufs ?... Dans la salle, irait-il prendre Ulysse aux genoux ?... » (*Od.*, XXII, 332-337). Le suppliant optera avec succès pour cette dernière solution.

Étreindre les genoux… afin de ne pas se voir « délier les genoux », cette expression, souvent répétée dans les chants homériques, signifiant « être tué » (*Il.*, V, 176 ; XV, 291 ; XXI, 498, etc.).

Sur la scène athénienne de la Tragédie, tenter de faire fléchir une décision, c'est aussi atteindre les genoux (Euripide, *Hécube*, 245, 339-340). C'est encore, cette fois à genoux, tenter de toucher la joue ou le menton de la personne suppliée pour provoquer un geste d'acquiescement (*Ibid*, 275-276, 345, 753).

Atteindre l'autel

À l'époque classique, le suppliant peut être le hors-la-loi, l'exilé ou le simple étranger, un voyageur qui n'a pas la chance d'appartenir à une des deux familles éloignées géographiquement qui, par leurs ancêtres, a pu conclure à la réciprocité d'« hôte héréditaire », reconnue dès le monde d'Homère (*Il.*, VI, 215 sq.). Le suppliant doit alors adopter une posture rituelle : se tenir sur le seuil d'une maison ou, plus généralement, franchir l'enceinte d'un sanctuaire pour se présenter avec un rameau d'olivier ceint de laine blanche, maintenu dans la saignée du bras gauche puis déposé aux pieds de la statue ou sur l'autel (Eschyle, *Suppl.*, 23, 193).

Aux Égyptiennes réfugiées à Argos, leur père Danaos, à l'approche d'une troupe d'Argiens, donne le mode d'emploi du rituel à observer par tout suppliant :

« Mieux vaut, pour tout prévoir, mes filles, vous asseoir sur ce tertre consacré aux dieux d'une cité : encore mieux qu'un rempart, un autel est un infrangible bouclier. Allons, hâtez-vous, et, vos rameaux aux blanches guirlandes, attributs de Zeus Suppliant [*Aidoíou*, « Respectectueux »], pieusement tenus sur le bras gauche, répondez aux étrangers en termes suppliants, gémissants et éplorés, ainsi qu'il convient à des arrivants, en disant nettement que votre exil n'est pas taché de sang. Qu'aucune assurance ne soutienne votre voix ; qu'aucune effronterie, sur vos visages au front modeste, ne se lise en votre regard posé. Enfin, ni ne prenez trop vite la parole ni ne la gardez trop longtemps : les gens d'ici sont irritables. Sache céder ; tu es une étrangère, une exilée dans la détresse : un langage trop assuré ne convient pas aux faibles. » (Eschyle, *Suppliantes*, 188-203).

C'est le peuple d'Argos qui a le pouvoir de délier les suppliants en leur accordant un statut : Danaos annonce à ses filles la décision des Argiens : « nous aurons "la résidence en ce pays, libres et protégés contre toute reprise par un droit d'asile reconnu ; nul habitant ou étranger ne pourra nous saisir ; use-t-on de violence, tout bourgeois d'Argos qui ne nous prête aide est frappé d'atimie, exilé par sentence du peuple" » (Eschyle, *Suppliantes*, 609-615). Voici pour l'idéal.

Dans les faits, et non sans paradoxe, le suppliant parvenant à atteindre l'autel devient *stricto sensu* la propriété du dieu, au même titre que le bois mort qui en jonche le sol et qu'il est interdit aux fidèles de ramasser pour l'emporter. C'est en ce sens que le suppliant est inviolable *(kathierôta)*. « Coupables ou innocents, ennemis ou parents, quiconque était devenu suppliant du dieu était du coup devenu sacré » (J. de Romilly, 1979, p. 28). De même, les malades viennent « en suppliants » consulter les dieux guérisseurs que sont Asklépios ou Amphiaraos. Un règlement (loi sacrée) du sanctuaire d'Asklépios à Kos stipule que quiconque emmène de force une personne hors de l'enceinte sacrée « tombe sous le coup d'un procès privé intenté par Asklépios et par la cité de Kos, pour avoir agi contrairement à la piété envers le dieu et contrairement à la sécurité de la ville » (Le Guen-Pollet, n 11).

Hérodote collecte un « dit-on » rapportant l'impiété qu'il y a simplement à hésiter sur le statut inviolable d'un suppliant. À propos du Lydien Pactyès venu en suppliant à Chios et dont la tête est réclamée par les Perses, Hérodote rapporte l'hésitation des Grecs qui les conduit à consulter l'oracle qui ordonne de le livrer. Stupéfaction des citoyens de Chios qui n'en croient pas leurs oreilles. L'un d'eux, Aristodicos, entreprend « avec intention » de déloger les oiseaux du temple. « Pendant qu'il était ainsi occupé, une voix, dit-on, sortit du fond du sanctuaire, qui s'adressait à Aristodicos et lui disait : "Le plus impie des hommes, comment oses-tu faire ce que tu fais ? Tu arraches de mon temple mes suppliants !" » Le dénicheur d'oiseaux répond qu'il ne fait que suivre la conduite conseillée par l'oracle à propos de Pactyès. « "Oui, je l'ordonne", répliqua le dieu à son tour, "afin que, pour prix de votre impiété, vous périssiez plus vite ; ainsi ne viendrez-vous plus à l'avenir demander à l'oracle s'il convient de livrer des suppliants" » (Hérodote, I, 159. Ce qui, soulignons-le, est encore une façon de dire que l'avenir est dans le passé !). Voilà pour ce que l'imaginaire peut prêter tant à un oracle qu'au respect des lois non écrites. En fait, le suppliant fut livré à Cyrus.

Inviolable, intouchable, bref sacré, tout criminel qu'il puisse être, le suppliant porte la marque de l'ambivalence du sacré qui reconnaît à une simple contrainte rituelle le statut d'inviolabilité, au moins temporaire.

« À qui respecte le suppliant va la prospérité » (Eschyle, *Suppliantes*, 362). Achille ne s'en souciait guère, davantage préoccupé par la gloire (mourir jeune au combat pour vivre dans la mémoire collective) que par ladite prospérité accordée par les dieux (jouir de façon éphémère d'un semblant de bonheur). Certains acteurs de la guerre civile du Péloponnèse ignoreront à leur tour la loi non écrite en massacrant à tire-larigot. « Les suppliants étaient arrachés des sanctuaires ou tués sur place, rapporte Thucydide, certains même emmurés dans le sanctuaire de Dionysos » (III, 81, 5). Aux Lacédémoniens, les Thébains demandent de défendre la « loi grecque » que les Platéens ont bafouée en massacrant les leurs qui « tendaient les mains » (III, 66, 2). Les temps ayant changé entre l'épique et l'historique, ces bras massacreurs ne resteront pas dans la mémoire collective, mais dans l'historiographie du sacrilège.

De telles violations du droit des gens entraîneront sur leurs auteurs le blâme de l'opinion publique qui, d'une certaine manière, « a pris le relais de la justice divine pour garantir ce droit des gens » (J. de Romilly, 1979, p. 30). Dans sa *Vie de Solon*, Plutarque relate un épisode survenu vers 630 av. notre ère : le sacrilège commis par l'archonte Mégaclès, du clan des Alcméonides, à l'encontre des partisans d'un certain Cylon qui tenta vainement de s'emparer du pouvoir à Athènes. Cylon parvient à s'enfuir après son coup manqué, abandonnant ses complices sur l'Acropole. Ceux-ci se font suppliants auprès d'Athéna : « l'archonte Mégaclès les avait persuadés de descendre de l'Acropole pour se présenter au jugement. Ils avaient attaché un fil à la statue de la déesse, et ils descendaient, en le tenant à la main, mais, alors qu'ils passaient devant le sanctuaire des Augustes Déesses [les Euménides], le fil se brisa de lui-même. Mégaclès et les autres archontes se jetèrent alors sur eux, prétendant que la déesse [Athéna] leur refusait les droits des suppliants. On lapida ceux qui étaient hors du sanctuaire ; ceux qui s'étaient réfugiés auprès des autels furent égorgés ; seuls réchappèrent ceux qui s'étaient présentés en suppliants devant les femmes des archontes. Ces derniers furent alors déclarés impurs et détestés » (Plutarque, *Solon*, XII, 1-2). Le sacrilège commis par Mégaclès retomba sur ses partisans, exilés pour les vivants, déterrés et jetés au-delà des frontières athéniennes pour les morts. Mais l'affaire du sacrilège restera dans les mémoires, toujours sélectives, qui ne manqueront de rappeler à Périclès, à la veille de la guerre du Péloponnèse, que sa mère était une Alcméonide.

Moyen de pression, la supplication contraint autrui. Hérodote (V, 51) rapporte qu'à la fin du VIe s., Milet, alors dominée par les Perses, souhaite négocier une alliance avec Sparte contre ces derniers. Un ambassadeur est dépêché en vain, le roi et les magistrats spartiates se dérobant à cette demande. Le milésien décide de se présenter en tenant un rameau d'olivier et demande à être entendu « à titre de suppliant ». Le roi accordera l'entretien.

Un dieu en voyage

L'épiclèse *hikésios* accolée au nom de Zeus en fait le dieu « du suppliant ». Selon la croyance populaire, les dieux se déplacent sur terre. Invisibles par nature, leur manifestation ne peut être synonyme que de métamorphose. Ainsi, Zeus, lui-même *hikétas (-ès)*, « suppliant », se protège en suscitant la conviction qu'un étranger soudainement apparu dans une communauté peut être un dieu en voyage pour mettre à l'épreuve l'hospitalité des mortels quand il se rend auprès d'un foyer. Il y a du numineux chez l'étranger dont l'altérité inquiète au point de supposer qu'il peut s'agir d'une divinité, et ainsi confondre arrivée avec épiphanie. À tout étranger de profiter de cette croyance (théoxénie) clairement exprimée dans un épisode de l'*Odyssée* quand un prétendant réprimande Antinoos qui vient de frapper Ulysse déguisé en mendiant : « Antinoos, frapper un pauvre vagabond ! Insensé, quelle honte !... si c'était par hasard quelqu'un des dieux du ciel !... Les dieux prennent les traits de lointains étrangers et, sous toutes les formes, s'en vont de ville en ville inspecter les vertus des humains et leurs crimes » (*Od.*, XVII, 483-487).

Zeus *Xénios*, « Hospitalier », s'inscrit dans la même stratégie de protection de l'étranger ou du suppliant. L'« hospitalier » se fait « vengeur » quand le suppliant n'est pas respecté (*Od.*, IX, 270 ; cf. VII, 164 ; XIV, 283). Violer cette loi non écrite revient à « fournir d'aliment pour les jours à venir au terrible courroux de Zeus Suppliant (*Hikésios*) » (Eschyle, *Suppliantes*, 616-618).

Du sacrilège au sacrilège

« Terrible pour les dieux comme pour les mortels, prévient Apollon, est le courroux du suppliant contre celui qui l'a sciemment trahi » (Eschyle, *Euménides*, 233-234). Pourtant, l'histoire confirme dans un bon nombre de cas qu'il s'agit d'une vaine mise en garde.

Selon la loi sacrée de Cyrène, le suppliant-meurtrier doit s'asseoir sur la peau d'une bête sacrifiée, celle-ci absorbant l'impureté de celui-là (*SEG*, IX, 72. I. 134). Mais la réflexion sur le divin s'est emparée de cette question de la conductibilité automatique du sacré à quiconque parvient à toucher un autel. « Les lois de la divinité sont, à l'égard des hommes bien mal faites, et leur inspiration peu sage, s'indigne Ion [Euripide]. Car au lieu d'installer aux autels les coupables, on devrait les en expulser ; il n'est pas beau de voir la main d'un criminel souiller les dieux. Non, non : les gens de bien devraient seuls recourir aux autels, quand ils sont victimes d'une offense, tandis que l'on voit user de la même ressource bons et méchants, traités de même par les dieux » (Euripide, *Ion*, 1313-1319).

Un écho orphique fait résonner la supplication des initiés aux oreilles de Perséphone, la juge infernale, car le défunt doit encore affirmer son respect d'un genre de vie purificateur durant sa vie à la surface terrestre. Sur une Lamelle d'or retrouvée à Thurii, datant du IVe/IIIe s., sont gravés ces mots nouant viatique et supplication : « J'ai purgé la peine pour mes actions injustes, /que le destin m'ait assujettie ou le fulgurant Archer céleste. / Pour l'heure, je viens en suppliante auprès de la sainte Perséphone : / que dans sa bienveillance elle m'envoie au siège des purs » (II A 1 Thurri).

La supplication traverse la vie, et au-delà.

▶ AUBRIOT-SÉVIN D., *Prière et conceptions religieuses en Grèce ancienne jusqu'à la fin du ve siècle av. J.-C.*, Lyon, Maison de l'Orient méditerranéen, 1992, chap. V. – FREYBURGER G., « Supplication grecque et supplication romaine », *Latomus*, 47, 1988, p. 501-525. – ROMILLY J. de, *La douceur dans la pensée grecque*, Paris, Les Belles Lettres, 1979, chap. I. – SERVAIS J., « Les suppliants dans la loi sacrée de Cyrène », *BCH*, 84, 1960, p. 112-147.

→ Autel ; Étranger ; Hospitalité ; Lois non écrites ; Sanctuaire

T-U-V

TEMPLE

ναός, *naós*, demeure, habitation d'un dieu
'έδος, *hédos*, siège de la divinité

Le temple, contrairement à l'autel, n'est pas un élément nécessaire au culte. Il apparaît tardivement, vraisemblablement à partir du VIIIe siècle. « Dans les temps les plus anciens, avant que l'on n'eût inventé les temples, les cavernes et les antres étaient consacrés aux dieux » (Porphyre, *L'antre des nymphes dans l'Odyssée*, 20).

Euripide donnera couleur et odeur à ce que peut être un temple quand il évoque ce « temple très saint, auquel l'arbre taillé par la hache d'acier fournit les poutres du toit, et fixé par la colle tirée de la peau du taureau, donne des emboîtages solides » (Eur., *Crétois*, 2).

« Demeure », *naós*, du dieu, le temple abrite sa statue cultuelle.

Thésaurisation de la dévotion

À l'exception des temples que G. Roux appelle « temples-sanctuaires », où se déroulent des cérémonies d'initiation aux mystères (p. ex. ceux d'Éleusis ou de Samothrace, pourvus de sièges pour accueillir et réunir les futurs parfaits initiés) ou des édifices aux fonctions oraculaire (Delphes, Dydime…) ou thérapeutique (Épidaure, Oropos…) qui voient défiler une foule de requérants, le temple grec n'a pas vocation à rassembler les fidèles qui sont invités à s'assembler à l'extérieur, autour de l'autel dressé en plein air. Seuls les prêtres et leurs auxiliaires pénètrent dans la résidence du dieu pour parer sa statue et déposer les offrandes offertes par la piété des fidèles.

Les *ex-voto* sont de tout ordre. Selon une description à vocation poétique d'Épicharme (début du ve siècle), dans le temple d'Apollon *Pythien* s'amoncellent « des lyres, des trépieds, des chars, / des tables d'airain, des bassins, des patères, / des chaudrons de bronze, des cratères, des broches ! » (Épicharme, *Les Théores*, fr. 109 Olivieri). D'une façon générale, Delphes représentant un centre particulier, ce sont statuettes, reliefs, objets précieux, plaques peintes, vases contenant des parfums, récipients rituels en bronze, argent ou or, figurines en terre cuite, etc. qui s'accumulent avec le temps, au point de devoir ajouter au *naós*, chambre de la divinité, l'opisthodome, « pièce de derrière », servant d'entrepôt à tous ces *anathémata*. Cette fonction permet à J. Rudhardt de souligner « l'habitude d'utiliser le temple comme un coffre-fort monumental » (*Notions*, p. 27). Le Parthénon est un temple-trésor dont la finalité est la représentation de la puissance athénienne. Thésaurisation et sacré ne sont jamais incompatibles.

Lointaine proximité

Demeure du dieu, le temple est au croisement de regards portés : d'abord celui que le dieu, invisible, porte sur ce qui est destiné à le réjouir : sa statue *(ágalma) ;* puis celui de cette même statue, tournée vers l'entrée orientale de l'édifice ; enfin, le regard des humains qui, de l'extérieur, voient le dieu se réjouir tant de son image que des sacrifices qui lui sont offerts.

Tout est lointain dans cette proximité : les sacrificateurs n'entrent pas dans le temple, tandis que le sanctifié est censé se réjouir à la fois de sa statue et des victimes immolées sur un autel extérieur exactement situé dans l'axe de la porte. On se regarde, de loin : l'un attendant sa reconnaissance ; les autres espérant un juste retour dans leurs vies éphémères. Au milieu, la statue telle une « correspondance entre le dieu et son image » (Rudhardt, *Notions*, p. 56). Car le *naós* est destiné à abriter la statue, qui n'est pas le dieu lui-même. C'est pourquoi le temple est l'espace organisant la *mise à distance* entre le divin et l'humain, expression fondamentale de la piété des Hellènes.

Un temple est toujours parfumé (*Hymne pseudo-homérique à. Aphrodite*, 58-66 ; *H. pseudo-homérique à Apollon délien*, 87 ; Callimaque, *Épigr*. 53 ; *Hymne à Délos*, 300 sq.), nimbant aussi son espace des impalpables effluves odorantes qui conviennent tant aux narines des dieux.

La distance est d'autant marquée que les Anciens, mais certainement pas tous, ne semblent pas avoir confondu la statue du dieu avec la présence divine. La question se pose en fait vers le ve siècle. L'*ágalma* (substantif dérivé d'*aggálomai*, « exulter, ressentir une joyeuse fierté ») réjouit le dieu ; il n'est pas le dieu, ainsi que le montrent des peintures de vases du ve siècle qui, représentant le dieu devant sa statue, semblent bien le distinguer d'elle. De même, un second temple, destiné à abriter une nouvelle statue du dieu, peut être érigé sur un même sanctuaire. Un texte de Platon est explicite sur ce sujet : « [Aux divinités] nous dressons des statues *(agálmata)* à leur ressemblance, et, leur rendant honneur, si inertes *(apsúkhous)* qu'elles soient, nous croyons ainsi nous concilier largement la bienveillance et la grâce des dieux vivants *(empsúkhous)* » (*Lois*, XI, 931 a).

La statue n'est pas le dieu : elle l'invite en tant qu'elle le réjouit, et ainsi le rend présent grâce à cette attention qu'il porte à ce qui doit lui plaire. Un temple sans images de culte, tel que l'Égypte a pu le concevoir, par exemple dans le cas des cultes solaires, ne peut être grec. Toutefois, selon le niveau d'appréciation critique du fidèle, l'idolâtrie teintée d'animisme n'est surtout pas à exclure. La confusion indignait déjà Héraclite : « Ils font des prières à ces statues comme quelqu'un qui parlerait à des maisons, ne connaissant en rien ce que sont les dieux et les héros » (frag. 44 Conche). Mais ni Héraclite ni Platon ne représentent le fidèle ordinaire, quidam plutôt continuateur de la piété des siècles antérieurs qui identifiait promptement la divinité à la statue. Il semble que, dans les faits, tout un pan du paganisme fut traversé, sinon tenaillé, par l'usage d'apporter parure, nourriture et boisson aux statues que la dévotion commune allait jusqu'à enchaîner afin d'empêcher le dieu d'abandonner ses fidèles en désertant son sanctuaire. Que la statue ne soit pas le dieu reste une conviction à arracher sur le terrain de la croyance qui associe toujours une décision divine de s'approprier un lieu à un culte particulier qu'il est impossible de transférer ailleurs (cf. Lycurgue, *C. Léocrate*, 25). La statue représente souvent la divinité parée de ses particularités locales.

Ouverture fermée

À l'instar des prêtres et prêtresses qui n'enseignent rien, un temple grec n'est pas un lieu de transmission du savoir. Il n'est pas un centre de diffusion culturelle au sens de la « maison des tablettes » du monde oriental (Burkert, 1988). Aucune élite n'en sort. S'y rendre, quand ceci est autorisé, n'apprend rien d'autre que la reconnaissance de cette distance mortel/immortel que croyance populaire ou réflexion critique mesurent chacune à leur façon.

C'est pourquoi un temple n'a pas vocation à être ouvert tout le temps. Il peut rester fermé à la vue et ne s'ouvrir qu'à de rares intervalles, jusqu'à un jour ou deux par an, au gré des dates de cérémonie. Quoi qu'il en soit, de la fluctuation matérielle de ses heures d'ouverture à celle, intellectuelle, du statut de la représentation divine qu'il abrite, un temple grec « est à la mesure de l'homme. Il n'a ni l'ambition des pyramides ni la profusion du temple d'Angkor » (J. de Romilly, *Pourquoi la Grèce ?*, de Fallois, 1992, p. 295).

De toute façon, à l'exception des temples-sanctuaire dans lesquels la foule se masse, l'orant reste *dehors*.

▶ BURKERT W., « The Meaning and Function of the Temple in Classical Greece », in M.V. Fox (éd.), *Temple in Society*, Winona Lake, 1988, p. 27-47.

→ Autel ; Prêtrise ; Sanctuaire

TEMPORALITÉ

La temporalité rythme le souffle d'une cité à travers son propre calendrier sacré des fêtes (*heortaí*). Elle rythme, au sens propre du mot *rhuthmós*, en donnant ses contours, sa forme d'affirmation comme collectivité autonome. Athènes donnera, avec ses multiples fêtes, les aspects grandioses qui n'appartiennent certainement qu'à elle.

Car la temporalité est, conformément à la réception hellène du monde, toujours plurielle de sens. La temporalité n'est pas le temps universel. Elle n'est pas un milieu neutre, un continu sans qualité. Ces notions sont anachroniques. La temporalité se décline selon un calendrier propre à chaque territoire, applicable selon chaque cité. Elle est propre à une décision humaine, toujours propice à une durée éprouvée : celle des cérémonies obligatoires (programme héortologique), des rites à respecter, des initiations à initier, des serments à prêter, des travaux à accomplir, des jours à subir…

Il n'existe pas d'ordre calendaire grec. À Athènes, l'année commence au solstice d'été, tandis qu'en Macédoine, elle débute à l'équinoxe d'automne. On comprend ainsi ce que signifie être étranger. L'itinérant hellène passe d'un déroulement des jours à un autre, d'une même fête reproduite à dates différentes selon le dème (unité territoriale, subdivision d'une cité) dans lequel on se trouve. Par exemple, *Anthestérion* est en Ionie le nom du mois de la célébration des Anthestéries, fête de trois jours extrêmement importante qui, selon le calendrier des cités, ne se situait pas à la même tranche d'une année. La notion de « même moment » n'est pas hellène. C'est donc moins l'espace que plutôt la temporalité liée à cet espace qui donne le statut d'étranger.

S'opposant à l'interprétation naturaliste, Walter Burkert a bien montré que le calendrier d'une cité est davantage sacral que pure correspondance à une période précise du cycle de la végétation. Revenant sur le mythe éleusinien de Koré cueillant des fleurs avant d'être happée par la Mort et de Déméter errant à la recherche de sa fille, Burkert souligne que « le mythe ne s'explique pas par des phénomènes naturels, mais par des thèmes purement humains : mariage et mort, deuil et colère, et pour finir, réconciliation. Les fêtes du culte de Déméter/Koré étaient à l'évidence un reflet de ces thèmes. Les fêtes de la "Cueillette des Fleurs", de la "Descente" et de la "Remontée", *kathodos/anodos*, sont fréquemment attestées dans le monde grec. Ces fêtes n'ont qu'un lien très lâche avec les saisons ; les Thesmophories pouvaient se célébrer immédiatement avant les semailles, comme à Athènes, mais elles pouvaient aussi tomber au milieu de l'été. À tout endroit où elles se célébraient, les fêtes étaient fixées d'après un calendrier ; même cette durée fixe de "quatre mois" correspondait sans doute davantage à un calendrier sacral qu'à une période réelle de la végétation » (*Homo Necans*, Les Belles Lettres, 2005, p. 325).

La temporalité est toujours pour un Grec un phénomène chargé d'affectivité. Chez Homère, le jour, *hêmar*, un des mots pour dire la temporalité, ne se lève pas mais tombe du ciel. Il est souvent le jour de « quelque chose », d'un événement : le jour du retour (*nostimon hêmar*, *Od.*, I, 9), le jour de la réduction à l'esclavage (*doulion hêmar*, *Il.*, VI, 463 ; *Od.*, XIV, 340 ; XVII, 323) ou encore le jour de l'affranchissement (*eleutheron hêmar*, *Il.*, VI, 455). Ce temps peut autant être vécu qu'à vivre. On peut enlever le « jour de l'affranchissement », c'est-à-dire le faire vivre rétrospectivement comme fin de la liberté. Le temps homérique est constamment l'objet d'un don ou d'une reprise, d'un heur ou d'un malheur appréciés comme tels après coup. Le mot *hôra* signifie « saison », qu'il faut entendre aussi comme le moment qui convient à une action : c'est le « temps » du mariage ou le « moment » de donner un avis ou de réciter un chant.

Le calendrier agraire (béotien) d'Hésiode permet « d'observer les jours de Zeus exactement et comme il faut [...]. Voici en effet les jours de Zeus très sage. D'abord, le premier, le quatrième et le septième sont des jours sacrés *(hieròn hêmar)* [...]. Il en est de même du huitième et du neuvième [...], du onzième et du douzième – bons tous deux cependant, soit pour tondre les brebis, soit pour couper une heureuse récolte. Mais le douzième est bien meilleur que le onzième [...]. Ce jour-là, que la femme dresse son métier et entame son ouvrage » (*Trav.*, 769-779). Chaque jour est chargé d'une référence sacrale et/ou laborieuse. Hésiode met en garde contre les cinquièmes jours de chaque mois : « ils sont pénibles et néfastes. C'est un cinquième jour, dit-on, que les Érinyes entourèrent la naissance de Serment (Horkos), enfanté par Lutte (Éris), pour être le fléau des parjures » (*Trav.*, 802-804). Activités humaines et cultes s'imbriquent dans une temporalité dont la finalité est de se dédier : aux travaux et aux dieux. D'où la conclusion de l'aède : « Heureux et fortuné celui qui, sachant tout ce qui concerne les jours, fait sa besogne sans offenser les Immortels, consultant les avis célestes et évitant toute faute » (*Trav.*, 826-828).

Des champs à la cité, la temporalité reste sacralisée. À Athènes, un héraut proclamait le premier jour de chaque mois du calendrier sacré qui se superpose pour s'intercaler au calendrier civil concernant les rassemblements dans les assemblées. Ce jour sacré interdisait le déroulement de toute activité politique, le citoyen devant participer à des prières publiques prononcées sur l'Acropole.

Une chronologie locale peut aussi se caler sur la liste des noms de prêtres élus pour l'administration d'un sanctuaire.

L'important dans ce fatras (un dème pouvait avoir son propre calendrier différent de celui adopté par la cité) est que les dieux s'y retrouvent. À l'occasion d'une réforme calendaire proposée par l'astronome Méton, Aristophane prête à la Lune (Selénê – le « mois » est en principe une lunaison) cette mise en garde à l'adresse des hommes : « vous passez les jours sans justesse aucune et les mêlez sens dessus dessous. De sorte qu'elle (Selénê) se dit menacée par les dieux chaque fois qu'ils sont frustrés d'un repas et qu'ils rentrent chez eux sans avoir rencontré la fête conforme au compte des jours » (*Nuées*, 616-620).

Les noms des dieux, ceux de leurs célébrations ou de leurs épiclèses, servent à nommer ici et là les mois. Pas de mois des « semailles ». La référence naturaliste n'est pas civique.

▶ DARBO-PESCHANSKI C. (dir.), *Constructions du temps dans le monde grec ancien*, Paris, CNRS Éditions, 2000.

→ Citoyenneté et administration du sacré

USAGE → Lois non écrites

VIOLENCE → Bétail humain/Troupeau humain ; Démesure

VIRGINITÉ

La virginité de la nubile indique la persistance d'un état naturel (sauvage) en opposition à la destination civique de la femme : soit la reproductrice donnée à un homme par un homme (l'épouse légitime), soit l'accessoire d'un divertissement entre citoyens ou simples mâles (de l'hétaïre à la prostituée, en passant par la concubine). La virginité prolongée n'est pas un état tenable dans une culture qui n'hésite pas à distribuer en ces quatre catégories ce qu'elle appelle la « race des femmes ».

Exemple à ne pas suivre

La virginité n'est pas un exemple à suivre. La chasteté est certes le propre du premier âge de la vie. Elle a fonction de pouvoir engranger les forces à venir : les œuvres de la maternité des adolescentes, la vigueur guerrière des adolescents. La virginité préserve, mais sans vocation à perdurer. Cet âge doit trouver son accomplissement dans la procréation, et donc dans l'union d'une vierge et d'un homme, au nom de la reproduction civique. « L'opinion commune de la Grèce aurait donc nommé *démesure* la chasteté prolongée des garçons et des filles » (C. Ramnoux, *Mythologie*, p. 115).

La vierge est du côté de la sauvagerie. Mythes et rites s'efforcent de le montrer. L'imaginaire hellène fait guerroyer les Amazones tant qu'elles sont vierges. Le mythe de la nymphe Cyrène, avant de connaître le joug d'Apollon, est vierge. C'est sa nature sauvage qui exprime sa virginité : « Javelots d'airain ou glaive en main, elle combattait contre les bêtes fauves et les détruisait » (Pindare, *Pyth.* IX, 20-22). Du côté du rituel, ce sont les rites brauroniens qui insistent sur l'animalité sauvage caractéristique des fillettes impubères. Selon le mythe, une ourse se serait rendue d'elle-même dans le sanctuaire d'Artémis à Brauron où, peu à peu, elle s'apprivoisait quand survient sa mort brutale causée par des jeunes gens. Le rituel, qui obligeait les fillettes à « faire l'ourse » *(arkteuein),* consistait certainement à mimer les étapes de la domestication de l'animal pour aider les jeunes initiées à se départir de leur sauvagerie (en ôtant leur costume rituel, la crocote) et pouvoir accéder au statut de filles à marier *(pro tou gamou)*, à apprivoiser ce qu'il y a de sauvage en elles, à entrer dans l'âge de la puberté en quittant sa « vie d'ourse » et être apte à être mise sous le joug (à être mariées). Les initiations des fillettes appartiennent au registre de la domestication. Ainsi, le mariage marque pour la jeune fille « une rupture avec le domaine d'Artémis, lieu d'une première domestication des forces incontrôlées de l'adolescence, tout en imposant à son tour un dressage nouveau, celui que dicte la soumission aux forces contraignantes incarnées par Éros et Aphrodite » (Calame, 1977, p. 414).

Indomptée (ἀδμής) est un adjectif que l'*Odyssée* (VI, 109, 228) accole comme épithète de la vierge (παρθένος), « celle qui ne porte pas le joug ». Le mariage est une mise sous le joug, une expression pour désigner la destination du corps féminin soumis au labour du mâle. Trois déesses, échappant au pouvoir d'Aphrodite « la souriante », refusent cet impératif de reproduction : Athéna aux yeux pers, la bruyante Artémis aux flèches d'or et Hestia, la Jeune Fille vénérée (selon les épithètes données par l'*Hymne* [pseudo-homérique] *à Aphrodite*). Athéna fait la guerre, une activité masculine. Artémis, sœur jumelle d'Apollon, court sur les frontières d'une féminité encore vierge, donc sauvage. « Donne-moi la virginité éternelle… un arc et des flèches », demande-t-elle à son père (Callimaque, *Hymne Art.*, 6 sq.). Quant à Hestia, déesse du foyer, elle s'immobilise au centre d'une virginité à préserver tant que la future épousée n'a pas quitté le foyer paternel, pour être dotée et donnée à un nouveau tuteur (mari).

Artémis parle au nom des deux autres déesses quand elle proclame haut et fort qu'Aphrodite est « la déesse la plus détestée de nous toutes qui mettons notre joie dans la virginité » (Euripide, *Hippolyte*, 1301-1302).

Mais une déesse vierge est-elle une femme ? « Par leur choix, les *Parthénoi* de l'Olympe affirment, chacune pour soi, qu'être *theá* n'est pas être une femme » (N. Loraux, 2002, p. 55). En revanche, pour une mortelle, la virginité est intenable. Les mythes d'Atalante (Théognis, 1286-1294 ; Apollodore, I, 8, 2 ; III, 9, 2) et ceux de Cyrène (Pindare, *Pyth.* IX) qui, toutes deux refusent « les dons d'Aphrodite », montrent l'impossibilité d'une virginité prolongée de la femme qui ne peut échapper aux occupations qui lui sont traditionnellement réservées. Le joug du mariage sera la destinée commune à ces deux farouches vierges chasseresses. Contrairement aux trois déesses virginales, les mortelles ne peuvent prolonger indéfiniment cet « avant » qui correspond à ce qu'Euripide appelait le « plaisir d'être vierge » (cf. Loraux, 2002, p. 55).

Hésiode connaissait une autre vierge, Dikê, fille de Zeus que les hommes et les dieux honorent au titre de la Justice (*Trav.*, 256-257). Offensée, la virginité de Dikê fait payer le peuple « pour la folie de ses rois qui, dans de tristes desseins, faussent leurs arrêts par des formules torses » (*Trav.*, 260-262).

Le sang des vierges

Destinée à être placée « sous le joug d'un homme » (*Il.*, XVIII, 432), la vierge qui le refuserait est alors poussée au « mariage avec Hadès », glacial euphémisme signifiant sa mise à mort « sans l'hymen » pour elle réservé (Euripide, *Hécube*, 416).

Dans l'imaginaire athénien, concrètement mis en scène lors des concours théâtraux ouverts à l'occasion des fêtes religieuses (pléonasme), la figure de la vierge se confond souvent avec la fille à égorger pour le salut de la patrie. Euripide, dans sa tragédie *Érechthée*, dont il ne reste que quelques fragments, présente une Athènes menacée par les revendications de possession de la cité par le fils de Poséidon, Eumolpos. Le roi mythique d'Athènes, Érechthée, apprend de l'oracle d'Apollon qu'il repoussera l'envahisseur s'il sacrifie une de ses filles. Son épouse, Praxithéa, y consent : la famille royale n'ayant pas eu un rejeton mâle qui aurait pu combattre l'ennemi, alors le sang d'une vierge vient en compensation. « Servez-vous, citoyens, du fruit de mes entrailles, soyez sauvés, soyez vainqueurs ! » (*Érechthée*, frag. 14, 50-51 JvL ; cf. *Ion*, 277-278).

Le thème du sacrifice des vierges est récurrent chez Euripide (*Les Héraclides*, 485 sq. ; *Iphigénie à Aulis*, 380 sq. ; *Hécube*, 518-582). Toujours au bénéfice de la collectivité (troupe ou cité, mais une troupe est une cité en voyage), la mise à mort des vierges est un sacrifice chthonien, donc d'anéantissement. Il faut que coule le sang comme libation offerte à Hadès. Alors, la vierge sacrifiée accède au statut de celle « qui n'est plus vierge » (Eur., *Hécube*, 612) dès qu'elle a été offerte en offrande aux dieux infernaux par la lame du sacrificateur. Son sang versé de sa gorge déchirée s'écoule-t-il sur l'autel chthonien tel celui de la défloration rougissant le drap nuptial ? Trop belle association pour structuralistes pour être conforme à une réalité plutôt inquiète de sa continuité à travers le renouvellement des générations : c'est davantage le célibat qui se trouve condamné. Vierge, mais aussi puceau endurci ou solitaire accompli, les choses s'annoncent mal pour vous si vous persévérez.

Le sang des vierges doit se répandre, d'une façon ou d'une autre, car la virginité est intenable au sein d'une cité qui doit toujours se protéger en assumant sa reproduction. « Notre raison de mettre des enfants au monde, c'est d'assurer la défense des autels et des dieux de la patrie » (Euripide, *Érechthée*, fr. 14, 14-15).

La reproduction sexuée, imposée par les Olympiens pour se garantir de générations de sacrificateurs, condamne la virginité à se nier face à l'obligation de fécondité.

Génoito tautê ! Ainsi soit-il…

► CALAME C., *Les chœurs des jeunes filles en Grèce archaïque*, Rome, Ateneo, 1977. – LORAUX N., « Qu'est-ce qu'une déesse ? », in P. Schmitt Pantel (dir.), *Histoire des femmes en Occident*, I. *L'Antiquité* [1990], Paris, Perrin, 2002, p. 39-79

→ Amazone ; Femme ; Reproduction sexuée ; Sang

Orientation bibliographique

Cette bibliographie est une orientation signalant des études fondamentales sur les notions du paganisme grec. Elle n'a aucune prétention à l'exhaustivité, mais chaque ouvrage cité peut prétendre, *à la façon d'un hermès*, indiquer d'autres directions.

J'ai réservé à de nombreuses entrées une bibliographie plus particulière selon le sujet traité afin de compléter ces deux niveaux de références.

Les traductions citées de nos antiques auteurs sont le fruit du travail des traducteurs édités par Les Belles Lettres dans la Collection des Universités de France.

ALEXIOU M., *The Ritual Lament in Greek Tradition*, Cambridge, Cambridge University Press, 1974.

AMANDRY P., *La mantique apollinienne à Delphes. Essai sur le fonctionnement de l'oracle*, Paris, De Boccard, 1950.

AUBRIOT-SÉVIN D., *Prière et conceptions religieuses en Grèce ancienne jusqu'à la fin du* v*e siècle av. J.-C.*, Lyon, Maison de l'Orient méditerranéen, 1992.

BABUT D., *La religion des philosophes grecs*, Paris, PUF, 1974.

BELAYCHE N, BRULÉ P., FREYBURGER G., LEHMANN Y., PIERNOT L. & PROST F. (dir.), *Nommer les dieux. Théonymes, épithètes, épiclèses dans l'Antiquité*, Turnhout, Brepols-PUR, 2005.

BERNARD N., *Femmes et société dans la Grèce classique*, Paris, Armand Colin, 2003.

BODIOU L. & MEHL V. (dir.), *La religion des femmes en Grèce ancienne. Mythes, cultes et société*, Presses universitaires de Rennes, 2009.

BONNARD J.-B., *Le complexe de Zeus. Représentations de la paternité en Grèce ancienne*, Paris, Publications de la Sorbonne, 2004.

BREMMER J.N., *La religion grecque* (1994), trad. fr., Paris Les Belles Lettres, 2012.

BRISSON L., *Platon, les mots et les mythes*, Paris, Maspero, 1982.

BRUIT ZAIDMAN L., *Le commerce des dieux. Eusebeia, essai sur la piété en Grèce ancienne*, Paris, La Découverte, 2001 ; *Les Grecs et leurs dieux*, Paris, Armand Colin, 2005.

BRULÉ P., *La fille d'Athènes. La religion des filles à Athènes à l'époque classique. Mythes, cultes et société*, Paris, Les Belles Lettres, 1987 ; *Les femmes grecques à l'époque classique*, Paris, Hachette, 2001 ; *La Grèce d'à côté. Réel et imaginaire en miroir dans la Grèce antique*, Rennes, PUR, 2007.

BURKERT W., *Homo Necans. Rites sacrificiels et mythes de la Grèce ancienne* (1972), trad. fr., Paris, Les Belles Lettres, 2005 ; *La religion grecque à l'époque archaïque et classique* (1977), trad. fr., Paris, Picard, 2011 ; *Les cultes à mystères dans l'Antiquité* (1987), trad. fr., Paris, Les Belles Lettres, 1992 ; *Sauvages origines* (1987), trad. fr., Paris, Les Belles Lettres, 1998 ; *La tradition orientale dans la culture grecque* (1999), trad. fr., Paris, Macula, 2001.

CALAME C., *Les chœurs des jeunes filles en Grèce archaïque*, Rome, Ateneo, 1977.

DEFORGE B., *Le commencement est un dieu. Un itinéraire mythologique*, Paris, Les Belles Lettres, 1990.

DEFRADAS J., *Les thèmes de la propagande delphique*, Paris, Les Belles Lettres, 1973.

DELCOURT M., *Légendes et cultes des héros en Grèce*, Paris, PUF, 1942, 1992 ; *Les grands sanctuaires de la Grèce*, Paris, PUF, 1947, 2e éd. 1992 ; *L'oracle de Delphes*, Paris, Payot, 1955, nouv. éd. 1981.

DERENNE E., *Les procès d'impiété intentés à Athènes aux* V*e et* IV*e siècles*, Liège-Paris, 1930.

DES PLACES E., *La religion grecque. Dieux, cultes, rites et sentiment religieux dans la Grèce antique*, Paris, Picard, 1969.

DETIENNE M., *Les maîtres de vérité dans la Grèce archaïque*, Paris, Maspero, 1967 ; *Dionysos mis à mort*, Paris, Gallimard, 1977 ; *L'invention de la mythologie*, Paris, Gallimard, 1981.

DETIENNE M. & VERNANT J.-P., *La cuisine du sacrifice en pays grec*, Paris, Gallimard, 1979.

DOODS E.R., *Les Grecs et l'irrationnel* (1959), trad. fr., Paris, Flammarion, 1977 ; *Les Grecs et leurs croyances* (1973), trad. fr., Paris, Le Félin, 2009.

DUCHEMIN J., *Mythes grecs et sources orientales*, Paris, Les Belles Lettres, 1995.

ÉTIENNE R. & LE DINAHET M.-Th. (éd.), *L'espace sacrificiel dans les civilisations méditerranéennes de l'Antiquité*, Actes du Colloque de Lyon 1988, Lyon, Publ. de la Bibl. Salomon Reinach, 1991.

FAUQUIER M. & VILLETTE J.-L., *La vie religieuse dans les cités grecques*, Gap/Paris, Ophrys, 2000.

FONTENROSE J., *The Delphic Oracle. Its Reponses and Operations with a Catalogue of Responses*, Berkeley/Los Angeles/Londres, Univ. of California Press, 1978.

FRANCOIS G., *Le polythéisme et l'emploi au singulier des mots θεός, δαίμων dans la littérature grecque d'Homère à Platon*, Liège/Paris, Les Belles Lettres, 1957.

GARLAND R., *The Greek Way of Death*, Londres, Duckworth, 1985.

GERNET L. & BOULANGER, *Le génie grec dans la religion*, Paris, Albin Michel, 1932.

GERNET L., *Anthropologie de la Grèce antique*, Paris, Maspero, 1968.

GOLDSCHMIDT V., « Théologia » [1950], in *Questions platoniciennes*, Paris, Vrin, 1970, p. 141-172.

HADOT P., « Théologie, exégèse, révélation, Écriture dans la philosophie grecque », *Études de philosophie ancienne*, Paris, Les Belles Lettres, 1998, p. 27-58.

HANSEN M.H., *La démocratie athénienne à l'époque de Démosthène* [1991], trad. fr., Paris, Les Belles Lettres, 1993.

HEINTZ J.-G. (éd.), *Oracles et prophéties dans l'Antiquité*, Actes du Colloque de Strasbourg, Paris, De Boccard, 1997.

JAEGER W., *Paideia. La formation de l'homme grec* (1933), trad. fr., Paris, Gallimard, 1964 ; *À la naissance de la théologie* [1947], trad. fr., Paris, Le Cerf, 1966.

JEANMAIRE H., *Dionysos. Histoire du culte de Bacchus*, Paris, Payot, 1978.

JERPHAGNON L., *Au bonheur des sages*, Paris, Desclée de Brouwer, 2004.

JOST M., *Aspects de la vie religieuse en Grèce*, Paris, SEDES, 1992.

LE GUEN-POLLET B., *La vie religieuse dans le monde grec du* V[e] *au* IIIe *siècle avant notre ère*, Toulouse, Presses universitaires du Mirail, 1991, p. 117-159.

LI DONNICI L.R., *The Epidaurian Miracle Inscriptions*, Atlanta, Scholar Press, 1995.

LORAUX N., *Les enfants d'Athéna*, Paris, Maspero, 1981 ; (éd.), *La Grèce au féminin*, Paris, Les Belles Lettres, 2003.

MATTÉI J.-F., *Le sens de la démesure. Hubris et Dikè*, Cabris, Éditions Sulliver, 2009.

MAUDUIT Chr., *La Sauvagerie dans la poésie grecque d'Homère à Eschyle*, Paris, Les Belles Lettres, 2006.

MEHL V. & BRULÉ P., *Le sacrifice antique. Vestiges, procédures et stratégies*, Rennes, Presses universitaires de Rennes, 2008.

MIKALSON J.D., *La religion populaire à Athènes* (1983), trad. fr., Paris, Perrin, 2009.

MONBRUN Ph., *Les Voix d'Apollon. L'arc, la lyre et les oracles*, Rennes, PUR, 2007.

MORRIS I., *Death-Ritual and Social Structure in Classical Antiquity*, Cambridge, Cambridge University Press, 1992.

MOSSÉ C., *La femme dans la Grèce antique* (1983), Paris, Complexe, 1991 ; *Politique et société en Grèce ancienne. Le « modèle athénien »*, Paris, Aubier, 1995.

NILSSON M.P., *Les croyances religieuses de la Grèce antique*, trad. fr., Paris, Payot, 1955.

OTTO W.F., *Les dieux de la Grèce* (1934), trad. fr., Paris, Payot, 1981 ; *L'esprit de la religion grecque ancienne* (1956), trad. fr., Paris, Berg, 1995 ; *Dionysos. Le mythe et le culte* (1960), trad. fr., Paris, Mercure de France, 1969.

PARKER R., *Miasma. Pollution and Purification in Early Greek Religion*, Oxford, 1983, 1996.

PIRENNE-DELFORGE V. & SUÁREZ DE LA TORRE E. (éd.), *Héros et héroïnes dans les mythes et les cultes grecs*, *Kernos* suppl. 10, 2002.

PUGLIESE CARRATELLI G., *Les Lamelles d'or orphiques. Instructions pour le voyage d'outre-tombe des initiés grecs*, trad. fr., Paris, Les Belles Lettres, 2003.

RAMNOUX C., *La Nuit et les Enfants de la Nuit dans la tradition grecque*, Paris, Flammarion, 1959, 2e éd. 1986 ; *Mythologie ou la famille olympienne*, Paris, Armand Colin, 1962, reprint, Brionne, Gérard Monfort, 1982.

ROHDE E., *Psychè. Le culte de l'âme chez les Grecs et leur croyance à l'immortalité*, éd. fr. A. Reymond, Paris, Payot, 1928.

ROMILLY J. de, *La loi dans la pensée grecque*, Paris, Les Belles Lettres, 1971 ; *La douceur dans la pensée grecque*, Paris, Les Belles Lettres, 1979 ; *Les grands Sophistes dans l'Athènes de Périclès*, Paris, de Fallois, 1988 ; *La grandeur de l'homme au siècle de Périclès*, Paris, de Fallois, 2010.

ROUX G., *Delphes, son oracle et ses dieux*, Paris, Les Belles Lettres, 1976.

RUDHARDT J., *Du mythe, de la religion grecque et de la compréhension d'autrui*, Genève, Droz, 1981 ; *Notions fondamentales de la pensée religieuse et actes constitutifs du culte dans la Grèce classique* (1958), Paris, Picard,

1992 ; *Les dieux, le féminin, le pouvoir*, (éd. Ph. Borgeaud & V. Pirenne-Delforge), Genève, Labor et Fides, 2006.

SINEUX P., *Qu'est-ce qu'un dieu grec ?*, Paris, Klincksieck, 2006 ; *Amphiaraos. Guerrier, devin et guérisseur*, Paris, Les Belles Lettres, 2007.

SNELL B., *La découverte de l'esprit. La genèse de la pensée européenne chez les Grecs* (1946), trad. fr., Combas, l'Éclat, 1994.

SOKOLOWSKI Fr., *Lois sacrées d'Asie Mineure*, Paris, De Boccard, 1955 ; *Lois sacrées des cités grecques. Supplément*, Paris, De Boccard, 1962 ; *Lois sacrées des cités grecques*, Paris, De Boccard, 1969.

VERNANT J.-P., *Mythe et pensée chez les Grecs*, Paris, La Découverte, 1965, nouv. éd., 1985 ; *Mythe et société en Grèce ancienne,* Paris, Maspero, 1974, La Découverte, 2004 ; *Mythe et religion en Grèce ancienne*, Paris, Seuil, 1990.

VEYNE P., *Les Grecs ont-ils cru à leur mythe ?*, Paris, Seuil, 1983.

VIDAL-NAQUET P., *Le chasseur noir. Formes de pensée et formes de société dans le monde grec*, Paris, Maspero, 1981.

WILL E *et al.*, *Le monde grec et l'Orient*, Paris, PUF, 2 vol., 1972, 1975.

Index nominum

Personnages historiques

Divinités et héros

Index rerum

Table des matières

Cet ouvrage,
le quarante-quatrième de la collection
« Vérité des Mythes »
publié aux Éditions Les Belles Lettres
a été achevé d'imprimer
en avril 2015
sur les presses
de la Nouvelle Imprimerie Laballery
58500 Clamecy

N° d'éditeur : 8083
N° d'imprimeur : 504149
Dépôt légal : mai 2015

Imprimé en France